ASEAN 주재원이 바라본

진짜

ASEAN

우리가 모르던 동남아시아

박성민 · 김웅남 · 이치호 · 임종순 · 김봉태 · 김종필
윤 호 · 이중섭 · 유근석 · 이규호 · 박세환 · 김성탁

박영story

들어가는 글

동남아시아 국가연합인 ASEAN에는 총 몇 개 국가가 가입되어 있을까?
최근 ASEAN 국가에서 한국인들이 가장 많이 찾는 베트남의 인구는 얼마나 될까?
ASEAN 국가 중에서 세계 인구가 네 번째로 많은 나라는 어디일까?
ASEAN 국가 중에서 2차 세계 대전 중 독립을 유지한 나라는 어디일까?
ASEAN 국가 중에서 이슬람교가 다수인 나라는 어디일까?

ASEAN. 우리나라 사람들에게는 아직 'ASEAN'이라는 명칭보다는 '동남
아시아'라는 명칭이 더 친숙하다. 우리가 흔히 '동남아시아'라고 부르며 코
로나19 사태가 심각하게 번지기 전인 2019년 한국인 해외출국지 3위는
중국과 일본에 이어 미국을 제치고 동남아시아의 베트남이 차지하였다.
비즈니스나 관광 등으로 한국인들이 2019년 가장 많이 출국한 국가에는
베트남 이외에도 태국, 싱가포르가 10위 안에 들어 동남아시아, 즉 ASEAN
국가가 한국인이 출국한 국가의 톱10 중 1/3을 차지하였다. 이렇게 우리와
동남아시아의 관계는 점점 밀접해지고 교류 빈도는 늘어나고 있다. 그래서
이제 우리는 동남아시아 대신 ASEAN이라는 용어에 익숙해져야 하며,
'ASEAN'이라는 용어를 사용해야 한다. 최근 30년간 ASEAN은 매우 놀라운
경제성과를 보여주었다. IMF 통계에 따르면 전 세계 평균 GDP 증가율
면에서 ASEAN은 가장 높은 성장률을 가장 안정적으로 보여주는 지역이
되었다. 그리고 동남아시아 국가연합의 이 놀라운 성과의 원인 중 하나가
바로 'ASEAN'이라는 동남아시아 국가연합이기에 우리는 이제 '동남아시아'
대신 'ASEAN'이라고 불러야 한다.

우리는 ASEAN에 대해 얼마나 알고 있을까? 맨 앞 페이지의 5가지 ASEAN에 대한 질문은 결코 어려운 질문이 아니다. ASEAN 각국의 수도를 묻거나, 화폐단위를 물은 것이 아닌 지극히 기본적인 질문이다. 그러나 이 질문들에 대해 정답을 이야기할 수 있는 한국인의 비중은 얼마나 될까?

ASEAN은 한국인들에게는 관광지로 더 친숙한 국가들이지만, 비즈니스 차원에서 훨씬 더 중요한 국가들이다. 우리나라가 참여하는 세계 최대 자유무역협정(FTA)인 역내포괄적경제동반자협정(RCEP)이 2020년 12월 4일에 타결됐다. RCEP은 ASEAN 10개국과 한국·중국·호주·일본·인도·뉴질랜드 등 16개 국가가 참여하는 아시아태평양 지역의 최대 다자무역 협정이다.

전 세계 인구의 절반, 세계 총 생산(GDP)의 3분의 1을 차지하는 FTA 타결로 안정적인 교역·투자 활성화와 수출시장 다변화를 통한 새로운 기회가 창출될 것으로 전망된다. RCEP의 세계경제에서 차지하는 비중은 GDP 27.4조 달러(32%), 인구 36억 명(48%), 교역 9.6조 달러(29%) 규모다. ASEAN을 중심으로 하는 RCEP 타결은 문재인 정부가 적극 추진해온 신남방정책이 성과를 내는 계기가 될 것으로 보인다.

RCEP 타결로 바이든 대통령이 취임하였지만 트럼프 대통령 재임기간 이후 지속되어온 보호무역주의 우려가 계속되는 가운데 한국 기업을 포함해 역내 교역·투자 여건 개선과 인적·물적 교류 활성화뿐만 아니라 세계경제에 긍정적 신호로 작용할 것으로 기대된다. RCEP을 통해 RCEP에 가입한 16개국에 대한 통합 원산지 기준을 설정해 여러 기업의 FTA 편의성을 높이고 경쟁력 강화 기반을 마련하기로 했기 때문에 우리 기업의 FTA 활용을 가장 어렵게 하는 요인 중 하나인 원산지 제도가 개선되는 만큼 기업의 부담과 비용을 크게 절감하고 FTA 기회 활동이 많지 않았던 중소기업에도 도움이 될 것으로 기대된다.

하지만 ASEAN에 대한 2021년 기준 우리의 수준은 높지 않다. 일부 전문가들은 한국이 ASEAN에 대한 근자감(근거 없는 자신감)을 가졌을 뿐 ASEAN에 대한 지식과 데이터는 오래도록 ASEAN에 막대한 영향을 끼쳐온 일본과 중국의 1/3도 되지 않는다고 지적하기도 한다. 그러나 우리나라는 1989년 ASEAN과 공식 대화관계를 맺은 이래 여러 분야에서 긴밀한 관계를 발전시켜 왔다. 그리고 드디어 2019년 한국─ASEAN 정상회의와 메콩(메콩강이 통과하는 태국, 라오스, 미얀마, 베트남, 캄보디아) 정상회의가 개최되었고, ASEAN공동체와 신남방정책에서 '사람중심(people─centered)' 가치를 표방하는 구체적 목표와 전략 수립에 전제되는 한국과 ASEAN의 기본정신을 확인하였다. 결국 향후 한─ASEAN의 관계의 핵심은 사람인 것이다. 따라서 우리는 ASEAN에서의 성공을 위해 ASEAN에 관심을 가지고 알아가야 하며 우리와 동등한 이웃이자 파트너로서 대해야 한다. 하지만 아쉽게도 우리나라에서 ASEAN을 한꺼번에 알 수 있는 도서들은 많지 않다. ASEAN 각국에서 살아가면서 생생히 ASEAN 각국을 몸으로 겪은 ASEAN 국가의 주재원분들의 도움이 필요했다. ASEAN 각국의 주재원분들의 경험과 전문성이 필요했다. 학문으로 ASEAN을 연구하는 것이 아니라 비즈니스로 ASEAN을 경험한 ASEAN 각국 주재원분들의 경험과 데이터가 필요했다. 부족하지만 이 책에 담은 ASEAN 주재원분들의 경험과 데이터를 통해 ASEAN에 진출하고자 하는 한국 기업들과 한국인들의 시행착오를 줄이고 ASEAN을 좀 더 알아갈 수 있는 나침반이 되고자 이 책은 3년간의 준비를 통해 ASEAN 주재원분들의 생생한 경험과 데이터를 담았다.

코로나19의 확산으로 쉽지 않은 상황에서도 기꺼이 이 책을 위해 공동 집필을 해주신 공동저자 11분─ASEAN 각국의 전·현직 주재원분들과 외교관 분에게 감사와 경의를 표하며, 코로나19의 쉽지 않은 상황에서도 출판을 적극적으로 지원해주신 노현 대표님과 정말 엄청난 분량의 책을 편집해 주신 김다혜 님에게도 진심 어린 감사의 인사를 전하고 싶다.

2021년 미얀마에서 군부 쿠데타가 발생하고 미얀마 시민들은 목숨을 걸고 군부에 저항하면서 많은 사상자들이 나왔다. 그리고 2021년 4월, ASEAN 정상회의에서 ASEAN 10개 회원국들이 미얀마 사태와 관련해 폭력종식 등 5개항에 합의하였다는 소식이 전해졌다. 하지만, 합의는 이행되지 않은 채 여전히 미얀마에서는 사람들이 죽어가고 있다. 미얀마 시민들의 안전함과 미얀마에서의 민주적인 평화가 서둘러 찾아오기를 바란다. 아울러 우리나라 기업의 ASEAN 해외진출이 더욱 활발해지고 ASEAN에서의 성공과 한－ASEAN의 새로운 동반자적 관계를 기대하며 3년간 준비한 원고의 마침표를 찍는다.

ASEAN에서의 성공을 기원하며 모든 저자를 대표하여 박성민

추천사

　우리의 신남방정책이 한·ASEAN협력의 가속 페달을 밟으면서 역내 관심을 고조시키고 있다. 또한, 동남아는 미국과 중국이 패권 경쟁의 칼날을 갈고 있는 핵심 지역이라 전 세계적 이목을 집중시키고 있다. 동남아에 대한 지적 욕구가 분출하는 중요한 시기에 ASEAN과 회원국 전체를 통찰할 수 있는 저서 출간은 매우 고무적 소식이다.

　ASEAN과 동남아 각국을 이해하는 데 길라잡이가 되고 신남방정책의 저변을 확대하는 데 밑거름이 될 것으로 기대된다.

이준규 대사(前 주일본 대사, 한국 외교협회 회장)

　동남아가 성큼 다가와 우리 집 안방 문을 두드리고 있다. 이제는 우리가 문을 활짝 열어 그들을 반갑게 맞이할 때다. 문재인 정부의 신남방정책이 한·ASEAN 협력의 가속 페달을 밟으면서 역내 관심을 고조시키고 있다. 이 가속페달 위세 앞에 기세등등한 코로나-19도 길가로 밀려날 판이다. 더욱이 동남아 지역은 미국과 중국이 각각 인도·태평양 전략과 일대일로 이니셔티브를 핵심 전략으로 추구하면서 패권경쟁의 칼을 갈고 있는 지역이라 전 세계적 이목을 집중시키고 있다. 이러한 중차대한 시기에 ASEAN 회원국 전체를 시공으로 엮어 통찰하는 역작 발간은 아주 시의적절하며 반가운 소식이다. 이 책을 통해 ASEAN 10개국의 과거, 현재 그리고 미래를 내다볼 수 있는 지식 보따리는 ASEAN과 동남아를 이해하는 데 매우 유용한 길라잡이가 될 것이다. 동시에 신남방정책의 저변을 확대하는 데 소중한 밑거름이 될 것으로 기대한다. 무엇보다 동남아 사람들과 좋은 친구가 되고 싶은 분들에게 이 책을 권한다.

정해문 대사(前 주태국 대사, 前 한-ASEAN 센터 사무총장)

ASEAN 각국에 주재하고 계시는 전문가들께서 이 책을 통해서 ASEAN의 소중한 비즈니스 정보에 대한 갈망을 채워 주셨습니다.

COVID-19 상황에서도 우리의 신남방정책이 성공할 수 있는 길잡이가 되기를 기대합니다. 이 책에서 ASEAN의 답을 찾으시기 바랍니다.

최권석(KMA 한국능률협회 상근부회장)

주재원에게 가장 필요한 역량은 현지직원의 다양성을 겸허하게 수용하고 이를 성과로 이끌어 가는 것이다. 여기에 그 해답이 있다.

김상락(포스코인재창조원 글로벌교육그룹장 김상락 상무)

ASEAN 국가들은 지정학적 가치와 경제적 연관성 측면에서 상호 발전적 지역공동체로서 보다 깊은 이해를 갖고 접근해야 할 대상이다.

그래서 'ASEAN 주재원들이 바라본 진짜 ASEAN' 출간이 더욱 반갑다.

주재원들이 전하는 국가별 핵심 내용과 시장 예측, 구체적인 진출 사례 등이 ASEAN 시장에 대한 자신감과 균형 잡힌 안목을 갖게 한다.

송미영(현대자동차그룹 인재개발원장)

최근 '역내 포괄경제동반자 협정(RCEP)' 체결로 ASEAN 시장에 대한 관심이 높아지고 있습니다. 이 책은 ASEAN 10개국 전 현직 주재원들의 생생한 현장 경험을 바탕으로 쓰인 책이기 때문에 ASEAN 진출을 계획하는 기업뿐만 아니라 ASEAN에 대한 전반적인 지식을 얻고자 하는 일반인 및 학생에게도 도움이 되는 교양서입니다. K-POP/Drama/Beauty의 프리미엄이 여전히 강한 ASEAN 시장에 꿈을 두고 계신 모든 분들께 적극 추천하고 싶습니다.

나정균(前 아모레퍼시픽 APAC RHQ 법인장, 現 아모레퍼시픽 APUS 법인장)

중국, 인도와 함께 세계 경제의 성장동력으로서 ASEAN이 주목 받고 있습니다. 이 책은 ASEAN에서의 성공 비즈니스를 위한 사업 정보와 함께 주재원들이 일상생활에서 직접 경험한 문화적 차이를 생생하게 기록하였습니다.

2015년 ASEAN 경제 공동체 출범에 따라 ASEAN은 하나의 경제 블록으로 변모하고 있기 때문에 ASEAN 비즈니스의 성공을 위해서는 ASEAN 10개국 모두에 대한 이해가 필요합니다. ASEAN 10개 국가 주재원들의 현지 경험담은 ASEAN 비즈니스를 꿈꾸는 분들께 성공을 향하는 나침반이 될 것입니다.

문기봉(한-ASEAN센터 팀장)

목 차

제4장 우리가 모르던 인도네시아

제5장 우리가 모르던 라오스

제6장 우리가 모르던 말레이시아

프롤로그: ASEAN을 향한 실수

미국, 중국, 일본, 러시아의 4개국 중심의 이른바 4강 외교에서 탈피하여 문재인 정부는 신남방정책을 정권 초기부터 표방하였다. 신남방정책이란 ASEAN과 인도 등 신남방국가들과 정치·경제·사회·문화 등 폭넓은 분야에서 주변 4강(미국·중국·일본·러시아)과 유사한 수준으로 관계를 강화시켜 한반도를 넘어 동아시아, 전 세계 공동번영과 평화를 실현하고자 하는 문재인 정부 핵심 외교정책이다. 사람(People)·평화(Peace)·상생번영(Prosperity) 공동체를 핵심 개념으로 한다. 문재인 대통령이 2017년 11월 9일(현지시간) 열린 '한-인도네시아 비즈니스포럼' 기조연설을 통해 공식적으로 발표했다.

문재인 정부는 신남방정책을 통해 ASEAN 국가와의 협력을 강화하고, 안보 차원에서 북한과 외교관계를 맺고 있는 ASEAN과의 북핵 대응 공조와 협력을 이끈다는 구상을 했다. 문재인 정부는 '동북아플러스 책임공동체 형성'을 국정과제로 삼아 평화의 기반을 확대하는 '평화의 축'으로서 동북아 평화협력 플랫폼을 구축하고, 동북아를 넘어서 남방·북방 지역을 '번영의 축'으로 삼는 신남방정책과 신북방정책을 외교 목표로 제시했다.

[그림 1] 신남방정책과 신북방정책

출처: 한·ASEAN 정상회의

신남방정책은 러시아, 몽골 등 유라시아 협력 강화를 위한 대륙전략인 '신북방정책'과 함께, '평화 번영의 한반도'와 '신경제지도' 완성을 위한 핵심이다.

[그림 2] 신남방정책의 주요국가

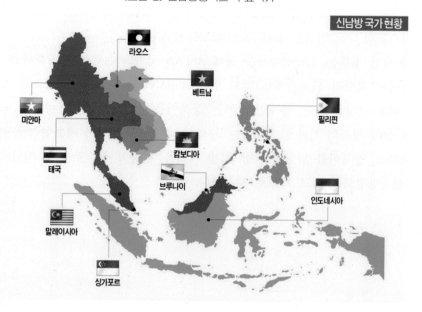

출처: 한·ASEAN 정상회의

문 대통령은 2019년 3월 10~16일 6박 7일 일정으로 브루나이(10~12일)·말레이시아(12~14일)·캄보디아(14~16일) 등 ASEAN 3개국을 순방했다. 문 대통령은 2019년 3월 13일 오후 마하티르 모하맛 말레이시아 총리와 정상회담 직후 열린 공동 기자회견에서 현지어로 '슬라맛 소르(Selamat Sore)'라고 인사했다. 회견이 열린 시각인 오후 시간대에 맞춘 인사말이었는데, 이 표현은 말레이시아가 아닌 인도네시아에서 쓰는 인사말이었다. 말레이어의 오후 인사말은 '슬라맛 쁘땅(Selamat petang)'이다. 문 대통령은 또 하루 전인 12일 낮에 열린 한·말레이시아 한류·할랄 전시회 축사에서 '슬라맛 말람(Selamat malam)'이라고 말했다. 이는 낮 인사말이 아닌 밤 인사말이다. '슬라맛 쁘땅'이 옳은 표현이다. 말레이시아와 인도네시아는 한때 연방 성립 문제로 소규모 전쟁을 벌일 정도로 서로 민감한 관계이다. 이 때문에 문 대통령의 말실수가 외교적 결례라는 지적이 나왔다.

말레이시아 이전 순방국인 브루나이에서도 외교결례로 보일 수 있는 상황이 발생했다. 문 대통령은 2019년 3월 11일 하사날 볼키아 브루나이 국왕과 만찬에서 국왕을 비롯한 브루나이 측 수행원들에게 건배를 제의했다. 이슬람국가인 브루나이는 금주국가이다. 주류 판매가 법으로 엄격히 금지되며, 공개된 장소에서 술을 마시다 적발되면 처벌된다. 외국인에 한해 숙소 등 제한된 장소에서 사전에 반입한 술을 마실 수 있다. 당시 만찬 참석자들의 잔에는 술이 아닌 물과 주스 등이 채워져 있었지만, 술 대신 물로 건배를 해도 브루나이의 무슬림 국민들을 자극할 수 있어 부적절했다는 비판이 나왔다. 이에 대해 당시 김의겸 청와대 대변인은 "무슬림 국가에서 만찬 때 건배 제의를 하지 않는다는 전제 자체가 잘못된 것"이라며 "브루나이와 사전조율을 거쳐서 만찬사가 작성됐고, 그 만찬사에는 당연히 건배사 제의가 있었던 것"이라고 해명했다.

마지막 순방지인 캄보디아에서도 실수가 있었다. 당시 청와대는 문 대통령이 캄보디아를 국빈방문 중이던 2019년 3월 15일 공식 페이스북에 캄보디아 소개글을 올렸다. 그런데 게시글에는 대만 수도인 타이베이에 있는 종합예술문화시설인 '국가양청원'의 사진을 올렸다. 뒤늦게 이 사실을 알게 된 청와대는 급히 사진을 내리고 캄보디아의 세계문화유산인 앙코르와트 사진을 다시 올렸다. 신남방정책을 외교에서의 대표정책으로 내세운 문 대통령이 국빈방문한 동남아 3개 국가에서 모두 외교적 결례를 범한 셈이다. 이는 단지 외교적인 결례가 아니라 ASEAN을 바라보는 우리의 현실이다. 우리는 ASEAN에 대해 많이 안다고 생각하고 친밀하다고 생각한다.

1) ASEAN에 대한 한국의 인식

"ASEAN 10개국을 다 나열해 보세요!"

위의 질문에 답을 제대로 할 수 있는 한국인 비중은 얼마나 될까? 아마 많지 않을 것이다. 2017년 ASEAN – KOREA센터[1]에서 발간된 '한국과 ASEAN 청년의 상호인식' 보고서를 보면 한국인의 ASEAN 인식은 편협적이고 ASEAN에 대해 한국인들이 이른바 '근자감(근거 없는 자신감)'을 가지고 있다는 것을 확인할 수 있다.

먼저 [표 1]을 보면 한국 사람들의 ASEAN에 대한 이미지와 ASEAN 사람에 대한 이미지의 현주소를 파악해 볼 수 있다. 물론 한국 청년들만을 대상으로 한 조사이기는 하나 ASEAN에 대한 첫 번째 이미지는 '개발도상국'이었고 그다음이 여행과 더위였다. ASEAN 사람에 대한 이미지는 첫 번째가 '외국인 노동자'였고, 그다음이 순박함과 노동, 피부였다. 이를 보면 한국 청년들의 인식이기는 하지만 ASEAN에 대한 속살을 알기보다는 그냥 겉으로 나타나는 피상적인 것만을 인지하고 있음을 알 수 있다. 우리는 이러한 피상적인 모습만을 가지고 ASEAN에 대한 잘 알고 있다는 착각, 즉 근자감을 가지고 있는 것이다.

ASEAN에 대한 이미지를 살펴보기 위해 동남아와 ASEAN인에 대한 이미지를 구분하여 질문하였다. 동남아에 대한 이미지는 '더위', '개발도상국', '휴양지', '관광', '여행' 등이 많이 나왔다. 또한 '가난', '후진국', '빈곤' 등 동남아에 대한 부정적 인식의 답변도 많았다. ASEAN인에 대한 이미지는 한국에서 접하는 ASEAN의 이미지가 많이 투영된 것으로 보인다. '외국인 노동자', '노동', '결혼' 등의 답변은 한국에서 볼 수 있는 동남아 이주노동자나 국제결혼 이주여성을 의미하는 것으로 해석하고 있다. ASEAN인에 대한 이미지로 한국과 쉽게 비교되는 피부도 언급되어 '피부', '까망', '까무잡잡' 등으로 나타났다. ASEAN인의 성격에 대해서는 '친절', '순박', '여유', '느긋' 등으로 표현하는데 이는 한국 청년들이 한

국인의 삶에 비해 경제적 여유는 낮을 수 있지만 한국인들에 비해 ASEAN인들
이 상대적으로 더 편안하고 여유 있게 산다고 인식하고 있었다. ASEAN에 대한
우리의 인식을 자세히 살펴보자.

[표 1] ASEAN(동남아)과 ASEAN 사람에 대한 이미지

ASEAN(동남아)에 대한 이미지	ASEAN(동남아) 사람에 대한 이미지
음식 가난 여행 개발도상국 더위 휴양지 관광 물가	친절 외국인 순박 외국인 노동자 피부 노동 이주 가난

출처: ASEAN - KOREA센터[1]

(1) ASEAN 국가 방문 경험 및 목적

[표 2] ASEAN 방문국가

출처: ASEAN - KOREA센터[1]

[표 2]와 같이 "ASEAN(동남아) 어느 나라를 방문하였는가?"라는 질문에 남녀
모두 '방문 국가 없음'이 32.4%에 불과했고, 나머지 67.6%의 응답자는 방문한 경
험이 있었다. 국가는 태국(13.6%), 필리핀(12.9%), 싱가포르(9.6%), 베트남(9.2%),

캄보디아(6.7%), 말레이시아(6.4%), 인도네시아(4.5%), 라오스(2.4%), 미얀마(1.9%), 브루나이(0.4%)의 순서로 ASEAN 국가를 방문했다. 한국 청년들의 ASEAN 국가의 방문 목적은 압도적으로 '관광 및 여행'이 1위(62.4%), 자원봉사(11.3%)가 2위, 어학연수(8.7%)가 3위를 차지했다.

한국 청년들의 ASEAN에 대한 인식으로 정보접근 방법, 음식에 대한 선호도, 국가에 대한 선호도 등을 질문했다. "ASEAN에 대한 정보를 주로 어디서 얻는가?"라는 질문에 인터넷(SNS)이 36.8%로 1위, 방송(TV/라디오)(25.4%), 주변인물(12.9%), 수업(11.0%)순이었다.

[표 3] ASEAN 국가를 방문한 목적

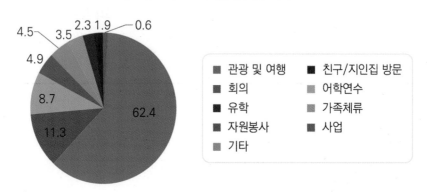

출처: ASEAN-KOREA센터[1]

[표 3]을 보면 한국 청년들이 ASEAN 국가를 방문한 목적을 확인할 수 있고, 이는 결국 ASEAN 국가 중에 인지도가 높은 국가의 원인을 알 수 있다. 대부분이 관광 목적이 많고 그다음이 자원봉사이기 때문에 한국인들은 ASEAN을 무역의 파트너보다는 관광이나 휴양지로 인식하거나 가난하기 때문에 봉사를 하러가야 하는 나라로 인식하고 있는 것이다. 사업의 경우는 0.6%에 불과했다. 또한 "ASEAN 국가 중 어느 나라의 음식을 좋아하는가?"라는 질문에 남성은 베트남(34.2%), 좋아하지 않음(24.8%), 태국(21.3%)순으로, 여성은 베트남(40.5%), 좋아하지 않음(21.8%), 태국(21.1%)순으로 나타났다. "ASEAN 국가 중 가장 호감이 가는 나라는 어디인가?"라는 질문에 남녀 모두가 싱가포르를 1위로 선택했고, 태국이 2위, 베트남이 3위를 차지하였다. 2017년 조사결과이기 때문에 2021년 기준으로는 베트남의 순위와 태국의 순위가 바뀌었을 가능성이 높지만, 전반적

으로 ASEAN 국가의 호감도는 결국 미디어에 좋은 모습으로 많이 노출될수록 호감도가 올라가는 것을 확인할 수 있다. 미디어에 거의 노출이 되지 않는 라오스나 브루나이 등은 한국인들에게 아예 인지가 잘 되지 않았기 때문에 방문국가 순위에서도 후순위로 밀렸을 것이다.

(2) ASEAN 국가와 사람에 대한 이미지

ASEAN에 대한 이미지를 살펴보기 위해 동남아와 ASEAN인에 대한 이미지를 구분하여 질문하였다. 동남아에 대한 이미지는 '더위', '개발도상국', '휴양지', '관광', '여행' 등이 많이 나왔다. 또한 '가난', '후진국', '빈곤' 등 동남아에 대한 부정적 인식의 답변도 많이 나왔다. ASEAN인에 대한 이미지는 한국에서 접하는 ASEAN인의 이미지가 많이 투영된 것으로 보인다. '외국인 노동자', '노동', '결혼' 등의 답변은 한국에서 볼 수 있는 동남아 이주노동자나 국제결혼 이주여성을 의미하는 것으로 해석한다. ASEAN인에 대한 이미지로 한국과 쉽게 비교되는 피부도 언급되어 '피부', '까망', '까무잡잡' 등으로 나타났다. ASEAN인의 성격에 대해 '친절', '순박', '여유', '느긋' 등으로 표현하는데 이는 한국 청년들이 한국인의 삶에 비해 경제적 어려움에도 불구하고 ASEAN인들이 상대적으로 편안하고 여유 있게 산다고 생각하고 있는 것이다. 하지만 이는 ASEAN이 상대적으로 미국, 일본, 유럽 국가에 비해 미디어에서 노출빈도가 낮은 데다가 ASEAN 국가의 이미지가 [표 3]에서도 확인되었듯이 대부분 관광지나 휴양지로 인식하고 있기 때문에 ASEAN 국가의 사람들에 대해서 편향적으로 인지하고 있다는 것을 확인할 수 있다.

(3) 한국과 ASEAN의 현재 관계

2021년 기준 한국과 ASEAN 관계에 대한 인식은 긍정적인 답변이 높게 나왔다. '보통이다'가 61.8%로 가장 많았지만 '약간 좋다'와 '매우 좋다' 등 긍정적 답변이 31.8%로 부정적인 답변 6.3%보다 훨씬 높았다. 이는 한국 청년들이 한국과 ASEAN 관계에 대해 전반적으로 긍정적인 생각을 하고 있는 것으로 해석된다. 성별에 따른 응답의 차이는 통계적으로 유의미하게 나타났으며, 남성 청년들보다 여성이 더 긍정적으로 생각하고 있었다.

[표 4] 한국과 ASEAN의 현재 관계

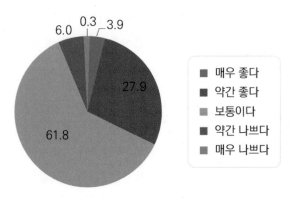

출처: ASEAN – KOREA센터[1]

[표 4]를 보면 2021년 기준 한국 청년들은 한국과 베트남의 관계에 대해 보통이나 약한 긍정의 이미지를 가지고 있는 것을 확인할 수 있다. 대체로 한국 청년들은 적대적인 이미지를 형성하고 있지는 않지만 딱히 긍정의 이미지도 응답자의 1/3 정도로 ASEAN에 대한 관심이 크지 않다는 한국의 현실을 알 수 있다. 하지만 앞에서도 언급하였듯이 한국인은 아직 ASEAN을 도움을 주어야 할 국가들로 인식하는 경향이 크다. 상호보완적으로 서로의 약점을 보완할 수 있는 파트너의 관계보다는 ASEAN을 아직 도움을 주어야 할 국가로 인식하고 있는 것이다. [표 5]를 보면 "ASEAN 국가 중 한국이 가장 많은 도움을 주어야 할 국가는 어디라고 생각하는가?"라는 질문에 베트남이 24.8%로 1위였고, 캄보디아(16.0%), 미얀마(15.9%), 필리핀(14.1%)이 뒤를 이었다. "ASEAN 국가 중 한국에게 가장 많은 도움을 줄 수 있는 국가는 어디라고 생각하는가?"라는 질문에 싱가포르가 37.6%로 1위, 뒤를 이어 베트남(23.0%), 필리핀(11.1%), 인도네시아(10.4%)순으로 나타났다.

(4) 한국과 ASEAN 관계의 미래

"앞으로 한국과 ASEAN의 관계가 어떻게 될 것이라고 보는가?"라는 질문에 [표 5]와 같이 긍정적 답변은 64.2%로 나타났고 부정적인 답변은 2.4%에 그쳤다. 조사 결과 한국 청년들은 앞으로의 한국과 ASEAN 관계가 상호 발전적인 방향으로 발전하리라는 매우 긍정적인 인식을 하고 있음을 알 수 있다.

[표 5] 한국과 ASEAN의 미래 관계

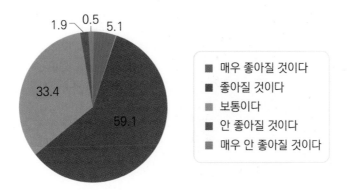

1.9 0.5 5.1

33.4

59.1

■ 매우 좋아질 것이다
■ 좋아질 것이다
■ 보통이다
■ 안 좋아질 것이다
■ 매우 안 좋아질 것이다

출처: ASEAN-KOREA센터[1]

　한국과 ASEAN 관계의 미래 방향에 대한 인식을 동남아 또는 동아시아 지역 공동체 형성 등의 문항을 통해서 살펴보았다. "2015년도 말에 출범한 ASEAN 공동체(ASEAN Community)가 지역공동체로서 앞으로 어떻게 발전될 것으로 보는가?"라는 질문에 긍정적인 답변이 55.1%로, 부정적 답변 11.2%보다 5배 이상 높게 나왔다. "동아시아 국가들이 지역공동체를 만드는 것이 앞으로 어떻게 발전될 것으로 보는가?"라는 질문에 '보통이다'가 40.3%, 긍정적인 답변이 36.4%, 부정적인 답변이 23.4%로 나왔다. 설문조사 결과 한국 청년들은 ASEAN 공동체와 동아시아 국가들의 지역공동체 형성 가능성에 매우 긍정적인 인식을 하고 있음을 알 수 있다. 동아시아 국가들의 지역공동체 형성 가능성에 대해 긍정적으로 답한 청년들은 지리적 근접성(36.9%)과 경제적 상호 연관성(36.0%)을 공동체 건설 가능성을 높이는 요인으로 지적했고, 부정적으로 답한 청년들은 역사적 영토적 분쟁(40.5%)과 경제발전 수준 차이(30.4%)를 공동체 건설의 장애물로 인식했다. 흥미로운 것은 남성보다 여성이 동아시아 공동체 구성에 더 긍정적인 인식을 갖고 있었다. 남성의 긍정적 답변이 32.2%지만 여성은 39.6%로 7% 정도 높게 나타났다. ASEAN의 포스트 차이나(Post-China) 가능성에 대해서는 [표 6]과 같이 긍정적 인식과 부정적 인식이 비슷하게 나왔다. 38.1%가 '잘될 것'이라고 했고, 31.1%는 '잘 안 될 것'으로, 30.8%는 '모르겠다'고 답했다. 한국 청년들은 경제시장으로서의 ASEAN의 가치에 대해 비교적 긍정적인 시각을 갖고 있는 것으로 나타났다.

[표 6] ASEAN의 포스트 차이나 가능성

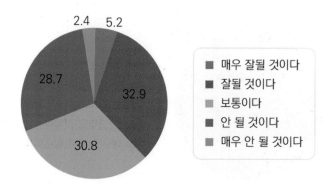

2.4   5.2

28.7

32.9

30.8

■ 매우 잘될 것이다
■ 잘될 것이다
■ 보통이다
■ 안 될 것이다
■ 매우 안 될 것이다

출처: ASEAN - KOREA센터[1]

한국과 ASEAN의 관계를 위한 한국 정부의 역할에 대해서는 다양한 답변이 나왔다. 35.8%가 무역과 투자 등 경제협력 강화를 우선으로 택했고, 정부 차원의 소통과 신뢰 증진(26%), 문화 및 관광분야 협력(20.4%), 교육과 보건분야 협력(13.6%)순으로 응답이 나왔다. 이러한 설문조사 결과는 한국과 ASEAN 관계 개선을 위해 한국 정부가 경제협력 강화와 상호교류를 더욱 확대해야 함을 의미한다. 특히 인적교류에 대한 한국 정부의 노력을 요구하는 것은 한국 청년의 ASEAN 진출 희망과도 연관되었다고 본다. 2021년 기준 한국과 ASEAN과의 중요 이슈에서 높은 응답률을 보인 국제결혼, 이주노동, 관광 등은 모두 인적교류를 기반으로 한다. 따라서 한국과 ASEAN의 협력에서 경제협력뿐만 아니라 인적교류에 대한 제도적 기반 마련과 지원 확대를 통해 ASEAN과의 관계를 더욱 발전시킬 수 있도록 노력해야 한다.

한국 정부의 역할뿐 아니라 결국 한국과 ASEAN의 미래지향적 관계를 위해서는 기업의 경제협력이나 청소년 교류, K - 뷰티 등 국민들이 좀 더 편안하게 다가갈 수 있는 영역이나 분야를 많이 알리는 것이 중요하기 때문이다. 지속적인 홍보를 통해 한국 사람들의 관심을 유도하고, ASEAN에 대한 기업의 더 활발한 투자와 진출 등 기업의 활동이 지속된다면 한국 사람들이 ASEAN에 대한 이해의 폭은 더 커질 것이다.

2) 한국에 대한 ASEAN의 인식

(1) ASEAN 청년의 한국 유학 생활

한국으로 유학 온 ASEAN 유학생들의 한국에 관한 경험으로 한국에서의 유학을 선택하게 된 이유와 한국 유학의 만족도를 확인하였다. [표 7]과 같이 "한국에서의 유학을 결심하게 된 가장 중요한 이유는 무엇인가?"라는 질문에 '장학금 혜택 등 경제적 이유'가 46.9%로 1위, 뒤를 이어 한국에 대한 호기심과 친숙함(27%), 가족, 친지, 친구, 스승 등의 권유(9.6%), 졸업 후 좋은 일자리를 구하는 데 도움이 되기 때문(6.8%)의 순서로 확인되었다.

[표 7] 한국에 유학 오게 된 동기

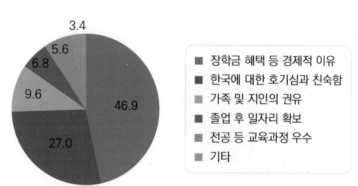

출처: ASEAN - KOREA센터[1]

조사에서 주목할 만한 사항은 성별과 국가에 따라 응답의 차이가 있다는 점이다. 남녀 모두 '장학금 혜택 등 경제적 이유'가 1위였지만, 여성이 39.2%인 데 비해 남성은 58.1%가 경제적 이유로 한국 유학을 선택하였다. 반면에 여성은 경제적 이유와 유사한 비율로 '한국에 대한 호기심과 친숙함 때문에' 한국으로의 유학을 선택했다고 답했다. 브루나이(73.3%), 싱가포르(50.0%), 인도네시아(39.1%)는 한국에 대한 호기심과 친숙함 등 긍정적 선호도가 한국 유학 선택의 1위 이유였다. 한국 유학 학비는 '한국 정부 및 기관 장학금'이 30.7%로 1위, '학교 장학금'이 2위이다. 뒤를 이어 본국 정부 및 기관 장학금(15.9%), 부모님의 지원(11.2%), 한국에서의 아르바이트(7.1%)의 순으로 나타났다.

[표 8]과 같이 "한국에서의 유학생활에 만족하는가?"라는 질문에 '그렇다'가 53.7%, '매우 그렇다'가 13.4%로 긍정적인 평가가 67.1%이다. 부정적인 평가는 5%에 그쳐 대부분의 유학생들은 한국에서의 유학생활에 만족하고 있음을 알 수 있다. "한국 유학생활 중 어렵게 느끼는 것은 무엇인가?"라는 질문에 '학업 관련' 부분이 22.2%로 1위, 뒤를 이어 외국에서의 적응 문제(15.9%), 경제적인 문제(14.7%), 이성교제(9.4%), 심리적인 문제(9.1%), 종교 활동(7.8%) 등을 언급했다. 유학 이후의 한국에서의 체류 계획은 '있다'가 41.6%, '없다'가 58.3%였다. 유학 이후 한국에서의 체류를 계획하고 있는 사람들은 'job'과 'working' 등 '취업'과 직접적으로 관련된 대답을 많이 했다.

[표 8] 한국 유학생활에 대한 만족도

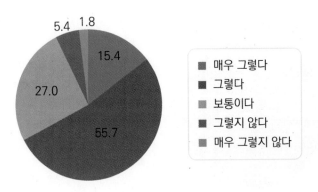

출처: ASEAN–KOREA센터[1]

(2) 한국에 대한 인식

ASEAN 유학생들의 한국에 대한 인식을 정보접근 방법, 한국에 대한 신뢰에 대한 질문을 살펴보았다. "한국에 대한 정보를 주로 어디서 얻는가?"라는 질문에 인터넷(SNS)이 46.1%로 1위, 뒤를 이어 방송(TV · 라디오)(17.3%), 주변 인물(12.6%), 홍보책자 및 도서(8.3%)순으로 응답했다.

[표 9]와 같이 "한국은 신뢰감을 주는 나라라고 생각하는가?"라는 질문에 ASEAN 청년들은 69.6%가 '그렇다', 6.2%가 '그렇지 않다'고 답해 한국에 대한 신뢰도가 압도적으로 높음을 알 수 있었다. 한국에 대한 신뢰도에 대해서는 국가별로 응답의 차이가 나타났다. 필리핀(87.1%), 브루나이(80.0%)가 평균 70%보다 훨씬

높은 비율을 보였고, 베트남, 캄보디아, 인도네시아가 평균과 비슷했고, 싱가포르 (66.7%), 태국(61.1%)이 상대적으로 낮게 나왔다. ASEAN 국가 간에 차이가 나는 것은 한국에 온 같은 나라 유학생들끼리 의견을 나누면서 영향을 받은 결과로 보인다.

[표 9] 한국에 대한 신뢰도

출처: ASEAN‒KOREA센터[1]

(3) 한국과 한국인에 대한 이미지

한국에 대한 이미지를 살펴보기 위해 한국과 한국인에 대한 이미지를 구분하여 확인하였다. 한국에 대한 이미지는 경제·기술적인 부분에 대한 이미지, 사회·문화에 대한 이미지 등으로 나뉘어 나타났다. [표 10]과 같이 'developed', 'advanced', 'economic', 'modern', 'technology' 등은 한국의 앞선 경제·기술적 부문에 대한 이미지로 볼 수 있다. 'safe', 'clean', 'environment', 'culture', 'food' 등은 한국의 사회·문화에 대한 긍정적 인식이 반영된 것으로 보인다. 한국인에 대한 이미지 역시 긍정적으로 나타났다. 'friendly', 'kind', 'nice' 등 한국인이 친절하다고 생각하는 유학생들이 많았다. 반면에 한국인의 직업 환경이나 경직성에 대한 이미지로 'hard working', 'busy', 'fast', 'strict' 등의 답변이 확인되었다.

한국에 오기 전과 후를 비교해 한국에 대한 이미지 변화에 대한 질문에 '좋아졌다'가 45.7%, '변하지 않았다'가 33.2%, '나빠졌다'가 19.6%로 나왔다. 나빠진 이유에 대해서는 가장 많은 응답자가 'culture'로 대답하고, 이와 관련해 'life', 'living', 'environment', 'understand' 등의 답도 있었다. 'work', 'education', 'friends', 'experience' 등의 답변도 많이 나왔는데 이는 유학생들이 겪는 학업이나 한국 친구들과의 어려움 등이 영향을 미친 것으로 생각된다.

[표 10] 한국과 한국인에 대한 이미지

한국에 대한 이미지	한국인에 대한 이미지
beautiful technology culture Developed good fast safe clean	working hard nice Friendly busy hard - working kind strict

출처: 박성민·권정언(2012)[2]

[표 11] 한국에 오기 전과 온 후 한국에 대한 이미지

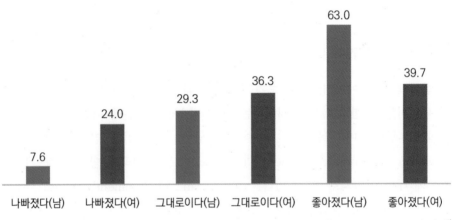

출처: ASEAN - KOREA센터[1]

한국에 대한 이미지의 변화는 성별과 국가별로 응답의 차이가 있었다. 남성이 '좋아졌다'가 63.0%, '나빠졌다'가 7.6%인 데 반해, 여성은 '좋아졌다'가 39.7%, '나빠졌다'가 24.0%로 나왔다. 유학생 남성들은 한국의 경제사회적 발전을 경험하고 더 좋아졌다는 긍정적인 변화가 많은 데 비해 상대적으로 유학생 여성들은 감성적으로 기대했던 한국과 현실의 한국 모습을 비교해서 실망하는 측면이 표현된 것으로 보인다. 한국에 대한 이미지의 변화에 대한 질문은 국가별로 다른 결과가 나왔다. 라오스와 베트남, 캄보디아에서는 5% 정도만 '나빠졌다'를 선택

한 반면, 인도네시아와 태국은 각각 30.9%, 27.8%가 '나빠졌다'라고 응답하였다. 말레이시아, 브루나이, 필리핀 역시 각각 17.6%, 13.3%, 12.9%가 '나빠졌다'고 답했다. 라오스, 베트남, 캄보디아 유학생들은 경제사회 수준의 상대적으로 현격한 차이가 긍정적 인상에 영향을 미쳤고, 인도네시아와 태국 유학생들은 바라던 것에 비해 한국 사회에서 체험한 실망감이 영향을 준 것으로 생각된다.

(4) 한국과 ASEAN의 현재 관계

2021년 기준 한국과 ASEAN 관계에 대한 인식은 긍정적인 답변이 높게 나왔다. [표 12]와 같이 "한국과 ASEAN의 관계는 현재 어떻다고 생각하는가?"라는 질문에 '약간 좋다'가 61.2%로 1위였고, '매우 좋다'도 14%가 나와 긍정적 답변이 75.2%로 부정적 답변 1.8%에 비해 압도적으로 높았다. 2021년 기준 한국과 ASEAN 관계에 대한 인식은 국가별로 유의미한 응답 차이가 있었다. 말레이시아, 베트남, 브루나이, 캄보디아, 태국 유학생은 긍정적인 답변이 압도적으로 높았다. 반면 라오스와 싱가포르는 부정적 답변이 10% 이상으로 확인되었다.

[표 12] 한국과 ASEAN의 현재 관계

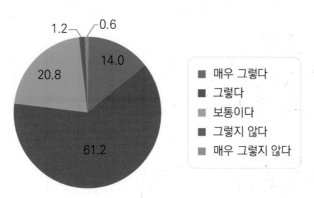

출처: ASEAN - KOREA센터[1]

[표 13]과 같이 "한국이 본인의 출신 국가의 발전에 도움이 되는 나라라고 생각하는가?"라는 질문에 '도움이 된다'가 49.1%로 1위, '보통이다'(32.6%)가 2위, '매우 도움이 된다'가 9.3%로 긍정적인 답변이 부정적인 답변 8.4%에 비해 매우 높게 나왔다. '한국이 본인의 출신 국가 발전에 도움이 되는가'라는 질문에 국가

별로 통계적으로 유의미한 응답의 차이를 보였다. 대부분의 나라에서 긍정적인 답변이 부정적인 답변보다 훨씬 많이 나왔지만, 태국, 싱가포르, 브루나이는 긍정적 답변이 높게 나타나지 않았다. 태국, 싱가포르, 브루나이가 상대적으로 높게 나오지 않은 이유는 이들 국가의 경제수준이 높아서 한국의 도움을 많이 필요로 하지 않는다고 생각하기 때문으로 볼 수 있다.

[표 13] 한국과 ASEAN 각국과의 관계

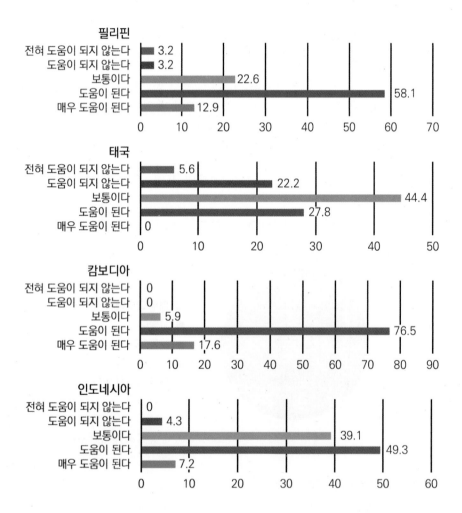

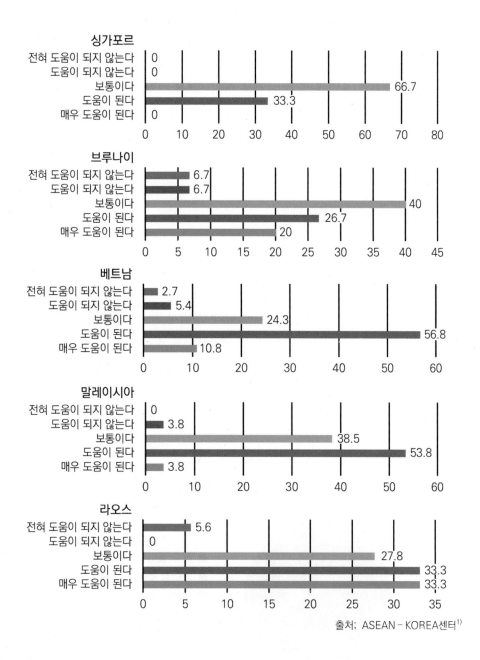

싱가포르

전혀 도움이 되지 않는다	0
도움이 되지 않는다	0
보통이다	66.7
도움이 된다	33.3
매우 도움이 된다	0

브루나이

전혀 도움이 되지 않는다	6.7
도움이 되지 않는다	6.7
보통이다	40
도움이 된다	26.7
매우 도움이 된다	20

베트남

전혀 도움이 되지 않는다	2.7
도움이 되지 않는다	5.4
보통이다	24.3
도움이 된다	56.8
매우 도움이 된다	10.8

말레이시아

전혀 도움이 되지 않는다	0
도움이 되지 않는다	3.8
보통이다	38.5
도움이 된다	53.8
매우 도움이 된다	3.8

라오스

전혀 도움이 되지 않는다	5.6
도움이 되지 않는다	0
보통이다	27.8
도움이 된다	33.3
매우 도움이 된다	33.3

출처: ASEAN‒KOREA센터[1]

(5) 한국과 ASEAN 관계의 중요 이슈

한국과 ASEAN 관계에서 2021년 기준 중요한 이슈에 대한 질문에 ASEAN 청년들은 경제협력이 20.7%로 1위, 뒤를 이어 관광(15.6%), 이주노동(10%), 유학(9.6%), 해외투자(8.9%), 대중문화(7.3%)순으로 답했다. 경제협력, 이주노동, 해외

투자 등은 모두 경제협력과 관련되고, 관광, 이주노동, 유학은 인적 교류와 연관된다.

"남북한 관계가 본인의 출신 국가에 어떤 영향을 미친다고 생각하는가?"라는 질문에 '보통이다'가 46.3%, '관계있다'가 26.4%로 나왔다. 싱가포르, 말레이시아, 캄보디아, 필리핀, 태국 유학생들은 '관계있다'가 40~50%의 비율로 나왔고, 브루나이와 인도네시아 유학생들은 '관계있다'가 비교적 낮은 비율로 확인되었다.

(6) 한국과 ASEAN 관계의 미래

[표 14]와 같이 한국과 ASEAN 관계의 미래 관계에 대한 질문에 긍정적인 답변은 82%로 나타났고 부정적인 답변은 6.5%에 그쳤다. 브루나이, 캄보디아, 필리핀은 긍정적인 답변이 각각 93.4%, 94.1%, 93.6%로 매우 높은 비율을 보였다.

한국과 ASEAN 관계의 미래 방향에 대해 동남아 또는 동아시아 지역공동체 형성 등의 문항을 통해서도 살펴보았다. "2015년도에 출범한 ASEAN 공동체가 지역공동체로서 앞으로 어떻게 발전될 것으로 보는가?"라는 질문에 긍정적인 답변이 67.7%로, 부정적 답변 3.1%보다 훨씬 높게 나왔다. "동아시아 국가들이 지역공동체를 만드는 것이 앞으로 어떻게 될 것으로 보는가?"라는 질문에 긍정적 답변은 54.6%, 부정적인 답변은 14.6%였다.

[표 14] 한국과 ASEAN의 미래 관계

- 매우 좋아질 것이다
- 좋아질 것이다
- 보통이다
- 안좋아질 것이다
- 매우 안좋아질 것이다

0.9 5.6 10.6 20.3 61.5

출처: ASEAN-KOREA센터[1]

조사 결과 ASEAN 유학생들은 ASEAN 공동체와 동아시아 국가들의 지역공동체 형성 가능성에 매우 긍정적인 인식을 하고 있음을 알 수 있다. 라오스, 베트남, 캄보디아, 말레이시아, 브루나이 유학생들은 각각 83.3%, 70.3%, 64.7%, 60%, 60%로 동아시아공동체 형성을 긍정적으로 인식하고 있는 반면 싱가포르, 태국은 50%가 부정적으로 인식하고 있고, 인도네시아 역시 26.1%로 부정적 비율이 상대적으로 높았다.

(7) 한국과 ASEAN 정부의 역할

"한국과 ASEAN 관계 발전을 위해 한국과 ASEAN은 무엇을 위해 가장 노력해야 한다고 생각하는가?"라는 질문에 대해 '무역, 투자 등 경제협력 강화'가 42.9%로 1위, 교육 및 보건 분야 협력 확대(19.6%), 정부 수준에서의 소통과 신뢰 증진(18%), 문화 관광 등 민간 차원의 상호교류 확대(13.7%)순이었다. 한국과 ASEAN 관계 발전을 위한 노력에 대해 출신 국가별로 응답 차이를 보였다. 대부분의 ASEAN 국가 유학생들은 '무역, 투자 등 경제협력 관계 강화'를 1위로 지목했지만, 캄보디아와 필리핀은 '정부수준에서의 소통과 신뢰 증진'이 각각 29.4%, 35.5%로 1위였다. 인도네시아도 '정부수준에서의 소통과 신뢰 증진'이 20.3%로 높게 나타났다.

한국 정부에게 부탁하고 싶은 점을 주관식으로 질문했는데, 가장 많은 응답자가 'visa'라고 답했다. 이러한 결과는 2021년 기준 ASEAN 유학생들이 한국에서의 유학을 위한 비자 문제에 현실적으로 많은 어려움을 겪고 있기 때문으로 보인다. 그 외에 'students', 'scholarship', 'opportunities' 등 장학금과 교육 기회 제공을 많이 언급하였다. 따라서 한국 정부뿐 아니라 한국 기업들도 ASEAN 젊은이들이 바라는 니즈를 한국 정부와 같이 보조한다면 향후 한국과 ASEAN의 미래적 관계는 더 좋아질 수 있을 것이다.

3) 한국 - ASEAN의 인식비교와 향후 시사점

(1) 상호인식

한국 청년들은 ASEAN에 대해 휴양지와 더운 날씨, ASEAN 사람들의 피부와 여유로움 같은 객관적 사실과 빈곤과 개발도상국이라는 현상을 연관 지어 판단하고 있다. 국제 결혼 이주여성과 이주노동자를 ASEAN에 대한 인상으로 많이 가지고 있으면서 이주여성과 노동자 문제의 긍정적인 면과 부정적인 면 모두를 인지하고 있다. ASEAN 청년들의 한국에 대해 갖는 발전, 선진이라는 경제적 이미지와 안전, 청결이라는 사회적 이미지는 기술과 문화강국이라는 인상과 겹쳐진다. 자신의 출신 국가와 비교했을 때의 상대적인 장점이 한국에 대한 인상으로 이어지고 있었다. 한국인에 대한 이미지는 우호적이고 친절하다고 하는 긍정적 측면과 열심히 일하지만 급하게 서두른다는 부정적 이미지를 지적하고 있다. 대체로 ASEAN 학생들은 역동적이고 도전적인 한국인을 교육의 결과로 보고 배우고 싶어 하고 있다. 한국에 들어오기 전과 비교해 한국에 대한 이미지가 더 좋아졌다고 절반 가까운 학생들이 답한 사실은 상당히 고무적이었다.

(2) 인식의 통로

한국 청년들과 ASEAN 청년들 모두 정보를 얻고 인식이 형성되는 데 영향을 받은 매체로 스마트폰을 통한 소셜미디어를 첫째로 꼽아 청년층에 소셜미디어의 영향력이 매우 높다는 사실을 확인할 수 있었다. 따라서 블로그와 페이스북 등 청년들이 일상적으로 접하는 소셜미디어의 영향력을 생각해 정확한 정보 전달과 이에 대한 노력이 필요하다고 본다. 한국 청년은 연예인이 출연한 ASEAN 방문 TV 프로그램이, ASEAN 청년은 K-Pop과 K-Drama 등 한류스타들이 출연하는 TV 프로그램이 상대에 대한 인상을 결정하는 데 중요한 작용을 하고 있었다. 따라서 연예인과 이들이 출연하는 TV의 영향력을 고려하여 알찬 내용이 전달되고 서로에 대해 진하게 생각해 보는 프로그램이 개발되도록 노력해야 한다.

(3) 한국 청년의 ASEAN 인식

한국 학생들이 호감을 갖는 ASEAN 국가 중 싱가포르가 가장 높게 나온 것은 한국 국민소득의 두 배 가까운 소득을 가진 발전된 나라이며 부패 없고 깨끗한 나라라는 이미지가 크게 작용한 것으로 보인다. 태국과 베트남은 관광지와 지속적인 미디어 노출 등 교류와 정보가 상대적으로 많기 때문으로 보인다. 인도네시아에 대한 호감이 상대적으로 낮은 것은 교역과 투자 등 실제적인 중요성에 비해 청년들에게는 아직 실감하는 정보가 부족하기 때문으로 보인다. 여성들에게 높은 호감을 받은 라오스 같은 사례는 '꽃보다 청춘'과 같은 TV 프로그램이 준 영향력이 결정적이었다.

한국 학생들은 한국이 도움을 줄 나라로는 베트남, 캄보디아, 미얀마, 필리핀의 순서로 답했고, 한국에게 가장 많은 도움을 줄 수 있는 나라는 싱가포르, 베트남, 필리핀, 인도네시아의 순서였다. ASEAN의 도움을 줄 나라를 지목한 것은 경제지원 등 한국이 가장 많은 도움을 주어야 할 나라를 학생들이 정확하게 인식하고 있다고 본다. 도움을 줄 수 있는 나라에 싱가포르와 인도네시아가 들어간 것은 교역과 투자 등 경제 협력의 중요성을 학생들도 인식하고 있는 것 같다. 베트남은 한국이 가장 많이 도와주어야 할 나라이자 한국에 도움을 줄 수 있는 나라로 인식하고 있는데, 이는 베트남에 대한 양면적 인식이 있는 것으로 보인다. 한국에 체류하는 베트남 이주노동자와 국제결혼 이주여성을 보면서 베트남을 '가난한 나라'로 생각하는 반면 박항서 감독의 베트남에서의 성공과 삼성전자의 베트남으로의 휴대폰 공장 이전 이후 한국 기업의 베트남 진출로 시장으로서의 베트남과의 경제협력이 중요하다는 인식이 공존하고 있었다.

(4) ASEAN 청년의 한국 인식

한국에 유학 온 ASEAN 청년들이 유학을 결심하게 된 배경은 한류의 영향으로 한국에 관한 개인적인 호기심과 장학금 등 경제적 혜택이 중요한 이유로 작용한다. ASEAN 학생들은 한국 정부와 대학의 장학금 확대를 가장 많이 요구하고 있다. ASEAN 남학생들은 경제적 이유를 첫째로 꼽았지만 여학생들은 경제적 이유와 유사한 비율로 한국에 대한 호기심과 친숙함을 선택하고 있다. 한국에 대해 갖는 전반적인 인상과 유학생활의 만족도가 밀접한 상관관계가 있음을 확인하였다. ASEAN 학생들은 유학생활에 대해 대체로 만족하면서도 어려운 점으로는 학업 진행과 적응문제, 경제문제 등을 꼽았고, 유학 이후 한국 체류와 귀국 여부는 직장과 월급 등 취업 관련 요소가 가장 중요한 고려사항이라고 답해 경제적 요인이 가장 중요하다는 사실을 알 수 있었다.

문제로 지적할 것은 ASEAN 학생들이 공통으로 갖고 있는 여러 상황에서 경험하는 직간접적인 차별문제이다. ASEAN 남학생들을 이주노동자의 연장선에서, 여학생들을 국제결혼 이주여성의 연장선에서 보는 극히 일부 한국인의 잘못된 생각이 ASEAN 학생들을 불편하게 하는 경우가 있었다. 대학교의 영어 강좌 부족과 장학금 지원 중단, 기숙사와 식당에서의 부당한 대우 등을 무시당한다는 느낌으로 갖고 있었다. 한국인의 '정'을 고맙게 보지만 한국 미디어에 종종 나타나는 ASEAN에 대한 편견이 현실에서 차별적 시각으로 나타나는 것으로 생각된다.

(5) 한·ASEAN 관계 인식

한국 청년의 한국과 ASEAN 관계에 대한 인식은 긍정적 평가가 부정적 평가보다 5배 이상 높게 나왔다. 한국 여성청년들은 한국 남성청년들보다 더 긍정적으로 생각하고 있다. ASEAN이 한국의 발전에 도움이 되는 지역인가에 대한 답변도 남녀 학생들 모두 긍정적인 답변이 부정적 답변보다 크게 높았다. 한국 청년들이 한·ASEAN 관계를 높게 긍정적으로 생각하는 것은 현실에 대한 매우 좋은 평가이면서 동시에 자신들의 미래를 위해 한·ASEAN 관계가 더욱 발전해야 한다는 바람을 반영하고 있는 것으로 보인다. ASEAN 학생들은 한국과 ASEAN 관계에 대해 한국 학생들에 비해 두 배 이상 긍정적으로 인식하고 있다. 한국이 출신 국가의 발전에 도움을 주는 나라인가에 대해서도 긍정적 의견이 부정적 의견보다 압도적으로 높게 나왔다. ASEAN에서 유학 온 학생들이기 때문에 한·ASEAN 관계에 대해 다른 사람들보다 더 긍정적으로 평가하는 것은 당연하다고 생각된다.

한국 청년들은 한국과 ASEAN 관계의 중요 이슈에 대해 국제결혼, 경제협력, 이주노동, 관광순으로 답했다. 국제결혼, 이주노동 등을 중요 이슈로 답한 것은 한국 청년들이 동남아를 인적 교류의 대상 지역으로 보고 있음을 나타낸다. 이런 결과는 경제협력 같은 물적 교류 못지않게 한국 청년들에게는 ASEAN이 사람과 사람의 접촉의 장으로 인식되고 있다는 중요한 사실을 보여주는 것이다. ASEAN 청년들은 한국과 ASEAN 관계의 중요 이슈에 대해 경제협력, 관광, 이주노동, 유학, 해외투자, 대중문화순으로 답했다. 경제협력, 이주노동, 해외투자 등은 모두 경제문제와 관련이 있고, 관광, 이주 노동, 유학은 인적교류와 관련된다. 한국 청년과 ASEAN 청년 모두에게 경제협력과 인적교류는 한국과 ASEAN 관계에서 가장 중요한 이슈임을 확인할 수 있다.

(6) 한·ASEAN 관계 전망

한국 청년들은 한국과 ASEAN 관계의 미래에 대해 절반 이상이 긍정적으로 답했고, 부정적인 답은 극소수에 불과했다. 이는 2021년 기준 한국과 ASEAN 관계 답변보다 2배 이상 높아 한국과 ASEAN의 미래를 매우 긍정적으로 전망하게 된다. ASEAN 청년들은 한·ASEAN 관계의 미래를 더욱 긍정적으로 전망하고 있다. 출신 국가별 약간의 차이가 있지만 모든 동남아 유학생들은 한국과 ASEAN 관계가 발전할 것임을 낙관하고 있다. 이런 청년들의 인식은 한국과 ASEAN 모두에게 매우 희망적인 신호이다.

한국 청년들은 향후 한국과 ASEAN이 가장 노력해야 할 분야로 무역과 투자 등 경제협력을 꼽았고, 정부 차원의 소통과 신뢰 증진, 민간 차원의 문화 및 관광 분야 협력, 교육과 보건 분야 협력순으로 답했고, ASEAN 청년들 역시 경제협력 강화를 첫째로 선택하면서 거의 동일한 순서로 답했다. 이러한 결과는 한국과 ASEAN의 관계 발전을 위해 정부가 경제협력 강화 및 교육과 문화 분야 교류 확대를 위해 특별히 노력해야 함을 의미한다. 한국 청년들이 인적 교류에 대한 한국 정부의 노력을 요구한 것은 청년들의 ASEAN 진출 희망과 직결되어 있다. 따라서 인적교류 관련 제도적 기반과 지원 창구 확대가 필요하다. ASEAN 학생들은 자신들의 여건상 한국 정부에 비자 문제의 해결과 정부 장학금과 교육 기회 확대를 많이 요구하고 있어 이에 대한 조치가 필요하다고 본다. 상생 협력을 지향하는 진정한 파트너로서 한국과 ASEAN은 성장할 수 있을 것이다. 따라서 ASEAN을 보는 '근자감'을 넘어 한국과 한국인이 ASEAN에 대한 이해를 높이고 공감을 형성하여 진정한 동반자로서 대한다면 한국과 ASEAN의 진정한 파트너가 될 수 있을 것이다. 이제부터 ASEAN에 살면서 삶을 경험한 ASEAN 각국의 한국인 주재원의 눈으로 ASEAN에 대해 제대로 알아보도록 하자.

박성민(배화여대 교수)

제 **1** 장

우리가 모르던 ASEAN

왜 ASEAN 시장에 주목해야 하는가

동남아국가연합 ASEAN
Association of Southeast Asian Nations

1

한·ASEAN 특별정상회의

2019년 11월, 한국이 미·중·일보다 먼저 한 것이 있다. 2019년 11월 25~26일간 있었던 [그림 1-1]과 같이 개최된 제3차 한-ASEAN 특별정상회의 개최가 바로 그것이다. ASEAN은 상대 국가의 위상, 그리고 관계의 성숙도를 평가해 대화상대국 지위를 부여한다. 한국은 지난 1989년 ASEAN의 부분대화상대국(Sectoral Dialogue Partnership)이 되었고, 1991년 완전대화상대국이 되었다. 2010년에는 ASEAN이 대화상대국과 설정한 최고 단계인 전략적 동반자 관계로까지 발전했다. 30년 파트너십의 여정에 비약적 발전의 계기가 된 것이 바로 제1차 한-ASEAN 특별정상회의이다.

ASEAN은 글로벌 역동성의 중심에 있다. 이미 세계 5위 경제권인 ASEAN은 고성장을 거듭해 2030년이 되면 4위 경제권으로 올라설 전망이다. 6억 5,000만 인구 중 절반 이상이 30세 이하로 젊다. 전 세계 해외투자의 12%가 ASEAN으로 몰리고 있다. 그런데 ASEAN은 미중 간의 패권경쟁이 압축적으로 드러나는 현장이 되었다. 미국은 2018년 'ASEAN은 미국의 인도-태평양 전략의 핵심에 있음'을 선언했고, '新실크로드 건설'에 나선 중국의 1차 목표도 ASEAN이다. 미·중 갈등에 끼인 한국에게 ASEAN의 운명이 각별하게 느껴지는 이유이다. 트럼프 이후 들어선 바이든 정부도 미국·일본·인도·호주를 연결하는 쿼드(Quad)1) 4개국 정상회담을 열면서 트럼프 정부에 이어 태평양과 인도양을 비롯한 동아시아에서

---

1) 쿼드(Quad): 4자안보 대화로 2007년부터 미국·일본·인도·호주 4개국이 정기적으로 정상회담, 정보교환 및 회원국 간 군사훈련에 의해 유지된 전략 대화가 국제기구로 발전했다.

중국을 견제하는 노력을 이어가고 있다. 바이든 정부는 이 쿼드에 한국 정부의 참여를 희망하면서 한국 정부는 미국과 중국 사이에서 전략적 모호성을 취하는 양상에서 어느 한쪽을 선택해야 하는 압력을 받고 있는 상황이다.

[그림 1-1] 제 1회 한·ASEAN 특별정상회의

출처: 연합뉴스

세계패권을 다투는 G2인 미국과 중국에 있어서 동아시아지역 즉 ASEAN이 새롭게 강조되는 이유는 그림 [그림 1-2]와 같이 ASEAN이 세계에서 차지하는 여러 가지 요건이 중요하기 때문이다. [그림 1-2]와 같이 ASEAN 인구는 약 6억 4,000만 명이고 30세 이하 인구가 인구의 절반 이상을 차지하고 있다. 지난 10년간의 ASEAN의 중산층, 고소득층은 약 3배 증가했으며 중산층 인구는 지난 2010년 1억 7,000만 명에서 2030년 5억 명으로 약 3배가량 증가가 예상된다. 이는 세계에서 5번째로 큰 경제블록이며 앞으로 ASEAN은 중산층의 증가와 젊은 인구비율이 높기 때문에 높은 성장가능성을 보유하고 있다.

[그림 1-2] 한국-ASEAN 주요 현황(2018년 기준)

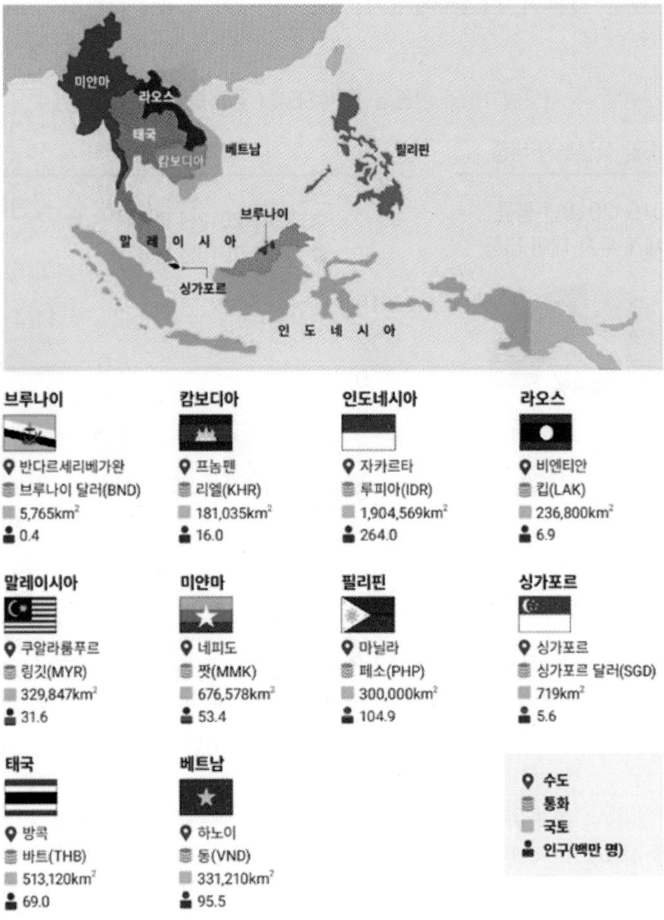
미얀마
라오스
태국
캄보디아
베트남
필리핀
브루나이
말 레 이 시 아
싱가포르
인 도 네 시 아
브루나이
반다르세리베가완
브루나이 달러(BND)
5,765km²
0.4
캄보디아
프놈펜
리엘(KHR)
181,035km²
16.0
인도네시아
자카르타
루피아(IDR)
1,904,569km²
264.0
라오스
비엔티안
킵(LAK)
236,800km²
6.9
말레이시아
쿠알라룸푸르
링깃(MYR)
329,847km²
31.6
미얀마
네피도
짯(MMK)
676,578km²
53.4
필리핀
마닐라
페소(PHP)
300,000km²
104.9
싱가포르
싱가포르
싱가포르 달러(SGD)
719km²
5.6
태국
방콕
바트(THB)
513,120km²
69.0
베트남
하노이
동(VND)
331,210km²
95.5
수도
통화
국토
인구(백만 명)

출처: 2019 한·ASEAN 특별정상회의 누리집·리플릿

이뿐만이 아니다. 경제적 요건은 ASEAN의 전략적 가치를 더욱 높이고 있다. [그림 1-3]을 보면 ASEAN 국가들은 1990년대 후반 외환위기 이후의 안정적 경제정책과 중국의 급성장 등을 배경으로 2000년대 들어 글로벌 경제에서의 위상이 점차 확대되고 있다. 이에 따라 한국뿐 아니라 인접국인 중국과 일본의 ASEAN에 대한 관심과 투자는 크게 증가하고 있다.

중국은 '일대일로(一帶一路: 육상·해상 실크로드)'[2]를 추진하며 싱가포르, 말레이시아, 인도네시아 등을 중심으로 투자를 크게 늘렸고, 일본은 ASEAN 지역에 비제조업 부문 직접투자를 확대하면서 전체 직접투자액이 증가했다. 이에 따라 2015~2018년 한·중·일이 세계의 대ASEAN 직접투자에서 차지하는 비중은 24.6%로 2010~2012년 평균 19.7%보다 4.9%p 확대됐다. 국가별로는 중국이 6.0%에서 8.0%, 일본이 11.4%에서 12.4%, 한국이 2.4%에서 4.3%로 늘었다.

[그림 1-3] 한중일 대 ASEAN 직접투자 현황

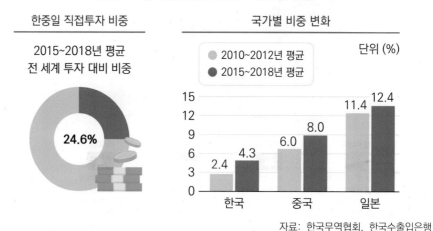

자료: 한국무역협회, 한국수출입은행

한국, 중국과 일본의 관심과 투자증가는 실제로 [그림 1-4], [그림 1-5]와 같이 세계 GDP 및 총수출에서 ASEAN 5국(인도네시아, 말레이시아, 필리핀, 태국, 베트남)이 차지하는 비중이 2000년 4%대에서 2020년에는 5%대로 확대되었다.

---

2) 일대일로: 2014년 중국 시진핑 주석에 의해 시작된 정책으로 육상 실크로드 경제벨트와 21세기 해상 실크로드 계획을 의미한다. 이 계획은 중국과 유라시아 국가들을 고대에 개척된 육상의 옛 '비단길'을 육상 실크로드 계획을 통해 도로와 철도로 연결하는 것과 동시에 남중국해, 인도양, 홍해와 지중해를 바닷길로 연결하는 해상 실크로드를 동시에 추진하여 중국이 국제사회에서 더 큰 영향력을 행사하는 것을 목적으로 하고 있다.

[그림 1-4] ASEAN 경제지표

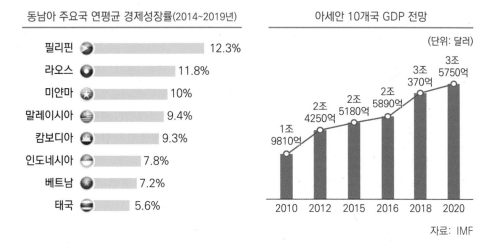

동남아 주요국 연평균 경제성장률(2014~2019년)

필리핀	12.3%
라오스	11.8%
미얀마	10%
말레이시아	9.4%
캄보디아	9.3%
인도네시아	7.8%
베트남	7.2%
태국	5.6%

아세안 10개국 GDP 전망

(단위: 달러)

연도	GDP
2010	1조 9810억
2012	2조 4250억
2015	2조 5180억
2016	2조 5890억
2018	3조 370억
2020	3조 5750억

자료: IMF

[그림 1-5] ASEAN 경제성장률 추이

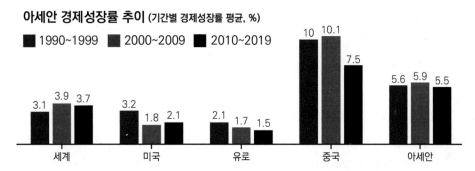

아세안 경제성장률 추이 (기간별 경제성장률 평균, %)

■ 1990~1999 ■ 2000~2009 ■ 2010~2019

	세계	미국	유로	중국	아세안
1990~1999	3.1	3.2	2.1	10	5.6
2000~2009	3.9	1.8	1.7	10.1	5.9
2010~2019	3.7	2.1	1.5	7.5	5.5

자료: IMF, World Economic Outlook Database, * ASEAN: 회원국 단순평균

　　이렇게 ASEAN의 중요성이 강조되면서 문재인 정부는 '신남방정책'을 중요한 외교정책으로 내세우면서 2019년 처음으로 한·ASEAN 특별정상회의를 개최하였다. 2019년 11월 25일 한·ASEAN 특별정상회의가 공식 개막했다. 문 대통령은 기조연설에서 "수백 년을 이어온 교류의 역사는 또다시 동아시아를 세계 경제의 중심으로 서서히 떠밀고 있다"며 "한국은 ASEAN의 친구를 넘어서 ASEAN과 '함께 성장하는 공동체'가 될 것"이라고 강조했다. '함께 성장하는 공동체'를 위해 ① 사람 중심의 포용적 협력, ② 상생번영과 혁신성장 협력, ③ 연계성 강화를 위한 협력 3대 원칙을 제시했다. 그리고 다음과 같이 6개의 2019 한-ASEAN 특별정상회의 공동의장 성명을 발표하였다.

① 1989년 한-ASEAN 대화관계 수립 이후의 다양한 분야에서의 협력 성과를 높이 평가, 특히 우리 정부의 신남방정책을 환영하고 ASEAN 공동체 건설에 대한 한국의 기여 평가

② 전통·비전통(초국가범죄, 테러리즘 등) 안보 위협 대응 협력 강화, 2019년 신설된 한-ASEAN 초국가범죄 장관회의 환영

③ 한-ASEAN 교역 확대를 위해 한-ASEAN FTA 활용을 포함, 상호 관심 분야에서 공동 번영을 위해 노력, 역내포괄적경제동반자협정(RCEP) 문안 협상 타결 환영

④ 표준화센터·산업혁신기구·과학기술협력센터·금융협력센터·정보통신(ICT) 융합빌리지 등 다양한 한-ASEAN 협력기관을 설립 추진 또는 검토, 스마트시티와 4차 산업혁명 대응 협력 또한 확대

⑤ 인적 교류 확대를 위한 비자제도 개선과 다양한 사회·문화 분야에서의 협력사업 환영, 기술직업교육훈련(TVET)과 장학사업 확대 등을 통한 인적 역량 강화 지원

⑥ 한국은 2022년까지 ASEAN 국가들에 대한 무상원조 2배 이상 증액, 한-ASEAN 협력기금도 2배로 증액해 ASEAN의 지속가능한 발전에 기여 지속

또한 한·ASEAN 특별정상회의와 별도로 2011년 출범한 한-메콩 협력의 주요 성과를 평가하고, 2019년 국가정상급으로 격상되어 개최된 한-메콩 정상회의[3]의 미래 협력 방향에 대한 정상들 간 합의사항을 모았다. '사람, 번영, 평화의 한-메콩 동반자 관계 구축'을 위한 미래 협력 비전을 제시하고, 이를 위한 한-메콩 우선협력 분야로 ① 문화·관광 ② 인적자원개발 ③ 농촌개발 ④ 인프라 ⑤ ICT ⑥ 환경 ⑦ 안보협력을 마련했다.

2019년 한·ASEAN 특별정상회의 및 한-메콩 정상회의를 통해 얻어진 성과를 종합하면 다음의 [표 1-1]과 같이 10가지로 종합해 볼 수 있다.

---

3) 2011년 이후 매년 장관급으로 진행돼온 한·메콩 협의체가 정상급으로 격상해 최초로 개최된 것으로 ASEAN 정상 중 한국과 메콩강 유역 5개국(캄보디아, 라오스, 미얀마, 태국, 베트남) 간의 협력을 강화하기 위한 협력기구.

[표 1-1] 한-ASEAN 특별정상회의 및 한-메콩 정상회의 성과

	성과
1	**ASEAN 핵심국가들과 자유무역협정(FTA) 추진** - 한-인도네시아 포괄적경제동반자협정(CEPA) 타결, 개발도상국 대상 상생형 자유무역협정(FTA) 협력모델 제시 - 필리핀, 바나나-자동차/부품 중심 조기성과 패키지 합의 - 캄보디아, 자유무역협정(FTA) 공동연구 개시
2	**ASEAN 국가에 우리 기업 진출 확대** - 인도네시아 현대자동차 완성차 공장 건설 투자협약 체결 - ASEAN의 성장발전을 지원하기 위한 산업혁신기구와 표준화 공동 연구센터 설립 - 2020년 신남방비즈니스협력센터 설치 - ASEAN 한인 상공인연합회와 정례대화 채널 구축 - KOTRA-태국동부경제회랑 사무소 투자협력 양해각서(MOU) 체결 - 캄보디아와 이중과세방지협정 체결, 베트남과 이중과세방지협정 개정 - 한-ASEAN 스타트업 파트너십 구축(중기부-ASEAN중소기업조정위원회(ACCMSME) 간 정책대화 추진)
3	**ASEAN 10개국 26개 시범도시 대상 한국형 지능형도시(스마트시티) 모델 진출 추진** - 인도네시아와 수도이전 프로젝트 양해각서(MOU) 체결 - 말레이시아 코타키나발루 협력 사업 추진 - 싱가포르, 브루나이와 양자협력 양해각서(MOU) 체결 - ASEAN 연계성 마스터플랜 2025 이행분야 협력 강화
4	**농업 및 해양 협력 협력 강화** - 캄보디아와의 농업협력 양해각서(MOU) 갱신 - 한-라오스 항만운영 협력 양해각서(MOU) 체결 - 필리핀, 미얀마와 수산협력 양해각서(MOU) 체결 - 베트남과 해사 업무 및 선원훈련 양해각서(MOU) 체결(한국해양대 실습선 양도) - 베트남·라오스와 해양수산 공동위원회 창설 제안, 후속초지 추진
5	**금융협력 강화** - 한-ASEAN 금융협력센터 설치 - 산업은행-베트남 재무부 간 양해각서(MOU) 체결
6	**인적교류 확대** - 싱가포르, 브루나이와 직항 자유화 - 인천공항-싱가포르 창이공항 연결 활성화 - 특별정상회의 전후 3개월간 ASEAN 국가 국민 한시적으로 단기방문 비자 수수료 면제(40달러) - 복수 비자발급 대상자 자산가, 기업인, 고위공무원, 국회의원으로 확대(19년 12월~)

	성과
7	**문화교류 협력 강화** - 2021년 한-메콩 교류의 해 지정 - 방콕 ASEAN 문화센터와 부산 ASEAN 문화원 간 협력증진 양해각서(MOU) 체결 - ASEAN 문화유산 복원 및 ASEAN 디지털 문화유산 콘텐츠 개발 - 필리핀과 관광교류 확대와 관광객 안전강화 양해각서(MOU) 이행계획 체결 - 필리핀 라오스 등과 한국어 교육지원 교육협력 양해각서(MOU) 체결
8	**국방 방산·협력 강화** - 한-필리핀 특정 방산물자 조달 시행약정 개정 - 한-싱가포르 화생방 분야 정보교환 협정서 체결 - ASEAN 10개국과 국방협력 협정 체결 추진
9	**환경협력 강화** - 미얀마에 한-메콩 생물다양성센터 건립 합의(2025년 완공목표, 다른 메콩 국가에서 분소 설치 추진) - 미얀마와 기후변화, 대기오염, 폐자원 관리 등 환경협력 양해각서(MOU) 체결
10	**한반도 평화 프로세스에 대한 지지 확보** - 공동의장 성명에 한반도 문제해결을 위한 3대원칙(전쟁불용, 상호 안전보장, 공동번영)과 DMZ 국제평화지대 구상 반영 및 이에 대한 ASEAN 측 지지 확보 - ASEAN 주도 지역협의체의 한반도 평화와 안정 증진을 위해 역할 수행 추진

2

ASEAN의 개요

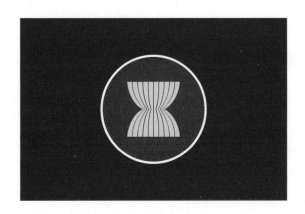

ASEAN을 상징하는 동남아시아 국가 연합의 기는 1993년 11월에 제정되었다. 비율은 2:3이다. 기는 안정과 평화, 결속, 활력이 있는 ASEAN을 나타내며 기에 사용된 색인 파란색, 빨간색, 하얀색, 노란색은 회원국을 상징하는 색이다. 파란색은 평화와 안정을, 빨간색은 용기와 활력을 뜻하며 하얀색은 순수를, 노란색은 번영을 뜻한다. 가운데에 그려져 있는 벼 이삭은 동남아시아 모든 나라와 ASEAN의 열망인 우호와 결속을 통한 단결을 뜻하며 동그라미는 ASEAN의 통일성을 뜻한다. ASEAN의 인구는 2018년 기준, 약 6억 5,429만 명이다. 전체 GDP는 약 2조 9,863억 달러, 총 교역액 약 2조 8,596억 달러(수출 1조 4,281억 달러, 수입 1조 4,314억 달러)에 달하는 거대 시장이다. 약 448만km²의 넓은 면적을 차지하고 있다. 이는 한반도의 약 20배의 면적이다.

ASEAN은 상이한 종교, 인종, 언어, 정치제도, 경제규모를 가진 국가들로 구성돼 있다. 2015년 'ASEAN 공동체(ASEAN Community)'를 공식 출범해 정치적으로 연대하며 경제적으로 통합되고 사회적으로 책임감이 있는 공동체를 지향하고 있다. 젊은 인구와 다양성에 대한 존중을 바탕으로 통합을 향해 나아가고 있다.

한국과 ASEAN은 1989년 부분 대화 관계수립 이래 긴밀히 협력해 왔다. 한·ASEAN 관계는 1991년 완전대화상대국으로 발전했고, 2004년 '포괄적 동반자 관계'를 거쳐 2010년 '전략적 동반자 관계'로 격상됐다. 한국은 연례적으로 한·ASEAN 정상회의와 한·ASEAN 외교장관회의에 참석하고, ASEAN과 정기 협의 채널을 운영하고 있다. ASEAN은 2021년 기준 [표 1-2]와 같이 대화상대국 10개국과 부분대화상대국 4개국을 운영 중이다.

[표 1-2] ASEAN 대화상대국

- 대화상대국(Dialogue Partners): 한국, 미국, 일본, 중국, 러시아, 캐나다, 호주, 뉴질랜드, 인도, EU 10개국
- 부분대화상대국(Sectoral Dialogue Partners): 파키스탄, 노르웨이, 스위스, 터키
- 비국가 대화파트너(Non-Country Dialogue Partner): UNDP(유엔개발계획: 세계의 개발과 원조를 위한 유엔 총회의 하부조직)
- 개발 파트너(Development Partner): 독일

출처: ASEAN 사무국[3]

ASEAN 회원국은 총 10개국으로 알파벳순으로 브루나이, 캄보디아, 인도네시아, 라오스, 말레이시아, 미얀마, 필리핀, 싱가포르, 태국, 베트남이다. 한국은 정기적으로 ASEAN 10개국 정상을 초청해 특별정상회의를 갖고 있다. 2009년 제주, 2014년 부산에서 그리고 2019년 11월, 세 번째로 부산에서 특별정상회의를 가졌다. 한국은 ASEAN과 공식 대화관계를 맺은 국가들 중 유일하게 3번의 특별정상회의를 모두 본국에서 개최한 나라이다. 한국의 협력 의지에 대한 ASEAN의 굳건한 지지와 신뢰의 상징을 보여주고 있다. 2019년 한-ASEAN 특별정상회의는 공식 대화관계 수립 30주년을 축하하는 자리로 ASEAN 내 대표적인 고속 성장 지역인 메콩강 유역 국가들과의 협력을 획기적으로 높이는 계기가 되었다.

ASEAN의 창설 배경은 베트남전 본격화, 인도차이나 공산주의 확산 등 국제 정세 급변에 따른 공동 대응 필요성에 따라, 1967년 8월 ASEAN 5개국(인도네시

아, 태국, 말레이시아, 필리핀, 싱가포르)이 외교장관 회의를 개최, ASEAN 창립 선언(방콕 선언)을 발표함으로써 결성되었다. 2018년 기준으로 ASEAN의 주요 현황은 [표 1-3]과 같다.

[표 1-3] ASEAN 주요 현황

항목	현황
인구	약 6억 4천7백만 명(중국, 인도에 이어 세계 3위)
면적	약 448만㎢(한반도의 20배)
GDP	2조 7,615억 달러(전 세계 총 GDP의 3.45%)
총 교역량	2조 5,748억 달러(수출: 1조 3,223억 달러/수입: 1조 2,525억 달러)

출처: ASEAN 사무국[3]

회원국별 규모를 살펴보면 ASEAN 각국의 인구는 2019년 기준으로 [표 1-4]와 같다.

[표 1-4] ASEAN 주요 현황

국 가	면 적(㎢)	인 구
브루나이	5,769(경기도 0.5배)	44만 명
캄보디아	181,035(한반도 0.8배)	1천 6백만 명
인도네시아	1,913,579(한반도 9배)	2억 7천만 명
라오스	236,800(한반도 1.1배)	7백만 명
말레이시아	330,290(한반도 1.5배)	3천 1백만 명

국 가	면 적(㎢)	인 구
미얀마	676,577(한반도 3배)	5천 4백만 명
필리핀	300,000(한반도 1.3배)	1억 명
싱가포르	719(서울시 1.2배)	5백 7십만 명
태국	513,120(한반도 2.3배)	6천 9백만 명
베트남	330,951(한반도 1.5배)	9천 6백만 명
합 계(A)	4,488,840㎢	6억 6천만 명
세계총계(B)	510,072,000㎢	78억 7천만 명
비 중(A/B)	0.88%	8.57%

출처: 면적(ASEAN 사무국[3])/인구(유엔인구기금(UNFPA)[4])

ASEAN 각국의 정치와 종교는 간략히 보자면 [표 1-5]와 같다.

[표 1-5] ASEAN 각국의 정치 및 종교

국 가	정 치	종 교
브루나이	1360년부터 오늘날까지 약 650여 년 동안 절대왕권을 유지하고 있는 정통 이슬람 왕국으로 브루나이 헌법에 명시된 건국이념인 '믈라유 이슬람 왕정'은 브루나이 절대왕권의 형성 및 유지의 근거로 믈라유 이슬람 왕정(Melayu Isalm beraja)은 브루나이가 믈라유인들의 나라이며, 국교를 이슬람으로 하고 왕권의 절대적인 권위를 바탕으로 통치되는 나라임을 명백히 강조하고 있음	이슬람교

국 가	정 치	종 교
캄보디아	군주제를 채택한 입헌군주제. 총리인 훈센의 경제성장 정책과 강력한 리더십으로 정치적 안정을 이루었고 이를 통해 외국인 투자 유치에 적극적으로 나서고 있음	불교(95%), 기타(5%)
인도네시아	인도네시아의 치안 불안은 계속될 것이나 사업 활동에 대한 위협은 크지 않을 것으로 전망됨. 조코위 대통령의 연임으로 대통령제 중심의 정치가 비교적 안정적임	이슬람(87%), 개신교(7%), 천주교(3%), 힌두교(2%), 불교(1%)
라오스	1975년 왕정이 폐지되고 일당제 사회주의 국가로 국가라오 인민혁당이 의회와 정부를 모두 장악하고 인민민주국가를 표방함	불교(65%), 토속신앙(32%), 기독교(2%) 등
말레이시아	입헌군주국이며, 국가 원수인 군주(국왕)는 9개 주에 있는 술탄에 의하여 5년에 한 번씩(단, 궐위가 있을 경우에는 예외) 호선으로 선출하며, 정부의 대표는 수상	이슬람(국교), 불교, 힌두교
미얀마	공화국으로 대통령제를 채택하고 있었고 아웅 산 수지여사가 국가고문으로 활동하고 있었으나 2021년 군부 쿠데타 발생하여 군사령관인 민 아웅 흘라임이 2021년 과도정부를 출범시킴	불교(89%), 기독교(5%), 이슬람(4%) 등
필리핀	대통령제를 채택하고 있으며, 부통령을 두고 있음. 두르테가 대통령 취임 이후 마약과의 전쟁 등 강력한 리더십을 발휘하고 있음	천주교(83%), 개신교(9%), 이슬람(5%), 불교 및 기타(3%)
싱가포르	의원내각제를 채택. 대통령이 있기는 하나 상징적 국가원수일 뿐이며 실권은 정부수반인 총리에게 있음. 국민행동당(PAP)의 1당 체제가 유지되고 있고 사회질서 유지를 위한 강한 정책을 펼치고 있음	불교(33%), 기독교(18%), 이슬람(15%), 도교(11%), 힌두교(5%) 등
태국	입헌군군제를 채택하고 있으나, 탁신 전 총리를 지지하는 세력과 반탁신 계열인 민민주주의연대(PAD) 간의 근적인 갈등으로 2014년 군부 쿠데타 이후 2021년 현재까지 군부가 집권 중임	불교(95%), 이슬람(4%), 기독교(1%)

국 가	정 치	종 교
★ 베트남	사회주의 공화국이나 중국과 마찬가지로 집단지도체제를 구축하고 있음. 베트남 공산당 당서기, 국가주석, 총리, 국회주석의 4인의 집단지도체제를 구축하고 있으나 2019년 국가주석의 사망으로 베트남 권력 서열 1위인 응우옌푸쫑 공산당 서기장이 쩐다이꽝 전 국가주석이 사망해 공석이 된 서열 2위 국가주석직을 겸직 중임	불교(12%), 천주교(7%) 등

출처: ASEAN 사무국[3]

  이제 ASEAN의 지리적 특징을 살펴보자. ASEAN 일부 지역을 코친차이나 (Cochinchina) 혹은 인도차이나라고 부르기도 한다. 이러한 명칭은 동남아시아 전체를 가리키기보다는 인도차이나반도 지역에만 해당한다. 코친차이나의 '코친'은 중국의 교지(交趾)에서 유래한다. 중국이 베트남 북부를 지배하면서 그 중심지에 둔 행정구역(군) 이름인 교지(交趾)인데 현대 만다린 발음(그리고 교지(交趾)를 공식적으로 부르는 발음)은 구개음화로 인해 'Jiāozhǐ', 베트남어로는 giao chỉ이다. 이 '교지'가 말레이어에서 Kochi가 되었고, 이를 듣고 동남아에 진출해 있던 포르투갈인에 의하여 Cochin으로 변형된 것이 코친차이나의 어원이다. 이후 인도의 도시 코친과 구별하고자 코친차이나라고 부르게 되었다고 한다. 더 정확하게 말하자면 호치민시를 중심으로 하는 남베트남을 이렇게 불렀다. 즉 인도의 코친시와 직접적인 관계는 없지만 그 간접적 영향을 받은 이름인 것은 사실이다. 그렇지 않았으면 '코친차이나'가 아니라 그냥 '코친'이라 불렸을지도 모른다. 또 다른 명칭인 '인도차이나'는 거대한 대륙국가인 인도와 중국 세력 사이에 끼어 있어 양쪽의 문화를 모두 수용한 지정학적 입장 때문에 그렇게 불려왔다.
  ASEAN이 본격적으로 세계사에 등장하기 시작한 것은 포르투갈이 바닷길로 전 세계를 연결하기 시작한 시기부터이다. 16세기 포르투갈과 스페인은 아프리카를 돌아서 인도까지 연결하는 인도양의 뱃길을 열었고 콜럼버스와 아메리고 베스푸치에 의해 아메리카 대륙이 발견되어 아메리카를 돌아 태평양에 이르는 항해까지 시작되었다. 포르투갈은 아메리카 대륙에서 가져온 저렴한 은을 서아시아·인도·중국으로 수출하며 유리한 조건으로 무역을 진행했다. 이 시기에 포르투갈은 무력으로 마카오를 점령하였다. 16세기에 일본이 이와미 광산에서 은을 채굴하기 시작하면서 한때 은 생산량이 전 세계의 1/3을 차지하는 은 생산국이 되자 포르투갈은 일본의 은도 수입하여 중국에 수출했다.

16세기 후반에는 스페인도 멕시코의 아카풀코와 필리핀의 마닐라 사이를 대형 범선 갈레온으로 정기적으로 운항하는 마닐라-갈레온 무역을 시작하였다. 이에 따라 아메리카 대륙의 저렴한 은 생산량의 1/3이 아시아로 보내졌다. 이 당시에는 아시아에서 은이 3배 비쌌기 때문에 저렴한 신대륙의 은이 아시아로 유입되었다. 중국 명나라 복건성(푸젠성)의 상인들은 저렴한 은을 구하기 위해 대만해협을 지나서 필리핀까지 가서 비단·도자기 등과 은을 거래하였다. 명나라의 물건들은 마닐라에서 일본을 거쳐 멕시코의 아카풀코로 운송되어 이후 카리브해와 대서양을 통해 유럽으로 유통되었다. 이러한 은의 유통으로 인해 ASEAN이 세계사에 본격적으로 등장하게 되었다. 이에 따라 중국과의 무역에 요충지가 되는 ASEAN을 놓고 서구 열강들이 각축을 벌이기 시작했다. 그 시작은 포르투갈과 네덜란드의 말레이시아 말라카 전투로 네덜란드가 승리하여 말라카를 점령하여 말라카왕국이 쇠퇴하였고 이후 말라카는 영국의 지배를 받게 되었다.

이렇게 ASEAN은 역사적으로 주변 강국인 인도와 중국에 가로막혀 대륙 방면으로 진출하지 못하고 결국은 지정학적으로 서구열강의 식민지가 되었다. 미얀마의 아라칸 왕국처럼 방글라데시 방면으로 진출했던 왕국도 있기는 했지만 결과적으로 인도 무굴 제국에게 패해 영토를 상실했다. 결과적으로 복잡한 민족, 문화, 역사를 갖고 있어 다른 아시아 지역과 달리 이 지역에 지배적으로 나타나는 문화적 동질성이 없다. 지정학적으로 ASEAN은 중국, 인도, 유럽의 각축장으로 변해 이러한 요인들이 뒤섞일 수밖에 없었다. 따라서 ASEAN 각국의 언어, 종교, 민족이 서로 달라 유럽의 기독교 문화, 서아시아의 이슬람 문화, 동아시아의 유교 문화와 같이, 지역을 전반적으로 지배하는 보편적인 문화적 특성을 정의할 수 없다. 이런 ASEAN 문화를 상징하는 문화를 '페라나칸 문화'라 한다. 페라나칸(Peranakan) 문화란 과거 바다를 통해 이주한 중국인과 토착 말레이계 여성이 결혼해 생겨난 인종에 포르투갈, 네덜란드, 영국, 태국, 인도, 인도네시아 등의 문화가 조금씩 가미된 '혼합 문화'를 말한다. 그 수도 많고 뿌리도 깊어 이 제는 싱가포르의 고유 문화가 됐다. 페라나칸 남자는 '바바(Baba)', 여자는 '논야 (Nonya)'라고 부른다.

동남아시아, 즉 ASEAN 각국이 속한 땅을 [표 1-6]과 같이 크게 두 묶음으로 구분할 수 있다.

[표 1-6] ASEAN 각국의 정치 및 종교

인도차이나반도	라오스, 미얀마, 베트남, 캄보디아, 태국
말레이반도	말레이시아, 동티모르, 브루나이, 싱가포르, 인도네시아, 필리핀

출처: ASEAN 사무국

ASEAN은 이렇게 크게 두 지역으로 분류하여 인도차이나반도 지역을 '대륙부 동남아시아', 말레이제도 지역을 '도서부(섬) 동남아시아'라고 부르기도 한다. 대 륙부 동남아는 주로 불교 문화권이고, 도서부(섬) 동남아는 주로 이슬람교 문화 권이다. 그리고 말레이시아 영토가 인도차이나반도 남쪽으로 이어져 있는 말레 이반도와 보르네오섬 등 주변의 제도에 걸쳐 있다. 말레이반도 지역은 인구 밀 도가 높고 수도와 주요 도시가 있는 지역으로 태국 남부와 접해 있어 대륙과 도 서 지역을 잇는 가교 역할을 한다.

3

ASEAN의 과거

한국인들이 주로 ASEAN 회원국에 대해 갖는 역사적 착각 중의 하나는 ASEAN 회원국 모두가 서구열강 및 일본의 식민지배를 당했다고 생각하는 경우가 많다. 하지만 [표 1 - 7]을 보면 2차 세계대전 이전에 태국의 경우처럼 독자적인 국가를 유지한 경우도 있다. 문제는 ASEAN이 가깝고 교류가 많아진 만큼 우리가 ASEAN에 대한 관심이 적었기 때문에 ASEAN의 역사를 최소한은 알아야 할 필요가 있다.

[표 1 - 7] ASEAN 각국의 과거

국가	과거 주요 역사

캄보디아	• **고대**
	  1. 부남 왕조(86~550년)
	  2. 진랍 왕조(550~802년)
	• **근대**
	  프랑스령(1863~1949년)
	• **현대**
	  1. 캄보디아 왕국(1953~1970년)
	  2. 크메르 공화국(1970~1975년)
	  3. 민주 캄푸차(1975~1979년)
	  4. 삼린 정권(1979~1991년)
	  5. 현대 캄보디아 왕국

국가	과거 주요 역사
인도네시아	**• 고대** 　1. 순다 왕국(669~1579년)과 갈루 왕국(669~1482년) 　2. 마자파힛 제국과 이슬람 국가(1293~1600년) **• 근대** 　네덜란드령 동인도 시대(1602~1941년) **• 현대** 　1. 일본 제국의 침략과 식민지 지배(1941~1945년) 　2. 독립전쟁(대 네덜란드) 　3. 인도네시아 독립, 서뉴기니 강제편입 　4. 독립 초기(수카르노, 수하르토 독재)
라오스	**• 고대** 　란쌍왕국(1353~1713년) 　3개 왕국(비엔티안·참파싹·루앙프라방)으로 분열. 시암(태국)의 　공국이 됨. **• 근대** 　프랑스령(1863~1949년) **• 현대** 　라오스 인민 민주공화국(1973~)
말레이시아	**• 고대** 　말라카 왕국(1402~1511년) **• 근대** 　1. 네덜란드 및 포르투갈의 지배 　2. 영국령(1795~1957년) 　3. 말레이 연방수립(1948년) **• 현대** 　1. 1963년 9월 16일 말라야 연방은 사바, 사라왁, 싱가포르와 　　연합하면서 Malaya란 이름에 si를 추가해 Malaysia가 됨. 　2. 1965년, 싱가포르는 정부와의 마찰로 연방에서 독립

국가	과거 주요 역사

미얀마	• **고대**
	  1. 버간 왕조(1044~1287년)
	  2. 작은 왕국(1287~1531년)
	  3. 따웅우 왕조(1531~1752년)
	• **근대**
	  1. 꼰바웅 왕조(1752~1885년)
	  2. 영국령(1886~1948년)
	• **현대**
	  1. 버마 민주 공화국 연방(1949~1962년)
	  2. 군사 정권(1962~1988년)
	  3. 미얀마 연방 공화국(1988~현재(2021년 기준))

필리핀	• **고대**
	  톤도 왕국(822~1565년)
	• **근대**
	  1. 스페인령(1565~1898년)
	  2. 미국령(1898~1946년)
	• **현대**
	  1. 필리핀 연방수립(1934년) 독립전쟁
	  2. 필리핀 제2공화국(1943년)
	  3. 필리핀 제3공화국(1946~1965년)
	  4. 마르코스 정권(1965~1986년) 독재
	  5. 피플 파워 혁명(1986년)
	  6. 필리핀 제5공화국(1986~현재(2021년 기준))

싱가포르	• **근대**
	  영국 동인도 회사 설립(1819년)
	• **현대**
	  1. 싱가포르 전투에 영국이 패배하면서 일본에게 점령(1942년)
	  2. 말레이시아 연방의 일원으로 영국으로부터 독립(1963년)
	  3. 말레이시아 연방 정부와의 다툼 끝에 결국 연방을 탈퇴하여 독립(1965년)

1장 우리가 모르던 ASEAN **45**

국가	과거 주요 역사
태국	• **고대** 　1. 수코타이 왕국(1238~1365년) 　2. 아유타야 왕국(1365~1767년) • **근대** 　차크리 왕국(1782~1986년) • **현대** 　1. 시암 쿠데타로 인해 타이의 정부는 절대군주제에서 입헌군주 　　제로 전환(1932년) 　2. 시암에서 프라텟 타이(1939년) 국명 변경
베트남	• **고대** 　1. 중국지배 시대(기원전 111~938년) 　2. 안남(安南) 응오 왕조(938년~968년) 　3. 다이비엣(大越, 대월)(968년~1802년) • **근대** 　1. 응우옌 왕조(1802~1985년) 　2. 프랑스령 인도차이나(1885~1945년) • **현대** 　1. 베트남 독립 전쟁(제1차 인도차이나 전쟁, 1946~1954년) 후 　　북베트남과 남베트남 정부 수립 　2. 베트남 전쟁(제2차 인도차이나 전쟁, 1955~1975년)과 미국 　　의 참전(1964~1973년) 　3. 베트남 사회주의 공화국(1975~현재(2021년 기준))

[표 1-7]처럼 ASEAN 각국은 동남아시아라는 지정학적 특성상 서구 문명과 중국, 인도 문명의 교차로에서 강력한 독립 국가를 만들지 못한 채 외세에 의해 많은 영향을 받고 지배를 받게 되었다. ASEAN이 근대적 의미의 지역체 연합으로 구체적으로 세계에 등장하기 시작한 것은 한국전쟁의 종결과 그에 따른 미국의 동아시아 전략의 변화로 동남아조약기구가 1954년 9월에 SEATO(Southeast Asian Treaty Organization)가 창설된 것을 그 효시로 볼 수 있다. 1950년대 당시 ASEAN 지역은 새롭게 독립한 역내 국가들 사이의 민족주의가 강화된 가운데 공산주의 확산에 따른 안보적 위협이 크게 증대되었으며 중국 공산주의 세력의 남하와 인도차이나반도의 안보적 위협을 저지하기 위한 미국의 주도 아래 동남아 안보공동체 수립이 제안된 가운데 동남아조약기구가 창설되면서 현대사에 본격적으로 등장하였다.

그러나 이것은 단지 미국의 대 동아시아 혹은 대 동남아 정책에 의한 일환이었으며 ASEAN의 자발적 참여를 기반으로 한 것은 아니었다. 따라서 미국의 군사동맹국 인도, 태국, 필리핀을 중심으로 미국, 영국, 프랑스, 호주, 뉴질랜드, 파키스탄 등이 참여하는 안보동맹이 결성되었으나 서방국가들의 지나친 개입을 두려워한 말레이시아와 인도네시아 등의 적극적 호응을 이끌어내지 못함으로써 결과적으로 그 당시의 동남아조약기구는 실패하였다. 오히려 이 시기 인도네시아의 주도로 미국-소련의 양강체제에서 벗어나려는 노력이 시도되었다. 아시아 아프리카 회의(AA그룹: Asian-African Conference)는 인도의 네루 총리, 인도네시아 대통령 수카르노, 중화인민공화국 총리 저우언라이(주원래), 이집트 대통령 나세르가 중심이 되어 개최를 목표로 한 회의의 명칭이다. 1955년에 인도네시아의 반둥에서 제1차 회의가 개최되었는데, 제2차 회의는 개최되지 않았다. 참가국들은 그 대부분이 제2차 세계대전 후 서구 열강에서 독립한 아시아와 아프리카 29개국이며, 이 회의는 제5평화 원칙을 확장한 평화 '10원칙'이 정해졌다. 반둥 회의를 시작으로 지속적으로 개최될 예정이었지만, 중국과 인도 국경분쟁과 나세르의 아랍 연방 형성의 실패 등으로 지도자들 사이의 유대가 깨져서 1964년 예정되어 있었던 제2차 회의와 그 이후는 개최되지 않았다. 하지만 그 정신은 1961년 9월에 개최된 제1차 비동맹국가 정상회의에 연결되었다고 할 수 있다.

이러한 상황에서 ASEAN 각국은 복잡한 정치안보적 관심보다 경제사회문화적 교류와 상호 협력을 도모하기 위해 1961년 7월 동남아연합(ASA: Association of Southeast)을 창설하였다. 그러나 별다른 성과를 거두지는 못하였다. 최초 태국의 제안으로 창설한 동남아연합(ASA)은 당시 동남아시아 내에서 가장 큰 영향력을 지닌 인도네시아가 1963년 말레이시아가 발표한 연방제 구상에 반대하여 불참을 통보함으로써 지역협력체로서의 실효를 거두지는 못하였다. 이와 별도로 공산주의의 확대에 따라 증가되는 안보적 위협에 대한 공동 대응과 협력의 중요성이 강조되면서 1963년 8월 필리핀에 의해 공동체 구상이 제안되었으나 1963년에 말레이시아연방이 공식 출범한 이후 인도네시아의 수카르노 대통령이 말레이시아와의 협력을 반대하여 공동체 협의 자체가 무의미하게 되었다. 그러나 제2차 세계대전 이후 동(소련주도)서(미국주도)진영을 중심으로 냉전체제가 형성된 가운데 1949년 중국 공산화에 뒤이어 한국전쟁의 발발 그리고 연이어 1950년대 인도차이나반도(베트남, 라오스, 캄보디아)의 공산화 위협이 증대되는 가운데 영토와 민족 문제를 둘러싼 역내 분쟁과 마찰이 계속되자 동남아 국가들 사이에는 지역 분쟁과 마찰이 소모적이며 자멸적이라는 공동의 인식이 새롭게 생성되었다. 이에 ASEAN 각국의 협력의 필요성이 크게 강조되어 1966년 8월에는 동남아연합 외무장관 회담이 재개되었으며, 이 회담에서 태국은 태국, 필리핀, 인도네시아, 말레이시아, 싱가포르 등 5개국이 참여하는 새로운 지역협력체 결성을 제안하였다. 당시 인도네시아는 수카르노 대통령과 공산주의 세력의 쿠데타를 진압하고 새롭게 정치권력을 장악한 수하르토가 말레이시아와 그동안의 대결정책을 종식하고 지역협력체 참여에 동의함으로써 마침내 동남아연합은 해체되고 1967년 8월 8일 방콕선언을 통해 ASEAN이 출범하게 되었다.

ASEAN의 설립 목적과 배경은 '방콕 선언'을 통해 잘 드러나 있는데 ASEAN의 회원국들은 동남아의 안보적 위협에 대응하여 상호 협력을 통한 ① 공동의 대처를 추진하며 주변 강대국들의 동남아 패권 쟁탈전에 대한 중립을 보장하고, ② 역내 국가들 사이의 경제적 고충을 해결하며, ③ 일본과 호주 등 해양 국가들과도 폭넓은 협력을 강화함으로써, ④ 결과적으로 동남아 국가들의 평화와 번영에 기여한다는 내용이었다. 그러나 ASEAN은 대외적으로 정치적 중립과 경제협력을 표방하면서도 실질적으로는 안보적 사안에 민감하게 반응하여 베트남 전쟁과 인도차이나반도의 공산화에 따른 안보적 위협에 대응하기 위한 안보협력체 성격을 강하게 표출하였다.

현실적으로 ASEAN은 창설 초기과정에서 별다른 활동을 활발하게 전개하지 못하였는데 그 이유는 ASEAN 창설 이후 개별 회원국들 모두가 신생국가가 대부분이기에 국내 문제의 해결에 급급하여 회원국들 사이의 총체적 협력이나 공동 활동을 수행할 수 없었기 때문이다. 베트남 전쟁의 와중에서 미국과 동맹관계에 놓여 있던 태국과 필리핀은 미군의 병참기지 역할을 수행하여 베트남 전쟁에 직간접적으로 관여하게 되었으며 ASEAN 국가들 대부분은 국내적으로 공산 반군이나 소수민족 세력의 분리독립운동에 직면하여 이들 세력들을 억제하고 대처하기 위한 국내활동을 수행하기에 급급하였다. 그러나 베트남 전쟁의 종결로 베트남, 라오스, 캄보디아의 3국의 인도차이나반도의 공산화가 현실화되고 ASEAN 지역으로부터 미군 철수 및 중국과 소련의 각축이 활발하게 진행됨으로써 ASEAN의 안보적 위기 상황은 더욱 고조되었다.

또한 경제적 차원에서도 1, 2차 석유파동4)으로 인한 세계적인 경제불황과 더불어 선진공업국들에 의한 보호무역주의 강화는 결과적으로 ASEAN 회원국들 사이의 지역협력의 필요성을 한층 강화해 주는 계기가 되었다. ASEAN은 창립 초기에는 대외적으로 비정치적이고 비군사적인 목적과 중립성을 표방하였으나, 베트남 전쟁이 진행되는 와중에서 실질적으로는 오히려 안보영역의 협력이 회원국들 사이의 지대한 관심사로 대두되었던 것이 사실이다. 하나의 공동체 형성을 위한 지역협력체로서 ASEAN이 가진 본질적 성격의 변화는 1967년 ASEAN 출범과 더불어 공표된 방콕 선언 이후 1971년 말레이시아 쿠알라룸푸르 외무장관회담에서 채택된 '동남아 평화자유중립 지대 선언(ZOPFAN: Zone of Peace, Freedom and Neutrality)'과 이른바 '발리선언(Bali Declaration)'으로 알려진 1976년 'ASEAN 화합선(Treaty of Amity and Cooperation in Southeast Asia)' 및 동남아 우호협력조약(Declaration of ASEAN Concord) 등을 통해 살펴볼 수 있다. 우선 1971년 11월에 채택된 동남아 평화자유중립 지대(ZOPFAN) 선언을 통해 ASEAN은 동남아 지역에 대한 외부적 간섭의 배제와 역내 문제의 평화적 해결을 호소하였으며 공산화된 베트남이나 중국 소련의 안보 위협으로부터 벗어나기 위한 현실적인 대안으로서 중립화 방안을 제안하였다.

POINT

ASEAN은 초기 인도네시아와 말레이시아의 대립으로 동남아시아 연합체계를 이룩하시는 데에 갈등을 겪었으나 베트남의 공산화 이후 지정학적으로 공산화의 확산을 막기 위한 안보적 필요에 의해 동남아시아 연합체계를 출범시켰고 이후 경제발전과 경제적 번영을 위해 정치이념과 관계없이 동남아시아 전체를 아우르는 연합체로 성장했다.

이와 더불어 ASEAN은 이러한 대내외적 공표를 통해 ASEAN이 정치안보 연합체가 아니고 어떤 특정한 정치세력에 대해서도 적대적이지 않음을 강조하였다. 그리고 1975년 베트남이 공산화되면서 인도차이나 공산화가 현실화되자 ASEAN은 1976년 인도네시아 발리에서 개최된 정상회담에서 ASEAN 화합선언과 동남아 우호협력조약을 채택하여 ASEAN 회원국들 사이의 사회문화, 경제,

---

4) 산유국들의 모임인 OPEC에서 유가를 끌어올려 전 세계 경제에 압박을 가한 사건으로 1973~1974년에 1차, 1979~1981년 2번 발생하였다.

정치적 협력뿐만 아니라 역내 평화와 안전을 강화하겠다는 대내적 결속을 다시 한번 다짐하였다. 이를 통해 ASEAN은 창설 이후 지금까지 대외적으로 사회문화적 교류나 경제협력을 주창하면서도 내부적으로는 회원국들 사이에 묵시적으로 동의되었던 ASEAN의 안보협력체로서의 성격을 보다 강화할 수 있었다.

이를 통해 회원국들 상호 간의 안보협력을 위한 공동의 노력을 가시화할 수 있었다. 결과적으로 1967년 ASEAN의 창설과 일련의 변화과정은 태국, 필리핀, 인도네시아, 말레이시아, 싱가포르 등 동남아 5개 국가들이 중국의 공산화로부터 시작되어 한국전쟁을 거치고 인도차이나반도로의 공산주의 확산으로 이어지는 일련의 안보적 위협에 대한 정책적 대응과정이었다고 평가할 수 있다. 특히 베트남을 비롯한 인도차이나반도의 군사안보 정세가 불안한 가운데 형성된 ASEAN은 실질적으로 공산주의 확산이라는 외부적 위협에 대응하여 위협세력을 견제해 줄 수 있는 미국과 동맹관계를 형성하고 ASEAN을 창설하여 공동으로 대응함으로써 ASEAN 국가들이 스스로 부담해야 할 많은 안보 비용을 줄이고 안보의 취약성을 공동으로 견제·방어·제거하기 위한 균형정책이었다고 볼 수 있다. 1975년 베트남 전쟁이 종결되고 인도차이나반도의 공산화가 확실해지자 ASEAN을 중심으로 한 이들 국가들의 결속력은 더욱 강화될 수밖에 없었으며 이들 지역에서 공산주의 확산을 저지하기 위한 미국의 영향력도 확산되었다.

1980년대 중반부터 국제 환경과 동아시아의 역내 상황은 새로운 변화가 모색되기 시작하였다. 1980년 소련의 '페레스트로이카' 정책5)을 통한 개혁개방 정책의 선언 이후 동아시아 지역에 있어서도 안보적 위협이 점진적으로 상쇄되고 경제적 이해관계에 따른 경제협력의 필요성이 강조되었던 것이다. 이에 따라 1978년 중국 덩샤오핑의 '선부론'6)과 '흑묘백묘론'7)을 통해 점진적 변혁과 개방을 시도해 온 중국과 더불어 1978년 베트남의 캄보디아 침공과 1979년 베트남과

---

5) 페레스트로이카는 '재건', '개혁'의 뜻을 가진 러시아어로, 미하일 고르바초프가 1985년 3월 소련 공산당 서기장에 취임한 후 실시한 개혁정책을 가리킨다. 이후 소비에트연방의 해체 등 소련의 정치뿐만 아니라 세계 정치의 흐름을 크게 바꾸어 놓았다.

6) 선부론(先富論)은 덩샤오핑이 주창한 개혁개방의 기본 원칙을 나타내는 정책으로 먼저 부자가 될 수 있는 사람은 노력해서 부자가 되고 나중에 뒤에 처져 있는 사람들을 이끌어서 모두가 부자가 되면 된다는 뜻이다.

7) 1979년 미국을 방문 후 덩샤오핑은 "검은 고양이든 흰 고양이든 쥐만 잘 잡으면 된다"란 말을 남겼는데 이는 즉 공산주의냐 자본주의냐에 관계없이 인민들이 당면한 문제인 생활수준 향상을 이끌어낼 수 있는 것이면 그것이 제일이라는 의미이다.

중국 사이의 전쟁으로 경제적 어려움을 겪던 베트남이 1986년 '도이머이(DOIMOI)' 정책8)을 추진함으로써 시장경제체제로의 전환을 모색하게 되었으며 이것을 필두로 인도차이나 공산국가들의 경제자유화가 가속화되었다. 이에 따라 1988년 태국의 찻차이 정부는 '전장에서 시장으로'라는 의미의 '찻차이 싸리깐라야(Chatchai Saritkalya)' 정책을 선언하고 그동안 적대시하던 베트남과 같은 인도차이나 공산권 국가들에 대한 관계 개선과 경제협력의 강화를 주창하게 되었다. 다른 한편으로 1997년 발생한 동아시아 지역의 경제위기에 대한 역내 국가들 사이의 공동 대응의 필요성이 강조되면서 경제협력은 탈냉전 이후 동남아를 비롯한 동아시아 지역협력과 공동체 논의를 주도하는 가장 중요한 필요성이 되었다.

이러한 대외적 환경 변화에 대응하여 1992년 1월 싱가포르에서 개최된 ASEAN 정상회담에서는 탈냉전 이후 변화된 국제 정세와 지역 환경을 감지할 수 있는 중요한 선언과 협약이 공표되었다. 이른바 다음 4가지의 '싱가포르 선언(Singapore Declaration)'으로 ASEAN 평화와 번영을 다짐하였다.

① 회원국들의 정치경제적 협력을 강화하되 선진국들의 경제블록에 대응
② 개방적 경제체제의 촉진과 지역경제의 발전을 통한 ASEAN의 이익 제고를 위해 노력
③ 안전보장을 위한 새로운 협력관계를 모색
④ 우호와 상호협력을 바탕으로 인도차이나 국가들과 긴밀한 협조관계를 구축

ASEAN은 이렇게 싱가포르 선언을 통해 4가지 원칙을 표명하였다. 이와 더불어 ASEAN은 경제협력을 실질적으로 확대시킬 수 있는 제도적 장치로서 ASEAN 자유무역지대(AFTA)9)의 결성에 합의하였다. 이 협정은 역내 회원국들 사이의 이견을 조정하여 2003년까지 ASEAN 역내 관세율을 점진적으로 인하하고 회원국 사이의 비관세 장벽을 2008년까지 단계적으로 제거하여 완전한 자유무역을 시행한다는 것이었다. 1980년대 이후 탈냉전으로 인한 지정학적 변화의 바람은

---

8) 베트남어로 '변경한다'는 뜻의 '도이(dổi)'와 '새롭게'라는 의미의 '머이(mới)'가 합쳐진 용어로 '쇄신'을 뜻한다. 1986년 베트남 공산당 제6차 대회에서 제기된 개혁·개방 정책 슬로건이다. 공산당 일당 지배 체제를 유지하면서 사회주의적 경제발전을 지향하게 된 시발점이다.

9) ASEAN자유무역지대(AFTA: ASEAN Free Trade Area)는 가장 초보적인 경제 통합단계로서 동남아시아 국가 연합(ASEAN) 회원국들 간의 교역 시 제한적 품목에 대한 관세인하 및 수량제한을 철폐하기로 한 지역 경제통합체이다. 가공농산물을 포함한 모든 공산품에 대해 관세인하 및 수량제한을 철폐하기로 하고, 1993년부터 본격적인 관세인하 조치를 시작하였다.

동남아시아, 즉 ASEAN 각국에게 경제적으로 새로운 기회를 부여하였고, 이는 ASEAN의 비약적 경제적 성장의 큰 바탕이 되었다.

4

ASEAN의 현재

    ASEAN 회원국은 2021년에도 한국과 긴밀한 관계를 맺고 있다. 특히 한국과 ASEAN은 경제적으로 매우 밀접한 관계를 맺고 있다. [표 1 - 8]과 같이 2018년 기준으로 한국과 ASEAN 간의 교역은 약 1,600억 달러(수출 1,000억 달러, 수입 600억 달러) 규모이다. 2021년 기준, ASEAN은 한국의 제2의 교역대상 지역이다. ASEAN은 10개국 모두 남·북한 동시 수교국으로 한반도 이슈 관련 우리의 중요한 상대이다. ASEAN은 한국 국민의 제1위 방문지역으로 상호 교류는 2018년 기준 약 1,144만 명에 달한다. ASEAN 내 한류와 한국어 학습이 큰 인기를 얻고 있으며 한국도 2017년 ASEAN 문화원을 개설해 문화적 교류를 지속적으로 확대하고 있다. ASEAN과의 개발경험 공유와 개발원조 사업도 활발히 이뤄지고 있다. 1987년부터 2017년까지의 ASEAN 10개국에 대한 공적개발원조(ODA)[10] 규모는 무상원조 18.23억 달러('17년 누계), 유상원조 26.05억 달러('17 누계)이다. 한·ASEAN 인적교류 강화, 교역·투자증진, 기술이전 등 협력 증진을 위해 한· ASEAN 협력 기금도 운용하고 있다.

---

10) 공적개발원조(Official Development Assistance)란 정부를 비롯한 공공기관이 개발도상국의 경제발전과 사회복지 증진을 목표로 제공하는 원조로 자금이나 기술협력을 함께 지원하여 개발도상국 단순 원조가 아니라 개발도상국의 경쟁력 강화를 목적으로 한다.

[표 1-8] ASEAN 주요 현황

국 가	GDP	1인당 GDP	수 출	수 입	교 역
브루나이	127억 $	29,711$	48억 $	31억 $	79억 $
캄보디아	222억 $	1,389$	113억 $	143억 $	256억 $
인도네시아	10,154억 $	3,875$	1,689$	1,569억 $	3,258$
라오스	170억 $	2,542$	36억 $	48억 $	84억 $
말레이시아	3,145억 $	9,812$	2,178억 $	1,951억 $	4,129억 $
미얀마	665억 $	1,263$	139억 $	192억 $	331억 $
필리핀	3,134억 $	2,976$	683억 $	1,079억 $	1,762억 $
싱가포르	3,239억 $	57,713$	3,833억 $	3,177억 $	7,010억 $
태국	4,553억 $	6,590$	2,367억 $	2,228억 $	4,595억 $
베트남	2,204억 $	2,353$	2,138억 $	2,111억 $	4,249억 $
합 계(A)	2조 7,615억 $	(평균)4,266$	1조3,223억 $	1조 2,525억 $	2조 5,748억 $
세계총계(B)	79조 8,654억 $	(평균)10,578$	17조 6,406억 $	18조 1,181억 $	35조 7,587억 $
비 중(A/B)	3.45%	40.3%	7.4%	6.9%	7.2%

출처: IMF World Economic Outlook 2015(GDP, 1인당 GDP), 한국무역협회(수출입, 교역액)[5]

　이러한 경제적 교류를 바탕으로 한국과 ASEAN의 교류는 꾸준히 늘어가고 있다. [그림 1-6]과 같이 단 5년 동안의 통계량을 보더라도 ASEAN 각국은 인구, 평균 경제성장률, GDP 모든 분야에서 성장하고 있다. 이 성장세에 따라 한국과 ASEAN의 투자, 교역, 인적교류는 꾸준히 증가하고 있다. 하지만 앞에 프롤로그에서도 한국-ASEAN의 관계 인식에서 살펴보았듯이 현재진행형으로 늘어가는 교류에 비해서는 아직 서로 간에 이해도 낮은 것이 현실이기에 한국-ASEAN의 미래 지향적 관계를 위해서는 서로가 더 이해하고 관심을 가질 필요성이 크다.

　한·ASEAN 협력은 한국에만 유리한 것이 아니라 ASEAN에도 도움이 되는 상생협력이다. 미·중·일·유럽만큼 인구나 경제 규모는 크지 않으나 ASEAN에 한국은 제5위 교역·투자국이자 중국에 이어 제2위 방문국이다. 더욱이 ASEAN에 진출한 한국 기업들의 고용 창출과 수출 기여도는 매우 높다. 대표적으로 베트남 삼성전자의 수출은 베트남 전체 수출의 25%를 차지할 정도다. 이 때문에 한국은 한·ASEAN뿐 아니라 ASEAN＋3(한중일), 동아시아 정상회의(EAS), ARF 등 연 100회 이상의 회의에 참가했으며, 2000년대 후반부터는 한·ASEAN FTA 를 통해 ASEAN과의 경제 관계를 강화시켰다. ASEAN과의 협력이 강화됨에 따라 한국의 대ASEAN 외교 인프라도 대폭 확충됐다. 외교부 ASEAN 전담국(2007년), 서울 한·ASEAN 센터(2009년), 자카르타 ASEAN 대표부(2012년), 자카르타 한·ASEAN 협력사업 프로그램팀(2016년), 부산 ASEAN 문화원(2018년)이 각각 신설됐고 한·ASEAN 협력기금, 한－메콩 협력기금 및 한－ASEAN FTA 협력기금 등 협력 재원도 꾸준히 신설되고 확대됐다.

특히 문재인 정부 출범 후에는 4대국(미국, 중국, 일본, 러시아) 외교에서 벗어나 '신남방정책'을 외교정책으로 표방하고 新한류열풍과 코로나19로 인해 포스트 차이나(글로벌 기업들이 중국중심의 생산기지를 다른 지역으로 옮기기 시작)와 새로운 기회의 땅으로 ASEAN이 주목을 받으면서 2016년 이후 베트남을 필두로 ASEAN 국가로의 한국 기업들의 진출이 폭발적으로 증가하고 있다. [그림 1-6]을 보면 2015년 이후 한국 기업의 ASEAN 진입은 매우 활발해지고 있음을 알 수 있다.

[그림 1-6] ASEAN 내 신규 한국법인 수(전년 대비 증가 수)

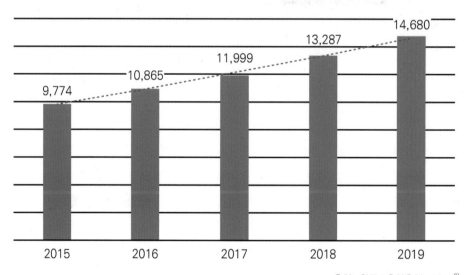

법인수

9,774 (2015)
10,865 (2016)
11,999 (2017)
13,287 (2018)
14,680 (2019)

출처: 한국수출입은행, 2019[6]

하지만 [그림 1-7]을 보면 2021년 기준 한국 - ASEAN 관계에 있어 문제점을 바로 확인할 수 있다. 국가별 불균형이 심하다는 것이다. 따라서 향후 한국 - ASEAN 관계에 있어 한국이 베트남과 인도네시아에 집중된 진출과 투자를 다각화하려는 노력이 필요하다. 현재의 편의성과 저렴한 인건비로 인해 ASEAN 내 특정 국가에만 투자가 집중되는 것은 코로나19 사태로 이미 교훈을 얻은 바대로 중국 중심의 공급망이 무너졌을 경우 대안이 없어서 속절 없이 피해를 입었듯이 일부 ASEAN 국가에 투자가 집중되는 것은 향후 유사한 피해를 입을 수 있기 때문이다.

[그림 1-7] ASEAN 내 한국법인 수

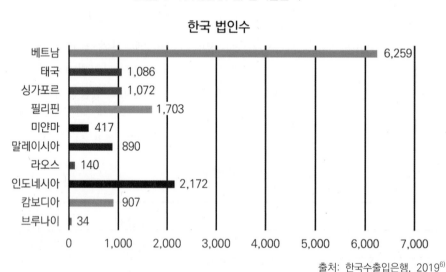

출처: 한국수출입은행, 2019[6]

2020년 기준 한국 - ASEAN의 문제는 이뿐만이 아니다. 경제적인 교류는 늘어나고 있지만, 한국의 초점은 단순히 경제적 교류에만 머물러 있다. 경제적 교류를 넘어서 파트너로 함께 성장하기 위해서는 ASEAN 문화의 현재를 파악할 필요가 있다. ASEAN 문화는 앞에서도 언급되었듯이 '페라나칸 문화'[11]로 대표되는 다양성 있는 문화를 꽃피우고 있다. 우리에게는 다소 생소한 단어인 '페라

---

11) 페라나칸(Peranakan) 문화란 과거 바다를 통해 이주한 중국인과 토착 말레이계 여성이 결혼해 생겨난 인종에 포르투갈, 네덜란드, 영국, 태국, 인도, 인도네시아 등의 문화가 조금씩 가미된 '혼합 문화'를 말한다. 그 수도 많고 뿌리도 깊어 이제는 싱가포르의 고유 문화가 되었다.

나칸'은 말레이 - 인도네시아어로 아이를 뜻하는 '아나크'에서 유래한 말로 해외에서 이주해 온 사람들과 원주민의 혼혈, 또는 오랫동안 이곳에 정착한 이들을 가리킨다. 이 가운데 다수는 중국계 페라나칸으로 일반적으로 페라나칸이라고 하면 중국계[12]를 의미한다. 말레이 - 인도네시아어를 사용하는 지역에서는 중국계 페라나칸을 남성은 바바(Baba), 기혼 여성은 뇨냐(Nyonya)라고 부르기도 한다. 중국계 페라나칸은 무역에 종사하며 향료무역의 집산지였던 인도네시아와 말레이시아의 해안 도시에 자리를 잡고 활동해 왔다. 특히 19세기 싱가포르에서 활약했던 중국계 페라나칸들은 식민지 상인가문 및 영국 식민정부와 강한 유대 관계를 맺었으며, 식민세력과 원주민 간의 가교 역할을 수행했다. 그리고 이 과정 속에서 페라나칸은 자신의 뿌리인 중국의 문화, 현재 살고 있는 공간인 말레이 - 인도네시아의 문화, 그리고 공산화 이후 중국계 페라나칸을 추방한 인도차이나 3국(베트남, 캄보디아, 라오스)을 제외하고는 대부분의 ASEAN 국가에서 경제권을 장악하고 있기 때문에 우리가 2021년의 ASEAN을 이해하는 데 이러한 다양성이 혼합된 ASEAN의 문화를 제대로 이해해야 하는 이유이기도 하다.

페라나칸 문화의 몇 가지를 살펴보도록 하자. 페라나칸 결혼식은 중국 전통 예식을 따른다. 페라나칸 문화의 대표지인 싱가포르에서는 결혼식이 가장 화려하고 흥미진진한 예식 중 하나로 손꼽힌다. 2019년 할리우드 최초로 ASEAN 배우들만 등장시켜 촬영한 '크레이지 리치 아시안'이 ASEAN의 화려한 결혼식을 배경으로 하고 있다. 무려 12일 동안 진행되는 페라나칸 결혼식의 가장 큰 특징은 신랑과 신부 그리고 하객들이 모두 하나가 된다는 점이다. 결혼식 도중 예식 참가자들이 모두 함께 '돈당 사양'을 부르는데, 이때가 결혼식의 하이라이트로 꼽힌다. 돈당 사양은 말레이 전통 시 '판툰'을 읊은 노래로, 누군가 로맨틱하게 선창을 하면 다른 이들이 무대로 나와 춤을 추며 답가를 부른다. 재치 있게 오가는 선창과 후창이 돈당 사양의 묘미다.

ASEAN 국가에 여행을 가보면 대체적으로 화려한 전통의상과 섬세한 구슬 공예를 볼 수 있다. 이러한 페라나칸 여성들의 전통의상을 '사롱 케바야'라고 한다. 사롱 케바야는 본래 아랍 지역에서 유래된 의상으로 포르투갈 사람들에 의해 동남아시아에 소개되었다는 가설이 있다. 2021년 기준, 싱가포르항공·말레이시아

---

12) 말레이시아와 인도네시아에서는 중국 이주민을 오래 전에 이주한 'Old Chinese'라는 의미로 마인어로 '오랑찌나'라 부른다.

항공·가루다인도네시아항공 등의 승무원 유니폼에 변형된 디자인이 적용되었다. 말레이시아 지역에서는 '논야 케바야'란 이름으로 페라나칸 여성들이 의상을 입기 시작했다. 색이 화려한 실크 원단에 섬세한 자수가 놓인 논야 케바야는 색이 곱고 자태가 우아하다. '사롱'이라 불리는 치마와 구슬로 장식한 구두를 함께 매치시키면 근사한 외출복이 된다. 젊은 여성들은 케바야를 청바지나 셔츠와 함께 입기도 한다. 논야들은 어린 나이부터 가정을 잘 꾸미기 위한 교육을 받는데, 구슬 공예와 자수 실력이 어떠냐에 따라 결혼 적령기인지 아닌지를 판가름하기도 했다. 본인이 직접 만든 구슬 공예품과 자수품은 결혼예물로도 쓰였다.

동양과 서양이 만난 건축이 페라나칸 건축의 묘미이다. 페라나칸 가옥은 동양과 서양식이 결합한 형태로 코린트 양식 기둥, 지중해식 창문과 덧문, 중국식 유약 타일 등 가옥 한 채에 다양한 지역의 문화가 혼재돼 있다. 여기에 독특한 모양의 울타리와 남국 분위기의 장식품까지 곁들이면 집 분위기는 더욱 화사해

[그림 1-8] 페라나칸 결혼식

출처: Peranakan Museum

진다. 페라나칸 문화를 느껴보고 싶다면 ASEAN 각국의 주요 중심지를 중심으로 둘러보자. 독특한 색과 무늬를 가진 페라나칸 건축물과 문화를 접할 수 있다.

　동양과 서양이 만난 페라나칸의 문화는 ASEAN 음식의 밑바탕이 되었다. 문명 간의 충돌은 곧 식문화의 충돌이다. 예를 들어 한국의 경우 몽고의 지배를 받던 고려시대 말, 소주와 같은 증류주 제조법이 전해지게 되면서 전통주 문화는 그 이전보다 훨씬 다채로워졌다. 임진왜란과 일제강점기를 거치면서 다양한 일본의 식문화가 이식, 변형되어 한국 식탁에 고춧가루가 보급되기도 했다. 기원이 모호한, 그렇다고 한국 전통음식으로도 보기 어려운 짬뽕이나 짜장면 같은 요리들은 식문화의 충돌을 통해 만들어진 대표적인 융합 요리다. 음식이 다양하기로 유명한 시칠리아도 과거 수많은 민족들의 외침을 받고 민족과 인종이 한데 뒤섞이면서 독특한 요리들이 만들어졌다. 우리가 잘 아는 파스타도 이러한 기반에서 탄생했다. 오늘날 이탈리아 식문화가 북유럽의 지배를 받았던 시칠리아에 많은 것을 빚지고 있는 이유이다. 문명 간의 충돌은 꼭 전쟁으로만 이루어지는 것만은 아니다. 16세기 유럽의 식문화는 급격한 변화를 맞았다. 신대륙에서 건너온 감자, 고추, 토마토 등이 식재료로 광범위하게 사용됐기 때문이다. 신대륙 발견을 기점으로 유럽의 식탁 풍경은 그 이전과 크게 달라졌다. ASEAN은 일찍부터 중국과 인도, 아랍, 유럽의 선박들과 물자가 모이는 교역소로 번성했다.

[그림 1-9] 페라나칸 요리

출처: Peranakan Museum

페라나칸 요리는 중국과 말레이는 물론 다른 여러 나라에서 영향을 받은 것을 음식에 조화롭게 버무린 것이 특징이다. 중국 요리에 주로 사용되는 재료에 말레이식 요리법을 혼용하고 말레이와 인도네시아 전통 방식대로 양념과 코코넛 밀크, 향신료 등을 솜씨 좋게 가미하면 근사한 페라나칸 요리가 된다. 이렇게 페라나칸 문화는 의식주 여러 분야에서 2021년 기준, ASEAN 각국에서 ASEAN의 특징으로 꽃피우고 있다. 하지만 우리는 이러한 ASEAN의 문화에 대해 제대로 알지는 못하고 있는 상황에서 [그림 1－10]과 같이 한국－ASEAN의 교역량은 늘어가고 있다. ASEAN의 문화는 과거에는 혼돈의 시기였지만 2021년, 현재에는 ASEAN의 복잡성이 다양성의 축복이 되고 있다. 교역량이 늘어가는 만큼 우리가 다양성의 축복을 받을 수 있는 ASEAN에 대해 제대로 알아야 할 이유이기도 하다.

ASEAN은 현재 진행형이고 변화 중이다.

[그림 1-10] 한국-ASEAN 교류 현황[3]

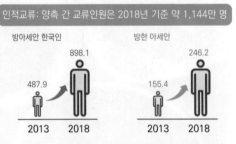

POINT

ASEAN은 10개 국가가 민족, 종교, 지리적으로 다양성을 갖고 있으며, 서구·중국·
인도·ASEAN 현지 문화가 융합된 용광로의 문화를 바탕으로 경제적인 발전을 도모
하기 위해 기존 일본과 중국과 집중된 교역에서 벗어나 한국과의 교역을 늘려나가고
있으며, 한국은 문재인 정부의 '신남방정책'과 맞물려 한국의 교역 다양성을 위해서
ASEAN과의 교역과 교류를 늘려가고 있다.

5

ASEAN의 미래

　한국무역협회는 2019년 '신남방지역 무역 및 서비스 분야 진출 전략' 보고서를 통해 한국 기업이 ASEAN 시장에 우선적으로 진출할 유망 국가와 분야로 ▲인도네시아(물류) ▲베트남(도시 인프라) ▲미얀마(농업) ▲말레이시아(소비재) ▲태국(모바일 콘텐츠)을 꼽았다. 한국은 중국 및 일본과 ASEAN 시장에서도 치열하게 경쟁하는 가운데 ASEAN 국가별 상이한 경제상황과 협력수요를 고려해 거점국과 랜드마크 사업을 우선적으로 선정하는 것이 중요하다.

　인도네시아의 경우 조코 위도도 대통령이 연임에 성공하면서 1기에 추진하던 수도 이전과 물류 인프라 개선 정책이 지속적으로 강화될 전망이다. 물류 분야에서 우수한 경쟁력을 확보 중인 한국 기업은 수도 이전이라는 기회를 십분 활용해 자원 물류, 프로젝트(건설) 물류, 냉장운송 등의 분야에 적극 진출할 필요가 있다. 2016년 이후 한국 기업이 가장 활발히 진출하고 있는 베트남은 2020년 인구의 도시 유입이 크게 늘고 칸토, 하이퐁, 다낭 등 새로운 거점도시가 생겨나면서 국가 차원에서 도시 인프라 개발에 박차를 가하고 있다. 따라서 한국 기업들은 인프라 자재 생산을 현지화하고 공장 관리자 및 노동자를 현지인으로 채용해 인적자원 경쟁력부터 확보해야 한다. 미얀마의 경우 농업이 GDP의 18%, 수출의 21%를 차지할 정도로 중요한 산업인 만큼 미얀마 농가와 협업해 현지 토양, 작물 특성, 농촌 수요를 반영한 맞춤형 농업 투입재를 개발할 필요가 있다. 또 ASEAN의 대표 프리미엄 시장이자 할랄 시장인 말레이시아 소비재 시장을 공략하기 위해서는 국가 브랜드 제고를 통한 한국 제품의 이미지 업그레이 향후 한국과 ASEAN은 좋은 파트너인가?

위의 질문에 대한 답으로는 부분적으로 Yes, 부분적으로 No이다. 좀 더 정확한 답을 찾기 위해서는 아래와 같이 수요 및 공급 측면에서 각 기업들이 처한 상황에 맞게 질문을 던지고 거기에서 답을 찾도록 해야 한다.

• **수요 측면: 선진 ASEAN 국가들은 입지우위(location advantage)를 갖고 있는가?**
  - ASEAN 선발국(말레이시아, 태국, 베트남)이 정치사회적 안정을 유지하고 계속 경제적 역동성을 갖고 있는가?
  - ASEAN 선발국들이 기술인력(semi-skilled and skilled workers)을 충분히 보유하고 있는가?
  - ASEAN경제공동체(AEC)가 시장의 통합을 위해 잘 협력할 것인가?
  - ASEAN의 산업이 중국의 거대한 생산력에 대항하여 경쟁방법을 찾을 수 있을 것인가?

• **공급 측면: ASEAN에서 한국의 경쟁우위(ownership advantage)가 계속 유지될 것인가?**
  - 한국 내에서 구조조정되고 ASEAN으로 나갈 산업이 남아 있는가?
  - 자동차 산업이나 기계 산업에서 한국 기업은 일본 기업과 ASEAN에서 경쟁할 수 있는가?
  - 일본 기업들은 이미 ASEAN에서 공급 체계가 조성된 상태이기 때문에 한국 기업이 일본 기업과 경쟁할 수 있는가?
  - 한국의 서비스 산업이 ASEAN에서 국제화가 가능할 정도로 경쟁우위를 갖고 있는가?

드, 소비그룹별 타겟팅(선정한 고객의 니즈와 관심사를 바탕으로 개인화되고 최적화된 경험을 전달) 전략이 필요하다. 태국은 동남아 국가 중 4세대 이동통신(4G) 네트워크 접근성이 가장 좋은 국가로 모바일 콘텐츠 시장이 빠르게 성장하고 있다. 이에 따라 언어, 결제방식을 현지화하고 급변하는 트렌드를 따라잡는 실시간 시장조사가 선행돼야 한다.

2019년 한국에서 열린 한-ASEAN 정상회의를 통해 한국과 ASEAN은 신남방정책의 핵심 가치인 사람 중심의 포용, 자유무역과 연계성 증진을 통한 상생번영, 평화라는 가치를 공유하였다. 한국 정부가 추진하고 있는 신남방정책이 그동안 30년간 한-ASEAN 협력 정책으로 ASEAN 국가들로부터 확고한 지지를 받아 본궤도 진입-경제 분야뿐만 아니라 사회·문화, 그리고 평화·외교 분야에서도 한 - ASEAN 관계를 주변 4강(미·중·일·러) 수준으로 끌어올리는 노력이 본격화되고 있다. 2019년 한 - ASEAN 특별정상회의를 계기로 한국의 신남방정책에 대한 ASEAN 국가들의 신뢰를 바탕으로 앞으로 30년간 협력을 더욱 강력하게 추진하려는 청사진을 제시하였다. 지금까지 한국과 ASEAN의 관계는 [표 1-9]와 같이 정리해 볼 수 있다.

[표 1-9]와 같이 한·ASEAN은 지난 30년의 노력으로 ASEAN이 비회원국에서 최고 단계인 전략적 동반자 관계까지 진행되어 왔다. 더불어 문재인 정부가 ASEAN과의 협력을 4강 수준으로 격상하겠다고 천명한 최초 정부인 만큼 한국은 2019년을 시작으로 앞으로 30년간 ASEAN 회원국에 준하는 가칭 '준ASEAN 관계'를 목표로 설정하고 큰 틀에서 ASEAN 협력을 추진하였다. 실제로 코로나19 상황 속에서 한국은 인도네시아 등 ASEAN 국가에게 의료적 지원을 비롯한 여러 가지 지원을 우선적으로 내놓으면서 ASEAN에서의 영향력을 높여가고 있다.

[표 1-9] 한·ASEAN 전략적 관계 변천

단계	관계설정	주요 내용
한·ASEAN 1.0	개별 회원국 양자 관계 집중	1989년 ASEAN과 부분 대화 관계를 수립하기 전까지 한국이 개별 회원국과 양자 관계 및 ASEAN과의 대화 관계를 수립하기 위해 외교 교섭에 집중하던 시기
한·ASEAN 2.0	전략적 동반자 관계로 업그레이드	1990년 이후 문재인 정부 출범까지 약 30년간 지속된 한·ASEAN 2.0 시기는 탈냉전 후 ASEAN 발전기와 그 궤를 같이한다. 한국과 ASEAN은 2004년 포괄적 동반자 관계를 거쳐 2010년 ASEAN이 대화 상대국과 설정한 최고 단계인 '전략적 동반자 관계'로 격상됨
한·ASEAN 3.0	미래를 위한 제안	문재인 정부의 핵심 외교 정책인 신남방 외교를 본격 이행하는 해. 한국에서 열리는 첫 다자 정상회의를 계기로 한국의 4강(미, 중, 일, 러) 수준의 협력관계로 전환
한·ASEAN 4.0	평화와 번영의 공동체	ASEAN 회원국에 준하는 가칭 '준ASEAN 관계'를 목표로 설정하고 큰 틀에서 大ASEAN 협력을 추진

각종 연구기관들은 ASEAN이 2021년 기준 현재 추진 중인 ASEAN 공동체 청사진을 충실히 이행하면 2030년께에는 단일 생산기지 및 단일 소비시장이 돼 국경 간 상품·서비스·자본·투자·숙련노동자의 자유로운 이동이 가능한 국경 없

는 하나의 경제체제가 될 것으로 전망하고 있다. 2050년에는 3대 경제대국이 될 것이라는 예측도 하고 있다. 경제력 향상과 더불어 글로벌 이슈에 대해서도 영향력을 행사할 것이고, 문화적으로도 ASEAN과 동남아 문화에 대한 자부심과 중요성을 인식하게 될 것이다.

그러나 ASEAN은 재난·기후변화·테러·사이버안보·환경 등 초국경적 비전통 안보 이슈의 도전에 직면할 수 있을 것이다. 실제로 미국과 중국의 갈등 속에서 한국뿐 아니라 ASEAN 국가들도 미국과 중국의 둘 중에 선택을 강요당하는 상황에 직면하고 있다. 실제로 코로나19 상황 속에서 미국과 중국은 선택을 확실히 한 국가들에게 자국의 코로나19 백신을 지원하였다. 이를 타개하기 위해 한국, 호주 등 선진 역외국가들과의 협력을 바탕으로 중견국 영향력을 함께 발휘해 나갈 필요가 있고 경제적으로도 G2의 영향력에서 벗어나 독립적인 영향력을 가진 경제파워를 갖출 필요가 있다. 이 과정에서 ASEAN 국가들은 2021년 기준 한국 경제가 직면한 선진국 추격형 경제구조의 딜레마도 겪을 것이고 이 과정에서 4차 산업혁명 시대에 맞는 경제 발전을 고민하는 한편, 한국, 일본, 중국이 공통적으로 겪고 있는 저출산, 고령화 문제도 이슈로 떠오를 것으로 예측된다. 이러한 ASEAN의 미래 변화에 비춰 향후 한·ASEAN 협력 방안을 고민해야 하는 시점에서 2018년 11월 국립외교원의 ASEAN 인도센터가 주최한 신남방 세미나에서 태국 학자들이 발표한 방안을 공유하는 것도 나름 의미가 있어 소개하고자 한다.

태국 학자들의 제안은 먼저 일관성(consistency)이다. 한국은 정권 교체 시마다 세계화·동아시아·동북아·신아시아·유라시아 등 협력의 범위를 계속 확대 내지 축소해 왔고 ASEAN은 늘 그 범위에 있었다고 생각하는 것이다. 둘째, 종합성(comprehensive)이다. 북한 핵 문제, 경제 등 협력의 일부만이 아니라 정치, 안보, 경제, 사회·문화 등에서 포괄적으로 접근했으면 좋겠다는 것이다. 일부 대화 상대국들의 상업주의적 접근을 반면교사로 삼기를 바라는 조언이다. 끝으로는 구체성(concrete)이다. 장기 비전이나 막연한 사업보다는 꼭 필요한 분야에서 구체적인 사업을 추진해 달라는 주문이다.

태국 학자들의 제안 이외에도 한·ASEAN의 건설적인 미래 관계에 있어 한국인과 한국 기업들은 3가지를 염두에 두어야 한다. 첫째, 한국과 ASEAN의 동등성이다. 중국은 미국과 더불어 세계에 큰 영향력을 행사하는 G2국가가 되었지만 여전히 일부 한국인과 한국 기업들은 중국인과 중국 기업을 한국보다 한 수 아래로 보고 발언하는 경우가 있다. 농담이지만 전 세계에서 중국인을 대놓고 무시하는 용감한 국가가 한국과 한국인이라는 말도 있다. 국가와 문화 간의 관계에 있어서는 GDP나 국민소득이 상－하를 결정짓는 요인이 아니다. 1인당 국민소득은 한국이 높지만, 국가 전체의 GDP를 놓고 보면 한국의 전체 GDP는 중국 22개의 지방정부의 하나인 광둥성 정도일 뿐이다. 마찬가지로 2021년 기준 한국의 GDP와 국민소득이 높다고 한국과 한국인이 ASEAN 국가나 국민보다 우위에 있다는 생각을 가져서는 안 된다. 국가와 문화 간의 관계는 서로 평등하고 서로의 다름을 인정하는 포용성에서 진정한 동반자의 관계가 성립될 수 있다. 아직도 ASEAN 국가에서 벌어지고 있는 한국인과 한국 기업의 이른바 '갑질'과 우월 의식은 반드시 우리가 버려야 할 사고이자 행동양식이다.

둘째, 한국과 ASEAN의 상호보완을 위한 분석과 데이터 확보이다. 앞에서도 계속 언급되었지만 한국－ASEAN의 관계는 30년이나 되었지만 아직도 서로가 낯설고 모르는 분야가 많다. 무엇보다 서로를 알기 위한 데이터도 부족하고 상호 간의 win－win을 위한 분석도 제대로 되어 있지 않다. 한－ASEAN 센터를 설립하여 자료를 수집하고 상호 교류를 늘려가는 것도 필요하지만 더 나아가서는 한국인과 한국 기업, ASEAN 국민과 ASEAN 기업들을 위해 서로 간의 분석을 통해 신뢰도 있는 데이터를 확보하는 것이 필요하다. 아직도 대다수의 한국인과 한국 기업들은 제대로 된 데이터나 통계도 없이 인터넷이나 한두 번의 방문을 통해 ASEAN 국가들에 진출하고 있다. 이렇게 제대로 분석되지 않고 서로 간에 신뢰할 수 있는 데이터가 부족한 상황에서 한－ASEAN의 미래 관계는 여전히 불확실성 속에서 진행되어야 하기 때문에 이런 문제를 해결하기 위해 정부와 민간이 함께 한국－ASEAN의 서로 간의 분석과 관련 데이터를 확보하여 공유하는 일이 필요하다.

셋째, 불균형의 극복이 필요하다. 앞에서도 언급되었지만 사실 2021년 기준 한국－ASEAN의 관계는 한국－일부 ASEAN 국가의 협력이라고 보아도 무방할 만큼 ASEAN 2~3개국에 집중되어 있다. 앞에서도 언급되었지만 한국무역협회의 제언대로 ▲인도네시아(물류) ▲베트남(도시 인프라) ▲미얀마(농업) ▲말레이시아(소비재) ▲태국(모바일 콘텐츠)와 같이 서로 간의 필요한 분야를 분석하여 맞춤형으로 한국 기업들이 ASEAN 국가에 균형적으로 투자하고 진출하는 일이 필요하다. 중국 중심의 공급망이 관리의 편의성에서는 좋았으나, 코로나19 사태로 경험하였듯이 전염병이나 자연재해 등 돌발변수가 발생하면 큰 피해를 입을 수밖에 없기 때문에 2021년 기준, 일부 ASEAN 국가에 편중된 진출과 교류를 맞춤형으로 확대해 가는 것이 향후 한국-ASEAN 미래의 중요한 요인이 될 것이다.

[그림 1-10] 한국-ASEAN 미래 관계의 필요조건

동등성	분석 & 데이터	균형
국가-문화 간 동등	신뢰할 수 있는 분석과 데이터 확보	일부 국가에 편중된 투자를 맞춤형으로 확대

〈참고문헌〉

1) ASEAN - KOREA센터(2017), 한국과 ASEAN 청년의 상호인식, ASEAN - KOREA Centre.

2) 박성민 · 권정언(2012), 국내 대기업의 글로벌 인적자원개발 사례연구, Andragogy today. 15(4), pp.1~25.

3) www.asean.org

4) www.unfpa.org

5) www.kita.net

6) www.koreaexim.go.kr

7) korean.visitkorea.or.kr

前 주 브루나이 대사 김웅남

제2장

우리가 모르던
브루나이

동남아국가연합 **ASEAN**
Association of Southeast Asian Nations

브루나이 프롤로그

 저자와 브루나이와의 인연

저자가 브루나이에서 근무하기 전까지는 브루나이는 나에게 다소 생소한 국가였다. 1996~1998년 주 사우디아라비아 대사관에서 근무하던 시절 아시아 외교관 간의 우의증진과 업무협조를 위해 때때로 모임을 갖곤 하였는데 그 기회에 브루나이 외교관을 접촉한 것이 브루나이와 최초의 인연이었다. 그 후에 1998~2001년간 주 인도네시아 대사관 근무 시 보르네오섬 남단의 칼리만탄에 출장을 갈 기회가 자주 있었는데 당시 북쪽의 브루나이 왕국이 산유국으로 부유한 국가라는 정도로만 기억하고 있었다.

2003~2005년 브루나이 대사관에 파견되어 근무하면서 브루나이가 정치적 안정을 이루고 국민들의 생활수준이 비교적 높기는 하나 원유 의존도가 높은 경제구조에다 빈부격차가 심하고 사회적으로는 보수적이며 경직되어 있다는 인상을 받았다. 국토의 대부분은 미개발 상태이나 북부 해안을 따라 도시 및 취락지역이 잘 형성되어 있고 사람들은 친절하고 적절한 예의만 갖추면 친구로 사귀기도 쉬운 그래서 살기에 편안한 지역이기도 했다.

외교관은 주재국에서 자국의 국익을 추구하고 양국관계 증진을 위해 노력하는 직업이다. 저자가 브루나이에 근무하던 당시에는 한류가 동남아에 확산되는 시기였다. 브루나이에 한류 확산을 위해 정동극장의 국악팀을 초청하여 2003년 7월 볼키아 국왕의 생일 축하 행사의 일환으로 프로그램을 만들어 국왕 부처와 각부 장관 등 정부 고위 인사, 외교단 등이 참석한 자리에서 한국 전통 궁중음악과 무용 및 부채춤 등을 선보이고 이어서 사물놀이를 곁들인 2차 대중공연으로 한국의 이미지를 제고하려고 시도했던 기억이 새롭다.

당시 브루나이 국영방송인 RTB와 최대 일간지인 Borneo Bulletin와 브루나이의 중국계 일간지인 See Hua Daily News 및 Miri Daily News 모두 브루나이 국민들이 한국문화에 매료되었다고 격찬했다. 저자는 이를 계기로 공공외교를 보다 조직화할 필요성이 있다고 판단, 브루나이 사회저변의 지도적 인사들을 망라한 브·한 친선협회(BKAF: Brunei Korea Association of Friendship) 창설을 주도하고, 국립 브루나이 대학교에 한국어 과정 개설을 주선하였으며, 전세기를 이용한 관광교류 등 양국 국민 간 인적교류 확대를 적극 지원했던 일 등에 보람을 느꼈다.

브루나이는 한반도 문제, 국제기구 이사국 입후보 등 우리의 국제무대 진출에 한국의 입장을 적극 지지해 주는 소중한 우방국이자 한국에서 가장 가까운 거리에 있는 에너지 공급국으로 비상시에 긴급 에너지를 지원받을 수 있는 협력 파트너다. 이러한 소중한 우방인 브루나이 국왕이 1984년 독립 직후 한국을 방문한 지 20년 만에 2004년 한국을 방문하고 싶다는 희망을 표명했으며 당시 노무현 대통령도 방한 초청을 약속했다. 브루나이 외교부는 2005년 방한일정을 공식 제안했으나 한국 외교부로부터 사정상 방한이 어렵다고 통보해 와 크게 실망했던 기억이 아직까지 아쉬움으로 남아 있다. 그러나 2019년 한-ASEAN 특별 정상회담이 한국의 부산에서 개최되면서 하사날 본키아 보루나이 국왕이 방한하면서 이 아쉬움은 해소되었고, 한국과 브루나이의 더 나은 동반자적 관계를 기대해 본다.

1

브루나이 개요

브루나이는 보르네오섬의 북부 해안에 위치하여 말레이시아 및 인도네시아와 경계를 이루고 있다. 보르네오섬은 면적이 74만 3300㎢로 그린랜드섬, 뉴기니섬에 이어 세계에서 세 번째로 큰 섬이다. 크기로 보면 한국(남한) 면적의 7배이다. 보르네오섬의 73%를 인도네시아(칼리만탄)가 차지하고 있고, 26%를 말레이시아(사바, 사라왁)가 그리고 나머지 약 1%를 브루나이가 차지하고 있다.

브루나이의 공식 명칭은 '네가라 브루나이 다루쌀람(Negara Brunei Darussalam)'인데 이 중 '네가라'는 '국가'라는 의미이고 '다루쌀람'은 '평화의 땅'을 뜻한다. 1400년경 브루나이 이슬람 왕조를 개창한 Awang Alak Bettar 왕자가 브루나이강 하구지역을 답사하면서 Barunah(that is or there)라고 외쳤다고 전해지고 있으며, 여기에서 브루나이라는 이름이 유래되었다고 한다. 한편, 보르네오섬을 인도네시아에서는 칼리만탄(Kalimantan)이라 하는데 칼리만탄은 인도 산스크리트어의 칼라만타나(Kalamanthana)에서 기원한 것으로 이는 덥고 습기 많은 땅을 의미한다고 한다.

브루나이는 한국 경기도의 절반 크기인 5,770㎢ 영토를 갖고 있으며 브루나이 무아라 지구(Brunei and Muara District), 뚜통 지구(Tutong District), 벨라이트 지구(Belait District), 그리고 말레이시아 사라왁에 둘러싸인 템부롱 지구(Temburong) 등 4개 행정구역으로 나뉘어져 있다. 브루나이는 영토의 약 60%가 열대우림 지역이다. 연평균 기온이 섭씨 28도로 온화하며 열대몬순기후(계절풍의 영향으로 여름에는 바다에서 오는 습한 바람의 영향으로 습윤한 기후인 우기가, 겨울에는 대륙에서 불어오는 건조한 바람의 영향으로 건기가 됨)의 영향으로 매년 5월과 9

월 사이에는 남서풍이, 12월에서 이듬해 3월까지는 북동풍이 분다. 남서풍이 부는 기간 중에는 강수량이 적으나 북동풍이 부는 기간 중에는 비교적 많은 양의 비가 내리며 연평균 강수량은 약 2,900mm 정도이다. 참고로 한국의 연평균 강수량은 약 1,400mm이다.

2018년 IMF 통계에 의하면 브루나이 인구는 약 44만 명으로 이 중 66%가 말레이인이고 중국계가 10%, 기타 비말레이계 및 외국인 노동자 등 인구가 약 24%를 차지하고 있다. 보르네오섬 전체의 인구는 약 2,000만 명으로 69.5%가 인도네시아 칼리만탄에, 28%가 말레이시아 사바 및 사라왁에 그리고 나머지 2.5%가 브루나이 국민이다. 브루나이 인구의 78.8%는 이슬람교를 믿는 무슬림이고 기독교인이 8.7%, 불교인이 7.8%이다. 브루나이는 2014년 ASEAN 국가 중 최초로 이슬람 샤리아(Sharia)법[1]을 도입하였고 5년간의 과도기간을 거쳐 2019년 4월부터 전면 시행하고 있다. 참고로 브루나이의 샤리아법은 이슬람교를 믿지 않는 비무슬림에게도 적용된다. 국적에 관계없이 브루나이 영토에서 일어난 범죄라면 샤리아법에 따라 처벌 받을 수 있다. 샤리아법은 간음한 자에게 돌을 던져 죽게 하거나 도둑질한 자에게 매를 때리고 손가락을 자르는 형벌을 내리는 등 엄격한 이슬람 율법으로 도입과정에서 국제적인 비난을 받아왔다. 이러한 브루나이의 보수화는 하사날 볼키아 국왕이 노쇠하면서 정통성 강화를 위해 보수적인 정책을 펼치고 있다는 분석이 나온다. 이 밖에 이반족 등 비말레이계 주민들은 샤머니즘 등 토속신앙 인구도 4.7%나 된다.

POINT

이슬람교를 믿는 무슬림들은 코란에서 정한 5대 의무, 즉 알라는 유일신이고 무함마드는 알라의 마지막 예언자라는 믿음의 신앙고백(샤하다), 하루 5차례 메카를 향한 기도(살라트), 이슬람력 9월 한 달간 낮 동안 금식(라마단), 일생에 최소 한 번 성지 메카 순례(하지), 1년 소득의 2.5% 정도의 자선 헌금(자카트) 등 계율을 지켜야 하는데 브루나이는 ASEAN 국가 중 이러한 계율을 엄격히 지키는 이슬람 성향이 가장 강한 국가이다.

---

1) 샤리아법은 이슬람의 기본법으로 이슬람 공동체의 헌법이며 신적인 뜻을 삶의 모든 정황에 적용한 것이다. 신이 정해 준 계시법(啓示法)으로서 종교적 의무, 개인과 사회생활, 상업, 형벌에 이르기까지 모든 것을 규정하고 있다.

브루나이는 국가의 명칭에 걸맞게 정치 사회적으로 매우 안정된 평화스러운 나라이며 풍부한 에너지, 산림, 수산 자원으로 경제적 번영을 구가하고 있다. 브루나이가 평화와 번영을 이룩하고 있는 것은 국왕의 지도력에 힘입는 바가 크다. 현 볼키아 국왕에 대한 국민들의 신망은 매우 두터우며, 국왕의 국민들에 대한 애정 또한 각별하다. 국왕은 국가원수이자 국무총리로서 정부행정을 총괄하며 외교, 국방, 재무 장관으로서 국가 중요업무를 직접 관장하고 있다. 또한 의원과 입법원장 및 대법관 임면권을 갖는 등 입법, 사법, 행정의 3권을 행사하는 절대 세습왕정제도를 유지하고 있다. 그렇지만 국왕은 국왕 생일행사나 각종 축제 계기에 국민들과 격의 없이 어울리며 국민의 소리를 듣는 등 국민들과의 소통을 중요시하고 있다.

브루나이가 정치 사회적으로 안정된 이유를 국왕의 통치력 외에 오랜 전통의식에서도 찾을 수 있다. 전통적으로 동양권 국가에서는 공(公), 경(卿), 대부(大夫)라는 사회적 계급이 존재해 왔는데 브루나이도 펑기란(Pengiran), 페힌(Pehin), 다또(Dato)라는 사회적 계급의 전통이 있다. 국왕으로부터 페힌 작위를 받는다는 것은 대단한 가문의 영광으로 전통복장을 입고 전통의식에 따라 행해지며 작위를 받은 이후 주변 친지들을 초청하여 잔치를 베풀고 기쁨을 같이 나눈다.

브루나이 국민들이 경축하는 행사로 라마단 이후 하리라야 축제를 꼽을 수 있는데 약 30일 동안 해가 떠 있는 낮 동안에 물 한 모금 마시지 않는 라마단(금식월)을 무사히 마쳤다는 기쁨과 함께 친척, 친지들을 초청하여 정성스럽게 준비한 음식을 대접하고 덕담을 나누는 모습이 마치 우리의 설을 연상케 한다. 하리라야 축제기간 중에는 왕궁을 비롯 각부 장관, 고위관리, 유력 경제인 등 소위 사회 지도층 인사들의 집이 일자와 시간이 다르게 개방되어 누구나 방문할 수 있는 전통이 있는데 이는 사회적 유대를 강화하고 정치적 안정을 이루는 데 크게 기여하고 있다.

2

브루나이의 과거
(브루나이 역사)

　브루나이의 고대 왕국에 관한 기록은 없으나 중국과 아랍의 역사 기록에서 7, 8세기 무역 왕국으로 브루나이(Po‑ni)가 존재했음이 추정되고 있으며, 10세기 이후에는 중국과도 활발한 교역활동을 했음이 확인되고 있다. 브루나이는 9세기에 이르러 수마트라에서 해상제국으로 맹위를 떨쳤던 스리위자야(Srivijaya) 왕국의 지배를 받았고 이후 13세기에는 인도네시아 여러 왕국들을 통일한 마자파히트(Majapahit)왕국의 지배를 받았다.

　중국 송나라 시기의 역사기록인 '송사'에 의하면 977년에 브루나이에서 파견한 사절단을 접수했다는 기록이 있다. 명나라 초에는 브루나이의 왕이 왕후 및 자제들을 이끌고 직접 수도 남경을 방문했다는 기록도 있다. 이러한 기록으로 보아 브루나이와 중국과의 관계는 매우 우호적으로 긴밀히 발전해 나간 것으로 보인다. 브루나이는 고대 인도네시아 왕국들의 지배를 받으면서 중국에 사절을 보내 중국의 보호를 받아 이 지역의 세력균형을 유지하려 했던 것이다.

　브루나이는 14세기 이전까지 불교 또는 힌두 왕국으로 존속하였으나 앞에서도 언급한 1363년 아왕 알락 베타타르(Awang Alak Betatar) 왕자가 이슬람으로 개종하고 술탄 모하마드 샤(Sultan Mohammad Shah)로 즉위하여 이슬람 왕국을 개창하였다. 브루나이의 2대 왕 술탄 아마드(Sultan Ahmad)는 왕자가 없어 공주와 결혼한 사우디아라비아의 이슬람 학자 샤리프 알리(Sharif Ali)가 3대 국왕으로 즉위(1425~1433년간 재위)하면서 이슬람 제도로 정비되고 제5대 국왕 술탄 볼키아(Sultan Bolkiah)의 재위기간(1485~1521) 중에는 보르네오섬 북부지역과 필리핀 남부까지 영토가 크게 확장되는 전성기를 이루었다.

그러나 브루나이는 1511년 포르투갈이 말라카(Malacca)왕국을 정복한 이후 유럽 열강들의 보르네오섬 침탈이 시작되면서 점차 쇠퇴의 길을 걷게 되었다. 1578년 필리핀 마닐라에 근거지를 둔 스페인 함대가 브루나이를 공격(Castilian War)하고, 1609년 영국 함대가 보르네오 남부(Sambas)와 강압적인 교역관계를 맺은 데 이어 1644년 네덜란드의 인도네시아 진출이 본격화되었으며, 여기에 왕실 인사 사이의 닭싸움 경기(cockfight game)가 발단이 되어 발생한 1660~1673년간 내전으로 브루나이는 제국을 유지하는 힘을 잃어갔다.

오마르 알리 사이푸딘(Sultan Omar Ali Saifuddin) 2세 재임기간인 1839년 영국인 탐험가 제임스 브룩(James Brooke)이 당시 사라왁(Sarawak)지역의 소요사태를 진압하고 그 보상으로 사라왁에 대한 통치권을 부여받은 데 이어, 1843년에는 브루나이 국왕으로부터 사라왁의 독립을 인정받았다. 또한 1846년에는 영국이 수도 반다르 세리 베가완(Bandar Seri Begawan)을 점령하였으며 결국 브루나이 앞바다의 작은 섬 라부안(Labuan)을 영국에 양도하는 라부안조약(Treaty of Labuan)을 체결하고 나서야 영국이 브루나이 수도에서 철수하는 사건을 겪기도 하였다.

한편 영국과 네덜란드는 1824년 영란조약(Anglo-Dutch Treaty)을 체결해 보르네오섬의 세력권 분할에 합의했으며, 이후 영국은 보르네오섬 북부지역 공략에 박차를 가하기 시작했는데, 1847년 영국은 브루나이와 우호통상조약(Treaty of Friendship and Commerce)을 체결하고, 1881년 영국의 북 보르네오 특허회사(North Borneo Chartered Company)는 브루나이와 술루(Sulu-Sabah) 왕국 및 기존의 사라왁 지역을 포함한 보르네오섬 북부지역의 행정권을 완전히 장악하였다.

1888년 영국과 브루나이는 보호조약(Treaty of Protection)을 체결하여 브루나이는 영국의 동의 없이 외국에 영토를 양도하거나 임대할 수 없도록 하여 영국이 브루나이의 외교권을 완전히 장악하였다. 그리고 네덜란드는 1891년 보르네오섬 남부지역을 보호령으로 지배함으로써 영국과 네덜란드에 의한 보르네오섬 분할이 완성되었다. 영국과 브루나이는 1906년 추가 보호협정(Supplementary Protectorate Agreement)을 체결하여 영국이 브루나이에 상주 감독관(British Resident)을 파견할 수 있도록 하였는데 이 제도는 1959년까지 계속되었다.

1941~1945년간 제2차 세계대전 중에는 보르네오섬이 일본에 의해 점령되었

으나 종전후 1945년 9월 영국은 보르네오섬 북부지역에 대한 보호적 지위를 회복하였다. 브루나이는 1946년 7월까지 영국 군정하에서 주로 호주 장교 및 관료들로 구성된 신정부가 구성되었고 그 후 영국 고등판무관의 주관하에 민간정부로 이양되었으며 1946년 4월에는 브루나이 최초의 정당인 청년당(Barisan Pemuda)이 창설되었다. 청년당은 왕정유지와 말레이인의 권리 보호를 정강으로 하였으나 브루나이 애국가 제정에 기여한 것 외에는 별다른 활동이 없다가 1948년 해체하였다.

1953년 7월 오마르 알리 사이푸딘(Omar Ali Saifuddien) 3세 국왕은 7인의 헌법기초위원회(Tujuh Serangkai)를 구성하고 1954년 3월부터 헌법안을 심의한 후 국왕을 국가원수로 하고 외교 안보와 국방 이외의 일체의 통치 권한을 브루나이 정부에 이양하도록 하며 1906년부터 실시된 상주 감독관제 폐지를 골자로 하는 최종 헌법안을 마련하였다. 1959년 9월 브루나이 수도 반다르 세리 베가완에서 오마르 알리 사이푸딘(Omar Ali Saifuddien) 3세 국왕과 영국 로버트 스코트(Robert Scott) 동남아 담당 국무위원(Commissioner-General)이 헌법단에 서명함으로써 브루나이는 자치를 회복하였다.

1957년 말레이시아 독립 이후 브루나이, 사라왁, 사바지역의 독립문제도 지역 현안으로 부상했으며 1961년 말레이시아의 툰쿠 압둘라만(Tunku Abdul Rahman) 수상은 말레이반도, 싱가포르, 브루나이, 사라왁, 사바를 아우르는 대말레이시아 연방을 제안했다. 이에 브루나이는 동 연방 제안에 참여할 의사를 표명했으나 인도네시아와 필리핀이 반대하고 나섰다. 인도네시아는 특히 브루나이, 사라왁, 사바지역을 통합하여 북보르네오 연방(North Borneo Federation)국가 건설을 지원하여 궁극적으로 인도네시아와 합병하려는 의도를 가지고 있었던 것이다.

1959년 브루나이는 신헌법에 따라 임명직 16명과 선출직 16명으로 구성된 입법원이 설립되었으며 1962년 실시된 선출직 선거에서 1956년 세이크 아자하리 빈 세이크 마흐무드(Sheikh Azahari bin Sheikh Mahmud) 주도로 결성된 브루나이 인민당(Brunei People's Party: PRB) 소속 16명 전원이 당선되었다. 그는 1962년 말레이시아 연방 가입을 추진하던 브루나이 왕실에 반란을 일으키며 브루나이 인민당을 창설하였다. 인민당은 1962년 12월 입법원(우리의 국회) 개원이 예정된 상황에서 브루나이 독립과 사라왁, 사바를 망라한 북보르네오 연방 창설

결의안을 제출할 예정이었으며 이는 사실상 인도네시아의 북보르네오 연방 창설안과 의견을 같이하는 것이었다.

　오마르 알리 사이푸딘(Omar Ali Saifuddien) 3세 브루나이 국왕은 인민당의 북보르네오 연방 창설 결의안에 반대 입장을 표명하고 입법원 개원을 연기한다고 발표하였으며, 이에 인민당은 산하조직인 북칼리만탄 국민군(North Kalimantan National Army)을 동원하여 반란을 일으켰다. 브루나이 국왕은 인민당을 불법화하고 영국군의 지원을 받아 반란을 진압한 후 브루나이는 말레이시아 연방에 참여하지 않을 것임을 발표하였다. 이 사건으로 브루나이는 술탄 중심의 절대 왕정으로 변모했고, 인민당은 불법 정당으로 전락하였다. 이후 브루나이는 안정을 되찾았고 오마르 알리 사이푸딘(Omar Ali Saifuddien) 3세 국왕은 1967년 왕위를 왕세자 현 왕인 하사날 볼키아(Hassanal Bolkiah)에게 이양하였다. 하사날 볼키아(Hassanal Bolkiah) 국왕은 1971년 11월 영국을 방문하여 1959년의 헌법 개정문제를 협의하고 영국은 외교와 국방을 제외한 브루나이의 완전한 자치를 허용한다는 데 합의하였으며 이어서 1979년 1월 브루나이와 영국은 우호협력조약을 체결하여 브루나이 독립을 확인하였다. 이에 따라 하날 볼키아(Hassanal Bolkiah) 국왕은 1984년 1월 1일 브루나이 독립을 선포하였다.

POINT

국제연합(UN) 총회는 1975년 브루나이의 자주독립 권리를 확인하는 결의를 채택하였고, 브루나이는 1984년 9월 유엔 총회에서 가입이 승인되어 159번째 유엔 회원국이 되었다.

3

브루나이의 현재
(브루나이 경제 현황)

1) 개관

브루나이는 소국이지만 경제적으로 부유한 나라이다. 브루나이는 아시아 3대 원유 생산국이며, 세계 4대 액화천연가스 수출국이다. 브루나이 경제는 [표 2 - 1] 및 [표 2 - 2]와 같이 안정적인 성장을 지속하고 있고 인플레이션도 낮은 수준 (2019년 −0.5%)을 유지하고 있으며 국가채무 비율도 GDP 대비 2.8%로 적절히 관리되고 있는 점은 긍정적 요소이다. 그러나 국제 유가 하락과 원유부존량의 한계에 따른 원유생산량 감소로 재정적자가 증가(2019년 11.4% - IMF data)하고 있고 실업률도 9.3%로 비교적 높게 나타나고 있다. 브루나이 정부의 공식 발표는 없지만 UN 보고서에 따르면 약 5%의 극빈자가 존재하는 등 부정적인 요소는 브루나이 정부가 풀어야 할 당면 과제이다. 원유는 일일 약 10만 배럴, 천연가스는 일일 약 2,500만m³가 생산되고 있으며 이는 국내총생산(GDP)의 약 65%, 수출의 95%를 차지하고 있다. 이러한 자원을 바탕으로 브루나이 국민은 세금을 내지 않는다. 병원비는 어떤 병이어도 1회에 900원이다. 우리나라 돈 30만원이면 수상가옥에서 평생 살 수 있다. 모든 학비는 무료다. 일정 요건을 갖추면 유학자금도 내준다. 매년 1월 하리라야(Hari Raya) 축제 때 일반 시민이 왕궁을 방문, 왕족에게 인사하면 세뱃돈 형식으로 100만원을 받을 수 있다. 이민을 원하는 사람은 많지만, 받아주는 경우는 거의 없다.

[표 2-1] 연간 브루나이 GDP

year	연평균 GDP	GDP 성장률(%)
2018	13,568M.$	0.1%
2017	12,128M.$	1.3%
2016	11,399M.$	-2.5%
2015	12,931M.$	-0.4%
2014	17,098M.$	-2.5%

출처: https://countryeconomy.com/gdp/brunei

[표 2-2] 연간 브루나이 GDP 증가율

year	1인당 GDP	연평균 증가율
2018	30,668$	8.6%
2017	28,237$	3.4%
2016	27,318$	-12.9%
2015	31,356$	-25.3%
2014	41,947$	-6.5%

출처: https://countryeconomy.com/gdp/brunei[1]

2) 국가개발

브루나이는 제2차 세계대전 기간 중 연합국과 일본 간 교전 및 폭격으로 원유 생산시설 및 주요 건물들이 불에 타 폐허로 변했다. 이러한 상황에서 제도를 정비하고 국가 개발계획을 시행하여 나라의 기틀을 마련한 지도자가 1950년 6월 즉위한 오마르 알리 사이푸딘 3세 국왕(Sultan Omar Ali Saifuddin III)이다. 오마르 국왕은 자신의 통치권을 확고히 하고 1959년 헌법을 제정하여 영국 상주 감독관에 의한 위임통치를 종식시키고 자치권을 회복하였으며, 1958년 오마르 알리 사이푸딘 사원(Omar Ali Saifuddin Mosque) 건설 등 말레이 이슬람 왕국(MIB: Melayu Islam Beraja)이라는 국가 정체성을 확립하였다. 오마르 국왕은 또한 피폐해진 국가경제를 재건하기 위해 1953~1958년간 제1차 국가개발 5개년 계획

(National Development Plan)을 수립하고 당시 피지에서 판무관(Commissioner)으로 있던 베빙톤(Bevington)을 초빙하여 1억 달러의 예산으로 개발 계획 업무를 총괄하도록 하였다. 제1차 국가개발 5개년 계획은 교육과 의료 서비스 확충, 주거환경 개선, 상수도 공급, 도로와 통신망 확충, 교량 발전소 및 방송국 건설, 그리고 농업 및 어업 기술 개선에 중점을 두었다.

이 기간 중 브루나이 국민들의 생활수준이 획기적으로 개선되었고 60세 이상의 고령자와 장애자에 대한 연금이 실시되었다. 주요 도시를 연결하는 간선도로와 교량, 부두가 건설되고 자동 전화교환 장비가 설치되었으며 병원과 30개의 새로운 학교도 건설되었다. 그러나 가스를 이용한 알루미늄 산업과 시멘트 공장 건설 및 질소 비료공장 건설 등 경제 다양화 사업은 실현되지 못했다. 또한 한국전쟁 이후 고무가격 폭락으로 고무농장 확충사업도 실패하였다.

제2차 5개년 국가개발 사업은 1962~1966년간 실시되었는데 주로 1차 개발사업을 계승하여 사회 여건을 개선하는 데 집중하였다. 1975~1979년간 실시된 제3차 5개년 국가 개발사업 이후부터는 연속으로 국가 개발사업이 이루어졌으며, 주요 과제인 기존의 원유가스 산업의 효율적 활용과 비원유가스 산업 육성 및 민간부문 경제 활성화 방안을 추진하였다. 브루나이 정부는 특히 민간부문 경제 활성화를 위해 2001년 브루나이 경제개발원(BEDB: Brunei Economic Development Board)을 설립하여 민간부문의 사업을 지원하고 해외투자 유치를 적극 추진하는 한편 2007~2035년간 장기 종합적인 경제 발전 전략(Wawasan Brunei 2035 - Brunei Vision 2035)을 수립하여 시행하고 있다.

3) 주요 경제 동향

(1) 원유와 천연가스 개발

브루나이에서 석유는 이미 언급하였듯이 매우 귀중한 자원이다. 브루나이에서 19세기 말 원유누출에 관한 보고가 있어 1899년 최초로 수도 반다르 세리 베가완(Bandar Seri Begawan) 인근 지역에서 지하 850피트까지 시추해 보았으나 원유는 발견되지 않았다. 1911년 British Borneo Petroleum Syndicate 회사는 벨라잇(Belait)에서 원유 탐사를 실시하였고 이후 1912년부터 1918년까지 싱가포르의 Shanghai Langkat Company, 네덜란드의 Netherland Koloniale Petroleum Maatschppij, Royal Dutch Shell Group[2]의 자회사인 Angro Saxon Petrleum Company와 Asiatic Petrleum Company 등 회사가 벨라잇(Belait) 지역, 뚜통 (Tutong)지역 및 제루둥(Jerudong) 지역에서 원유탐사를 실시하였다. 탐사 결과 벨라잇(Belait) 일부 지역을 제외하고는 원유징후가 보이지 않아 Royal Dutch Shell 외에 모든 회사들이 탐사를 포기하였다. Royal Dutch Shell은 British Borneo Syndicate가 보유한 탐사권을 매입하여 1923년부터 벨라잇(Belait) 지역을 집중 탐사하였던 바, 1929년 4월 자회사인 British Malayan Petroleum Company(BMPC)가 세리아(Seria)에서 유정 1호(S-1)를 시추하여 지하 297m 깊이의 유전을 확인한 데 이어 1929년 8월 세리아 유정 2호(S-2)를 시추하여 본격 생산하기 시작했다. 세리아(Seria) 유전에서의 원유는 1940년 하루 1만 7천 배럴까지 증가했으나 2차 세계대전 중 시설이 파괴되어 전후에는 하루 1만 5천 배럴을 생산하였다.

Royal Dutch Shell은 1960년 이전까지 48개의 유정을 시추했지만 세리아 (Seria) 이외의 지역에서는 원유를 발견하지 못했다. 그러나 1960년대에 원유 시추 기술의 발전으로 1963년 쿠알라 벨라잇(Kuala Belait) 앞바다에 위치한 암파 (Ampa) 유전이 개발됨으로써 원유생산에 획기적인 전환이 이루어졌으며, 1969년 페어리(Fairley) 유전 발견, 1970년 챔피온(Champion) 유전 발견, 1975년 맥파이 (Magpie) 유전 발견, 1979년 라사우(Rasau) 유전 발견, 1988년 가넷(Gannet) 유전 발견, 1992년 아이론 듀크(Iron Duke) 유전 발견 등 브루나이 원유개발은 계속되었으나 1979년 일산 25만 배럴의 정점에 도달한 이후 원유 생산은 감소하다.

또한 1963년 암파(Ampa) 유전에서 가스전이 함께 발견되어 1969년 브루나이 정부는 Royal Dutch Shell의 자회사인 Shell Overseas Holdings, 일본의 Mitsubishi Corporation과 합작투자 회사인 Brunei LNG(BLNG) 회사를 설립하여 1972년 액화시설을 준공하고 처음으로 일본에 수출함으로써 브루나이는 세계 최초로 대규모 액화 천연가스(LNG)를 생산 수출하는 사업의 모델이 되었다. [표 2-3]과 같이 BLNG는 2021년 기준 연간 약 720만 톤의 LNG를 생산, 대부분을 일본 및 한국에 수출하고 있다.

---

2) 로열 더치 쉘은 1907년 네덜란드와 영국에서 시작된 다국적 기업으로, 세계에서 2번째로 큰 석유회사이다. 영국의 주식회사이지만 네덜란드 헤이그에 본사가 있다.

[그림 2-1] 브루나이 원유 생산량

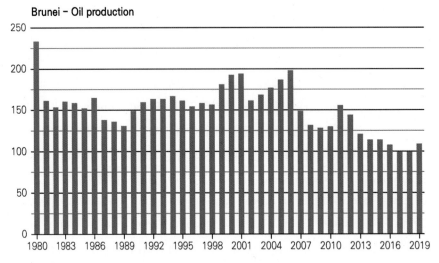

출처: The global economy.com/The U.S. Energy information agency[2]

한편, 프랑스의 석유회사 Total의 전신인 ELF Aquitaine사는 1986년 브루나이에서 원유 탐사활동을 시작하여 1990년 Petroleum Brunei와 Total 37.5%, Shell 35%, Petroleum Brunei 27.5% 비율로 합작투자회사 Total E&P Borneo (TEPB)사를 설립하였다. TEPB는 2010년 다량의 유전을 발견 2015년부터 원유를 생산하고 있다. 브루나이에서 원유가 발견되기 이전까지 정부재정의 주 수입원은 천연고무, 녹말(sago) 등 원료의 수출이었는데 1929년 대공황 여파로 원료 가격이 폭락하여 어려움을 겪고 있었던 시기여서 원유생산은 브루나이의 장래에 큰 희망으로 다가왔다. 브루나이의 원유 매장량은 약 11억 배럴로 전 세계 매장량의 0.7%를 차지하고 있지만 원유가격 하락과 자원보존 차원에서 2021년 브루나이 정부는 일일 원유생산량을 약 10만 배럴로 제한하고 외자유치를 통한 산업 다각화로 국가재정의 원유 의존도를 줄이는 노력을 경주하고 있다. 브루나이는 또한 2010년 말레이시아와의 분쟁수역에서 유전 공동개발에 합의하고 2013년에는 심해유전 공동개발에도 합의하여 브루나이의 석유산업은 더욱 안정적 성장을 이루게 되었다.

(2) 농업, 어업, 임업

1930년대 이후 원유 개발로 과거 브루나이 경제의 근간을 이루었던 농업과 어업, 임업은 급격히 위축되었고 이들 분야에 종사하는 인구도 크게 감소하여 대부분의 식품과 생필품을 수입에 의존하였다. 이러한 상황을 개선하기 위해 브루나이 정부는 1953년부터 시행한 국가 개발계획에 따라 원유산업 이외의 분야 산업 육성을 통한 경제의 다각화를 이룩하기 위해 부단히 노력해 왔다. 그 결과 브루나이는 2000년대에 들어와 닭고기, 달걀, 채소 분야에서 어느 정도 자립을 달성했고 쌀 생산도 아직 자급자족 단계는 아니지만 괄목할 만한 생산량의 증가를 이룩했다.

브루나이는 세계에서 생선 소비량이 비교적 높은 나라 중의 하나이지만 1990년대 중반까지 대부분의 생선을 수입에 의존해 왔다. 그러나 브루나이 정부의 지속적인 어업 증진 정책으로 2000년대에 들어와 어업 생산량이 크게 증가했으며, 지속적인 어업자원 보존을 위해 양어사업도 장려하고 있다. 한편 브루나이는 임산자원은 풍부하지만 자원 보호를 위해 목재의 해외 수출은 제한하고 있다.

(3) 금융과 무역

브루나이는 말레이시아와 싱가포르 3국간 체결한 화폐동맹협정에 따라 1953~1967년간 말라야 영국영 보르네오 달러(Malaya and British Borneo Dollar)를 사용해 왔으나 1967년 6월 동 화폐동맹협정을 종료하고 3국이 각각 고유 화폐를 발행하되 상호 1:1 비율로 교환하기로 합의하였다. 이에 따라 브루나이는 재무부 산하에 브루나이 화폐국(Brunei Currency Board)을 설립하고 브루나이 달러(Brunei Dollar)를 발행 사용하기 시작했다. 1973년 5월 말레이시아는 3국간 화폐의 1:1 교환협정을 종료하기로 하였으나 브루나이와 싱가포르는 1:1 교환협정을 계속하기로 합의하여 2021년까지 유지하고 있으며, 2007년 6월에는 교환협정 40주년 기념행사를 거행하고 20달러 기념 지폐를 공동 발행하기도 하였다.

브루나이에서 영업 중인 민간은행은 내국인 은행으로 이슬람 은행(Bank Islam Brunei Darussalam)과 바이두리 은행(Baiduri Bank)이 있고 외국계 은행으로는 말레이시아의 메이은행(Maybank)과 RHB 은행, 영국의 스탠다드 차타드 은행

(Standard Chartered Bank)과 싱가포르의 대화 은행(United Overseas Bank), 중국의 중국은행(Bank of China)이 영업 중이다. 1972년 개설한 미국의 시티 뱅크는 2014년, 1947년 개설한 영국의 HSBC[3]는 2016년에 각각 폐업했다. 브루나이 정부는 2004년 2월 화폐국을 해체하고 대신 화폐 금융국(Brunei Currency and Monetary Board)으로 확대 개편하여 국제금융 업무도 함께 할 수 있도록 조치하였으나 점증하는 금융수요에 부응하여 2011년 1월 독립적인 금융 업무를 수행할 수 있는 브루나이 중앙은행(AMBD: Autoriti Monetari Brunei Darussalam; Monetary Authority of Brunei Darussalam)을 설립하였다. 2021년 기준 AMBD는 브루나이의 통화정책을 수립 시행하고 각 금융기관을 조정 감독하며, 적정한 통화량 관리업무를 수행하고 있으며 총재는 알 무타디 빌라(Al Muhtadee Billah) 왕세자이다.

브루나이는 수출의 약 95%를 차지하는 원유와 가스의 수출에 힘입어 계속 무역 흑자를 유지하고 있다. 수출은 2012년 130억 달러의 최고점에 다다른 이후 2016년 48.8억 달러까지 급격히 감소하였으나 점차 완만한 회복세를 보이며 2018년 65.7억 달러를 달성했다. 수입은 2013년 36.1억 달러까지 증가했으나 2015년 32.3억 달러로 감소한 이후 증가세를 보이고 있으며 2018년 41.6억 달러로 24.1억 달러의 무역흑자를 시현했다. 수입품의 대부분은 식품 등 소비재로 약 44%를 차지하고 있으며, 기계 등 자본재가 32%, 중간재가 19%, 이 밖에 원자재가 약 5%를 차지하고 있다.

[표 2-3] 연도별 수출입액

연도	2012	2013	2014	2015	2016	2017	2018
수출	13,001M$	11,447M$	10,509M$	6,353M$	4,875M$	5,571M$	6,574M$
수입	3,572M$	3,612M$	3,599M$	3,229M$	2,679M$	3,085M$	4,164M$

출처: UN Comtrade[3]

(4) 교통

브루나이는 수도 반다르 세리 베가완(Bandar Seri Begawan)에서 서부 벨라잇(Belait) 지역에 이르는 고속도로가 잘 구축되어 있다. 수도지역을 관통하는 하사

---

3) HSBC는 홍콩 상하이 은행으로 1895년 영국령 홍콩에서 설립된 은행이다. 스탠다드 차타드 은행, 중국은행과 함께 홍콩 달러를 발권하고 있다.

날 볼키아 고속도로(Hassanal Bolkiah Highway), 무아라 지역과 뚜통 지역을 연결하는 무아라 – 뚜통 고속도로(Muara – Tutong Highway), 그리고 2016년 중국 건설회사가 건설 개통한 텔리사이 – 루무트 고속도로(Telisai – Lumut Highway) 등 3개의 고속도로망으로 도로 소통이 원활한 편이다. 브루나이는 제10차 국가개발계획(2012~2017년) 기간 중 '지식과 혁신, 생산성 향상, 경제성장 가속'이라는 주제 아래 특히 교통 통신 인프라 구축에 많은 역점을 두었다.

이 기간 중 괄목할 만한 성과 중 하나가 브루나이 강을 사이에 두고 수도 반다르 세리 베가완(Bandar Seri Begawan)의 중심부와 숭아이 케분(Sungai Kebun)을 연결하는 숭아이 대교의 건설이다. 또한 무아라 본토와 무아라 섬(Pulau Muara Besar)을 연결하는 무아라 대교와 브루나이 본토와 템부롱(Temburong)을 연결하는 템부롱 대교의 건설로 브루나이의 도로 교통망이 크게 확충되었다. 현재 브루나이, 말레이시아, 인도네시아 등 보르네오 3국은 보르네오를 관통하는 범 보르네오 고속도로(Pan Borneo Highway) 구축 방안을 협의 중이다.

숭아이 대교의 공식 명칭은 브루나이 국왕의 왕비 이름을 딴 라자 이스테리 아낙 하자 살레하 대교(Raja Isteri Anak Hajah Saleha Bridge: 약칭 RIPAS Bridge)로 2014년 1월 착공하여 2017년 10월 준공했다. 숭아이 대교는 한국의 대림산업이 약 1.2억 달러에 수주하여 건설한 주탑이 하나 있는 1주탑 사장교(622m)로서 왕복 4차선, 총 길이 712m, 주경간 300m 규모이다. 그동안 브루나이 강으로 나뉜 수도 반다르 세리 베가완과 숭아이 케분은 40km를 우회해 접근했으나 다리 개통으로 두 지역 간의 거리가 712m로 대폭 단축되었다.

무아라 대교는 브루나이만을 사이에 두고 브루나이 본토와 무아라 섬을 연결하는 전장 약 2.7km 교량으로 2015년 착공하여 2018년 5월에 준공하였다. 무아라 대교는 브루나이 정부가 2003년 무아라 섬(Pulau Muara Besar)에 대규모 정유화학 공장 건설을 계획하고 이를 위한 물류 지원이 필요함에 따라 중국의 China Habour Engineering Company(CHEC)가 2억 4백만 달러에 수주하여 건설한 다리이다. 템부롱 대교는 브루나이 정부가 2010~2012년간 영국의 전문 자문사인 Ove Arup & Partners사에 의뢰하여 실시한 템부롱 대교 타당성 조사 결과에 따라 2014~2019년간 총 공사비 약 12억 달러를 투입하여 건설된 총 연장 30km의 다리로 동남아에서 가장 긴 다리이다. 템부롱 대교는 총 4개 구간으로 나뉘어 건설되었는데 2개의 해상구간(14.5km)은 한국의 대림산업이, 템부롱 육상구간

(11.8km)은 중국 국영 건설 엔지니어링 회사(China State Construction Engineering Corporation(CSCEC))가 건설했으며 2020년 3월 공식 개통하였다.

POINT

템부롱 대교의 개통으로 브루나이 본토와 템부롱 간 인적 물적 이동시간을 30분 이내로 단축할 수 있게 되었으며 템부롱 개발 특히 관광자원 활용 등 브루나이 경제성장에 크게 기여할 수 있을 것으로 예상된다.

[그림 2-2] 대림산업 브루나이 템부롱 대교 위치도

(5) 통신

브루나이의 통신 인프라는 비교적 높은 수준으로 발전해 왔다. 브루나이 정부는 4차 산업혁명에서 뒤지지 않도록 ICT(Information & Communication Technology, 정보통신기술)산업 육성을 위해 독일의 Deutsche Telecom Group의 지원을 받아 2019년 9월 정부출자 통신회사를 재조정하는 조치를 단행하였다. 이에 따라 2019년 9월 1일부터 기존의 TelBru, DST와 Progresif 등 3개사의 자산이 모두 새로 설립한 Unified National Networks(UNN)에 이관되고 기존 3개사는 UNN의 자회사로서 동등한 자격으로 인터넷 브로드밴드 서비스와 모바일 폰 사업을 시행할 수 있게 되었다. 이와 함께 케이블 네트워크 사업을 운영하던 Brunei International Gateway(BIG)도 UNN에 편입되었다. 통신 시장 전문 조사기관인 BuddeComm이 발표한 아시아 텔레콤 완숙도 지표(Asian Telecoms Maturity Index)에서 브루나이가 10위에 위치할 정도로 브루나이는 1990년대 말까지 100% 디지털화에 성공했고 21세기에 들어와 모바일 전화와 인터넷 보급률은 괄목할 만한 성장을 이루었다.

브루나이 정부가 출자한 항공, 통신, 전력, 조달, 관광, 병원, 교육, 부동산 등 관련 국영기업들은 2012년 설립된 Darussalam Assets Sdn Bhd(Darussalam Assets)에 의해 관리 감독을 받게 되어 있는데, 2019 설립된 UNN도 Darussalam Assets의 자회사다. 브루나이는 4G 통신서비스를 제공하고 있으나 UNN은 2021년까지 5G 서비스 망을 구축하는 한편 통신사 간 서비스 경쟁을 통해 통신비 인하를 유도함으로써 ICT 산업의 경쟁력을 제고할 계획이다.

4
브루나이의 미래
(브루나이 경제 전망)

1) 경제 동력

브루나이 경제는 정부가 가장 큰 부자이고 가장 많은 고용을 창출하고 있으나 민간부문이 취약하기 때문에 경제에 있어서 재정운용이 매우 중요하다. 주요 합작투자기업으로는 Royal Dutch Shell이 출자하여 설립한 Brunei Shell Petroleum(BSP), Brunei Shell Marketing(BSM), Brunei Liquefied Natural Gas(BLNG), Brunei Shell Tankers(BST), Brunei Gas Carriers(BGS) 등 Royal Shell Group 계열 기업이다. 이들 5대 기업, 즉 BSP, BLNG, BSM, BST, BGS는 다음과 같이 브루나이 재정수입의 근간을 이루고 있을 뿐만 아니라 정부 다음으로 큰 고용을 창출하고 있어 쉘 국(Shell State)으로 불릴 만큼 브루나이 경제에 중심적 역할을 수행하고 있다. 정부의 재정수입은 원유와 천연가스 등 천연자원을 개발 생산 판매하는 합작투자기업으로부터 징수한 법인세, 로얄티, 지분수입 등이 약 90%를 차지하고 있다. 브루나이의 핵심 기업인 이들 5개 기업을 자세히 살펴보자.

1) BSP의 모기업은 1922년 설립된 영말석유회사(BMPC: British Malayan Petroleum Company)로 1957년 상호를 BSP로 개칭하였다. 원유 생산 초기에는 브루나이 정부에 로열티를 지불하는 방식으로 운영하였으나 1973년 브루나이 정부가 BSP 지분의 25%를 차지하는 방식으로 전환하였으며 독

립 이후 1985년에는 BSP와 브루나이 정부 간 지분을 50:50으로 조정하였다.

2) BSM은 원유로부터 생산된 휘발유, 항공유, 선박용 디젤유, 윤활유 등 판매를 위해 1959년 브루나이 정부와 로열 더치 쉘(Shell Overseas Holding)의 양자 간 50:50 비율로 Shell Marketing Company of Borneo를 설립하였으며 1974년 Shell Marketing Company of Brunei로 개칭되었다가 1977년 Brunei Shell Marketing(BSM)으로 다시 개칭되었다.

3) BLNG는 천연가스를 액화하기 위해 1969년 브루나이 정부와 로열 더치 쉘(Shell Overseas Holdings), 일본의 미츠비시(Mitsubishi Corporation)의 3자 간 50:25:25 비율로 합작투자회사를 설립하였으며 1973년부터 LNG를 생산, 주로 일본과 한국에 수출하고 있다. 1996년 BLNG는 1977년 LNG 판매를 위해 설립된 Brunei Coldgas Trading Company를 인수합병하고 브루나이 정부와 쉘(Shell)과 미츠비시(Mitsubishi) 간 지분 비율을 50:25:25로 조정하였다.

4) BST는 1986년 브루나이 정부와 로열 더치 쉘(Shell Overseas Holdings) 양자 간 50:50 비율로 설립된 합작투자회사이며, 2002년 일본의 미츠비시(Mitsubishi Corporation)가 로열 더치 쉘(Royal Dutch Shell Group)로부터 지분 25%를 취득하여 2021년 기준, 현재는 50:25:25로 지분비율이 조정되었다. BTS는 현재 7척의 LNG 운반선을 보유하고 있으며 BLNG가 임대하여 운용하고 있다. 브루나이 정부는 1998년 쉘 가스(Shell Gas)와 디아몬드 가스(Diamond Gas Carriers) 간 합작투자회사 Brunei Gas Carriers(BGC)를 설립하여 2021년 기준 5척의 LNG 운반선을 운용하고 있다.

5) BGC는 1998년 브루나이 정부와 Shell Gas B.U 및 네덜란드의 디아몬드 가스(Diamond Gas Carriers) B.U간 50:25:25의 비율로 설립된 합작투자회사로 5척의 LNG 운반선을 보유하고 있으며 BLNG가 임대하여 운영하고 있다.

브루나이는 석유산업이 정부의 재정운용에 매우 중요함을 인식하고 1993년 국왕의 동생이자 재무장관이었던 제프리 왕자(Prince Jefri Bolkiah) 주도로 원유가스 사업의 기획 조정 및 자원보존과 환경보호를 위해 브루나이 석유가스청(BOGA: Brunei Oil and Gas Authority)을 설립하여 석유산업에 대한 통제를 강화해 나가고자 하였으나 1997년 아시아 금융위기를 겪으면서 제프리 왕자가 재무

장관에서 물러난 후 해체되었다. 브루나이 정부는 국내의 원유 개발사업을 총괄하기 위해 과거 BOGA가 해 왔던 기능을 보완하려 2002년 브루나이 국영석유회사(Brunei National Petroleum Company: 약칭 Petroleum Brunei)를 설립하여 운영하여 오다가 2020년 4월 국내의 원유개발에만 한정하는 조치를 취했다. 이후 브루나이 정부는 장기 에너지 안보를 위한 석유부문 개발 조정과 석유와 가스 자원의 지속적이고 효율적인 이용을 도모하는 데 목적을 두고 새로이 브루나이 석유청(Petroleum Authority of Brunei)을 설립하였다. 브루나이 석유청은 에너지 장관을 위원장으로 하는 7명의 위원회에서 의사결정한다.

브루나이 경제의 또 다른 축은 유통업으로 이 분야는 주로 중국 화교들이 장악하고 있다. 브루나이 최대 백화점인 후아 호 백화점(Hua Ho Department Store)도 1947년 중국인 화교에 의해 창립되었다. 브루나이 중국인 화교는 1900년대 이후 특히 1931~1947년 사이에 크게 증가하여 브루나이 인구의 약 10%를 차지하고 있으며 재계는 물론 관계에 진출 브루나이 주류사회에 편입된 사례도 많이 나타나고 있다. 화교출신 림 조크 셍(Lim Jock Seng)이 외무장관을 역임했고 모하메드 아민 리우(Mohammad Amin Lieu)는 2021년 현재 재무장관을 맡고 있으며, 스티븐 총 완 운(Steven Chong Wan Oon)은 2021년 현재 대법관이다. 또한 브루나이 화교인 림 조크 호이(Lim Jock Hoi)는 2021년 현재 ASEAN 사무총장이다.

2) 비전 2035

2004년 볼키아 국왕은 역동적이고 지속적인 경제발전을 위해 기술적, 재정적, 전략적 접근 필요성을 강조하고 장기 개발계획 위원회 설치를 지시했으며, 장기 개발계획 위원회는 2006년 국왕에게 향후 30년간의 장기경제 발전 전략을 보고했다. 볼키아 국왕은 제9차 경제개발 5개년 계획(2007~2012년)이 시작되는 2007년부터 2035년까지 1) 국제수준에 부합하는 교육과 기술 발전, 2) 세계 10위권의 삶의 질 향상, 3) 세계 10위권의 일인당 국민소득 유지를 위한 경제발전을 목표로 하는 Brunei Vision 2035(Wawasan Brunei 2035)를 발표하였다.

볼키아 국왕은 2014년 Vision 2035 이행 점검을 위한 최고위원회(Majlis Tertinggi Wawasan Brunei 2035)를 설치하고 교육, 경제, 안보, 제도발전, 민간 비즈니스 개발, 인프라 개발, 사회보장, 환경, 보건, 종교, 국토이용, 정보통신기술, 인력계획 등 13개 분야 전략분과위원장을 임명하는 등 Vision 2035가 지향하는 목표 달성을 위해 총력을 기울이고 있다. 브루나이는 국제유가의 하락과 원유 감산으로 국가 재정수입이 감소하는 상황에서 Vision 2035가 지향하는 궁극적인 목표, 즉 브루나이 경제의 석유 의존도를 줄이고 산업의 다각화를 확실히 달성하느냐에 국가 미래가 달려 있는 상황이다.

POINT

브루나이는 국제유가의 하락과 원유 감산으로 국가 재정수입이 감소하는 상황에서 Vision 2035가 지향하는 궁극적인 목표, 즉 경제분야의 석유 의존도를 줄이고 산업의 다각화를 여하히 달성하느냐에 미래가 달려 있다.

---

3) 산업 다각화 추진

원유와 천연가스가 브루나이를 부유한 나라로 만들었지만 국제 원유 및 천연가스 시장의 가격 변동에 취약한 경제 구조를 가지고 있고 대부분의 공산품과 식품을 수입에 의존하고 있다. 민간부문 산업은 대부분 봉제, 가구 및 식품 산업이며 이들 산업이 GDP에서 차지하는 비율은 3%에 불과하다. 브루나이는 2000년대에 들어와 이렇게 취약한 경제구조를 개선하기 위해 농업, 어업, 관광, 금융 등 비석유산업 분야 투자로 경제구조의 다각화를 추진하고 있다.

브루나이의 산업 다각화를 위해서는 해외 직접투자 유치가 필수적이다. 브루나이 정부는 이를 위해 2001년 국가개발원(BEDB: Brunei Economic Development Board)을 설립하고 외국 투자자에게 브루나이 투자환경, 투자요건, 법령규정, 사업비용 등에 관한 정보를 제공하고 있다. 브루나이가 유치한 최대 해외직접투자 회사는 중국의 저장항면집단유한공사(Zhejiang Hengyi Petrochemicals: Zhejiang Hengyi)이다. BEDB는 2012년 중국 저장항면집단유한공사(Zhejiang Hengyi)와 무아라 섬 산업단지 내 600헥타르에 대한 토지 임대차 계약을 체결한 데 이어 2013년 종합 정유 및 방향족 화합물 생산공장을 건설하기로 합의하였다. 이에 따라 중국과 브루나이는 2017년 70:30 비율로 합작투자회사 Hengyi Industries Sdn Bhd를 설립하고 설계와 엔지니어링은 중국의 Sinopec Engineering이 맡기로 합의하였다. BEDB는 외국직접투자 유치를 위해 신규사업 자격을 취득한 경우 1) 5년간 18.5%의 법인세 면제, 2) 8년간 고정자본비용 공제, 3) 첨단산업단지 내 기업은 11년간 고정자본비용 공제, 4) 기계·장비·부품·건물 구조물·브루나이에서 생산되지 않는 원료에 대한 관세 면제 등의 혜택을 부여하고 있다.

Hengyi Industries는 1단계 사업으로 연산 800만 톤(일산 16만 배럴)의 정유시설과 연산 100만 톤의 방향족 화합물 생산시설, 연산 50만 톤의 벤젠 생산시설을 건설하여 시험생산을 거쳐 2020년 1월 본격 생산에 들어갔다. 중국 측은 Hengyi Industries에 34억 5천만 달러를 투자하였으며, 2단계 사업에 추가로 12억 달러를 투자할 계획이다. 브루나이는 중국의 투자유치로 1,600개의 일자리 창출과 13억 3천만 달러의 GDP 증가 효과가 있을 것으로 기대하고 있다.

5

한국 기업의 브루나이 진출 A TO Z

1) 취업 이민

한국 기업의 브루나이 진출보다는 한국인 개인의 브루나이 진출이 먼저 이루어졌다. 말레이시아와 브루나이의 국경도시인 사라왁의 Miri(미리)에 1960년대 말 한국의 벌목공들이 인력회사를 통해 송출되면서 브루나이가 한국인들에게 알려지기 시작했으며 벌목공 중 일부는 브루나이에 이민했던 것으로 알려지고 있다. 당시 브루나이는 제2차 세계대전으로 피폐해진 국토를 재건하기 위해 1953~1958년간 제1차 국가개발 5개년 계획을 실행한 데 이어 1962~1967년간 제2차 국가개발 계획을 추진하면서 닭고기 등 식품산업 발전을 위한 양계농업인과 자동차 정비 등 분야 기술자가 필요한 상황이었다.

한국 정부는 1962년 해외이주법을 제정하고 1965년 해외개발공사를 설립하여 해외 취업과 이주를 위한 송출업무를 추진하기 시작했다. 브루나이는 1967년 노동판무관을 한국에 파견하여 한국 농부(양계)와 기술자(자동차 수리)의 파견을 요청했으며 그해 말부터 한국 국민의 브루나이 진출이 시작되었다. 1970년대에는 12개의 한인 양계 농장과 15개의 한인 자동차 정비소가 운영되었으며 1980년대에는 건설 노동자 등 유입으로 500여 명의 한인사회로 발전하였으나, 이후 한국으로 귀국 또는 미국 등 제3국으로 이민하여 한인사회는 100명 미만으로 위축되었다가 2020년 이후 한인 수가 조금씩 증가하는 추세이다.

2) LNG선 건조

대우조선해양은 2008년 브루나이 BGC사로부터 14만 7,000㎥급(9만 8,490톤) LNG선 2척(Amali, Arakat)을 수주(약 5억 달러)하여 옥포조선소에서 건조해 2011년 인도하였다. 대우조선해양이 건조한 LNG선은 길이 288m, 폭 43m로 이중 연료엔진 등 고급사양을 채택했으며, 이중 연료엔진은 상황에 따라 기름과 가스를 모두 사용할 수 있어 기존 추진시스템보다 에너지 효율이 높은 것으로 평가받고 있다.

더불어 현대중공업은 2012년 브루나이 BLNG로부터 15만 5,000㎥급(10만 2,585톤) LNG선 1척(Amani)을 브루나이 기술진 참여하에 건조하는 방식으로 수주(1억 7,000만 달러)하였으며, 추가로 1척(Amadi)을 수주(2억 1,000만 달러) 건조하여 2014년 및 2015년에 각각 인도하였다. 현대중공업이 건조한 LNG선은 화물창이 선박 내부에 위치한 멤브레인(Membrane) 타입으로, 필요에 따라 디젤과 가스를 번갈아 사용할 수 있는 '이중연료 추진방식(DFDE)'이 적용되어 엔진 효율을 높였다.

3) 건설

1970년 한국 대림산업이 BLNG의 천연가스의 액화시설 공사를 수주함으로써 한국 건설기업이 브루나이에 진출하는 계기를 마련했으며, 1980년대 이후 경남기업, 신화건설, 쌍용건설, 대한건설, 한라건설, 농업개발공사, 현대엔지니어링, 대제건설 등이 브루나이에 진출하여 공항 청사(쌍용건설 1983), 하싸날 볼키아 모스크(경남기업 1992), BSP 청사(리노베이션 대림산업 1994), Yayasan Complex (경남기업 1994), Jerudong Park 방파제(현대엔지니어링 1996), 국민주택(대제건설 2010) 등 건설 사업에 참여하였다. 한국 건설업체가 시공한 프로젝트 중 브루나이에 기념비적 건축물이 있어 브루나이 국민들에게 한국에 대한 호의적 이미지를 심어줌으로써 한국과 브루나이 관계 증진에 크게 기여하고 있다. 경남기업이 1988년부터 시공하여 국왕 즉위 25주년이 되는 1992년에 준공한 하싸날 볼키아 사원(Jame'Asr Hassanal Bolkiah Mosque)은 일시에 5천 명의 무슬림 참배객을 수용할 수 있는 브루나이 최대 이슬람 사원으로 29개의 황금 돔과 푸른색의 타일

장식으로 유명하며, 브루나이 국민들의 자부심이 배어 있는 정신적 지주 역할을 하는 건축물이다.

대림산업이 2013년 착공하여 국왕 즉위 50주년이 되는 2017년에 준공 개통한 숭아이 대교(Sungai Kebun Bridge)는 브루나이가 이슬람 왕국임을 감안 사장교의 주탑 상부를 돔 양식으로 디자인하고 하부는 국기 문양인 초승달 모양으로 설계하였고, 볼키아 국왕의 생일이 7월 15일임을 감안 주 탑 높이를 157m로 하여 브루나이에서 최고 높은 상징적 구조물이 되었다. 또한 브루나이 정부가 발주하여 대림산업이 시공한 템부롱 대교의 핵심 해상교량구간(14.5km)도 107m의 1주탑 사장교와 110m의 2주탑 사장교로 이루어져 아름다운 미관으로 장관을 이루며 우리의 기술력을 브루나이와 세계에 각인시킨 쾌거였다.

6

브루나이 시장을 보는 눈

브루나이는 지구상에 몇 안 되는 절대 왕정을 유지하며 종교 문화와 전통을 면면히 이어온 나라이다. 이러한 브루나이의 가장 강점은 사회적으로 안정되어 있고 무엇보다도 자원이 풍부하다는 점이다. 브루나이는 사회적 안정과 풍부한 자원을 바탕으로 산업 다각화를 통해 제2의 도약을 꿈꾸고 있다. 브루나이의 단점은 시장이 작고 숙련된 기술자가 부족하며 물류 인프라가 잘 갖추어 있지 않다는 점이다. 브루나이 정부는 물류 인프라 개선을 위해 무아라 항만을 개발 중이며 공항 활주로도 개선할 계획으로 있다.

브루나이는 ASEAN의 일원으로 ASEAN 회원국들과 긴밀한 우호 협력관계를 유지하고 있으며 또한 이슬람 국가들과는 종교적 이념을 같이하는 형제국 관계를 유지하고 있다. 한국 정부가 추구하는 신남방정책은 이러한 ASEAN 국가들 및 중동 이슬람 국가들과의 관계 증진을 통해 우리의 국익을 극대화하는 전략이다. 우리가 브루나이에 관심을 가져야 하는 이유는 신남방정책을 추진하는 데 있어서 브루나이가 갖는 이러한 전략적 중요성 때문이다.

한중일 3국 중 한국 국민과 기업의 브루나이 진출은 저조하다. 중국은 무아라 섬에 대규모 정유화학 시설을 건설하여 운영 중이고 일본은 일찍이 미츠비시 사(Mitsubishi Corporation)가 진출하여 에너지 분야 협력관계를 유지하고 있다. 1960년대 말부터 브루나이에 진출한 대다수 한국인들은 중국 화교사회나 유태인의 디아스포라(특정 민족이 자의적 또는 타의적으로 기존 살던 곳에서 다른 지역으로 이동하는 현상)와는 달리 살고 있는 그 나라에 뿌리를 내리고 주류사회에 편입하려는 노력보다는 성공하여 한국으로 돌아오려는 귀소본능이 강한 경향을 보여 왔다. 그래서인지 아직까지도 소수의 인사를 제외하고는 해외에서 성공한 한국인은 많지 않다. 한국 기업들도 해외에 장기적인 투자보다는 단기적인 수익에 너무 집착하는 경향을 보여 왔다.

브루나이는 소국이라 시장이 작고 물류 인프라가 열악하지만 해외 직접투자를 유치하기 위한 여러 가지 인센티브를 제공하고 있고 또한 동남아나 이슬람 시장 진출의 교두보로서의 가치를 가지고 있는 매력도 있다. 이제 브루나이가 갖고 있는 이러한 매력에 한국 국민과 기업들이 관심을 가져야 할 때이다. 향후 브루나이는 에너지 관련 산업, 할랄 식품 산업, 바이오 산업, 관광 산업 등이 유망할 것으로 전망된다. 브루나이 정부는 브루나이 경제 개발원(BEDB)이라는 기관을 통해 외국의 기업가들이 브루나이에 쉽게 접근할 수 있도록 배려하고 있음에 주목할 필요가 있다.

브루나이는 이슬람 왕국으로 한국과 역사적 문화적 전통이 다르다는 점에 유의해야 한다. 일반 국민들은 소박하고 친절하여 친분관계를 구축하기가 용이한 반면, 어떤 일을 추진할 때는 더디고 결정과정이 복잡하여 은근과 끈기로 대하며 꾸준히 신뢰를 쌓아야 성공할 수 있다. 브루나이에서 신뢰를 쌓는 방법 중 하나는 라마단 금식이 끝나고 약 1주일간 하리라야 축제가 시작되는데 이 기간 중 면담하고 싶은 인사의 집을 직접 방문하여 덕담과 함께 간단한 비즈니스 이야기도 나누며 친분을 강화할 수 있는 기회로 활용하는 것이다.

7

브루나이 에필로그

1) 현지인이 추천하는 관광지

한국인이 선호하는 브루나이 관광 명소로 단연 엠파이어 호텔(Empire Hotel & Country Club)을 꼽는다. 이는 엠파이어 호텔의 화려한 건물 구조와 대형 식당, 수영장, 영화관, 골프장을 갖춘 7성급 호텔이라는 세계적인 명성 때문이다. 엠파이어 호텔의 로비는 특히 스왈로브스키 샹들리에, 대리석 기둥의 황금색 장식으

[그림 2-3] 브루나이 엠파이어 호텔 로비

로 유명하다. 522개의 호텔 객실 중 가장 넓고 호화스런 룸은 Emperor Suite인데 665m²(약 200평) 크기에 실내 수영장과 영화관을 갖추고 있다. 잭 니콜라스(Jack Niklaus)가 디자인한 18홀 골프장은 엠파이어 호텔 투숙객들이 저렴한 가격으로 이용할 수 있다.

엠파이어 호텔이 처음부터 일반인을 대상으로 한 호텔로 지어진 건축물은 아니었다. 1986~1998년간 브루나이 재무장관이였던 하사날 볼키아(Hassanal Bolkiah) 국왕의 동생 제프리 왕자(Prince Jefri Bolkiah)는 1994년 브루나이 인프라 개발을 목적으로 Amadeo사를 설립하여 제루동 공원(Jerudong Amusement Park), 왕실용 병원, 현대식 스포츠 스타디움, 왕실 전용 호텔 등을 건설하였다. 이 왕실 전용 호텔은 외국 왕실 인사 접대와 브루나이 왕실 인사의 리조트용으로 계획된 것이었으나 1997년 아시아 금융위기 여파로 Amadeo사가 1998년 100억 달러의 채무로 파산하자 정부 관리로 이전되어 2000년 10월 일반 호텔로 전용되었다.

브루나이의 또 다른 관광 명소는 황금 돔으로 유명한 오마르 알리 사이푸딘 모스크(Omar Ali Saifudin Mosque)이다. 브루나이 28대 국왕인 오마르 알리 사이푸딘(Omar Ali Saifudin)의 재임기간인 1958년에 준공했으며, 말레이시아 Booty & Edwards사가 디자인하고 내부 및 외부 장식은 싱가포르 조각가 루도포 놀리(Rodolfo Nolli)가 시공했다. 모스크 가까운 곳에 있는 왕립 르갈리아 박물관(Royal Regalia Museum)도 빼놓을 수 없는 관광 명소다. 왕립 르갈리아 박물관은 역대 국왕들의 왕관이나 예복 등을 볼 수 있으며 특히 하사날 볼키아(Hassanal Bolkiah) 국왕의 일대기가 잘 정리되어 있다. 왕립 르갈리아 박물관은 원래 '처칠 기념관'으로 명명되었으나 1992년 하사날(Hassanal) 국왕의 재위 25주년을 기념하여 왕립 전시홀로 개장되었다가 2017년 국왕 재위 50주년을 기념하여 왕립 르갈리아 박물관으로 개칭하였다.

오마르 알리 사이푸딘 모스크(Omar Ali Saifudin Mosque)와 가까운 곳에 수상촌(Kampong Ayer)과 '50주년 기념공원(Taman Mahkota Jubli Emas: Golden Jubilee Crown Park)'도 꼭 봐야 할 관광지다. 캄풍 아예르 수상촌은 동남아에서 가장 규모가 큰 수상마을로 브루나이 최초의 원주민들이 정착하여 오랜 전통을 면면히 이어오는 곳이다. 세계 일주 중 1521년 브루나이에 도착한 스페인 마젤란 함대의 일원이었던 이탈리아 탐험가 안토니오 피가페타(Antonio Pigafetta)는 수상촌 주택들이 물속에 나무 기둥을 박아 건설되었는데 2만 5천 채는 되어 보인다고 기술한 기록이 있다. 2020년 이후로 수상촌 주민 수가 계속 감소하고 있는데 1981년 2만 8천 명이었던 주민들이 2019년에는 1만 3천 명으로 감소하여 브루나이 정부는 주택개량 지원 등 각종 지원책을 부여하는 등 수상촌 보존에 많은 노력을 기울이고 있다. 50주년 기념공원은 국왕 통치 50주년을 기념하여 2017년 개장되었으며 낙후된 구도심을 깔끔히 정리하여 시민과 관광객들이 즐겨 찾는 명소가 되었다.

[그림 2-4] 오마르 알리 사이푸딘 모스크(Omar Ali Saifudin Mosque)와
타만 마코타 주빌리 에마스(Taman Mahkota Jubli Emas)

브루나이에서 열대 정글을 탐험하고자 하는 모험심이 있는 관광객이라면 오마르 알리 사이푸딘 모스크(Omar Ali Saifudin Mosque)에서 멀지 않은 타섹 라마 레저 공원(Tasek Lama Recreational Park)과 엠파이어 호텔(Empire Hotel)에서 가까운 부킷 사반다르 포레스트 레크레이션 공원(Bukit Shahbandar Forest Recreational Park)에서 원숭이를 보며 하이킹을 즐겨도 좋을 것이다. 또한 시간적 여유가 있다면 템부롱 국립공원(Temburong National Park) 방문을 권하고 싶다. 템부롱 국립공원은 1991년부터 일체의 벌목을 금지하는 산림 보호구역으로 지정하여 열대우림을 고스란히 간직하고 있고 코뿔새, 희귀종 나비 등 다양한 동식물이 서식하고 있는 생태계의 보고이다. 템부롱 국립공원은 넓이가 550km²에 달하나

1%만 개방되어 있고 프로그램에 따른 단체 관광만 가능하고 개인적 방문인 경우에는 당국의 특별 허가를 받아야 한다.

2) 현지인이 추천하는 맛집

브루나이는 해산물 등 식재료가 풍부하여 다양한 해산물 요리를 즐길 수 있다. 먼저 뷔페식당으로는 엠파이어 호텔의 해변가에 있는 Pantai Restaurant이 유명하다. 특히 매주 금요일 저녁에 풍성한 먹거리를 제공하고 있어 단체 손님이나 가족, 연인들이 많이 찾는 식당이다. 중국 음식점으로는 엠파이어 호텔 내에 있는 Li Gong 식당이 유명하며 구시가지에서 가깝고 가격도 저렴한 I-Lotus 식당도 사람들이 많이 찾는 곳이다.

해산물 요리로 유명한 식당으로는 오마르 알리 사이푸딘 모스크(Omar Ali Saifudin Mosque)에서 가까운 브루나이 강변에 위치한 호라이즌 씨푸드 레스토랑(The Horizens Seafood Restaurant)을 꼽을 수 있는데 맛있는 해산물 요리와 함께 수상촌과 대림산업이 건설한 숭아이 대교의 아름다운 풍광을 감상할 수 있다.

이 밖에 상점들이 밀집해 있는 가둥(Gadong) 지역에서 쇼핑과 함께 보다 저렴한 가격으로 다양한 요리를 즐길 수 있는데 일본 요리로는 Excapade Sushi 식당, 인도 요리로는 Roti Culture 식당과 Le Taj 식당, 인도네시아 요리로는 Pondok Sari Wangi 식당 등을 사람들이 많이 찾는다. 2016년 이후 한류 붐을 타고 Kimchi Restaurant Korean BBQ 식당, Sarang Korea 식당, Koryo Restaurant, Seoul Garden 등 한국 식당들도 성업 중이다.

[그림 2-5] The Horizons Seafood Restaurant[5]

〈참고문헌〉

1) countryeconomy.com/golp/brunei

2) www.globaleconomy.com

3) comtrade.un.org

4) theempirebrunei.com

5) eu.wikiped.org

KOTRA 캄보디아 프놈펜 무역관 과장 이치호

제**3**장

우리가 모르던
캄보디아

동남아국가연합 **ASEAN**
Association of Southeast Asian Nations

캄보디아 프롤로그

🔘 나와 캄보디아의 인연

　대학생 시절 몽골, 베트남 등 단기 해외봉사 프로그램을 통해 넓은 세계에 대한 자신감과 호기심을 키우던 학생은, 한국국제협력단(KOICA)을 통해 당시 구글에서도 정보를 거의 찾을 수 없는 캄보디아 시골지역 스와이리엥(Svayrieng)에 '떨어졌다'(당시 구글에 나의 파견 예정 지역을 검색했을 때, One of the sleepiest cities in Cambodia라고 언급되어 있었는데 아직도 그때의 절망감을 생생히 기억한다).

　몽골에서의 경험을 바탕으로 '그래도 물과 전기가 있는 것이 어디야'라며 기대치를 최대한 낮추고, 한국국제협력단 사람들이 감동하도록 만들자라는 생각으로 열심히 활동한 2년 반이라는 시간은 풋사랑과의 가슴 아픈 이별을 가져다준 동시에 나의 자아의 성숙과 활동을 통한 보람을 선사해 주었다.

　그 후로 봉사단 시절 느꼈던 캄보디아 사람들의 순박함과 나눔이 그리워 다시 찾은 캄보디아에서의 직장인으로서의 삶은 이상보다는 현실이었다. 한 치 앞을 알기 힘든 불확실함, 고구마를 먹은 목구멍보다 더 답답하고 막무가내인 사람들, 부정부패가 많았던 캄보디아 사회는 대한민국에서 자라온 나 자신을 시험하는 곳이었다. 나를 가슴뛰게 했던 그 사람들로 인해, 눈물을 훔치기도 했고, 정말 화가 많이 나기도 했다.

[그림 3-1] 캄보디아 스와이리엥 고등학교 교사분들(좌),
교육사범대 학생들과 시골에 처음 생긴 슈퍼마켓에서(우)

출처: 저자 촬영

[그림 3-2] 봉제공장 근로자들과 점심시간에 게임하는 모습(좌),
캄보디아 현지 수입 한국 음료 옥외 광고 출연 사진(우)

출처: 저자 촬영

파릇파릇한 20대 중반에 뽀얀 피부로 캄보디아 땅을 처음 밟은 이후로 벌써 캄보디아에서 마흔을 향해 가고 있다. 지금은 캄보디아의 급격한 변화를 느끼면서, 캄보디아의 발전과 함께 바람직한 변화를 꿈꾸고, 단순한 관망자로서의 외국인이 아닌 현지 사회의 구성원으로 도움이 될 수 있도록 적극적으로 살아가려고 노력하고 있다. 지금부터 내가 경험한 캄보디아의 진면목을 살펴보도록 하자.

1

캄보디아의 개요

[표 3-1] 캄보디아 개요

국명	캄보디아 왕국(Kingdom of Cambodia)
위치	• 인도차이나반도 동남부 • 베트남, 태국, 라오스 국경 인접
면적	• 한반도의 약 80%, 한국의 약 1.8배, 베트남의 절반 크기 • 181,035㎢
수도	프놈펜(Phnompenh)
인구	약 16,449,519명(2018년 기준)
기후	• 고온다습한 열대몬순 기후 • 20~40도의 기온분포로 3~4월이 가장 덥고, 1월이 가장 서늘함 • 대체로 5~10월은 우기, 11~4월은 건기
민족	크메르족(90%), 베트남계(5%), 중국계(1%), 기타(4%) 등
언어	크메르어(Khmer)어
종교	불교(국교 96.9%), 무슬림(1.9%), 기독교(0.4%), 기타(0.8%) 등

정치	• 입헌군주제
	  - 국왕: Norodom Sihamoni(국가 원수)
	  - 총리: Hun Sen(정부 수반으로 실권자/캄보디아 국민당 소속)

캄보디아의 정식 명칭은 캄보디아 왕국이다. 캄보디아는 영국과 마찬가지로 입헌군주제를 택하고 있다. 캄보디아 시엠립의 앙코르와트 관광으로 인해 관광지

로서의 캄보디아를 잠시 느껴본 사람들은 많아졌지만, 아직까지도 캄보디아가 여전히 사회주의가 아니냐라는 질문을 자주 받을 정도로 2021년 현재 캄보디아에 대해서는 많은 사람들이 잘 알지 못한다. 사실 캄보디아는 자유민주주의 국가로 자본주의 시장체제를 가지고 있는 나라로서 투자처, 수출대상국으로서 매력이 있는 국가이다. 캄보디아는 투자에 대해 외국인 투자 제한이 거의 없고, 달러화가 통용되어 사업을 통해 달러를 벌어들일 수 있으며, 벌어들인 달러를 해외로 자유롭게 송금할 수 있다. 또한 캄보디아는 경제 발전에 따라 국민들의 가처분 소득이 증가하여 시장이 조금씩 성장하고 있다. 한국으로부터 박카스 음료를 세계 다른 어느 나라보다 가장 많이 수입하는 나라이기도 하며, 10년 이상된 한국의 노후 중대형 상용차, 경차가 현지 시장의 대부분을 차지하고 있는 국가이기도 하다. 그래서 우리에게 익숙한 한국의 중고차를 캄보디아에서 아주 흔하게 볼 수 있다.

[그림 3-3] 캄보디아로 수출된 한국 중고 화물차와 버스(좌),
시하누크빌 항구 하역모습(우)

출처: 저자 촬영

1) 왜 캄보디아 시장에 주목해야 하는가?

첫째 이유는 캄보디아 시장이 1등에 도전해 볼 수 있는 블루오션이기 때문이다. 물론, 수치상 캄보디아 시장 규모가 상대적으로 작은 것은 사실이다. 인구는 약 1,600만 명에, 캄보디아의 수도인 프놈펜도 200만 명 수준이며, 한국의 대 ASEAN 전체 교역액에서 0.7% 정도밖에 차지하지 않는 작은 시장이다. 그러나 그만큼 한국 기업이 진출했을 경우 경쟁이 치열한 다른 나라보다 시장 선도자가 되거나 시장에서 1등을 할 수 있는 가능성이 높다. 일례로 캄보디아에서 현지 파트너와 적극적인 마케팅 투자와 브랜딩을 통해 진출한 한국 동아에스티의 박카스는 2018년에만 캄보디아에서 2억 캔이 판매되었고, 동아에스티의 박카스 제품 해외 매출 중 90%는 캄보디아에서 발생한다고 한다.

박카스의 사례처럼 캄보디아는 3가지 이유에서 매력적인 국가이다. 첫째, 캄보디아 경제와 사회는 아직까지 비효율적이며 시스템이 정비되지 않았고, 서비스 수준도 기대에 못미친다. 이런 비효율은 오히려 사업의 기회로서 이를 해결해 줄 수 있으면 성공에 쉽게 다가갈 수 있다. 몇 년 전까지만 해도 은행 계좌를 가진 사람들이 많지 않아, 택시로 돈을 송금하던 캄보디아에서 휴대폰 번호만으로 송금 서비스를 제공한 핀테크 기업 윙(Wing)이나, 과거처럼 '툭툭'이라는 오토바이 택시와 금액을 흥정할 필요 없이, 목적지를 설명하는 불편함을 해결한 GPS 기반의 Ride Hailing(승차 공유, 차량호출) 서비스를 제공한 패스앱(Passapp)은 시장을 새로 개발한 사례이다.

[그림 3-4] 캄보디아에서 판매 중인 캔형 박카스(좌), Passapp 호출택시 앱화면(우)

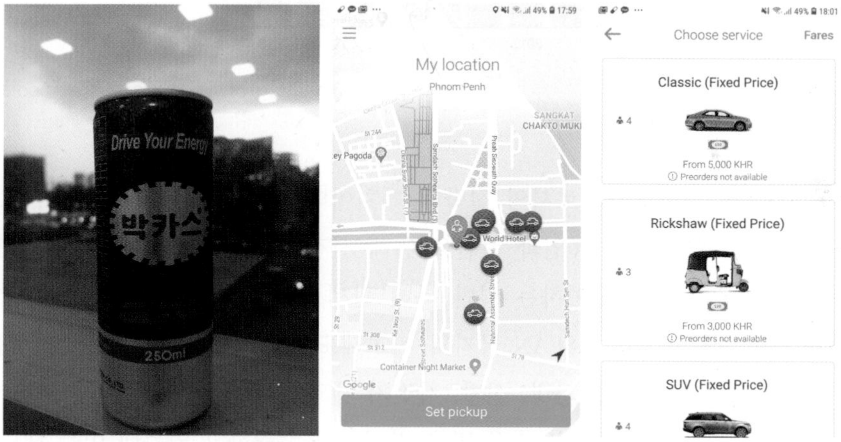

출처: 저자 촬영

두 번째 이유는 캄보디아가 ASEAN 국가 중에서 가장 빠르게 성장하는 시장이기 때문이다. 캄보디아는 인구의 65%가 30세 미만인 젊은 국가로서, 비록 1인당 GDP가 1,600달러 정도로 ASEAN 10개국 중에서 9위로 절대적 수치는 아직 낮지만, GDP성장률은 2011년부터 2019년까지 매년 7% 정도를 유지하고 있다. 또한 소비 지출액 기준으로 빈곤율(poverty rate)은 2004년 53.2%에서 2019년 기준으로 10% 정도까지 내려간 것으로 보고되었다. 이에 따라 세계은행(World Bank)은 캄보디아를 2015년에 최빈국에서 중저소득국으로 격상하였다. 캄보디아 국내외 투자 증가와 경제 성장에 따라 도로 및 전기 등 기본적인 인프라가 개선되고 있으며, 수도인 프놈펜이 확장됨과 동시에 도시를 중심으로 중대형 쇼핑몰과 편의점이 곳곳에 생겨나는 등 소비 시장도 확대되면서 다양화되고 있다.

[그림 3 - 5] 캄보디아 GDP성장률(10' - 18')

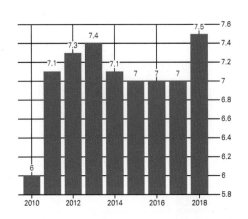

출처: National Institute of Statistics of Cambodia[1]

세 번째 이유는 투자처로서의 전략적 가치이다. 캄보디아는 2021년 기준 개발도상국의 수출확대 및 공업화 촉진을 위해 선진국에서 캄보디아 상품에 대해 무관세나 낮은 관세를 부여하는 일반 특혜 관세 제도(GSP)를 적용받고 있으며, 상대적으로 여전히 다른 ASEAN 국가와 비교해도 근로자들의 임금이 낮기 때문에 이러한 이점으로 봉제, 가방, 신발, 자전거 제조 공장 등이 다수 진출해 있다. 그 예로 캄보디아는 유럽으로 가장 많은 자전거를 수출하고 있는데 이는 대만이나 중국보다 많으며, 2019년 글로벌 자전거 제조업체들이 캄보디아로의 공장 이전 계획을 발표하기도 하였다. 또, 캄보디아는 인접국의 인프라와 공급망을 활용하거나, 인근국 생산기지의 백업 공장으로서 글로벌 기업들이 캄보디아를 적극적으로 활용하고 있는데, 글로벌 기업들은 주로 베트남, 태국 등 국경과 항구를 중심으로 위치해 있다. 추가적으로 중국의 일대일로 정책상 중요한 위치에 있는 캄보디아는 막대한 중국의 투자를 받고 있고, 앞으로도 관련 투자가 이루어질 가능성이 크다.

　알아야 관심을 갖게 되고, 알아야 전략을 세울 수 있다. 작지만 빠르게 성장하고 있고, 충분히 전략적으로 활용할 만한 시장인 캄보디아를 제대로 알아보고 캄보디아를 독자 여러분의 투자와 수출국 포트폴리오에 넣어볼 수 있기를 바란다.

2

캄보디아의 과거

1) 캄보디아인들의 자긍심, 크메르 제국

[그림 3-6] 앙코르와트(좌)와 자야바르만 7세 상(우)

캄보디아 시엠립에 관광을 가보면 무엇이든지 '앙코르'가 붙는다. 앙코르 호텔, 앙코르 마켓, 어디 하나 앙코르가 사용되지 않은 곳이 없는데, 캄보디아에서 가장 유명한 맥주 이름도 앙코르 맥주(Angkor Beer)이다. 그만큼 앙코르는 캄보디아인들이 사랑하고 자랑스럽게 생각하는 지명인데, 옛 크메르 제국의 수도, 즉 지금의 시엠립 앙코르와트 지역을 지칭한다. 캄보디아는 푸난(Funan)과 쩐라(Chenla) 왕국(1~8세기)을 거쳐 고대 크메르 제국시절(9~15세기) 현재의 태국, 베트남, 라오스를 아우르는 넓은 영토를 가진 강대한 국가였다. 특히 12세기에 가장 번영하였는데, 이때 유네스코 세계문화유산인 앙코르와트(Angkor Wat)가 축조되었다. 시엠립의 여러 호텔에서는 캄보디아를 침략했던 베트남의 참파족을 물리친 크메르 제국 앙코르 왕조의 가장 위대한 왕인 자야바르만 7세(Jayavarman VII)의 상을 진열해 놓은 것을 볼 수 있는데, 생전 앙코르와트 내 명소인 따 프롬과 프레아 칸 사원을 건설한 왕으로 알려져 있다.

2) 오랜 세월 암흑기를 거쳐 맞이한 짧은 제2의 황금기

15세기부터 19세기까지 캄보디아는 현재의 태국, 미얀마, 베트남 등 외세로부터 잦은 침략과 정복을 당하며 세력이 약화되고 영토가 축소되었다. 1863년에는 프랑스의 보호령이 되었고, 1954년에 이르러서야 90년간의 프랑스 식민지배를 끝내게 된다.

비록 미디어를 통해서 만들어진 일반적인 한국 사람들의 캄보디아에 대한 인식은 동남아시아의 가난한 나라 중 하나이지만, 1950~1960년대 캄보디아는 한국전쟁 시 한국에 쌀 원조를 보내줄 정도로 여유가 있는 나라였다. 정치적 안정을 바탕으로 성장을 이루어가고 있었던 황금기 캄보디아 왕국(Kingdom of Cambodia)은 동양의 파리라고 불릴 만큼 아름다운 도시 모습을 가지고 있었으며, 각종 산업, 예술과 문화, 의료, 교육 등 다방면에서 발전된 나라였다. 당시 모습을 유튜브 영상에서 찾아볼 수 있는데, 60년 전의 발전된 모습에 놀라움을 감출 수 없다. 또한 당시에 수도 프놈펜에 극장이 35개가 넘을 정도로 문화적으로 진흥된 국가였다.

[그림 3-7] 1960년대 프놈펜 시내 고층 건물(좌)과 자동화된 신발 공장(우)

출처: https://www.youtube.com/watch?v=jkvTMpDqG68[2)]

3) 격변기 줄타기 외교가 가지고 온 안타까운 역사

하지만 평화와 번영은 오래가지 않았다. 캄보디아는 베트남 전쟁이 발발하면서 평화를 위해 중립노선을 취하였는데, 실제로는 오히려 이도 저도 아닌 어중간한 모습으로 베트남 내전에 휘말리게 되었고, 이때부터 악몽이 시작되었다.

공산주의 국가인 북베트남 월맹에게 보급로를 허용하는 태도로 인해 미국의 눈 밖에 난 캄보디아는, 미국의 지원을 받은 론 놀(Lon Nol) 장군이 쿠데타를 일으켜 정권을 장악했고, 군주제를 폐지시키고 공화제를 선포했다. 그러나 존 놀 정권은 공산세력을 향한 미국의 폭격이 캄보디아 국토에도 이루어지도록 용인하면서 서서히 민심을 잃어가기 시작했다. 결국 미군이 철수하면서 론 놀 정권은 약화되고, 시민들과 시하누크(Sihanouk) 전 국왕의 지지를 받은 크메르 루즈 (Khmer Rouge) 세력은 폴 포트(Pol Pot)를 총리로 하는 민주캄보디아 정부를 수립하며 전쟁이 끝나는 것처럼 보였다.

그러나 완전평등주의와 토지균분론을 꿈꾼 원시 공산주의자[1]였던 폴 포트는, 자신을 지원한 시하누크 국왕을 되려 감금시키고, 재산을 가진 유산계급 및 지식인 계급의 재산과 지위를 박탈하고 '킬링필드(Killing Field)'로 불리는 피의 대숙청을 시작했다. 이로 인해 3년간 200만 명에 가까운 국민이 학살되거나 기아와 질병으로 숨졌다. 킬링필드로 크메르 루즈 정권은 기존 산업 시설을 파괴하고 기업인, 학생, 부유층, 구 정권의 관계자, 친 베트남파를 학살하여 당시 캄보디아 인구의 1/3인 200만 명이 희생되었다.

폴 포트 정권은 사회주의적 개혁정책을 지나치게 밀어붙이는 한편, 친중국 노선을 취하면서 친소련 경향의 베트남과 마찰을 빚기 시작하여 결국 1978년 베트남은 캄보디아를 침공하였다. 이후 헹삼린(Heng Samlin)이 이끄는 친베트남의 캄보디아 인민공화국이 1979년 수립되면서 학살은 끝이 났으나, 이때부터 10여 년간 여러 반정부 세력과 정부군은 끊임없이 내전을 벌여, 또 다른 희생자들이 생겨나는 암흑의 시대였다.

---

1) 원시공산사회는 인류사에서 착취와 경제적 불평등이 발생하기 이전에 인류가 살아온 방식대로 토지와 기본적인 천연자원을 공유하고 먹거리를 나누며 빈부의 차이가 없고, 타고난 지위나 권위적 지배가 없는 정치적으로 평등한 사회를 의미한다.

[그림 3-8] 유골로 표현한 캄보디아 지도

  결국 1991년, 파리에서 캄보디아 여러 정치세력들이 평화협정에 서명함으로써 13년간의 내전이 종식되었고 1993년 총선이 치러졌다. 총선 결과, 라나리드 왕자가 이끄는 푼신펙당이 제1당이 되었으며 제헌의회에서 입헌군주제 신헌법을 채택하여 다시 시하누크가 국왕으로 복권되었다. 시하누크 왕은 인민당의 훈센도 라나리드왕자와 함께 공동총리(제2총리)로 임명하였고, 1995년 훈센은 쿠데타를 일으켜 라나리드 왕자를 제거하고 단독 수상에 올라 신정부를 출범시킨 후, 지금까지 통치를 이어오고 있다. 이렇게 황금기의 '캄보디아 왕국'은 수십년 세월 동안 다섯 번이나 이름이 바뀌는 수난을 겪고 나서야 다시 현대 캄보디아 왕국(The Kingdom of Cambodia)으로 돌아왔다.

3

캄보디아의 현재

1) 급속도로 발전하는 수도 프놈펜

　안타까운 격동의 역사를 지나면서 내전의 상처를 가진 수많은 캄보디아 사람들은 여전히 정치불안과 전쟁에 대한 공포를 가지고 있다. 그래서 어쩌면 오늘날을 살고 있는 2021년, 현재 캄보디아 사람들은 훈센 총리의 강력한 통치로 과거에 비교하면 안정적인 정치 환경에서 이전보다 편하게 산다고 생각하고 있다. 현 훈센 정권은 35년간 장기 집권을 하고 있는데, 젊은 층을 중심으로 독재 정권과 권력 세습에 대한 의식이 높아지며, 변화의 목소리가 커지고 있기는 하지만 아직은 자체적인 민주화 운동이 일어나기에는 사람들의 의식과 결속력에 비해 현 정권의 조직이 모든 면에 있어 너무 강력하다. 그래서 지금은 '안정' 속에서 '감사합니다. 평화'[2]라는 구호가 캄보디아 사람들에게 더 현실적으로 다가올 수밖에 없고, 실제로 국제 원조와 외국인 직접투자(FDI)와 함께 조건 없이 캄보디아 정권을 지지해 주고 있는 중국을 활용하여, 현 정권은 프놈펜을 중심으로 높은 경제 성장을 이루어가고 있다.

　수도 프놈펜은 정치, 경제의 중심지로서 빠르게 변화하고 있는 캄보디아의 모습을 볼 수 있는 곳이다. 수도임에도 변변한 고층 건물이 별로 없어 고층 건물 위의 Sky bar가 관광 명소가 되던 시절에서 이제는 중국을 중심으로 한 건설 투자로 콘도, 오피스 빌딩 숲이 생겨나게 되었고, 일본의 현대식 대형 쇼핑몰인

---

2) 이 구호는 2020년 신년, 훈센 정부의 정치적 메시지로서 모든 국가 기관에 걸려 있다.

[표 3-2] 캄보디아 주요 경제 지표

주요 지표	단위	2016	2017	2018	2019	2020
인구	백만명	15.78	16.01	16.25	16.50	16.74
명목GDP	십억 달러	20.04	22.23	24.52	26.98	29.31
1인당 명목GDP	달러	1,270	1,388	1,509	1,635	1,750
실질성장률	%	7.0	6.9	7.0	6.8	6.7
실업률	%	1.1	1.1	1.0	-	-
총수출	백만 달러	10,069	17,904	19,337	-	-

출처: KOTRA 프놈펜 무역관; 2020년 국별 진출 전략[3]

이온몰(Aeon Mall) 매장을 시작으로 크고 작은 쇼핑몰과 편의점, 일본, 싱가포르, 태국 등 외국계 프랜차이즈들이 들어서면서 사람들의 생활 방식도 바뀌기 시작했다. 손가락을 들어 흥정을 해서 오토바이 택시를 타던 문화는 순식간에 사라지고, 스마트폰 앱을 통해 GPS정보로 호출하고, 은행과 연동된 모바일 앱으로 결제하는 것이 가능해졌으며, 페이스북을 빼놓고는 마케팅과 정치를 논할 수 없을 정도로 모바일 인터넷은 대중화가 되었다. 해외 투자 증가는 부동산 가격 상승으로 이어졌고, 현대식 공동 주거 단지(보레이) 등 개발에 대한 내국인 투자도 급격히 증가하였다. 각종 은행과 소액대출기관(Microfinance Institution)이 번성하고, 대출시스템을 통해 부동산 거래가 활발히 이루어졌으며, 제품에 대한 소비가 촉진되었다. 이 모든 것이 십 년도 채 되지 않는 시간에 일어났다.

[그림 3-9] 내전으로 폐허가 된 1980년대 프놈펜(좌)과 프놈펜의 현재 모습(우)

출처: history of Phnompenh, Contruction-property.com

2) 관광, 봉제, 농업은 캄보디아 경제의 축

오늘날의 캄보디아는 캄보디아 국기에서 볼 수 있는 것과 같이 국가 자체보다 '앙코르와트'로 더 알려진 관광국가이다. 캄보디아 여행을 가본 한국인이라면 대부분 앙코르와트를 방문해 본 경험이 있을 것이다. 세계관광협회(WTTC)에 따르면, 타 산업의 관광 관련 프로젝트 등 간접 기여도까지 고려할 경우, 2017년 캄보디아의 관광 부문 GDP 비중은 ASEAN 국가 중 가장 높은 수준인 32.4%이라고 한다. 총 관광객 수는 매년 증가하여 2019년에만 660만 명의 외국인 관광객이 캄보디아를 방문하였다. 앞으로 방문 관광객을 지속적으로 유치하고 관광을 발전시키는 것이 캄보디아 정부의 중요한 과제로서, 앙코르와트가 있는 시엠립뿐만 아니라 시하누크빌 등 해양도시를 개발하고, 태국 등 인근국과 단일 비자 프로그램, 공동 관광 상품 개발 등의 다양한 노력을 하고 있다.

우리가 브랜드 티셔츠 등을 구매해서 원산지를 보면 방글라데시, 베트남 등과 함께 자주 볼 수 있는 국가가 캄보디아이다. 캄보디아는 의류, 신발 등 노동집약적 단순임가공 제조업을 통해 국가 전체 수출의 74%를 만들어내고 있는 봉제제품 생산기지국가 중 하나이다. 캄보디아에서 봉제 산업은 70만 개 이상의 고용을 창출하고 있는 가장 큰 산업이며, 생산된 제품은 특혜 관세를 적용받아 대부분 미국, EU로 주로 수출되고 있다. 한국에서 현지로 진출한 기업 중 가장 많은 비중을 차지하고 있는 것도 의류 봉제 관련 기업이다. 비록 임금 상승과 상대적으로 낮은 생산성 문제와 대다수의 바이어가 있는 EU로부터 일부 특혜관세가 2020년 8월부터 일부 중단되는 문제가 봉제 산업에 다소 우려를 주고 있기는 하지만, 당분간은 의류생산이 캄보디아의 주요 산업 중 하나로 지속될 것으로 예상된다.

캄보디아는 여전히 전체 인구의 80%가 농촌에 거주하고, 노동인구의 37%가 농업에 종사하고 있는 농업국가이다. 캄보디아는 태풍 등 자연재해가 인근국에 비해 적고, 물만 충분하다면 2모작 이상을 할 수 있는 자연환경을 가지고 있다. 쌀, 옥수수, 카사바, 고무, 후추 등이 캄보디아의 주요 작물인데, 쌀의 경우 매년 약 50만 톤을 해외로 수출하고 있기도 하다. 특히 캄보디아의 향미(Fragrant Rice)는 세계 쌀 경연대회(World Best Rice Contest)에서 1, 2위를 다툴 정도로 품질을 인정받고 있으며, 캄보디아 후추의 경우 GI(Geographical Indication)인증을 받아

[그림 3-10] 캄보디아 봉제공장 내부 전경(좌)과 캄보디아에서 생산되는 브랜드(우)

출처: Apparel Resources

프랑스, 영국 등에 고급요리 향신료로 비싸게 수출되고 있다.

한편, 아직까지 캄보디아 생산 농산물은 저장시설, 물류 가공인프라의 부족으로 부가가치를 높이지 못하고 원물의 형태로 인근국으로 수출되는 것이 대부분이며, 농업국가임에도 채소 등을 매일 400톤씩 수입하고 있는 현실이다. 열악한 물류 시스템, 전기 인프라와 기술 부족, 연관 제조업 부재로 농산업 발전은 다소 더디게 진행되고 있다.

캄보디아 정부는 정부의 사유지를 개발할 수 있도록 대규모 토지를 장기적으로 저렴하게 빌려주는 '경제적 토지 양여(Economic Land Consession)', 농업과 직접적으로 관련된 농기계, 종자, 비료 등은 무관세 혜택 제공 등을 통해 농업 분야에 대한 해외 투자를 적극적으로 장려하고 있다. 2020년에는 캄보디아에 진출한 한국 기업이 현지에 검역시설을 설치하고, 정부 간 협의를 통해 캄보디아산 신선 망고를 한국 등 해외로 수출을 시작하기도 하였다.

4

캄보디아의 미래

캄보디아 훈센 정부는 이미 정치적으로는 권력 세습 준비를 진행 중인 것으로 인지되고 있고, 향후 정치적 안정 속에서 연 7% 성장 여세를 몰아 2030년까지 상위중소득국(Upper middle-income country)으로, 2050년까지 고소득국(High-income country)으로 발전한다는 목표를 가지고 있다. 전 세계의 경제규모 소득수준을 발행하는 The Penn World Table(PWT)의 1950~2011년 데이터에 따르면, 20년의 기간 동안 하위 중소득국 국가가 계속해서 그 상태에 머물 확률은 90%이고 상위 중소득국가로 올라설 확률은 10%라고 한다. 과연 캄보디아는 목표대로 10% 확률에 불과한 상위 중소득 국가로 발전할 수 있을까?

1) 교육 투자가 미래 지속 성장의 열쇠

인적 자본은 인간을 자본으로 보고 인적 자원에 대해 교육을 통해 개발할 수 있다고 보는 관점이다. 교육은 인적자본의 지식과 기술 측면만을 발전시키는 것이 아니다. 교육은 더 높은 수준으로 나아가고자 하는 인간의 욕구와 자신감을 자극하여 국가를 발전시키는 근간이 된다. 안타깝게도 크메르루즈(Khmer Rouge) 정권의 킬링필드를 거치며 캄보디아는 전체 90%의 교사가 희생되는 등 교육수준이 심각하게 퇴보하였다. 이로 인해 인적 자본의 수준이 전반적으로 낮은 수준인데, 캄보디아에 진출한 기업이나 개인 사업자들이 전문 인력의 부족과 일반 인력

관리에 어려움을 호소하는 것은 당연한 일이다. 세계은행(World Bank)의 인적자본지수 보고서(Human Capital Report)[3]에 따르면, 캄보디아는 2018년 기준 157개국 중에 100위를 차지했다. 미얀마, 라오스, 방글라데시보다는 조금 높은 수준이지만, 인접국 베트남이 47위인 것과 비교하면 아직 갈 길이 먼 상황이다.

그런데 이러한 상황에서 교육에 대한 캄보디아 정부의 관심은 미래 목표를 이루기에 턱없이 부족해 보인다. GDP 대비 교육에 투자하는 금액의 비중(2018년 기준)은, 대한민국이 4.6%, 베트남 4.2%, 캄보디아는 그 절반 정도인 2.2%에 불과하며, 전체 정부 예산 대비 지출도 태국이 19.1%(2013), 베트남 14.5%(2018)인데 비해 캄보디아는 8.8%(2018)에 불과하다. 반면 국방예산비율은 캄보디아가 9.2%로 베트남 8.1%, 태국 6.3%보다 높다.

이렇게 교육에 대한 캄보디아 정부의 관심과 투자 부족으로 인해 공교육 교육 환경은 열악하여, 캄보디아 정부는 부족한 부분을 국제사회의 지원으로 채우고 있다. 과거보다는 그 비율이 많이 줄어들기는 하였으나, 2016년 기준 7억 2천 9백만 달러가 국제기구, NGO, 차관 등의 ODA(공적개발원조)자금으로 지원되고 이는 캄보디아 정부 지출의 28%를 차지한다. 이 자금은 교육을 포함하여 농업, 보건, 물류 등 다양한 경제·사회적 용도로 사용되고 있고, 많은 분야에서 큰 역할을 해 주고 있다. 앞으로도 캄보디아 정부가 국제기구나 NGO 등 비정부기구, 민간이 함께 협력하여 전반적인 교육 수준을 함께 올리는 것이 캄보디아의 미래 지속 성장을 위한 과제라고 하겠다.

2) 중국과의 연대, 캄보디아의 배팅

요즘 캄보디아 학부모들 사이에서는 3개 언어(캄보디아어, 영어, 중국어)를 가르치는 사립 학교가 인기이다. 옛부터 중국계 캄보디아인들이 다니던 학교도 있어 왔지만 2015년 이후에는 일반 캄보디아 가정에서도 캄보디아 경제에 미치는 중국 투자의 힘을 느끼고, 너도나도 중국어를 자녀들에게 교육시키고자 하는 것이다. 이미 캄보디아에 대한 중국 투자는 2018년 기준 26%로 1위, 캄보디아를 찾는 관광객 600만 명 중 중국인은 200만 명 이상으로 1위, 캄보디아의 쌀 수출

---

3) 1위는 싱가포르, 2위는 한국, 3위는 일본순이다.

도 중국이 44%를 차지하여 압도적인 1위를 차지하고 있으며 그 비중은 더 커지고 있다.

캄보디아는 중국의 육상 실크로드 경제벨트와 해상실크로드 계획, 즉 일대일로(BRI: Belt and Road Initiative)의 중요한 파트너로서, 캄보디아는 중국으로부터 도로, 공항, 관광도시개발 등 인프라 투자와 산업 투자의 수혜를 받고 있는 동시에, 현 훈센 정권에 대한 지원도 동시에 받고 있다. 물론, 캄보디아도 이에 대한 보답으로 중국의 남중국해 분쟁과 정치 이슈들에 대해 거의 무조건적 지지를 보내고 있고, 앞으로 중국과의 연대는 더 강화될 가능성이 커 보인다. 서방 국가들이 인권과 민주주의를 먼저 이야기하며 경제 지원에 대한 조건을 걸 때, 중국은 훈센 정권의 이러한 조건 없이 빠르게 지원해주고 있기 때문이다. 일례로 중국은 중국도로교량공사(CRBC)를 통해 해상 항구가 있는 휴양지인 시하누크빌과 수도 프놈펜을 잇는 캄보디아 최초의 고속도로를 건설하고 있는데, 물류시간을 절반으로 단축시킬 것으로 예상되고 있다. 또한 2025년까지는 완공될 예정인 프놈펜 남부의 신공항 건설도 중국국가개발은행(CBD)으로부터 11억 달러의 지원을 받을 예정이다. EU와의 특혜관세 일부 중단 등의 결정이 나오자마자 중국은 캄보디아의 쌀을 추가 매입하기로 하였으며, 캄보디아의 열대과일 수입에 대해서도 긍정적으로 검토 중이다. 2020년 11월에는 캄보디아 중국 FTA가 체결되었다. 확실히 캄보디아는 중국의 투자로 인해 필수적인 인프라 확보를 단기간에 이룰 수 있을 것으로 보인다. 이에 따라 캄보디아는 중국과의 관계를 전략적으로 적극적으로 활용하여 인프라뿐 아니라, 성장동력 산업개발과 소득창출, 재투자의 선순환 기회로 만드려고 하고 있다.

한국 기업의 입장에서도 이와 같이 중국을 활용하는 전략을 활용할 필요가 있다. 먼저 한국에 비해 중국의 캄보디아에 대한 투자, 물류와 네트워크, 정보는 상당한 수준이므로 캄보디아-중국 FTA를 통해 중국을 활용하여, 중국으로 열릴 시장을 목표로 캄보디아에서 한국의 자본과 기술력을 통해 생산된 제품을 캄보디아를 통해 중국으로 수출이 이루어질 수 있도록 한다면 좋은 방법이 될 것이라 생각된다. 훈센 총리는 FTA가 발효되기 전에 대중국 수출 촉진을 위해 캄보디아 기업들의 생산 능력과 제품군을 늘려 달라고 독려했다고 한다. 이와 함께, 캄보디아-중국 FTA를 분석하여, 2021년에 논의 예정인 캄보디아-한국 FTA도 신중하게 접근해야 할 것이다.

또한 중국에서 캄보디아로 진출한 기업과 투자, 사람들을 우리 기업의 고객으로 활용할 수도 있을 것이다. 중국 자국 제품에 대한 충성도가 높기는 하지만, 중국의 투자로 인해 발생하는 시장은 분명 존재한다. 캄보디아 현지에 진출한 한국 쌍용자동차의 이스타나 모델의 경우, 중국의 투자로 인해 판매량이 급격하게 증가한 사례가 있으며, 건설 관련 자재들도 효율성과 시공 용이성을 통해 현지 시장에서 성공한 사례를 목도하기도 하였다.

5

한국 기업의 캄보디아 진출 A TO Z

1) 우리 기업의 캄보디아 투자와 진출 현황

한국은 캄보디아의 저렴한 인건비와 미국 및 유럽 수출 시 관세 혜택을 활용한 봉제 및 섬유업계의 캄보디아 진출이 가장 활발하여 캄보디아의 주요 투자국 중 하나였다. 그러나 2012년 이후에는 관련 분야 투자액이 점차 감소하였고, 2020년에는 코로나19 등 환경 변화로 일부 공장들은 사업을 철수하기도 하였다. 그러나 2016년 이후 캄보디아 투자는 다시 활기를 띠기 시작하였는데, 캄보디아 개발위원회(CDC)에 따르면 2015년보다 7배 정도 투자 신고액이 증가하였다. 이는 현지의 금융업 수요에 따라 한국의 금융산업투자가 증가한 것에 기인하는데, 2021년 기준으로 국내 시중은행 5개사를 포함해 15개 금융회사가 법인 형태로 진출해 있다. 2018년까지 한국수출입은행에 신고된 캄보디아에 진출한 한국 기업은 누적 기준 총 923개사로 봉제 제조업 부분이 가장 많고, 다음으로 부동산, 도소매, 건설업, 호텔숙박음식업, 통신정보서비스, 금융 및 보험, 광업의 순이다.

[표 3-3] 주요 업종별 한국의 캄보디아 투자 동향

(단위: 백만 달러)

업종	2015	2016	2017	2018(~6월)
금융 및 보험업	10.1	145.4	79.6	186.3
제조업	11.6	30.9	27.7	17.9
건설업	2.0	11.0	8.3	10.5
농업, 임업 및 어업	6.9	11.5	10.0	3.4
부동산업	6.0	9.0	4.1	2.6
도매 및 소매업	2.9	3.6	0.9	1.2

출처: 한국수출입은행[4]

2) 캄보디아 투자와 진출 Tip

[표 3-4] QIP 투자 절차

단계	내용
1. 사전조사	• 투자지역 선정 • 판매생산 계획수립 • 조직구성 및 고용계획 • 재무계획
2. 투자방식 및 투자구조확정	직접투자 혹은 간접투자
3. 직간접 투자 관련 계약	일반투자, QIP(Qualified Investment Project)[4]
4. 법인 설립	회사 종류 결정, 회사 등록
5. 사업 부지 확보	임차, 양여, 법인 통한 지분 간접 소유
6. 관련 인허가 신청	• 각종 사업 인허가 　(특수 사업인 경우, 사전조사 시 인허가 조건 확인이 　필요하며, QIP의 경우 CDC에서 대행) • 공장 건축, 공장 등록
7. 시설, 자재 및 고용	기자재 구매 및 수입, 근로자 고용

출처: KOTRA 캄보디아 투자실무가이드[3]

---

4) QIP는 캄보디아 개발위원회(CDC: Council for the Development of Cambodia)의 투자적격 프로젝트 승인(QIP: Qualified Investment Project)을 의미하며, 관세, 법인세 등 각종 세금 혜택을 받을 수 있다.

캄보디아는 이제 겨우 최빈국을 벗어난 작은 시장이다 보니, 캄보디아에 대한 믿을 수 있는 정보를 찾는 것이 아직까지 제한적이고 힘들다. 인터넷을 검색해 보아도, 한국어로 된 정보가 많지 않고, 국제 컨설팅 기업의 정보에도 캄보디아가 빠져 있거나 자세한 정보는 없는 경우도 있다. 캄보디아 정부기관에서 발표하는 정보도 기관마다 통계가 다른 경우도 있어서 신뢰도가 떨어지며, 그 마저도 대부분 현지어로 되어 있다. 사업을 공식적으로 진행하려고 하면, 일반적인 절차 외에는 자세히 공개되어 있지도 않고, 새로운 사업을 하려고 하면 법이 없거나, 법은 있으나 세부 시행령이 없는 경우도 있으며, 절차가 있더라도 그대로 따르자면 많은 시간과 돈, 에너지를 필요로 한다.

상황이 이러하다 보니 현지 일부 교민이나 현지인의 '카더라(~하더라)' 정보를 통해 주먹구구식으로 일을 진행하거나, 고위 관직자나 군부와의 커넥션만을 이용하여 속성으로 사업을 진행하려 하는 경우가 많이 있는데, 객관적인 문서를 근거로 신중히 진행할 필요가 있다. 일부 한국 기업은 담당부처가 아닌 군부와 협의하였는데, 현지 신문에 기사까지 나서 한국인의 얼굴을 부끄럽게 만든 기업도 있었다.

[그림 3-11] 기업 환경 평가

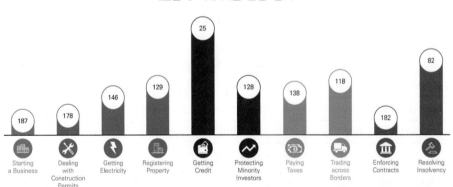

출처: doingbusiness.org

캄보디아는 2019년 국제투명성기구의 부패인식지수(Corruption perception Index)에서 180개국 중 162위를 차지하였고, 이는 ASEAN에서 가장 낮은 부끄러운 점수였다. 또, 캄보디아는 세계은행이 발표한 2019년 기업환경평가(Ease of Doing Business)에서 190개국 중 144위를 기록했다. 캄보디아 정부 입장에서는 이러한 평가가 기분 좋지 않겠지만, 투자자의 입장에서 각 항목들은 모두 리스크이기 때문에, 실제 사례를 통해 사전에 면밀히 파악하는 것은 매우 중요하다. 그러면 이렇게 사업을 하기 쉽지 않은 국가인 캄보디아에 진출하기 전과 진출 시에 리스크를 줄일 수 있는 방법은 어떤 것이 있을까?

첫째, 여러 번 직접 와서 현장을 보고 들어보아야 한다. 현지 내외국인 사업자와 연관 기관, 협단체 방문을 통해 다양한 시각으로 현지 시장을 바라보고, 면밀한 확인을 통해 종합적으로 판단해야 한다. 대한무역투자진흥공사(KOTRA)나 분야별로 진출해 있는 해외 공기관을 방문하면 객관적인 정보와 실제 사례, 현지 민간 협단체 등의 네트워크를 쉽게 공유받을 수 있다. 캄보디아 투자 진출 가이드북, 해외 출장 자료나, 분야별 자료도 무료로 활용이 가능하다. 또한 비용이 조금 들더라도 현지에 진출해 있는 법무법인, 회계법인 등 공식적인 투자 지원 업무를 하고 있는 민간 업체도 반드시 방문하여 문의 후 일을 진행하는 것이 리스크를 줄이는 데 도움이 된다. 캄보디아에 서둘러 물건을 보냈다가 통관도 못하고 버려지거나, 확인한 것과는 전혀 다른 높은 관세를 부담하게 되어, 판매도 되기 전에 손해를 보게 되는 기업의 경우도 많이 있다. 심지어는 정부 간 협약이 되어 있는 내용인데도, 현지에서 실제로는 이를 따르지 않아 시간이 지체되는 경우도 발생한다.

둘째, 자부심은 가지되 자만심은 버리고, 차근차근 정확하게 서류로 진행해야 한다. 많은 현지 바이어들로부터 한국과 거래하기가 정말 어렵다는 이야기를 자주 듣는다. 특별한 전략이나 지원 계획 없이, 한국에서 혹은 타국에서 잘 팔리는 제품이기 때문에 현지 바이어만 연결되면 성공할 것이라 쉽게 생각하는 한국 기업들이 있다. 그리고 어느 정도 판매가 이루어지면 계속해서 증가된 실적을 강요하고, 파트너를 바꾸어버리는 한국의 기업들도 있어서, 현지 기업이 한국 기업과의 파트너십이 꺼리는 이유라고 한다. 물론 현지 바이어 측의 전략과 계획도 중요하고 필요에 따라 현지 파트너를 바꾸는 것은 어쩔 수 없는 부분이겠지만, 현지 시장에 대한 관심을 가지고 커뮤니케이션하면서 함께 고민하면서 동반 성장해 나가는 자세가 있어야 한다.

그리고 캄보디아에서는 업무를 진행할 시 예상되는 기간의 최소 2배에서 3배는 넉넉하게 기간을 두고, 중간중간에 서류를 통해서 상호 확인해야 하며, 모든 서류는 사본을 넉넉히 지참하는 것이 필요하다. 약속한 기간까지 '알아서 되겠지'

하면서 안이하게 기다렸다가는 낭패를 볼 확률이 높고, 구두로 약속한 것을 그대로 믿고, 서류 없이 비용을 먼저 지불했다가 진행 비용만 날리는 경우도 허다하다. 가끔씩은 진행되는 서류가 담당자가 바뀌어서 중간에 없어지는 경우도 있는데, 라이선스 등 중요 서류는 사본이라도 가지고 있지 않은 경우 모든 일을 처음부터 다시 진행해야 할 수도 있다.

셋째, 믿을 수 있는 현지인 파트너를 만들어가야 한다. 믿을 수 있는 현지의 파트너를 가지는 것은 사업의 많은 부분에서 불필요한 지출을 줄이고, 현지 시장에 맞는 방향으로 갈 수 있는 효과가 있다. 캄보디아에서는 국내선 비행기를 타거나, 관광지를 가게 되면 일반적으로 외국인은 현지인보다 더 비싼 비용을 지불하도록 공식화되어 있다. 예약 없이 무난한 수준의 호텔을 들어가고자 할 경우에도 현지인처럼 보이면 30% 정도 저렴한 가격에 묵을 수도 있다. 관광국가인데 어떻게 그럴 수 있느냐고 반문하겠지만 사실이다. 외국인에게 불리한 관행이 있기 때문에 캄보디아 사업은 현지 파트너가 중요하다. 물론 그렇다고 무조건 처음부터 현지인 직원이나 파트너에게 모든 것을 믿고 맡겨놓으면 오히려 위험할 수 있다. 그들이 파트너가 아닌 브로커가 되는 것은 한순간이다. 철저하게 비용에 대해 사전에 비교하고 조사하되, 적정한 정도로 현지 파트너를 활용하면서 무엇보다 순간이 아닌 장기간 신뢰를 쌓아야 한다.

6

캄보디아 에필로그

1) 현지인이 추천하는 숨은 관광 스폿 & 맛집

(1) Sora Sky Bar

서울에 가면 서울N타워에 오르듯, 프놈펜에 가면 도시를 한눈에 볼 수 있는 Vattanak Capital Tower에 올라가보자. 특히 야외로 나갈 수 있는 큰 테라스형 태로 된 공간에 Sky Bar가 있는데, 이름이 Sora, 일본어로 '하늘'이란 뜻이다. 더운 캄보디아 프놈펜의 중심 가장 높은 곳에서 도심의 도시 낮 풍경을 보며 즐기는 식사와, 야경과 바람을 맞으며 들이키는 맥주 맛은 가히 일품이다.

[그림 3-12] Sora Restaurant & Sky Bar

출처: 저자 촬영

(2) Kanika Boat

운치 있는 프놈펜의 해질녘 모습과, 조금은 덜 화려하지만 사람 냄새가 나는 프놈펜의 야경을 여유롭게 바라보면서, 강을 따라 강바람을 맞으며 선상의 테이블에서 식사와 함께 우아하게 와인 한잔할 수 있는 코스이다. 운항 코스가 강을 거슬러 다리까지 갔다가 돌아오는 것이다 보니, 배 방향이 바뀌면서 두 번 중 한 번은 강바람이 불지 않아 조금은 당황스러울 수 있다.

[그림 3-13] KanikaBoat

출처: Kanika boat 웹사이트[5]

(3) La Baab

도심 메인 도로에 자리 잡고 있지만, 수십 년된 건물에 있어서 그냥 지나치기 쉬운 곳이나, 그냥 지나쳐서는 안 되는 식당이다. 2층으로 올라가는 계단을 오르다 보면 건물이 안전할까 싶어 바닥을 보며 조심스럽게 걷게 되는데, 오히려 전통 양식의 건물이 잘 보존되어 있음에 감탄하게 된다. 복도를 따라 왼편 가게 문을 열어 젖히면, 고풍스러운 아시아 느낌의 아늑한 식당이 펼쳐진다. 캄보디아, 베트남, 태국 음식을 제공하고 있으며, 대부분이 외국인 손님임에도 불구하고 오랫동안 현지에서 살고 있는 외국인들도 의외로 잘 모르는 식당이다. 분위기 있게 손님과 함께 현지식 저녁을 즐기고 싶으면 찾기 딱 좋은 곳으로 추천한다.

[그림 3-14] La baab

출처: 저자 촬영

〈참고문헌〉

1) www.nis.gov.kh

2) www.youtube.com

3) www.kotra.or.kr/phnompenh

4) www.koreaexim.go.kr

5) www.kanik－boat.com

인도네시아 Quiks Frozen
(PT. MSO) 대표이사 임종순

제 **4** 장

우리가 모르던
인도네시아

동남아국가연합 **ASEAN**
Association of Southeast Asian Nations

인도네시아 프롤로그

　문재인 정부의 신남방정책으로 인해 큰 주목을 받는 나라, 인도네시아. 많은 한국 사람들이 포스트 차이나로 급부상하고 있는 인도네시아에 대해 많은 관심을 보이고 있다. 그러나 아직도 일부 한국 사람들은 인도와 인도네시아가 같은 나라라고 생각하는 경우도 있고, 인도네시아가 인구 2억 6천만 명의 세계 4위 인구대국이라고 하면 '정말이냐'고 되물으며 의아해하는 것이 현실이며, 인도네시아의 동쪽 끝에서 서쪽 끝까지 거리(5,100km)가 자카르타에서 인천까지 가는 거리(5,300km, 비행기로 6시간 30분)와 맞먹는 큰 나라라는 사실을 아는 사람은 아직 많이 없다.

　저자는 2002년부터 2008년 베이징 올림픽 전까지 중국 북경에서 주재원 생활을 하였다. 중국이 매우 빠른 속도로 성장하는 시기였다. 그러나 정작 그 성장의 황금시기를 거기서 보낸 당시에 그 황금시기의 중심에 서 있다는 것을 전혀 느끼지 못하고 그 시기를 흘려보냈고, 나중에 시간이 지난 후에야 비로소 '내가 그 황금시기의 중심에 있었구나'를 깨닫게 되었다. 저자는 많은 한국 기업들이 북경올림픽 이후 중국으로 몰려들던 그 시기의 다른 한국 기업과는 다른 행보로 2010년 인도네시아에 IT 관련 통신서비스 회사를 설립하고 가족과 함께 인도네시아로 이주하여 2021년으로 11년째 IT 관련 사업을 하고 있다.

　11년 전 IT 불모지와도 같던 인도네시아는 2015년 오토바이 공유서비스를 시작한 고젝을 필두로 하여 2021년 기준 5개의 유니콘 스타트업 기업(고젝, 토코피디아, 트래블로카, 부깔라빡, 오보)을 보유할 정도로 빠르게 성장하였으며, 많은 젊은 사람들이 성공을 위해 스타업 창업에 도전하고 있다. 저자도 11년간의 인도네시아 생활 경험과 오랜 IT서비스 사업경험을 바탕으로 2020년 초 오토바이를 이용한 냉동냉장 배송서비스를 하는 스타트업을 2020년 추가로 창업하여 열심히 운영하고 있다.

[그림 3-15] 저자와 직원들

　　30년 이상 거주한 인도네시아 교민들에 비해 이제 11년밖에 되지 않은 미천한 병아리 주재원이 가진 경험이지만 인도네시아에서 다소 생소했던 IT 서비스와 스타트업 창업에 대한 저의 소중한 경험과 지식들을 나누고자 한다. 많은 독자들이 이미 알고 있는 정보일 수도 있으나 이 글을 통해 누군가가 인도네시아에 대해 더 많은 관심을 가질 수 있고 인도네시아 진출 시 작은 도움이 될 수 있으면 좋겠다는 바람으로 이 글을 공유하려 한다.

1
인도네시아의 개요

인도네시아는 ASEAN 10개국 중 압도적인 경제규모를 가지고 있다. 그 이유는 바로 세계 4위의 2억 6천만 명이라는 인구 때문이다. 인도네시아는 한국인에게 생각만큼 많이 알려지지 않은 나라다. 하지만 면적은 한국의 거의 20배에 달하고, 인구는 세계 4위를 기록할 만큼 인구대국 중 하나이다. 하지만 아직까지 경제발전은 부진하여 개인의 삶은 부유하지 않다. 섬으로 구성된 국가지형의 특성상 250여 종이 넘는 언어가 존재하고, 상호 교통에 제약이 있어 인도네시아의 발전에 장애물로 작용해 왔다. 하지만 인도네시아는 향후 발전의 여지가 매우 높은 전형적인 개발도상국이다. 2020년 ASEAN 진출의 교두보로 각광받고 있는 인도네시아는 앞서 언급한 고젝과 같이 최근 2~3년 만에 유니콘기업(기업가치 1조 이상)을 배출할 만큼 온라인 시장이 빠르게 성장하고 있다.

[표 4-1] 인도네시아 개황

국명	인도네시아 공화국(Republic of Indonesia)
면적	190만km²(세계 15위, 한반도의 9배), 약 18,000개 섬으로 구성 - 주요 5개 섬: 자바, 수마트라, 깔리만탄, 술라웨시, 파푸아
주요 도시	자카르타(수도, 1,015만), 반둥(352만), 수라바야(285만)
인구	2억 7천만 명(세계 4위)
GDP ('18년/US$억)	10,422(1인당 GDP: US$ 3,894)

교역 ('19년/US$억)	3,382(수출: 1,675, 수입: 1707)
한 - 인니 교역 ('19년/US$억)	164(수출: 76, 수입: 88)
기후	열대성 몬순기후, 고온 다습 - 연평균기온: 25~28°C(자카르타: 32~33°C), 습도: 73~87% - 우기(11~2월), 건기(3~10월)
인종	자바족(40.1%), 순다족(15.5%), 아체족, 발리족 등 1,300여 종족
언어	인도네시아어(Bahasa Indonesia)
종교	이슬람교(87.2%), 기독교(7%), 가톨릭(3%), 힌두교(1.7%), 불교(0.7%)
정부형태	대통령 중심제(조코 위도도) - 제8대 대통령, 2019년 연임 성공으로 2014~2024년 임기
화폐단위	루피아(Rupiah) ※표기방식: IDR(공식), Rp(통용)
표준시	• 서부(자카르타) GMT+7(한국과 시차: - 2시간) • 중부(발리) GMT +8(한국과 시차: - 1시간) • 동부(파푸아) GMT +9(한국과 시차: 없음)

출처: KOTRA 자카르타무역관[1]

1) 포용과 화합의 문화를 가진 인도네시아

인도네시아의 국기는 Sang Merah Putih(홍백기)라고 불리며 붉은색은 용기와 자유를 뜻하며 흰색은 고귀함과 정의를 의미한다. 네덜란드 식민통치 시절 독립 투쟁의 깃발로 사용되기도 하였으며, 1945년 8월 인도네시아가 독립하게 되면서 공식적인 국기로 사용하기 시작했다.

[그림 4 - 1] 인도네시아 국기

인도네시아는 '가루다'라고 불리는 인도네시아 전설 속의 새를 국장으로 사용하고 있으며, 새 몸 속에 그려져 있는 5개의 그림이 Panca Sila(고대어: Five basic princples)라고 불리는 5개의 건국 이념을 나타낸다.

〈5개 건국이념〉
- 중앙에 있는 별 – 신앙의 존엄성
- 오른쪽 아래의 체인 – 인간의 존엄성
- 오른쪽 위의 나무(브링인) – 통일 인도네시아
- 왼쪽 위의 물소(반) – 민주주의 대의정치
- 왼쪽 아래의 벼이삭 – 사회정의 구현

---

2) 인도네시아의 정치구조

인도네시아는 대통령 중심제로 국민들이 직접 투표로 선출되며 임기는 한국과 동일하게 5년이며 다른 점은 중임이 가능하다. 실제로 현 대통령인 조코위 대통령은 2019년 재선되어 2024년까지 임기가 늘어났다. 지방행정기관은 5개 섬(자바, 수마트라, 깔리만딴, 술라웨시, 파푸아)을 중심으로 3개 특별자치주(자카르타, 족자카르타, 아체)를 포함한 34개의 주(Provinsi), 98개의 시(Kota), 410개의 군(Kabupaten), 6,694개의 읍(Kecamatan)으로 구성되며 시, 군 단위까지 직접 선거를 진행한다. 자카르타는 인도네시아의 수도이자 최대 도시이다. 행정구역상으로는 주(州)에 해당되며 아체 및 족자카르타 주와 함께 특별자치주(Daerah Khusus Ibukota: Special Capital District)이다. 이러한 이유로 자카르타에는 시장이 아니라 주지사가 통치하고 있다.

[표 4-2] 자카르타와 행정구역

구분	설명
중부 자카르타 (Jakarta Pusat)	독립기념탑(Monas)을 중심으로 행정지구가 중부 자카르타에 위치 대통령궁, 정부 주요 기관 및 고급 호텔 및 백화점 등이 있음
서부 자카르타 (Jakarta Barat)	영세 기업들이 밀집해 있는 지역으로 자카르타의 차이나타운이 위치해 있음
남부 자카르타 (Jakarta Selatan)	경제 중심지인 Central Business District(CBD) 구역 및 고급 주택, 쇼핑몰 아파트 단지들이 위치
동부 자카르타 (Jakarta Timur)	동부 자카르타는 5개 도시 중 가장 인구밀도가 높은 지역으로 여러 분야의 산업 공장들이 위치

출처: 저자 작성

자카르타는 행정구역상으로 5개의 시와 1개 군으로 구성되어 있다. 또한 자카르타 외곽으로 4개의 위성도시(Bekasi, Depok, Tangerang, Bogor)가 위치하고 있으며, 자카르타 주와 위성도시를 합쳐 Jabodetabek이라고 부른다.

[그림 4-2] 자카르타와 위성도시

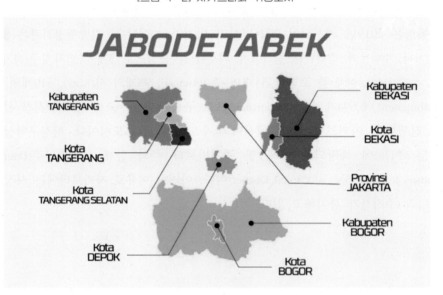

출처: URDI[2]

3) 자원대국 인도네시아

인도네시아는 광물에서 농업자원에 이르기까지 세계적인 수준의 생산·매장량을 보유하고 있으며 팜오일, 지열 에너지 부분 전 세계 1위를 차지하고 있다. 주요 자원은 [표 4-3]과 같다. 인도네시아는 아시아 유일의 석유수출국기구(OPEC) 회원국인 만큼 자원분야에서는 이미 주목을 받아왔고, 천연가스 분야에서는 세계 1위의 수출국이다. 한국의 총 원유와 가스 수입의 26%를 인도네시아가 차지하고 있다.

유연탄 분야에서는 한국 기업 삼탄이 1982년 산악지역인 칼리만탄 지역에서 대규모 탄광개발에 성공한 사례도 있다. 이에 따라 IMF 이후 주춤했던 한국의 인도네시아 자원개발 투자는 2015년 이후 러시를 이루고 있다.

[표 4-3] 인도네시아의 주요 원자재

분야	고무	석탄	지열	팜오일	코코아	주석	니켈	금
세계 순위	2위 (생산)	2위 (수출)	1위 (매장)	1위 (생산)	2위 (생산)	2위 (생산)	4위 (매장)	7위 (생산)
수량	2.6백만 톤	2.6억 톤	30만 MW	2천만 톤	84만 톤	7만 톤	3억 톤	105톤
지역	칼리만탄 수마트라	칼리만탄 수마트라	자바 수마트라	칼리만탄 수마트라	술라웨시 수마트라	수마트라	술라웨시 수마트라	칼리만탄 수마트라

출처: 인도네시아 농업부[3]

4) 풍부한 노동력과 높은 젊은 인구 보유국가

2018년 기준 15~64세 노동가능 인구가 전체 인도네시아 인구의 68.1%를 차지하고 있어 생산과 소비 양 측면에서 매력적인 인구구조를 가지고 있으며 그 중 20~54세 인구가 42.4%로 가장 높은 비중을 차지하고 있다. 중위연령(Median Age)은 28.3세로 한국(41.3세) 등 선진국에 비해 매우 낮은 수준이며 2020~2030년에 이르면 이러한 인구 보너스(총 인구 중에서 생산연령의 비중이 높아지는 것)가 정점이 될 것으로 기대된다. 하지만 지속적인 최저임금 인상으로 인해 2021년 기준 인건비 경쟁력은 다소 하락했다.

[그림 4-3] 2018년 기준 인도네시아 인구구조

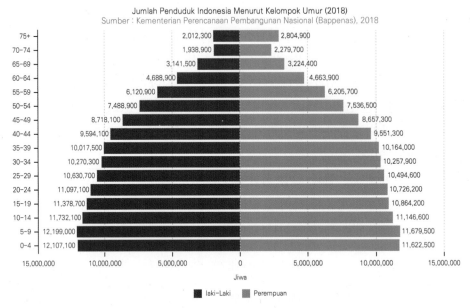

Jumlah Penduduk Indonesia Menurut Kelompok Umur (2018)
Sumber : Kementerian Perencanaan Pembangunan Nasional (Bappenas), 2018

출처: 인도네시아 국가개발기획부(Bappenas)

2

인도네시아의 과거

1) 만 팔천 개의 섬으로 이루어진 세계에서 가장 큰 섬나라

인도네시아는 세계에서 가장 큰 섬나라라는 타이틀을 가지고 있으며 18,000 개의 섬으로 이루어져 있다. 주요 섬으로는 자바(Java), 수마트라(Sumatra), 술라웨시(Sulawesi), 칼리만탄(Kalimantan), 뉴기니(New Guinea)가 있으며 수도 자카르타(Jakarta)는 자바섬에 위치하고 있다. 국토면적은 약 190만 4,000km²로 한국의 20배에 가깝고 세계에서 15번째로 넓다. 수도가 위치한 자바섬만 해도 한국 면적과 비슷하다. 인도네시아 5개 주요 섬을 살펴보도록 하자.

[표 4-4] 인도네시아의 주요 섬

구분	설명
자바(Java)	하나의 섬으로서 세계에서 가장 인구가 많은 자바섬은 크기가 한국보다 조금 크고 인도네시아 전체의 20분의 1 정도지만 인도네시아 인구의 55%가량(1억 3,300만 명)이 거주 중
수마트라(Sumatra)	한국 넓이의 4.5배 크기의 큰 섬으로 대략 5,000만 명이 살고 있으며 적도가 섬 중앙에 걸쳐 있어 인도네시아에서는 유일하게 북반구 기후가 존재하는 지역
술라웨시(Sulawesi)	한국 1.7배 크기의 섬으로 인구는 1,500만 명 정도이며 필리핀과 인접해 있음
칼리만탄(Kalimantan)	보르네오 섬은 인도네시아, 말레이시아, 브루나이가 공유하는 섬으로 남부 인도네시아령을 칼리만탄, 북부 말레이시아령을 동부 말레이시아라고 칭함. 한국 넓이의 7배가 넘는 큰 섬으로 대부분 밀림으로 이루어져 있음
뉴기니(New Guinea)	뉴기니 섬은 인도네시아와 파푸아뉴기니가 공유하는 섬으로 인도네시아령은 한국 넓이의 3배 크기이나 인구는 약 290만 명으로 인구 밀도가 낮음

출처: 인도네시아 통계청[4]

[그림 4-4] 인도네시아 인구밀도

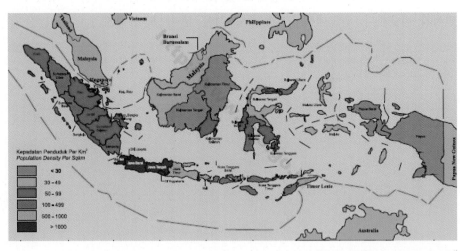

출처: 인도네시아 통계청[4]

2) 세계 4위의 인구 대국

2020년 인도네시아 인구는 272,282,836명으로 추정된다. 인도네시아는 10년마다 인구조사를 진행하기 때문에 가장 빠른 조사는 2010년 조사였고, 그 이후로는 이 조사의 결과에 출산율과 사망률을 감안하여 추정 통계 작성되었다.

[표 4-5] 인도네시아 인구

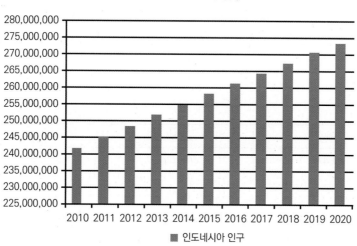

출처: www.worldometers.info[5]

인도네시아 인구순위는 세계 4위(2.7억)(3위는 미국(3.2억), 5위는 브라질(2억))로 출산율은 2.3명으로 한 부부(2명)가 2.3명의 자식을 출산하였다. 인구 증가율은 1.07%이며 인도네시아 인구는 동남아 ASEAN 6억 2천 명 중의 약 43%를 차지한다. 자바섬 인구는 1.41억 명(인도네시아 인구의 56%)이며 자바섬의 인구밀도는 km^2당 1,117명으로, 인구 천만 명이 넘게 사는 섬 중에서 세계에서 인구밀도가 가장 높다. 대도시 수도권 기준으로 자카르타 수도권(자보데따벡) 인구는 3천 1백만으로 세계 3위이다(1위 도쿄, 2위 상하이, 4위 서울). 인도네시아 인구비율은 [표 5-6]과 같다.

[표 4-6] 인도네시아 인구비율

〈단위: 명〉

연령대	인구비율	남성	여성
0~14	25%	3,300만	3,200만
15~24	17%	2,250만	2,200만
25~54	42.5%	5,650만	5,400만
55~64	8.5%	1,000만	1,200만
65+	7%	700만	1,000만

출처: www.worldometers

[표 4-7] 인도네시아 기대수명

남성	여성	평균
70.4세	75.7세	73세

출처: www.worldometers

3) 인도네시아의 정치

인도네시아는 국가원수 겸 행정수반인 대통령과 부통령을 국민의 직접투표로 선출한다. 총선 총 득표수의 25% 또는 국회(하원) 의석의 20%를 획득한 정당이나 정당 연합이 대통령 후보 공천 가능하다. 대통령과 부통령의 임기는 5년(재임 가능)이며 부통령 후보는 대통령 후보 및 동일 정당 또는 연합 정당의 논의에 따라 결정되며, 대통령 후보의 러닝메이트로 출마한다.

현 조코위 정부 내각은 조정부(4개), 장관 부처(30개), 장관 부처급(5개), 청·위원회로 구성되며 조정부(조정장관은 부총리급)는 정치법무인권조정부, 경제조정부, 해양투자조정부, 인적자원·문화조정부가 있으며 분야별 산하 부처를 조율·지휘한다. 대통령 직속으로 국가개발기획부를 두어 경제개발 기획 수립·조정 역할을 하고 있다.

인도네시아 의회는 선출 의원으로 구성되는 지역대표회의(DPD, 상원)와 국민대표회의(DPR, 하원), 상·하원 합동회의의 성격인 국민평의회(MPR)로 구성된다.

[표 4-8] 인도네시아 내각 연혁

연도	설명
1945년	인도네시아 헌법에는 단일 내각에 대한 명시적인 언급이 없었으며, 대통령이 지휘하는 내각과 의회가 지휘하는 내각의 형태로 존재
1968년	경제 안정과 경제개발계획 추진을 목적으로 제1기 '개발 내각' 출범 이래 수하르토 대통령(1967~1998) 집권 중 제7기 '개발 내각'까지 발족
2001년	압두라만 와히드 대통령(1999~2001) 퇴진 후 대통령직을 승계한 메가와티 대통령(2001~2004)은 '협동 내각(Kabinet Gotong Royong)'
2004년	10월 20일 선출된 유도요노 대통령은 '단합 내각(Kabinet Bersatu)' 출범
2009년	7월 9일 유도요노 대통령이 재선에 성공하여 부디오노 부통령과 함께 제2기 '단합 내각(Kabinet Bersatu II)' 출범
2014년	10월 20일 취임한 조코위 대통령과 유숩 칼라 부통령은 '일하는 내각(Kabinet Kerja)' 출범
2015년 · 2016년	개각
2019년	10월 20일 조코위 대통령과 마루프 아민 부통령이 취임하며 2기 정부 '진보하는 인도네시아 내각(Kabinet Indonesia Maju)' 출범

출처: KOTRA 인도네시아 진출전략

선출 의원으로 구성되는 의회가 2개라는 점에서 형식적으로는 양원제이며, 국민평의회가 별도의 의장단(의장 1명, 부의장 9명)과 사무국 조직을 가지고 있다는 점에서 삼원제적 특성도 공존한다.

2021년 기준 국민평의회(MPR)는 상·하원 합동회의로서 제한적 권한을 갖고 있으나, 1945년 건국헌법은 국민평의회의 구성을 국민대표회의(하원)와 여타 지역대표 및 직능단체 대표로 명시하고 있으며 입법부 이상의 국가 최고통치기구로 규정되어 있다. 의회의 고유 권한인 입법권, 예산권, 행정부 견제 기능은 국민대표회의(하원)에만 부여되어 있고, 지역대표회의(상원)와 국민평의회(MPR)는 제한적인 기능을 수행하고 있어 인도네시아를 단원제(하원) 국가로 보는 시각도 존재한다. 국제의회연맹(IPU)은 인도네시아를 단원제(Unicameral) 국가로 분류하고 있다.

입법부 구성 및 인원, 권한은 [표 4-9]와 같다.

[표 4-9] 인도네시아 입법부

구분	인원	권한
국민협의회(MPR)	692명 (임기 5년)	헌법제정 및 개정, 주요 국가정책 방향 결정, 정·부 통령 탄핵 등
국회(DPR)	560명	입법권, 예산결정, 및 집행감독, 행정부 견제 등
지역대표회의(DPD)	132명 (각 주별로 4명)	지방행정, 지자체 관련 사업 및 예산, 입법권

출처: Portal informasi indonesia

사법부는 3심제로서 대법원, 고등법원(26개), 지방법원 및 분원(326개)으로 구성되고 민사사건이나 형사사건을 다루는 일반 법원, 이슬람법에 따라 결혼·이혼·상속을 다루는 종교 법원, 군사 법원, 행정 법원이 있다. 군사재판소는 국방부, 종교 재판소는 종교부가 관할하며 2003년 12월 법률의 합헌성 여부를 심사하는 헌법재판소 신설되었다.

4) 세계 최대의 이슬람 국가

인도네시아는 인구의 87%가 무슬림으로 그중 절대다수가 수니파이며 세계 최대의 이슬람 국가로 불리지만 이슬람교가 국교는 아니다. 동시에 오랜 유럽 국가의 통치로 무려 2,500만여 명(약 10%)에 달하는 기독교 인구도 있으며 휴양지로 유명한 발리섬에는 힌두교도 잔존하고 있다. 땅이 넓고 섬이 많은 만큼 지역마다 주요 종교도 다른 양상을 보인다는 것이 특징이다. 지역별로 종교적인 편차가 크며 동일한 이슬람이더라도 지역별로 성향이 크게 다르다. 수마트라섬 북부에 위치한 아체주는 유독 이슬람 근본주의가 강하며 이슬람 율법인 '샤리아'[1]를 엄격하게 해석한다.

---

1) 샤리아(아랍어: شريعة)는 이슬람교의 율법이며 규범체계이다. 꾸란(코란: 신의 말씀)과 하디스(무함마드가 말하고, 행동하고, 다른 사람의 행위를 묵인한 내용을 기록한 책)에 나오는 규칙들과 원리들이며 그 후 판례들과 율법으로 편찬되어 샤리아가 되었다. 샤리아는 이슬람의 기본법으로 이슬람 공동체의 헌법이며 신적인 뜻을 삶의 모든 정황에 적용한 것이다. 신이 정해 준 계시법으로서 종교적 의무, 개인과 사회생활, 상업, 형벌에 이르기까지 모든 것을 규정하고 있다. 이 율법 관념에서는 세속적인 법 영역과 종교적인 의무 관념이 불가분의 관계에 있고 사회 규범은 무엇보다도 종교적 의무 관념 그 자체이다.

[표 4-10] 인도네시아 종교

종교	인구	퍼센트
이슬람교	2억 3천만	87.2%
개신교	1,800만	7%
천주교	890만	3%
힌두교	450만	1.7%
불교	185만	0.7%

출처: www.worldmeters.info[5]

　인도네시아의 거의 모든 가족은 종교를 집안 전통으로 받아들이고 있다. 헌법상 종교 선택의 자유를 보장하지만 종교 선택의 자유가 있는 것이지, 종교 유무의 자유가 있는 것이 아니기 때문에 공식적으로 무교인일 수는 없다. 공식 종교는 이슬람, 불교, 힌두교, 개신교, 가톨릭(천주교), 유교가 인정되며, 신분증에 종교를 기재하도록 되어 있다.

[그림 4-5] 인도네시아 종교 분표

출처: www.worldometers[5]

참고로 인접 국가인 말레이시아는 전체 인구의 60%가량이 무슬림이며 이슬람원리주의는 아니며 종교를 강요하지는 않지만 말레이 민족의 경우 무조건적으로 이슬람율법이 적용되며 종교의 선택권이 없다. 이는 같은 이슬람국가인 브루나이도 동일하다. 브루나이의 경우는 더 나아가 외국인이라 하더라도 이슬람법인 샤리아법이 적용된다는 점을 알아둘 필요가 있다.

3
인도네시아의 현재

1) 고대 원시 인류의 출현지

인도네시아 수도가 있는 자바섬 중부 지방을 중심으로 원시 인류의 화석과 자바원인의 두개골(50만 년 전 것으로 추정)과 화석 등 유물 등 발견되었다. 자바원인은 호모에렉투스의 한 부류로 인도네시아에 아주 오래전부터 사람들이 거주했음을 보여주는 근거이다. 기원후 1세기경 인도 동부로부터 첫 인도 이주민이 도착하기 시작했고, 5세기경부터 중국 남부 민족 대이동의 영향으로 남부에 살던 민족들이 말레이반도를 넘어 인도네시아 섬으로 이동한 것으로 추정된다.

2) 다양한 종교 왕국의 흥망

5세기부터 서부 자바에 다르마왕사 왕국, 수마트라섬에는 스리위자야 불교 왕국이 번성하는 등 인도를 능가할 정도로 불교문화가 꽃을 피웠다. 세계 7대 불가사의 중 하나인 보로부드르 불교사원도 8세기경 건립되었다.

5세기에서 13세기까지 많은 힌두교 왕국들이 흥망을 거듭하였으며 그중 스리위자야 왕국은 말레이반도와 말라카 해협을 중심으로 발흥했다. 스리위자야 왕국은 해상 무역의 중심지 역할을 수행했다. 마자파힛 왕국은 최초로 인도네시아 전역을 통일한 왕국이다. 14세기 후반부터 말라카, 팔렘방 등의 항구에 이슬람 상인들이 들어와 무역하면서 이슬람교를 전파하였으며 마자파힛 왕국은 이슬람 세력에 밀려 1520년 멸망하고, 16세기부터 이슬람 왕국인 데막 왕국이 이슬람교를 본격적으로 보급하였다.

3) 400년간의 식민지 시대

16세기 무렵, 포르투갈, 영국, 네덜란드 등 서유럽 국가들이 인도네시아의 향료 무역의 독점과 식민지 획득을 위해 격렬한 싸움을 벌인 끝에 결국 네덜란드가 승리했다. 네덜란드는 1602년 자카르타항을 동인도회사의 중심기지로 삼아 향료 등 특산품의 독점 무역을 하다가 점차 세력을 확대했다. 그 후 네덜란드와 영국의 각축이 있어 일시적으로 영국의 지배하에 들어갔다가 1824년의 조약으로 네덜란드의 인도네시아 지배가 확립되었다. 현재의 메단, 마나도, 암본 등의 주요 항구까지 점령했으며 점차 반둥 등 내륙지역까지 지배하였으며 1910년에는 발리까지 점령했다. 제2차 세계대전 발발 후, 1942년 일본은 인도네시아 내의 일부 독립 세력을 이용하여 인도네시아를 침투하여 점진적으로 강제 점령하였으며, 1945년까지 3년 동안 식민통치하였다.

4) 인도네시아의 독립 그리고 이후(1945~)

제2차 세계대전이 종전되던 1945년 8월, 인도네시아 공화국 독립 선언 및 헌법을 채택했다. 수카르노 대통령이 초대 대통령으로 취임했고 판차실라(Pancasila)라는 5가지 건국이념에 따라 강력한 민족주의를 표방했다. 1947년 인도네시아 네덜란드 연합 독립국가로 발족하고 1956년에는 네덜란드와의 관계를 아예 끊고 완전한 독립 국가가 되었다. 이후 아시아-아프리카 회의[2] 개회를 개최했으며 이리안자야[3] 탈환 등 대외정책에는 일부 성과가 있었으나, 국내 경제의 발전은 미흡했으며, 인플레이션으로 인한 국민의 생활고가 컸다.

---

2) 반둥회의: 인도의 네주 총리, 인도네시아 수카르노 대통령, 중국의 저우인라이 총리, 이집트 나세르 대통령이 중심이 되어 미국과 소련 중심의 냉전시대에 새로운 비동맹국가 연합을 결성하여 반제국주의, 반식민주의, 민족자결을 추구하였다.
3) 인도네시아 동쪽 끝, 호주 대륙 위쪽에 위치한 뉴기니섬 서반부를 차지하고 있는 지역으로 현재 '파푸아'로 불린다.

1965년 공산반란군이 6명의 군장성을 살해하는 사건이 발발하여, 수하르토 장군이 공산당세력을 진압하며 반공 쿠데타에 성공함으로써 수카르노 정권은 실각했다. 1966년 3월, 수카르노 초대 대통령 수하르토 장군에게 실권 이양했으며 수하르토 장군 1968년 대통령으로 취임했다. 수하르토는 국내 경제 안정 및 발전에 주력하였으며, 공산당 세력을 철저히 배제하며 강력한 군대를 배경으로 30여 년 동안 장기집권했다. 1997년 IMF 경제위기와 함께 민주화와 부정부패척결을 요구하는 국민 저항으로 물러났다.

한편 수하르트 정부는 1975년 12월 포르투갈로부터 독립을 선언한 동티모르를 침공하여 6만여 명의 주민을 학살하며 인도네시아의 27번째 주로 강제 편입하였다. 점령 기간 동안 민족 말살 정책을 펴는 등 동티모르 영구 지배를 시도하였으나 동티모르 초대 대통령인 샤나나 구즈망을 비롯한 독립운동가들의 게릴라 운동이 시작되었으며 결국 2002년 5월 20일 인도네시아로부터 독립한다.

2004년에는 유도요노 대통령이 인도네시아 최초의 직선제 대통령 선거에서 승리했으며 2009년 재선에 성공하였다. 2014년 조코 위도도(이하 조코위) 대통령 취임하며 부정부패 척결, 13개의 경제 패키지를 통한 5개년 인프라 개발 계획(2014~2019) 등 인프라 구축을 중심으로 외국인 투자유치, 관광산업, 전자상거래 산업 육성에 주력했다. 2019년 4월, 조코위 대통령이 앞에서 언급한대로 연임에 성공하여 2019~2024년까지 집권을 이어가게 되었다. 조코위 2기 정부는 1기에 추진하던 인프라 개발, 산업고도화, 디지털 경제 육성, 외국인투자 활성화 등의 주요 경제정책을 지속·강화할 것으로 예상된다.

조코위 정부는 1기 임기에 계획한 인프라 프로젝트를 연속성 있게 추진할 것으로 전망되며, 정부 예산보다는 민관협력(Public Private Partnerships) 또는 민간기업의 단독 재원을 통한 인프라 개발을 선호할 것으로 보인다. 고부가가치 제조업, 관광업, 신재생에너지 개발 등에도 주력할 것으로 예상되며, 자국의 산업 경쟁력 향상을 위해 국산부품 의무사용(TKDN, Tingkat Komponen Dalam Negeri) 확대 등을 촉진할 가능성도 있다.

신남방정책 추진 이후 한국과 인도네시아는 공동 비전 성명을 채택하고 상호 협력 강화를 도모해 왔으며, 조코위 대통령의 재선 성공으로 기존의 협력을 지속·확대할 수 있게 되었다. 젊은 인구가 다수이기 때문에 디지털 경제수요도 매우 높은 편으로 전자상거래, 핀테크 등도 한국 기업들의 유망 진출 분야가 될 수 있을 것으로 기대된다.

또한 수도 자카르타의 인구 과밀현상, 해수면 상승으로 인해 조코위 정부는 침수 위험, 자연재해 등의 문제를 고려하여 수도를 동부 깔리만탄(Kalimantan Timur) 지방에 위치한 동부 쁘나잠 빠사르(Penajam Paser Utara)군과 꾸따이 까르따느가라(Kutai Kartanegara)군에 걸친 지역으로 이전할 것임을 공식 선언하였다. 신수도에 행정수도를 건설하면 자카르타는 경제와 산업 중심지로 역할을 나눌 수 있을 것으로 예상된다.

[그림 4-6] 인도네시아 수도이전 계획

출처: KOTRA 자카르타 무역관[1)]

4

인도네시아의 미래

1) 경제현황 - 조코위 연임으로 인한 안정 기대

2019년 상반기 경제상황의 경우 꾸준히 증가한 민간소비와 달리 민간투자 부문 성장률이 소폭 둔화되었다. 2019년 4월 선거를 앞둔 불확실성으로 2019년 상반기 제조업 PMI(구매 관리자 지수)[4] 산업생산 및 설비가동률도 부진한 흐름을 보였고, 외국인 직접투자도 2018년 대비 감소했다. 미·중국 무역분쟁 장기화, 원부자재 가격 하락 등 대외 환경 악화에 따른 수출 부진 영향으로 관세인상 등 수입 축소 및 수출 장려 정책 시행에도 무역수지 적자가 증가했다.

인도네시아의 2019년 상반기 수입 규모는 703억 달러로 2018년 대비 동기 대비 8.64% 하락했으며, 수출의 경우 681억 달러로 전년 동기 대비 9.29% 감소했고, 2019년 1~5월 인도네시아 전체 교역량은 1,384억 달러로 2018년 대비 동기 대비 8.96% 감소했다. 기준 금리의 경우 미국 연준 금리 인하 소식으로 2019년 7월에 0.25%p를 인하, 이후 8월 및 9월에 다시 각 0.25%p 인하하여 2019년 하반기 인도네시아 기준금리는 5.25%를 기록했다. 2019년 7월에 S & P[5]의 인도네시아 국가 신용등급이 - BBB에서 BBB로 상향조정됐으며, 조코위 대통령 당선 확정 발표 이후 환율은 2019년 하반기에 대체적으로 안정을 되찾았다.

---

4) PMI(Purchasing Manager Index) 지수는 구매관리자, 즉 기업의 구매담당자들의 구매를 나타내는 지수로 기준점은 50이다. 즉 50이 넘으면 경제상황이 좋아진다는 의미이고, 50 이하이면 경제상황이 나빠짐을 나타낸다.
5) 미국의 신용평가 회사로 무리스, Fitch와 함께 세계 3대 신용평가회사이다.

2020년 발생한 코로나19로 인해 인도네시아 정부는 인도네시아 루피아화 환율 안정과 경기회복을 위해 기준금리를 3.5%로 동결했다. 글로벌 금융시장 불확실성 증가로 성장가도를 달리던 인도네시아는 ASEAN 국가 중 환율에 있어 가장 큰 충격을 받았다. 인도네시아 경제는 앞에 언급한 대로 ASEAN 국가 중 코로나19의 충격을 가장 크게 받은 곳 중 하나이다. [표 5-11]과 같이 인도네시아 경제는 지난 2016년부터 4년 연속 5%의 경제성장을 기록했으나, 미중 무역분쟁과 코로나19의 영향으로 2020년 경제성장은 2001년 이후 최저치를 기록했다.

하지만 조코위 정부의 수도 이전과 같은 건설경기 활성화나 전자상거래의 증가와 유니콘 기업의 성장, 코로나19 이후의 자원에 대한 기대감으로 인도네시아 경제성장은 다시 이전 수준으로 회복될 것이다. 다만 인도네시아 경제에 가장 큰 영향을 주는 미중관계가 큰 변수로 작용할 것이다.

2) 경제지표

[표 4-11] 인도네시아 경제지표

	지표	단위	2014	2015	2016	2017	2018	20192Q
대내 경제	경제성장률	%	5.02	4.88	5.02	5.07	5.17	5.05
	1인당 명목 GDP	US$	3,515	3,366	3,610	3,859	3,894	N/A
	명목 GDP	US$억	8,905	8,611	9,321	10,109	10,422	5,494
	물가상승률	%	6.42	6.38	3.53	3.81	3.2	2.95
	종합주가지수	연말	5,227	4,593	5,297	6,356	6,194	6,296
	실업률	%	5.94	6.18	5.61	5.5	5.34	5.01
대외 경제	수출실적	US$억	1,763	1,504	1,445	1,676	1,802	798
	수입실적	US$억	1,782	1,427	1,357	1,569	1,879	818
	무역수지	US$억	-19	77	88	107	-77	-20

외국인투자금액*	US$억	285	293	290	322	293	142
경상수지	US$억	-275	-175	-170	-162	-310	-154
총외채	US$억	2,933	3,107	3,200	3,525	3,768	3,918
외한보유고	US$억	1, 11	1,059	1,115	1,302	1,207	1,259
중앙은행기준율	%	7.54	7.52	6.75	4.25	6.00	5.50
환율(연말기준)	Rp/US$	12,388	13,788	13,689	13,563	14,481	14,203

출처: 인도네시아 중앙 통계청, World Bank, Global Trade Atlas, BKMP;
KOTRA 인도네시아 진출전략[1)]

3) 주요 한국 기업 - 지속적인 한국 기업 진출

인도네시아 투자진출 한국 기업은 2019년 기준으로 약 2,000개사 내외로 추정되며, 특징을 살펴보면 타 ASEAN 국가 대비 투자건수는 많으나 투자액이 적은 소형 투자가 주를 이루고 있다. 투자건수는 2018년과 2020년은 제외하고 지속적으로 상승하고 있으며 인도네시아 투자진출에 대한 한국 기업의 높은 관심이 유지하고 있다.

인도네시아에 대한 투자건수는 많으나 투자금액이 크지 않은 특징은 아직까지 한국 대기업보다는 개인 위주의 투자가 많다는 의미이고, 그만큼 인도네시아에 대한 적극적인 투자 정보와 관심은 부족하다는 의미이다.

[표 4-12] 한국 기업 진출 현황

참여기업(진출연도)	투자 현황
대상 (1973)	• 1973년 PT.MIWON INDONESIA를 설립 • 국내 최초로 해외 플랜트 수출 • 바이오산업, 식품, 전분당(전분을 분해해 얻은 감미로) 사업 확대하여 1,000억 $ 매출 달성 • 2010년 종합식품브랜드 마마수카(MAMASUKA: 엠마의 낫) 론칭 • 김과 빵가루 시장 점유율 1위 • 2020년 기준 인도네시아 바이오공장 연간 8만 톤 MSG 생산 중

참여기업(진출연도)	투자 현황
삼성물산 (1975)	• 1975년 지사 설치, 주재원 6명 파견(2009년 1.5억 $, 2010년 1.2억 $ 실적, 팜 농장 포함) • 수마트라 지역 팜 농장 사업(2008년 2만 4천 헥타르, 5천만 $ 투자) • 칼리만탄 지역 카사바 농장 및 전분가공 공장 사업(2011년) • 석탄 광구, 태양광 발전 등 신규 사업 진출 검토 중
대우 인터내셔널 (1976) (현 포스코 인터내셔널)	• 주재원 5명(2009년 2.9억 $, 2010년 3억 $ 실적) • 포스코 등 한국산 철강 제품(탄소강, 특수강) 인니 내수 판매 • 한국산 방위 산업 제품 인도네시아 판매(국방부 경찰) • CPO, 유연탄, 발전소 등 투자사업
KODECO (1981)	• 1981년 서마두라 광구 유전개발사업 Kodeco: Pertamina, 20: 80 지분으로 계약 • 2020년 광구 계약 연장: 2011.5.~2031.5.(20년) • 광구면적: 최초 6,460㎢ → 2021년 기준 1,666㎢ • 2002년 Kodeco: CNOOC: Pertamina, 25: 25: 50 지분으로 계약 • 2011년 Kodeco: 시너르진도: Pertamina, 10: 10: 80 지분으로 계약 연장 • 2018년 7월, 기존 사업 활동에 집중하고 있는 것으로 파악
KIDECO (1982)	• 1993년부터 유연탄 생산 시작(30년간 조광계약: 2043년) • 칼리만탄 동부 파시르 지역(노천광산) • 매장량: 11억 톤(세계 5대 광산, 50,400㏊, 인도네시아 3위 광산) • 2012년 생산량: 3,400만 톤 • 1982년 국내업체 컨소시엄(삼탄, 범양상선, 용산화물, 한일시멘트, 태웅)으로 진출, 수송비 문제, 유연탄 국제시세의 하락(1982년 $60/톤 → 1988년 $35/톤)으로 다른 기업은 철수하고, 2021년 기준 삼탄(지분 49%)과 인도네시아 기업 2곳이 지분 보유 • 2017년 12월, 삼탄은 KIDECO의 지분 49% 중 40%를 매각하여 지분이 많이 축소된 상태이며 2023년 인도네시아 정부와 계약이 만료되나 연장 위해 노력 중
LG전자 (1990)	• TV, 냉장고, 세탁기 등 가전제품 생산 • 1995년 Global 생산기지 공장 추가 건설 – 전 세계 78개국, 150여 바이어에 수출 • 2016년 기준 판매실적 약 12억 달러로 인도네시아 핵심 가전제품 기업에 선정 • 2018년 5월, LG전자가 성장 잠재력이 풍부한 인도네시아 스마트폰 시장을 공략하기 위해 현지에 생산 라인을 구축하고 가동 시작 • 임직원 약 5,000명(협력사 약 35,000명)

참여기업(진출연도)	투자 현황
삼성전자 (1991)	• TV, STB, DVD, Blueray, HTS 등 디지털제품 생산 • 인도네시아 현지 법인 2017년 기준 매출 약 281백만 달러 기록 • 종업원 약 3,500명, 세계 50여 개국에 수출 • 삼성전자는 2017년 인도네시아 자카르타 플라자 센트럴 건물을 비롯해 9개국 랜드마크 14곳에 LED 사이니지를 수주
CJ (1998)	• 식료품, 핵산, MSG, 사료 등 생산, 제과점 뚜레주르, 영화관(CGV) 진출 • 핵산 시장점유율 세계 1위, 라이신 세계 2위
SK에너지 (2005)	• 석유공사(Pertamina)와 함께 윤활유 공장 설립 • 1일 7억 5천만 배럴 생산
하나은행 (1990, 2007)	• 1990년 최초 진출(외환은행) • 2007년 PT Bank Bintang Manunggal 지분 인수 후 PT Bank Hana로 진출 • 2014년 외환은행과 합병을 완료하고 PT Bank KEB Hana로 변경 • 하나은행 인도네시아 현지 법인(PT BANK KEB Hana)은 2019년 인도네시아 증권거래소(IDX: Indonesia Stock Exchange)에 상장 예정
롯데마트 (2008)	• 인도네시아 대형 체인 Makro 19개 매장을 인수하며 국내업체 최초 유통업계 진출, 2021년 기준 37개 매장 보유 • 총 14개의 연관 법인이 2021년 기준 인니에 진출 중
롯데케미컬 (2010)	• 2010.6 Titan社 인수 • 100ga 규모의 대규모 에틸렌 공장 건설 계획 • 2016년 연산 1백만 톤(인니 최대규모) 에틸렌 생산 • 총 투자액: 50억 달러
한국타이어 (2011)	• 2013.9.17. 준공 • 2018년까지 총 12.1억 달러 투자(1단계: 3억 달러) • 2014년에는 1,400명, 2018년에는 4,200명의 신규 고용 창출 기대 • 연간 600만 개(1단계)~2,000만 개(4단계)의 타이어 생산 예정

출처: KOTRA 한국 기업 진출 현황

5

한국 기업의 인도네시아 진출 A TO Z

1) 인도네시아 경제 예측 및 향후 동향

다양한 정치 경제적 요인으로 인해 인도네시아 국내 시장의 변동성이 확대될 것이나 안정적인 개인 소비 및 인프라 관련 투자로 경제성장률이 향후 5%대를 유지할 전망이다. 2019년 8월 26일 인도네시아의 수도가 동깔리만딴 지방으로 이전될 것으로 발표하였고 이에 따른 지역균형발전을 도모하고 있으며 수도 이전 관련 사업 수요가 증가할 것으로 예상된다.

그리고 디지털 경제 체계 구축 및 활성화를 위한 근간 마련을 위하여 인도네시아 지불결제 시스템 2025 비전(Indonesia Payment System 2025 Vision: SPI 2025)을 선포하였으며 디지털 경제 산업 발달을 위한 다양한 정책적 지원을 강화했다. SPI 2025는 ① 오픈 API(Application Programming Interface) 표준화를 통한 디지털 오픈 뱅킹 구축, ② 소매 결제 시스템 개발, ③ 도매 결제 및 금융 시장 인프라 구축, ④ 데이터 통합 인프라 구축을 포함한 국가 데이터 개발, ⑤ 결제 관련 규제, 관리 감독, 인허가 및 보고 체계 구축 비전으로 구성된다.

2020년 이후 인도네시아 정부는 디지털 경제 육성과 관련, 주로 ICT (Information & Communications Technology) 기술 기반으로 설립되는 스타트업 설립에 관한 규제를 완화해 나가고 있다(더 많은 유니콘[6]을 창출하기 위해 '1,000개 스타트업 설립 프로젝트' 추진 언급). 2019년 5월 14일에 2019~2024 인도네시아 샤리

---

6) 유니콘 기업(Unicorn): 기업 가치 10억 달러 이상, 설립한 지 10년 미만의 스타트업 기업

아 경제 발전 마스터플랜(MEKSI 2019~2024)을 발표했다. 조코위 2기 정부는 마스터플랜을 통해 인도네시아를 2024년까지 글로벌 할랄 산업 국가로 육성할 계획을 발표했다. 이에 따라 인도네시아에 수입, 유통 거래되는 식품, 음료, 의약품, 화학제품, 생물학적 제품, 유전공학제품, 착용 및 사용(활용)하는 물품은 할랄 인증(이슬람율법(Shariah)에 따라 허용된 것을 의미하는 할랄(HALAL)은 이슬람국가의 정부 또는 민간기관이 주도하여 제품이 이슬람율법에 어긋나지 않은 제품임을 인증하는 제도)을 받아야 하며 인도네시아에서 인증을 받지 않은 모든 국제 할랄 제품은 할랄이 아닌 것으로 간주한다. 이 규정은 향후 5년에 걸쳐 점진적으로 시행 예정이다.

[표 4-13] 2020~2024 인도네시아 주요 거시 경제 지표 목표

항목	내용
1인당 명목 GDP	5,600~5,930달러(2024)
빈곤율	6.5~7.0%(2024)
실업률	4.0~6.4%(2024)
지니계수[7]	0.370~0.374(2024)
생산인구비율	75.54%(2024)
인플레이션율	2~4%(2020~2024)
내외국인 직접투자 성장률	7.3~8%(2020~2024)
수출증가율(非석유 가스)	7.9~10.8%(2020~2024)
전체 산업 중 제조업 비중	20~21.2%(2024)
非석유 가스산업 성장률	5.8~7.5%(2020~2024)
재정적자 수준	1.7~2.3%(2024)

출처: RPJMN 2020-2024[1]

---

7) 인구분포와 소득분포와의 관계를 나타내는 수치로 빈부격차를 나타내는 계수로 0에 가까울수록 평등하고 1에 가까울수록 빈부격차가 크다.

2) 인도네시아 법인(무역업/제조업)설립 진행 절차

외국인이 인도네시아에서 법인을 설립하기 위해서는 외국인 투자법인(PMA) 또는 합작투자회사를 설립해야 한다. 법인의 최소 자본금은 한화로 약 10억 원이며 업종별로 외국인 최대 지분 비율이 다르다. 설립 진행 절차는 다음과 같다.

[표 4-14] 인도네시아 법인 설립 진행 절차

NO	무역업	제조업
1	상호 등록(Pemesanan Nama)	상호 등록(Pemesanan Nama)
2	법인 정관작성(Akta)	법인 정관작성(Akta)
3	사업장 소재지 허가서(Izin Domisili)	사업장 소재지 허가서(Izin Domisili)
4	납세자 등록번호(NPWP)	납세자 등록번호(NPWP)
5	정관 법무성 등기(Pengesahan Akte)	정관 법무성 등기(Pengesahan Akte)
6	사업자 고유 번호(NIB)	사업자 고유 번호(NIB)
7	사업 허가서(Izin Usaha)	사업 허가서(Izin Usaha)
8	운영 허가서(Izin Komersial/Operasional) → 아이템에 따라 취득	건축 허가서(IMB)
9	환경관련 성명서(SPPL) → 오피스 빌딩의 경우 해당	환경 폐기물 허가서(UKL-UPK)
10	부가세 신고번호 취득(SPPKP)	지역 허가서(Izin Lokasi)
11		운영 허가서(Izin Komersial/Operasional) → 아이템에 따라 취득
12		부가세 신고번호 취득(SPPKP)

출처: 저자 작성

3) 인도네시아의 근로비자 종류

인도네시아에서 근로를 하기 위해서는 일반 근로체류비자(ITAS 또는 ITAP) 또는 투자자 근로체류비자가 필요하다. 일반 근로체류비자의 경우 근로허가부담금(DKP-TKA/월 $100)을 납부해야 하며 투자자 근로체류비자는 근로허가부담금이 면제되나 10억 루피아(한화 약 8,500만 원) 이상의 본인 지분이 필요하다.

[표 4-15] 인도네시아 근로 비자 종류

NO	종류	내용
1	일반 근로체류비자 312	• 비자 스폰이 가능한 인도네시아 현지법인의 스폰으로 취득가능 (노동부 직책 승인 필요) • 업무 범위: 노동부에서 승인받은 직책으로 업무 한정(승인받은 지역, 스폰서인 법인 내에서만 근무 가능) • 유효 기간: 1~12개월 사이 　-6개월 이하 비자는 연장 불가능 　-7개월 이상 비자는 총 4회까지 연장 가능하며 개인납세등록증(NPWP), 사회보장보험(BPJS) 의무 가입 * 외국인 근로허가부담금(DKP-TKA)-100$/월 의무적으로 납부
2	투자자 근로체류비자 313	• 비자 스폰이 가능한 인도네시아 법인의 주식을 보유하고 정관에 주주로 등재되어 있는 외국인이 취득 가능 • 취득 조건: 본인 지분이 10억 루피아(한화 8,500만 원) 이상인 경우 　-정관에 등록되어 있는 경우라도 10억 루피아 이하(한화 8,500만 원)일 경우 취득 불가능 • 유효기간: 1~24개월{총 4회까지 연장 가능하며 5회 차에는 Kitap(장기거주비자) 가능}

출처: 저자 작성

4) 성공사례

　외국법인이 인도네시아 현지에서 성공하기 위해서는 공통적으로 면밀한 시장 조사를 통해 현지 시장을 이해하고 철저한 현지화를 통해 현지 소비자의 니즈를 반영하는 것이 중요하다. 특히 기업들은 사전에 인도네시아 시장과 문화에 대한 학습이 요구된다.

　2012년 인도네시아에 진출한 화장품 ODM(제조자 설계생산) 업체 코스맥스는 세계 3대 할랄 인증기관인 MUI에서 국내 화장품 ODM 업계 최초로 할랄 적합 판정을 받았다. 이슬람 율법에 따라 생산된 제품에 부여하는 것이 '할랄 인증'이다. 코스맥스는 2019년 도입되는 할랄 인증 관련 법률 시행을 대비해 제조 공정과 내용물, 운영관리까지 모두 할랄 위원회를 구성해 인증을 받았다. 코스맥스가 인도네시아에 진출한 것은 2012년으로 7년만에 할랄 인증을 획득하였다. 코스맥스가 처음 인도네시아에 진출하던 2012년에는 화장품 ODM 생산이라는 개념이 없었다. 그러나 2021년 기준으로는 인도네시아 식약청으로부터 화장품 제조 우수 사례로 꼽히고 있다고 한다.

코스맥스는 철저한 현지화를 통해 시장 진출에 성공했다. 한 예로, 이미 앞에서 설명한대로 한국에서는 립 제품이 광택이 있는 제품이 잘 팔리는 반면 인도네시아에서는 광택이 적을수록 잘 팔리는 경향이 있는데, 광택이 나서 입술이 번들거리면 튀김 요리를 많이 먹어서 지저분해 보일 수 있기 때문이라고 한다. 이를 고려해 립크림을 출시했고 그 성과를 바탕으로 코스맥스 인도네시아는 2016년 약 30억 원이던 매출을 2017년 100억 원까지 올릴 수 있었다.

롯데마트는 인도네시아 대형 체인 Makro 19개 매장을 인수하며 국내 업체 최초로 유통업계 진출하였다. 2019년에는 47개 매장을 보유하고 있으며 2019년 말까지 이를 50개까지 증설하였고, 2023년까지 100호점을 목표로 하고 있다. 2017년에 중국에서 매출이 94.9% 급감한 반면 인도네시아에서 매출실적은 0.8% 성장했다. 롯데그룹은 롯데마트 외에 롯데리아, 롯데면세점, 롯데백화점 등에 진출해 있다. 인도네시아에 소형점포 시장이 빠르게 성장하고 있는 점을 감안해 신선식품을 중심으로 고객 편의성과 접근성을 강화해 나가고 있으며, 2023년까지 22개로 사업을 확장할 계획이다. 이는 변화하는 시장을 신속하게 파악하고 현지 소비자의 니즈를 반영한 결과라고 볼 수 있다.

인도네시아에서 자본재(기계, 설비, 플랜트), 소비재(화장품, 식품, IT 제품 등)의 경우, 완제품은 가격경쟁력 부족으로 수출 성공에 있어서 애로사항이 많다. 특히 경쟁이 치열한 소비재에서 완제품의 경쟁력은 더욱 낮아지고 있고 소비재 중 식품, 화장품, 완구 등은 가격경쟁력뿐만 아니라 식약청 인증, 인도네시아 국가 표준인증(SNI) 등 높은 인증 장벽도 시장 진입의 걸림돌이 될 수 있다. 따라서 인도네시아의 내수생산 육성 정책과 연계한 시장 진출을 할 필요가 있다. 대표적인 예는 아동 교육용 LCD 프로젝터 제작 I사이다. 완제품 수출 시 FOB(수출 선박에 싣는 직후 가격) 가격이 17달러였으나, 반제품 모듈 수출로는 10달러로 단가가 인하되면서 인도네시아 바이어의 수입 수요가 더 증가했다고 한다.

최근에는 IT기업과 금융기업의 인도네시아 진출도 활발해지고 있다. 2018년 카카오페이지가 인도네시아 콘텐츠 기업 '네오바자르'를 인수하여 최대 주주가 되었다. 카카오페이지는 검증된 IP(지적재산권)를 기반으로 세계 최대 시장인 중국에서 탄센트와 장기 제휴관계를 맺었고, 일본에서는 픽코마를 통해 한국 작품을 유통하여 해외시장 개척의 초석을 다져왔다. 이를 발판 삼아 본격 해외수출에 시동을 걸고 '네오바자르'를 인수를 결정하여 ASEAN에서 글로벌 입지를 확보하였다. 2015년 설립된 네오바자르는 인도네시아의 대표 웹툰 서비스 기업으로 2021년 기준, 웹툰, 웹소설 플랫폼인 웹코믹스를 통해 콘텐츠를 제공하고 있다. 누적 앱 다운로드 수가 170만 건 이상으로 인도네시아 유료 웹툰 시장 1위를 차지하고 있다. <이 세계의 왕비>, <그녀가 공작저로 가야 했던 사정> 등 국내 웹툰을 서비스하고 있고 수익의 90%이상이 한국 콘텐츠이다. 카카오페이지는 인도네시아를 포함한 ASEAN에 풍부한 한국 콘텐츠 풀을 구축할 계획이라고 한다. 2억 6천만 명에 달하는 세계 인구 4위의 인구와 특히 스마트폰을 사용하는 젊은 소비층이 1억 이상인 인도네시아 시장 진출은 이후 ASEAN의 교두보 역할을 할 것으로 기대된다.

이와 더불어 한국 문재인 정부의 신남방정책에 편승하여 금융권의 인도네시아 진출도 활발해지고 있다. 인도네시아는 인구수가 세계 4위의 큰 시장이고 평균연령이 29세, 경제성장률 연 평균 5%, 인프라 개발수요 및 핀테크 발전 등으로 넘쳐 나는 자금수요가 금융권에는 매력적이기 때문이다. 이미 한국 은행들은 인도네시아가 주요 시장으로 자리 잡았다. 금융감독원에 따르면 한국 은행은 2019년 인도네시아에서 8천만$의 당기순이익을 거두었다. ASEAN에서는 베트남(1억 3천만 $)에 이은 2위이다. 인도네시아에서는 한국 주요 은행들이 거의 진출해 있다. 기업은행이 2019년 인도네시아 금융감독청(OJK)으로부터 아그리스·미트라니아 은행의 합병승인을 받아 'IBK인도네시아'은행을 출범시켰다. 베트남에서 크게 성공한 신한은행도 인도네시아 센트라타마내셔널뱅크와 뱅크메트로익스프레스를 인수해 '신한 인도네시아 은행'을 운영 중이다. 여기에 거래처 임직원을 중심으로 한 신용대출상품을 확장하고 비대면계좌(e-KYS)출시를 준비 중이다.

우리 은행은 2014년 인도네시아 소다라은행을 합병하여 '우리 소다라은행'을 운영하며 꾸준한 성장세를 보이고 있다. 우리 소다라은행은 2019년 기준 우리은행 해외지점 중 최초로 영업이익 1억$(약 1,193억 원)을 돌파했다. 하나은행도 2007년 인도네시아 빈탕 마눙갈 은행을 인수하여 KEB하나은행 인도네시아 법인을 설립하였다. 국민은행은 2020년 7월 인도네시아 부코핀 은행의 지분 22%

를 인수한 뒤 인도네시아 사업 다각화를 계획 중이다. 인도네시아에 금융권 진출이 활발해진 이유는 한국 은행들이 사업포트폴리오를 다각화할 수 있기 때문이다. 인도네시아는 전체 인구의 49%만이 은행계좌를 보유하고 있을 정도로 금융 접근성이 낮아서 인도네시아 정부가 이를 보완하기 위해 금융산업 활성화를 적극 추진하고 있다. 또한 한국보다 금리(5.5%)가 높다는 점도 매력적인 요인으로 꼽히는 요인이다.

5) 실패 사례

인도네시아에서 가장 대표적인 기업의 실패 사례로는 세븐일레븐을 뽑을 수 있다. 전 세계적으로 6만여 개의 점포를 운영 중인 세븐일레븐은 2009년 인도네시아 현지 법인 PT.Modern International을 설립하여 시장에 진입하였다. 당시 인도네시아에서 흔치 않았던 24시간 운영과 무료 Wifi 및 야외 테라스를 제공하여 젊은 층의 큰 호응을 얻었으며 단순히 편의점 이상의 문화 및 사교 공간으로 자리 잡았다. 하지만 2015년 발효된 대형 마트를 제외한 편의점에서 알코올 도수 5% 이하 음료 판매 금지 법안으로 인해 매출의 24%가량이 급락했다. 또한 세븐일레븐과 같이 야외 테라스를 이용하는 카페와 소매점은 결합한 형태의 매장은 관광청 특별 허가가 가능한 자카르타에서만 사업허가를 받을 수 있게 되었다. 이러한 요인으로 인해 결국 2017년 6월 모든 매장 폐점과 함께 공식 철수하였다.

해외에서 사업을 진행 시 현지 기관의 급작스런 법제개정과 규제 도입에 대한 대비책이 필요하며 진입 초기에 사업에 필요한 허가를 반드시 받는 것이 중요하다. 또한 사업이 안정화될 경우 현실에 안주하는 경향이 있으나 급작스러운 시장 변화에 대응하기 위해 빠르게 대처가 가능하도록 플랜B를 늘 준비하는 자세가 필요하다.

한국기업의 실패 사례를 살펴보도록 하자. 한국에서 목제가구 제조업으로 성공한 S사는 인도네시아 칼리만탄에 양호한 임지를 확보하면서 인도네시아 산림개발업에 뛰어들었다. 2000년 초 회사설립 당시 현지법인장, 현장책임자, 자카르타 본사의 관리직 직원 등 현지 법인의 한국인 임직원들 역시 인도네시아 동종 업종의 회사에서 수년 동안 경험이 있는 사람들로 구성하여 순조롭게 사업을 시작하였다. 당시 인도네시아 투자법인 외국인 단독 투자를 불허하고 현지인과 공동출자·공동경영 형태를 취하고 있었다. 실질적으로 한국 회사들은 단독출자·단독경영 형태, 즉 슬리핑 파트너 형태로 하고 현지인 슬리핑 파트너에게는 현지 법인의 경영 결과와 상관없이 흑자이던 적자이던지 매출 기준당 서로 합의한 로열티를 지급하는 형태로 사업을 진행하였다.

그러나 S사는 기존 한국 회사들과는 다르게 현지 파트너에게 실제로 30% 지분을 배정하고 현지 파트너의 출자금을 대여 형식으로 불입까지 해주었으며, 현지인 파트너를 현지 법인의 부사장으로 선임하되, 실제 경영에는 배제시키며 회사를 운영하였다. 사업이 점차 활발히 진행되자, 이미 주주 간 약정계약서를 통해 경영에 참여하지 않기로 되어 있던 현지인 파트너는 30% 주주이자 부사장 자격으로 법인자금내역을 공개할 것과 법인의 인사 임명권을 요구하기 시작하였으며, S사는 약정서를 근거로 매번 이를 거절하였다. 그러다 돌연히 현지인 파트너는 수표와 지로에 S사 측에 의해 선임된 대표이사와 본인의 추천으로 선임된 부사장의 공동서명을 요청하였다. 결국 주거래은행은 합작 투자회사임을 근거로 공동 서명이 마땅하다 판결하여 이후 현지인 부사장이 공동서명을 하며 모든 회사 일에 사사건건 관여하게 되었고, 파트너 간에 신뢰가 무너지며 갈등이 심화되었다. 현지인 파트너는 자신이 경영을 해보겠다는 생각으로 S사에서 보낸 전체 한국인 임직원을 퇴출시키고, 현지 법인의 불법 행위를 인도네시아 정보에 고발하고 한국인 임직원의 체류허가 연장 불허 및 취업허가 연장 불허 청원서를 제출하였다.

현지인 파트너는 청원서를 제출했음에도 한국인 임직원들이 계속 근무하는 것을 이상하게 생각하고 관할 부처에 진상조사를 요구하여 결국 한국인 임직원들이 체류 연장 허가 추천서의 기간을 위조하여 근무하고 있던 것이 드러나 전체 한국인 임직원들은 강제 출국을 당했다. 이후 S사와 현지인 파트너는 회복 불가능의 관계가 되었고, 결국 모든 경영권을 현지인 파트너에게 빼앗겼다. S사는 인도네이사 법원에 소송을 청구하였고 현지 대사관과 한국 정부에서도 인도네시아 정부를 상대로 많은 노력을 했으나 S사는 아무런 배상을 받지 못한 채 투자금 전체를 잃고 말았다. 이 사례는 현지 파트너의 선정과 함께 현지법인의 경영권 확보가 얼마나 중요한지를 보여주는 사례로 인도네시아에서는 사업을 시작하기 전에 현지인과 공동출자·공동경영, 공동출자·단독경영, 단독출자·단독경영 등등 어떤 경영형태로 진출할지를 심사숙고하여 결정해야 한다. 아울러 현지 제도 및 관행, 현지 경험이 많은 전문가의 의견, 먼저 진출한 기업인들의 의견 및 설립하려는 회사의 상황 등을 종합하여 판단하고 결정하는 과정이 절대적으로 필요하다.

자원이 풍부한 인도네시아에 진출한 에너지 사업의 실패 사례를 보도록 하자. 한국에서 부동산 사업으로 재력을 축적한 K사는 인도네시아에서 한국 대기업 건설소장으로 여러 해 동안 근무한 경험이 있는 베테랑 한인 동포의 도움을 받아 수력발전 사업을 추진하고 있는 내국인 회사인 T사의 메이저 지분을 인수하는 방법으로 2011년 인도네시아에 진출했다. 전력수요에 비해 전력공급량이 턱없이 부족한 인도네시아에서 수력발전사업은 수익성도 우수하며 성장가능성이 무한한 사업으로 평가받고 있다. K사는 몇몇 한국 기업들이 이 사업에 뛰어들어 추진 중인 것을 확인하고 간단하게 현장을 확인한 후 주식 매각사인 T사가 정부의 모든 인허가서와 국영 회사인 PLN과 전력 매매 계약을 포함한 모든 인허가도 획득하는 조건으로 인수작업에 착수했다. K사는 이외에도 인허가 획득일정, 지불조건, 건설 일정 및 양측의 업무분담 등을 주식 매매조건에 상세하게 합의한 후, 지분매매 약정서에 서명하고 주식 인수 대금을 일부를 지급했다. 이 주식 인수 대금 선금은 각종 인허가를 받는 데 필요한 경비로만 사용하기로 목적을 제한했다. 계약서에 모든 인허가 획득은 T사의 임무이므로 K사는 모든 인허가를 전적으로 T사에 의존하고 계약서에 있는 일정만 확인하며 T사에 문의할 수 없는 상황으로 계약이 체결되었다.

인허가 수속이 계약상의 일정보다 많이 늦어지자 K사는 관련 기관에 직접 확인하여 T사가 통상 경비를 지불하지 않아 수속이 진행되지 않았음을 확인하였다. K사는 T사에 경비 지불을 요구하자 오히려 T사는 인허가 업무는 자사의 권한이므로 K사의 요구를 무시하였다. 한편 K사는 계약 전 정밀 조사를 하지 않았던 수력 발전소의 물의 낙차 높이를 조사해 보니 T사가 제공한 낙차 높이와 차이가 많다는 사실도 뒤늦게 확인하였다. 결국 K사는 인허가 수속의 지지부진, T사의 불성실한 자세, 물의 낙차 높이 부족 등 계속되는 악재 속에 T사의 지분 인수 계약을 파기하고 외자 투자 현지법인을 청산하고 인도네시아에서 완전히 철수하였다. 수익성도 우수하고 성장가능성이 무한한 산업으로 평가받는 인도네시아 발전소 사업의 성장가능성만 보고 현지 파트너사에 대한 충분한 검증 없이 무리하게 사업에 뛰어들어 실패한 사례로 현지에 진출하기 전 충분한 시간을 가지고 파트너를 검증하고 계약 조건 등을 잘 살펴야 하는 중요한 과정이 필요함을 보여주는 사례이다.

끝으로 한국 기업이 인도네시아에 가장 많이 진출하는 산업인 섬유 산업 사례를 살펴보자. T그룹은 한국 섬유 업계에서는 널리 알려진 대표 그룹으로 한국 섬유 산업 발전에 크게 기여하였으며, 30대 대기업 반열에도 올랐던 적이 있었다. T그룹은 한국에 있는 공장을 인도네시아로 이전할 목적으로 1990년대 초반 인도네시아에 진출했다. 법정 규제 사항인 현지 파트너 문제는 인도네시아 국적으로 취득한 한인동포를 차명 슬리핑 파트너로 하여 경영권 100%를 확보하였고, 인도네시아 정부로부터 투자승인을 받아 현지법인 S사를 설립하였다. 현지 법인의 업종은 제직, 직물 나염 및 직물 인쇄였으며, 처음에는 1천만 달러를 투자했다. 생산을 개시한 초기에는 현지법인의 채산성에 문제가 없었으나, S사에서 생산하는 같은 종류의 직물이 수출시장에 공급과잉이 되면서 경영압박이 시작되었다. T그룹은 또한 한국 공장에 있던 중고 기계 전체를 인도네시아에 옮겨오면서 중고 기계 가격을 높게 책정하여 기계의 25%는 현물출자로 처리하고 나머지 75%는 은행에 담보를 제공 차입하여 투자함에 따라 이자비용이 회사경영을 압박하기 시작했다. 이후 점차 수출이 부진해지며 경영압박을 받게 되자 보세구역은 내수시장 판매에 제한을 받는 '보세구역제한규정'을 피하기 위해 현지인의 이름을 빌려 신규 판매법인 N사를 설립하였다.

이에 따라 인도네시아 내수 시장 매출은 증가하였으나, 악성 외상매출이 늘어나면서 거액의 원단값이 회수불능 상태에 놓이게 되었다. 또한 S사－N사－원단 도매업자 간의 잘못된 유통구조로 부가세 부담은 늘고 은행에 이자 지불을 못하게 되자 직원들의 급여체불이 발생하여 파업이 잦아졌다. 또한 일반적으로 현지 전문인력이 절대적으로 필요한 제조업의 특성상 장기 근속하는 한국인 임직원이 많아야 함에도 S사의 초대 현지법인장의 2년 근무 이후, 2대 법인장부터는 매년 법인장이 교체되었다. 또한 S사에서 발행하는 모든 어음, 수표 혹은 매매 거래서류에 현지 법인장 대신 관리 담당 차장이 서명했으며, 원단 내수 사업을 하기 위해 새로 설립한 N사의 주주 및 대표는 관리담당 차장과 현지인 여직원으로 확인되었다. 결국 T그룹은 인도네시아로 공장을 이전하였으나 현지 상황에 맞지 않는 한국인 임직원 인사관리, 합리적이지 못한 현지 경영방식으로 불명예스럽게 인도네시아에서 철수하게 되었다. 이 사례는 인도네시아 진출 전 사전조사와 더불어 진출 후에도 현지 상황에 맞는 합리적인 경영방식의 결정과 합리적인 경영을 위해 기본적인 인사관리 문제의 중요성을 보여주는 사례이다.

6

인도네시아 시장을 보는 눈

풍부한 자원, 평균연령 28.4세, 2천만 명의 화교인구, 낙후된 인프라, ASEAN 국가 중 가장 활성화된 스타트업 시장, 과거와 현재가 함께 공존하는 인도네시아 시장을 보는 저자의 관점이 인도네시아 진출을 고민하는 독자들에게 새로운 아이디어를 얻을 수 있는 계기가 되었으면 하는 바람을 담아 몇 가지 의견을 적는다.

1) 물건판매가 아닌 서비스를 판매하는 모델을 고민하라

인도네시아도 다른 ASEAN 국가와 마찬가지로 대부분의 분야에서 중국제품이 시장을 점유하고 있으며, 한국 회사가 신제품을 가지고 오랜 기간 공들여 인도네시아 시장을 개척한다고 하더라도 중국 회사가 시장에 진출하면 평범한 중소기업은 대부분 가격경쟁력 약화로 인해 바로 중국업체에게 시장을 넘겨주는 것이 현실이다. 따라서, 제품이 아닌 한국에서 성공한 서비스 모델을 가지고 인도네시아에 진출하는 방안을 고민하는 것이 좋다. 왜냐하면, 서비스 마인드는 하루아침에 만들어 지는 것이 아니기 때문이다. 과거 한국이 일본의 서비스 마인드를 따라 배우는 데 10년 이상 걸렸듯이 중국도 한국의 서비스 마인드를 따라잡으려면 10년 이상 걸릴 것으로 예상된다.

2) 서비스는 이용자 삶을 개선할 수 있는 방향의 비즈니스 모델을 기획하라

고젝(Gojek)은 인도네시아의 낙후된 대중교통시스템과 고질적인 교통체증으로 인해 발생한 대다수 국민들 불편함을 해결해 줌으로써 창업 몇년 만에 유니콘 기업으로 성장한 인도네시아에서 전례가 없는 기업이다. 여전히 과거와 현재가 공존하고 빈부격차가 크며 정부의 인프라 개선이 느린 인도네시아 환경에 비추어보았을 때 인도네시아 국민의 삶을 개선할 수 있는 어떤 서비스가 나온다면 제2의 고젝과 같은 성공사례의 주인공이 한국업체가 될 수도 있다. 인문학적으로 모든 인간은 지불한 비용보다 돌려받는 가치가 크면 아무리 못사는 사람이라도 기꺼이 주머니에 있는 돈을 지불하는 것이 정석이다. 한국에 많은 IT 서비스 중에 인도네시아 국민의 삶을 개선해 줌으로써 기꺼이 돈을 받을 수 있는 서비스 모델이 있는지 지금부터 조사하여 그 주인공이 나오길 바란다.

3) 한국의 서비스 모델을 간소화하라

대부분의 한국의 IT서비스는 하나의 앱에서 모든 서비스를 제공하는 방향으로 설계되고, 가능하면 사람의 손이 가지 않도록 프로그램 자동화를 추구한다. 그러나 이런 서비스를 그대로 인도네시아에 도입했을 때 거의 대부분 실패한다. 왜냐하면 인도네시아인들의 교육수준이 높지않고 새로운 것에 대한 경험치가 부족하여 제대로 그 서비스를 이용할 수가 없기 때문이다. 따라서 반드시 직관적으로 쉽게 사용할 수 있도록 기능을 단순화해야 한다. 사용자의 인터페이스를 한국이 아닌 인도네시아의 기준으로 쉽게 설계해야 하는 이유이다.

4) 타깃 고객층을 명확히하라

인도네시아는 평균적인 한국인보다 부유한 2천만 명가량의 중국계 화교인구와 최저임금도 못받고 생활하는 인도네시아인들이 공존하는 시장이다. 따라서 최고급 제품부터 최저가 상품에 대한 시장이 공존하고 있다. 따라서 한국 제품을 가지고 인도네시아에 진출 시 타깃 고객층을 명확히해야 한다. 예를 들어 중국계 화교와 같은 상류층을 타깃 고객층으로 선정하였다면 한국에서 판매되는 것보다 더 비싸고 더 고급스러운 포장으로 바꿔야 하고, 인도네시아 일반인을 타깃 고객층으로 설정하였다면 소량포장 및 포장에 들어가는 비용을 줄여서 부담 없이 살 수 있는 저렴한 가격대의 제품을 기획해야 한다. 이러한 타깃팅은 인도네시아에서 사업 성공의 중요한 관건이다.

5) 인도네시아 유망 산업

2020년 기준으로 인도네시아 유망 산업으로는 생활소비재, 인프라, 헬스케어, 에듀테크, 스마트 산업, 핀테크, 관광 산업, 석유화학·자동차, 친환경 산업 등이 손꼽히고 있다. 조코위 2기 정부에서 수도 이전이 확정됨에 따라 인프라 구축 사업, 10대 메트로폴리탄 구축 사업, 환경 보호 프로젝트 등의 진출 기회가 증가할 것이다.

2021년 기준 인도네시아의 스타트업 수가 2,200개 내외로 세계 5위 스타트업 시장이며, 고젝(Gojek), 토코페디아(Tokopedia), 트래블로카(Traveloka) 등의

[표 4-16] 인도네시아의 주요 원자재

주요 이슈	산업 전망 및 진출 전략
디지털 경제	• 디지털 경제 육성에 따른 관련 사업 수요 증가 예상 • 동종업계 유니콘과 협업을 통한 시장 진출 기회 창출 • 물류·제조업 사무자동화, 사이버 보안 기술 수요 증대
할랄 생활소비재	• 할랄 인증 취득 생활소비재의 수요 증가 및 시장 점유 기대 • 한류 열풍 효과가 DT는 제품에 할랄 인증을 취득하여 수출 도모 • 인도네시아 할랄 밸류체인(Halal Value Chain) 진입 시도
수도 이전 인프라	• 도시개발계획과 관련한 인프라 사업 유망 • 도시 디자인 공모 등 도시 계획 공모 활동에 적극 참여 • 자카르타시 정비와 관련된 스마트·친환경 프로젝트 증가 전망
친환경 산업	• 환경오염 해결 및 환경 보호 관련 사업 유망 • 폐플라스틱·배기가스 감축과 관련한 사업의 증가 전망 • 폐기물 처리시설, 상하수도 프로젝트 확충 정책에 편승

출처: KOTRA 한국 기업 진출 현황

유니콘 기업을 배출하였기 때문에 조코위 2기 정부는 이 같은 유니콘 기업을 더 양산하기 위해 디지털 경제 육성과 관련하여 스타트업에 관심이 많으며 해당 사업을 활성화하기 위해 스타트업 설립에 관한 규제를 완화할 계획이다. 이미 조코위 대통령은 2019년 초 더 많은 유니콘을 창출하기 위해 '1,000개 스타트업 설립 프로젝트' 추진 계획을 언급한적이 있듯이 해당 분야에 인도네시아 정부의 전폭적인 지원이 있을 것으로 예상된다.

7

인도네시아 에필로그

1) 현지인이 추천하는 숨은 관광 스폿

(1) Museum MACAN(Modern and Contemporary Art in Nusantara)(마짠 뮤지엄)

자카르타는 교통체증으로 ASEAN 국가에서 악명높다. 하지만 교통체증이 있더라도 반드시 방문해볼 필요가 있는 곳을 추천하고자 한다. 서부 자카르타 Kebon Jeruk에 위치한 자카르타 현대 미술관으로 분기별로 다양한 전시를 진행중이며 아이들을 위한 체험 공간도 마련되어 있다. 이곳에서는 ASEAN 국가에서 경험하지 못하는 다양한 장르의 전시가 진행된다.

- 주소: AKR, Jl. Perjuangan No.5, RT.11/RW.10, Kb. Jeruk, Kec. Kb. Jeruk, Kota Jakarta Barat, Daerah Khusus Ibukota Jakarta 11530

[그림 4-7] MACAN 박물관

출처: 저자 촬영

(2) Bali Sanur(발리 사누르)

인도네시아 발리는 한국인에게 이미 유명한 광광지이나 우붓이나 울루와르 사원이 주요 관광지로 알려져 있다. 사누르는 발리의 남동부에 위치한 해변 마을로 한국인들에게는 렘봉안으로 가기 위한 배 편을 이용하기 위해 방문하는 곳으로 알려져 있다. 주로 가족단위의 호주인들이 찾는 조용한 마을로 발리의 다른 지역과 달리 관광객이 많지 않고 물가가 저렴하여 휴양을 하기에 좋다. 또한 2017년 방송된 '윤식당'의 촬영지로 발리 근처에 위치한 숨은 관광지 롬복도 추천한다. 롬복의 천국 같은 해변을 가진 길리섬에서의 휴식과 윤식당 시즌1의 촬영장소인 길리섬에서의 느린 휴가는 적극적으로 추천한다. 길리섬의 별명이 바로 '매직 아일랜드'이다. 길리섬의 매직에 빠지는 것은 적극 추천한다.

[그림 4-8] Sanur 해변

출처: 저자 촬영

(3) Taman Wisata Alam Mangrove(타만 위사타 알람 만그로브)

자카르타는 인도네시아 수도로 서울보다 약간 큰 면적이지만 다채로운 자연 환경을 근거리에 가지고 있는 곳이다. 북부 자카르타 Kapuk 지역에 위치한 맹그로브 공원은 조류 관찰지, 캠핑장, 카약·보트 투어 등이 있으며 맹그로브 숲을 직접 체험할 수 있다. 굳이 멀리 나가지 않더라도 열대 우림의 체험활동을 충분히 할 수 있는 지역이다.

- 주소: Jalan Garden House No.4, RT.4/RW.3, Kamal Muara, Kec. Penjaringan, Kota Jkt Utara, Daerah Khusus Ibukota Jakarta 14470

[그림 4-9] Taman wisata alam mangrove

출처: www.jakartamangrove.id[6]

2) 현지인이 추천하는 숨은 맛집

(1) Waroeng Special Sambal(인도네시아 소스 전문 식당)

삼발은 고추를 이용한 매운 소스로 한국의 고추장과 같이 모든 음식에 곁들여 먹는 소스로 34종류의 다양한 매운 삼발 소스와 인도네시아 전통 음식을 저렴한 가격으로 먹을 수 있다. 프랜차이즈 식당으로 인도네시아 현지인들에게 인기가 많으며 자카르타 근교에 15개 매장을 운영 중이다. 나시고랭에 지친 한국인들은 새로운 맛의 인도네시아 음식을 맛볼 수 있다.

- 웹사이트 주소: https://www.waroengss.com/

[그림 4-10] Waroeng Special Sambal

출처: https://www.waroengss.com/[7]

(2) Pisang Goreng Madu Bu Nanik(바나나 튀김)

바나나 튀김이 색다를 수 있을까? 서부 자카르타 Tanjung Duren에 위치한 바나나 튀김 매장으로 기존 바나나 튀김과 달리 꿀을 발라 튀겨내어 독특한 단맛을 낸다. 시간대와 상관없이 늘 10명 이상 대기 인원이 있을 정도로 현지인 사이에 유명한 매장이다.

• 주소: Jl. Tanjung Duren Raya No.67, RT.2/RW.5, Tj. Duren Utara, Kec. Grogol petamburan, Kota Jakarta Barat, Daerah Khusus Ibukota Jakarta 11470

[그림 4-11] Pisang Goreng Madu Bu Nanik

출처: ekonomi.kompas.com[8]

(3) Gelato Massimo 1996(젤라또)

열대 지역에서 젤라또는 아주 필요한 간식이다. 발리 사누르 지역에 위치한
젤라또 판매점으로 사누르에 간다면 꼭 한 번은 방문하는 젤라또 매장이다. 이
탈리아인이 직접 운영하며 저렴한 가격에 이탈리아 젤라또 본연의 맛을 느낄 수
있어 외국인과 현지인에게 모두 인기가 많다.

• 주소: Jl. Danau Tamblingan No.234, Sanur, Kec. Denpasar Sel., Kota
Denpasar, Bali

[그림 4-12] Gelato Massimo 1996

출처: massimobali.com[9]

〈참고문헌〉

1) www.kotra.or.kr/jakarta

2) www.urdi.org

3) www.indonesia.go.id/ragam

4) www.indonesia.go.id/profil

5) www.worldmeters.info

6) www.jakartamangrove.id

7) www.waroengss.com

8) www.ekonomi.kompas.com

9) www.massimobali.com

제일산업개발 라오스지사 과장 김봉태

제**5**장

우리가 모르던
라오스

동남아국가연합 **ASEAN**
Association of Southeast Asian Nations

라오스 프롤로그

나와 라오스의 인연

2005년 12월 저자는 인생에 첫 해외 여행이자 인생에 첫 해외 봉사활동을 KOICA(한국국제협력단) 단원으로서 라오스로 출발했다. 당시 직항이 없어서 인천-방콕(Bangkok)으로 가서 1박을 하고 그 다음 날 라오스 수도인 비엔티엔(Laos, Vientiane)으로 출발했다. 하지만 방콕에서 비엔티엔으로 출발할 때 인천에서 방콕으로 오는 수화물 초과 비용은 지불이 됐지만 방콕-비엔티엔 구간은 지불이 되지 않았다고 공항 관계자가 얘기했다. 그 당시 영어를 거의 못했던 저자는 어떻게 할지 몰라서 지나가는 대한항공 승무원들과 여러 사람들에게 도움을 요청했다.

다들 영어로만 얘기를 해서 더 당황을 했고 결국 비행기 출발 시간이 다가오자 항공사 관계자는 그냥 가라고 이야기를 했는데 그 말도 못 알아들어서 저자는 항공사 관계자 손에 이끌려 비엔티엔으로 출발했다.

비엔티엔 왓 따이 국제 공항(VIENTIANE VAT TAI International Airport) 도착 후 저자는 비엔티엔 왓 따이 국제 공항이 한국 동서울 터미널보다 작다고 느꼈고 거기서 한국국제협력단(KOICA) 소장님과 부소장님의 따뜻한 환대를 받으면서 라오스 1일 차이자 해외 생활 2일 차가 시작되었다. 저자는 라오스라는 나라를 한번도 들어본 적이 없었고 해외에 나갈 거라고는 생각도 못 했다. 단지 한국에서 평범하게 대학교에 다니는 복학생이었다. 우연치 않게 KOICA라는 국가 봉사

[그림 5-1] 2005년 12월 비엔티엔 왓 따이 국제 공항 모습

단체를 알게 되었고 단순한 호기심에 지원을 했었다. 국내에서 저자는 동호회 사람들과 병원, 고아원에 가서 마술 공연을 하거나 뜻이 맞는 사람들과 같이 봉사활동을 다녔다. 하지만 한국도 도움이 필요한 사람들이 있는데 왜 외국까지 나가서 봉사활동을 하는지 이해를 하지 못했다. IT 전공을 하고 있던 저자는 미래에 대한 불안감과 새로운 도전에 대한 생각으로 KOICA에 지원을 했다. 하지만 이 시점까지도 저자는 라오스를 전혀 몰랐다. 그렇게 무턱대고 한국을 잠시 떠난다고 생각했던 저자는 어느덧 한국을 떠난 지 15년이라는 시간을 지나서 아직까지도 미지의 나라 라오스에서 가정까지 꾸리고 살고 있다.

라오스에 살면서 가장 많이 느끼는 점이 한국 문화가 정말 멋지지만, 모든 나라에서 정답이 될 수 있지는 않다는 사실이다. 지금 이 글을 읽는 모든 분들이 라오스에서 '0'에서부터 시작을 하지 않고, '카더라' 소식을 믿고 라오스에 진출할 생각을 하지 말고 최소한의 지식을 알고 라오스에 진출을 했으면 하는 바람으로 라오스를 소개하도록 하겠다.

1

라오스의 개요

[표 5-1] 라오스 개요

국명	라오 인민민주주의 공화국(Lao People's Democratic Republic)
위치	동남아시아 인도차이나반도 내륙부
면적	23만 6,800㎢(한국의 3배, 영국과 동일한 크기)
수도	비엔티엔(Vientiane)
인구	총 7,010,000명(2018년 라오스 통계청 기준)
기후	전형적인 동남아 몬순 기후. 5월부터 10월까지 우기이고 11월부터 4월까지는 건기. 12월에서 1월 중에는 간혹 영하에 가까운 기온으로 떨어져서 우박이나 진눈깨비가 내리기도 함
민족	라오스는 68개 소수민족이 있고 크게 라오 숭(고지대 민족), 라오 틍(중간지대 민족), 라오 룽(저지대 민족)이 있다. 이 중 라오 룽은 전체 인구의 절반을 넘는 최대 민족이면서 주요 활동을 하는 라오스에 대표적인 민족
언어	라오어(소수민족에 고유에 언어를 사용함)
정치	사회주의 국가로 1당 간접 선거를 통한 대통령 5년 임기제
종교	국민 절대 다수가 남방불교를 믿지만 각 소수민족은 고유에 토속신앙이 있음
한국과의 외교 관계	• 1973년 11월 통상대표 관계 수립 1974년 6월 외교 관계 수립 동년 8월 상주 광관 개설 1975년 7월 단교(공관철수) • 1995년 10월 외교 관계 재개 1996년 9월 주 라오스 대한민국 대사관 개설 • 2001년 1월 주한 라오스 대사관 개설 • 2019년 주라오스 대한민국 대사관 무관부 개설 • 2020년 8월 대한민국 라오스 수교 25주년

[그림 5-2] 라오스 주변국 지도(라오스의 지리)

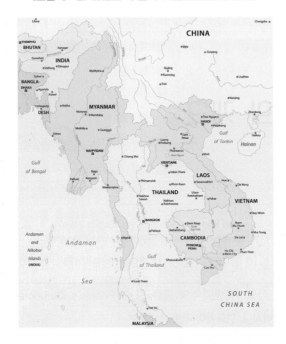

1) 라오스 인구

[표 5-2] 라오스 연령별 통계

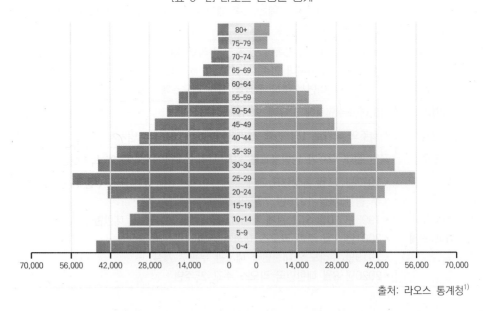

출처: 라오스 통계청[1]

2018년 라오스 통계청 기준 라오스[1] 인구는 약 7백만 명이다. 68개 소수민족이 있고 크게 라오 숭(고지대 민족), 라오 틍(중간지대 민족), 라오 룽(저지대 민족)이 있다. 이 중 라오 룽은 전체 인구의 절반을 넘는 최대 민족이면서 주요 활동을 하는 라오스의 대표적인 민족이다. 기본적으로 라오어를 공식언어를 사용하고 있지만 소수민족들은 그들만의 언어를 사용하기도 한다. 라오스는 인구대비 경제활동 인구가 많아서(18~40세 이하가 전체 인구의 약 45% 이상) 성장성이 높은 나라로 평가받고 있다.

[표 5-3] 2018년 라오스 인구 통계

연령 분포	2018년					
	인구수			인구 %		
	총합	여성	남성	총합	여성	남성
총합	7,013	3,499	3,514	100	100	100
0~4	786	386	400	11.21	11.21	11.38
5~9	771	382	390	11.00	11.00	11.09
10~14	719	355	364	10.26	10.26	10.37
15~19	698	345	353	9.96	9.96	10.04
20~24	681	339	342	9.71	9.71	9.74
25~29	632	315	317	9.01	9.01	9.01
30~34	558	278	280	7.95	7.95	7.96
35~39	472	235	238	6.73	6.73	6.76
40~44	387	193	195	5.53	5.53	5.54
45~49	328	164	163	4.67	4.67	4.65
50~54	277	141	136	3.95	3.95	3.87
55~59	227	116	111	3.23	3.23	3.16
60~64	172	88	84	2.45	2.45	2.38
65~69	119	61	58	1.70	1.70	1.65
70~74	79	42	37	1.13	1.13	1.07
75+	105	59	46	1.50	1.50	1.32

출처: 라오스 통계청[1]

---

1) 라오스의 국제 표기는 'LAOS'이지만 라오스 사람들은 'LAO'라고 말한다.

2) 라오스의 정치

라오스는 정식 명칭은 '라오 인민민주주의 공화국(Lao People's Democratic Republic)'이고 국기는 [그림 5-3]과 같다.

[그림 5-3] 라오스 국기

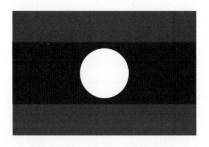

라오스 국기에 빨간색은 국토를 지키기 위해 흘린 피와 용기를, 파란색은 라오스 발전과 번영을, 중앙에 하얀색 원은 메콩강(Mekong River)에 떠오르는 하얀색을 상징하면서 라오스 국민들의 마음과 건강을 상징한다. 공산주의 국가들 중에서 국기에 별이 안 들어간 보기 드문 국기이다. 라오스 국장은 [그림 5-4]와 같다.

[그림 5-4] 라오스 국장

국장 하단의 붉은 선에는 '라오 인민민주주의 공화국'이라고 라오스어로 표기되어 있고 양쪽에 볏단은 '평화, 독립, 민주주의, 단결, 번영'을 의미한다. 가운데 탑은 라오스의 상징인 '탓루왕 사찰'의 탑이고 댐, 숲, 도로, 논, 톱니바퀴는 라오스에 번영을 상징한다.

라오스는 라오 인민당만 있는 일당 체제의 사회주의 국가다. 국회의원은 국민들이 직접선거를 해서 선출하는 방식이고, 총 109명이다. 임기는 5년이고 대통령은 국회에서 추천을 한 후보 중 2/3 국회의원 동의를 얻는 간접 선거 방식이다. 2021년 1월, 제11차 라오인민혁명당대회에서 텅룬 시술릿 총리를 대통령으로 선출하고 13인 위원회와 71명 중앙위원을 선출했다. 대통령은 국회에서 통과되는 모든 법률을 공포하고, 칙령과 법령을 국회에 제안할 수 있으며 국회의 동의를 얻어 총리와 정부 각료를 지명하거나 해임한다. 군통수권자가 되며 국가 비상시 군대를 징집할 수 있는 특권을 가지는 등 대부분의 권력이 대통령에게 주어진다. 라오스 헌법 제59조에 따르면 임기 5년의 총리는 행정부의 수반이며 국회의 동의를 얻어 대통령에 의해 임명된다. 총리는 3인의 부총리와 각 부처의 장·차관을 지명하며, 정부 업무에 대한 관리감독, 각 부처·특별시와 도에 대한 지도 등 국가의 행정 업무를 총괄하는 고유 임무 권한을 가진다. 부총리는 총리의 업무를 보좌하며 총리의 공석 시 그 임무를 대행한다. 내각은 총 13개 부처와 총리 부속실의 5인 장관, 국가계획위원회의 1인 장관급으로 이뤄져 있다. 실제로 대통령보다 총리가 실지적으로 많은 업무를 하고 있고 사회주의 특성상 고위급이 겸직을 하는 경우가 많다. 라오스의 지방행정은 16개주와 1개특별시로 이루어져 있다. 각 주의 주지사인 공산단원 고위 간부와 장차관들의 기본 임기는 5년이고, 새로운 정권이 시작되면 새로운 장관을 선출하지만 전 장관이 장관에 연임이 되기도 한다.

3) 라오스의 종교

라오스는 절대 다수의 국민들이 남방불교를 믿고 있으며 소수민족은 그들만의 종교인 전통 샤머니즘을 믿기도 한다. 또한 라오스는 종교에 자유가 있는 나라이지만 선교 활동을 하기 위해서는 정부에 허가를 받아야 하며 허가를 받지 않은 선교 활동은 불법이고 라오스 법에 따라 처벌을 받을 수 있다.

[그림 5-5] 라오스 아침 시작을 알리는 탓발 모습

출처: 저자 촬영

4) 라오스 축제 및 국가 공휴일

(1) 삐 마이(PI MAI: 새해 축제)

매년 4월 13일에서 15일까지 라오스 최대에 축제인 '삐 마이(새해 축제)' 물축제가 있고 이 축제는 라오스만의 축제가 아닌 라오스, 태국, 미얀마에서 이루어지는 축제다. 원래 의미는 새로운 불력이 시작되는 시기로 각 사찰에서 불상의 세안식을 하는데 왕국에서 행사 종료 후 국왕이 세안식을 한 물을 왕족들한테 뿌리면서 복을 기원했다는 설과 힌두 신화에서 유래됐다는 설 등 여러 가지 설이 있다. 이 축제 기간에 루앙프라방(Luang Prabang)에서는 삐 마이 미인 선발대회, 황금불상 퍼레이드 등 현지 축제가 진행된다. 물론 각 지방 중소 도시에서 크고 작은 축제가 진행된다. 이 기간 현지인들이 갑자기 물을 뿌린다고 화를 내지 말고 축제를 같이 즐기는 것을 추천한다.

[그림 5-6] 삐 마이 축제를 즐기는 외국인

출처: 저자 촬영

[그림 5-7] 삐 마이 루앙프라방 황금 불상 퍼레이드

출처: 저자 촬영

(2) 분 송 흐아(BU SONG HUA: 배 경주 대회)

삐 마이 축제와 마찬가지로 라오스 전국에서 이루어지는 축제로 승려들의 수행 기간이 끝나는 시점인 억판사(하안거[2])에 시작되는 축제로 각 지방에서 메콩강 지류 또는 본류에서 시합을 한 후 각 주에 우승자들이 비엔티엔에 와서 결승전을 치른다. 결승전은 비엔티엔 메콩강에서 이루어지는데 메콩강을 따라서 거대한 노천 시장이 열려서 또 다른 볼거리를 제공한다.

[그림 5-8] 루앙프라방 분 송 흐아 축제

출처: 저자 촬영

---

2) 불교에서 승려들이 여름 동안 한 곳에 머물면서 수행에 전념하는 일. 음력 4월 보름 다음 날부터 7월 보름까지 3개월 동안 한 곳에 머물면서 좌선과 수행에 전념하는 것을 말한다.

(3) 분 탈루왕(BUN TA LUANG: 탈루왕 축제)

[그림 5-9] 탈루왕 전경 사진

[그림 5-10] 탈루왕 축제 중 야간 행사 모습

출처: 저자 촬영

라오스의 랜드마크인 탈루왕에서 1년에 1번씩 라오스 전국에 고승이 모이는 라암 행사이다. 이 축제는 라오스만의 축제가 아닌 주변국에서도 참가를 하고 라오스 사람들이면 평생에 한 번은 참가하고 싶은 축제 중에 하나이며, 최대의 축제로 라오스 최고위측도 참가하는 축제이다. 탈루왕 축제는 분송흐아(카누 경기)가 끝나는 것을 축하하는 축제이고 이 축제 기간 또한 탈루왕 앞 광장에서 야시장이 펼쳐진다. 축제 기간은 일주일 정도이고 탈루왕 축제 마지막 날 아침부터 탈루왕 탑을 중심으로 라오스 내에 유명한 고승이 탑돌이를 하고 이 날만 신자들이 앉아 있는 승려들에게 공양을 한다(라오스에서는 승려가 아침마다 길거리를 다니면서 공양을 받는다).

(3) 국가 공휴일, 축제[3]

내용	기간	설명
신년	1월 1일	공휴일
세계 여성의 날	3월 8일	공휴일(여성의 날이지만 겸사겸사 다 같이 쉬는 추세)
라오스 새해축제 (분 삐 마이 라오)	4월 13일~15일	라오스 최대 축제이고 서로에게 물을 뿌리면서 행복을 기원
세계 노동자의 날	5월 1일	공휴일
라오스 어린이날	6월 1일	공식 휴일은 아니지만 대부분 업무를 조기 종료를 함
라오 여성의 날	6월 20일	공휴일(여성의 날이지만 겸사겸사 다 같이 쉬는 추세)
카우 판사(하 안거)	불력 8월 완씬(보름날)	거의 대부분 라오스 사람들이 아침에 종교 행사를 참석, 이 시기부터 라오스에 축제 및 집안 행사가 거의 없음
억 판사(하 안거 끝)	불력 11월 완씬(보름날)	거의 대부분 라오스 사람들이 아침에 종교 행사를 참석, 이 시기 이후 축제 시작
분송흐아(보트 레이스 비엔티엔 결승전)	억 판사 다음 날	공식 휴일은 아니지만 많은 회사들이 단축 근무 또는 휴무를 시행하고 메콩강으로 축제 구경을 감
분 탈루왕 (탈루왕 축제)	불력 12월 완씬(보름날)	탈루왕 축제 2주 전부터 탈루왕 광장 앞에 난전이 펼쳐지고 축제 당일은 밤부터 행사 참여를 하기 위한 라오스 사람들로 인산인해를 이룸
라오스 스승의날	10월 7일	공식 휴일은 아니고 학교는 휴교
라오 건국일	12월 2일	공휴일이면서 국회 앞 광장에서 퍼레이드를 함

3) 위의 축제 외에 매달 보름마다 '완씬'이라고 해서 지방 또는 공사현장에서 쉬는 날이 있으면 마을마다 불교를 믿는 신자만의 축제가 있다. 라오스에서는 완씬일이면 험한 일을 하지 않고 절에 가서 기도를 드린다.

2
라오스의 과거[4]

1) 고대부터 중세

2021년 현재 라오스의 역사는 석기 시대부터 문명이 존재했다는 증거가 다수 존재하지만 역사가 실제적으로 기록이 시작된 것은 현재 운남 지역에 라오족이 몽골제국 공격에 의해서 멸망하고 라오족은 남하를 하면서 현재의 라오스 지역으로 이동해 왔을 때부터다. 14세기 초까지 라오족은 통일된 왕조를 이루지 못하고 많은 부족도시를 형성하고 있었는데 이 중 루앙프라방(Luang Prabang) 지역은 크메르 앙코르 왕국의 도움으로 란쌍(Lan Xang: 백만 코끼리)왕국을 건국하였다. 란쌍(Lan xang) 왕국은 한때 동남아에서 가장 큰 왕국 중에 하나였고 15세기 셋타티라 왕이 현재 비엔티엔으로 천도를 하면서 란쌍제국에 가장 찬란한 역사의 정점을 찍는다.

---

4) 라오스는 혼란시기가 많아서 역사 자료가 아직까지는 정리가 완벽히 이루어지지 않아서 사료마다 약간씩 차이가 있다.

[그림 5-11] 탈루왕에 있는 세타티라 대왕 동상으로 란쌍 왕국 최고의 전성기를 이끈다.

출처: 저자 촬영

[그림 5-12] 라오스 최대 영토 지도

출처: 라오스 박물관

하지만 란쌍 왕국은 18세기 초 왕위 계승 문제로 왕실 간의 후계자 내전이 발생하였고 이 결과로 란쌍 제국은 루앙파방, 비엔티엔, 참파삭 이렇게 3개국으로 분열되었다. 이후 씨암(현재 태국)에 공물을 바치는 약소국으로 전략했고 특히 19세기 비엔티엔, 참파삭과 현재 베트남과 합동으로 태국의 영향력에서 벗어나기 위해 전쟁을 했지만 치열한 전투 끝에 결국 패배했다. 란쌍의 왕은 태국 방콕 감옥에서 죽게 되고 비엔티엔 왕국과 참파삭 왕국은 태국의 일개 주로 전략하게 된다.

[그림 5-13] 란쌍 제국이 3개국으로 분리된 지도

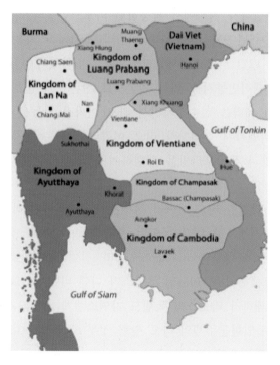

출처: 라오스 박물관

2) 근대에서 현재

18세기부터 유럽 열강들이 식민지 확보를 위해서 동남아까지 진출하였고 그 당시 강국이었던 프랑스가 베트남을 식민지화했다. 프랑스는 중국으로 진출하기 위해 지정학적으로 중요한 위치에 있는 란쌍왕국를 병합하였는데 그 과정에서 루앙프라방의 왕을 란쌍왕국의 국왕으로 승격시키고, 다른 지역의 왕을 주지사급으로 강등시켰다. 19세기 초 프랑스와 태국과 맺은 조약으로 인해서 란쌍왕국에 본격적인 식민통치가 시작되면서 오늘날의 라오스 국경이 정해졌다. 이 조약으로 란쌍왕국은 태국에 치앙마이, 치앙라이, 농카이, 우돈타니 지역을 넘기게 되었다. 라오스가 내륙국이며 인구가 적고 경제적으로 도움이 되지 않고, 애초 프랑스가 의도한 중국 진출 교두보로서의 역할을 하지 못하자 식민정부는 란쌍왕국의 개발을 등한시했다. 그리고 제2차 세계대전이 시작되면서 일시적으로 일본이 라오스를 점령했지만 프랑스와 같은 이유로 별다른 개발과 수탈은 없었고 1945년 일본이 패망하자 지하에서 활동하던 라오스인들의 독립 움직임이 수면 위로 떠올랐다. 1945년 9월 15일 라오 이싸라(Lao Issara: 자유 라오스)를 결성하고, 같은 해 10월 12일 라오스임시인민정부를 수립하였다. 일본의 패망으로 프랑스는 라오스의 재식민통치를 위한 일환으로 잔존 일본군을 무장해제시키고, 중국 국민당(KMT) 세력을 철수시키면서 라오 이싸라 활동을 방해하였다. 결국 프랑스군이 비엔티엔까지 진격하자 라오 이싸라 정부는 방콕으로 망명하였고, 프랑스는 비엔티엔과 루앙프라방을 점령하여 란쌍왕국의 재식민지화에 성공하였다.

한편 태국으로 망명한 라오 이싸라 정부는 국제사회에서 라오스의 독립을 인정받지 못하자, 임시정부를 이끌고 있던 쑤파누웡(Souphanouvong: 붉은 왕자)이 친프랑스 인물인 쑤완나품(Souvannaphoum)과 결별하고 베트남의 베트민(Viet Minh)과 연대를 모색하였다. 1954년 프랑스가 디엔 비엔 푸(Dien Bien Phu) 전쟁에서 베트남에게 패하자 라오스의 독립도 자연스럽게 거론되기 시작했다. 1954년 10월, 라오스는 입헌군주제의 라오 왕립 정부(Loyal Lao Government)를 탄생시키며 완전한 주권국가의 지위를 확보하였지만 약소국의 독립을 지킬 수가 없었다. 냉전이 시작되면서 자유주의 대표인 미국과 공산주의 대표인 소련은 동남아시아를 자기들 세력권에 두기 위해서 서로 다른 방식으로 접촉했다. 또한 라오스 본인들의 독립을 위해서 운동을 했지만 왕정을 유지하기 위한 왕당파와 사회주의 이념을 내세운 라오인민혁명당과 중도파 이렇게 3파가 각자의 생각대로 각자의 행동을 했다. 더욱이 베트남, 중국, 소련은 라오스에서 자국의 영향력을 확대시키기 위해 공산주의 세력인 라오인민혁명당(LPRP)과 파텟라오(Pathet Lao:

라오인의 땅)를 지원한 반면, 미국과 태국은 라오왕립정부를 지지하여 라오스를 비공산주의 국가로 지키기 위해 노력하였다.

[그림 5-14] 베트남 전쟁 당시 라오스를 가로지르는 북베트남의 호찌민 루트

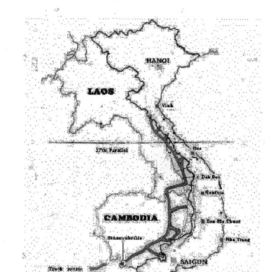

출처: 라오스 전쟁 박물관

1963년부터 미국이 본격적으로 베트남 전쟁에 개입하면서 라오스는 원하든 원하지 않든 제2차 인도차이나 전쟁에 간접적으로 연관되게 된다. 북베트남이 남베트남을 공산화시키기 위해 베트콩 지원 군수품들이 라오스 동부를 경유하게 되는데 그것이 유명한 호찌민 루트이다.

[그림 5-15] 라오스 남부에서 작전 중인 미국 사진

출처: 라오스 박물관 [3]

　　우리가 흔히 아는 것과 다르게 베트남 전쟁은 베트남에서만 전쟁이 일어나지 않고 주변국 라오스와 캄보디아에서도 전투가 확대되었다. 특히 라오스는 남베트남과 캄보디아에 있는 북베트남 세력에게 지원하는 물자를 수송하는 주요 통로가 되는 '호찌민 루트'로 인해 미국은 라오스와 베트남 전 국토에 정말 상상할 수 없는 폭탄을 투하하였고 2021년까지도 불발탄 사고가 발생되고 있다. 결국 우리가 아는바대로 1973년 1월에 미국과 북베트남이 프랑스 파리에 맺은 평화 조약으로 미국은 베트남 전쟁에서 발을 빼기 시작했다. 남베트남은 지속적인 전투 패배를 기록하면서 멸망의 길을 걸어가게 되고 라오스 국토의 2/3를 장악하고 있던 파텟 라오는 미군의 지원을 받은 우익 지도부의 부패에 실망한 대중들의 압도적 지지와 호치민의 북베트남군이 남베트남을 통일시킬 것이라는 유리한 판세 속에 라오 왕립 정부를 총 공격하여 1975년 8월 마침내 중앙정부를 장악하였다. 혁명군은 즉시 혁명행정위원회를 구성하고, 입헌군주제를 폐기하는 한편 까이썬 폼비한(Kaysone Phomvihane)을 중심으로 한 공산정권은 1975년 12월 2일 국가명을 라오 인민민주주의 공화국(Lao People's Democratic Republic) 수립을 전 세계에 공표한다.

[그림 5-16] 라오 인민군이 수도 비엔티엔에 입성하는 모습

[그림 5-17] 수파누봉과 호찌민

　그 이후 라오스는 1대 대통령을 수파누봉 선출하고 내전으로 망가진 라오스의 전 국토를 추스리면서 다시 한번 동남아에 중심국으로 발전시키기 위해 같은 사회주의 국가들로부터 많은 원조를 받으면서 나라 안정화를 시도하지만 오랜 내전으로 인한 전 국토의 황폐화와 식민지 시절에 전혀 개발되지 인프라 때문에 나라의 발전은 더디게 진행이 되었다. 1990년 소련의 몰락으로 수많은 사회주의

노선 국가들이 자본주의 체제를 도입하고 이웃나라인 베트남마저 자본주의 도입을 천명하자 라오스도 사회주의 체제에서의 발전을 포기하고 1991년 새로운 성문화된 헌법을 채택하고 외국인 투자 유치를 적극 받아들이기로 한다. 이후 라오스는 1997년 미얀마와 함께 ASEAN에, 2013년 2월 2일 WTO(세계무역기구)에 가입하여 조심스럽게 국제사회로 나서고 있지만 소련의 뒤를 이어서 세계 주도권을 도전하는 중국, 새로운 ASEAN의 강자를 노리는 베트남, 전통적인 ASEAN의 강국 태국 사이에서 늘 재미있는 줄타기 외교를 하고 있어서 라오스 정부의 미래 행보에 많은 사람들이 관심을 가지고 있는 상황이다.

3

라오스의 현재

　대한무역투자진흥공사(KOTRA) 비엔티엔 무역관 자료를 인용하면 라오스 국립경제연구원은 2020년 4월 코로나19가 라오스 경제 전반에 미치는 영향을 발표했다. 연구원 전망에 따르면 코로나19 사태로 인해 2020년 수출액은 2019년 수출액 56억 300만 달러의 8.6%인 4억 8,300만 달러가 감소한 51억 2,000만 달러를 기록할 것으로 예측된다. 2020년 1월 수출액은 4억 1,000만 달러, 2월 3억 9,100만 달러, 3월 3억 4,300만 달러로 1분기 수출액은 총 11억 4,400만 달러에 그쳤다. 특히 라오스 정부의 조업금지령에 따라 면직물, 플라스틱 제품, 시멘트, 조립자동차, 종이, 목재가공품, 농산품 수출이 크게 감소할 것으로 보인다.

　2020년 라오스 수입은 국내소비 감소와 코로나19로 인한 록다운(봉쇄령)에 따른 인프라 개발 프로젝트 연기로 2019년 대비 3억 4,700만 달러가 감소한 53억 9,300만 달러를 기록하였다. 이는 2019년 총 수입액 57억 4,000만 달러의 6.1%에 해당한다.

　원래 라오스 정부는 중국과의 고속철도 건설 사업, 경제특구 개발 사업 등 대규모 인프라 개발 사업의 확대를 통해 2020년 교역 규모를 전년대비 14.9% 이상 확대할 계획이었다. 그러나 광산 개발, 수력발전 등 주요 9,000개 제조·프로젝트 관련 기업이 코로나19로 인해 차질을 빚어 2020년 라오스 정부의 교역목표 달성은 코로나19 때문에 불가능했다.

　또한 라오스 국립경제연구원은 라오스 관광수지가 2020년 전년대비 3억 5,000만 달러가 감소해 라오스 GDP의 2%가 감소하였다. 라오스의 관광수지는

[표 5 - 4] 2020년 라오스 수출입 전망

(단위: US$ 백만, %)

구분	2019년	2020년 라오스 정부 목표치	2020년 연구소 전망	2019년 대비 2020년 전망
수출	5,603	6,422	5,120	- 8.6
수입	5,740	6,615	5,393	- 6.1
교역	11,343	13,037	10,513	- 7.3
수지	△137	△193	△273	적자 +99.3

출처: 라오스 통계청, Vientiane Times[1]

코로나19로 인해 인근 나라와 마찬가지로 90% 이상 감소하여 라오스 경제에 큰 타격을 주었다.

이에 라오스 정부는 2021년 추진 예정 프로젝트 중 위험성이 높은 프로젝트에 대해서는 당분간 검토를 중단한다고 발표했다. 이는 라오스 - 베트남 고속철도 등과 같은 경제타당성이 낮은 프로젝트의 심사가 지연되는 결과를 초래하고 있다. 또한 고속철도 사업, 수력발전 사업 등 중국 자본으로 추진 중인 많은 개발사업은 코로나19로 인한 록다운 조치로 핵심 기술인력 수급 차질 문제로 공기연장이 필연적으로 발생하고 있는 상황이다.

관광 및 서비스 분야 침체로 해당 분야 대출비중이 높은 은행은 상당한 피해가 예상된다. 라오스 유럽상공회의소의 설문조사에 따르면 서비스 및 관광 분야 설문 응답자 중 70% 이상이 3월 중 50% 이상의 매출 급감을 겪은 것으로 나타나고 있다. 라오스 정부는 코로나19로 어려움을 겪고 있는 자영업자 및 기업의 원리금 상환을 연장하도록 하고 있어 은행권에 상당한 부담으로 작용하고 있다.

라오스 상공회의소 설문조사에 따르면 기업은 매출 감소로 인한 은행대출 원리금 상환을 가장 큰 문제로 지적하고 있으며, 이 사태는 2021년 연말까지 어이질 것으로 예상된다. 이에 라오스 정부는 중앙은행 이자율을 1% 인하했으며 소비 진작을 위해 라오스 통화 예금이율은 1% 인하하고 외화 예금이율은 2% 인하하는 조치를 발표했다.

라오스 정부재정의 경우 더욱 심각한 상황에 직면했다. 만성적인 재정적자를 겪고 라오스는 국영항공사 서비스 중단, 세제 수입 감소 등으로 2020년 전체 재정수입이 6억 6,600만 달러가 감소하였다. 국가 재정의 상당한 부분을 차지하는

[표 5-5] 주요 기관별 라오스 경제성장률 전망

(단위: %)

구분	라오스 국립경제연구원	ADB	세계은행	IMF
경제성장률	3.3	3.5	3.6(최고치) 2.2(최저치)	0.7

출처: 라오스 국립경제연구원[4]

해외 원조자금도 각종 사업 연기로 2020년 상당히 축소되었다. Vientiane Times에 따르면 라오스 총리실은 코로나19 대응을 위해 구체적인 의료장비 목록이 필요하다고 발표함으로써 외국인 원조를 요청했다. 2020년 중국 무상원조 자금 77만 달러, 베트남 원조자금 30만 달러, 월드뱅크 차관 1,800만 달러, 한국 원조자금(KOFIH 실행) 30만 달러 등이 라오스 측에 제공되고 있지만 최빈국 라오스 정부는 더 많은 원조자금이 필요하다는 입장이다.

라오스 상공회의소가 2020년 4월 6~11일 211명의 근로자에게 설문조사를 한 결과 응답자의 13%는 해고될 위험이 높다고 생각하고 있으며, 24%는 급여를 받지 못한 것으로 나타났다. 2020년 3개월간 서비스 분야 종사자 중 7만여 명은 급여를 받지 못한 것으로 추정되며, 그 규모는 5,200만 달러(1인당 733달러)에 달한다고 추산됐다. 라오스 국립경제연구원은 2020년 라오스 GDP성장률이 -0.5%로 나타나서 라오스 경제가 주변국과 마찬가지로 코로나19로 인한 어려움을 겪고 있다고 하였다.

1) 코로나19 사태가 중장기 지속될 경우

라오스 국립경제연구원은 코로나19 사태가 장기화되고 매년 지속적으로 재발할 경우 제조업 기반이 약한 라오스는 전반적인 물자 부족을 겪을 것으로 전망하였다. 조업중단이 지속되면 실업증가, 소득감소로 소비자들은 최소한의 생계 유지비만 지출해 소비가 대폭 감소할 것으로 예상된다. 이는 2024년까지 최빈국을 탈피하고 2030년까지 중진국 대열에 진입한다는 라오스 정부의 국정 목표를 어렵게 할 것이고 UN의 지속가능한 성장에 대한 목표계획 달성 또한 어렵게 할 것으로 전망하고 있다.

다만 코로나19로 인해 통신기술의 투자가 증가하면서 라오스는 디지털 사회로 빠르게 전환이 될 것으로도 전망하고 있다. 라오스 국립경제연구소는 온라인 교육, 재택 근무 환경에 대한 민간은행의 대출 및 정부지출을 향후 2~3년간 연간 10% 이상 증가시켜야 한다고 언급하고 있다. 라오스 통계청에 따르면 2018년 인구 100명당 모바일 사용자는 92명, 인터넷 사용자는 37명, 컴퓨터 사용자는 27명을 기록했는데 2020년 코로나19에 따른 각급 학교 휴교로 온라인 강의가 필요한 상황이기 때문에 단기적으로 PC 등의 전자기기 매출은 월평균 5~6% 정도 증가하였다. 또한 E-Commerce 시장의 확산, 현금 결제 축소 및 온라인 결제 확대 등은 매우 빠르게 진행될 것으로 예상된다. 실제 라오스 금융권은 코로나19 상황을 온라인 금융시장 환경을 빠르게 구축할 수 있는 적기로 보고 각종 대비책을 제시하고 있다. 라오스 정부에서는 온라인 세금징수 시스템을 확대구축하고 디지털 거래에 따른 세금징수 시스템을 설계하기 시작할 것이다.

한편 공기업 재정건전성 확보를 위한 부분 민영화도 본격적으로 거론될 것으로 전망하고 있다. 라오스 전력공사(EDL), 라오항공, 일부 국책은행은 코로나19 사태 이전에도 재무상황이 좋지 않았으며 코로나19로 인해 더욱 악화되고 있어 라오스 정부는 외국인 투자자에게 공기업 시장을 개방할 여지가 보다 높아졌다.

2) 코로나19로 인한 한국의 對라오스 수출 전망

한국의 대라오스 수출은 2015년 이후 줄어들고 있다. 2015~2019년 수출은 1억 7,000만 달러에서 7,500만 달러로 55.9% 이상 수출이 감소했다. 이는 라오스 최대 수출 품목인 자동차와 자동차 부품의 판매 부진 때문이다.

라오스에서 코로나19 확진자가 발생하지 않았던(최초 확진자 2020년 3월 24일 발생) 1분기에는 대라오스 교역이 회복 국면으로 돌아서면서 전년대비 22.0% 성장하는 듯 했으나 코로나19 사태가 본격화되면서 라오스 경제가 올스톱 상태에 접어들어 2020년 라오스 수입이 6.1% 감소하였다. 이는 자동차 판매 부진 등 심화로 이어져 한국의 라오스 수출에 악재로 작용할 수 있다.

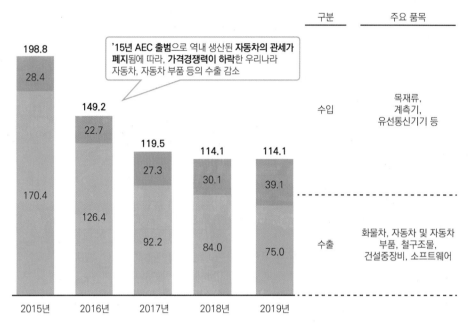

[표 5-6] 한국의 대라오스 교역 추이

구분	주요 품목

'15년 AEC 출범으로 역내 생산된 **자동차의 관세가 폐지**됨에 따라, **가격경쟁력이 하락**한 우리나라 자동차, 자동차 부품 등의 수출 감소

수입 — 목재류, 계측기, 유선통신기기 등

수출 — 화물차, 자동차 및 자동차 부품, 철구조물, 건설중장비, 소프트웨어

출처: 한국무역협회(KOTRA 비엔티엔 무역관 재가공)[1]

[표 5-7] 대라오스 교역 동향

(단위: US$ 백만, %)

구분	2019년 1분기	2020년 1분기	전년대비
수출	19.0	23.2	22.0
수입	9.4	12.7	35.4
교역	28.4	35.9	26.4

출처: 한국무역협회[5]

4

라오스의 미래

1) 동남아 물류의 중심을 꿈꾸는 라오스

[그림 5-18] 동남아시아 아시안 고속도로 계획도

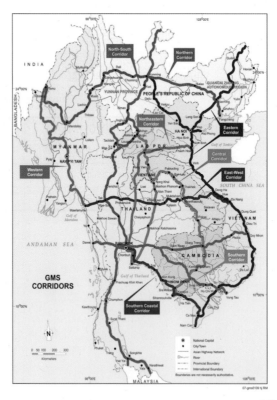

출처: 라오스 운송 도로국

라오스는 동남아 물류의 중심지로 발전하기 위해서 중국의 일대일로(一帶一路) 가장 큰 루트 중 하나인 라오스-운남성 고속철을 2021년에 완공을 목표로 하고 있고 이미 제1터널이 완공되고 개통식을 진행했다. 또한 비엔티엔과 베트남을 이어줄 신규 고속도로 공사를 위해서 일본과 접촉을 하고 있다. 라오스에서 베트남 국경으로 가는 8번 국도 타당성 조사를 KOICA(한국국제협력단) 사업으로 이미 완료를 했고, 2021년 현재 라오스 비엔티엔에서 베트남 붕앙항으로 가는 철도 타당성 조사를 KOICA 사업으로 타당성 조사를 완료했다. 베트남에서 태국 또는 유럽으로 물류 이용 시 가장 빠른 길은 라오스를 반드시 지나가야 하고 중국에서 태국 또는 유럽으로 진출하는 가장 가까운 항구도 라오스를 지나가야 하는 지리적인 특성을 지니고 있다. 라오스 정부 또한 이점을 활용하여 집중적으로 발전을 하기 위한 국가 발전 정책을 진행하고 있다.

2) 나라의 발전을 위한 산업단지 집중 개발

라오스는 국가 인프라가 많이 부족해서 산업발전에 많은 제약을 가지고 있기 때문에 인접 국가 국경 부근과 수도 인근에 산업단지를 집중적으로 개발하고 있다. 2016년 국회에서 인준된 비전 2030, 제8차 5개년 국가사회경제개발계획(2016~2020), 10개년 사회경제개발전략(2016~2025)을 실시하고 있다. 비전 2030은 인프라 개발을 바탕으로 산업화, 현대화된 경제구조를 확립하는 것을 주요 목표로 두고 있으며 이에 따라 10개년 사회경제개발전략의 초점이 산업화 및 현

[표 5-8] 2025년 산업발전정책 목표

지표	단위	기준	2020년 목표	2025년 목표
산업성장률	%	15(2011~2017)	16	18
GDP 기여도	%	8(2016)	10	12
부가가치	US$	1,000,000(2016)	2,000,000	4,000,000
수출성장률	%	13(2011~2016)	15	18
기술 부가가치	%	12(2015)	15	18
일자리 창출	명	156,837(2016)	183,477	223,228

출처: 라오스 상공부[6]

대화에 맞춰져 있다. 10개년 사회경제개발전략에는 라오스 정부의 8대 중점산업이 명시돼 있으며, 천연자원 및 화학물 가공, 전기전자, 운송장비 및 농기계(부품 포함), 인쇄 및 포장 등 4개의 신산업 육성 및 식료품 가공, 의류, 건축자재, 농림산물 가공 등 4개 기존산업 확장을 통해 라오스 부가가치 및 일자리 창출에 기여하는 것을 목표로 하고 있다.

[그림 5-19] 라오스 경제 개발 특구 계획

출처: 라오스 상공부

2020년 전 세계가 코로나19 사태로 인해 경제 성장이 잠시 주춤거리고 있지만 라오스는 동남아시아의 중심에 위치하여 물류 중심지로 발전을 하기 위한 준비를 계속하고 있다. 동남아시아 물류 허브 기지로 발전을 도약하는 라오스는 또 다른 계획은 특별경제개발구역에 많은 산업 공단을 세워서 국가의 내실을 다지려는 다분한 노력을 진행하고 있다. 하지만 아직까지 건실하지 못한 국가 재정으로 인한 불투명한 중·장기 계획의 실현 가능성이 미정이고 아직 정비되지 않은 라오스 법 등 많은 문제가 산적해 있다.

[표 5-9] 라오스 경제특구 현황

연번	경제특구	개발 연도	총면적 (Ha)	양허 기간	투자액 (US$ 백만)	개발주체
1	Savan-Seno Special Economic Zone	2002	1,010	75년	74	Government + Private
2	Vientiane Industrial and Trade Area	2009	110	75년	43	Government + Private(대만)
3	Saysettha Development Zone	2010	1,000	50년	128	Government + Private(중국)
4	Phoukhyo Specific Economic Zone	2010	4,850	99년	708	Private(라오스)
5	Champasak Special Economic Zone	2015	11,152	50년	162.5	Private(라오스)
6	Golden Triangle Special Economic Zone	2007	3,000	99년	1,000	Government + Private(중국)
7	Thatluang Lake Specific Economic Zone	2011	365	99년	1,600	Private(중국)
8	Long Thanh Vientiane Specific Economic Zone	2008	560	99년	1,000	Private(베트남)
9	Luangprabang Special Economic Zone	2016	4,850	99년	1,200	Government+ Private
10	Boten Specific Economic Zone	2003	1,640	50년	500	Private(중국)
11	Dongphosy Specific Economic Zone	2012	54	99년	100	Private (말레이시아)
12	Thakhek Specific Economic Zone	2012	1,035	75년	80	Government

출처: 라오스 기획투자 투자유치국[7]

5

한국 기업의 라오스 진출 A TO Z

1) 라오스에서 사업 시작하기

라오스는 아직까지는 미지의 나라이면서 멀리서 보기에는 정말 기회의 나라로 보는 분위기이다. 분명히 라오스는 이제 개방의 문을 열기 시작한 지 얼마 되지 않았지만 라오스 정부는 외자 유치를 위해서 많은 혜택을 발표하고 있다. 라오스가 매년 높은 경제성장률(평균 6%)을 보이고 주변국에 비해서 저렴한 인건비로 매력적인 투자 대상으로 떠오르고 있는 부분은 분명한 사실이다.

하지만 라오스에 대한 철저한 준비와 검증을 하고 라오스에 대한 투자를 고민을 시작하는 것을 추천한다. 단적인 예로 라오스 내에서 라오스어를 한국어로 번역해 주는 사설 업체는 있지만 공식적으로 공증해 주는 곳은 없다. 양국에서 인정해 주는 한국어 - 라오스어 공식 교육 교재도 없다.[5] 상황이 이렇다보니 라오스에서 정확한 정보를 얻기 위해서는 본인 나름대로 열심히 발품을 팔아서 알아보려고 하지만 100% 정확한 정보가 얻기가 정말 어렵다. 2005년 KOICA 단원으로 파견이 되고나서 2021년 현재까지 정말 수많은 사람들과 기업을 만나면서 직접 경험한 것과 간접 체험한 결과를 지금부터 요약해 보도록 하겠다.

첫째, 라오스에서 무엇을 할 것인가?

사업 진출을 하기 위해서는 먼저 본인이 어떠한 아이템 또는 사업을 라오스에서 하고 싶은지 정확하게 정해야 한다. 많은 사람들이 "라오스가 한국보다 못

---

5) 라오스 내에 한국어과가 있지만 한국에는 라오스어과가 없다.

살기 때문에 한국 제품이면 다 좋아하겠지"라는 일방적인 생각만을 가지고 라오스에 온다. 그러나 저자가 경험한 라오스는 '나라는 못 살지만 국민이 못 살지는 않는다.' 분명히 2000년대 초반에 라오스는 있는 것보다 없는 것이 많은 나라였지만 지금은 필요한 것은 라오스에서 구할 수 있고 적당하게 구입할 수 있는 물건들이 정말 많아졌다. 라오스를 만만히 봐서 아무런 준비를 하지 않고 시간만 흘려보내다가 모든 재산을 탕진하는 분들을 많이 목도했다. 다시 한번 강조하지만, 라오스 국민들이 모두 가난한 것은 아니다. 라오스 내에서 어떤 아이템 또는 사업을 할지 정확히 정하고 라오스 진출 계획을 잡아야 한다.

둘째, 라오스에서 사업을 어떻게 할 것인가?

어떤 사업을 할지 정했으면 믿을 만한 기관으로부터 정확한 정보를 확인해야 한다. 2021년 기준 라오스 정부는 투자정보센터를 운영 중이기 때문에 이 센터를 적극 이용해야 한다. 라오스는 가끔 농담으로 700만 명의 장관이 있는 나라라고 얘기를 한다. 모든 사람들이 자기 인맥에 다 장·차관이 있다. 그러면서 자기한테 맡기면 다 된다고 주장을 한다면서 정말 마음이 아픈 말을 한다. "한국 사람들은 다 사기꾼이니깐 나만 믿으라고" 이 말은 라오스에서 한국 사람이 동포인 한국 사람한테 하는 말이면서 현지인들도 이 말을 한다. 이 말을 들을 때마다 정말 표현할 수 없을 정도로 막막해진다. 하지만 이렇게 말을 하는 사람들을 우선적으로 조심해야 한다. 왜냐하면 라오스도 엄연히 법이 있는 나라다. 없는 법을 특별한 경우로 만들 수 있어도 금지된 것은 어떻게 해서도 안 된다(때 카지노, 군수산업, 장례산업 등).

믿을 만한 기관으로부터 정확한 정보를 얻는 것이 정답이다. 어설프게 금지된 사업을 하겠다고 달려들어서 처음에는 '호형호제'하다가 지금은 서로 사기꾼이라고 욕하는 사람들이 여기 라오스뿐만 아니라 해외에서 흔히 볼 수 있는 모습이다.

셋째, 라오스에서 무엇이 확실한가?

사업을 정했고 기본적인 법을 알았으면 자금을 아끼지 말고 고급 인력과 검증된 사람을 고용해서 사업 허가 신청을 해야 한다. 사업을 시작하는 사람들 중 대부분은 아니지만 어렵게 시작하는 사람들 중 통역비 또는 번역비를 아끼기 위해서 검증되지 않은 분들을 고용해서 큰 곤욕을 치르시는 분들을 많이 봤다. KOTRA(대한무역투자진흥공사)와 같이 공인된 기관에서 소개를 해 주는 사람들이 비싼 인건비를 요구하는 데에는 이유가 있다. 물론 초기에 돈을 흥청망청 쓰라고 하는 것은 아니지만 어설픈 사람을 고용해서 일이 진행이 안 되는 경우를 많이 보았다. 정말 능력 있는 사람들은 집에서 놀고 있지 않고 허튼 소리를 하지 않는다.

위의 3가지를 분명히 기억을 하고 라오스 사업 준비를 해야 한다.

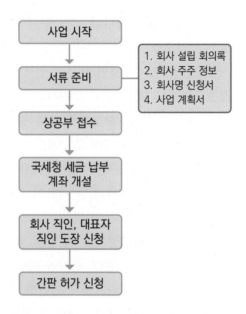

위의 과정은 라오스에서 사업을 시작하기 위한 회사 설립 절차를 최대한 단순하게 정리를 해 놓은 것이다. 업종에 따라 추가 서류 접수 및 허가가 필요하지만 기본 절차는 위와 같다.[6] 국가기간산업이나 라오스 자국민 보호업의 경우 투자가 제한되기 때문에 사전에 상공부 기업 등록처에 확인이 필요하다.

---

6) 사업 규모가 커지면 상공부가 아닌 외국인 투자청으로 이관되고 일부 업종은 외국인 불가 또는 라오스 합작만 허가되는 경우도 있으니 꼭 상공부에서 확인을 해야 한다. 상공부에서는 어느 정도 영어가 가능하니 부담 없이 방문하는 것도 좋다.

[그림 5 - 20] 라오스 사업 허가서

출처: 저자 촬영

[그림 5-21] 세금 납부 계좌 허가서

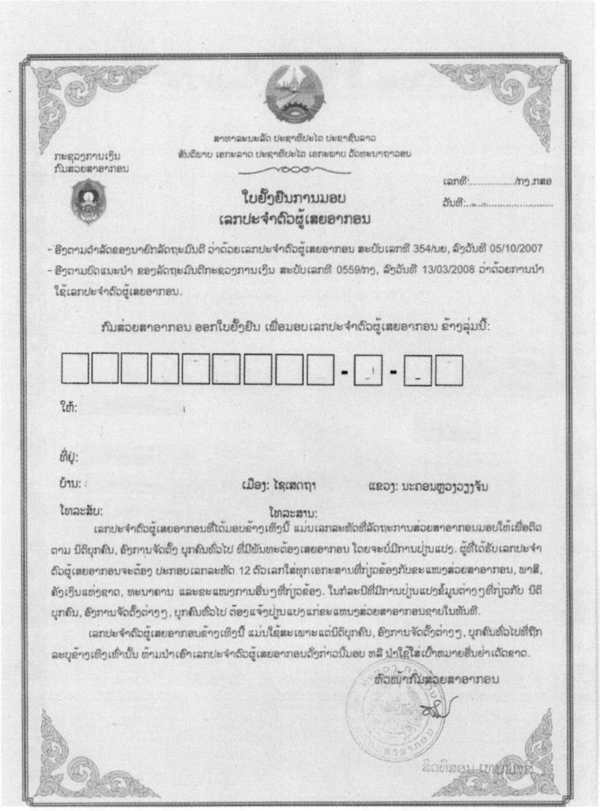

ສາທາລະນະລັດ ປະຊາທິປະໄຕ ປະຊາຊົນລາວ
ສັນຕິພາບ ເອກະລາດ ປະຊາທິປະໄຕ ເອກະພາບ ວັດທະນາຖາວອນ

ກະຊວງການເງິນ
ກົມສ່ວຍສາອາກອນ

ເລກທີ:............../ກງ.ກສອ
ວັນທີ:..............................

ໃບຢັ້ງຢືນການມອບ
ເລກປະຈຳຕົວຜູ້ເສຍອາກອນ

- ອີງຕາມດຳລັດຂອງນາຍົກລັດຖະມົນຕີ ວ່າດ້ວຍເລກປະຈຳຕົວຜູ້ເສຍອາກອນ ສະບັບເລກທີ 354/ນຍ, ລົງວັນທີ 05/10/2007
- ອີງຕາມບົດແນະນຳ ຂອງລັດຖະມົນຕີກະຊວງການເງິນ ສະບັບເລກທີ 0559/ກງ, ລົງວັນທີ 13/03/2008 ວ່າດ້ວຍການນຳໃຊ້ເລກປະຈຳຕົວຜູ້ເສຍອາກອນ.

ກົມສ່ວຍສາອາກອນ ອອກໃບຢັ້ງຢືນ ເພື່ອມອບເລກປະຈຳຕົວຜູ້ເສຍອາກອນ ຂ້າງລຸ່ມນີ້:

ໃຫ້:

ທີ່ຢູ່:

ບ້ານ: ເມືອງ: ໄຊເສດຖາ ແຂວງ: ນະຄອນຫຼວງວຽງຈັນ

ໂທລະສັບ: ໂທລະສານ:

출처: 저자 촬영

하지만 모든 서류 접수가 라오스어로 접수가 이루어지고 예전에는 일부 관공서에서 아무런 이유 없이 서류를 반려하면서 뒷돈을 요구하는 경우도 많았다고 한다. 지금은 많이 나아졌으나, 간혹 뒷돈을 요구하거나 서류 대행 업체가 더 빠르고 저렴한 가격에 가능하다고 하면서 접근하면 제대로 확인을 하고 결정을 해야 한다.

2) 라오스 사업 시 주의할 사항

(1) 확인, 확인 또 확인

라오스에서는 사소한 의사결정부터 회사 운명을 결정하는 사항은 주변이나 전문가, 믿을 만한 기관으로부터 조언을 듣고 다시 한번 확인을 해도 또 한 번 확인을 해야 한다. 라오스는 발전 중인 나라인 만큼 법이 자주 변경된다. 담당 공무원도 모르는 경우도 있다. 라오스는 시간이 멈춘 나라이다. 그래서 확인, 확인 또 확인을 해야 한다.

- 추천 기관: 라오스 한국 대사관 +856 - (0)21 - 352 - 031~3
- 라오스 한국 영사과: 여권·비자·공증·교육 +856 - (0)21 - 255 - 770~1
- 라오스 비엔티엔 KOTRA 무역관 +856 - 21 - 455 - 080

(2) 누구도 믿지 마라

라오스 문화 특성상 책임 지지 못할 말을 자주 한다. 일반인부터 공무원까지 물론 아닌 분들도 있다. 라오스 말 중에 "ໄດ້"이 있다. 발음은 '다이' 영어로 'can' 한국말로 '가능하다'라는 뜻을 가지고 있다. 절대로 이 말을 믿지 말고 확인, 확인 또 확인을 해야 한다. 아니면 이 단어가 '가능하다'가 아닌 'DIE'가 될 수 있다.

(3) 시간은 금이지만 우리 편이 아니다

저자는 월요일, 금요일 오후 업무 미팅을 잡지 않는 편이다. 무조건 라오스에서 정말 하는 게 아무것도 없지만 시간은 매일 부족하다. 우리는 빠른 경제 발전으로 시간을 분 단위로 쪼개서 일을 하지만 라오스는 다른 문화를 가지고 있다. 일례로 시간을 물을 때에도 우리가 익숙하지 않게 대답을 한다.

> • 질문: 지금 몇 시예요?
> • 한국: X시 X분입니다.
> • 라오스: X시 넘었습니다. / X시 전입니다.
>
> ✔ 2시 반이 넘은 것인지 2시 초반인지 3시가 다 되어가는 후반인지 알 수가 없다.

　라오스가 잘못된 것이 아니라 우리가 접하지 못한 문화이기 때문이다. 그리고 약속을 지키지 않는 것에 미안함을 표현하지 않는 것인지 못하는 것인지는 아직도 모르겠다. 라오스에 살면서 약속을 제일 잘 지키는 순간은 금전거래 순간뿐인 것 같다.

(4) 화를 내면 안 된다

　한국은 정말 '성격 급하다'라는 말은 듣지만 행동의 결과는 완성도가 높다. 반대로 라오스는 한국과 다르게 사람들 앞에서 큰 소리를 내거나 화를 내는 행동을 절대로 하지 않고 화를 내는 사람은 못 배운 사람 취급을 한다. 그리고 가족의 원수라도 본인에 필요에 따르면 바로 찾아가서 웃으면서 도움을 요청하기도 한다. 우리는 불구대천 원수면 자식들도 똑같이 원수지만 라오스에서는 철저하게 계산을 하고 본인한테 필요하면 웃으면서 악수를 하면서 도움을 청한다.

(5) 현지화하라

　우리는 외국인으로서 선진문화를 학습했다고 해서 라오스 사람들보다 모든 면에서 위에 있다고 생각을 하는 경우가 많은데 큰 오산이다. 현지에서 생긴 문화는 그만한 이유가 있고 그 무리 속에 동화가 되어야만 그 집단 속에서 살아갈 수가 있다. 현지화를 연구해서 좋은 점은 빨리 흡수해서 외국인으로 라오스를 살아가는 것이 아닌 현지화를 통해 성공한 라오스 사람이 되어야만 한다. 그 대표적인 예가 한상기업(한국인이 해외에서 설립한 기업) 최초로 미국 증시에 상장된 코라오이다.

[그림 5-22] 코라오 그룹

코라오그룹 현황	
코라오홀딩스 (코라오디벨로핑)	자동차 및 오토바이사업을 하는 코라오 디벨로핑의 지주회사
코라오에너지 (코라오팜)	바이오디젤기업 코라오팜에 대한 투자를 목적으로 하는 지주회사 성격의 기업
K 플라자	삼성전자·LG전자·소니 등 가전브랜드 총판
글로비아	물류회사
아이테크	건설회사
인도차이나은행	자동차할부금융이 주된 사업인 은행

출처: KOTRA

코라오는 2020년 기준 4,000명 정도의 인력을 고용하고 있으며, 한국에서는 경력자 위주의 전문인력 150여 명을 채용하고 있다. 전체 임직원 중 95%가 라오스인일 정도로 라오스에서 고용 창출에 큰 기여를 한다. 현지 라오스인들은 부서별 핵심인재들로 구성된 라오위원회를 만들어 현장 관련 주요 인사 조직관리 현안을 스스로 결정하도록 하는 자율운영제도를 시행하고 있다. 현지 생산·판매 등은 현지인 스스로 판단하고 결정해 집행하는 조직으로 운영하고 있다. 이 점에서 코라오는 전 세계 한상기업 중 가장 현지인을 잘 활용하는 기업으로 인정받고 있다. 라오스인들은 코라오가 라오스 기업이라고 믿고 있을 정도로 현지화가 잘 이루어져 있다.

(6) 공짜를 바라지 마라

한국 문화는 친구가 차를 사고 싶다고 하면 어떤 차가 좋다고 얘기를 해 준다. 좀 더 친한 친구들은 친구 중고차를 구매를 하는 곳을 알려 주기도 하고 매장도 함께 간다. 그렇게 차를 구입을 하게 되면 우리는 고맙다고 밥 한 끼를 대접하면 끝이다. 라오스도 우리와 비슷하지만 그 다음 날 주선자는 중고차 판매자 또는 매장에 방문을 해서 소개 수수료를 '꼭' 받는다. 수수료를 주지 않는 곳에 대해 주선자는 절대로 다른 사람들한테 소개를 해 주지 않고 좋은 소리도 하지 않는다. 한국 사람은 절대 이해하지 못하는 문화지만 라오스에서는 당연하고 꼭 챙겨줘야 하는 문화이다. 라오스에서 직원들, 친구들한테 도움을 받고 고마움에 아무런 표시를 하지 않으면서 '다음에 챙겨줄게 이번만 이해해 줘'라고 말하면

1~2번은 이해를 해 준다. 하지만 그 다음은 절대로 도움을 받을 수가 없다.

(7) 취약한 물류

라오스는 열대 과일을 많이 생산하는 나라이다. 하지만 자국산 망고가 태국산 망고보다 비싸다. 이유는 지방에서 가져오는 망고보다 태국에서 오는 망고가 물류 비용이 훨씬 싸기 때문이다. 그래서 시장에 가면 늘 태국산 과일 종류도 많고 가격도 저렴하다. 또 한 예로 중국 사람이 중국산 원료로 판넬 제조 공장을 차렸는데 1년 뒤에 공장을 폐업 신청을 했다. 이유는 중국에서 직수입 하는 판넬이 더 저렴했기 때문이다. 라오스 사업을 하기 위해서는 라오스 물류 시스템을 정확히 이해해야 한다. 라오스는 2021년 기준 냉동 및 냉동창고 시설투자가 거의 없고 물류시스템이 개발되지 않아 직접 기업이 이를 관리해야 하는 것이 현실이다.

(8) 정리되지 않는 법, 아무도 모르게 개정되는 법

라오스는 매년 법을 수정하면서 법 시스템을 개선하고 있다. 하지만 뉴스에서 법 개정이 발표되더라도 관계 부서의 이해 부족으로 발표도 없이 법이 폐기되기도 하고 아무도 모르게 시행령을 수정하기도 하면서 실행 부서에서 시행령이 없다고 일 처리를 하지 않는 경우가 있다. 실제로 2009년 라오스는 외국인 투자 진흥법을 발표하면서 외국인 투자자가 토지를 소유할 수 있게 법령을 발표하고 2010년 후반에 세부 사항도 발표했다. 주 라오스 한국 대사관 게시판에도 공지가 많았을 정도로 정말 많은 투자자들에게 환영을 받았다. 하지만 라오스 국내 토지법과 상충이 되면서 그 누구도 모르게 법령을 삭제했다. 아무런 발표도 없이 이런 중요한 법령이 말도 없이 삭제가 되기도 하지만 이미 발표된 법령도 지켜지지 않는 경우도 많다. 대한민국과 라오스는 한 - ASEAN FTA 협정을 체결하면서 일부 품목을 저렴한 세금 또는 무관세로 한국에서부터 수입할 수 있거나 라오스 법령에 의해서 무관세로 외국으로부터 수입할 수 있는 품목을 정해 놓았지만 문제는 수입 시 일반 세율을 적용하고 있다. 관련 법령을 따지면 통관만 늦어질 뿐 정확한 법적 절차대로 항의를 하면 언제 통관이 될지는 아무도 모른다. 통관이 늦어진 만큼 벌금은 이의 신청자가 지불해야 한다. 라오스 법은 외국인을 위한 것이 아니라 라오스를 위해서 존재한다.

(9) 그래도 이 나라 문화를 존중해야 한다

법도 있고 회사 내규도 있지만 라오스 문화를 무시하고 원리 원칙대로 일을 하면 어느 순간 회사에는 아무도 남지 않게 된다. 공식 휴일은 아니지만 연휴 전에 알아서 업무 종료를 하는 직원도 있고 불교 행사가 있어서 오후 출근을 하는 경우를 빈번하게 볼 수 있다.

사무실에서 물건이 분실됐는데 뚜렷한 증거가 없어서 곤란한 상황이면 경찰을 부르지 말고 근처 사찰에 가서 승려를 모시고 와서 직원들 앞에서 지금부터 거짓말 하면 큰 벌을 받을 거라고 하면 십중팔구는 범인을 찾을 수 있다. 공권력보다 종교를 무서워하고 중요시 생각한다. 이를 꼭 기억하자.

[그림 5-23] 사찰에서 공양을 드리는 라오스 사람들

출처: 저자 촬영

마지막으로 아래 사례는 한국 교민의 소개로 라오스 시장 조사를 하면서 성공 가능성이 있다고 판단을 해서 투자를 한 한국 회사가 실제로 겪은 일을 정리한 것이다.

[표 5-10] 한국 기업이 실제 겪은 사례

순서	내용	결과	원인 파악
1	교민 A씨가 사업가 B씨한 테 라오스에서 사업 제안 후 K사업체가 라오스 시장 조사 방문	라오스의 현실과 시장성을 라오스 고위 공무원을 대동 한 자리에서 설명을 듣고 라오스의 가능성을 확인	라오스 정확한 정보를 알 수 있는 창구가 없었지만 실제 고위 공무원이 참석해서 믿 었음. 그 고위 공무원은 역 할이 지금도 의심이 됨
2	K사업체는 따로 시장 조사 를 위해 별도 팀을 파견하 고 많은 정보를 획득하려고 했고 많은 한국 기관을 만 나서 정보를 확인	라오스는 미래 발전 계획, 법인명의 토지 구입 가능 확인 및 설립 절차 확인	라오스는 계획만 있고 계획 대로 실행되는 법이 거의 없음. 법이 매년 말없이 갱 신되거나 삭제가 됨. 늘 다 시 재확인을 하고 또 하고 또 해야 함
3	K사업체는 라오스 측과 MOA (합의각서)와 MOU(양해각 서)를 작성을 했고 한국 측 은 기자재 장비 및 기술지 원을 약속. 라오스 측은 행 정절차 진행, 영업, 사업 부 지 구매를 하기로 함	체결한 MOU를 법원에 공 증받고 라오스 고위 공무원 의 조언을 받아서 회사 설 립 절차를 진행	서로 간의 믿음에 의해서 일 을 진행했지만 K사업체는 너무 한국식으로 접근을 함
4	사업부지에 건설을 시작을 하면서 라오스 측의 소개 받은 회사가 문제를 발생시 키고 행정 업무가 전부 라 오스어로 진행이 되고 믿고 결재를 하라고 종용	결국 건설업체는 공사 완공 을 안 하고 도주했지만 라 오스 측은 본인 잘못은 없 다는 식으로 도움이 안 되 고 번역 서류를 요구	같은 사업 파트너이기 때문 에 믿고 진행을 해도 라오스 문화 특성상 잘못되면 본인 책임을 인정도 안 하고 책임 지려고 하지도 않음
5	공사 업체를 고소를 하기 위해서 라오스 측에 도움을 요청하지만 경찰에 뇌물을 줘야 일을 한다고 하고 회 사 허가 신청 서류를 최종 서류라고 결재를 요구	라오스 측은 고소를 하면서 자기는 고소하고 싶지 않 은데 한국 측이 고소를 원 한다면서 내부 자료를 줬음. 그리고 최종 서류를 한국 투자자에게 던지고 하기 싫 음 말라고 나감	사업 완성 막바지에 자기들 말을 듣지 않으면 안 한다 고 반 협박식으로 나오지만 사업을 포기하냐 마냐라는 선택을 쉽게 할 수 있는 업 체는 없음 라오스 측 파트너에 철저한 검증이 필요함
6	우여곡절 끝에 회사를 설립 했고 영업을 시작해야 하지 만 라오스 측은 허무맹랑한 소리를 하거나 일을 성사시 킬 수 없는 사업을 소개함.	사업 초기에 분명히 업무와 시장을 충분히 설명했고 한 국 방문까지 하면서 교육을 했지만 의미 없는 행동을 했고 라오스 일반인들은 고	라오스에 분명히 전문가들 이 있고 라오스만의 특색 있는 시장이 있음. 그 점을 무시하면 안 되지만 모든 일에는 기본과 근본이 있

순서	내용	결과	원인 파악
	또 고위 관료에 뇌물과 대접을 해야만 사업을 할 수 있다는 말만 반복함	위 관료와 인맥을 쌓으면 사업을 성공할 수 있다고 믿는 경향이 있음	음. 라오스 사람들은 라오스에서는 라오스 스타일만 된다고 주장함. 고위 관료와 인맥을 맺는 것은 좋지만 그게 성공의 지름길은 절대로 아님
7	결국 회사는 운영자금이 없어서 추가 증자 또는 운영자금을 투입을 사업자 대표가 한국 측과 라오스 측에 요구	라오스 측은 계약서에 없는 내용이고 자기는 주주인데 왜 운영자금과 증자를 해야 하는지 이해를 못하겠다고 거부	우리는 자본주의 사회에서 어린 나이에서부터 삶을 시작했지만 라오스는 자본주의가 시작된지 얼마 되지 않음. 우리와 같은 상식을 가지고 있다고 이해를 하면 안 됨
8	MOU에 합의된 사항으로 주주총회 개최를 요청했고 한국 측은 정말 사업자 마인드와 상식으로 일을 진행하려고 했음. 양 주주가 합의를 해서 보유 주식대로 증자를 하거나 한국 측만 증자를 하고 주식 재분배를 하자고 함	라오스 측은 일을 가져왔지만 한국 측이 거부했고 자기들도 고위 관료를 만나면서 돈을 많이 썼고 이래저래 적지 않은 금액을 씀. 한국 측은 한 게 뭐냐고 오히려 되물었고 회의는 매일 결과 없이 삼천포로 흘러감. 증자도 못하고 운영자금도 투자를 못해서 회사는 점점 힘들어짐	"이 정도는 알겠지?", "우리 마음을 알겠지?" 식의 생각은 우리만의 사치. 전혀 다른 곳에서 사는 사람이 바로 우리를 이해한다는 것은 정말 불가능하고 특히 의도가 불순한 사람들은 더더욱 그럼. 특히 장기간 사업을 준비하지 않고 라오스 시장은 절대로 안 됨
9	도저히 방법은 없고 라오스 측은 접촉을 거부까지 하는 상황에서 한국 측은 정말 아무 생각 없이 회사 정비차 우연치 않게 회사설립 서류를 확인함	라오스 측은 기존 합의한 MOU를 전혀 반영을 안 한 설립 계약서를 라오스 정부에 제출을 했고 주주들이 없는 라오스에 없는 날 서명을 한 것으로 문서도 다수 찾음. 분명한 사문서 위조 및 공문서 허위 신고를 한 정황이 확인됨	믿어서 명의를 빌려서 사업을 한 사람들, 토지를 불법으로 구매한 사람들과는 다르게 같이 사업을 하는 사람이 이렇게 할지는 상상도 못했지만 라오스는 상상 그 이상의 일이 발생되는 곳으로 무조건 확인을 해야 함
10	한국 측은 모든 사정을 알고 법적 준비를 하기 위해서 변호사를 고용하면서 추후 일을 대비하지만 변호사는 기본적으로 서명을 해서 어려울 것이라 얘기를 하고	아직까지 자동화가 많이 이루어지 않은 나라에서 함부로 서명을 하면 크게 낭패를 보지만 누가봐도 서류를 위조한 것을 보고 "왜 이제 따지냐고 미리 확인을 못	모든 행정 업무 절차를 알수는 없지만 믿을 만한 기관에서 확인을 해야 하고 한국 대사관 또는 KOTRA는 사업을 하기 위해서 방문을 하는 자국민들에게 정

순서	내용	결과	원인 파악
	라오스 측은 눈치를 채고 한국 측을 설립 계약서 위반으로 고소함	했냐"고 오히려 한국 측을 이해를 못하는 태도로 일을 시작하게 됨	말 현실적인 조언과 더불어 기본적인 행정절차를 안내를 꼭 물어봐야 함
11	법원 고소 접수 후 한국 측은 맞고소를 진행을 했고 라오스 측: 계약서 위반 한국측: 사문서 위조, 회사 재산 실사 요청 쟁점으로 일을 진행하게 되지만 법원에서 양자 간 상황 확인만 3개월이 걸렸고 회사 재산 실사 정리 요청을 하고 2개월 만에 정부 관련 기관이 파견이 되서 회사 재산 조사를 하고 1개월 만에 결과를 확인했지만 법원은 공판도 열지 않음	라오스 법이 잘못된 게 아니라 법원에서는 양자 간에 의견을 충분히 접수하고 확인하고 파악을 하는 게 정말 당연한 일이지만 모든 업무가 수작업으로 이루어지고 언제 소환통보를 이루어지는 알 수가 없어서 항시 라오스에서 대기를 해야 했고 법원에 갈 때마다 통역과 변호사를 꼭 대동을 해야만 했기에 기초 조사만 반년이라는 넘는 시간을 소모	법정 분쟁은 무조건 피하는 게 답. 한국, 라오스, 미국 어느 나라에서도 법정 분쟁이 시작되면 무조건 능력 있는 변호사를 고용을 해서 일을 진행해야 하고 보호를 받을 수 있는 한국 대사관과 KOTRA 같은 한국 공기관에 요청을 해야만 도움을 받을 수 있음
12	기초 조사 후 첫 공판은 양자 간에 의견을 확인했고 다음 공판부터 한국 측은 객관적인 증거 자료를 제출하면 라오스는 다른 의견을 제시하면서 시간을 끌어서 다음 공판으로 연기가 되고 변호사를 바꾸어가면서 시간 끌기 작전을 시작했고 법원도 양측 간에 원만한 합의를 유도함	어느 나라나 자국민을 우선시함. 이 점은 어쩔 수 없는 현실임. 라오스도 라오스 사람이 중죄가 아닌 이상 양자 간에 원만한 합의를 원하지만 투자자는 모든 역량을 동원해서 라오스에 투자를 했지만 결국 합의를 보게 되면 손해를 감수하라는 이야기만 함. 그리고 라오스는 사회주의답게 한쪽에 부당한 진행을 하지는 않지만 외국인에게는 답답함	
13	결국 사업자는 그동안에 소비된 시간과 노력으로 1차 공판에서 승소를 해도 라오스 측이 항소를 할 것을 알고 이 외지에서 적을 만들기보다는 아름다운 이별을 위해서 좋은 조건에 합의를 하고 재판을 마무리함	이렇게 끝이 나면 조금 아쉽지만 또 다른 문제가 발생함. 바로 토지 명의 문제로 라오스는 외국인 토지 소유가 금지됨	모든 법들이 아직까지 100% 세부사항이 마무리되지 않아서 결국 현장 기술자 또는 담당자에 의해서 결정이 되는데 때때로 전혀 다른 결과가 나오기도 함

순서	내용	결과	원인 파악
14	라오스 법원은 판결만 결정할 뿐 더 이상의 행정 절차가 이루어지지 않고 법원 집행부에서 다음 일을 진행하게 되는데 여기서부터 또 다른 문제가 생김 • 토지 소유 문제 • 주식 이전 문제 • 재산 정리 문제	라오스는 행정 문제는 서로 다른 부서에 관여를 못하고 법령이 나올 때까지 나오거나 임의 합의를 보는 경우가 많음. 하지만 이 또한 외국인을 위한 배려는 없음	
15	한국 사업자는 위 3가지 문제가 다 해결이 되어야만 합의금을 준다고 법원 집행부에 통보를 했지만 라오스 측은 돈이 없어서 합의금을 받아야 일을 진행할 수가 있다고 했고 법원 집행부는 이 부분은 법원 합의문에 없으니깐 양자가 잘 합의 보고 얘기하라고 양측에 통보를 함	하지만 라오스 측은 법원 집행부에 어떤 수단을 통해서 검찰 명령서를 받아서 한국 사업자 통장에서 합의금을 법원 집행부가 인출을 하고 그것을 라오스 측에 전달을 하게 됨. 이 과정은 한국 사업자가 전혀 모르게 진행이 됨. 한국 사업자는 은행과 법원 집행부에 항의를 하지만 은행은 "이것을 통보할 의무가 없고 바빠서 연락을 못 했다"라는 답변을 받고 법원집행부는 라오스 당사자 측이랑 잘 얘기해서 일이 빨리 진행되게 도와주겠다고 얘기만 함	다시 한번 말하지만 라오스는 확인 또 확인하는 습관이 필요하고 외국인보다 자국민을 더 우선시하고 경우에 따라서는 뇌물이 통하기에 더 많이 확인해야 함
16	한국 사업자는 한국 대사관과 KOTRA에 도움을 요청을 했고 라오스 법무부에 공식 감사 요청 등 할 수 있는 모든 행정 절차를 시작함	결국 법원 집행부는 라오스 측에 합의금 반환 명령과 함께 합의 이행을 빨리 진행하라는 명령서를 발행만 함. 결과는 아직도 진행 중임	

위 사례의 K기업은 정말 라오스에서 대박을 바라지 않고 노력에 의한 결과를 원하는 사업을 하려고 했다. 그리고 사전에 나름대로 준비를 했으나 라오스 공식석상에서 만난 유력자들과 인맥이 있는 라오스 측을 믿고 일을 진행했다가 아무런 결과 없이 5년이 넘는 시간을 버렸다. 억울하다고 할 수 있지만 K기업은

그나마 많은 사람들이 도와주어 그나마 좋은 결과를 얻어가는 과정을 진행 중이다. 하지만 일반인이 이런 일을 겪는다면 1년도 못 버텨서 다 포기를 할 것이고 라오스는 '사기꾼의 나라'라고 주변에 말을 하면서 라오스는 다시 쳐다보지도 않을 것이다.

6

라오스 시장을 보는 눈

1) 빠르게 발전하는 라오스

라오스 사람들은 TV 다음에 비디오 플레이어를 거치지 않고 바로 DVD 플레이어를 받아들였다. 유선 전화기 다음에 바로 스마트폰을 받아들였다. 한국을 포함하는 선진국들이 거치는 중간 단계가 없이 바로 다음 단계로 넘어갔다. 지금 라오스는 ASEAN 최빈국이라는 타이틀에서 벗어나기 위한 노력을 하고 있다. 느리다고 신경을 안 쓰고 있다가 다시 라오스를 보면 순식간에 발전된 모습을 보고 놀랄 수 있다.

[그림 5-24] 2009년 메콩강변 모습

출처: 저자 촬영

[그림 5-25] 2018년 메콩강변 모습

출처: 저자 촬영

2) 라오스를 발전시켜 주는 주변국들

　라오스는 동남아 내륙국이기에 단점도 존재하지만 장점도 존재한다. 주변 5
개국은 라오스가 발전을 해야지만 이득을 보는 상황이 만들어지기 때문이다. 21
세기는 IT 발전이 두드러지는 산업이지만 분명한 사실은 물류가 뒷받침되어야
경제 발전이 된다는 것이다. 주변 5개국 중 중국, 베트남, 태국은 원하든 원치
않든 라오스에 많은 투자와 차관을 제공하면서 라오스를 계속 발전시켜 주고 있
는 이유는 물류 때문으로 중국은 일대일로[7]를 위해서, 베트남은 동남아시아의
새로운 강자가 되기 위해서, 태국은 기득권을 지키기 위해서 2021년 현재에도
라오스에 많은 투자를 하고 있다.[8]

[그림 5-26] 라오스 주변국 국경 검문소 표시 지도

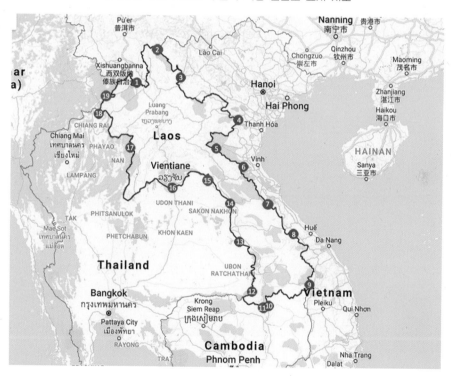

출처: 구글지도

---

7) 일대는 중국 시안에서 시작하여 독일까지 이어지는 육상 실크로드이고, 일로는 중국 톈진에
　서 시작하여 그리스까지 이어지는 해상 실크로드이다.
8) 특히 태국은 계속 늘어나는 전력 소모량을 보충하기 위해서 라오스에 정말 많은 수력 발전
　소를 건설해 주면서 라오스 내에 인프라를 투자해 주고 있다.

3) 도전

저자는 2021년 기준으로 라오스 생활 16년 차에 접어들고 있다. 라오스는 앞서 설명한 내용을 보면 분명 리스크가 있는 나라이다. 하지만 라오스는 지속적으로 동남아시아 물류 중심지로 발전을 계속 진행해오고 있다. 라오스가 주도적으로 발전하지 못하는 부분은 라오스에 분명한 리스크로 작용하지만 라오스는 분명히 발전을 하고 있는 나라이다. 하지만 자료가 부족하기 때문에 충분한 사전 조사와 준비를 한다면 라오스는 분명히 좋은 투자처로 또는 시장으로써의 길이 보일 것이다.

7

라오스 에필로그

2005년 처음 해외 여행을 떠나면서 모든 것이 낯설었던 라오스에 도착한 어설픈 젊은이는 라오스에서 어엿한 가정을 꾸리고 많은 사람들과 만나면서 라오스에 점점 스며들고 있다. 물론 가끔 힘들고 지친 순간이 오면 혼자 잠시 힐링을 하러 떠나기도 한다. 저자의 힐링 장소를 안내해 보겠다.

1) 남들 다 가는 관광 코스 말고 숨겨진 관광 스폿

라오스는 기본적으로 인프라가 주변국보다 월등하게 부족하고 내륙국가이다 보니 거대한 유적지 또는 대중교통을 이용해서 관광지를 가기가 거의 불가능하다. 그렇다고 남들 다 가는 지역을 가면(방비엥, 루앙프라방) 정말 라오스만의 매력을 못 느낀다. 그래서 조용하게 라오스에 매력을 느낄 수 있는 곳들을 다음에 소개한다. 가는 방법은 인터넷에서 충분히 검색이 가능하다.

(1) 라오스의 최장 동굴, 꽁로 동굴

[그림 5-27] 꽁로 동굴 입구

출처: 저자 촬영

수도인 비엔티엔에서 8시간 거리에 떨어진 곳에 라오스 최장 길이를 자랑하는 꽁로 동굴이 있다. 길이만 대략 7km 전후이고 안에는 기이한 석회석 기둥들이 신기한 곳에 있다는 느낌을 들게 한다. 꽁로 동굴 주변에는 아기자기한 숙박시설도 있는데 그 숙박시설에 하루 머물게 되면 그날은 꼭 밤하늘을 보도록 하자. 세상에서 가장 예쁜 별 이불을 덮고 자는 호사를 누리게 될 것이고, 그 다음날 라오스 베트남 국경 도시인 락사오(20km) 거리 도시를 방문하면 현지인들만 아는 유황온천을 방문하고 집으로 복귀하면 새로운 힘을 얻고 다시 업무를 즐겁게 하고 있는 자신을 볼 수 있을 것이다.

[그림 5-28] 꽁로 동굴 안 선착장

출처: 저자 촬영

(2) 라오스의 불가사의 1순위 항아리 공원

누가? 왜? 어떻게? 어디서? 언제?를 전혀 알 수 없는 물건이 라오스에 있다. 그것은 바로 항아리이다. 그런데 항아리가 하나가 아니고 수십 개, 그것도 한 지역만 있다. 바로 라오스 씨엥쿠왕(Xiangkhoang)주에 일부 동네에만 있는 것이다. 많은 전문가들이 조사했지만 결국 불가사의로 남았다. 씨엥쿠왕 지역은 이런 신기한 항아리들만 있는 것이 아니라 베트남전쟁 당시 정말 많은 폭격으로 인해서 불발탄이 많은 곳 중에 하나이다. 냉전의 아픈 역사를 볼 수 있는 지역이기도 하다. 이 지역은 고원 지대에 있어서 11월에 가면 시원한 게 아니라 추위를 느낄 정도이고 정말 무더운 여름날에 가도 시원함을 느낄 수 있는 곳이기에 주말에 시간을 내서 잠깐이라도 방문하는 것도 좋다. 비행기로도 갈 수 있지만 차로 가게 되면 라오스의 또 다른 자연 경관을 보면서 다시 한번 자연의 위대함을 느낄 수 있다.

[그림 5 - 29] 씨엥쿠왕 항아리 공원 안내소

[그림 5-30] 씨엥쿠와 항아리 공원

[그림 5-31] 씨엥쿠왕 항아리 공원에 항아리 뚜껑

출처: 저자 촬영

[그림 5-32] 씨엥 쿠왕에 불발탄 모습

출처: 저자 촬영

2) 현지인이 추천하는 음식 BEST 3

　라오스는 모든 국경에 다른 나라가 접해 있고 많은 역사를 다른 나라와 소통하면서 지내다 보니 음식 문화도 정말 다양하다. 특색이 있는 요리가 있는가 하면 정말 무난한 요리도 있다. 하지만 저자가 생각하기에 라오스에 오면 꼭 맛보아야 하는 음식과 가볼 만한 식당을 추천해 보겠다.

　쌀국수를 물어보면 대부분 베트남 원조이고 베트남 쌀국수라고 말하지만 쌀국수는 동남아시아에 정말 많이 퍼져 있는 정말 서민적인 음식이다. 그러다 보니 정말 유명한 쌀국수 전문점들이 있는데 어느 집이 최고라고 말하는 것은 성급한 생각이라고 말할 정도로 우열을 가리기가 정말 힘들다. 그래서 현지인들이 가장 많이 방문하는 식당 두 곳을 소개해 보겠다.

(1) 퍼 카 라이(ເຝີ້ຂາລາຍ)

[그림 5-33] 식당 전경

출처: 저자 촬영

[그림 5-34] 음식을 준비 중인 모습

출처: 저자 촬영

한국 사람들에게 도가니 국숫집으로 많이 알려진 곳으로 시내에 한복판에 위치해 있어서 접근성이 용이하고 한국에서 비싼 도가니를 정말 싼 가격에 먹을 수 있다. 한국 방송에서도 많이 나오면서 여행 시즌에는 많은 한국인들을 볼 수 있는 곳이다.

(2) 퍼 융(PHO DUNG)

[그림 5-35] 식당 간판

출처: 저자 촬영

[그림 5-36] 라오스 쌀국수

출처: 저자 촬영

술을 많이 먹고 해장을 하기 위해서 또는 배부르게 먹기 위해서 방문을 하는 곳이다. 저렴한 가격에 양도 많고 영업 종료 전까지 손님이 끊임없이 오는 곳 중에 하나이다. 재료가 떨어지면 바로 영업을 종료하니 2시 전에는 꼭 방문하는 것을 추천한다. 단골이 되면 소 꼬리를 서비스를 주니 자주 방문을 해 보자.

<h1 align="center">〈참고문헌〉</h1>

1) www.usc.gov.la

2) www.na.gov.la

3) www.lao‒national‒museum.com

4) www.ksp.gov.la

5) www.kntta.net

6) www.moic.gov.la

7) www.mof.gov.la

CJ 대한통운 말레이시아 매니저 김종필

제**6**장

우리가 모르던
말레이시아

동남아국가연합 ASEAN
Association of Southeast Asian Nations

말레이시아 프롤로그

저자와 말레이시아의 인연

'Know Where' 말레이시아에 오기 전에 내 고민의 집약체를 한마디로 표현하자면 바로 '내가 어디에 있어야 하는가?'였다. 저자의 어린 시절 한국 사회의 분위기는 급격히 이룬 산업화와 빠르게 다가오는 세계화, 이것이 맞물리는 시점이었고 이에 대한 대비를 어떻게 해야 할 것인가가 사회적 화두였던 시대가 아니었나 싶다. 짧은 소견이지만 1980~1990년대, 그러한 국가적인 차원의 고민들이 2021년 현재 글로벌 밸류 체인(처음 설계에서부터 부품 조달, 생산, 유통, 판매에 이르기까지 여러 국가에 걸쳐 형성된 글로벌 분업체계)에서 현재 한국의 위치를 있게 한 원동력이 아니었을까 생각해 본다. 나는 초등학생 때 '세계는 서울로, 서울은 세계로'라는 1988년 서울올림픽의 표어를 매일같이 들으며 등하교를 하였고, 중고교생 즈음엔 미래의 먹거리를 생각해 영어 및 외국어를 강조하는 교육 문화에 익숙한 첫 세대였으며, 대학생 때 아시아 외환 위기(흔히들 IMF 사태라 하는)를 목도하면서 사회 진출에 앞서 국내 경제가 세계 경제와 밀접한 연관이 있음을 깨닫는 세대였다. 이러한 일련의 과정들 속에서 한국 기업들은 국내 시장을 탈피하고 해외 진출을 시작하였고 내가 대학을 졸업할 때 즈음 각 회사들이 찾는 인재상은 해외 시장을 대상으로 업무를 수행할 수 있는 '글로벌 인재'들이었다. 이러한 사회적 분위기 속에 정부 주도의 글로벌 인재 육성 사업도 활발했는데, 대학생 때 학교와 정부 합작 프로젝트에 참여해 인도(India)로 가서 1년간 유학

할 수 있었고, 사회 초년생 때 중소기업청 '해외 시장 개척요원'이란 프로그램을 통해 말레이시아로 올 수 있었다. 너무나 감사하게도 저자는 20대 중반의 시기에 이러한 혜택을 받을 수 있었다.

특히 말레이시아와 인연을 맺게 된 계기는 중소기업청 주관 '해외 시장 개척요원'이란 프로그램을 통해서였는데 이곳에서 마케팅 활동을 하면서 말레이시아라는 국가에 매력을 느꼈고 시장 가능성도 엿보게 되었다. 다양한 민족들이 다양한 언어를 사용하며 어우러져 경제 활동을 하고 또 각각의 문화를 존중하는 모습을 보며 다가올 국제화 시대에 상당히 앞서 있는 지역이라는 느낌을 받았다. 비록 프로그램 기간 내에 계약 성사를 이루지는 못했지만 개인적으로 부족했던 부분과 잘할 수 있는 부분을 깨닫는 소중한 시간이 되었으며 그 경험을 살려 말레이시아 현지에 있는 한국 기업에 취업을 하게 되었다. ACE Hinge Teck라는 제조업체에서 9년간 일을 하였고 2021년 현재는 CJ대한통운 말레이시아 법인에서 물류 업무를 맡고 있다.

말레이시아의 날씨가 뜨거워서인지 내 얼굴이 뜨거워서인지 알 수는 없지만 '어떻게 글로벌 인재가 되어 있나'라는 질문을 받았을 때 어떻게 대답해야 할지 모르겠다. 확실한 것은 나는 지금 이곳에서 현지인들과 일을 하면서 기업 차원의 핵심 가치를 창조하고 개인적인 성장을 지속하고 있다는 것이다. 저자는 유년 시절을 변화하는 환경을 통해 여러 다른 국가에 대해 호기심을 키웠고 대학생 시절 인도 유학을 통해 해외에서 일을 하기로 마음 먹었다. 그래서 '해외 시장 개척요원' 프로그램을 통해 글로벌 인재가 되기로 작정하였으며 말레이시아에서 일을 하기 시작하면서 말레이시아, 더 나아가 ASEAN 지역 전문가가 되는 꿈을 갖게 되었다. 현재까지는 적어도 유년 시절의 꿈, 대학 시절에 먹었던 마음, 외국에서 일을 하겠다는 의지는 이룬 셈이다. 이 글을 쓰면서 'ASEAN 지역 전문가'가 되겠다는 꿈을 되새기는 계기가 되었고, 말레이시아와 함께한 시간과 앞으로의 인연에 대해 좀 더 고민할 수 있는 계기가 되었다. 마지막으로, 그동안 내가 고국으로부터 받았던 지원에 대한 고마움을 어떻게 표현할 방법이 없었는데 이 글을 통해서 대한민국 정부에게 감사의 마음을 표현하고 싶다. Terima Kasih~(말레이어로 감사합니다)

이렇게 인연이 된 말레이시아에 왜 주목할 필요가 있을까?

문재인 정부 출범 이후, 한국의 신 경제지도의 큰 두 축 중에 '신남방정책'의 파트너인 ASEAN 국가 중에서 말레이시아는 2019년 기준 GDP와 1인당 GDP에서 각각 3위의 자리를 차지하고 있다. 이는 말레이시아가 ASEAN 국가 중에서 규모의 경제와 국민 소득 수준 두 가지 모두를 충족할 수 있는 시장임을 증명함과 동시에 향후 안정적인 발전을 유지해 갈 가능성이 있다는 것을 의미한다.

[표 6-1] ASEAN GDP 규모 순위

Rank ⬍	Country ⬍	Population in million ⬍	GDP Nominal millions of USD ⬍	GDP Nominal per capita USD ⬍	GDP (PPP) millions of USD	GDP (PPP) per capita USD ⬍
—	ASEAN	654.306	3,111,768	4,755	9,106,637	13,918
1	Indonesia	266.998	1,111,713	4,163	3,737,484	13,998
2	Thailand	67.913	529,177	7,791	1,383,022	20,364
3	Malaysia	32.801	365,303	11,136	1,078,537	32,880
4	Singapore	5.670	362,818	63,987	585,055	103,181
5	Philippines	108.307	356,814	3,294	1,025,758	9,470
6	Vietnam	95.494	261,637	2,739	770,227	8,065
7	Myanmar	53.019	65,994	1,244	355,609	6,707
8	Cambodia	16.494	26,730	1,620	76,934	4,664
9	Laos	7.163	19,127	2,670	58,091	8,109
10	Brunei	0.447	12,455	27,871	35,920	80,383

출처: Department of Statistics Malaysia[1]

2019년 이후의 트렌드를 보면 미중 무역전쟁으로 시작된 제조업 탈중국화 과정에서 ASEAN이 새로운 제조업 전진기지로 부상하고 있음을 확연히 느낄 수 있다. 이에 힘입어 2020년에 가장 큰 수혜를 누리고 있는 곳이 바로 베트남이며 인도네시아는 ASEAN 국가 중 최초로 우리와 포괄적경제동반자협정(CEPA)을 맺을 정도로 급속히 서로 간의 시장이 가까워지고 있다. 하지만 중국 리스크를 포함하여 베트남으로의 생산기지 이전 열풍이 조금은 사그라진 시점에서 과연 ASEAN 국가 중 어느 나라가 한국의 해외 생산기지 혹은 거점으로서 안정적인 운영을 보장해 줄 수 있는지에 대해서는 우리가 ASEAN 국가들을 조금 더 구체적이고 다각적인 시각에서 살펴보고 시장 진출이라든지 제조업 이전 등에 대해 신중하게 생각해 볼 필요성이 있다. 이러한 의미에서 2021년 기준으로 비교적 (태국, 베트남 그리고 인도네시아에 비해) 주목을 덜 받았던 말레이시아에 대해 살펴보고 말레이시아의 강점은 무엇이고 왜 말레이시아 시장에 주목해야 하는지 확인해 볼 필요성이 있다.

1

말레이시아의 개요

1) 지리적 강점

[그림 6-1] ASEAN 지도

말레이시아는 '말레이반도'라 불리는 서말레이시아와 인도네시아 보르네오 섬 위쪽에 위치한 동말레이시아로 이루어져 있는데 위 ASEAN 지도에서 보는 바와 같이 지리적으로 ASEAN의 중심에 위치하고 있고 국토의 많은 부분이 남중국해와 접하고 있음을 알 수 있다. 전 세계 원유 중 약 30%의 물동량이 통과한다는 말라카 해협(Melaka Straits 또는 Straits of Malacca)은 말레이반도를 따라 형성되어 있어 서양의 입장에서는 '동아시아의 관문'과 같은 지리적 특성으로 인해 예로부터 말레이반도 서해안 도시인 페낭(Penang)과 말라카(Melaka) 등이 무역으로 번성하게 되었다. 비록 2021년 현재는 싱가포르에 그 위상을 내주었지만 [그림 6-1]에서 보듯이 해상 무역의 이점뿐만 아니라 육로를 통해 태국, 미얀마, 캄보디아, 라오스, 베트남까지 육로를 이용한 물류가 가능하여 '육상+해상' 운송의 주요 루트로 말레이반도가 폭넓게 활용될 수 있다는 강점이 있다. [그림 6-1]의 빨간색 라인으로 표시된 부분이 흔히 말하는 '중국 일대일로'의 일환으로 제안된 철도 구간(태국국경~클랑항구)이며, 2021년 기준 정치적인 문제로 보류된 프로젝트이지만 '육상+해상' 루트를 통해 물류 효율성을 높일 수 있는 효율적인 사례로 볼 수 있다. 또한 2021년 기준 진행 중인 말레이시아 수도 KL(쿠알라룸푸르)-싱가포르(Singapore) 간 고속철이 연결이 되면 더욱더 시너지 효과를 기대할 수 있다.

2) 인구

말레이시아는 공식적인 다인종 국가이다. 말레이시아는 말레이계, 중국계, 인도계로 민족이 구성되어 있는데 이는 ASEAN에서 보기 드문 인구 구성으로 오랜 식민지 시대를 겪었던 역사 때문이다. 말레이시아의 최초 국가인 말라카 왕국이 15세기에 성립된 이 후 말레이시아반도는 동서양을 잇는 무역 거점 역할을 했는데 이러한 유리한 지리적 이점으로 인해 1511년 포르투갈의 지배를 받기 시작하면서 네덜란드, 영국으로 이어지며 거의 450년간의 식민 지배를 받았다. 이 오랜 기간 동안 주석 광산, 고무 농장, 면화 생산 등의 비즈니스를 위해 중국, 인도로부터 이주자들이 꾸준히 유입되었고 이들의 후손들이 제2차 세계대전 후 독립의 시기를 거치면서 말레이시아 시민으로 편입된 것이 오늘날 말레이시아가 다인종 국가가 된 이유이다.

[표 6-2] 말레이시아 인구 동향

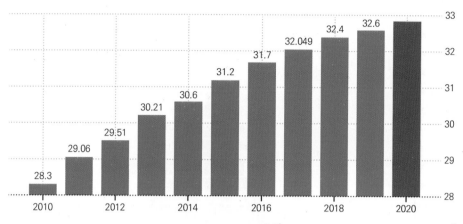

출처: Department of Statistics Malaysia[1]

말레이시아 인구는 2019년을 기준으로 약 3천 2백만 명으로 대한민국 인구
의 약 65% 정도의 규모이다. 인도네시아, 필리핀, 베트남, 태국, 미얀마에 이어
인구순위로 6번째이지만 ASEAN 국가 내에서도 인구수로는 그리 큰 규모는 아
니다. 하지만 이렇게 많지 않은 인구수에도 불구하고 GDP에서 3순위 정도를 유
지하는 것을 보면 경제에 있어 내수에만 의존하지 않고 대외 의존도가 크다는
것을 의미하고 그만큼 다른 ASEAN 국가에 비해 개방적인 경제 구조를 가지고
있다. 말레이시아 또한 다른 ASEAN 국가들과 마찬가지로 인구 구성에 있어 젊
은 층이 차지하는 비중이 많은데 인구 구조는 [표 6-3]과 같다.

[표 6-3] 연령대별 인구 분포 상세

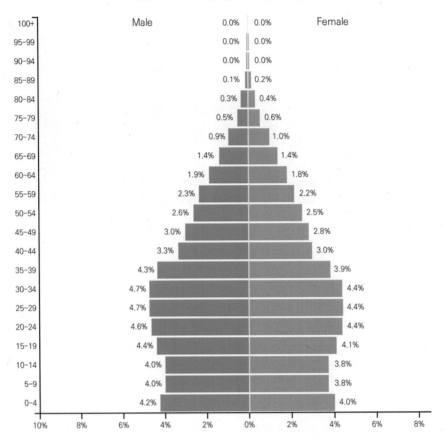

출처: Department of Statistics Malaysia[1]

15세에서 64세까지의 경제활동인구가 2019년 기준 70%에 육박하고 0세에서 14세까지의 연령대도 23.3%를 차지하고 있어 인구 증가의 동력을 유지하고 있는 상황이다. 향후 이 부분은 경제성장에 있어 좋은 영향을 미칠 것으로 예상되지만, 2020년을 넘어서면서부터는 말레이시아도 출산율에 있어서는 예전과 같은 추세는 아니라는 것에 정부도 예의주시하고 있다. 말레이시아는 절대 인구수가 많지 않은 나라이므로 이 부분은 말레이시아 정부 측에서도 대책을 마련하고 있다. 말레이시아가 다른 ASEAN 국가와 비교해서 두드러지게 다른 부분이 하나 있는데 그것은 바로 인종 분포이다. 말레이시아는 공식적으로 다인종 국가인데 크게 네 부류로 나뉘어진다. 부미푸트라(Bumiputera)로 통칭되는(구성은 말레이(Malay), 원주민인 오랑 아슬리(Orang Asli) 동말레이시아에 이반(Iban) 등 인종적으로 여러 갈래) 부류와 중국인, 인도인 그리고 외국인이다. 말레이사의 인구 구성은 [표 6-4]와 같다.

[표 6-4] 인종별 인구 구성비

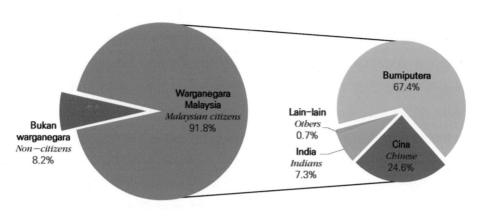

출처: Department of Statistics Malaysia[1]

외국인은 공식적으로 말레이시아 인종 구분에 포함되지 않지만 표에서 볼 수 있듯이 전체 인구에서 차지하는 비중이 8.2%일 정도로 적지 않은 부분을 차지하고 있다. 말레이시아가 가지고 있는 장점 중 하나로 바로 이 인구 구성을 들 수 있는데, 그 이유는 경제적으로 타 국가와 연결성이 매우 높다는 점과 공통어로 영어 사용, 개방적인 사고방식, 타 인종을 배려하는 문화 등을 꼽을 수 있다. 물론 1969년 인종 갈등으로 사망자까지 발생하는 폭동을 겪기도 하였고 민족 간 갈등으로 싱가포르가 말레이 연방에서 떨어져나가는 아픈 역사를 가지고 있다. 하지만 말레이시아의 다인종 국가로서의 역사는 영국 식민 통치 시대로 거슬러 올라갈 만큼 오래 되었기에 다인종 국가로서의 노하우 축적 면에서는 어느 아시아 국가들보다 앞서있다고 볼 수 있다. 이러한 노하우가 향후 말레이시아 경제에 어떠한 영향을 미치는지에 대해서는 주의 깊게 살펴볼 필요성이 있다.

3) 정치

말레이시아는 한국과 다르게 2차 세계 대전 종전 후 바로 독립을 이루지 못했고, 1946년 영국 왕실령인 말라야 연합(Malayan Union)을 출범시키며 말레이반도의 주들과 말라카 해협 식민지의 연합 형태로 국가를 구성하게 되었다. 하지만 중국인들과 인도인 등에 지나치게 관대한 이민 정책으로 말레이계의 반발을 일으켰으며 결정적으로 술탄제(군주)를 폐지하려던 영국 정부에 말레이계들이 반발을 하여 영국 정부는 결국 1948년, 말레이반도 9개 주와 영국 해협 식민지였던 페낭(Penang)과 말라카(Melaka) 주로 구성되는 말라야 연방(Persekutuan Tanah Melayu)을 출범시켰다. 이때 영국의 또 다른 식민지였던 싱가포르는 말라야 연방에 포함되지 않았다. 말라야 연방 출범 후 꾸준히 고취되는 독립 의식이 퍼져나갔고, 1955년 총선 후 2년 뒤인 1957년 8월 31일 말라야 연방은 영국으로부터 완전한 독립을 쟁취하게 된다. 이후 1963년 9월 16일, 싱가포르, 사라왁, 사바와 함께 Malaya란 이름에 si를 추가해 Malaysia가 되었다. 그러나 2년도 채 지나지 않은 1965년, 싱가포르는 연방 정부와의 민족갈등 문제로 연방에서 탈퇴하게 되었다. 현재 말레이시아는 연방제 입헌군주제이며 의원 내각제를 채택하고 있는 민주주의 국가이다. 말레이시아의 수도는 쿠알라룸푸르(Kuala Lumpur)인데 수도의 과밀화와 혼잡을 줄이기 위해 대다수의 정부 청사를 푸트라자야(Putrajaya)로 이전하여 행정 수도 역할을 하고 있다. 이는 과거 노무현 정부의 국가균형발전과 세종시로의 행정수도 이전의 벤치마킹 사례가 되기도 하였다.

> "공평한 분배에 방점을 둔 국가정책 강화가 예정되어 있는 가운데 말레이시아 경제는 견조함을 유지함에도 중진국 함정을 탈피하고 주변의 저임금 국가들과의 차별화를 위한 혁신 성장 등 다양한 정부·민간 차원의 노력이 지속될 전망. 국가부채 관리라는 지상과제하에서도 경제의 활기를 찾기 위한 프로젝트 재개 노력 등 예측."

위 문구는 코트라(KOTRA)에서 발간한 '2020 국가별 진출 전략'에서 말레이시아 정치 상황을 논하기에 앞서 서두에 있는 표현이다. 2021년 현재 말레이시아의 정치 상황은 일종의 과도기적 성격이 강하다. 1957년 독립 이래 한번도 바뀐 적이 없던 정권이 2018년 5월 마하티르가 이끄는 희망연대(Pakatan Harapan)에 의해 민주적 방식으로 교체되었다. 이는 나집 라작(Najib Razak) 정권의 부정부패, 민생 경제의 어려움 등 정권 교체의 열망으로 야권 연합이 승리하였으나 그 과정에서 무리한 정당 연합이 있었기에 재집권한 마하티르 총리가 2년 만에 물러나면서 2020년부터는 무히딘 야신(Muhyiddin Yassin) 총리가 이끄는 PN(Perikatan National)당이 정권을 잡고 정부 운영을 하고 있다.

하지만 현 연립정권 세력 중에 중국계, 인도계의 이익을 대변할 정당이 없는 것이 불안 요소라 할 수 있다. 다만 아시아에서 민주적 평화적으로 정권 교체를 이룬 경험이 있고 현 정부 들어서도 지속적으로 민생 부담 경감, 공평한 경제 성장 촉진, 민족 지역 간 균형 발전을 주요 과제로 제시하는 부분은 경제적인 부분에서도 매우 긍정적인 요소이다. 하지만 1957년 독립 이후 계속된 말레이어 중시정책은 말레이시아 국민들의 영어사용 능력을 하락시켜 외국자본유치에 지장을 초래하게 되었다. 이를 만회하기 위해 최근 초등학교부터 영어교육을 필수화하였고, 수학과 과학은 영어로 수업하도록 의무화하였다.

4) 종교

[표 6-5] 종교별 인구 구성비

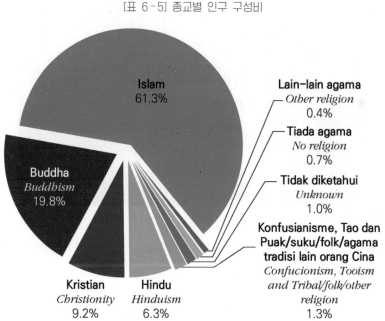

Islam
61.3%

Lain-lain agama
Other religion
0.4%

Tiada agama
No religion
0.7%

Tidak diketahui
Unknown
1.0%

Konfusianisme, Tao dan Puak/suku/folk/agama tradisi lain orang Cina
Confucionism, Tooism and Tribal/folk/other religion
1.3%

Buddha
Buddhism
19.8%

Kristian
Christionity
9.2%

Hindu
Hinduism
6.3%

출처: Department of Statistics Malaysia[1]

말레이시아는 종교의 자유를 보장한다. 따라서 모든 종교 활동이 제약 없이 이루어질 수 있지만 엄밀히 말해서 헌법에는 이슬람교를 국교로 정하고 있기 때문에 무슬림을 상대로한 선교 활동이나 그에 준하는 행동을 할 경우에는 엄격한 심판을 받게 된다. 무슬림은 종교 선택의 자유가 없고, 개종 및 이교도와의 결혼이 법적으로 금지되어 있기 때문에 기본적으로 모든 말레이들은 이슬람교를 믿는 무슬림이다. ASEAN에서 국민 다수가 무슬림인 인도네시아와 말레이시아는 이슬람금융에서 차이점을 보이고 있다. 말레이시아 정부는 정부를 중심으로 이슬람금융을 발전시킬 청사진을 가지고 체계적으로 정책을 추진하고 있으나, 인도네시아 민간 종교계와 이슬람 정당에 의해 비체계적으로 추진되는 차이가 있다.

[그림 6-2] 말레이시아에서 가장 큰 샤알람(Shah Alam) 모스크

말레이시아에서 무슬림들은 사회적으로 우대를 받는데 이는 말레이 우대 정책과 혼재되어 사용되기도 한다. 일례로 국공립 대학교의 경우 무슬림들은 입학시 가산점을 받아 타 인종에 비해 성적이 낮게 나와도 입학하는 경우가 많고 가산점 이전에 쿼터(할당) 제도가 있어 국공립 대학의 70~80%는 말레이 학생들로 채워지는 것이 현실이다. 이는 타 인종의 관점에서 매우 불합리한 면인데 향후 인종 화합을 위해 말레이시아가 풀어나가야 할 숙제 가운데 하나이다.

다만 말레이 인종 성향으로 봤을 때 아랍 국가들에 비하면 훨씬 온건한 편이며 오히려 이슬람 과격주의, 원리주의, 테러주의 따위를 엄격히 금지하고 있다. 인구의 61.3%가 이슬람교, 19.8%가 불교, 9.2%가 기독교, 6.3%가 힌두교이며 유교, 도교 등 중국 전통 종교 분포도 1.3% 정도 된다. 대부분의 중국인들은 불교 혹은 기독교인데 많은 중국인들은 불교, 유교, 도교 등에서 크게 구분을 짓지 않는 경우가 많다. 특히 비즈니스를 하는 중국인들에 이러한 경우를 많이 볼 수 있고, 불교, 유교, 도교를 믿는 중국인들의 집에는 제단을 모시는 집이 많다. '신의'를 중요시하는 화상(해외거주 중국상인)들은 '신의'를 상징하는 '관우'를 신성시하는데, 대부분의 경우 집 혹은 사무실에 경제적 풍요를 바라면서 제물의 신 '관우상'을 모시는 경우가 많다. 관우가 재물의 신이 된 이유는 관우의 고향이 산시성인데, 산시성은 명·청조 상인의 대명사인 진상(晉商)의 본거지였다. 아마도 진상들이 먼 곳에 장사를 떠나면서 관우가 보호해주길 바라면서 신으로 모신 것 같다.

[그림 6-3] 중국인들의 집에 있는 작은 제단의 전형적인 모습

기독교에 관해 우리가 모르는 흥미로운 사실이 바로 말레이시아 기독교 역사속에 있는데, 이 부분을 한번 소개하고자 한다. 한국 최초의 한글 성경 번역서는 '예수성교전서'(1887)인데, 이 '예수성교전서'의 대본이 되는 첫 중국어 성경 '신

청성서'가 바로 말레이시아의 말라카(Melaka)에서 번역이 완성된 것이다. 말라카에 선교 기지를 설립하고 선교자 양성, 성경과 전도책자 인쇄 그리고 복음전도 사역에 힘쓰던 로버트 모리슨(Robert Morrison, 1782~1834)과 윌리엄 밀른(William Milne, 1785~1822)의 최대 관심사가 중국어 성경이었고 이를 통해 중국 선교를 하려 했던 것이다. 이들은 1813년 번역을 시작하여 1819년 '죠셉 성경'을 중국어로 완역하였고 마침내 1823년 최초의 성서 중국어 완역판인 '선청성서'를 출판하게 되었다. 바로 이 성경책이 최초의 한글 성경인 '예수성교전서'의 대본이 되었던 것이다. 한국과 큰 관계가 없을 것 같은 ASEAN의 한 국가에서 그것도 종교 분야에서 이렇게 공유될 수 있는 인연의 이야기를 보유하고 있는 말레이시아의 역사가 흥미롭다.

요 지역인 말라카 지역을 무력으로 점령하였다. 그러나 포르투갈은 말라카 주민들에게 가톨릭 전파에 실패하고 주민들 또한 포르투갈의 통치에 강력하게 저항하여 무역항을 비롯한 일부 주변 지역에서만 통치를 할 뿐이었다.

그러던 중 1641년 이 지역을 노린 네덜란드의 침공으로 말라카 지역에서의 포르투갈 지배도 끝이 났다. 이어서 네덜란드의 지배가 시작되었으나, 1786년 크다(Kedah) 주의 술탄이 페낭(Penang)을 영국령 동인도 회사에 양도하면서 영국의 지배가 시작되었다. 영국은 이어 1819년 싱가포르를 지배하고 이후 기존에 말라야를 지배하던 네덜란드와 갈등이 발생하자 1824년 영국 - 네덜란드 협정을 맺어 지배 범위를 확정하였다. 이 협정에 따라 싱가포르를 중심으로 북부는 영국이, 남부는 네덜란드가 지배하도록 했는데 말라카는 영국이 가져가는 대신 영국이 지배하던 벤쿨렌(Bencoolen)을 네덜란드에 양도했다. 이후 영국의 세력 범위는 '영국령 말라야'라 하여 오늘날의 말레이시아와 싱가포르가 되었고 네덜란드의 세력 범위는 네덜란드령 인도라 하여 오늘날의 인도네시아가 되었다. 1826년 영국은 페낭, 말라카, 싱가포르, 라부안을 직접적으로 지배하기 시작했는데 이 지역에 직할식민지의 일종인 해협 식민지를 건설했다. 20세기 무렵 파항(Pahang), 셀랑고르(Selangor), 느그리슴빌란(Negri Sembilan)으로 구성된 연합 말레이 주에 영국령이 확대되었다. 영국은 지배기간 동안 중국과 인도에서 노동자들의 이민을 장려하였는데 이것이 오늘날 말레이시아가 다인종 국가가 된 이유가 되었다. 제2차 세계대전 중 일본이 말레이반도, 북 보르네오, 사라왁(Sarawak), 싱가포르를 점령했으며, 1945년 항복할 때까지 3년간 통치했다. 비록 3년으로 말레이시아를 지배한 그 어떠한 나라보다도 짧게 통치했지만, 더 잔인했으며 특히 1937년 발발한 중일 전쟁으로 일본은 이 지역의 중국인들까지 무자비하게 학살했다. 중국인뿐 아니라 말레이 청년들은 일본에 의해 태국을 거쳐 미얀마까지 이어지는 영화 '콰이강의 다리'에 나왔던 죽음의 철도를 건설하는 데 동원되었는데, 많은 이들이 희생되었다. 이 시기 중국계 공산주의자들의 산악지역의 게릴라 활동이 시작되었고 한편으로는 인종 간 긴장이 고조되어 민족주의가 싹트기 시작했다. 1945년 일본의 항복으로 말레이시아는 영국이 재점령했다. 이에 민족주의가 크게 작동하기 시작했고 독립을 위한 움직임이 시작되었다.

(4) 독립과 근현대사

영국의 재점령 이후 영국은 싱가포르를 제외한 영국령 말라야 지역에 식민지인 '말라야 연합'을 건설했다. 이후 이민법을 통해 말레이인 또는 말라야 연합 및 싱가포르 출신자들은 자동으로 시민권이 주어졌으며, 중국인 및 인도인(영국령 인도) 등도 시민권이 주어졌다. 하지만 전반적으로 낮은 지위에 있던 말레이인들은 외국인들의 힘에 두려움을 느꼈으며 술탄제를 폐지한 영국 정부에 강력한 반발심을 갖게 되었다. 결국 말라야 연합은 해체되었고 1948년 '말라야 연방'이 결성되었다. 이후 말레이인을 중심으로 하는 정책들이 시작되었고 각 주의 말레이 지도자들의 자주성을 회복하고자 하였다. 이 무렵 말라야 공산당(PKM) 소속 중국계 게릴라들이 영국을 자국에서 축출하는 목적으로 무장 투쟁을 시작했다. 이에 국가 비상사태가 선포되었고 영국 연방 국가들의 병력을 동원해 이들을 진압하였다. 말라야의 독립을 외치는 목소리가 높아져 1955년 총선이 실시되었고 이후 1957년 8월 31일 영국으로부터 독립하였다. 툰쿠 압둘 라만(Tunku Abdul Rahman)이 초대 총리가 되었으며, 느그리슴빌란 주의 최고 지도자였던 투앙쿠 압둘 라만(Tuanku Abdul Rahman)이 초대 국왕이 되었다. 독립은 하였으나 말레이인들과 중국인들과의 민족 갈등은 여전했고, 경제 발전의 토대 또한 빈약했으며 말레이인들을 우대하는 등 사회적 갈등이 빚어졌다. 당시 영국의 또 다른 식민지였던 북 보르네오, 사라왁, 싱가포르, 부르나이에서도 독립의 목소리가 높아지자 말라야 연방 정부는 이 지역들에 말라야 연방에 가입할 것을 권유했다. 브루나이가 먼저 동의함으로써 1961년 말라야 연방에 가입했으나 석유 보유량이 많았던 브루나이는 자신들이 경제적으로 종속될 것을 우려하여 1년 만에 탈퇴하였다. 한편 북 보르네오(사바), 사라왁, 싱가포르는 당초 이를 거부하였으나 싱가포르가 연방 가입을 결정했고 싱가포르와 동맹 관계에 있던 사바 사라왁도 연방 가입을 결정하였다. 1963년 싱가포르, 사바, 사라왁 세 지역 모두 영국으로부터 독립하여, 9월 16일 말레이시아 연방에 가입하였다. 그러나 2년 뒤 인종갈등과 정치적인 문제를 극복하지 못하고 1965년 싱가포르가 연방에서 탈퇴하여 지금의 말레이시아가 형성되었다.

3

말레이시아의 현재

1) 말레이시아의 경제 지표

말레이시아 경제의 최대 강점은 '안정성'에 있다고 해도 과언이 아니다. 지난 10년간 연평균 성장률을 보면 평균 5%대의 견조한 경제성장률을 이어오고 있다. 심지어 1997~1998년 아시아 외환 위기(이른바 IMF 사태) 당시에도 비록 GDP 성장률은 −7.4%에 그쳤지만, IMF의 구제 금융 없이 경제위기를 극복하였고, 2008년 미국발 금융 위기를 거치며 2009년 성장률 −1.4%를 기록하여 비교적 선방한 후 이듬해에 다시 7.4%의 성장률을 기록한 사례를 남긴 국가이기도 하다. 이는 대외 의존도가 높은 말레이시아 경제 구조를 감안했을 때 주목할 만한 부분이라 할 수 있다. ASEAN 역내에서의 경제적 위치도 높은 ASEAN 3위의 경제 규모와 싱가포르와 브루나이에 이은 3위의 1인당 명목 GDP를 기록하면서 양적·질적에서 모두 균형 잡힌 경제 지표를 유지하고 있다.

[표 6-6] 말레이시아 경제 지표

주요지표	단위	2013년	2014년	2015년	2016년	2017년	2018년	2019년上	2020년
인구	백만 명	29.7	30.2	30.7	31.2	31.6	32.4	32.6	32.6
명목 GDP	십억 달러	323.3	338.1	296.4	296.5	302.7	338.0	167.6	350
1인당 명목 GDP	달러	10,700	11,009	9,500	9,360	9,623	10,432.1	5,141.0	10,755
실질 성장률	%	4.7	6.5	5.0	4.2	4.8	4.7	4.7	4.6
실업률	%	3.2	2.8	3.2	3.4	6.3	3.3	3.3	3.3
소비자물가 상승률	%	3.2	2.7	2.7	1.8	4.1	1.0	1.5	1.5
재정수지 (GDP 대비)	%	5.4	4.4	4.4	0.9	6.3	-3.7	-3.4 (예상)	-3.1
총수출	백만 달러	202,285	207,483	174,631	165,324	188,239	248,830.0	116,904.8	-
(對韓 수출)	〃	11,095	11,097	8,609	7,507	5,443	8,474.0	3,923.60	-
총수입	〃	171,708	172,878	146,687	140,948	163,364	218,110.1	100,533.7	-
(對韓 수입)	〃	8,587	7,582	7,735	7,533	5,663	9,739.2	4,491.8	-
무역수지	백만 달러	30,577	34,605	27,944	24,377	24,875	30,719.9	16,371.1	-
경상수지	〃	11,205	14,847	9,068	6,921	6,698	7,568.2	7,451.5	-
환율 (연평균)	달러	3.28	3.50	4.29	4.49	4.30	4.03	4.12	4.14
해외직접투자	억 달러	14.1	16.4	10.5	8.0	5.6	5.3	4.4	-
외국인 직접투자	억 달러	12.1	10.9	10.1	11.3	9.4	8.1	6.3	-

출처: 말레이시아 통계청/KOTRA 2020 말레이시아 진출 전략 인용[1]

2) 말레이시아의 경제 현황

미중 무역전쟁 등 세계 경제 불확실성 증대에 따른 무역·투자 부진, 유가 불안정, 재정건전성 제고를 위한 재정 긴축, 코로나19로 인해 2020년 말레이시아 경제성장률은 −5.6%를 기록했다. 말레이시아의 경제는 한국과 비슷하게 대외 의존도가 높기 때문에 세계적인 불확실성에 굉장히 민감하고 이에 따른 수요·공급 변화에 영향을 많이 받았기 때문이다.

또한 마하티르 정부 출범(2018년 5월) 이후 현 정부(2020년 3월 출범)까지 이어지게 되는 재정건정성 제고를 위한 정부 지출 억제, 중장기 공동번영에 초점을 둔 경제·사회 정책 등의 영향으로 구조적인 변화를 겪는 중이다. 이 부분에서 경제성장률 및 경기회복에 비관적인 시선을 가질 수 있겠으나 여전히 풍부한 부존자원(원유를 위시한 천연가스, 팜 오일(세계 2위), 천연고무(세계 3위), 주석 등) 등에 따른 안정적인 경제 기반과 기존의 대형 인프라 사업 규모 조정 이후 재개 움직임, 자동차 산업 및 4차 산업혁명 분야에 대한 정부지원 확대 등 산업 활성화에 꾸준한 노력을 정부 주도로 하고 있기 때문에 세계 경제가 안정세를 찾을 경우 급속한 발전을 지속할 가능성이 충분히 있을 것으로 예상된다. 다만 말레이시아 정치 역사상 최초로 정권 교체를 일구며 재집권한 마하티르 총리의 퇴진 후 무히딘 정부가 들어선 상황에 코로나19로 인해 정부 정책의 불확실성과 정치 구도의 불안정성이 증가한 것은 향후 투자의 관점에서 향후 주목해야 할 부분이다.

3) 말레이시아의 주요 기업

말레이시아 기업은 영국을 비롯한 유럽 투자자들이 운영했던 무역상사 그리고 고무 농장 등이 주축을 이룬 식민경제에서 출발했다고 볼 수 있다. 때문에 식민경영 체제의 영향으로 인력운영 정책에 있어 온정적인 종업원 복지제도를 존속하고 있다. 2019년도 포브스 발표에 의하면 기업 가치 순위로 말레이시아 상위 9개 기업은 [표 6−7]과 같다.

[표 6-7] 말레이시아 기업 가치 순위

⟨Currency-Billions USD⟩

Rank	Forbes 2000 rank	Name	Headquarters	Revenue	Profit	Assets	Value	Industry
1	378	Maybank	Kuala Lumpur	10.0	2.0	195.3	24.0	Banking
2	612	Tenaga Nasional	Kuala Lumpur	12.5	0.9	37.2	16.7	Utilitis
3	644	Public Bank Berhad	Kuala Lumpur	5.0	1.4	101.6	21.0	Banking
4	659	CIMB Group Holdings	Kuala Lumpur	6.4	1.4	129.2	11.7	Finance
5	1139	Petronas Chemicals	Kuala Lumpur	4.9	1.2	9.0	17.2	Oil and Gas
6	1344	RHB BAnk	Kuala Lumpur	2.8	0.6	58.8	5.6	Banking
7	1438	Hong Leong Financial Group	Kuala Lumpur	2.3	0.5	58.8	5.2	Conglomerate
8	1796	Axiata Group	Kuala Lumpur	5.9	-1.2	15.5	8.9	Telecommu nication
9	1904	AmBank	Kuala Lumpur	1.9	0.3	37.3	3.3	Banking

출처: 2019 Forbes List[3]

　　1위부터 9위까지의 기업 중 무려 6개의 기업이 '금융' 기업이고, 한국의 '한국 전력'과 같은 전력 생산 및 공급 업체로 Tenaga Nasional이 2위에 위치하고 있다. 또한 산유국 답게 원유회사인 Petronas Chemicals가 4위에 랭크되어 있고 'Celcom'으로 알려진 통신사업자인 Axiata Group이 8위로 랭크되어 있다. 이런 구조로 알 수 있듯이 말레이시아의 금융 산업은 2000년 이후 연평균 7.5% 성장률을 기록할 정도로 말레이시아 경제의 주요 성장 동력으로 자리 잡고 있다. 은행, 주식시장, 파생상품시장, 역외시장 등 다각화된 금융시스템을 보유하고 있는 말레이시아는 ASEAN 국가 중에서 싱가포르와 함께 금융 부분이 가장 발달된 국가 중 하나로 꼽히고 있다. 은행권은 BIS 자기자본비율(국제결제은행(RIS)이 일반은행들에게 권고하는 자기자본비율)이 비교적 견실하며 말레이시아 증권거래소도 지속적인 성장세를 나타내고 있다. 또한 말레이시아는 ASEAN 3위의 채권시장을 보유하고 있으며, 라부안(Labuan) 국제역외금융센터를 설립하여 국내금융을 보완하고 있다.

말레이시아 내 이슬람 금융자산은 연간 20%에 달하는 성장률을 기록하고 있으며 지속적으로 성장해 오고 있다. 앞에서 언급한대로 이슬람 금융은 이슬람 율법인 샤리아(Syariah)에 근간을 두고 있는데 근본적으로 일반 금융과 다른 점은 '이자 수익(Riba라고 함)'을 금하고 있다는 점이다. 일반 금융 상식으로는 상상하기 어려우나, 바로 이러한 제한적 규칙으로 인해 말레이시아는 지리적, 문화적, 종교적으로 중동 산유 부국들의 오일 머니(Oil Money)가 동아시아 시장에 진출하는 데 최적의 허브가 될 수 있었다. 이 때문에 인도네시아와 다르게 정부가 주도적으로 이슬람금융정책을 체계적으로 운영하고 있다. 5위에 랭크된 기업이 페트로나스(Petronas)인데, 산유국으로서의 말레이시아를 논할 때 대표가 되는 기업으로 말레이시아 국영 에너지 기업이다.

과거 말레이시아는 풍부한 석유 매장량에도 불구하고 기술력 부족으로 석유 생산에는 참여하지 못하고 직접 개발을 하는 외국계 석유 메이저 업체들로부터 로열티만 받는 이른바 '조광권' 계약을 맺었었다. 하지만 독립 이후 자원 주권을 지키기 위해 1974년 설립된 것이 바로 페트로나스였고 정부의 전폭적 지원과 개발 독점권 등을 발판으로 지속적인 성장을 거듭하여 2017년도 기준으로 세계 21위의 국제적 석유 회사로 거듭나게 되었다. 본사는 쿠알라룸푸르(Kuala Lumpur)에 있으며 페트로나스 트윈타워로 말레이시아 랜드마크로도 유명하다. 말레이시아의 현대화와 그 상징성을 나타내기 위해 말레이시아 정부는 수도 쿠알라룸푸르 한가운데에 랜드마크를 짓기로 결심하였고 이는 실제로 국가 홍보에 많이 이용되어 말레이시아의 성공을 대표하는 상징이 되었다. 바로 이 건물을 페트로나스에서 발주하였는데, 이미 많이 알려진 사실이지만 트윈타워였기 때문에 한일 공동 건설이 되어버렸고 각각의 타워는 '삼성물산'과 '카지마 건설'이 공동 건설하게 되었다. 건설의 시작은 일본의 카지마 건설이 35일 빨랐으나 건설 중 일본 측 건물이 25mm 기울어진 문제가 발생하였고 이에 대한 원인 분석과 해결에 시간을 보내는 사이 삼성물산 측에서 신공법을 적용하여 큰 어려움 없이 건물을 건설하여 결과적으로 일본보다 먼저 완공을 하게 된 것이다. 이 사건은 말레이시아 내에서도 미디어 등을 통해 화제가 되었고 한국 건설기업의 신뢰도가 향상된 사건으로 회자되고 있다.

4) 말레이시아에 진출한 주요 한국/외국 기업

말레이시아는 전기, 전자 산업, 화학 산업을 중심으로 약 5,000여 개의 외자 기업들이 진출해 있다. 전기 전자 상업의 대표 기업으로 Intel, AMD, Toshiba, Hitach, Ibiden, Philips, Panasonic, Infenion 등이고 석유화학 기업은 Royal Dutch Shell, Exxon Mobil, Tokuyama 등, 그리고 자동차 및 부품 기업으로 Honda, Toyota 그리고 Denso 등이 있다. 말레이시아의 대표 수출·수입 품목은 [표 6-8]과 같은데 전기 전자 제품이 수출입 각각 1위를 차지할 정도로 교역에 있어서 전기 전자 제품의 비중이 높고 이를 위에서 앞에서 언급한 일부 기업들이 담당하고 있는 상황이다.

10대 수출 품목 중 무려 8개의 아이템이 전기 전자 제품 혹은 석유 화학 제품임을 알 수 있다. 말레이시아에 진출한 한국 기업은 제조업, 건설업, 소매, 유통·서비스 등의 다양한 분야에서 활동을 하고 있다.

[표 6-8] 말레이시아 수출입 상위 10개 품목

(단위: 백만 달러)

순위	수출				수입			
	품목명 (HS Code)	2017	2018	2019, 上	품목명 (HS Code)	2017	2018	2019, 上
1	전자집적 회로 (8542)	33,054	45,808	21,684	전자집적 회로 (8542)	31,076	34,861	15,826
2	석유제품 (2710)	13,256	16,275	7,340	석유제품 (2710)	16,712	20,181	8,470
3	석유가스 (2711)	10,088	11,351	5,621	원유 (2709)	3,954	5,717	3,443
4	다이오드, 트랜지스터 (8541)	8,504	8,784	4,239	유선 전신기기 (8517)	4,056	4,471	1,869
5	팜오일 (1511)	9,717	8,700	4,147	다이오드 반도체장치 (8541)	3,724	3,788	1,462
6	자동차처리 기계 (8471)	8,471	9,371	3,901	자동차처리 기계 (8471)	2,854	3,218	1,462
7	원유 (2709)	6,958	9,463	3,755	금 (7108)	3,125	3,038	1,307
8	유선전화기 (8517)	3,993	3,678	1,822	컴퓨터주변 기기 (8473)	2,107	2,429	971
9	사무용기기 부품 (8473)	2,663	2,674	964	석유가스 (2711)	1,043	1,159	736
10	텔레비전 수신기 (8528)	2,041	2,014	865	기타항공기 (8802)	1,849	2,326	458

출처: Global Trade Atlas[4]

(1) 제조업

먼저 삼성전자는 1989년에 쿠알라룸푸르에서 약 80km 떨어진 세렘반 지역에 삼성SDI 등과 복합산업단지를 구축하며 진출한 이래 쿠알라룸푸르에서 서쪽으로 40km 떨어진 포트 클랑(Port Klang) 지역에 전자레인지 생산기지를 설립하여 2021년 현재까지 운영 중에 있다. 롯데 케미컬은 2010년 말레이시아 최대 석유화학 기업 중 하나인 타이탄 케미컬을 약 1조 5천억 원에 인수하여 폴리 에틸렌 등 석유화학제품 생산을 위한 제조업 기지를 구축하였고 2017년도에는 말레이시아 증권거래소에 상장시키는 등 현지화에도 성공한 것으로 평가를 받고 있다.

한화는 2012년에 독일 태양광 패널 생산업체 큐셀을 인수하여 한화큐셀을 창립, 말레이시아에서 약 1.8GW 규모의 태양광 셀 및 모듈 생산체제를 구축하고 가동 중에 있다. 2015년 CJ 바이오는 말레이반도 북부에 위치한 트렝가누(Terengganu) 지역에 바이오 발효공법을 사용한 사료용 필수아미노산(매치오닌) 생산을 위한 공장을 준공하였고 2021년 현재까지 지속적인 생산량 증대를 이루고 있다. 이 밖에 포스코는 전기아연도금강판 등 철강제품 생산하고 있다. 고려제강은 철근 케이블 및 산업용 스프링 생산하고 있다. 동 말레이이사에 위치한 OCI는 태양전지 소재인 폴리실리콘 등을 제조하고 있다.

(2) 건설업

가장 먼저 말레이시아에 진출한 건설기업은 현대건설이었고, 말레이반도 서북부 대표 지역인 페낭(Penang)섬과 육지를 잇는 13.5km의 길이를 자랑하는 페낭 대교를 완공하였다. 이 페낭 대교는 당시에 굉장히 상징성 있는 국가 인프라가 되었고, 이를 현대건설이 모든 어려움을 극복하여 완공하여 이후로 많은 한국 건설업체들이 말레이시아 국가 프로젝트에 참여하게 된 계기가 되었다. 이어서 삼성물산과 극동건설이 1999년에 말레이시아 대표 랜드 마크인 페트로나스 트윈타워, 타워2(동측 타워)를 완공하였다. 2015년에는 삼성물산이 현지의 대표적 부동산 개발사인 UEM사와 함께 새로운 동남아 최고층 빌딩이 될 KL118타워(118층)를 수주하여 공사를 진행 중에 있다. 이 밖에 대우건설이 쿠알라룸푸르 내 대표적 국제회의 전시 인프라인 MITEC 전시장을 2017년에 완공, 삼성엔지니어링은 뻥어랑(Pengerang) 지역의 석유화학단지를 2016년에 수주하여 2021년 기준 공사 중이고 현대엔지니어링은 2017년에 말레이시아 최대 규모 화력발전소인 말라카 종합화력발전소 건설을 수주, 한국전력공사는 2017년에 Tadmax사와 공동으로 뿔라우 인다(Pulau Indah) 가스복합발전소 건설을 수주하였다.

(3) 소매, 유통 · 서비스

말레이시아 진출의 성공사례가 된 코웨이는 현지 식수 등에 대한 안정성 이슈가 꾸준히 제기됨에 따라 2006년에 진출, 2021년 기준 100만이 넘는 고객을 보유하며 정수기 렌털 서비스를 제공하고 있으며 말레이시아 정수기 시장 점유율 1위를 기록하고 있다. 코웨이는 말레이시아 현지인들을 채용하여 교육하고 동기부여를 하면서 한국기업 '현지화'의 성공 사례가 되었다. 또한 2020년에는 이러한 공급망을 기반으로 비데, 공기청정기 등 사업 영역을 확장하였다.

또한 말레이시아의 방송, 통신, 인터넷 환경이 ASEAN 지역 중 우수하고 쇼핑문화도 발달해 있는 점에 착안하여 GS 홈쇼핑은 2015년에 말레이시아 최대 미디어 그룹인 Astro사와 손잡고 홈쇼핑 채널 'Go Shop'을 개국하였고, 2016년에는 CJ오쇼핑이 말레이시아 최대 민영방송사인 미디어 프리마와 손잡고 'CJ Wow' 홈쇼핑 채널을 통해 현지 소비자들에게 친숙하게 접근하여 2021년 기준 메이저 미디어사와 손잡은 한국계 홈쇼핑 채널들은 한국 제품을 포함한 여러 소비재 제품을 TV 채널을 통해 활발하게 소개하며 판매 중에 있다.

이 밖에 식음료 프랜차이즈들의 진출도 늘고 있는데 교촌 치킨, 비비큐, 네네 치킨 등 치킨 체인점들의 진출과 달콤(Dalkomm) 커피, 이삭토스트 등 커피 · 디저트 프랜차이즈들도 진출해 있고 운송 분야에서 대한한공이, 물류 분야에선 CJ 대한통운이 2016년도에 현지 2위 종합 물류업체인 센추리 로지스틱스(Century Logistics)를 인수하여 현지 민간 물류업체 1위에 등극하였다.

4

말레이시아의 미래

1) 경제 예측

    신자유주의 퇴조, 세계 경제의 블록화, 미·중의 디커플링(dicoupling)[1], 유가 불안, 코로나19 팬데믹(pandemic) 현상 등 세계 경제에 불확실성이 증가한 대외 현상과 더불어 나집(Najib Razak) 총리 집권 시기(2009년 4월~2018년 2월) 재정 건전성에 문제가 드러나 정권 교체 후 불안해진 정치 상황과 정부 지출 억제를 유지할 수밖에 없는 상황에다 코로나19까지 겹쳐 말레이시아의 경제는 향후 몇 년간 상당한 도전을 받을 것으로 예상된다. 말레이시아 정부도 이 점을 인지하고, 현 정부 들어서 재정 건전성을 유지하는 선에서 경기 회복에 대한 중장기 플랜과 이에 따른 구조조정을 실시하고 있다. 또한 말레이시아는 ASEAN 내 다른 국가와 다르게 잠재적인 인종 문제를 안고 있는데 마하티르 집권 1기와 2기를 통해 다소 안정감을 찾는듯 하였으나, 마하티르 퇴임 후 말레이와 중국계 사이에 다시 긴장감이 조성될 수 있는 상황에 놓이게 되었다. 이 부분은 현 정부인 무히딘 정권의 당면 과제이기도 하다. 실제 부미푸트라 정책(말레이계 우대정책)을 실행했던 마하티르 집권 1기 때 정부의 대형 프로젝트들에 중국·인도계 업체들이 참여할 수 있었으나 2020년에는 이를 말레이계들이 독식하는 추세이고 이에 불만을 품은 중국계 YTL그룹은 본사를 싱가포르로 옮기는 일까지 발생하였다.

---

1) 디커플링은 일정 국가의 경제가 인접한 다른 국가나 보편적인 세계의 경제흐름과 다르게 독자적인 움직임과 흐름을 보이는 현상을 의미하는 '비등조화' 또는 '탈동조화'를 뜻함.

오랫동안 실시되어 왔던 말레이 우대 정책인 부미푸트라(Bumiputra)에 대한 중국, 인도계의 불만을 어떻게 조율하는지 여부가 향후 말레이시아 경제의 불확실성을 통제할 수 있는 변수라고 생각된다. 하지만 코로나19와 미·중 무역전쟁 등으로 인한 경제성장률에 대한 일시적인 퇴조는 말레이시아만 겪는 상황이 아닌 전 세계적인 현상이기에 이를 얼마나 빨리 극복하느냐가 관건이다. 이러한 측면에서는 세계은행의 다소 암울한 전망에 비해 긍정적인 요소들이 분명히 있는 곳이 바로 말레이시아다. 말레이시아가 이 부분에 대해서 다른 ASEAN 국가보다 유리한 점들을 살펴보도록 하자.

(1) 든든한 경제 기반인 천연자원

말레이시아가 세계 경제 위기 속에서도 충격이 덜했거나 회복이 빨랐던 이유는 바로 풍부한 천연자원이 있기 때문이다. 원유 및 천연가스, 팜유, 야자유, 고무, 주석 등의 자원이 전통적으로 말레이시아 국가 재정을 뒷받침해 주고 있다. 물론 유가와 환율이라는 '복합적인 상황'에 따라 천연자원의 중요도가 움직일 수는 있으나 말레이시아 국민들 사이에서도 이러한 천연자원은 경제 위기 시 든든한 버팀목이라는 의식이 강해 심리적인 면으로도 매우 긍정적인 요소라 할 수 있다. 또한 2020년 초부터 시작된 저유가 시대가 마무리되면서 유가가 상승되고 있기 때문에 말레이시아 입장에서는 이 부분 또한 경제 회복에 있어 기대를 걸 만한 요소라 할 수 있다.

(2) 1980년부터 추진해 온 제조업 정책

앞에서 언급한 마하티르 정권에서의 경제 정책 슬로건은 'Look East'로 불리우는 동방정책이었으며 산업적으로는 일본과 한국의 제조업 정책을 본받자는 내용이었다. 이때부터 말레이시아는 제조업 유치에 노력을 기울여왔고 2021년 현재까지 이 정책이 충실히 실행되어온 결과로 전기 전자, 자동차, 석유화학, 철강 등 여러 분야의 세계적인 제조 브랜드들이 공장을 설립하고 생산 설비를 운용 중에 있다. 또한 자국 산업의 육성에도 힘을 기울여 ASEAN 국가에서 유일한 자체 자동차 브랜드(프로톤(Proton), 프로두아(Perodua))를 2개나 보유하고 있기도 하다. 이로 인해 자동차 수출 규모를 키울 수 있게 하였고, 고용 시장에 있어서도 매우 긍정적인 영향을 주었다. 말레이시아에는 의외로 반도체 회사들이 많은데,

Infenion, On Semiconductor, Texas Insctrument, STMicro electronics 등(Micron 은 싱가포르에 위치)이 말레이반도 북쪽으로부터 서해안을 따라 남쪽까지 연이어 위치하고 있는데, 이 회사들이 각 주에서 상당한 고용을 책임지고 있다. 왜 이렇게 많은 반도체 공장들이 있을까 호기심이 들어 한번 조사를 해 본 적이 있는데 여러 가지 이유가 있지만, 지질학에 강한 독일이 여러 국가의 지질 조사를 해 본 후 지반이 가장 안정적인 말레이시아를 반도체 제조 기지로 선택했다는 설이 있는데 상당히 설득력이 있다고 본다. 참고로 말레이시아에서 가장 큰 반도체 제조 공장을 운영하는 Infenion은 독일계 회사이다. 말레이시아 반도체 산업이 말레이시아 제조업에서 차지하는 비중은 약 7%이고, 말레이시아 반도체 산업은 다국적 기업의 통합 생산의 일부분인 패키징 및 테스트를 주로 담당하고 있다.

(3) ASEAN 국가 중 높은 소득 수준과 발달된 인프라

말레이시아의 1인당 국민 소득은 약 11,000$ 정도(약 1,300만 원)로 ASEAN 국가에서 싱가포르, 브루나이 다음으로 높아 민간 소비 시장의 형태가 다른 ASEAN 국가들과는 다르다. 특히 중산층 이상의 인구 비중이 ASEAN 역내 국가 중 높은 편이다. 따라서 고부가가치의 상품들이 진출할 여력이 충분하며 소비재 유통 판매망·결제망도 다양하게 갖추어져 있어 말레이시아 정부의 Industry 4.0 정책이 빨리 시행될 경우 내수 진작 및 경기 회복이 빠르게 이루어질 여건이 충분하다. 이와 함께 이미 ASEAN 역내에서 싱가포르와 함께 독보적으로 잘 발달된 항만, 공항, 고속도로, 철도 등 기본 인프라가 충분하고, 특히 기존 수도인 쿠알라룸푸르 인구 과밀과 인프라 수도 집중을 분산하기 위해 1999년도부터 행정수도 이전 프로젝트를 가동하여 2001년 대부분의 정부 청사를 푸트라자야(Putrajaya)로 이전하고 이 지역을 연방 직할구로 승격시켰다. 또한 푸트라자야 바로 옆에 싸이버자야(Cyberjaya)라는 현대적인 계획도시를 지어 세계적인 IT 기업들을 유치하여(IBM, Dell, DHL, HP 등이 이곳에 다 있다) 국가 균형 발전을 꾀하고 있다. 이는 세계적으로 성공한 행정도시모델로 평가받고 있으며 앞서 언급하였듯이 한국의 신행정수도인 세종특별자치시의 롤 모델이 되기도 하였다. 2020년 들어 물류 쪽에서는 어쩌면 한국보다 앞선 비즈니스(대표적인 사례가 Grab)가 진행되고 있고 빠르게 소비자들의 호응을 얻고 있는 면도 말레이시아 경제 전망에 있어 긍정적인 요소라 할 수 있다.

2) 향후 동향

KOTRA(대한무역투자진흥공사)에서는 세계 경제의 불확실성 속에서 이에 대한 타계책으로 말레이시아 정부가 제시한 정책들을 확인한 바 있는데 주요 내용은 아래와 같다.

> **POINT**
>
> 말레이시아는 2020년까지 고소득 국가(1인당 국민소득 12,056달러) 진입을 목표로 하는 11차 말레이시아 계획(2016~2020년)을 2018년 10월 중간 검토를 통해 2024년까지 달성하는 것으로 연기하고 사회경제정책의 6대 축을 설정하였다.

[표 6-9] 고소득 국가 진입 전략 6대 축

고소득 국가 진입 전략 6대 축
1. 공공서비스 투명성 재고 및 지배구조 개혁
2. 포용적 경제 발전 및 복기 확충
3. 지역 균형 발전
4. 인적 자원 역량 강화
5. 친환경 지속 가능 성장
6. 경제 성장 강화

출처: Ministry of Economic Affairs[5]

말레이시아의 위의 6가지 사회경제정책의 배경과 그 의미를 분석해 보도록 한다.

(1) 공공서비스 투명성 제고 및 지배구조 개혁

2018년 말레이시아가 역사상 첫 정권 교체를 이루어낸 계기는 아쉽게도 전 나집(Najib Razak) 정권의 '1MDB scandal'이라 불리는 부정·부패 때문이었다. 따라서 현 정권은 이에 대한 국민의 열망을 정치에 담아내야 했고 6대 축의 정책은 이를 배경으로 만들어진 것으로 보인다. 많은 국민들이 국가 재정의 투명성과 효율성에 대해 의구심을 품고 있는 것이 사실이고 이것이 국가 발전을 저해한다고 생각하는데 정치에 대한 전체적인 국민 관심이 결코 낮지 않음을 보여주는 현상이라 할 수 있다. 따라서 말레이시아 정부는 재정 건전성에 중점을 두되, 정부 지출의 효율성과 투명성을 높이려고 구체적인 세부 계획들을 모색하고 있는 중이다.

(2) 포용적 경제 발전 및 복지 확충

말레이시아는 다인종 국가로 1969년 인종 폭동을 계기로 말레이계 우대 정책인 '부미푸트라(Bumiputra)' 정책을 이어오고 있다. 이는 중국계가 경제에서 차지하는 비중이 너무 높아서 인구 비례로 이 불균형을 해소하고자 하는 취지로 실시한 제도이다. 일정 부분 효과를 거두기도 했지만 여전히 소수의 중국계가 차지하는 경제의 비중이 높고 가장 2020년에 들어서는 이를 역차별로 느끼는 중국계들이 늘어나면서 오랫동안 이어오던 부미푸트라 정책이 말레이시아 경제에 잠재적인 위협요소가 되고 있다. 이런 미묘한 갈등에 대해 말레이시아 정부도 인식을 하고 있다. 일례로 2014년 실시한 GST제도(한국의 부가가치세)를 2018년 폐지하여 세제 개편으로 중국계 자본가들에게 유화적인 정책을 실시하고 동시에 최저 임금 인상, 저소득층 지원 확대, 유가 안정(여기서 유가는 소비자들이 이동 수단에 필요한 휘발유 가격으로 말레이시아에서 대단히 민감한 부분이 바로 휘발유 가격) 등의 정책으로 민생 경제를 고려하고 있다는 메세지를 보내면서 조화로운 경제 발전을 모색하고 있다.

(3) 지역 균형 발전

한국도 국가 발전에 있어 주로 서울 등 수도권에 집중되는 현상이 있는데 말레이시아 상황도 한국의 이런 상황과 매우 흡사하다. 쿠알라룸푸르로부터 서쪽 해안가의 Port Klang까지의 지역에 산업 시설이 집중되어 있는데 통상 이 지역을 'Klang Valley'라 부르고 사실 2021년 현재까지 말레이시아의 경제 발전은 이곳을 집중적으로 발전시킨 결과라 해도 무방할 정도이다. 이 때문에 Klang Valley 인구 집중, 부동산 가격 상승, 지방의 젊은 층 이탈 등이 문제라고 할 수 있는데, 말레이시아는 향후 '균형 발전'을 이루기 위해 말레이반도와 동말레이시

아를 아래와 같이 큰 권역으로 나누고 [표 6-10]과 같이 각각의 발전 전략을
수립하였다.

[표 6-10] 말레이시아 지역별 발전 전략

구분	권역	주요 지역명	발전전략명
말레이반도	남부지역	Johor(조호르) 주	Iskandar Malaysia
	북부지역	Kedah(케다) 주	Northern Corridor Economic Region
	동부지역	Terengganu(테렝가누) 주	East Coast Economic Region
동말레이시아	서부지역	Sabah(사바) 주	Sabah Development Corridor
	동부지역	Sarawak(사라왁) 주	Sarawak Corridor of Renewable Energy

출처: Ministry of Economic Affairs, KOTRA 인용[5]

이 계획에 있어 외국인 투자 유치가 굉장히 중요한데 향후 이 부분에 있어
말레이시아 정부는 많은 노력을 기울일 것으로 보인다. 제조업 탈중국화 과정에
서 ASEAN 국가로 향하는 생산기지 이전에 막대한 관심을 나타내며 외국기업을
유치하는 정책이 실시될 것으로 보인다.

(4) 인적 자원 역량 강화

한국의 '신남방정책' 훨씬 이전부터 말레이시아는 '동방정책'을 자국의 인적
자원 역량 강화의 중요한 방식으로 삼고 추진해 오고 있다. 'Look East Policy'라
고도 불리는데 말레이시아의 산업화를 이루기 위해 적극적으로 선진국들의 해
외 생산기지를 유치하고 이를 지탱할 우수한 기술 인력들을 확보하기 위해 만들
어진 동방정책은 초기에 주로 일본을 모델로 삼고 많은 젊은이들을 일본에 보내
기술을 배워오게 하였다. 이는 성공을 거두었고 오늘날 말레이시아가 전기 전자
및 자동차 산업이 강할 수 있게 된 배경이었다.

최근 4차 산업혁명이 본격적으로 진행되면서 이에 따른 구조 변화 흐름에 뒤
처지지 않기 위해 말레이시아는 제2차 동방정책 혹은 동방정책 2.0을 새로이 추
진하고 있는데 바로 이 부분에서 전 총리인 나집 라작(Najib Razak)은 한국이 롤

모델이라고 선언하였다. 첨단 테크놀로지, 기술인력 양성, 고부가가치서비스 산업, 안전하고 재생 가능한 에너지, 중소기업의 근대화, 노인복지 시스템 6가지 분야를 제시하고 한국으로부터 배울 뿐 아니라 교류 및 파트너십을 통해 동반성장을 모색하면서 이를 통한 인적 자원 역량 강화를 기대하고 있다. 말레이시아의 인적 자원 역량 강화의 세부 정책은 다음과 같다.

[표 6-11] 인적 자원 역량 강화 세부 정책

인적 자원 역량 강화 세부 정책
1. 노동 시장의 고숙력 노동자 비중 35% 이상
2. 고숙력 일자리와 미래 경제 분야에 대한 부미푸트라 노동력 비중 확대
3. 인적자원개발기금(HRDF)의 40%를 4차 산업혁명 관련 기술 훈련에 투자
4. 대입시험(SPM) 수료자의 60% 이상 직업기술교육(TVET) 이수
5. 산업계 필요/요구에 기반한 대학 및 기술교육기관 프로그램 구성
6. 다국적기업 내 경영·전문 분야 담당 현지/부미푸트라 직원 비중 확대

출처: Ministry of Economic Affairs, KOTRA 인용[5]

(5) 친환경 지속 가능 성장

산유국인 말레이시아는 석유·가스 분야를 중심으로 한 에너지 분야가 국민소득 및 국가 재정에 높은 비중을 차지하기 때문에 국가적 국민적 관심도가 상당하고 관련 분야의 기술력도 상당하다. 동방정책 2.0에서 말레이시아는 6대 중점사항 중 하나로 '안전하고 재생 가능한 에너지' 개발을 꼽았고 2020년에 태양광 발전소에 대한 지원이 늘어나고 있는 추세이다. 기존에 팜 농장이었거나 특별한 용도가 없었던 땅을 활용하여 많은 태양광 발전소들이 건설되고 있다.

(6) 경제성장 강화

말레이시아 경제 정책의 핵심은 '지속적이고 안정적인 성장'이다. 이를 위한 정부의 노력은 크게 4가지로 구분이 되는데 첫째, 외국 자본의 유치를 통해 금융, 교육, 의료 등 서비스업 분야를 중심으로 ASEAN의 허브 구축 추진, 둘째, 자원 주도형에서 첨단·고부가가치 산업으로의 전환(예: IT 산업을 키우기 위해 Cyberjaya IT 단지 조성). 셋째, 제조 중심 선진 경제 습득을 위한 동방정책 2.0 및 실용주의 경제 노선 추진, 그리고 마지막으로 지리적 문화적 이점을 십분 활용한 식음료, 금융 서비스 등에서 할랄(Halal) 산업[2] 선도 등이 그것이다.

---

2) 할랄 산업: 아랍어 '할랄(Halal)'은 '신이 허용하다'라는 뜻으로 이슬람 율법이 허락했다는 의
미로 할랄 산업은 약 20억 명의 이슬람교도를 위한 제품을 만드는 산업으로 육류 중에서는
이슬람 율법에 따라 도살·처리·가공된 염소·닭·쇠고기 등이다.

5
한국 기업의 말레이시아 진출
A TO Z

1) 말레이시아에 진출하기 위한 한국 기업의 진출 프로세스

어느 나라가 되었든 기업이 새로운 시장 개척을 위해 타 국가로 진출하는 것은 사업의 성패 여부를 떠나 그 시작부터가 쉽지 않은 것이 현실이다. 각 국가마다 회사 운영법이 다르고 세법이 다르고 관습과 관행도 달라 한 국가로 진출을 하기 위해서 회사 운영 전반에 관한 그 나라의 법을 어느 정도 확인하는 것은 그 나라의 시장성을 확인하는 것만큼이나 중요하다 하겠다. 해외 사업 활동의 첫 단계라 할 수 있는 말레이시아 법인 설립 절차를 관련 법들과 함께 알아보도록 하겠다.

[표 6-12] 말레이시아 법인 설립 절차

말레이시아의 법인 설립 절차 6 Steps

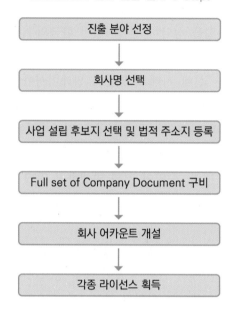

(1) 진출 분야 선정

말레이시아에서 법인 설립 시 가장 중요한 것은 첫 시작이다. 말레이시아의 비즈니스는 'license' 비즈니스라 할 정도로 라이선스가 중요하다. 각 분야별로 라이선스 획득 절차가 다르고 정부의 요구 조건도 다르고 세법도 다르기에 진행하고자 하는 사업의 특수성을 무시하고 일반적인 방식으로 회사설립을 진행하면 추후 사업 진행에 차질을 빚을 수 있고 심할 경우 라이선스를 획득하지 못하여 애써 설립한 법인이 헐값에 현지인에게 넘어가는 경우가 생길 수도 있다.

따라서 제조업, 건설업, 유통업, 서비스업 등 진행하고자 하는 사업 분야에 획득해야 할 현지 라이선스가 있는지, 그리고 그 라이선스가 외국인 혹은 외국 법인이 획득할 수 있는지 반드시 확인하여야 하고 지분 구조 또한 50% 이상을 보유할 수 있는 사업 분야인지를 사전에 확인하는 것이 매우 중요하다. KOTRA 에서 확인한 실패 사례를 보면 이에 해당되는 사례를 확인할 수 있다. 물(水)처리 플랜트 부품을 전문적으로 생산하는 한국의 A사는 단순히 현지 시장성만 확인하고 말레이시아 현지 대형 하수처리 기업 B사와 수출 관련 작업을 상당히 진행을 시켰다. 그러던 중 관련 부품이 말레이시아 현지에서 필수로 획득해야 하는 SPAN(말레이시아 국가 수자원 서비스 위원회) 등록 여부가 이슈가 되어 B사는 급히 A사에 이를 확인하였으나 A사는 이에 대한 정보가 전혀 없었다. 현지 사정을 자세히 모르고 일을 상당히 진행시켰던 한국의 A사는 결국 해당 라이선스 문제로 납품이 취소되었다.

지분 문제와 관련한 실패 사례도 있는데 말레이시아에 진출한 C사는 현지 파트너의 '해당 분야는 외국인 지분 50% 이상이 불가한 분야'라는 말을 믿고 지분 50% 이상을 현지 파트너에게 주며 사업을 시작하였는데 사업이 어느 정도 궤도에 오르자 현지 파트너가 공동투자회사의 경영권 대부분을 행사하며 이익의 대부분을 비용으로 처리, 수익이 거의 발생하지 않게 함으로써 정당한 수익 분배를 가로막았다. 사실 해당 분야는 외국인이 50% 이상의 지분을 보유해도 되는 분야였다고 한다.

이처럼 말레이시아 진출을 위해서는 일반 법인 설립 절차와 더불어 해당 분야의 구체적인 환경을 자세히 살피는 것이 매우 중요하다. 개인적으로 이 부분에서 리스크를 줄이기 위해서는 사업적 파트너도 중요하지만 현지 시장과 해당 분야에 안착을 전반적으로 도울 파트너 또한 중요한데, 이 부분은 현지에 있는 많은 Secretary회사들(한국 개념으로는 회계법무 사무실 정도)의 서비스를 받을 수 있다. 현지 파트너를 잘 선정하는 것이 말레이시아 진출에 도움이 될 것이다.

(2) 회사명 선택

회사명 등록은 SSM(Suruhanjaya Syarikat Malaysia)이라는 기관에서 관할하는데 30링깃(약 8,100원)을 주면 회사명 사용 여부를 확인해 준다. 조회에는 2~3일 정도 소요되며 확인 후 사용이 가능한 회사명이면 SSM에 정식 등록이 되고 Form 9(Borang 9)이라는 Letter가 발급된다(등록비는 1,000링깃, 약 27만 원). 여기에 사업 분야를 지정하게 된다. 핵심적인 절차는 아니지만 여기서 나오는 Form 9은 말레이시아에서 사업을 하다 보면 모든 관공서에서 요구되는 중요한 서류이고 통상 'Full Set of Company Document'에 반드시 들어가는 중요한 서류이다. 말레이시아는 다음과 같이 회사법상 5가지 회사의 형태가 있다.

- Sole Proprietorship
- Partnership
- Limited Liability Partnership(LLP)
- Private Limited Company/SendirianBherhad(Sdn.Bhd.)
- Public Limited Company/Berhad(Bhd.)

외국인 혹은 외국 법인이 말레이시아에 진출 시 설립할 수 있는 법인의 형태는 'Private Limited Company', 즉 SendirianBherhad이다. 한국 개념으로 Co. Ltd.(책임의 정도가 있는 주식회사)라고 보면 무방하다. 예를 들어 SSM에서 사용 가능 여부 확인을 받은 회사명이 'ABC'라면 회사의 정식 명칭은 'ACE Snd. Bhd.'가 된다.

(3) 사업 설립 후보지 선택 및 법적 주소지 등록

회사 등록 후에 사업을 시작할 지역 선택의 시간이 주어진다. 제조업의 경우 물류와 인력 조달이 용이한 곳에 위치를 선정하듯이 각 사업 분야에 따라 최고의 입지 조건을 찾아 지역을 선정한다(특별한 경우에 임시 주소로 등록 후 추후에 주소지를 변경할 수 있다).

(4) Full Set of Company Document 구비

회사 운용에 관한 가장 기본이 되는 서류들을 구비하는 작업인데 단순히 서류를 준비한다는 개념보다는 각 서류에서 요구되는 부분을 충족시키는 과정이라 생각하면 쉬울 것이다. 회사 정관 작성(M&A: Memorandom and Article of Association), 이사진 구성, 주식 구조 확립, SSM(Approval letter of Company name), 이사진 및 회계 사무소의 사업보고서(외부감사관련) 등의 작업들이 필요하고, 이를 마치면 각각 해당되는 서류들을 정부 인증받아(Certified True Copy라 함) 보유하게 된다. 보통 Full set of company document라 하면 아래 서류들을 말한다.
- M&A
- Form 9(SSM)

- Form 24
- Form 44
- Form 49

(5) 회사 어카운트 개설

법인 설립을 마치고 모든 기본 서류들이 구비가 되면 비로소 현지 은행에 계좌를 개설할 수 있다. 서류만 준비만 잘 되어 있다면 은행 계좌 개설은 비교적 어려운 절차는 아니지만 은행 시스템이 한국과는 상당부분 다른 점이 많아 각 회사의 회계 담당자들은 이 부분에 대한 사전 조사를 하면 많은 도움이 될 것이다. 말레이시아는 아직도 회사들의 주 결제 방식이 Check(수표)를 발행하는 것이다. 처음에 상당히 이질적인 느낌이 들기도 한 부분인데, 발행된 Check의 전달 방식, clearing(청산)에 걸리는 시간, 직접 수기로 내용을 적어넣는 방식 등은 어찌보면 상당히 비효율적인 방식이 아닌가 싶기도 했지만 익숙해지면 업무에 그리 큰 지장을 줄 정도는 아니며 한편으로는 안전성이 높은 방식이기도 하다. 예금의 입출금 부분도 한국보다는 까다로운데 특히 출금의 경우 그리 많다고 생각하는 금액이 아님에도 불구하고 출처나 근거 자료를 요구하는 은행들이 많다. 심지어 법인 계좌가 아닌 개인 통장에서의 출금조차 출금하는 목적이나 근거 서류를 요구할 때도 있다. 전체적으로 은행 업무는 느리지만 안정적이란 느낌을 받고 요즘엔 한국처럼 인터넷 뱅킹이 점점 확산되어 은행 업무 또한 변화되는 움직임이 있다.

(6) 각종 라이선스 획득

해당 산업 및 업종에 필요한 라이선스들이 있는데 이것은 필수적으로 획득해야 할 요소들이다. 생산 시설의 경우 Factory License가 있어야 하고, 제품의 경우도 다양한 라이선스들이 있어 사전에 잘 확인한 후 획득절차를 거쳐 사업에 필요한 라이선스를 확보해야 한다. 말레이시아의 Business License는 크게 2가지로 나뉘는데, 'General License'와 'Industry-Specific License'가 그것이다. 'General License'는 모든 비즈니스 주체들이 필수로 획득해야 하는 기본적인 라이선스다. 일부 업종들은 바로 이 'General Lincese' 획득으로만 비즈니스가 가능하다. 그래서 통상적으로 'Business License'라고도 명칭된다. 'Industry-Specific License'는 업종, 제품 등에 따라 매우 다양한 종류가 있다. 'WRT License'라는 것이 있는데 'Common Trade License'라고 하여 다음의 4가지 업종에 필요하다.

- Services & Consultancy
- Franchise
- Retail
- Restaruant Businesses

위의 4가지 업종의 비즈니스를 하려면 이는 필히 획득해야 하는 라이선스다. 특히 외국계 회사에서 DP10 Work Permit(취업 및 노동허가)을 신청하려면 이 WRT License를 서류에 첨부해야 한다. 한번 획득하면 2년간 유효하며 매 2년 갱신할 수 있다. 또한 생산 설비를 운용하기 위해서는 'Factory License'를 획득해야 하며 그 과정에서 'Bomba License(한국의 소방 인증)' 등 부가적인 라이선스를 획득하는 경우도 있다. 라이선스 미취득으로 말레이시아 시장 진출에 실패한 사례가 있으므로 이를 잘 확인하여 진행한다면 좀 더 안정정으로 사업을 진행할 수 있는 중요한 부분이 바로 이 라이선스 획득 및 확인 작업이라 할 수 있다.

2) 진출 사례(코웨이)

한번이라도 ASEAN 국가에 여행 혹은 비즈니스 출장을 경험해본 분들은 알겠지만 '마시는 물'의 사정이 한국과는 확연히 다르다는 것을 알 수 있을 것이다. 그나마 사정이 좀 나은 말레이시아조차도 상수도의 수질은 그리 좋지 못한데 대부분의 중산층 이상의 가정은 집으로 들어오는 상수도관에 워터 필터를 설치하여 한번 걸러진 물을 사용하고 마실 물은 따로 정수기를 설치하는 경우가 대부분이다. 이렇게 이미 정수기 시장이 형성되어 있던 말레이시아에 2006년 코웨이가 진출하여 큰 반향을 일으켰고 성장에 성장을 거듭해 2021년 기준 말레이시아 정수기 시장 1위 업체로 등극하게 되었는데 앞에서 언급했듯이 코웨이의 말레이시아 진출 성공사례는 말레이시아를 떠나 ASEAN 전체 시장에 진출하려는 한국 기업들에게 시사하는 바가 크기에 그간 여러 기관이나 미디어에서 성공사례를 연구 혹은 집중 조명하기도 하였다.

말레이시아 쿠알라룸푸르 무역관의 조사에 의하면 2019년 기준 한국의 대(對) 말레이시아 수출 상위 15위 기업은 대부분 반도체, 석유화학, 철강 분야인데, 이 가운데 유일하게 소비재 기업으로 순위 안에 드는 기업이 바로 '코웨이'이다. 사실 지금까지 한국 기업의 해외 진출 사례는 제조업, 건설업이 대부분이었다. 한국의 제조업은 사실 특정 국가를 겨냥하거나 특정 시장 진출이 아닌 세계 시장을 대상으로 하는 경우가 대부분이기 때문에 생산 공장의 해외 이전의 성격이 강했고, 건설업의 경우는 현지 시장을 타깃으로 하는 것은 맞지만 사업 특성상 수주에 성공해야만 지속성을 가질 수 있는 분야였다. 그러나 2020년 전후로 우리의 세계 시장 진출 방향은 소비재, 문화 콘텐츠, 서비스 등의 분야로 확산되면서 그 어느 때보다도 현지 시장과의 접촉 혹은 '서비스 현지화'를 중요시하게 되었는데 코웨이 말레이시아는 이런 면에서 굉장히 모범적이고 시사성이 큰 사례라 할 수 있다. 2019년 KOTRA 쿠알라룸푸르 무역관의 자료를 토대로 코웨이의 말레이시아 현지 위상을 살펴보면 아래와 같다.

(1) 코웨이의 발자취

① 코웨이 말레이시아의 성장과 시장점유율

2006년 현지 법인 설립 이후 꾸준한 현지화 노력 끝에 2015년 정수기 수입 시장 1위를 차지, 이후 아래와 같이 지속적으로 시장 점유율을 넓혀가고 있고 2019년 이후 독보적인 1위를 유지하고 있다.

[표 6-13] 말레이시아 정수기 수입 동향

말레이시아 정수기 국가별 수입동향(HS Code 842121)

(단위: KUSD)

수입국	2016	2017	2018	2019.1.~7.
전 세계	186,653	256,372	280,484	162,608
한국	87,062	144,794	175,997	102,642
중국	23,180	30,371	32,310	23,419
미국	22,221	21,859	18,852	7,508

수입국	2016	2017	2018	2019.1.~7.
일본	14,502	15,837	16,634	10,950
싱가포르	8,918	6,019	5,260	4,578
영국	2,145	1,668	5,148	1,376
대만	6,179	4,856	4,713	3,325
인도	1,670	1,610	3,049	798
독일	4,670	10,787	2,783	1,872
이탈리아	947	3,218	1,658	608

출처: World Trade Atlas[4]

② 코웨이 말레이시아의 현황

[표 6-14] 연도별 account 증가 표

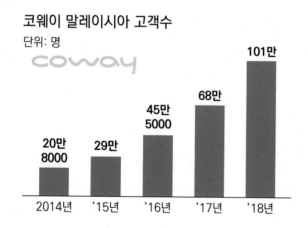

코웨이 말레이시아 고객수
단위: 명

자료: 코웨이[6]

2006년 5월 말레이시아 법인을 설립하여 주요 취급품목은 정수기, 공기청정기, 비데 등이며 정수기와 공기청정기가 95% 이상을 차지하였다. 코웨이 말레이시아 법인은 쿠알라룸푸르 시내에 위치한 ILHAM 빌딩에 있으며, 본사에 300명 근무, 말레이시아 전역 160여 지점에 1,000여 명의 사무직원들이 근무 중이다. 서비스 코디, 판매자, 기술자 등 기타 고용인원이 약 7천 명을 합하여 총 1만 2,000명 규모의 인력이 고용되어 있다. 이 중 대부분의 서비스 코디 및 판매자들이 여성으로 이루어져 있는데 이로 인해 말레이시아 코웨이는 2013년 말레이시아 국제통상 산업부(MITI)로부터 '말레이시아 여성에게 취업 기회를 제공해 지역 사회 고용 활성화에 기여한 점'을 인정받아 'CSR 우수기업' 장관상을 수상하기도 하였다. 2019년 10월 기준으로 120만 고객 계정을 돌파하였고 독보적인 시장점유율 1위를 차지하고 있다.

(2) 코웨이의 말레이시아의 성공 요인

① 철저한 시장 조사

포화한 국내 시장을 벗어나 신시장 개척을 위해 코웨이는 2005년 해외 진출을 모색하고 있었는데 그 일환으로 박재영 글로벌방판사업부문장이 시장 조사차 2005년 10월 말레이시아에 첫발을 디디게 된다.

> "외롭고 막막했습니다. 무엇부터 해야 될지 모르겠고, 빨리 한국으로 돌아가야겠다는 생각만 했죠. 국내 기업들이 해외에 나가야 산다는 말은 너무 자주 들었습니다. 5,000만 인구밖에 안 되는 국내 시장에서 무엇을 할 수 있겠냐고, 해외가 아니면 살길이 없다고 누구나 말은 쉽게 합니다. 하지만 해외에 처음으로 현지 법인을 설립해 본 개척자라면 알 겁니다. 그 길이 얼마나 험난하고 외로운 길인지를…."
>
> 〈매일경제 인터뷰 인용〉[7]

2005년 10월 처음 말레이시아에 온 박재영 법인장은 2014년 9년간의 말레이시아 법인장 생활을 마치고 국내로 돌아와 2018년 매일경제 인터뷰에서 말레이시아에 첫발을 내디뎠을 때를 위와 같이 회상하였다. 영업망도 조직도 인지도도 없는 상황에서 무엇을 어떻게 해야 할지 얼마나 막막했을까 짐작을 할 수 있다. 그러나 말레이시아 도착 후 약 4~5개월간의 시장 조사를 한 후, 코웨이는 경영진의 고민 끝에 2006년 5월 법인을 설립하게 된다. 시장 조사 기간 동안 ASEAN 중에서 비교적 중심에 위치한 말레이시아의 지정학적 위치와 당시 동남아 국가로는서는 비교적 높은 수준인 7,500$ 정도 되는 1인당 GDP, 즉 국민의 구매력 수준, 소비성향, 관련 업계 현지 시장 상황 등 다각인 시장 조사와 분석은 코웨이가 말레이시아에서 가장 성공적인 해외 진출 사례가 되게 하는 밑거름이었다.

② 완벽한 현지화

코웨이 말레이시아 법인은 앞에서 언급했듯이 99%는 현지 말레이시아인으로 구성되어 있다. 말레이시아 본사를 위시해 각 지점, 코디와 기술인력, 판매망 대부분의 조직이 현지 인력들로 돌아가고 있을 정도로 조직이 현지화가 되어 있고 이는 말레이시아 정수기 렌털 시장 점유율 1위를 유지하게 하는 원동력이 되었다. 특히 사업 초반 품질은 우수하지만 현지인들이 느끼기에 기존 경쟁사들의 가격 대비 30~40% 비싼 코웨이 정수기 가격 문제가 대두되었을 때 이를 양질의 서비스로 극복한 것 또한 현지 직원들의 기민한 노력에 있었다. 한국식의 '빠른 서비스'를 이해한 현지 직원들이 소비자들의 요구사항들을 빠르게 해결해 주었고 2개월마다 고객의 집을 방문해 필터를 갈아주고 워터 탱크 청소 등 수질관리를 하면서 그동안 말레이시아에서 한번도 경험해 보지 못했던 선진적인 '코디' 서비스를 말레이시아 소비자들에게 느끼게끔 해 준 것이 주효했다. 결제 방식에 있어서도 현지에서는 'Installation(설치 후 렌털 또는 할부)'이라고 하는 친숙하고 부담 없는 방식을 택해 일시불에서 오는 가격 부담감을 덜어준 것도 철저한 현지화 방식이었고 이는 당연히 현지인들의 호응을 얻게 되었다. 이는 말레이시아에서 고가의 물건을 구매하는 데 자주 사용되는 '할부금' 개념과 같았지만 코웨이는 말레이시아에 전에 없었던 '정수기 렌털' 개념으로 접근하여 기존에는 없던 '관리받고 있다'는 느낌을 소비자들에게 경험하게 해 준 것이다. 이는 말레이시아에서 입소문을 타고 굉장한 반향을 일으켰다.

[그림 6-4] 할랄(HALAL) 인증 마크

출처: Google image

또한 이슬람 법 '샤리아'에 허용된 항목을 뜻하는 말로 '할랄(Halal)' 인증을 획득하여 무슬림 소비자들이 안심하고 사용할 수 있도록 한 것도 말레이계 고객 수를 늘리는 데 매우 도움이 되었다. 마지막으로 요즘 부각되는 ESG(환경, 사회 공헌, 윤리)로 현지 사회 공헌이 있는데, 2021년 현재까지 2번의(1회 다만사라 지역, 2회 써르당 지역) 마라톤 대회를 개최하여 모두 성황리에 마쳤는데 첫 대회 대비 2회 때는 무려 2,000여 명의 참가자가 늘어나 호응이 매우 좋았다고 한다. 코웨이는 이를 통해 지역 사회 및 지역 주민들과 호흡하고 말레이시아 정수기 시장 1위를 차지하고 있는 'Korean Brand'로서의 위상을 고취시키는 기회로 삼았다.

[그림 6-5] Coway 주관 현지 마라톤 대회

출처: Coway Malaysia[7]

③ 효율적인 광고 홍보

말레이시아 출퇴근자의 90% 이상은 '자가 운전'일 정도로 자가 운전자들이 많고 그만큼 옥외 광고 및 Sign Board 광고가 주목도 있고 효과가 있는데 코웨이는 이를 적극 활용하여 회사와 제품의 인지도를 끌어올렸다. 시장 1위로 올라선 이후로는 좀 줄어들었지만 초기 말레이시아 시장을 적극적으로 공략할 당시

[그림 6-6] 말레이시아 고속 국도의 Coway 옥외 간판

출처: Coway Malaysia[7]

[그림 6-7] Coway 말레이시아의 광고 캠페인

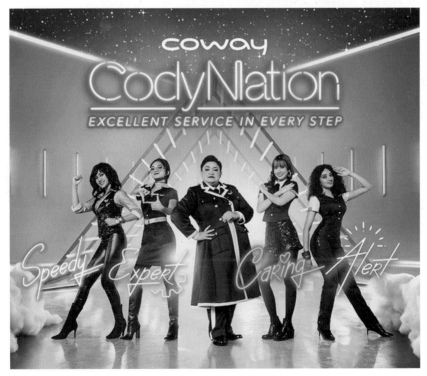

출처: Coway Malaysia[7]

에는 정말이지 공항을 갈 때도 지방 출장을 위해 고속도로를 탈 때도 가장 눈에 띄게 보이는 것이 코웨이 광고였을 때도 있을 만큼 적극적인 옥외 광고를 실시하였는데 이것이 코웨이의 인지도 상승에 매우 주효했다고 한다.

옥외 광고가 얼마나 효과적이었는지 알 수 있는 한 예로 2020년에는 예전 코웨이 광고를 걸었던 Sing Board 자리를 말레이시아 진출 후발 주자인 쿠쿠(Cuckoo) 광고가 차지하고 있는 것을 들 수 있다. 적어도 광고 전략에서는 쿠쿠가 코웨이를 벤치마킹하고 있는 것으로 보인다. 코웨이는 오프라인뿐만 아니라 온라인 광고에도 많은 신경을 쓰는데, 2019년 K팝을 활용한 뮤직비디오 형식의 '코웨이 말레이시아 코디' 광고를 선보여 유튜브에서 짧은 기간에 900만 뷰를 기록하는 등 좋은 반응을 얻었다. 4명의 코디 지망생이 20년 경력의 코디 트레이너로부터 체계적인 교육을 받으며 서비스 역량을 기르고, 코웨이의 핵심 가치를 강화해 서비스 전문가로 거듭나게 된다는 내용의 이 광고는 현지인들에게 인지도가 있는 모델을 기용해 더욱 긍정적인 반응을 이끌어냈다고 한다.

(3) ASEAN 시장에서 코웨이의 성공이 시사하는 바

처음 코웨이는 말레이시아에 앞서 중국과 태국 등에도 진출을 하였는데 말레이시아처럼 두드러지는 성과를 얻지 못했다고 한다. 하지만 말레이시아에서 만큼은 업계 1위 브랜드가 되었고 이제는 그 브랜드 파워를 앞세워 공기청정기, 비데, 매트리스 렌털 사업으로 그 영역을 확장 중이다. 코웨이의 말레이시아 진출 성공이 기대되는 것은 말레이시아가 ASEAN 국가들 내에서 차지하는 위상 때문이다. 먼저 말레이시아는 인도네시아와 언어, 문화 그리고 인종적으로 거의 흡사해 6억 4천만의 인구와 그에 따른 내수 시장을 보유하고 있는 ASEAN 최대 시장의 교두보 역할을 한다고 해도 무방하다. 또 이미 말레이시아에서 획득한 할랄(Halal) 인증[3]은 그대로 인도네시아 시장에 적용할 수 있어서 회교 국가인 인도네시아 진입 시간적 비용적 낭비를 줄일 수 있다. 그리고 말레이시아의 개인 소득 수준이 싱가포르, 브루나이 다음으로 ASEAN 국가 내에서 높은 축에 속하기 때문에 향후 ASEAN 국가들의 소득이 늘어날 경우 그들의 소비 패턴을 미리 알아볼 수 있는 테스트 시장이기에 코웨이의 성공이 더욱 주목을 받을 수 있

---

3) 이슬람 율법(샤리아)에 따라 허용된 것을 의미하는 할랄(HALAL)은 이슬람 국가의 정부 또는 민간기관이 주도하여 제품이 이슬람 율법에 어긋나지 않는 제품임을 인증하는 제도.

다. 코웨이의 성공을 계기로 더욱더 많은 한국의 소비재나 서비스들이 떠오르는 신흥 시장이 ASEAN 시장을 주목하고 진출하여서 한국의 경제 영토를 넓히고 더 나아가 ASEAN 소비 시장의 트렌드를 한국 기업들이 선도해 나가는 계기가 되었으면 한다.

6

말레이시아 시장을 보는 눈

1) 말레이시아 시장에 진출해야 하는 이유

저자가 2004년 이곳 말레이시아에 처음 왔을 때 한국에서 말레이시아의 인지도는 매우 낮은 상태였다. 가족과 친구들로부터의 전형적인 반응은 '그 더운 나라에 왜…' 조금 경제적인 부분을 고려하는 분들로부터는 '거기에 뭐 먹을 게 있다고…' 정도였을까. 하지만 이곳에서 살기 시작하면서 이런 편견을 뒤로 하고 하나둘씩 말레이시아 자체를 알아가기 시작하면서 살다 보니 어느덧 16년이란 시간이 흘렀다. 말레이시아의 첫 인상은 환경이 깨끗했고 사람들이 친절했다. 운이 좋게도 그것은 지금도 유효한 것 같다. 하지만 내 지인들이 가졌던 막연한 편견, '덥고, 먹을 게 없다는(경제적으로 할 게 많지 않다는 의미)' 것이 2021년 현재까지 유효할까? 16년이 지난 지금 다시 생각해 보면 말레이시아가 해외로 시장을 넓히려는 한국 기업들에겐 떠오르는 신흥소비시장의 이미지로 탈바꿈된 것을 느낀다. '이제는 먹을 것이 있다는 뜻'일 것이다.

코웨이처럼 ASEAN, 그중에서도 말레이시아에 주목해야 할 포인트는 너무도 많다. 흔히들 ASEAN 지역은 수준이 낮다고들 하는데 이는 맞기도 하고 틀리기도 하다. 이를테면 기술의 발전도, 정치·시민의식, 관공서의 자세, 사회 간접 자본, 산업화의 성숙도 등 여러 면에서 한국과 비교하면 수준의 차이가 있는 것은 부인할 수 없다. 다만 그간 말레이시아에서 일하고 살았던 경험에 비추어 우리가 미처 갖추지 못했던 부분에서 말레이시아가 강한 부분 혹은 오히려 우리가 배워야 할 부분 또한 있는 것이 사실이다. 따라서 우리가 잘하는 부분은 강점으로 살리되, 우리가 말레이시아 시장에 진출하면서 현지화라는 이름으로 배워야 할 점이 있다면 그 부분에 대해 유연한 자세를 취할 때 비로소 '신남방정책'의 의도대로 한국의 경제 영토를 넓힐 수 있지 않을까 생각하게 된다. 개인적으로 생각하는 말레이시아의 장점들을 열거하고 그 의미에 대해 함께 생각해 보았으면 한다.

2) 말레이시아의 장점

(1) 아시아 유일의 다인종 문화

말레이시아는 ASEAN에서 유일하게 법적으로 다인종·다민족 국가이며 민족 말살 정책을 펴지 않는 나라이다. 대부분의 ASEAN 국가에 중국계들이 살고 있고 특히 이들 화교들은 '화상'으로 불릴 정도로 각 나라들의 경제를 좌지우지할 정도이지만 사실 태국이든 인도네시아든 화교들은 그 나라 주요 인종에 동화되어 살고 있지만 말레이시아에서는 일상에서 중국인들의 언어와 문화를 유지하면서 살고 있다. 역사적으로 볼 때 인도네시아 화교들은 그들의 언어를 사용할 때 탄압을 받았고 이는 타 국가라고 해서 별반 다를 것 없는 상황이다. 거의 모든 ASEAN 국가들에 화교가 있지만 말레이시아처럼 24~26%에 이르는 인구 비율이 높지 않기 때문이다. 말레이시아 독립 당시 말레이계와 중국계 비율이 5:5였다는 설도 있을 정도이다. 영국 식민지 지배를 통한 역사적인 이유로 인해 말레이시아 화교가 많고 인도계 또한 독립 당시 국민으로 인정되어 오늘날에 이르게 되었는데 사실 이 화교와 인도계의 높은 인구비율이 오늘날 ASEAN에서 말레이시아의 위상을 높이게 한 결과라 해도 과언이 아니다. 여러 인종적 갈등의 문제가 내재되어 있음에도 불구하고 나는 이 다양성이 향후 말레이시아에 매우 긍정적 요소라 생각한다. 왜냐하면 바로 이러한 민족 구성 때문에 말레이시아가 개방적이고 유연하고 수용적이기 때문이다. 많은 한국 사람들이 말레이시아에서 살기 좋은 이유로 '편안함'을 꼽는다. 다인종 국가로서 축적되어온 다양성 때문에 여기 사람들은 남의 일에 참견하거나 훈수를 두는 경우가 극히 드물다. 어떻게 보면 남 일에 무관심하다고 볼 수 있다. 평소에도 다양한 인종들이 같이 사는 사회기 때문에 암묵적인 매너가 있고 외국인을 대할 때도 표면적으로 그 매너는 지켜진다. 코로나19 사태 이후 향후 국제 정세가 어떻게 될지 쉽게 예상할 수는 없지만 글로벌 시대에 재화와 서비스 교역이 더욱 늘어난다고 하면 아시아의 네덜란드가 될 수 있는 국가가 바로 말레이시아다. 말레이시아인들은 언어 구사 능력이 매우 뛰어나고 특히 중국계와 인도계의 경우 대학교육을 마치면 기본적으로 3~4개국어(영어, 말레이어, 중국어, 인도어(타밀어))는 능통하게 하는 수준이다. 또한 일부 말레이들은 아랍어를 구사할 수도 있다. 이런 이유로 글로벌 IT업체들이 말레이시아에 많이 진출해 있는데 이들이 영어권과 중국어권을 모두 관리할 수 있기 때문이다. 국제화에 있어 중요한 것이 언어 능력과 다문화에 대한 이해 및 경험 축적인데 이 부분에 있어서 말레이시아 국민들은 단언컨대 ASEAN을 넘어 아시아의 선두 주자다.

(2) 동서양의 접점

말레이시아의 역사 부분에서 언급하였지만 말레이시아는 지리적으로 동서양이 만나는 교착 지점이었다. 이 때문에 대항해 시대에는 동서양 무역의 중심지였고 석유의 시대를 맞이해서는 중동 원유가 동아시아로 넘어가는 통로였고 이제 아시아 태평양의 시대를 맞아 또 한번 지리적인 중심지로서 부각되고 있다. 이에 관해 한국과 연관된 재미있는 이야기가 있어서 소개할까 한다. 유럽 서구 열강들은 대항해 시대에 말라카 해협을 통해 아시아로 진출하였다. 인도와 말라카 해협을 전초 기지로 삼아 동서양 무역을 독식한 것은 잘 알려진 사실이다. 짧게 소개할 내용은 식민지 시대 이후에 유럽 회사들이 영어권 화교들을 파트너 삼아 아시아 시장에 진출하게 되는 과정의 이야기이다. 2019년 한 해 한국에서 가장 많이 팔린 수입 자동차가 메르세데스 벤츠 E클래스라고 한다. 중국은 벤츠 생산 시설이 국내에 있어 수입차 시장에서 중국을 제외하면 한국이 세계 Top 3 안에 드는 벤츠 수입국이라고 하니 한국에서 벤츠 브랜드의 인기가 어느 정도인지 알 수 있다. 이 메르세데스 벤츠 브랜드를 한국에서 수입 판매하는 회사가 바로 '한성 모터스'인데, 이 회사의 주인은 한국인이 아닌 말레이시아 화교, 레이싱 홍 그룹 회장 'CK Lau'라는 사람이다. 이 레이싱 홍 그룹이 한국에 벤츠를 팔기 위해 진출한 시점이 지금으로부터 무려 35년 전인 1985년이다. 짐작컨대 독일 회사인 벤츠에게 1985년도의 한국은 낯선 시장이었고 영어를 잘하고 아시아 문화와 사업을 잘 아는 CK Lau는 아마도 좋은 파트너였을 것이다. 그는 1985년 한국에 '한성 자동차'라는 법인을 설립하고 2021년 현재까지 한국 최대 벤츠 딜러 역할을 하고 있고 한국 시장이 커지자 메르세데스 벤츠는 한국에 직접 '벤츠 코리아' 법인을 설치하였는데 이 법인의 지분도 49%나 보유하고 있다. 사실상의 소유주라고 할 수 있다. 뿐만 아니라 럭셔리 카로 유명한 브랜드인 포르쉐와 람보르기니 한국 딜러도 바로 이 레이싱 홍 그룹 소유이다. 유럽의 여러 고급 브랜드 자동차들을 한국 시장에 팔고 있는 사람이 말레이시아계 화교라는 사실이 흥미롭고 다소 의아스럽기까지 하지만 역사적인 부분을 잘 따져보면 유리한 지정학적 위치에서 적절한 비즈니스 감각과 적절한 언어적 능력, 다양한 사업 기회들이 오고가는 상황에서의 기회 포착 등 많은 필연적인 요소들로 인해 이러한 결과가 나온 것이 아닐까 생각하게 된다. 따라서 다가오는 아시아 태평양의 시대에 우리도 한반도라는 지정학적 위치에 갇혀 있지 않고 다양성이 교차하는 지점에서 새로운 기대를 노려보면 어떨까 하는 생각을 하게 되고 그렇다면 말레이시아는 상당한 매력을 지닌 기회의 땅이 아닐까 생각한다.

(3) ASEAN 경제 블록

'Know how'만큼 'know where'가 중요한 시대가 되었다. 솔루션이 있다면 그것이 필요한 시장을 찾아나서야 하는 시대가 되었다. 아무리 세계가 거대한 플랫폼으로 연결되고 세상의 거의 모든 것을 방 안에 앉아 해결할 수 있는 시대가 되어가도 불변의 진리가 있는데 그것은 '시장은 결코 스스로 찾아오지 않는다'는 것이다. 아직도 시장은 개척해야 할 도전의 대상이다. 우리가 그동안 선진국이라 생각했던 나라들의 성장률은 정체기로 접어든 지 오래되었고, 그 가운데는 심지어 역성장을 시작한 국가도 있다. 시장에서의 혁신이 나올 가능성이 높은 지역이 어디일지를 생각을 해 보았으면 한다. 높은 출산율, 낮은 사망률, 인구 증가율, 경제활동인구 비율, 경제성장률… 이런 지표가 예측가능한 지역을 알려주고 있다. 21세기 경제성장률의 동력은 유라시아 대륙과 아프리카 대륙이 될 것이고 그 시발점이 바로 ASEAN 지역이 될 것이다. 일찌감치 이 지역으로 나와 이곳에서 살면서, 일하면서 경험한 바로는 그렇게 예측된다. 그리고 이미 ASEAN 10국은 경제 블록화가 되어 있다. 굳이 말레이시아를 따로 떼어내어 진출 계획을 잡을 필요가 없을 만큼 ASEAN 10국은 경제적으로 가깝다. 신남방정책은 바로 이러한 가능성을 보았기 때문에 수립된 정책이라고 생각한다. 더 많은 기업과 비즈니스맨들이 이곳에 나와 현지 시장과 접촉하고 이곳 사람들과 교류하기를 희망한다. 지금껏 한국이 쌓아온 문화적 기술적 잠재력을 21세기 가장 뜨거운 시장인 ASEAN에서 폭발시킬 수 있기를 희망한다. 이들이 한국 문화를 즐기고 우리의 기술을 사용하고 우리의 서비스에 환호할 때 우리는 비로소 말레이시아뿐 아니라 아시아에서 영향력 있는 국가로 거듭날 수 있을 것이다.

7

말레이시아 에필로그

1) 현지인이 추천하는 숨은 관광 스폿

[그림 6-8] 르당 섬 위치

(1) 르당 섬(Redang Island)

르당 섬은 말레이반도 동해안 지역에서 가장 큰 섬 중에 하나로 투알라 트렝가누 주(Kuala Terengganu)에 속해 있으며 총 9개의 섬으로 이루어져 있다. 르당 섬은 스노클링을 맘껏 즐길 수 있는 투명하고 푸른 바다와 부드럽고 하얀 백사장으로 유명한데 그만큼 자연의 상태를 잘 유지하고 있다는 의미이다.

르당 섬은 뽈라우 르당(Pulau Redang, 뽈라우는 섬이라는 뜻) 본섬을 비롯해 Pulau Lima, Pulau Paku Besar, Pulau Paku Kecil, Pulau Kerengga Kecil, Pulau Kerengga Besar, Pulau Ekor Tebu, Pulau Ling 및 Pulau Pinang으로 구성되어 군도를 이루고 있는데 섬인 '뽈라우 르당'은 해양 공원에서 가장 큰 섬으로 길이는 약 7km, 폭은 6km이고 가장 높은 봉우리는 해발 359m(1,178피트)의 '부킷 베 사르'다. 르당 섬에는 민가나 어촌 혹은 상업지구가 발달되어 있는 형태가 아니여서 '관광지'라기보다는 리조트 위주의 '휴양지' 성격을 띠고 있어 자연과 더불어 여유를 즐기는 것을 즐기는 사람들에게는 강력하게 추천할 수 있는 곳이라 할 수 있다.

[그림 6-9] 르당 섬

- 르당 섬에서 즐길 수 있는 것
1) 트래킹   2) 스쿠버 다이빙
3) 스노클링   4) 마린 파크 방문하기
5) 로컬 음식 즐기기   6) 석양 보기

(2) 케머런 하이랜드(Cameron Highlands)

[그림 6-10] 캐머런 하이랜드 위치

말레이반도에서 가장 큰 주인 파항(Pahang)주의 서북 끝자락에 위치한 고산 지대로 1885년 영국의 식민지 행정관이자 지질학자였던 '윌리엄 고든 케머런(William Gordon Cameron)'에 의해 발견되었다 하여 현재까지 '케머런 하이랜드'로 불리우는 지역인데 전 지역이 해발 고도 800m에서 1,603m에 이르는 말레이반도에서는 보기 드문 고산 지대에 속한다. 말레이반도 전체는 열대 기후에 속하지만 케머런 하이랜드는 특유의 고산 기후로 인해 일찌감치 차 재배지로서 각광을 받았고 우리가 알고 있는 'BOH' tea가 이곳에서 재배되고 있다는 사실을 아는 사람들이 많지 않다. 고산지대의 능선마다 펼쳐지는 차 밭의 풍경은 많은 사람을 찾게 만드는 풍경으로 손색 없고, 말레이시아에서 보기 힘든 농작물들이 (딸기, 배추 등이 유명하다) 재배되므로 말레이시아 현지인들도 이러한 특유한 모습에 이끌려 자주 찾는 지역으로 통한다.

호스텔에서부터 고급 호텔, 리조트까지 다양한 숙박 시설들이 있고 비교적 선선한 날씨를 즐기기에도 좋은 환경을 갖추고 있다. 작은 규모의 박물관이나 식물원 등이 즐비하여 이러한 곳들을 투어하는 패키지를 구매하여 돌아보는 것도 좋은 방법이다. 저자도 여러 번 방문하였는데 해질녘 광범위하게 시야에 들어오는 차 밭을 보고 있으면 자연이 연출하는 모양과 색깔에 일종의 경외감마저 느껴졌다. BOH tea의 공장을 가보면 100년 이상된 기계 설비들이 아직도 가동되는 것을 볼 수 있는데, 타임 머신을 타고 과거로 돌아간 느낌이랄까. 오래된 공장 건물과 더불어 그런 느낌을 받기에 충분한 곳이 아닐까 싶다.

[그림 6-11] 캐머런 하이랜드

· 케머런 하이랜드에서 즐길 수 있는 것
1) View point에서 차 밭을 바라보며 차 마시기
2) 딸기 박물관에서 신선한 딸기 밀크쉐이크 맛보기(즉석에서 갈아줌)
3) 현지 음식 즐기기(기온이 내려가는 저녁 시간에 스팀보트가 유명함)
4) BOH tea공장 방문하기
5) 야시장 둘러보기

(3) 말라카(Melaka 혹은 Malacca)

[그림 6 - 13] 말라카 위치

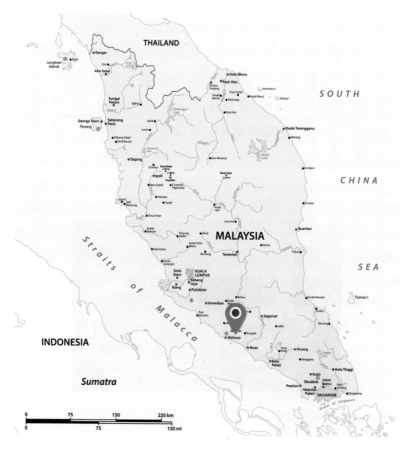

　말라카는 말레이시아에서 한마디로 '역사의 도시'이다. 말레이반도 남서쪽 해안에 위치한 도시인데 예로부터 동서양의 무역 루트로 유명한 말라카 해협의 중심에 위치하고 있어 서양 열강들이 서로 차지하려 했던 곳이었던 만큼 남아시아 해양 무역 네트워크의 중심지였다. 그리고 이러한 흔적은 곧 말라카의 역사가 되었다. 정확한 시점은 아직까지 확실하게 정립되지 않았으나 대략 13세기 후반에서 15세기 초반에 이슬람 말레이시아의 근본이 되는 말라카 술탄국이 이곳에 세워지면서 말레이시아의 시초가 되는 지역이라 간주되고 있는 곳이다.

　이후 지리적인 이점으로 무역 등의 활발한 교류로 번성하게 되었는데 서구 열강들의 대항해 시대가 시작되며 순차적으로 포르투갈, 네덜란드, 영국 등에 의해 식민지화되었다. 이러한 역사로 인해 말라카는 말레이시아 초대 국가의 전통적인 모습과 유럽 문화가 어우러져 관광지로서의 독특한 매력을 갖는 도시가 되었고 이 같은 역사적 바탕을 배경으로 도시 전체가 2008년 '유네스코 세계문화유산'으로 지정되기까지 하였다. 역사에 관심이 많은 사람들에게는 말레이시아 여행에 있어 필수코스이며, 이 도시를 다녀가지 않고는 말레이시아를 다녀가지 않았다고 해도 과언이 아닐 정도로 500년 역사를 느낄 수 있는 곳이다. 또한 '동서양의 만남'의 역사를 논할 때 빠질 수 없는 지역으로 관광 산업이 상당히 발전한 곳이어서 큰 불편함 없이 관광을 즐길 수 있다. 말라카 관광청의 슬로건은 다음과 같다. "Visiting Melaka means visiting Malaysia."

[그림 6-14] 말라카 Crist Church

[그림 6-15] 말라카 네덜란드 광장

[그림 6-16] 말라카 리버 크루즈

[그림 6-17] 말라카 A' Famosa

[그림 6-18] 말라카 St. Paul's 동상

[그림 6-19] 말라카 Straits Mosque

[그림 6-20] 말라카 Jonker Street.

• 말라카에서 즐길 수 있는 것

1) 포르투기스 광장(Portuguese Square 네덜란드 광장으로도 알려져 있다) 둘러보기
   포르투갈 광장은 그리 크지 않으나 주변에 유명한 Christ Church, A'Famosa Fort, 말라카 역사 박물관, St. Paul's Church 등을 한꺼번에 볼 수 있는 중심에 있다. 말라카 관광지의 상징적인 스폿으로 주말마다 로컬 관광객들과 세계 각지에서 온 관광객으로 붐빈다.
2) 존커 스트리트(Jonker Street) 걷기
   동서양 무역의 중심지로서 번성했을 당시의 느낌을 느껴볼 수 있는 오래된 건물들이 밀집된 상가 지역으로 현재는 관광지로서의 역할을 하고 있다. 야시장이 유명하다.
3) 말라카 해협 모스크(Melaka Strait Mosque) 둘러보기
4) 말라카 리버 크루즈(Melaka River Cruse) 타기
5) 바바 뇨냐 박물관(Baba Nyonya Heritage Museum) 둘러보기
   Baba Nyonya란 명나라 때 이곳으로 진출한 중국인들과 말레이시아 현지인들과의 혼인으로 인해 탄생한 것으로 말레이시아에서는 말라카와 페낭(Penang) 섬에만 있는 독특한 그들만의 문화를 일컫는다. 그들의 의복과 음식 등에서 Baba Nyonya 특유의 문화를 느낄 수 있다.
5) 말라카 술탄 왕궁 둘러보기

2) 현지인이 추천하는 숨은 맛집

(1) Fatty Crab Restaurant

행정구역상으로 한국 경기도에 해당하는 셀랑고르(Selangor) 주에 속해 있는 페탈링자야(Petaling Jaya)라는 곳에 위치해 있는 중국식 게 요리 전문점이다. 수도 쿠알라룸푸르(Kuala Lumpur)의 면적이 서울의 4분의 1에 지나지 않고 페탈링자야는 KL에 가까워 사실상 쿠알라룸푸르 권역에 있다고 봐도 무방하다. 이 요리집은 King Crab이라 불리는 게 요리로 유명한데 여러 가지 요리법 중 시그니처는 'Sweet & Sour Crab'이다. 매콤하면서도 새콤달콤한 소스에 특유의 게살맛이 잘 어우러져 현지 중국인들뿐만 아니라 많은 외국인들도 방문하는 말레이시아 대표적 맛집 중 하나이다. 게 요리뿐만 아니라 각종 해산물 요리, 중국식 누들과 볶음밥 또한 많이 찾는 아이템이며 닭 날개 구이도 잘 팔리는 아이템 중 하나다. 시설 면에서는 중급 레벨 정도 되지만 이 식당의 최대 강점은 맛이 좋고 여타 게 요리집에 비해서 가격이 비교적 저렴하다는 데 있다. 흔히 말하는

'가성비'가 좋아 게 요리를 좋아하는 사람들이 좋아할 만한 레스토랑이다.

[그림 6-21] Fatty Crab 전경

[그림 6-22] 시그니처 요리 칠리 크랩

(2) Village Park Restaurant

베트남의 대표음식이 반미(Banh Mi)라면 말레이시아의 대표적인 음식은 나시르막(Nasi Lemak)이다. 말레이시아 현지인들에게 굉장히 대중적인 음식으로 주로 아침 혹은 점심 식사로 먹는 음식이다. 코코넛 밀크와 함께 지은 쌀과 여러 스타일의 치킨 그리고 땅콩과 튀긴 멸치, 오이 등이 주재료이고 이를 삼발(Sambal)이라는 말레이 특유의 소스와 곁들여 먹는 음식이다. 워낙 대중적인 음식이다 보니 웬만한 음식점에서는 이 음식을 볼 수 있는데 맛과 분위기를 느낄 수 있는 곳으로 'PJ uptown'에 위치한 'Village Park Restaurant'을 추천한다.

[그림 6-23] 레스토랑의 전경

[그림 6-24] 시그니처 음식인 나시르막

[그림 6 - 25] 레스토랑의 내부

　말레이시아에 오면 반드시 먹어봐야 하는 음식으로 현지인들이 추천하는 음식이기에 그들 나름대로의 자부심이 있는 음식이다. 말레이시아에서 오래 살았다고 하면 '나시르막' 맛이 어떠냐는 질문을 종종 받는데 그때 매우 맛있고 한국인들도 매운 음식을 좋아해 '삼발' 소스를 좋아한다고 대답해 주면 무척 좋아들 한다. 말레이시아에 올 기회가 있으신 분들에게 나시르막을 경험하기 위한 최적의 장소로 PJ Uptown에 위치한 'Village Park Restaurant'을 추천한다.

〈참고문헌〉

1) www.dosm.gov.my

2) www.flickr.com

3) www.forbes.com

4) insmarkit.com

5) www.malaysia.gov.my

6) ww.coway.co.kr

7) www.mk.co.kr

SK 에너지 윤호

제 **7** 장

우리가 모르던
미얀마

동남아국가연합 ASEAN
Association of Southeast Asian Nations

미얀마 프롤로그

🏛 '아시아의 마지막 남은 보석', '기회의 땅' 미얀마

　　ASEAN 국가 중 가장 늦게 경제개방을 시작한 미얀마는 2011년 최초의 민간 정부가 출범하여 정치개혁과 경제개방을 선언한 지 약 10년이 되었다. 그만큼 우리에게는 아직 낯선 나라가 아닐까 한다. 한국 교민 수도 인구에 비하면 많지 않은 편이다. 한국 외교부의 「재외동포현황 2019」에 따르면 미얀마 내 재외동포 수는 3,860명으로, 미얀마와 함께 ASEAN 내 후발국으로 분류되는 캄보디아 교민 수(11,969명)보다 훨씬 적으며 라오스(3,050명)보다 조금 많은 수준이다(미얀마의 인구는 캄보디아의 3.3배, 라오스의 7.5배이다).

　　저자는 2007년 종합상사인 전 직장에 입사하여 철강제품 무역업무를 담당하였는데, 그해 하반기에 당시 회사 내에 한 명뿐인 미얀마 업무를 선배로부터 넘겨받게 되었다. 첫 미얀마 출장은 2009년이었다. 양곤시내 도로에 차가 거의 보이지 않았고 신호등이 아예 없는 것이 신기했다(차량 수입자유화는 2012년부터 이루어졌으며, 그전까지는 차량수입권을 군부가 독점하고 있었던 사실을 당시에는 몰랐었다). 도로 양 옆의 큰 열대나뭇잎들이 도로 위 하늘을 덮고 있어 차를 타면서도 열대 숲을 헤치고 지나가는 듯했다. 휴대전화 로밍은 아예 되질 않았고 카카오톡도 없을 시절이니, 전화를 걸지 않는 이상 본사에서 나에게 연락이 닿지 않았다. 그야말로 시간이 멈춘 느낌이었다.

　　2012년 출장에서 확 달라진 풍경을 발견했다. 차량이 늘어나 신호등이 생기고 외국 회사들의 사무실 간판이 곳곳에 눈에 띄었다. 2011년 민주화와 경제개방을 선언한 미얀마의 문이 마침내 열리기 시작한 것이다. 한국으로 돌아오는 비행기 안에서 처음으로 '미얀마에서 도전해 보고 싶다'는 생각이 들었다. 저자도 그전까지는 미국이나 유럽, 일본 등 선진국에서의 주재원 생활을 꿈꾸었다. 그러나 선진국은 누가 나가더라도 잘 갖춰진 시스템 틀 안에서 움직여야 하고, 따라서 성과의 차이가 크지 않을 것인 반면, 미얀마에서는 내가 노력한다면 더 많은 성취와 배움과 성장의 기회가 있을 것이란 생각이 들었다. 그리고 남들이 가려고 하지 않는 곳일수록 나만의 경쟁력이 있을 거라 생각했다.

이후 미얀마에 본격적인 관심을 가지게 되었고, 사내 해외지역전문가 프로그램으로 2013년 하반기 미얀마에 단기 체류한 후, 회사에서 지사 설립을 결정한 2014년 6월 미얀마 초대 지사장으로 부임하여 약 6년간 미얀마 주재원 생활을 하였다. 스스로 느끼기에 저자는 미얀마에 대해 안다고 하기에는 부족함이 너무 많다. 이번 집필을 위해 공부하는 자세로 미얀마 관련 주요 정보와 최신 자료를 담고자 노력하였고, 짧은 소견을 함께 담았다. 독자들께서 미얀마를 이해하는 데 미력하나마 기여하기를 희망한다.

1

미얀마의 개요

국명	미얀마 연방공화국(The Republic of The Union of Myanmar)
위치	인도차이나반도 서북부(5개국과 접경 - 태국/라오스/중국/인도/방글라데시)
면적	676,577㎢(한반도의 약 3배, 한국의 6.7배)
수도	Nay Pyi Taw 네피도(2005년 11월 양곤에서 네피도로 행정수도 이전)
인구	5,445만 명(2020년 1월 노동이민인구부 기준)
GDP	$712억 달러/1인당 GDP: $1,326 달러(각각 2018년 기준, 세계은행)
기후	열대성 몬순(우기 6~10월, 건기겨울 11~2월, 건기여름 4~5월)
민족	135개 민족(버마족 68%, 샨족 9%, 카렌족 7%, 중국계 3%, 인도계 2% 등)
언어	미얀마어(공용어), 일부 지역에서 소수민족 고유어 및 중국어·태국어 사용
종교	불교(소승불교) 89.8%, 기독교 6.3%, 이슬람교 2.3%
정치	• 대통령제(2011년 4월 최초 민선정부, 2016년 4월 아웅산수치의 신정부 출범) • 대통령 선거는 간선제: 상원, 하원에서 각각 1명, 군부가 1명 추천하여 총 3명의 후보를 대상으로 국회의원들이 투표하여 최다득표자가 대통령, 나머지 2인이 부통령으로 임명됨
회계 연도	• 2017회계연도까지는 매년 4월~이듬해 3월(FY2017: 2017.4.1.~2018.3.31.) • 2018년 미니회계 6개월(2018.4.1.~2018.9.30.) 전환기간 이후 2018회계연도부터는 매년 10월~이듬해 9월(FY2018)[1]

---

1) FY는 Fiscal Year(회계연도)의 약칭이다. 미얀마의 회계연도 표기방식이 다양한데, 예를 들어 미얀마의 2018년 10월~2019년 9월 회계연도 기간은 'FY2018-2019'(2018.10.1.~2019.9.30.), 'FY2018/19', 또는 'FY2018'이라고 표시하기도 한다. 이 책에서는 'FY2018' 형태로 통일하여 표기한다.

1) 미얀마의 지리적 이점과 저임금 노동력

첫째, 우선 미얀마의 지리적 이점에 대해 알아보자. 미얀마는 태국·라오스·중국·인도·방글라데시 등 총 5개 국가와 국경을 접하고 있다. 특히 세계 인구수 1·2위로 합쳐서 28억 인구의 신흥 거대 시장 중국과 인도 사이에 위치하고, ASEAN에서 GDP 규모가 인도네시아 다음으로 큰 태국과 접해 있다는 이점이 있다. 때문에 미얀마는 내수시장뿐만 아니라 주변 거대 소비시장으로의 확장 가능성이 있다는 점에서, 베트남을 잇는 새로운 생산기지로서의 잠재력을 높이 평가받는다.

[그림 7-1] 미얀마 및 국경 인접국 지도

출처: Myanmar National Portal

특히 중국에게 미얀마는 에너지안보 차원에서 굉장히 중요한 파트너이다. 미국과의 패권전쟁을 벌이고 있는 중국 입장에서, 미얀마를 통하면 미국의 영향권 아래 있는 말라카 해협(말레이시아와 인도네시아 사이의 해협)을 거치지 않고 중동으로부터 원유 연 2,200만 톤(중국 연간 수입량의 8%)과 천연가스를 안정적으로, 경제적으로(수송시간 30% 단축) 들여올 수 있기 때문이다. 미얀마 짜욱퓨(Kyaukphyu)항에서 중국 운남성까지 연결된 가스관은 2014년 10월 개통되었고, 송유관은 2015년 1월 개통되었다가 2017년 4월부터 정식 가동 중에 있다.

[그림 7-2] 중국의 새 에너지 도입 루트

출처: 서울신문

　이미 태국에 생산 거점을 마련한 일본은 미얀마를 '태국을 잇는 제 2의 생산
기지'로 만들겠다는 야심을 가지고 있다. 특히 2011년 태국 홍수사태로 큰 피해
를 입은 일본 기업들은 리스크 분산 차원에서 태국 외에 또 다른 생산거점 구축
의 필요성을 절감하였다. 마침 2011년 개혁개방을 시작하였고 태국과 국경을 접
한 미얀마의 잠재력에 눈을 돌리게 된 것이다. 일본은 막강한 ODA(공적개발원
조) 자금을 무기로 미얀마 최초의 경제특구(SEZ: Special Economic Zone)인 띨라
와 경제특구(Thilawa SEZ)를 개발하였고, 철도·도로·교량·전기·하수처리 등
굵직한 대규모 인프라 사업들을 선점해 나가고 있다.

　둘째, 저임금 노동력이 풍부하다. 미얀마 노동이민인구부(Ministry of Labour,
Immigration and Population)에 따르면, 미얀마 인구수는 2020년 1월 기준 5,445
만 명에서 2050년에는 6,500만 명에 달할 것으로 전망하고 있다. 또한 미얀마
중앙통계청이 매년 발행하는 통계자료 「Myanmar Statistical Yearbook 2018」에
따르면, 미얀마는 30세 미만의 인구비율이 전체의 53.63%로 젊다.[2] 최저임금의
경우 2018년 기준 월 107달러로 ASEAN 주변국가들 중 가장 낮은 수준이다. 현
재 55백만의 인구규모, 풍부한 저임금 노동력과 젊은 인구구성으로 볼 때 향후
미얀마가 새로운 생산기지로서의 잠재력과 더불어 자체 소비시장의 성장 가능
성 역시 높음을 알 수 있다.

---

2) 미얀마는 1983년 이후 30년 만인 2014년에 인구조사를 실시하여 「2014 Myanmar Population
　and Housing Census」를 발표하였다. 언급된 30세 미만 인구비율은 이 자료를 바탕으로 이
　민인구부가 계산한 2017년 추정치이다.

[표 7-1] 2018년 미얀마 및 주변국가 월 최저임금 비교

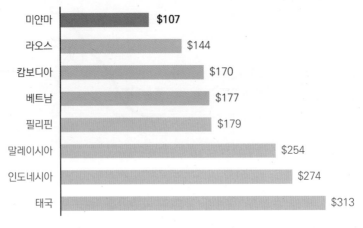

출처: KOTRA 양곤무역관

2) 국토지형적 특성에 따른 다양한 천연자원

미얀마의 국토는 북고남저의 지형구조에 종단 2,090km, 횡단 925km으로 남
북으로 길게 뻗은 모습이다. 국경을 따라 산맥과 고원이 말발굽 형태로 이어져
있다. 때문에 2018년 기준 전체 면적의 약 41%(한국 전체 면적의 2.8배)가 산림
지역으로 산림자원이 풍부하다. 최고급 목재로 꼽히는 티크(Teak)나무는 전 세
계의 75%가 미얀마에서 생산된다. 그러나 무분별한 불법 벌목으로 산림면적이
크게 감소하였다(2005년 국토의 49% → 2018년 41%[3]). 이에 미얀마 정부는 2014
년 4월 원목 수출을 금지했으며, 2016년 4월 벌목을 제한하였다. 미얀마 정부는
환경보호와 지속 가능한 성장을 위해 산림회복을 추진하는 한편, 단순 원목 수
출은 지양하고 가구제작 등 가공기술을 장려하여 부가가치를 늘린다는 계획이
다. 이를 위해 2019년 6월, 미얀마에 있는 외국 기업 및 합작 기업에 대해 목재
가구의 해외 수출을 허가하였다.

미얀마의 행정구역은 총 14개로, 7개의 중앙정부 관할의 Region(한국어로 '주'
또는 '관구'[4])과 7개 종족 자치의 State(주)로 나누어져 있다. 남북을 가로지르는,

---

3) 「Myanmar Statiscal Yearbook 2018」 Table 10.03. "Forest Cover Status in Myanmar."

한국의 한강처럼 미얀마의 '젖줄'로 불리는 에야와디(Ayeyarwady) 강[5]을 주변으로 상대적으로 비옥한 지대에는 버마족 중심의 7개 Region이 있고, 국경 산악지대에는 소수민족 중심의 7개의 State가 있다. 에야와디 강이 흐르는 중부와 강 하류에 형성된 삼각주는 세계적인 쌀 생산지이다. 농업 경작이 가능한 땅은 2018년 기준 전체면적의 27%(한국 전체면적의 1.8배)이며,[6] 열대기후와 풍부한 강수량으로 농업에 좋은 환경으로 갖추고 있어 65개 이상의 다양한 품종이 재배되고 있다. 또한 2,000km에 달하는 해안선을 바탕으로 수산자원도 풍부하다.

[표 7-2] 미얀마의 주요 농작물

구분	주요 작물
곡물류	쌀, 밀, 옥수수, 사탕수수
유지 작물	땅콩, 참깨씨, 해바라기씨, 겨자씨
콩류	검은콩, 녹두, 대두, 대두, 비둘기콩, 강낭콩, 리마콩, 병아리콩, 건포도
산업 작물	목화, 설탕, 황마, 고무, 커피, 오디, 오일팜
가정용 작물	칠리, 양파, 마늘, 생강, 강황, 감자
과일 및 채소	망고, 바나나, 감귤, 배, 망고스틴, 파인애플, 람부탄, 아열대성 야채

출처: 「Myanmar Agriculture in Brief, 2014」[7]

3) 세계에서 가장 많이 베푸는 나라

한국 사람들은 미얀마가 잘 못사는 나라라는 인식을 가지고 있지만, 미얀마가 전 세계에서 기부지수가 가장 순위가 높은 나라라는 점은 다소 의외일 것이다. 영국 자선지원단체 CAF(Charities Aids Foundation)가 매년 발표하는 CAF World Giving Index에서 미얀마는 2014~2018년 연속 1위를 기록하였고, 2019

---

4) 행정구역 Region은 한국어로 '관구' 또는 '주'로 표기하며 State는 '주'로 표기한다. 그러나 Region과 State는 용어상 구분만 존재할 뿐 행정구역으로서 위상 차이는 없다. Region의 경우 문서상 '관구'로 표기하고 호칭상 '주'로 부르는 경우가 많다. 이 책에서는 Region/State 모두 '주'로 표기한다.

5) 에야와디(Ayeyarwady) 또는 이라와디(Irrawaddy)로도 부른다.

6) 「Myanmar Statiscal Yearbook 2018」에서 2018년 휴경지＋파종면적＋개간가능지 합계면적의 비율.

7) KIEP(대외경제정책연구원), 「미얀마의 농업현황과 정책」(2016)에서 재인용.

년 발간한 CAF 10주년 보고서에는 지난 10년간의 종합순위에서 미국 다음으로 2위를 기록하였다. UN 지정 최빈국 중 하나인 미얀마의 기부지수가 높은 이유는 무엇일까?

그 이유는 종교에서 찾을 수 있다. 미얀마인의 90%를 차지하는 불교는 소승불교이다. 대승불교가 대중의 구제를 목적으로 한다면, 소승불교는 개인 각자의 수행을 통해 깨달음을 추구한다. 또한 소승불교에서는 현생의 업이 후생으로 이어진다는 사고방식을 갖는다. 이 때문에 다음 생에 복을 받기 위해서 현세에 공덕을 쌓는 것을 매우 중요시한다. 이에 미얀마 사람들은 새벽에 탁발을 나온 승려들에게 음식을 공양하고, 사원에 있는 불상에 금박을 입히기도 한다. 저자의 미얀마 지인 중에는 시각장애인 학생들을 위해 책을 읽어 녹음해 기증하는 목소리 기부를 하는 친구도 있었다. [그림 7-3]은 저자가 주재원 시절 철강고객사 사장과 찍은 사진인데, 이렇게 불상에 미얀마 지폐를 감싸서 불교 수도원에 기부를 하기도 한다. 이처럼 나누고 베푸는 보시(布施)행위는 미얀마 사람들에게 일상의 삶, 그 자체이다.

[그림 7-3] 지폐로 감싼 불상을 기부하는 미얀마 사업가

출처: 저자 촬영

2

미얀마의 과거

1) 영국 식민지배 시절의 분열정책, 민족갈등의 씨앗이 되다

미얀마는 민족구성이 매우 다양하다. 공식적으로 135개 민족이 있다. 그중 버마족(68%)이 가장 많고, 소수민족 27%, 기타 5%(중국계 3%, 인도계 3%)순이다. 민족 간의 갈등 문제가 사회 통합을 저해하는 요소로 지적된다. 그러나 미얀마의 민족 갈등 문제는 영국의 식민지 시절에서 비롯된 것으로 이를 이해할 필요가 있다.

18세기 꼰바웅(Konbaung) 왕조가 미얀마 통일을 이룬 후 세력 확장에 나서면서 당시 인도에 진출했던 영국과 전쟁을 벌인 것을 시작으로, 세 차례에 걸친 영국 – 버마전쟁(1824~1826년, 1852~1855년, 1885년) 끝에 패한 미얀마(당시 버마)는 1886년 1월 1일 영국령으로 선포되며 영국의 식민지배를 받게 된다. 영국은 버마를 직할통치하지 않고 당시 영국령이었던 인도의 한 주로 편입시켰다(이후 1937년 버마를 직할 식민지로 편입시켰다). 그리고 인도를 통치한 경험을 살려, 버마에 분할통치 정책을 폈다. 바로 행정 분할정책과 민족 분열정책이다.

영국은 주종족인 버마족이 사는 국가의 중심지이자 직접 통치지역인 '행정버마'와 소수민족이 사는 간접 통치지역인 '변방지역'으로 분할하였다(행정 분할정책으로 이것이 현재 미얀마 행정구역의 시초인 셈이다). 또한 산악지역이나 국경 주변부의 소수민족을 기독교로 개종시켰다. 그리고 이렇게 개종한 민족들을 식민통치의 부역자로 이용하고 버마족들은 각종 이권에서 제외하였다(민족 분열정책). 이러한 영국의 분할정책은 2021년 현재까지도 일어나고 있는 미얀마 민족 간 갈등의 씨앗이 되었다. 실제로 2017년 미얀마에서 발생한 로힝야족 소탕작전도 이 같은 영국의 분열통치에서 비롯되었다. 이 당시 영국은 인도와 방글라데시의 이슬람교를 믿는 로힝야족을 미얀마로 이주시켜 이들을 다른 미얀마 종족보다 법적으로 우월하게 대우했다. 1948년 독립 이후, 미얀마는 로힝야족을 불법 이민자로 간주하고 외국인 신분증을 발급하여 취업과 교육기회를 박탈하고, 이 과정에서 로힝야족 일부는 무장세력이 되었고, 2017년 8월 이들로부터 미얀마 경찰 초소가 습격받은 것이 로힝야족 소탕작전의 빌미가 되었다.

2) 군부 독재시대 – 아시아의 부국에서 최빈국으로

"머지않아 버마처럼 살게 해 주겠다."

싱가포르의 국부(國父)로 불리우는 리콴유 총리가 싱가포르 건국 초창기에 했던 말이다. 영국으로부터 1948년 1월 4일 독립한 미얀마(버마)는 1950년대 세계 최대의 쌀 수출국이자 석유 생산국으로 아시아에서 가장 잘사는 나라 중 하나였다.

그러나 1962년 네윈(Ne Win) 장군이 이끄는 군부가 쿠데타로 집권한 이후 '버마식 사회주의'를 채택하면서 전 분야에 걸친 국유화와 극단적인 폐쇄정책을 편 결과, 경제가 급속도로 쇠퇴하였다. 네윈 정권의 장기 군부통치와 경제 실패로 인한 국민적 불만이 커지는 가운데 1988년 3월 군부독재 반대시위가 전국적으로 확산되자 네윈은 그해 7월 물러났으나, 시위대 강제 진압을 지휘한 검찰총장 쎄인 륀(Sein Lwin)을 후계자로 지목하였다. 1988년 8월 8일, 대학생을 중심으로 승려들과 시민들 10만 명 이상의 군중이 대대적인 반정부 시위를 벌이기 시작하였는데, 이 사건이 바로 '8888 민주화 항쟁'이다. 그러나 군부는 시위자들을 무자비하게 유혈 진압하였고, 1992년 딴쉐(Than Shwe) 장군이 집권하여 2010년까지 무소불위의 권력을 휘둘렀다. 아시아의 부국이었던 미얀마는 약 50년간(1962~2010년) 군부독재와 고립경제로 인해 경제발전이 멈춰버렸고, 1997년 미국의 경제제재를 받으면서 전 세계 최빈국으로 전락하게 된다.

3) 독립 영웅 아웅산 장군과 그의 딸 아웅산 수치

아웅산 수치(Aung San Suu Kyi)의 아버지 아웅산(Aung San) 장군은 미얀마 국민들에게는 국부와 같은 존재이다. 미얀마(버마)의 독립투사로 영국과 일본에 무력 항쟁하여 미얀마(버마)의 독립을 이끌어낸 영웅이다. 그는 영국을 몰아내기 위해 1940~1941년 29명의 동지들과 함께 일본에서 군사 훈련을 받았다. 일본의 군사지원으로 영국으로부터 1943년 8월 1일 독립을 쟁취하는 듯했으나, 일본이 당초 약속했던 버마의 독립 보장을 뒤집고 오히려 식민통치를 자행하였다. 그러자 아웅산 장군은 다시 연합군인 영국의 도움을 받아 1945년 3월 일본을 몰아냈다. 이후 영국 정부를 설득해 1947년 1월, 12개월 안에 미얀마를 독립시킬 것을 약속받았다. 그리하여 마침내 미얀마(버마)는 1948년 1월 4일, 버마연방(Union of Burma)으로 독립한다. 그러나 아웅산 장군은 독립을 불과 5개월 앞둔 1947년 7월 19일, 32세에 정적에 의해 암살되고 만다. 미얀마는 매년 7월 19일을 순교자의 날로 지정, 아웅산 장군을 추모하고 있다.

[그림 7-4] 아웅산 장군 동상

아웅산 수치는 1960년 인도 대사로 부임하게 된 어머니를 따라 인도로 건너간 후, 영국 옥스퍼드 대학에서 공부하고 1972년 영국인 남편과 결혼, 두 아들을 키우며 평범한 일상을 살고 있었다. 그러다 1988년 4월 어머니의 병간호를

위해 버마로 돌아오게 되고, '8888 항쟁'을 지켜보면서 더 이상 미얀마(버마)의 현실을 외면할 수 없다는 것을 깨닫는다. 1988년 8월 26일, 희생당한 시위대의 시신이 안치된 양곤의 종합병원 앞에서 수십만의 국민이 모인 가운데 연설을 한다. 아웅산 수치가 미얀마(버마) 민주화의 상징으로 떠오르는 순간이었다.

4) 험난한 여정 끝에 마침내 민주화의 첫발을 내딛다

이후 아웅산 수치는 민주주의민족동맹(NLD: National League for Democracy)을 창설하고 사무총장직을 맡았다. 전국을 돌며 새로운 미얀마(버마)에 대한 희망을 연설하고 군부독재의 종식을 촉구하였다. 거센 국제적 비난과 민주화 요구에 직면한 군부의 입장에서는 대중의 절대지지를 받는 아웅산 수치의 등장이 심각한 위협이었다. 이에 군부는 그녀를 총 세 차례에 걸쳐 15년간(1989~1995년, 2000~2002년, 2003~2010년) 가택연금하였다. 또한 가택연금 기간 중 실시된 1990년 5월 총선거에서 NLD가 82%의 지지로 압승하였음에도, 군부는 선거결과를 무효화하고 민주화 운동 인사 수백 명을 투옥시켰다.

그 후 20년 만에 치러진 2010년 총선에서 NLD는 불공정한 헌법과 선거법에 항의해 불참하였다. 군 출신 인물들이 주축이 된 USDP(연방단결발전당, Union Solidarity and Development Party)가 압승을 거두고, 군부서열 4위였던 떼인세인(Thei Sein)이 2011년 3월 대통령으로 취임하였다. 물론 출범 당시엔 '군복을 벗은 무늬만 민간정부'라는 대내외의 비판적 시선이 많았지만, 공식적으로 미얀마 최초의 민간정부는 떼인세인 정부이다.

출범 초 우려와는 달리, 떼인세인 대통령은 합리적으로 민주화와 경제 개혁을 이끌었다는 평가를 받았다. 정치범 석방, 언론자유 허용, 환율제도 개혁, 야당 정치활동 허용 등의 행보를 펼쳤고 2012년 4월 보궐선거를 통해 아웅산 수치가 국회에 입성하는 것도 허용하였다. 저자가 2013년 해외 지역전문가 활동으로 미얀마에 있던 기간에 만났던 미얀마인들 대부분이 떼인세인을 좋게 평가했던 기억이 난다. 당시 그의 인기가 아웅산 수치를 능가한다는 얘기도 있을 정도였다. 이 기간 외국인투자도 크게 증가하는 등 경제에도 활력이 돌았다.

이 때문에 2015년 11월 치러진 총선을 앞두고 당시 여당(USDP)의 승리를 전망하는 의견도 있었고, NLD가 승리하더라도 전체 의석의 과반을 넘기기는 어려울 것으로 보는 의견이 많았다. 왜냐하면(군부시절이던 2008년 제정된 신헌법에 따라) 군부가 국회 의석의 25%를 자동으로 차지하고, 군 출신으로 이루어진(사실상 군부와 다름없는) 여당과 떼인세인 대통령의 평가가 좋은 편이었기에 USDP의 선전을 예상한 것이다.

그러나 막상 2015년 총선은 NLD의 압승으로 끝났다. NLD는 투표 의석의 약 80%를 득표하였다. 전체 의석수 기준으로 보면 군부에 25%를 내주고도 60% 가까이(상원 224석 중 135석/하원 440석 중 255석) 차지한 것이다. 저자는 당시 미얀마에서 선거결과를 지켜보면서 '군부의 억압에 숨죽이고 표현하지 못했을 뿐, 미얀마 국민들의 민주화 열망이 엄청나구나' 하고 느꼈다. 이렇듯 아웅산 수치의 야당이 평화적인 정권교체에 성공하면서 미얀마는 '시간이 멈춘 나라'에서 드디어 '아시아의 마지막 남은 기회의 땅'으로 각광받기 시작한다.

그럼에도 불구하고 아웅산 수치는 대통령이 될 수 없었다. 2008년 개정된 신헌법에는 외국인 배우자나 자녀를 둔 사람은 대통령에 출마할 수 없다고 명시되어 있기 때문이다.[8] 대신 아웅산 수치는 외무부장관과 국가자문역(State Counselor)을 맡음으로써 사실상 대외적으로 미얀마를 대표하고 있고, 대다수 국민들도 그녀를 국가의 리더로 굳건히 지지하고 있다. 그리고 2021년 2월 쿠데타를 일으킨 미얀마 군부는 그녀를 다시 가택연금하고 '불법 수입 무전기 소지'라는 죄목으로 기소하였다.

---

8) 사실상 이 조항은 영국인 배우자와 영국 국적의 두 아들을 둔 아웅산 수치를 겨냥한 것이었다. 지금도 현 집권여당 NLD는 이 조항을 포함해 군부의 25% 의석과 권한 축소 등의 헌법 개정 시도를 하고 있다. 그러나 현행 헌법상 헌법 개정을 위해서는 국회의석의 75% 이상 동의를 얻어야 하는데, 군부가 할당의석 25%을 차지하는 상황에서 헌법 개정은 군부의 동의 없이는 사실상 불가능한 상황이다.

3

미얀마의 현재

1) 경제성장과 외국인 투자 - 신정부 이후 다소 주춤

아웅산 수치 정부가 들어선 후 미국·EU는 평화적 정권교체를 높이 평가하며 경제제재를 해제하였다. 이후 외국인 투자자들이 몰려들 것이라는 기대가 많았다. 그러나 지난 정부 기간 연 7~8%대의 고성장과는 달리, 수치고문이 이끄는 신정부가 들어선 2016년 이후 경제성장은 다소 주춤하였다.

[표 7-3] 미얀마의 GDP 성장률

연도	FY2011	FY2012	FY2013	FY2014	FY2015	FY2016	FY2017	FY2018[9]	FY2019
GDP 성장률	5.6%	7.3%	8.4%	8.0%	7.0%	5.8%	6.4%	6.8%	6.4% → 0.5%

주) FY2018은 추정치, FY2019는 전망치/FY2019는 코로나19 영향으로 하향 조정[10]

출처: 세계은행

여러 이유가 있겠지만 크게 2가지를 언급하면 아래와 같다.

첫째, 법·제도의 정비에 있어서 외국인 투자자들을 유인하기에 부족하였고,

---

9) 기존의 미얀마의 회계연도는 4월 시작~이듬해 3월 종료였으나, 2018년 4~9월 전환기 이후 FY2018부터는 10월 시작으로 변경되었다. 즉, FY2017은 2017.4.~2018.3., FY2018은 2018.10.~2019.9.이다.

10) 세계은행은 「Myanmar Economic Monitor(June 2020)」에서 FY2019 성장률을 0.5%로 조정하였다.

신정부 들어 이전 정부가 승인한 프로젝트를 중단·재검토하는 등 투자자들에게 큰 혼선을 주었다. 이로 인해 2011년 떼인세인 정부 이후 큰 폭으로 증가하던 외국인 투자가 2016년 신정부 출범 이후 오히려 감소 추세로 돌아섰다.

[표 7-4] 미얀마의 외국인직접투자(FDI) 유치액

(단위: 억 달러)

연도	FY2011	FY2012	FY2013	FY2014	FY2015	FY2016	FY2017	2018년 (4-9월)	FY2018
FDI 유치액	46.44	14.19	41.04	80.11	94.86	66.50	57.18	17.65	41.58

출처: DICA

둘째, 로힝야 사태가 외국인 투자에 부정적인 영향을 미쳤다. 이 문제는 2017년 8월 미얀마 군부가 미얀마 서북부 라카인 주(Rakhine State)의 무슬림 소수민족인 로힝야족을 공격, 대규모 사상자와 난민이 발생하면서 국제적인 이슈가 되었다.[11] 이후 미얀마 정부와 아웅산 수치는 국제사회의 거센 비판을 받았고, 미국·유럽 등 서방 국가의 투자가 줄어들고 취소되었다. 일례로 미국 자본주의의 상징 스타벅스가 2018년 양곤에 1호 매장까지 확정하고 진출을 준비하다 로힝야 사태를 이유로 취소하였고, 2019년 4월 EU는 미얀마에 대한 특혜관세 철회를 검토하기도 하였다(군부 쿠데타로 2021년 현재까지는 철회되지 않고 있다).

2) 열악한 금융부문 - 2016년 최초 증권거래소 개장

IMF가 발표한 2017년 금융발전지수에서 미얀마는 0.154로 조사대상 190개국 중 144위를 기록, ASEAN에서 라오스(0.139, 153위) 다음으로 가장 낮은 순위를 기록하였다. 이 지표는 금융심도(financial depth[12]), 금융접근성(financial access),

---

11) 로힝야 사태가 국제적으로 크게 부각된 것은 2017년 8월이나, 미얀마와 로힝야족 간의 갈등의 기원은 역시 영국 식민지 시절로 거슬러 올라간다. 미얀마는 이 사태에 대해 로힝야 반군의 공격에 대한 자위권 차원의 대응이었으며, 인종학살 의도는 없었다는 입장이다.
12) 금융심도는 실물경제활동 대비 금융부문의 상대적 규모를 나타내는 개념으로, 민간신용/GDP 비율, 주식시가총액/GDP비율 등이 있다(출처: 한국은행 보도참고자료「IMF금융발전지수를

금융효율성(financial efficiency) 등 3가지 측면을 포괄하여 금융기관과 금융시장의 발전수준을 종합적으로 평가한 수치이다. 미얀마의 경우 금융기관 발전지수는 0.302인데 금융시장 발전지수는 0.002에 불과하다. 금융시장 발전지수가 특히 낮은 것은 미얀마 주식시장의 역사가 짧고 규모가 작기 때문이다.

[표 7-5] IMF 금융발전지수(2017년)

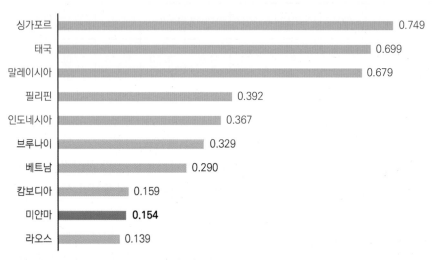

주) 각국 순위는 조사대상 190개국 중의 순위임. 1위는 스위스(0.931), 한국은 5위(0.868)

[표 7-6] IMF 금융발전지수(2017년)

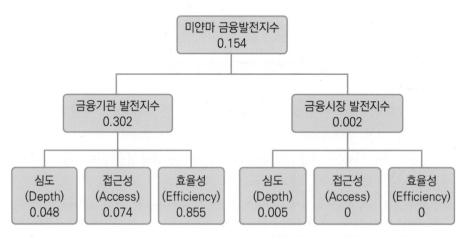

출처: IMF Financial Development Index

이용한 한국 금융발전 수준 평가」, 2016.3.16.).

미얀마 최초의 증권거래소인 양곤증권거래소(YSX: Yangon Stock Exchange)는 2016년 3월 개장되었다. 2021년 1월 말 기준 상장기업 수는 6개이며, 전체 시가 총액은 약 7,200억 짜트(약 6,000억 원)에 불과하다. 아직까지 대다수의 저소득 국민들에게 주식거래는 낯설 수밖에 없고, 상장기업 수도 적은 데다(상장요건을 충족할 만큼 투명한 회계시스템을 갖춘 기업도 아직 소수에 불과하며) 그간 외국인의 주식거래가 허용되지 않았기에 주식시장이 기대만큼 활성화되지 못했다. 외국인의 거래참여는 2020년 3월 20일부터 허용되었다. 거주자, 비거주자 관계없이 참여가 가능하나 현지에서 직접 계좌개설을 해야 한다. 외국인 지분 35% 미만의 회사는 현지회사로 인정하는 미얀마 新회사법과 궤를 같이하여, 상장기업에 대한 외국인의 지분율은 35%까지 가능하며, 실제 허용 지분율 한도는 각 상장기업이 자체 규정에 따라 설정한다.

3) 환율과 무역수지

미얀마는 1975년 이래 현지화폐인 짜트(Kyat) 환율을 달러당 6짜트(MMK: Myanmar Kyat)로 고정하였으나, 암시장에서는 달러당 800짜트에 거래되는 등 시장왜곡이 심했다. 2011년 개혁개방을 선언한 미얀마 정부는 환율시장을 정상화

[표 7-7] 2010년 이후 달러 대비 짜트화 환율

1 Nov 2010 00:00 UTC - 28 Oct 2020 03:46 UTC
USD/MMK close:1288.33063 low:6.41000 high:1627.89913

출처: XE.com

하고 외국인 투자 유치를 위해 2012년 4월 3일부터 기존의 고정환율제를 폐지하고 관리변동환율제를 도입했다(중앙은행 기준환율의 ±0.8% 범위 내에서 시중은행이 환율 결정). 2018년 8월 13일에는 0.8% 범위제한을 완전히 폐지한 자유변동환율제도를 도입하였다.

2012년 이후 달러당 짜트 환율은 대체로 상승추세를 보여왔다. 저자가 미얀마에 주재원으로 부임한 2014년 6월 당시 970~980짜트였으나, 2019년 대략 1,500짜트 수준이었으니, 5년간 무려 50% 이상 환율이 오른(짜트화 가치가 하락한) 셈이다. 환율이 급등했던 2018년 9월에는 1,600짜트 이상으로 치솟기도 했다. 2019년 이후 하락세를 보인 환율은 2021년 1월 말 1,300짜트 초반으로 하락한(짜트화 가치가 상승한) 상황이다.

IMF에 따르면, 2020년의 환율 하향안정세는 열악한 금융인프라로 인한 신용제공 성장(credit growth)의 둔화, 부동산시장 침체, FDI 감소 등의 영향으로 내수가 부진하면서 수입이 줄어든 반면, 의류, 농산물 수출증가에 힘입어 경상수지 적자 폭이 감소하였고, 이것이 FDI(외국인직접투자) 감소분을 상쇄하면서 외환보유액이 비교적 안정적으로 유지되었기 때문으로 분석된다.[13] 실제 미얀마의 GDP대비 경상수지 비율은 2017년 −6.75%에서 2018년 −3.0%로 적자비율이 감소하였다.[14]

이번에는 무역수지[15]를 살펴보자. [표 7-8]에서 보듯, 미얀마의 무역액은 2018 기준 350억 달러(수출 $170억·수입 $180억)이다. 무역수지 적자가 2014~2017 기간 매년 40~50억 달러였다가 2018에는 11억 달러로 감소하였다.

미얀마 환율은 변수가 많아 예측이 어려운 만큼, 전망보다는 유의사항을 언급하고자 한다. 첫째, 2020년 경상수지 적자 폭이 다소 줄었으나 산업구조상 당분간 경상수지 적자를 벗어나기 어려워 보이며, 2021년 코로나19의 확산과 군부 쿠데타의 발생으로 환율방어에 한계가 있다. 따라서, 달러시장 동요 등 외부 충격에 투기 수요가 발생하여 환율이 과잉 반응하는 경우가 있다. 따라서 언제든지 단기 환율변동 폭이 클 수 있음에 유의해야 한다.

---

13) IMF, 「Executive Board Concludes 2019 Article IV Consultation with Myanmar」(2020.3.).
14) 세계은행 Open Data, "Current account balance(% of GDP) - Myanmar."
15) 경상수지는 상품수지(수출입 모두 FOB 가격), 서비스수지, 소득수지 및 경상이전수지의 4개 세부항목으로 구분된다. 무역수지는 수출액(FOB 통관기준)과 수입액(CIF 통관기준)의 차이. (출처: e-나라지표)

[표 7-8] 미얀마 수출입 추이

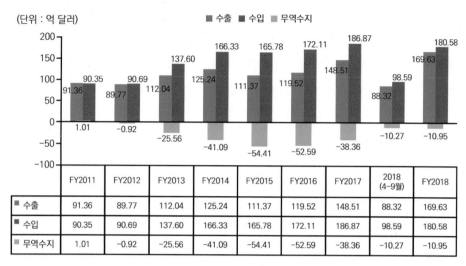

	FY2011	FY2012	FY2013	FY2014	FY2015	FY2016	FY2017	2018 (4~9월)	FY2018
■ 수출	91.36	89.77	112.04	125.24	111.37	119.52	148.51	88.32	169.63
■ 수입	90.35	90.69	137.60	166.33	165.78	172.11	186.87	98.59	180.58
■ 무역수지	1.01	-0.92	-25.56	-41.09	-54.41	-52.59	-38.36	-10.27	-10.95

출처: 미얀마 중앙통계청[1]

[표 7-9] ASEAN 외환보유액 현황(2018년)

국가	외환보유액(억 달러)	GDP 대비 외환보유액(%)
브루나이	32.21	23.68
캄보디아	133.73	54.36
인도네시아	1,174.25	11.27
라오스	9.44	5.22
말레이시아	998.5	28.18
미얀마	53.47	7.51
필리핀	710.4	21.47
싱가포르	2,874.66	78.93
태국	1,992.96	39.46
베트남	554.53	22.64

출처: KOSIS - 대한민국 국가통계포털[2]

둘째, 미얀마는 환헤지[16) 시스템이 거의 없다시피 한 실정이다. 환헤지 상품이 2020년 생겨났으나 수수료가 상당히 비싸(수수료에 연 10% 이상의 높은 시중 대출금리 수준을 적용) 실제 사용하는 기업은 거의 없다. 달러로 원자재나 제품을 수입하여 현지에서 가공·유통하여 짜트화로 판매하는 기업들의 경우, 환율변동 리스크에 고스란히 노출되어 있는 실정이다. 실제로 2018년 하반기 환율 급등 시 산업분야를 막론하고 수입업체들 전반에 이러한 문제가 발생하였다. 미얀마에 직접투자 혹은 무역거래 시 항상 이점에 유의하시기 바란다.

4) 가장 빠르게 변화 중인 통신산업

개혁개방 이후 가장 두드러지게 발전한 분야는 단연 통신산업이다. 2011년 미얀마의 휴대전화 보급률은 2%에 불과하였다. 저자가 미얀마에 체류한 2013년에도 휴대전화 보급률은 10% 초반에 머물렀는데, 가장 큰 이유는 SIM카드가 너무 비쌌기 때문이다. 1993년 미얀마 최초 SIM카드[17) 가격이 $1500달러였으며, 2013년만 해도 $200~500달러 수준이었다. 때문에 일반 국민들의 소득으로는 살 수가 없었다.

그러다 2013년 미얀마 정부는 입찰을 통해 노르웨이의 텔레노어(Telenor), 카타르의 우레두(Ooredoo)를 신규 이동통신사업자로 선정하였다. 기존에 시장을 독점하던 정부기업 MPT 역시 2014년부터 일본 KDDI·스미토모와 합작사로 변모하였다. 이 3개 통신사가 2014년부터 SIM카드를 1,500짜트(당시 1.5달러)에 판매하였고, 경쟁을 통해 좋은 서비스를 저렴한 가격으로 제공하면서 통신시장이 급격히 성장하기 시작했다. 2015년에 휴대폰 보급률이 60%를 돌파하였으며, 2018년 100%를 넘어섰다. [그림 7 - 5]에서 보듯, 2020년 1월 기준 미얀마의 휴대전화 보급률은 126%이다. 보급률(총 인구수 대비 SIM카드 판매수)이 100%를 훌쩍 넘는 이유는 미얀마에서 휴대폰 단말기와 SIM카드는 별개 구입이 가능하며, 한 사람이 여러 SIM카드를 사는 경우가 꽤 있기 때문이다(우레두·텔레노어 서비

---

16) 환헤지는 외화 헤지(currency hedge)의 줄임말로, 환율변동에 따른 손실위험을 사전에 감소시키는 행위이다. 환헤지 상품으로는 선물환거래, 통화옵션거래, 환변동보험 등이 있다.
17) 유심칩이라고 부르는 SIM카드는 가입자 식별모듈을 구현한 IC카드로 GSM(Global System for Mobile)단말기의 필수 요소이다.

스 개시 초반, 지역별로 통신품질이 고르지 않아 통신사별 SIM카드를 사서 지역마다 바꿔 쓰는 사람들이 있었다).

2021년 현재는 전국 통신망이 거의 운영되고 안정적이며, 속도도 빨라졌다. 2016년 8월 4G 서비스가 개시되었고, 2018년 말 기준 전국 90% 이상 지역이 서비스가 가능해지면서 모바일 환경이 지난 5~6년 사이 눈에 띄게 발전하였다. 2018년 6월에는 4번째 통신사업자로 베트남의 군부기업 Viettel이 미얀마 군부기업 및 민간기업과 합작설립한 마이텔(Mytel)이 미얀마 내 통신서비스를 개시하였다. 이러한 통신시장의 급격한 성장에 힘입어 모바일 플랫폼을 활용한 비즈니스가 성장하고 있다.

[그림 7-5] 미얀마 모바일 이용현황

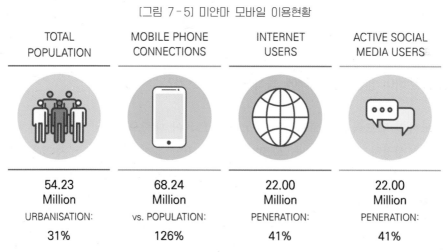

TOTAL POPULATION	MOBILE PHONE CONNECTIONS	INTERNET USERS	ACTIVE SOCIAL MEDIA USERS
54.23 Million	68.24 Million	22.00 Million	22.00 Million
URBANISATION: 31%	vs. POPULATION: 126%	PENERATION: 41%	PENERATION: 41%

출처: we are social, 「Digital 2020 Myanmar」

5) 페이스북의 나라

저자가 미얀마에 와서 놀랐던 것 중의 하나는, 만나는 거의 모든 사람들이 남녀노소 관계없이 페이스북을 활발하게 이용한다는 것이다. 「DIGITAL MYANMAR 2020」에 따르면, 미얀마 인터넷 사용자 수는 2,200만 명, 페이스북 이용자 수 2,100만 명, 인스타그램 64만 명이다. 따라서 스마트폰 보유자는 사실상 거의 모두 페이스북을 하는 셈이다. 미얀마 기업들 중에는 웹 사이트 없이 페이스북 페이지만 운영하는 곳들도 많다. 그만큼 페이스북은 미얀마인들에게 필수 앱이다.

유독 페이스북을 좋아하는 이유는 무엇일까? 군부 독재시절 50년간 미얀마인들은 표현의 자유를 억압받았다. 자신의 생각을 표출하고 일상생활 속 멋진 장소나 맛있는 음식을 공유하고 싶은 평범한 욕구를 미얀마인들은 마음 깊숙이 억눌러온 것 아닐까? 때마침 개혁개방과 맞물려 개개인의 모바일 사용환경이 조성되자 적극적인 페이스북 이용으로 표출되는 것이 아닌가 생각한다. 미얀마인들은 국내 언론기사나 정부 주요 발표내용도 페이스북을 통해서 접한다. 2021년 2월 발생한 군부 쿠데타 이후 군부가 외부로 향하는 인터넷을 차단하였지만, 미얀마 사람들은 페이스북을 통해 미얀마 상황을 세계에 전달하고 있다. 그만큼 페이스북 사용빈도가 높기에, 미얀마에 진출하고자 하는 경우 페이스북을 활용한 효과적인 마케팅을 진지하게 검토할 필요가 있다.

6) 오토바이 없는 양곤시내에 음식배달 서비스가?

모바일 인프라가 빠르게 좋아지고 스마트폰이 대중화되면서 모바일 앱 비즈니스가 성장하고 있다. 그중 2020년 급성장 중인 음식배달 서비스 사업을 살펴보고자 한다. 미얀마 최초의 음식배달 서비스는 Yangon Door2Door(D2D)로 2016년 서비스를 시작하였다. 사실 미얀마에서 배달서비스가 2020년에야 시작된 것은 시장규모가 작은 이유도 있겠지만 양곤시내에 오토바이가 금지되어 있기 때문이다(덕분에 오토바이가 허용되는 타 국가의 대도시보다는 도로가 덜 혼잡하다). 그렇다고 자동차로 배달을 하자니 비용이 많이 들고 교통체증이 심하여 경제성이 나오지 않는다. Yangon D2D는 이 문제점을 어떻게 해결했을까? 바로 교통체증에서도 갓길운행이 가능하고 저렴한 인건비를 활용할 수 있는 자전거 배달로 해결했다.

이후 미얀마에서 자전거 기반의 음식배달 서비스 경쟁업체가 늘고 있다. 독일을 본사로 둔 푸드판다(Foodpanda)는 동남아·홍콩·대만·동유럽 등 13개국에서 이용할 수 있는 모바일 음식배달 서비스업체로 역시 2019년 미얀마에 진출하였다. 푸드판다는 2020년 2월 기준으로 양곤시내 1,000여 개 레스토랑에서 주문이 가능하다. 동남아 최강자 그랩(Grab)은 2017년 미얀마에 택시사업으로 진출한 이후 4년간 1억 달러를 투자해 왔으며, 2019년 말 그랩푸드(GrabFood)를 미얀마에도 출시하였다. 지금은 양곤시내 도로 곳곳에서 이들 업체 및 신생 배달업체들의 자전거를 쉽게 볼 수 있다.

[그림 7 - 6] 2019년 미얀마에 진출한 푸드판다와 그랩푸드

출처: 저자 촬영

7) 빠르게 성장할 전자상거래 및 디지털 결제시장

전자상거래 시장규모에 대한 구체적인 통계자료를 구하기 어렵지만, 2018년 기준으로 시장 규모는 미얀마 GDP의 약 0.01%(약 6~7백만 달러)로 추산된다.[18] 그만큼 향후 성장잠재력이 높은 것으로 전망된다. 중국 알리바바는 2018년 5월, 파키스탄·방글라데시·스리랑카·미얀마·네팔에서 온라인 쇼핑몰을 운영하는 기업 Daraz를 인수하면서 미얀마에 진출하였다. 미얀마 쇼핑몰 이름은 샵 닷컴 (Shop.com.mm)이다. 그러나 아직까지는 소규모 업체들의 페이스북을 활용한 방식(고객이 페이스북 페이지에서 상품확인 후 댓글·쪽지·메신저·전화로 주문하는 방식)의 거래가 훨씬 큰 비중을 차지하고 있고, 정식 사업자등록 없이 운영되는 경우도 많다. 소비자 보호 및 세금 징수 등 전자상거래 관련 규정도 갖추어지지 않은 상황이다.

미얀마 정부는 2017년 6월 설립된 디지털경제발전위원회(DEDC: Digital Economy Development Committee)를 통해 전자상거래 육성을 추진하고 있다. 또한 2020년 3월에 미얀마 전자상거래 협회(ECAM: E - Commerce Association of Myanmar)가 출범

---

18) 「Colliers Property Report - Myanmar Retail Quarterly Q4 2018」.

되어 앞으로 업계의 목소리를 대변할 전망이다. 앞으로 관련 법률이 갖추어져 소비자 보호가 강화되고, 디지털 결제의 안정성·편의성이 높아지고 물류인프라가 개선되면서 미얀마의 전자상거래 시장은 고속 성장할 것으로 전망된다.

한편, 간편 송금 및 디지털 결제시장을 선도하는 회사로는 Wave Money 서비스를 운영하는 Digital Money Myanmar가 있다. Digital Money Myanmar는 미얀마 대기업 요마(Yoma) 그룹 계열 은행인 Yoma Bank와 통신사 Telenor가 합작한 회사이다. Wave Money는 2016년 서비스를 시작, 2020년 6월 미얀마 전역에 57,000여 개 대리점 매장 및 2,100만 명의 고객을 확보하며 빠르게 성장 중이다. 또한 Digital Money Myanmar는 2020년 6월, 중국 알리바바 그룹 산하의 간편결제 서비스 Alipay(알리페이)의 운영사 Ant Financial Group으로부터 7,350만 달러 투자를 유치하였음을 발표하였다. Alipay의 디지털 결제 플랫폼 구축경험을 활용하여 향후 디지털 결제서비스 이용률을 높이겠다는 계획이다.

8) 전력 문제, 투자의 장애물이자 기회

미얀마 투자의 걸림돌로 가장 많이 꼽히는 것은 전력 부족이다. 저자의 경우에도 2013년 해외 지역전문가 시절, 매일 5~10차례 정전되었던 기억이 난다. 당시 미얀마의 전력보급률은 30% 초반이었다. 국민의 70%는 전기혜택을 보지 못했다는 뜻이다. 그 후 국내외 기업의 투자와 정부의 노력으로 2020년 1월 기준 전력에너지부 자료에 따르면 전력보급률이 50%를 돌파하였다(양곤주 90%, 만달레이주 70%, 기타지역 평균 40%[19]). 그러나 미얀마의 전력수요는 2011년 민간정부 출범 후 5년간 연평균 15%로 증가하고 있는 반면, 전력공급이 이를 충당하지 못해 전력부족 상황이 계속되고 있다.

미얀마의 총 전력생산량은 2016년 기준으로 20,258GWh이며, 이 중 태국·중국으로 수출한 2,381GWh와 발전소 자체 사용분을 제외하면 17,750GWh가 국내로 공급되었다. 이 중 2,385GWh가 송·배전과정에서 손실되어 실제 소비된 전력량은 15,365GWh이다. 전력생산 방식은 2016년 총 생산량 기준으로 수력

---

19) MOEE(Ministry of Electricity and Energy) 홈페이지 중 NEP PLAN - "Status of Current Progress & Future Plan of National Electrification Project(NEP)."

(59.85%) 및 가스화력(39.75%)이 대부분을 차지하고 있다. 그러나 수력발전의 경우, 담수시설이 부족하여 비가 거의 오지 않는 건기(11~5월)에는 발전량이 감소하는 구조적인 문제점이 있다. 우기·건기 수력발전량 편차로 인해 총 발전설비용량(installed capacity)은 2017년 기준 5,642MW[20]인 데 비해 실제 운용되는 발전설비용량(available capacity)는 2020년 4월 기준 3,000~3,500MW에 불과하다.[21]

또한 송·배전 인프라가 전국 단일망으로 구축되지 못했고 노후화하여 송·배전 손실률이 높은 편이다. 2000년 기준 송·배전 손실률은 무려 35%에 달했다. 지속적인 시스템개선과 발전량 증가로 손실률은 2016년 13%까지 낮아진 추세이다.

[표 7-10] 미얀마의 전력 생산량/공급량/소비량

(단위: GWh)

연도	에너지원별 발전량						발전소 자체 사용	순생산	수출	국내 공급	송·배전 손실	국내 소비	송·배전 손실률
	총 생산	수력	가스	석탄	디젤	기타							
2000	5,118	1,892	3,190	0	36	0	102	5,016	0	5,016	1,748	3,268	35%
2011	10,455	7,544	2,556	312	38	4	133	10,322	0	10,322	2,621	7,701	25%
2012	10,969	7,766	2,883	265	51	4	196	10,773	0	10,773	2,515	8,258	23%
2013	14,739	11,310	3,228	136	61	4	174	14,565	2,532	12,033	2,416	9,617	20%
2014	15,639	10,298	5,193	70	65	14	152	15,487	1,463	14,024	2,750	11,274	20%
2015	17,223	10,639	6,518	0	55	11	154	17,069	1,239	15,830	2,422	13,408	15%
2016	20,258	12,125	8,052	10	61	9	127	20,131	2,381	17,750	2,385	15,365	13%

출처: 미얀마 전력에너지부(MOEE), 「Myanmar Energy Statistics 2019」

공장 가동 시에도 정전이 자주 발생한다(때문에 비상용 디젤발전기는 필수다). 세계은행 자료에 따르면 2016년 기준 미얀마에서 정전을 경험한 기업 비율은 95%에 달한다.[22] 이러한 전력부족 문제로 2021년 현재 미얀마 내 제조업은 중공업은 거의 발달하지 못하였고 저임금 노동력을 활용한 의류, 봉제, 가발, 전자제품 조립, 농수산물 가공 등 경공업 중심으로 성장하고 있다. 반대로 생각해 보면, 국가발전에 있어 필수 인프라인 전력 분야(발전소 및 송배전망 개선사업)에 투

---

20) MOEE, 「Current Status of Myanmar's Electricity Sector」(2019.3.).
21) MOEE 홈페이지 중 일일 발전용량 발표자료.
22) 세계은행, Enterprise Surveys <Firms experiencing electrical outages(% of firms)>

자 기회가 많다고 볼 수 있다. 실제로 1998년부터 2019년까지의 전력분야 외국인 누적투자액은 $217억 달러로, 석유가스($224억 달러)와 함께 가장 많이 투자된 분야이다. 한편 미얀마 정부는 2030년 전력보급률 100% 달성을 목표로 하고 있다. 앞으로 남은 10년 내에 남은 보급률 50%를 끌어올리기는 쉽지 않아 보인다. 그러나 2021년 기준 합산규모 4,000MW 이상의 LNG 발전 및 1,000MW 태양광 발전 프로젝트 등이 추진되고 있고, 2019년 7월 1일 전기요금 인상을 통해 투자경제성이 개선된 만큼 앞으로 전력사정은 지속 개선될 전망이다.

[표 7 - 11] 미얀마의 외국인투자 국가별/산업별 유치 비중(1988~2019년 누계)

(단위: 백만 달러, %)

국가별	건수	투자액	비중 (%)	산업별	건수	투자액	비중 (%)
싱가포르	318	22,307.4	26.86	석유·가스	154	22,420.60	27.00
중국	430	20,934.6	25.21	전력	24	21,716.70	26.15
태국	135	11,341.9	13.66	제조업	1215	11,687.60	14.07
홍콩	240	9,156.6	11.03	교통·통신	61	10,908.80	13.14
영국	103	4,551.0	5.48	부동산개발	60	5,907.40	7.11
한국	180	4,010.8	4.83	호텔·관광	83	3,119.80	3.76
베트남	26	2,168.2	2.61	광업	71	2,904.90	3.50
말레이시아	70	1,965.3	2.37	축산·어업	68	722.9	0.87
네덜란드	24	1,560.9	1.88	농업	34	414.1	0.50
일본	118	1,219.5	1.47	산업단지개발	7	320.1	0.39
인도	33	771.5	0.93	건설	2	37.8	0.05
기타	232	3,050.8	3.67	기타 서비스	130	2,827.80	3.41
합계	1,909	83,038.5	100%	합계	1,909	83,038.50	100
별도(SEZ)	115	1922.8	–	별도(SEZ)	115	1,922.80	–
총합계	2,024	84,961.3	100	총합계	2,024	84,961.30	100

출처: Directorate of Investment and Company Administration, DICA

4
미얀마의 미래

1) 정치 - 아웅산 수치 이후를 대비해야

아웅산 수치의 국민민주연맹(NLD)이 5년 만에 치러진 2020년 11월 총선거에서도 압도적인 승리로 재집권을 위한 의석을 확보하였다(상원 224석 중 138석, 하원 440석 중 258석). 그리고 이 선거결과는 2021년 2월 군부 쿠데타의 원인이 되었다. 아웅산 수치에 대한 국민 지지가 절대적인 만큼, 권력이 그녀에게 집중되어 있다는 문제가 있다. 70세 중반인 아웅산 수치의 나이(1945년생)를 생각한다면, 미얀마는 아웅산 수치 이후를 대비할 필요가 있다. 만약 그녀의 신변에 이상이 생길 경우, 미얀마는 어떻게 될까? 아직 민주주의 시스템이 정착되지 않았고, 새로운 정치지도자를 발굴·육성해 내는 토양이 갖춰지지 않은 상황에서 만약 그러한 일이 발생한다면 정치적 혼란이 크지 않을까 우려된다. 2021년 발생한 군사 쿠데타로 인해 아웅산 수치의 리더십 공백이 현실화되었을 뿐 아니라, 군사 쿠데타가 끝난다 하더라도 수치 이후의 차세대 리더가 부각되지 않았기 때문에 군 출신이나 아웅산 수치의 국민민주연맹(NLD) 내에서도 혼란이 이어질 것으로 예상된다.

차세대 리더의 부재는 정치시스템뿐만 아니라 고등교육에도 원인이 있다. 1962년부터 반세기 동안의 군부독재 시절, 대부분의 인재들이 사관학교로 몰렸다. 또한 '8888 항쟁' 이후 군부는 전국의 모든 대학을 2년 동안 강제 폐교시켰고, 각 단과대를 분산시켜 학생들이 모이지 못하게 하였다. 이러한 우민화 정책

(지배자층이 기득권의 지위나 권력을 강화·안정시키기 위하여 정치에 대한 피지배자층의 판단력을 없애는 정책)으로 미얀마의 고등교육은 상당히 후퇴하였다. 때문에 사회를 이끌어갈 엘리트 계층이 성장하지 못한 것이다.[23] 저자는 쿠데타로 인한 미얀마 정권이 안정되고 미얀마 국민이 안정적인 민주주의 시스템 정착과 경제성장의 혜택을 누릴 수 있기를 진심으로 바란다. 군부 쿠데타로 인한 아웅산 수치의 석방을 기원하면서, 동시에 젊고 유능한 지도자들이 육성되어 미얀마의 발전 과정에서 정치적 혼란이 최소화되기를 희망한다.

2) 투자 – 앞으로의 중점 유치산업

미얀마의 향후 유망분야에 대해서는 저자의 제한적이고 편향적 의견보다는 '미얀마가 어느 분야의 투자를 필요로 하는지'를 객관적으로 살펴보는 것이 도움이 될 것이라 생각한다. 그런 의미에서 2020년 1월 투자대외경제관계부(Ministry of Investment and Foreign Economic Relations)가 발표한 「지역별 우선 투자 5개 분야(Top Five Investment Priorities for State & Regions)」를 참고해 보자(표 7 – 12 참조). 많은 지역에서 농업 및 축·수산업 등 1차산업이 우선순위에 포함되어 있음을 알 수 있다. 특히 농업은 2020년 GDP비중은 줄어들고 있으나 여전히 전체 인구의 50%, 노동인구의 70%가 종사하는 국가의 기간산업이다. 농업분야의 개발과 성장 및 고부가가치 창출은 절대다수를 점하고 있는 미얀마 농민의 빈곤 감소와 소득 향상 및 삶의 질 개선에 기여하고, 동시에 소수민족과 산간지역의 발전을 도모함으로써 국가 차원의 평화와 안정에도 크게 기여할 수 있다.[24]

제 1, 2의 도시가 있는 양곤주와 만달레이주에는 제조업이 최우선 투자유치 분야이다. 제조업은 앞서 언급한 노동집약적 경공업 중심으로 당분간 성장할 것으로 전망된다. 그러나 미얀마 정부가 수입대체 전략을 추진 중인 만큼 정유, 철강 등의 중화학공업 분야도 중장기적 발전 목표를 두고 조금씩 추진될 것으로 예상된다.

또한 자동차 조립산업 성장 역시 주목할 필요가 있다. 미얀마는 2012년 차량수입자유화 이후 일본산 우측핸들 중고차를 중심으로 수입이 빠르게 증가하였

---

23) 매일경제, "아웅산 수치… '2015년 승리' 그녀의 투쟁은 시작됐다"(2012.5.25.)
24) KIEP(대외경제정책연구원), 「미얀마의 농림업분야 개발협력 방안」(2018)

[표 7 - 12] 지역별 우선투자 5개 분야(1~5순위)

Region /State	농업/ 관련 서비스	제조	호텔/ 관광	물류	부동산/ 저가 주택	전력	천연 자원 /광업	축산/ 수산	도시 개발 /산업 단지	의료	생태 관광	교육	인프라/ 교통· 통신	IT 서비스	세금 감면 기간
Kachin	1	2	3	4	5										5 or 7
Kayah	2	3	1			4	5								7
Kayin	1	3	2	4		5									7
Chin	3		1			2		4	5						7
Mon	1	3						2		4	5				5년/7년
Rakhine	1		5					2				3	4		7년
Shan	2	4	1			3								5	5년/7년
Sagaing	1		4				5	2					3		5년/7년
Mandalay	3	1	2		5			4							3년/5년 /7년
Magway	1	4	5			3		2							5년/7년
Nay Pyi Taw	1	3		4				2				5			5년
Bago			3		4	1		5	2						5년/7년
Yangon		1	4								5	2		3	3년/5년
Ayeyarwady	1		3			5		2					4		5년/7년
Tanintharyi	5					2	4	3					1		5년/7년

출처: 2020.1월 투자대외경제관계부 발표

는데, 2011년 36만 대 수준이던 차량 등록대수는 2016년 76만 대, 2019년 100만 대를 넘었다. 이에 양곤시내 교통문제가 심각해지고 수입일변도의 자동차 시장이 자국 산업발전에 도움이 되지 않는다고 판단한 정부는 수입을 제한하고(수입차량 수입연식 상향조정 및 2018년 7월부터 우측핸들 수입 금지) 현지조립생산 차량에 세제혜택을 주면서 지원정책을 펼치고 있다.

이로 인해 소비자들의 현지조립생산 신차 구매가 늘고 있다(표 7 - 13 참조). 향후 빠른 성장이 예상되면서 2013년 기아자동차와 스즈키를 시작으로 이후 닛산(2016년), 포드(2017년), 현대(2019년) 등 글로벌 브랜드의 현지공장이 자동차를 반제품 형태로 수입해 현지에서 조립생산하는 SKD(Semi Knock - Down) 방식으로 생산, 판매 중에 있으며 도요타도 2021년부터 SKD 생산을 계획하고 현재 공장 설립 중이다. 이들 공장은 향후 시장규모가 커지면 부품 형태로 수입하여 현지에서 도장과 용접을 포함해 조립생산하는 CKD(Completely Knock-Down) 방식으로 전환할 계획인 만큼, 자동차 관련산업이 앞으로 더욱 확대될 전망이다.

[표 7-13] 미얀마 신차 판매/생산대수

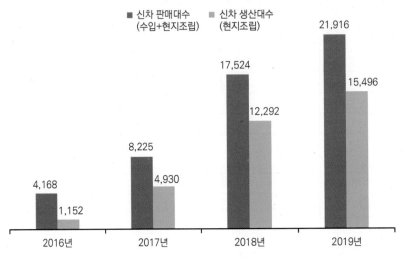

출처: AAF-ASEAN 자동차연맹[3]

5

한국 기업의 미얀마 진출 A TO Z

미얀마는 거의 모든 산업이 발전 초기 단계이다. 때문에 각 기업들이 보기에 미얀마는 저마다의 분야에서 성장 잠재력이 크다. 그러나 앞서 살펴본 대로 금융환경과 전력·물류 등의 하드웨어 인프라 등 전반적인 비즈니스 환경은 여전히 ASEAN에서 가장 낮은 수준이고, 그만큼 리스크도 크고 성공을 확신하기 쉽지 않다. 이 장에서는 미얀마에 진출하고자 하는 기업들이 유념해야 할 부분에 대한 저자의 주관적 견해를 말하고자 한다.

1) 우선 작게 시작하고, 현지 노하우를 최대한 축적하자

만약 직관적으로 미얀마의 중장기적 미래를 낙관하고 직접 의사결정이 가능한 오너라면 좀 더 빠르고 과감한 투자도 가능할 것이다. 그러나 대부분의 기업 또는 사업가 입장에서는 2021년 기준, 현재의 시장규모가 크지 않고 사업환경이 녹록지 않은 미얀마 시장에 리스크를 안고 당장 들어가기가 부담스러운 것이 현실이다. 이 경우 미얀마의 접근을 어떻게 시작하는 것이 좋을까? 저자는 작은 규모의 투자나 거래부터 우선 시작해 볼 것을 권한다. 이를 통해 크게 2가지 효과를 얻을 수 있다.

첫째, 구체적인 실무 과정과 거래 관행, 커뮤니케이션 방식 등 '현지의 진짜 속사정'을 몸소 체득하고 문제발생 시 어떻게 해결하는 것이 좋은지를 배울 수 있다. 또한 향후 더 큰 투자나 거래 시 발생할 수 있는 리스크를 보다 구체적으로 가늠해 보고 대비할 수 있다. 이러한 현지 노하우와 문제대응역량, 리스크 파악·관리역량은 단기간의 시장조사나 전해 듣는 정보만으로 파악하는 데에 한계가 있고 직접 해봐야 깨닫고 내 것이 된다(정보는 채워져도 경험은 쉽게 채워지지 않는다).

둘째, 자신에게 맞는 현지 파트너를 보다 효과적으로 발굴, 검증할 수 있다. 대부분의 미얀마 기업은 재무제표도 완전히 신뢰하기 어려울뿐더러 지배구조나 경영활동에 대한 정보 접근이 쉽지 않다. 따라서 파트너 회사의 경영진은 신뢰할 만한지, 시스템은 어느 수준인지 등을 파악하기 위해서는 거래든 투자든 작게라도 해 보는 것이 현실적인 최선의 방법이라는 것이 저자의 생각이다. 또한 미얀마에서 어느 정도 규모가 되는 기업들은 한 기업이 여러 분야의 사업을 추진하는 경우가 많다. 때문에 현지 파트너와 한 분야로 시작하여 작은 성공을 이루고 상호 신뢰가 쌓이면, 다른 사업도 함께 추진할 수 있고 아니면 다른 사업 영역의 유력 파트너를 소개받기도 훨씬 수월하다.

POINT

미얀마처럼 행정전산화 수준이 낮고 사회 전반적 인프라와 시스템이 잘 갖춰져 있지 않은 나라에서 비즈니스를 하기 위해서는 큰 그림(전략)을 잘 그리는 것만큼이나 실행력을 확보하는 것이 매우 중요하다. 즉, 현실세계의 '우아하지 않은' 실무영역에 들어가 발로 뛰면서 거기에서 구체적인 문제를(우리가 일반적으로 생각하는 방식과 현지의 방식이 어떻게 다른지) 발견하고, 현지에 맞는 해결방안을 빨리 찾아내어 실천하는 역량이 필요하다.

2) 주요 사안은 최종 결정권자와 직접 협의해야 일이 빠르다

"사장님에게 보고를 해야 하니 오늘 협의한 내용을 이메일로 정리해서 보내주세요." 미얀마 거래처 실무자들을 만나 한참 얘기를 하고 나면, 끝날 때에 이런 요청을 많이 받곤 했다. 물론 최종 의사결정을 최고경영진이 하는 것은 어느 나라나 마찬가지겠지만, 저자의 경험에 따르면 미얀마는 사소한 일들까지도 실무자에게 결정 권한이 없는 경우가 많다. 소수의 현지 대기업과 외국계 기업을 제외한 대부분의 미얀마 기업들은 우리처럼 중간관리자가 없는 경우가 많고, 사장에게 거의 모든 권한과 책임이 집중되어 있다(대기업 중에는 국제 우편발송 비용까지 사장 허가를 받아야 하는 회사도 있었다). 시스템이 이렇다 보니, 일을 진행하는 효율성의 차원에서 보면 자칫 실무자를 붙들고 오랫동안 시간과 노력을 들여도 큰 도움이 되지 않게 된다. 정부 부처도 마찬가지이다. 정부 조직은 중간직책 공무원들이 많음에도 불구하고 장관(Chief Minister)이나 국장(Director General)에게 권한이 집중되어 있다.

주재원 부임 이후 초반 이러한 경험을 수차례 겪은 후, 저자는 가급적 최종 결정권자를 직접 만나 계약을 확정하거나 의사결정을 받아 일을 진행하였다. 물론 실무자의 존재와 역할을 인정해 주어야 한다. 만약 미팅자리에 실무자가 없었다면 사장과 나눈 대화내용을 별도로 공유해 주는 것이 좋다. 그래야 실무자를 존중하면서 미스 커뮤니케이션을 줄이고 일을 원만히 진행시킬 수 있다.

3) 투자 전 정확한 법률 검토는 필수

미얀마 법은 일반적인 저개발 국가형 법체계와 마찬가지로 의회보다는 행정부의 권한이 강하고, 법률상의 시행령이나 규칙, 공고 등에 비해 각 부처의 공고, 명령이 우위에 있는 경우가 많아 법적 안정성이 상대적으로 낮은 편이다. 또한 외국인투자자의 경우에는 관련부처인 MIC(Myanmar Investment Commission, 투자위원회) 및 DICA(Directorate of Investment and Company Administration, 투자기업관리국)의 실무관행이 중요한 법 해석의 기준이 되는 경우가 많기 때문에, MIC 및 DICA의 실무해석을 면밀하게 확인하는 것이 중요하다.[25]

또한 미얀마 정부는 외국인 투자자들을 유인하기 위해 관련 법률을 지속 개정하고 있다. 미얀마 내국인 투자법과 외국인 투자법을 통합한 미얀마 新투자법이 2016년 10월 공포(2017년 4월 시행)되었고, 외국인 지분 35% 미만의 회사는 현지회사 지위로 인정하는 미얀마 新회사법이 2017년 12월 공포(2018년 8월 시행)되었다. 또한 외국 기업에게 허용하는 사업분야와 범위를 점차 완화해 나가

---

25) 법무법인 지평, 「미얀마 비즈니스 가이드북 2019」.

고 있다(표 7-14 참조).

따라서 법적 리스크를 사전에 예방하고 시행착오를 최소화하기 위해서는 미얀마 투자를 결정하기 전에 법률 전문가의 정확한 자문을 받는 것이 좋다. 간혹 현지사정에는 밝지만 법률 비전문가의 조언만으로 사업을 추진하는 경우도 있다. 이 경우 반드시 문제가 생긴다고 할 수는 없겠지만, 기존에 비슷한 투자 허가 사례가 있었는지, 2020년의 법 개정으로 바뀌는 조항은 없는지, 다른 법적 이슈는 없는지 등을 사전에 면밀히 검토할 것을 권한다.

[표 7-14] 미얀마의 주요산업 개방 연혁

무역업(수입유통업)	
기존	100% 현지 기업에 한해서만 무역업을 허가하였고 외국 기업은 무역업 불가
2015년 11월	현지-외국 합작 기업에 대해 일부 품목에 한해 무역업을 허가 허가품목: 농업분야(비료, 살충제, 종자) 및 의료기기 분야
2016년 7월	현지-외국 합작 기업의 무역거래 가능품목에 건축자재 분야 추가 허가품목: 건축자재(시멘트, 철강, 아연 등)
2017년 6월	단독 외국 기업에게 상기 3개분야(농업/의료기기/건축자재)의 무역업 허가

석유유통사업	
2017년 5월	석유제품 수입·저장·유통사업을 외국 기업에 허용
2020년 5월	Puma Energy(싱가포르), SPC(싱가포르), SK(한국), PTT(태국) 등이 현지 기업과 합작 형태로 진출

일반 유통업(도소매업)				
	도소매업 외국인 투자 허용			
	유통업 영위를 위해서는 토지 임대료를 제외한 최초투자금 조건을 충족해야 함.			
2018년 5월		100% 외국인 지분회사 또는 미얀마인 지분 20% 미만 회사	미얀마인 지분 20% 이상 회사	100% 미얀마인 지분회사
	도매업	최초투자금 500만 달러 초과	최초투자금 200만 달러 초과	최소투자금 요건없음
	소매업	최초투자금 300만 달러 초과	최초투자금 70만 달러 초과	
	100% 외국 기업 또는 합작 기업은 매장면적 929㎡(약 281평)보다 작은 규모의 미니마트(minimart) 또는 편의점(convenientstore)을 운영할 수 없음.			

금융업	
2014년 10월	1차 은행업 개방 - 9개 외국계은행 지점 예비인가 승인
2016년 3월	2차 은행업 개방 - 4개 외국계은행 지점 예비인가 승인 *한국계 최초 신한은행 인가획득
2020년 4월	3차 은행업 개방 - 7개 외국계 은행 예비인가 승인 및 현지법인 인가 최초 승인 *한국계 3개 은행인가 획득 - 현지법인(IBK기업, KB국민)/지점(KDB산업) - 지점(branch)은 기업금융만 가능하며 1개 지점 가능 - 현지법인(subsidiary)은 기업금융+소매금융 가능하며 10개 지점 가능
2019년 4월	1차 보험업 개방 - 5개 외국계 생명보험사 100% 지분 생명보험영업 인가 승인
2019년 8월	2차 보험업 개방 - 6개 외국계 비생명(3곳)/생명보험사(3곳)에 35% 지분한도 내 합작법인 인가승인(한국계 없음) *교보생명, 2021년 합작법인 설립추진

출처: 저자 편집·작성

[표 7-15] 미얀마 진출에 도움이 될 주요 로펌/컨설팅 업체

업체명	주요 업무	연락처
법무법인 지평 미얀마사무소	법률/회계/세무자문 (M&A, 대규모개발, 인프라, 금융, 합작프로젝트, 법인설립, 인허가, 현지법인운영, 노동 등)	myanmar@jipyong.com (+95) 1 510 366 No. 140/A, Than Lwin Road, Bahan Township, Yangon, Myanmar
법무법인 리우 미얀마사무소		jhyoo@liwulaw.com (+95) 99 7428 2787 No. 87, 2F, U Kun Zaw Condo, U Kun Zaw Street, Kan Lane, 10th Ward, Hlaing Township, Yangon, Myanmar
우리회계법인 미얀마사무소	법인설립/세무신고 /회계감사 라이선스취득/금융업무	jerrykim.jh@wooriacc.com (+95) 99 7621 7020 No. A-1503, Diamond Condo Hledan, Kamayut TSP, Yangon, Myanmar
MBRI (미얀마경영 연구소) - 한국인설립	산업분석/시장조사 /컨설팅 (파트너사 매칭 업무 포함) 환경사회 영향평가 CSR 자문 등	jerrykim.jh@gmail.com (+95) 99 7665 4118 4th Floor, Building No.18, Myanmar ICT Park, University's Hlaing Campus, Hlaing Township, Yangon, Myanmar

YCP Solidiance Myanmaroffice	산업분석/시장조사 /컨설팅 (자동차, 건설, 에너지, 소비재, 헬스케어, 농업, 제조 등)	naithy.cyriac@ycp.com (+95) 94 2071 9404 Suite 606, 6th Floor, Crystal Tower, Junction Square Compound, Kyun Taw Road, Kamaryut Township, Yangon, Myanmar

출처: 저자 편집·작성

6

미얀마 시장을 보는 눈

1) '쪼리' 신발에서 생각해 본 민족성

미얀마 사람들은 평상시 남녀 모두 전통의상인 론지(Longyi, 미얀마 전통의상으로 발목까지 내려오는 치마)를 입고 신발은 일명 '쪼리(영어 명칭은 Flip Flop, 엄지와 둘째 발가락에만 줄을 끼워 신는 굽 없는 슬리퍼)'를 신는다. 지금은 론지 대신 바지를 입는 경우도 상당히 늘었지만, 신발은 여전히 쪼리를 신는다. 일상에서뿐 아니라 공식행사에서 역시 쪼리를 신는다. [그림 7-7]은 미얀마 대통령과 정부 각료들의 회의 사진인데, 군인을 제외하고 전부 론지를 입고 쪼리를 신은 모습을 볼 수 있다.

쪼리를 신는 이유는 일 년 내내 덥고, 우기에 비가 집중적으로 내리는 기후적 요인이 클 것이다. 그런데 쪼리를 일상으로 신는 문화가 미얀마인들의 행동과 사고방식에도 영향을 미치지 않을까? 쪼리를 신으면 뛰기가 어렵다. 서두를 수도, 서두를 필요도 없는 것이다. 비즈니스도 마찬가지이다. 우리는 우리가 정한 계획과 시간표에 맞추어 일이 진행되어야 하기에, 늦어지면 안 된다는 생각에 조급하다. 그러나 미얀마인들은 늦으면 '어쩔 수 없는 사정으로 늦어졌다'고 생각할 뿐, 자책하거나 서두르지 않는 것이 미얀마의 사고방식임을 많이 느꼈다.

앞서 언급한 대로 2016년 이후 투자유치가 주춤하고 경제성장이 기대보다 둔화하면서, 해외투자자들 중에는 비판적인 시각이 많다. 미얀마가 경제발전에 '간절하지 않다'는 것이다. 그러나 미얀마인들은 그렇게 생각하지 않는 것 같다.

[그림 7-7] 윈 민 대통령[26]과 정부각료 간 상견례 모습

출처: 미얀마 대통령실

언젠가 미얀마의 정부 관료가 언론에서 했던 발언이 기억에 남아 있다. "밖에서 볼 때는 미얀마의 발전이 느리다고 생각할 수 있다. 그러나 우리는 우리만의 속도로 앞으로 나아가고 있다. 우리에게는 좀 더 시간이 필요하다."

2) 희망의 나라

저자는 미얀마에서 희망을 보았다. 처음 미얀마 땅에 발을 디뎠던 2009년부터, 개방 직후의 2012년, 해외 지역전문가 시절을 거쳐 주재원 생활까지. 순수한 미얀마인들의 미소와 따뜻한 마음에 끌렸고, 미얀마의 성장과 함께 회사와 나 자신의 성장을 꿈꾸었다. 미얀마에서 사업을 하기 어려운 이유를 찾자면 수도 없이 많다. 그러나 그 수많은 어려움에도 불구하고, 미얀마에 진출하려는 이유는 무궁무진한 성장 잠재력 때문일 것이다. 5,500만 인구와 ASEAN에서 인도네시아 다음으로 넓은 국토, 풍부한 자원에 비해 경제개방의 기간이 짧았기에 아직 시장규모는 ASEAN 내 가장 작은 수준이다. 한국에서 처음 방문한 사람들은

---

26) 2016년 4월 현 정부 출범 시 취임한 전임 대통령 틴 쩌(Htin Kyaw)의 임기가 당초 2021년 3월 30일까지였으나, 그는 건강상의 이유로 2018년 3월 21일 사임하였다. 이에 당시 하원의 장이던 윈 민(Win Myint)이 2018년 3월 28일 신임 미얀마 대통령으로 선출되었다.

2021년, 현재의 미얀마가 한국의 1970년대 같다는 말을 많이 한다. 중국과 일본은 서로 경쟁하듯 미얀마를 선점해 가고 있고, 태국과 베트남 기업들도 미얀마의 2021년 기준 발전 수준을 자국의 약 20년 전으로 보고 자국의 발전경험을 바탕으로 미얀마에 진출하고 있다.

민주주의 정착과 경제발전이라는 큰 목표까지는 아직 갈 길이 멀기에 그 과정은 고되고 굴곡이 많을 것이지만, 그만큼 발전 가능성과 희망도 큰 나라라고 말하고 싶다. 저자는 미얀마의 가능성과 저력을 믿는다. 국가가 발전하는 데에 결정적인 요인은 주어진 자원이나 환경이 아닌, 제도와 사람이라고 한다. 비록 군부정권 50년 기간 경제수준이 후퇴하긴 했으나 그 이전 잘살았던 경험이 있는 나라이기에, 다시 제도를 개선하고 사람을 육성하면 미얀마가 본격적으로 각광받는 시기가 올 것이다. 우리도 보다 따뜻한 시선과 애정, 장기적인 관점과 인내심을 갖고 미얀마에 한 걸음씩 다가가다 보면, 한국과 미얀마 양국이 상생 발전하는 때가 반드시 올 것이라 믿는다. '안녕하세요'에 해당하는 미얀마 인사말은 '밍글라바'이다. 실제 직역하면 '축복합니다'이다. 미얀마에 언제나 축복이 함께 하길 기원한다. "밍글라바, 미얀마!"

(이 책의 발행을 앞두고) 2021년 2월 1일, 미얀마 군부가 쿠데타를 전격 단행하였다. 군부는 2020년 11월 총선의 부정선거를 주장하며 아웅산 수치 및 윈 민 대통령, 국회의장 등 집권당 NLD의 주요 인사들을 구금하였다. 또한 모든 권한을 민 아웅 흘라잉(Min Aung Hlaing) 군 총사령관에게 이양하고 1년간 비상사태를 선포하였다. 어렵게 걸음마를 뗀 민주화에 역행하는 사태이며 당분간 혼란은 불가피해 보인다. 미얀마를 사랑하는 사람으로서 너무나 매우 안타깝다. 조속히 사태가 진정되기를 간절히 바란다. 그러나 국제사회의 도움과 개입이 UN 상임이사국인 중국과 러시아의 반대로 사실상 제대로 되지 않으면서 많은 사상자가 발생하여 안타까움이 더하다.

중국정부는 미얀마 군부의 쿠데타에 대해 사실상 묵인하고 있다. 여기에는 이유가 있다. 중국 윈난성 쿤밍에서 미얀마의 라시오까지 약 1,130km의 길을 '버마로드'라 부른다. 이 길은 중국의 생명선이 되기도, 중국을 위협하는 침투 루트가 되기도 했다. 1937년 중일전쟁이 발발하자 중국 국민당 정부는 버마로드를 개척해 미국 등 연합국으로부터 군수물자를 공급받았다. 보급선을 유지한 덕에 중국은 일본군을 저지하면서 버틸 수 있었다. 1949년 국공내전에서 중국 공산당이 승리하자 된시원

(段希文) 장군이 이끄는 국민당군 일부 세력이 버마로드를 통해 미얀마 산간지대로 도주했다. 이들은 주변의 소수민족까지 끌어들여 운남반공구국군을 만들고 중국을 여러 차례 공격했다. 미국 중앙정보국(CIA)은 구국군을 낙하산 부대로 훈련시켜 중국 내륙에 침투시키기도 했다.

막혔던 버마로드를 다시 뚫은 것 역시 중국이었다. 2000년대 초 중국이 서부 지역을 본격적으로 개발하면서 내륙 지역을 바다로 연결할 루트가 필요했기 때문이다. 최단 코스가 쿤밍을 바로 인도양으로 연결해줄 버마로드였다. 중국은 생명선인 버마로드가 봉쇄된 기억을 갖고 있다. 아웅산 수치의 아버지인 미얀마 독립 영웅 아웅산 장군에 의해서다. 제2차 세계대전이 발발하자 아웅산 장군은 일본군과 함께 버마로드를 봉쇄했다. 중국 정부가 아웅산 수치에 대해 갖고 있는 걱정도 이 기억에 뿌리를 두고 있었다. 미얀마 문민정부가 미국과 가까워져 다시 버마로드를 봉쇄할 가능성을 우려하는 것이다. 미얀마 군부는 중국의 이런 우려를 배경으로 쿠데타를 감행했다.

미얀마 사태가 최악을 향하고 있는데도 중국은 '불개입 원칙'만을 반복하고 있다. 중국이 버티고 있는 한 미국이 쉽게 개입하지 못할 것이라는 것을 미얀마 군부는 알고 있다. 더구나 중국은 유엔을 통한 개입을 막을 수 있는 거부권까지 갖고 있다. 역설적으로 중국은 '불개입 원칙'을 통해 미얀마 사태에 가장 깊숙이 개입하고 있는 셈이다. 이후로도 미얀마 정부는 정권에 따라 버마로드를 가지고 친중노선 또는 친미노선을 반복할 것이다.

그러나 다른 한편으로는 이번 사태를 냉정히 바라볼 필요가 있다. 비즈니스 관점에서 생각해 보면, 어느 정부가 집권하더라도 기회는 있을 수 있다(군부와의 결탁을 통한 사업방식을 뜻하는 것이 아님을 분명히 밝힌다). 최악이라 생각한 일이 때로는 최고의 기회가 될 수 있다는 말을 떠올려 본다. 급변하는 미얀마 정세에서도 냉철한 상황 분석으로 새로운 해법을 모색하는 기업과 기업인에게는, 또 다른 가능성이 있을 것이다.

[그림 7-8] 쿠데타 항의 시위대와 저항의 상징 '세 손가락 경례'

출처: 세계일보

출처: 로이터연합뉴스

7

미얀마 에필로그

1) 내가 좋아하는 쉼터, 응아빨리(Ngapali) 해변

　미얀마 서북부 라카인 주(Rakhine State)에 있는 해변이다. 미얀마의 나폴리 같다며 붙여진 이름으로, '나빨리'로 부르기도 하는데 현지어 발음으로는 '(응)아 빨리'가 좀 더 가깝다. 이곳은 화려하진 않지만 자연 그대로의 해변이 아름다운 곳이다. 관광객이 많지 않아 해변은 대체로 한적하다. 낮에는 에메랄드 빛의 잔 잔한 바다를, 일몰에는 아름다운 노을을 감상할 수 있다. 그저 썬베드에 누워 눈

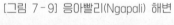

[그림 7-9] 응아빨리(Ngapali) 해변

출처: 저자 촬영

을 감고 파도소리를 듣고 있기만 해도 힐링이 된다. 근처 해산물 식당에서는 싱싱한 해산물 요리를 저렴하고 푸짐하게 먹을 수 있다. ASEAN에 유명하고 아름다운 해변들이 많지만, 아마도 가장 조용하고 평화로운 곳은 여기가 아닐까? 코로나19로 미얀마 관광산업도 직격탄을 맞고 있다. 미얀마 쿠데타 사태가 조속히 해결되어 다시 이곳을 찾을 수 있기를 바란다.

2) 자주 찾는 현지 맛집, 샨요야(Shan Yoe Yar)

저자가 미얀마에 처음 오는 손님들께 현지음식을 소개할 때 항상 가는 곳이고, 현지인과도 이용하는 곳이다. 미얀마 북동쪽에 위치한 샨 주(Shan State)의 전통음식 및 퓨전요리 전문점으로, 육류·해산물·야채·밥·국수 등 메뉴가 다양하고 맛이 비교적 담백하여 한국인 입맛에도 잘 맞다. 인기메뉴로 샨 튀김두부(Shan Fried Tofu)와 국수요리인 샨 카오쉐(Shan Khao Swe), 계란찜 속 해물요리(Fried Egg with Seafood) 등이 있으며, 샨 주에서 생산하는 현지 와인도 맛볼 수 있다.

[그림 7-10] 샨요야의 주요 메뉴

출처: 샨요야 페이스북[4]

〈참고문헌〉

1) myanmar.gov.mm/en/government.

2) kosis.kr

3) www.aafinl.com

4) www.facebook.com/shanyoe.yar

前 아모레퍼시픽 이니스프리 필리핀법인 총괄매니저 이중섭

제**8**장

우리가 모르던
필리핀

동남아국가연합 **ASEAN**
Association of Southeast Asian Nations

필리핀 프롤로그

⬛ 되는 것도 없고 안 되는 것도 없는 나라 - 필리핀

한국인의 눈으로 바라본 필리핀은 어떤 모습일까? 한국인에게 필리핀은 세부, 보라카이, 팔라완 등 코발트색 열대 해변과 호텔이 즐비한 휴양지, 전 세계최고의 맛과 품질을 자랑하는 망고, 저렴한 가격에 최고의 서비스를 제공하는마사지 숍, 반면 마약과의 전쟁을 선포한 두테르테 대통령, 그로 인하여 마약 사범들이 체포 없이 현장에서 사살되는 나라, 해외 원정 도박 및 유명 연예인의거짓말, 한국인 아버지를 찾는 코피노의 나라, 경찰의 세팅 범죄, 민다나오 지역의 테러… 모든 측면에서 좋은 것만 혹은 나쁜 것만 있을 수는 없지만 대부분필리핀을 잘 모르는 일반 한국인의 입장에서 보면 모두 좋지도 나쁘지도 않은나라임에는 틀림없다.

그렇다면 필리핀에서 개인 사업을 하거나 필리핀에서 사업을 하는 한국 기업의 주재원들의 눈으로 바라본 필리핀은 어떤 모습일까? 사업하기 좋은 나라? 값싼 노동력과 외국에 대하여 비교적 개방적인 소비문화로 인하여 제품 경쟁력만있다면 충분히 사업하기 좋은 나라? 혹은 비즈니스에 대한 수많은 불필요한 절차, 어처구니없는 규제 그리고 한국인 같지 않은 업무 속도와 불성실한 근태로일하는 노동자의 나라, 그래서 사업하기 힘든 나라?

저자는 10년 전 한국에서 화장품 브랜드의 국제영업팀에서 필리핀 현지 에이전트 업체를 담당하면서 필리핀과 인연을 맺었다. 그 당시의 글로벌 사업이라면 대부분 현지 에이전트를 선정하여 그들에게 마스터 프랜차이즈(기업이 해외에 직접 진출하는 대신 현지의 기업과 계약을 맺고 가맹 사업 운영권을 판매하는 방식) 권한을 주고 에이전트가 현지에서 사업하는 것을 관리하는 수준이었다. 법인설립 및 운영에 필요한 막대한 투자금액을 줄이고 사업성과가 좋지 않을 경우 철수가 쉽다는 장점이 있지만, 브랜드 및 유통관리가 어렵고 현지 에이전트과 계약 종료 시 아름답게 헤어지는 것이 쉽지 않다는 단점이 있다. 10년 전의 필리핀 사업을 담당했던 경험으로 저자는 2018년 필리핀에 파견되어 법인설립 및 파트너사 협상 등 사업전반에 필요한 모든 것을 준비하게 되었다. 10년 전 에이전트 관리를 위하여 분기 1회 현지 출장을 통하여 경험한 필리핀과, 현지에 주재원으로 파견되어 법인을 세우고 직접 현지인을 채용하며 사업을 하면서 경험한 필리핀은 사업적인 측면에서뿐만 아니라 개인적인 삶의 측면에서 하늘과 땅 차이라 할 수 있었다. 필리핀 현지에서 부딪치고 직접 경험을 해 봐야 실제 판단이 가능하다는 말이다.

한국 기업의 주재원들과 이야기하다 보면 이들은 필리핀을 한마디로 이렇게 정의한다. "되는 것도 없고 안 되는 것도 없는 나라, 필리핀" ASEAN 10개국 중 잠재 경제성장률이 가장 높은 나라, 전체 인구 중 20대 이하가 40% 이상 차지해 경제활동가능인구가 많아 잠재력이 많은 개발 도상국 필리핀. 한 국가를 평가하는 데는 여러 가지 지표가 있고 그 국가를 한 가지 기준으로 평가하는 것은 불가능하지만 필리핀에서 비즈니스를 하는 개인사업자 및 주재원의 눈으로 바라보는 필리핀을 한마디로 표현하기엔 가장 적절한 표현이라 생각된다. 과연 어떤 근거로 필리핀 현지에서 필리핀 현지인을 대상으로 사업을 하는 비즈니스 맨들에게 이러한 평가를 받고 있는 것일까?

2020년 코로나19 사태로 인하여 2020년 말 일일 신규 확진자 수가 2,000명 이상을 넘으며 누적 확진자 수는 37만 명을 넘어 강력한 사회격리 조치를 취하는 있는 국가 중 하나가 필리핀이다. 확진자를 검사할 수 있는 의료 장비나 의료기관이 인구수 대비 턱없이 부족하여 코로나19 방역과 경제회복의 두 마리 토끼를 동시에 잡아야 하는 어려움에 처한 국가라 할 수 있다. 코로나19를 잡기 위해서 격리를 하게 되면 경제활동을 할 수 없어 대다수의 서민들이 굶어 죽게 되고 그렇다고 코로나19를 방치하게 되면 코로나19 감염으로 죽게 되니 이러지도 저러지도 못하는 상황이기 때문에 강력한 봉쇄 정책과 함께 점진적으로 경제

활동을 허용하고 있기에 ASEAN 타 국가와 비교해 비교적 느린 속도로 코로나 19 사태에서 회복되고 있다.

그러나 필리핀은 2020년 5월 코로나19 사태로 인한 재정의 어려움을 대체하기 위해 2조 원 규모의 달러화 표시 장기국채를 발행하였다. 판매량만으로 한 국가의 성장 가능성을 판가름하는 지표가 될 수 있는데 놀랍게도 발행 하루 만에 완판되었다. 주 구매층은 시티그룹, 모건 스탠리 등 외국 기관 등 외국인 투자자였다. 완판되었다는 것은 그만큼 필리핀이 2021년 현재의 경제 상황과는 별도로 외부에서는 향후 무한한 경제적 잠재력이 있다고 믿고 있음을 반증한다. 2020년 기준으로 필리핀은 글로벌 신용평가 기관인 무디스로부터 투자적격 등급인 Baa2를 받은 상황이다. 아울러 2020년 6월 말 필리핀의 외환보유액은 933억 $로 외환보유액 최대치를 매달 경신하고 있다. 이는 필리핀 페소화의 강세로 이어지고 있으며 페소 - 달러 환율도 큰 변동없이 유지되고 있다. 이러한 상황들을 보았을 때 현 필리핀의 상황보다는 필리핀의 잠재성장률에 대한 외국인들의 기대심리는 쉽게 사라지지는 않을 것으로 전망된다. 한 국가를 한 가지 단어로 정의하기엔 무리가 있으나 외국인 특히 한국인 기업인 혹은 한국인 자영업자로부터 "되는 것도 없고 안 되는 것도 없는 나라"라는 평가를 받는 것은 어떤 이유 때문일까? 이제 그 이유를 본격적으로 살펴보자.

1

필리핀의 개요

1) 필리핀의 지리 및 기후

[그림 8-1] 필리핀 지도

필리핀은 7,107개의 섬으로 이루어진 국가이며, 가장 큰 11개의 섬(루손, 민다나오, 사마르, 네그로스, 팔라완, 파나이, 민도로, 레이테, 세부, 보홀, 마스바테)이 전국 면적의 96%를 차지한다. 나머지 6,996개의 섬이 차지하는 비중은 4%, 즉 상대적으로 훨씬 큰 여러 섬들을 중심으로 아주 작은 섬들이 뿔뿔이 흩어져 있고 대부분이 무인도이다. 환태평양 조산대에 포함되어 있어 지진이나 화산 활동이 빈번하다. 필리핀은 태평양의 불의 고리라 불리는 화산지대에 위치하고 있어 연중 크고 작은 지진이 일어나고 있다. 2020년 1월에는 수도권으로부터 가까운 관광지에 위치한 따알(Taal) 화산이 분출하여 수도인 메트로 마닐라 지역까지 화산재 피해를 입혀 화산 주변 따가이따이(Tagaytay) 시는 주민 대피령이 내려졌고 수도인 메트로 마닐라에는 1주일간 지역 봉쇄령이 내려지는 등 큰 피해를 가져왔다. 2019년 4월 주손섬에서 규모 6.1의 지진이 발생했을 때 저자도 근무 중 직원들과 함께 10층에 위치한 사무실에서 직원들과 함께 급히 비상구를 통하여 뛰어서 내려왔고 배우자와 아이들은 36층에 위치한 집에서부터 지상까지 비상구를 통하여 뛰어내려왔던 기억이 있다. 난생처음 접하는 지진이라 그 당시 '아 이렇게 해서 죽을 수도 있겠구나'란 생각을 처음으로 했었던 기억이 난다. 화산재가 꽤 오래도록 지속되었지만 당시 화산분출은 큰 인명 피해없이 잘 마무리 되었다.

필리핀 전국의 행정조직은 17개 지방(region), 80개 주(province), 117개의 시(city), 1,501개 지방 자치체(municipality), 41,982개 바랑가이(barangay, 마을)가 운영 중이다. 수도는 통상 마닐라라고 부르는 메트로 마닐라이며 실제 마닐라라는 시는 메트로 마닐라를 구성하는 하나의 시에 불과하다. 메트로 마닐라는 14개 시와 3개 자치구로 구성되어 있는 광역시이다. 메트로 마닐라를 통괄하는 행정기관은 Metro Manila Development Authority(MMDA)로 광역행정 업무를 협의, 조정하고 있다. 메트로 마닐라는 약 630㎢이며 약 1,400만 명이 거주하고 있다. 메트로 마닐라는 서울시와 면적과 거주 인구수가 비슷하며 14개의 개별적 시가 모여 메트로 마닐라를 구성하고 있고 하나의 시의 크기와 인구는 서울의 '구'와 그 개념과 크기와 비슷하다. 정치, 경제, 행정의 중심지인 메트로 마닐라가 National Capital Region(NCR)이라고도 불리는데 대부분의 필리핀 및 글로벌 기업들이 이곳에 위치해 있다.

[표 8-1] 필리핀의 17개의 지방 구분

지방	칭호	중심도시
일로코스 지방	Region I	산페르난도
카가얀 계곡 지방	Region II	투게가라오
중부 루손 지방	Region III	산페르난도
칼라바르손 지방	Region IV-A	칼람바
미마로파 지방	Region IV-B	칼라판
비콜 지방	Region V	레가스피
서부 비사야 지방	Region VI	일로일로
중부 비사야 지방	Region VII	세부
동부 비사야 지방	Region VIII	타클로반
삼보앙가 반도 지방	Region IX	파가디안
북부 민다나오 지방	Region X	카가얀데오로
다바오 지방	Region XI	다바오
소크사르젠 지방	Region XII	코로나달
카라가 지방	Region XIII	부투안
무슬림 민다나오 자치구	ARMM	코타바토
코르딜레라 행정구	CAR	바기오
메트로 마닐라	**NCR**	**마닐라(City of Manila)**

출처: KOTRA

필리핀은 고온 다습한 열대 사바나성 기후로 연평균 기온은 27°C이며, 1년 중 11월부터 4월까지는 건기, 5월부터 10월까지는 우기로 분류된다. 태풍과 지진, 화산 분화 등 자연재해가 빈번하다. 필리핀의 기후구는 크게 4가지로 나뉘는데, 열대기후 지역이다 보니 기온보다는 강수 패턴을 기준으로 기후를 분류한다. 고도차에 따라서도 기후가 약간 다른데, 바기오(Baguio)처럼 고도가 높은 지역은 온대기후 지역이다. 그래서 온대기후에서 재배되는 각종 야채 및 과일 등의 생산지로 필리핀 농산물의 80% 이상이 이곳 바기오에서 생산되어 전국 각지로 유통된다. 이곳 바기오에서는 긴팔 셔츠와 두터운 외투가 필요할 정도로 낮과 밤의 기온차가 심하며 한국에서 입었던 봄가을 옷을 입을 수 있는 곳이다. 필리핀의 기후는 아열대 기후로서 사계절의 변화가 뚜렷하지 않고 1년 전체 날씨를 건기와 우기로 나눈다.

[그림 8-2] 필리핀 우기 강수량 및 태풍의 피해

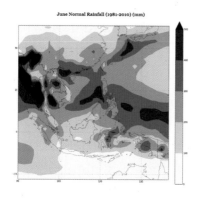

　　건기로서 11~2월은 한국의 초여름 날씨로 일평균 24~30도 정도이기 때문에 아침 저녁으로 약간 선선하여 활동하기 아주 좋은 날씨가 된다. 한국을 비롯한 해외에서 골프를 즐기기 위하여 수많은 여행객들이 이 시기에 입국을 하기 때문에 필리핀공항이 장사진을 이룬다. 이때가 필리핀 여행 산업의 성수기에 속하기 때문에 항공료가 평균보다 두 배 이상 비싸다. 3월부터 5월은 필리핀의 여름에 해당되며 일평균 기온은 30~40도 정도로 무덥고 건조하다. 필리핀의 부유층들은 주로 이 시기에 중위도 지방의 선진국으로 여행을 떠나기 때문에 아웃 바운드 여행의 성수기이다. 5월부터 11월까지는 우기로서 아열대성 소나기가 하루 1회 이상 내리기 때문에 항상 외출 시 우산을 소지하고 다녀야 한다. 메트로 마닐라의 경우 다른 동남아 국가(태국의 방콕 혹은 싱가포르)와 비교하여 크게 무덥지 않게 느껴지는데 이는 기온이 실제 타 국가에 비하여 높지 않고 높더라도 해풍이 아닌 비교적 습하지 않은 육풍이 불기 때문이다. 실제 사무직의 경우 하루 종일 사무실에서 앉아 일을 하고 외출 시에도 자동차나 그랩(차량호출 서비스)을 이용하기 때문에 실제 더운 것보다는 하루 종일 틀어 놓는 에어컨으로 인하여 냉방병에 걸리거나 한여름에 사무실에서 두터운 외투를 입고 있는 경우가 대부분이다. 이 시기에는 필리핀에 최소 3, 4개의 열대성 태풍이 발생하여 막대한 인명 및 재산피해를 가져오고 있다.

2) 필리핀의 경제

필리핀의 경제를 간략하게 설명하면 다음과 같다. 필리핀 경제의 축은 Overseas Filippino Workers(OFW)와 Business Process Outsourcing(BPO) 그리고 반도체 전자제품 수출, 약간의 농산물 수출, 그리고 관광 산업 정도이다. 인도네시아처럼 천연자원이 풍부한 것도 아니고 태국처럼 관광자원이 풍부하여 매년 수백만 명의 관객이 찾아와 돈을 쓰는 것도 아니다. 그렇다고 한국처럼 기술력이 필요한 제조업이 발달해 제품 제조 및 수출로 경제를 이끄는 구조도 아니다. 필리핀은 저렴한 노동력이 비교우위가 되는 산업을 중심으로 3차 서비스업이 차지하는 비중이 약 40%를 넘고 있으니 한마디로 말해 '사람 장사'로 먹고 사는 국가라 할 수 있다. 이러한 필리핀의 경제 구조는 노동력이 비교우위가 될 수 없거나 노동력을 활용할 수 없는 상황이 닥치게 되면 큰 타격을 받는다. 2020년 초 유행한 코로나19 사태는 이러한 필리핀 경제에 직격탄을 날린 격이 되었다.

매년 6.5% 이상의 경제성장률을 달성해 오던 필리핀 정부는 2020년 경제성장률 목표를 하향 조정하였다. 그동안 필리핀의 경제성장의 원동력으로는 수출의 증가, 민간소비의 확대, 지속적으로 증가하는 OFW 해외 송금, 그리고 2021년 기준 두테르테 정부가 추진하고 있는 국가 인프라 기간 산업의 육성을 들 수 있다. 그러나 2020년 2달간의 강력한 ECQ(강화된 지역사회 격리조치)로 인하여 그간 효자 산업으로 각광받던 전자제품 및 반도체 수출은 감소하였다. 코로나19로 인하여 중국산 원부자재 조달에 어려움 겪고 있기 때문인데 필리핀은 원부자재를 수입해 전자제품을 만들어 해외로 수출하는 경제구조를 갖고 있어서 중국산 원자재 수입 애로는 필리핀 수출 부진으로 이어질 수밖에 없다. 쇼핑몰 폐쇄로 내수 소비는 곤두박질하여 쇼핑몰 유동고객은 크게 감소하였다. 아시아 개발은행의 보고에 따르면 2020년 필리핀의 경제성장률은 -11%나 감소하여 마르코스 독재가 한창이던 1984년 이후 36년 만에 최악의 하락률을 나타냈다. 이 같은 경제 성장률 하락은 미얀마를 제외한 ASEAN 타 국가 대비 코로나19로 인한 타격이 가장 큰 것으로 나타났다.

금리의 경우 필리핀 중앙은행(BSP)에서 선제적으로 0.25%p 인하하였으나 금리 인하로 인한 기업의 투자증가 민간부분의 소비에 영향을 줄 정도는 아니라는 판단이다. 2020년도 해외 투자액은 전년대비 36.2% 감소한 294억 페소로 집계되어 3년 만에 최저치를 기록하여 외국인 직접투자가 감소세를 보였다. 필리핀 경제를 견인하는 Overseas Filippino Workers(OFW)의 해외 송금액은 역대 최저치를 기록하고 있고 해외에서 일자리를 잃고 일시 귀국하는 OFW의 수가 최대 40만 명에 이를 것으로 전망하고 있는 가운데 실업률은 2020년 3분기 10%대 이상으로 치솟고 실업자 수가 1천만 명에 이를 것으로 전망되었다. 2020년 8월 말 기준 재정적자는 7천4백억 페소로 전년동기 대비 515% 증가했다. 아울러 두테르테 정부는 국가 비상 사태를 2021년 9월까지 연장했고 필리핀 경제의 악재는 코로나19로 인해 계속되었다.

3) 필리핀의 인구 및 성향

필리핀의 인구는 2019년 IMF 조사 기준으로 1억 8백만 명으로 집계되며 실제 인구 센서스에 집계되지 않은 인구 및 무연고자, 노숙자 그리고 4천 개 이상의 무인도에 도피해 있는 불법 체류자까지 포함하게 되면 1억 1천만 명 이상이 될 것으로 추산하고 있다. 섬으로 이루어진 국가가 인구가 1억 이상이라는 사실에 많은 한국인들이 놀라곤 한다. 섬이 많고 인구의 절반 가까이 빈곤층인 필리핀의 경우 인구통계가 제대로 이루어지지 않고 있다. 필리핀의 인구구조를 살펴보자.

[표 8-2] 연령별 인구 분포도

연령	인구수	인구비율	경제활동 가능인구
0~14세	35백만 명	32.5%	
15~24세	21백만 명	19.7%	경제활동가능인구
25~54세	40백만 명	37.3%	18~64세 60백만 명(55.6%)
55~64세	6백만 명	5.9%	
65세 이상	5백만 명	4.5%	
총계	108백만 명	100%	

출처: KOTRA

출생신고를 하지 않는 경우가 많고 한국처럼 주민등록제도가 있는 것이 아니기 때문에 필리핀의 인구가 정확히 얼마라고 이야기하는 것은 거의 불가능하다. 일반적으로 인구가 1억을 넘긴다는 것의 의미는 내수 소비 시장이 두텁고 경제활동가능인구가 충분하다는 의미가 된다. 필리핀 세대당 평균 자녀 수는 2.7명이다. 필리핀의 경우 빈곤층이 많고 가톨릭 문화로 낙태가 법적으로 불가능하기 때문에 젊은층의 인구가 많은 것이다.

필리핀 인구의 인종 구분으로는 말레이계가 90% 이상을 차지하며 나머지 10%의 인구가 네그리토, 인도네시아, 중국, 메스티조(미국 또는 스페인계 혼혈), 모로 등 여러 혼혈 인종이 나머지를 차지한다. [표 8-3]과 같이 A, B계층을 이루고 있는 최상위층 인구는 대부분이 중국 화교이거나 과거 스페인 식민지 때부터 부동산 및 정치계에서 오랫동안 군림하고 있던 스페인계 혼혈인(메스티조)이 대부분이다. 이들은 필리핀의 정치, 경제를 좌지우지하면서 정치권력과 자본력으로 부를 대물림하며 영향력을 행사하고 있는 세력이다. 이들은 필리핀 인구의 상위 3~5% 내외로서 3백만 명에서 5백만 명 정도이며 주로 메트로 마닐라의 고급 콘도에 거주하며 백화점이나 쇼핑몰의 주요 고객으로 3, 4대 이상의 고급 자가용과 운전기사를 두고 있으며 한국의 상류층보다도 더 화려하고 풍요로운 생활을 하고 있다. 몇 년 전 포브스에서 필리핀 최고의 부자로 선정되었던 SM 그룹의 창업주인 헨리 시 명예회장의 경우 삼성의 이건희 회장보다 더 많은 재산을 보유한 것으로 발표되었다(헨리 시의 경우 2019년도 2월에 사망하였고 슬하의

[표 8-3] 소득으로 본 인구 분포도

계층		비율	인구수	월평균 소득
최상층	A	0.7%	745천 명	360만 원 이상
	B	0.8%	853천 명	270만~360만 원
상류층	C	2.2%	2,354천 명	180만~270만 원
중산층	D	16.8%	18,090천 명	80만~180만 원
서민층	E	27.0%	29,138천 명	38만~80만 원
저소득층	F	33.1%	35,715천 명	18만~38만 원
빈민층	G	19.5%	21,103천 명	18만 원 이하
총계		100%	108,000천 명	

출처: www.philove.com

자녀들이 모두 상속하여 2021년 기준으로 그들 자녀들이 모두 필리핀 포브스에서 매년 발표하는 최고 부자 Top 20에 모두 그 이름이 올라와 있다).

필리핀은 400년 이상의 외세의 식민지 통치를 받았고 스페인(1571~1898년), 미국(1898~1942년), 일본(1942~1945년)의 지배를 받아 국가의 역사 전체가 식민지 지배 역사라 할 만큼 오랜 세월 식민지 통치와 활발한 인적 교류를 통하여 말레이계, 중국계, 미국계, 스페인계의 혈통이 섞이고 섞여 인종의 구분은 상당히 힘들어졌고 그러다 보니 인종적인 측면이나 문화적인 측면에서도 동양과 서양이 독특하게 혼합된 문화를 보이게 되었다.

[그림 8-3] Sy Family와 Henry Sy. 장학재단 2018년 행사

출처: Wikidepia

C 계층은 상류층으로서 필리핀의 명문 대학을 졸업하고 MBA 과정을 거쳐 대학원에서 석사 학위를 취득해 외국계 대기업(컨설팅, 투자 및 금융) 및 필리핀 로컬 대기업에 취업하거나 변호사 등의 고소득 직종에 종사하는 사람들이다. 이들은 주로 부모로부터 물려받은 재산으로 해외 유학을 다녀오거나 대학원 진학을 한다. 사담이지만 필리핀도 한국의 SKY와 동일하게 3대 명문대가 있는데 UP(University of Philippines) 국립대의 경우 그들만의 프라이드를 과시하며 국가의 정치, 경제, 행정 등의 공무원 및 변호사 카르텔을 형성한다. 한국의 KY는 필리핀의 라살대학교(De La Salle University)와 아테네오 대학교(Ateneo de Manila University)라 할 수 있는데 KY의 경우 두 학교 간의 농구나 기타 스포츠의 대결이 있듯이 필리핀의 두 대학 역시 라이벌로서 학교의 위상 및 인지도 측면에서뿐

만 아니라 각종 친선 경기에서도 경쟁이 매우 치열하다. 필리핀의 경우 영어가 공용어이다 보니 대부분의 대졸자들은 영어를 구사할 수 있으나 교육수준 및 경제적 능력에 따라 영어구사 능력에 차이가 난다. 이는 곧 외국계 대기업이나 컨설팅기업으로의 취업 시 영어구사 능력이 입사하는 데 큰 영향을 주기 때문에 영어구사 능력에 따라 소득의 격차가 발생한다. 상류층의 경우 영어가 매우 유창하고 고급 어휘를 쓰는 반면 중산층 및 서민층의 경우 영어구사 능력이 떨어지고 어휘가 저렴한 경우가 많다. 저소득층의 경우 교육을 기회를 받지 못하는 경우가 많아 기초적인 수준이거나 아예 구사하지 못하는 경우가 있다.

D 그룹은 중산층으로서 일반 대학을 졸업하고 최저임금 수준의 두세 배 정도의 임금으로 생활하는 주로 4인 가족 이상의 월급 생활자이다. 물론 자영업을 하거나 개인적으로 사업을 하는 사람도 있긴 하지만 대부분의 중산층 소득자들은 봉급생활자가 대다수를 차지한다. 필리핀의 중산층은 타 국가 대비 그 수가 많지 않아 전체 인구의 17% 수준이며, 이는 곧 한 국가의 경쟁력과 복지수준을 판가름하는 기준이 된다. 중산층이 두터워야 나라 경제가 발전하고 가급적 많은 국민이 복지 혜택을 누리고 있다는 바로미터가 된다. 필리핀 정부에서도 빈민층의 수를 줄이는 정책보다는 중산층을 조금 더 두텁게 만들어 전체적인 국민 총소득을 높이는 정책을 추진 중이고 실제로 과거 5년 전에 비하여 중산층의 수와 비율은 약 12% 정도 증가하였다. 실제 필리핀에서 법인을 설립하여 현지인을 채용하게 되면 주로 일반 사무직 직원들은 주로 중산층 혹은 상류층에 속하는 사람들이 대부분이다. 필리핀 일반 대졸 초임은 각종 복지(allowance) 및 3대 보험(Phil health, PagiBig, SSS)을 제외하고 월급여는 한국 돈 약 70만 원부터(3만 페소) 시작한다. 한국인 현채인(현지 채용인)의 경우 대졸 신입은 거의 뽑지 않지만 대부분 2.5배 정도부터 시작하게 된다. 한국인이 법인장인 회사의 경우 본사와 원활한 커뮤니케이션이 필요한 직종이나 현지화하지 않아도 되는 직종의 업무에는 주로 한국인 현채인을 채용하는 경우가 있다.

E 그룹은 서민층으로 필리핀 최저 임금수준인 일 667페소(15천 원) 수준의 임금을 받으며 원거리는 지프니를 타고 사리사리 스토어나 일반 재래시장에서 식품을 구입하며 현지인 혹은 한국인이 운영하는 매장의 서비스직이나 일용직으로 취업하여 월급여를 받는 사람들이 대부분이다. 쇼핑몰 매장에서 판매직이나 파트타이머 등의 직종에 종사하는 이들은 업무의 특성상 자주 직장을 옮기거나

개인 신상의 이유로 그만두는 경우가 많아 항상 직원 퇴사로 인한 업무 공백을 미리미리 준비해야 하는 어려움이 있다.

[그림 8-4] Lockdown 기간 Barangay 구호품 전달 및 12월 기업체의 CSR 행사

출처: 저자 촬영

F, G 그룹의 경우 최저생계비 이하로 한 달을 생활하는 50% 이상 절대다수의 국민들이다. 특히 빈민층의 경우 출생신고도 되지 않아 인구통계에도 잡히지 않고 초등교육도 받지 못하는 경우가 많다. 정말 말 그대로 하루 벌어 하루 먹고사는 사람들이 대부분이다.

4) 필리핀의 정치

필리핀의 공식 명칭은 필리핀 공화국(대통령 중심제, 입헌공화국, 단일국가)으로 되어 있고 자본주의 시장경제와 민주주의를 기본이념으로 세운 국가이다. 개인의 종교의 자유, 사유재산 소유의 자유, 주거 및 이동의 자유 등 기본적으로 민주주의 국가가 보장하는 자유와 동일한 자유를 보장하는 국가이다. 필리핀은 1948년 ASEAN 국가 중 한국과 수교를 맺은 첫 번째 국가이며, 6·25 전쟁에 7,420명의 군대를 파견한 바 있다. ASEAN 국가로는 태국이 약 6천 명의 병력을 파병했기 때문에 아시아 국가 중에서는 필리핀의 파병 군인수가 가장 많다.

2021년 현재 필리핀의 대통령은 2016년 16대 대통령으로 당선된 로드리고 두테르테(Rodrigo Roa Duterte)로서 6년 단임제이다. 과거 10년 이상 집권했던 마르코스 독재정권을 몰아내며 개헌을 통하여 단임제로 변경하였다. 입법부의 형태는 미국과 비슷한 양원제이며 하원 297명(임기 3년, 2번 연임 가능), 상원 24명(임기 6년, 1번 연임 가능)으로 이루어져 있다. 주요 정당으로는 여당인 PDP

Laban(하원 82석, 상원 6석)과 야당인 Liberal party(하원 18석, 상원 3석)가 있다. 필리핀의 부통령은 미국의 러닝 메이트(정치권에서는 미국의 대통령과 부통령을 함께 선출하는 방식으로 두 관직을 동시에 뽑는 선거제도에서 아래 관직의 선거에 출마한 입후보자를 일컫는다) 방식과 다르게 야당에서 선발하게 되어 있어 민주당 출신의 Leni Robredo가 맡고 있다. 부통령의 경우 대통령과 정치적인 의견이 다를 수 있기 때문에 종종 정치적 사안에 대하여 갈등을 표방하는 경우가 많은데 여성 부통령인 Leni의 경우 두테르테의 마약과의 전쟁선포로 인하여 자행되었던 인권 유린에 대하여 강력하게 반대하고 있는 인물 중 하나이다.

필리핀은 1946년 7월 4일에 아시아 최초의 공화정 의회가 설립되었다. 이 당시 필리핀은 일본의 식민통치에서 막 벗어난 이후의 상황이었고 미국 및 일본의 선진화된 사회제도 및 사회기반시설을 갖추고 아시아에서 일본 다음으로 국민 소득이 높았던 시기였다. 그러나 필리핀의 독재자인 페르디난드 마르코스가 대통령 자리에 올라서 1972년에 계엄령을 선포한 이후 14년간 독재정치가 펼쳐졌으며, 이 과정에서 학살과 고문이 잇따라 벌어지고 극심한 정경유착으로 빈부격차가 더 심해져 경제도 악화되었다. 그러는 동안 국민들의 민주화를 향한 열망이 커지며 끊임없는 시위가 이루어져 결국 1986년 피플스 파워 혁명(Edsa 혁명)으로 마르코스는 하야 후 하와이로 망명하고 코라손 아키노가 당선됨으로써 민주화를 이룩하였다. 이후 피델 라모스, 조지프 에스트라다, 글로리아 마카파갈 아로요 등 무능과 독재에 대한 욕망에 사로잡힌 정치가들에 의하여 필리핀의 정치가 이어지다 2010년 코라손 아키노의 아들인 베니그노 아키노 3세 이후 2021년 현재의 두테르테로 정권이 이어지고 있다.

[그림 8-5] 필리핀의 Edsa 혁명(1987년)

출처: www.gettyImages.com

두테르테는 집권 이후 마약사범과의 전쟁을 선포하여 마약사범에 대한 강경책을 펼쳤는데 2016년부터 2020년까지 사망자 수는 2만 명에 육박하였다. 긍정적인 측면에서 보면 치안 문제와 공무원의 부패를 척결하는 데 일조를 하였지만 부정적인 측면에서는 재판 없이 마약 사범들을 총살하였고 심지어 미성년자까지도 총살하여 국제 인권단체 및 시민단체의 반발을 불러오는 등 독선적 행보와 언론 및 정적들에 대한 막말로 언론의 비판을 받고 있다. 그의 딸인 사라 두테르테 역시 2021년 현재 두테르테의 정치적 근거지인 다바오시의 시장을 맡고 있어 임기 후 자신 가문의 정치적 장악력을 위하여 딸의 대선 출마를 염두에 두고 있는 것으로 분석된다.

아울러 문화적, 종교적으로 필리핀 중앙정권과 이질적인 남부의 민다나오 섬의 경우 일부 이슬람 분리주의집단, 공산반군 New People's Army(NPA)와의 50년 이상의 끊임없는 내전으로 국지전 및 관공서 및 종교시설의 테러가 지금도 자행되고 있다. 이렇게 필리핀은 정치적인 격변기를 겪고 독재타도를 위한 민중의 혁명에도 불구하고 민주주의를 발전시키고 있으나 독재자로 인해 경제 역성장을 겪은 국가이기도 하다.

[표 8-4] 필리핀의 종교 현황

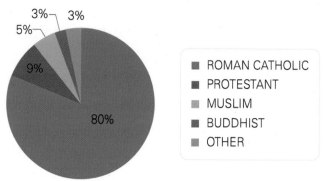

출처: KOTRA

5) 필리핀의 종교

ASEAN 10개국 중 유일하게 가톨릭을 국교로 하고 있는 나라가 바로 필리핀이다. 물론 종교의 자유가 보장되어 로마 가톨릭 80%, 개신교 및 기타 기독교 종파 12%, 이슬람교 및 기타 종교 8% 정도의 분포를 보이고 있다. 국민의 절대다수가 가톨릭인 국가는 동남아시아에서 필리핀이 유일하다. 과거 300년 스페인 식민지 통치의 영향력과 미국 50년 식민통치로 인하여 가톨릭이 필리핀의 민중들의 사고방식과 생활양식에 깊게 뿌리 박혀 있고 이는 필리핀 국민들의 가치관에도 큰 영향을 미치게 되었다. 필리핀의 그 어느 마을을 가더라도 그 마을을 지키는 수호성인이 반드시 있으며 메트로 마닐라의 유명 쇼핑몰에는 반드시 200명 이상 이용할 수 있고 하루 5차례 이상 영어, 따갈로그, 중국어로 미사 집전이 가능한 대형 성당이 자리 잡고 있다. 부활절 주간에는 최후의 만찬이 있었던 성목요일부터 예수 수난일인 성금요일, 부활 전날인 성토요일까지가 국경일로 정해져 있고 1년 중 가장 큰 명절은 크리스마스이다. 크리스마스 이브인 24일 전 9일 동안은 심방가비(Simbang Gabi, night mass) 축제 기간으로 유일하게 필리핀에서만 있는 축제로 9일 동안 거주지 주변 9개의 성당을 차례로 돌며 새벽 시간에 미사예식에 참여하며 크리스마스를 기다린다. 필리핀에서는 크리스마스 축제를 즐기기 위하여 모든 쇼핑몰과 상업시설 등은 9월부터 준비를 시작하는데 각 쇼핑몰마다 크리스마스 트리를 준비하고 트리 점등식을 쇼핑몰 대형 행사로 진행하는 경우가 많다. 아울러 필리핀 대중들은 1년 동안 열심히 일하여 모은 돈을 크리스마스가 있는 12월에 먹고 즐기고 선물하는 데 모두 써버리는 경우가 많다. 정부에서는 아예 13th Month Pay라는 급여항목을 만들어 12월에는 1년 동안 만근했을 경우 한 달 치 급여를 한 번 더 지급하도록 법으로 정해 놓았으니 12월 크리스마스는 여타 동남아시아 국가에서는 찾아볼 수 없는 최고의 명절이자 가장 큰 성수기이다. 이는 종교적인 영향을 떠나 필리핀 국민들의 성향이나 삶을 살아가는 철학과도 연관되어 있다.

일반적으로 민중들의 경우 억압과 불평등으로 인하여 진보적인 가치관을 가지기 쉽고 지배층의 경우가 자신의 기득권을 유지하기 위하여 보수적인 성향을 띠기 쉽다. 필리핀의 경우 어렸을 때부터 배워온 가톨릭적 가치관과 사고방식으로 인하여 대부분 삶에 대하여 보수적인 가치관을 가지게 되어 현세의 빈부격차

[그림 8-6] 마닐라 대성당 내부 전경

출처: 저자 촬영

및 불평등은 해결하기 힘들고 사후세계에서 지금까지 현세에서 받지 못하였던
모든 것을 보상받는다는 생각이 지배적이다. 이러한 가톨릭적인 사고로 인하여
현세에 안주하며 불평등을 그대로 받아들이는 성향을 갖게 되었다. 이들에게 종
교는 하나의 삶의 일부이며 가치관 형성에 가장 많은 영향을 주기도 하지만 대
부분이 개인과 가정의 안녕을 기원하는 기복신앙의 요소가 강하여 과장된 말로
죄 짓고 난 후 고해성사를 받으면 그만이라는 생각을 가지고 있는 듯하다. 이는
ASEAN 특유의 느긋함과 약간은 느린 듯한 성격과 함께 스페인 지배로 인한 스
페인 사람들의 특유의 성향까지 합쳐서 필리핀 사람(필리피노)만의 독특한 사고
방식을 만들어온 듯하다. 스페인인의 경우 한국인과 비슷할 정도로 음주 가무를
즐기고 성격이 화끈하며 매우 낙천적이며 어떤 이슈에 대하여 확 끓어오르다가
금세 가라앉는 성향을 필리핀 사람들도 갖고 있는 듯하다. 이는 필리핀의 역사
를 관통하는 식민지 시대 통치 이데올로기로서 현세의 불평등을 받아들이고 내
세의 삶을 더 중요하게 생각하는 가톨릭 교리를 교묘히 이용한 초기 스페인 식
민지 통치자들의 전략이었을 것이다.

2

필리핀의 과거

1) 필리핀의 역사

필리핀의 역사는 식민지 시대의 착취와 전쟁 그리고 정치와 재력가의 독점으로 인한 정경유착으로 이어진 고난의 역사라고 할 수 있다. 필리핀이라는 나라의 이름 역시 스페인의 필리페 2세에서 따온 이름인 만큼 필리핀은 고유한 민족성이 확립된 국가의 역사를 가지고 있다고는 말하기 힘들다.

2) 고대 및 스페인 지배시대

필리핀의 고대 역사는 많이 알려져 있지 않다. 다른 ASEAN 국가들과 다르게 독립된 섬나라로 이루어져 있으며 태풍과 지진 등 열대기후 및 열악한 자연재해로 인하여 고대 유적이 남아 있지 않은 영향도 있다. 아울러 1521년 마젤란이 세부에 도착하기 전까지는 부족(barangay) 단위로 형성되어 있는 부족 국가 시대였고 민족, 국가, 뿌리 등의 개념을 찾을 수 있는 유적이 남아 있지 않다. 지금도 마을을 이루는 최소 단위를 필리핀에서는 바랑가이(barangay)라 부르고 있듯이 스페인의 침입 이후에나 비로소 역사시대에 진입했다고 할 수 있겠다. 현재의 마닐라가 있던 곳과 비사야 섬의 세부가 있는 곳에는 각각 마닐라왕국과 세부왕국이 있었다. 특히 세부왕국의 경우 16세기 마젤란이 바로 이 세부왕국으로부터 죽임을 당할 정도로 치열하게 저항했으나 결국 스페인에게 정복을 당했다.

[그림 8-7] 필리핀 역사 연보

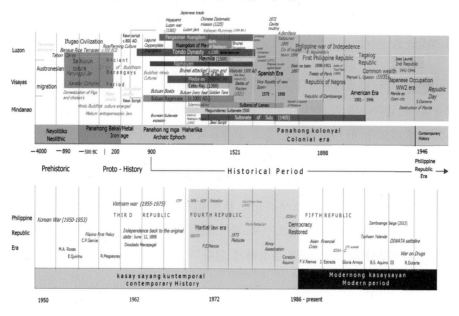

출처: Wikidepia

1521년 마젤란이 대서양과 태평양을 건너 필리핀에 도착한 후 가톨릭 포교와 식민지 건설을 하던 중 세부왕국에서 죽임을 당하고 이후 1565년 다시 스페인은 필리핀을 점령하여 민다나오섬 남부의 일부만을 남기고 필리핀 전역을 정복하게 된다. 이후 필리핀의 300년 스페인 식민지 시대가 시작하게 되었다. 스페인은 필리핀을 그들의 식민지였던 멕시코의 아카풀코항과 중국과 인도 등의 향신료 원산지와 가까운 곳을 연결하는 중계무역의 요충지로 활용하며 중남미의 은이 필리핀으로 유입되면서 필리핀은 막대한 부를 축적하게 되었다. 하지만 남미의 국가들이 스페인으로부터 독립을 하게 되면서 중계무역의 항로가 끊기게 되자 스페인은 토착민들과 함께 대농장의 지주로 군림하여 플랜테이션 농업[1]을 시작하게 된다. 이때부터 필리핀의 대부분의 토지를 일부 스페인계 가문

---

1) 플랜테이션은 현금성이 높은 작물인 커피, 사탕수수, 카카오 등을 전문으로 하는 대규모 상업적 농장이다. 주로 열대, 아열대 기후인 ASEAN과 아프리카 및 남미에서 이루어지며, 보통 서양인의 자본과 원주민과 이주노동자의 저렴한 노동력, 좋은 토지로 이루어지는 농업이다.

들이 점령하며 지금까지도 정치와 경제를 좌지우지하는 일부 부자 가문들이 생겨나게 된다.

3) 독립운동 시기

16세기부터 18세기까지 원주민들의 반란이 빈번히 일어나면서 필리핀 원주민들 간에 민족주의 사상이 대두되고 이러한 반란이 서서히 19세기 독립운동의 시발점이 되었다. 필리핀 원주민들도 고등교육을 받고 부를 축적한 이들이 하나둘씩 나타나자 이들 간에 민족주의 사상이 싹트기 시작하였다. 이 당시 민족 독립운동지도자인 호세리잘이 스페인 정부에 반발하며 글을 쓰면서 스페인 정복자들에게 저항하자 이들은 호세리잘을 무자비하게 처형하였고 스페인의 이러한 행동은 결국 더 큰 반발을 일으키게 되어 보니파시오에 의하여 무장 독립투쟁 단체인 카티푸난(Katipunan)을 결성하게 된다.[6]

[그림 8-8] 호세리잘, 안드레스 보니파시오, 에밀리오 아귀날도

출처: Wikipedia

19세기 말까지 필리핀 전역에서 독립운동이 일어나는 동안 1895년 쿠바 문제로 인하여 미국과 스페인 간의 전쟁이 일어나게 되고 이 전쟁은 필리핀에서도 발생하게 된다. 미국은 독립보장을 미끼로 초대 대통령인 아기날도를 끌어들여 스페인과의 전쟁을 하였고 1989년 전쟁에서 승리한 미국은 아기날도와의 약속을 지키지 않고 전쟁에 승리한 후 스페인으로부터 파리 강화 조약에 따라 2,000

만 달러에 필리핀과 괌의 지배권을 양도받게 된다.

4) 미국 식민지 시대

이에 아기날도는 미국-스페인 전쟁의 결과에 항의하여 필리핀인의 최초의
공화국인 필리핀 제1공화국을 세우고 미국과의 독립전쟁을 선포하며 격렬하게
저항했으나 결국 압도적인 미국의 군사력에 수많은 희생자를 낳고 실패하여 필
리핀 제1공화국은 붕괴하였다. 1916년에는 필리핀의 자치법인 존스법이 통과되
었으며 이때 미국의 필리핀 통치는 다른 서양국가와는 달리 비교적 자율적인 분
위기로 필리핀을 통치했다. 이때부터 영어가 널리 보급되고 필리핀은 빠른 경제
성장을 이루었다. 하지만 필리핀은 식민지였기 때문에 자체적인 경제정책을 수
립하지 못해 바라던 만큼의 이익을 얻을 수 없었고 빈부격차 또한 심화된다. 미
국의 식민통치 시기에는 공중보건 개선과 무료 보건소 혜택으로 평균수명이 연
장되었고 이로 인해 인구도 큰 폭으로 증가하였다. 그러나 로마 가톨릭 사제와
수녀들이 주동하는 필리핀 민중들의 독립투쟁은 계속되었고 혁명 정부도 수립
되었으나 미국은 이를 인정하지 않았다. 1934년 미국 의회에서 타이딩스-맥더
피 법이 통과되어 10년 후에 필리핀이 독립하기로 예정되었다. 1935년에는 필리
핀 연방이 조직되었고 마누엘 케손이 초대 대통령에 올랐다.

[그림 8-9] 필리핀 초대 대통령과 일제치하 5페소 화폐

 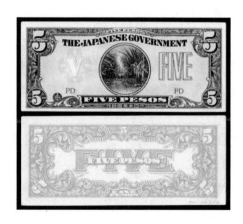

출처: Wikidepia

5) 일본 군정 통치 및 공화정

제2차 세계대전으로 필리핀은 일본군에게 점령되었고 일본의 폭정에 맞서 항일 독립투쟁이 격화되자 일본은 1943년에 호세 파키아노 라우렐을 대통령으로 하는 필리핀 제2공화국을 만들고 괴뢰정부를 수립하였다. 일본의 패망 이후 1946년에 미국은 필리핀의 완전 독립을 승인, 공화제를 채택한 필리핀은 마누엘 로하스를 초대 대통령으로 선출했다. 그 뒤 필리핀은 ASEAN 개발은행(ADB)의 본부가 설치될 정도로 아시아권에서 빠른 경제발전을 이룩하였지만, 국민들의 기대와는 다르게 정치적·경제적 문제는 쉽사리 해결되지 않았다.

6) 필리핀의 정치 가문

이후 필리핀은 4명의 대통령을 거치면서 정치는 부패하였고 토지 개혁은 실패하여 빈부 격차와 소작농의 수는 더 늘어나게 되었다. 이는 필리핀의 정치와 경제를 좌지우지하는 소수의 가문들이 모두 스페인 식민지 시절의 대농장을 소유하고 이후 족벌 기업을 소유한 부유층이기 때문이다. 이들은 부와 권력을 대대로 세습하여 왔고 이들은 세력유지를 위하여 사병집단 같은 무력 세력을 보유하고 있다. 이들 세력들은 새로운 정치 개혁이 일어날 수 없도록 하고 있는 것이 문제이다. 필리핀의 모든 문제는 바로 식민지 시대의 족벌 가문에게 예속되어 있던 토지개혁의 실패에 있다고 할 수 있다.

2021년 기준으로 필리핀에는 이러한 정치 경제를 좌지우지하고 있는 족벌 가문이 약 150여 개가 있다. 마르코스, 글로리아 아로요 그리고 지금의 두테르테 대통령까지 모두 지방토착 지주세력 출신이거나 그들의 비호를 받고 있다. 필리핀은 정치 권력이 세습되는 것으로 유명하다. 지역선거가 있기는 하지만 각 지방마다 한 가문이 부와 공권력을 움켜쥐고 자리를 차지하고 있어 총선이나 지방선거가 있는 날을 기점으로 한두 달간은 지역세력 간의 후보 암살과 폭행이 끊이지 않는다. 대표적인 예로 마간다나오 학살이 있는데 이는 민다나오의 암파투안 가문이 마간다나오 주지사 선거에서 경쟁후보진영의 인사와 기자 등 총 58명을 200명의 무장괴한들을 이용하여 무참히 학살한 사건이다. 이 사건은 여전히 재판조차도 제대로 이루어지지 않고 있다. 필리핀의 정치계 입문은 가문에서 뛰어난 사람이 명문대를 나와서 출마하는 것이기 때문에 정치적인 성향이나 이념 그리고 국민을 위하여 봉사와 희생하려는 민주주의 정신과는 거리가 멀다. 정당도 이념적인 개념보다는 가문 연합의 세력 다툼이라고 보는 것이 더 정확하다. 총선이나 대선의 투표율의 경우 보통 80%를 넘기고 있다. 2021년 현재 대통령인 두테르테의 경우 국민의 지지율이 90%를 넘어섰고 필리핀의 복싱영웅 파키아오가 2021년 현재 필리핀의 상원의원으로서 활동을 하고 있으며 차기 대통령 선거에 출마할 의사가 있는 것으로 알려져 있다. 이를 보면 필리핀의 민주주의 선거는 인기투표의 성향이 강하다고 할 수 있다. 심지어 축출된 마르코스의 영부인인 사치의 여왕 이멜다가 하와이 망명 이후 귀국해 2010년 하원의원에 당선되고 마르코스 두 자녀도 주지사와 상원의원에 당선된 것을 보면 이러한 인기투표 성향을 알 수 있다.

[그림 8-10] 대학교 내 마간다나오 학살을 풍자한 걸게그림과 마르코스와 이멜다

출처: Wikidepia

3

필리핀의 현재

1) 필리핀 주요 경제현황, 지표, 주요기업

앞에서 언급했던 바, 필리핀의 경제를 이끄는 두 가지 산업의 축은 Overseas Filipino Workers(OFW)와 Business Process Outsourcing(BPO)이다. 필리핀 경제의 쌍두마차라고 해도 과언이 아니다. 필리핀의 산업구조는 서비스업이 전체 산업의 50% 이상을 차지한다. 사람의 노동력이 아니면 가치를 창조할 수 없는 산업이 50%를 차지한다는 뜻이다.

OFW는 중동이나 미국 등 선진국이나 노동 집약적인 산업현장의 인력 부족을 겪고 있는 국가의 건설현장이나 현지 가정의 가사도우미로 일하고 있는 해외 노동자들이다. 이들이 2019년 해외에서 본국으로 송금한 금액은 301억 달러(36조 7,521억)로 전년대비 4.1% 성장하였는데 이는 필리핀 국내 총생산액의 70%에 해당하는 금액이다. 미국, 사우디아라비아 등 전 세계 46개국 약 400만 명의 필리핀 노동자들이 현지에서 일하고 필리핀 본국에 있는 가족들에게 송금을 한다. 한국이 대외 수출 의존도가 높은 것처럼 필리핀은 OFW의 의존도가 한국 수출 비중과 비슷한 수준이다. 2020년 코로나19 사태로 인하여 해외 현지에서 일자리를 잃어 본국으로 귀국하는 OFW가 급격히 증가하고 있으며 이들은 귀국 후 검사 및 자가격리 시설이 부족해 하루에 입국할 수 있는 OFW의 수를 한정, 한때 이들의 입국이 일주일간 중지된 적도 있었다.

필리핀 경제를 이끄는 또 다른 축은 BPO다. BPO는 기업의 비핵심 사업을 제3자 서비스 제공 업체에 하청을 주는 것을 의미하며 주로 콜센터, 고객관리, 데이터 입력 및 분석 및 회계, 인사관리 등의 업무를 의미한다. 이들 업무 중 약 80% 이상이 영어권 국가 고객을 대상으로 하는 콜센터로서 영어구사가 가능하고 임금이 저렴하기 때문에 영어권 국가의 기업들이 많이 이용하고 있다. 2019년 2월 기준 필리핀에서 BPO 산업에 종사하는 인구는 약 120만 명으로 추정되며 가장 큰 고객은 미국에 기반을 둔 회사들이며, BPO 산업의 60%를 차지한다. BPO 산업은 매년 수천 개의 일자리를 제공해 필리핀의 실업 문제를 완화하는 데 기여한 공로로 '햇볕 산업(Sunshine Industry)'이라고 불리기도 한다.[1] 필리핀 정부는 이러한 BPO 산업을 육성하기 위하여 BPO 기업에 다양한 세금 감면 혜택을 주고 있으며 필리핀 통계청(PSA: Philippine Statistics Authority)의 최신 자료에 따르면 필리핀에 정식 등록된 BPO 기업은 851개사이며, 그중 절반 이상인 429개사가 콜센터이다. 전체 BPO 기업 중 46.5%에 해당하는 400개사는 컴퓨터 또는 IT 관련 서비스를 제공하고 있고 약 20개사는 의학 관련 기업들이며 약 9개사는 애니메이션 영화 및 만화 제작 회사들이라고 한다. BPO 산업은 해외 필리핀 노동자 외화 송금 다음으로 외화를 벌어들이는 최고 수입원에 해당한다. 2019년 기준 GDP에서 BPO 산업의 기여도는 약 10% 이상을 차지한다.

그러나 2020년 코로나19 위기로 인하여 주로 노동 집약적 산업에 대한 새로운 업무 가이드라인이 발표될 것으로 보이고 소위 New Normal 시대에 접어들어 BPO 산업은 새로운 위기를 맞을 것으로 전망된다. 좁은 공간에 수백 명의 콜센터 직원들이 열악한 부스를 사이에 두고 일을 하기 때문에 감염병에 매우 취약할 수밖에 없으며 백신이 개발되지 않는 이상 근무환경이나 최소 근무인원에 대한 강제적인 제한은 불가피하여 일정 부분의 구조조정은 필요한 상황이다. 아울러 AI(인공지능)의 발달로 인하여 단순한 고객 응대 업무는 서서히 AI로 대체되는 현실을 감안할 때 이들 BPO에 종사하는 일부의 인력들은 미래에는 AI로 대체될 것이 당연하기 때문에 필리핀 정부에서도 이들이 AI로 대체되는 상황을 직시하고 대책을 마련해야 할 것이다.

[그림 8-11] 필리핀 BPO 산업 현황

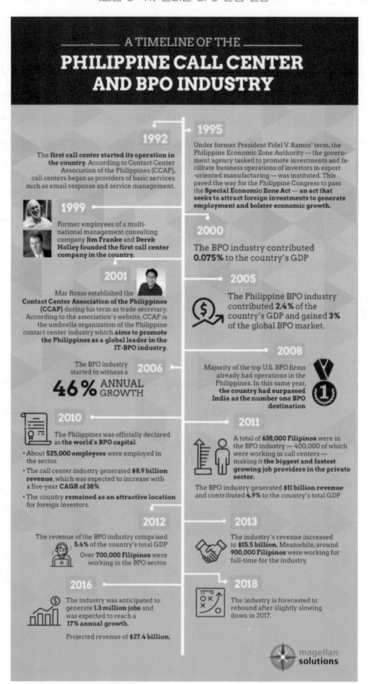

출처: Magellan Solution

2019년 기준으로 필리핀 경제현황을 살펴보도록 하자.[5] 1970년도까지만 해도 아시아에서 일본 다음으로 잘사는 나라가 필리핀이었다. 1980년도 중반 마르코스 정권 이후 정경유착과 공무원들의 비리로 인한 착취 그리고 내전을 빌미로 이어진 계엄령으로 경제는 퇴보하게 되었다. 연세가 많으신 한국 어르신은 실제로 서울 중구 동대입구역에 있는 장충 체육관의 경우 필리핀의 기술진과 일부 필리핀 자본력으로 지어진 실내 체육관임을 알고 있다. 지금도 50대 이상의 필리핀 베이비 부머들은 1970년대의 필리핀의 경제성장을 회상하며 그 당시 잘나가던 필리핀을 그리워한다. 저자도 매우 좋아하는 필리핀 FM 라디오 방송 중 93.6 메가 헤르츠의 Easy Rock 방송은 1970~1980년대 유행했던 미국의 뉴웨이브 팝을 주로 방송하고 있고, 1980~1990년대 미국 팝을 풍미했던 데비깁슨, 티파니, 건스엔로지스, 셀린디온 등의 가수들의 공연을 가끔 열기도 한다.

[표 8-5] 필리핀의 경제지표

경제지표	2015	2016	2017	2018	2019
경제성장률(%)	6.07	6.88	6.68	6.24	5.72
명목GDP(10억$)	292.8	304.9	313.6	331.7	356.8
1인당 GDP($)	2,883	2,953	2,989	3,099	3,246
정부부채(% of GDP)	41.5	39	39.9	38.9	39.2
물가상승률(%)	0.67	1.25	2.85	5.21	2.51
실업률(%)	6.28	5.48	5.73	5.33	5.18
수출액(백만$)	58,648	57,406	68,712	69,307	-
수입액(백만$)	74,751	89,435	101,900	119,329	-
무역수지(백만$)	-16,102	-32,028	-33,189	-50,022	-
회환보유고(백만$)	74,269	73,729	73,543	71,349	-
이자율(%)	4	3	3	4.75	
달러 환율(페소화 대비)	45.5	47.5	50.4	52.7	51.8

출처: IMF[5]

(1) 경제성장률

필리핀 경제는 2015~2018년까지 6% 후반대 성장률을 기록하며 ASEAN 국가 중에서는 비교적 높은 성장세를 보이고 있다. 개발도상국의 위치에서는 5% 이상의 경제성장률은 일반적인 현상이라 할 수 있지만 2019년도는 다시 5%대로 소폭 하락하였으나 필리핀의 경제성장에 대한 의견은 대부분 낙관적이었다. 필리핀 경기호황의 주요 동력으로는 수출 확대, 민간소비 활성화, 인구의 증가, Build Build Build(BBB)전략의 일환으로 인프라 사업 등에 대한 대대적인 정부 투자 등이 꼽힌다. 2016년 두테르테 대통령 취임 이후 부패척결, 세수 확대를 위한 경제개혁 추진도 일부 긍정적인 효과를 일부 가져온 것으로 평가되고 있다. 그러나 여전히 취약한 제조업 기반, 교통문제 등 인프라 부족이 경제성장의 발목을 잡고 있다. 2020년 코로나19 사태로 IMF와 같은 주요기관에서 필리핀의 2020년 경제성장률을 -11%를 기록한 것을 보면 이번 코로나19가 특히 필리핀과 같은 경제구조를 가지고 있는 국가에게는 매우 치명적인 것임이 틀림없다.

(2) 실업률

2019년 필리핀 실업률은 5.1%를 기록하였으며, 2020년은 코로나19로 인하여 10% 이상이 될 것으로 전망되었다. 필리핀의 노동인구 중 절반이 넘는 60만 명의 노동자가 저직능, 저임금의 비공식 고용시장으로 유입되는 비정규직이며, 서비스업 근로자 중 상당수가 단순서비스, 일용직 등에 종사하고 있어 고용불안이 심화되고 있다. 필리핀 내수 고용뿐만 아니라 해외해서 돈을 벌어 국내로 송금하는 해외근로자(OFW)들의 상황의 경우 인권문제로 인하여 아랍에미레이트(UAE) 당국과 갈등을 겪기도 하였다. 아랍에미레이트(UAE)에서 일하고 있는 필리핀 가정부의 경우 3만 명 정도로 저임금과 열악한 노동환경에 시달릴 뿐 아니라 고용주로부터의 고문에 가까운 학대와 구타, 인격 모독, 감금, 성범죄를 당하는 경우가 빈번하게 발생했다. 이에 필리핀 정부는 2014년부터 3년간 아랍에미레이트(UAE)에 인력 송출을 금지하였다. 2017년 양국이 가정부 권익 보호에 대한 양해 각서를 체결한 이후 재개되었지만 이후 필리핀 정부는 전 세계로 송출되어 일하고 있는 자국의 노동자를 보호하고 아울러 국내 실업률을 낮추기 위하여 지속적으로 해외근로자(OFW)에 대한 인권과 권익 보호에 노력을 기울이고 있다.

2020년 이후 코로나19 사태로 인하여 해외에서 일자리를 잃어 귀국하는 해외근로자(OFW)의 수가 2020년에만 40만 명을 넘을 것으로 전망하고 있고 코로나19가 장기화되어 해외에서 일자리를 잃게 되면 최대 100만 명의 해외근로자(OFW)들이 귀국할 것으로 보이고 필리핀의 실업률은 최소 10%대로 치솟을 것으로 전망하고 있다. 이들이 다시 해외로 나가 일자리를 찾고 국내로 송금하기 위해서는 먼저 코로나19 바이러스가 어느 정도 진정되고 백신 및 치료제 접종이 선행되어야 할 것으로 보인다.

(3) 수출 및 수입

필리핀의 최대 수출국은 미국과 일본으로서 2018년도 기준 100억 달러에 육박하고 전체 수출금액의 15% 이상을 차지한다. 반면 필리핀 최대 수입국은 5년 연속 중국으로서 2018년도 기준으로 225억$이며 전체 수입금액의 20% 이상을 차지하고 있다. 필리핀의 수출 수입 모두 5년간 증가세를 보였으나 제조업에 필요한 원자재 및 소비재 대부분은 수입에 의존하는 추세는 큰 변화가 없다. 주요 수출 품목으로는 전자 직접회로, 전자기기, 인쇄기 및 복사기 부품, 절연전선, 바나나 등이다. 필리핀은 세계 2대 바나나 생산 및 수출국이다. 주요 수입품목으로는 역시 전자직회로, 석유과 역청유, 승용차, 휴대폰 등이다. 한편 한국의 대 필리핀 교역량은 지속적으로 증가하고 있고 양국의 교역량은 156억$ 정도이다.

[표 8-6] 한국-필리핀 수출입 동향

(단위: 백만 달러, %)

구분	2016		2017		2018	
	금액	증감률	금액	증감률	금액	증감률
총계	10,505	-9.2%	14,269	36.1%	15,606	9.16%
수출	7,277	-12.5%	10,594	45.4%	12,037	13.6%
수입	3,228	-0.7%	3,702	14.7%	3,569	-3.6%
수지	4,049	-20.1%	6,892	70.2%	8,468	22.88%

출처: 한국무역협회

(4) 그 외 지표

한 나라의 경제를 나타낼 수 있는 지표는 많으나 4차 산업 관련 인프라 등을 나타내는 여러 가지 지표가 있을 수 있는데 2017년도 기준 전체 인구 중 인터넷 사용비율은 56%, 은행계좌 보유율 34.5%, 디지털 결제 비율 13.6% 등으로 나타난다.[3] 이동통신 가입자 수는 2018년 기준 100명당 134명으로 가입비율이 134%를 보이고 있으나 인터넷 이용 비율은 60%에 그치고 있다. 높은 이동통신 가입비율로 필리핀은 전 세계 페이스북 사용자 수 2위 국가이다. 2021년 기준 필리핀에는 2019년도 중국인의 대거 유입으로 중국계 모바일 결제 시스템인 Alipay, Wechat Pay 등의 모바일 결제 시스템이 거의 모든 쇼핑몰 내 매장에서 가능하고 그 외 G cash, Paymaya 등의 비중국계 모바일 결제 시스템이 운영 중인 매장이 서서히 늘어나고 있다. 은행계좌 보유율이 30%대인 필리핀의 경우 신용카드 단계를 거치지 않고 포인트나 기타 모바일머니를 활용한 모바일 결제 시스템이 필리핀 4차 산업을 앞당기는 역할을 할 수 있을 듯 하나 이를 더 확산시키려면 먼저 인터넷 인프라 구축과 통신 속도 개선을 위한 시설 투자 및 서비스 개선이 먼저 이루어져야 할 것이다. 필리핀의 인터넷 속도는 ASEAN 국가 중 최하위를 기록하고 있으며 양대 이동통신 회사인 Globe와 Smart의 고객 서비스 만족도는 필리핀이 4차 산업의 물결에 적응할 수 있는 정도의 수준에 미치지 못하고 있다.

(5) 필리핀의 주요 기업 현황

앞에서도 언급했듯이 필리핀의 경제는 과거 스페인 식민지 시절 스페인계 대지주 가문의 후손들과 중국 화교 이민자들에게 달려 있다고 해도 과언이 아니다. 특히 스페인계 부도들은 부를 세습하며 정치세력들과 유착되어 수백 년 동안 절대로 쓰러지지 않는 기업을 운영해 오며 부동산, 건설, 국가 기간산업 등을 독점해 오고 있다. 다른 국가에서 국영기업이나 정부가 운영하고 있는 전기, 수도, 도로, 항만 등 국가 기간산업 역시 필리핀에서는 사기업이 운영하고 있다. 필리핀에서 전기를 공급하는 필리핀 최대의 전력 기업인 Manila Electric사의 경우 Meralco라도고 불리는데 메트로 마닐라 지역의 전기를 독점으로 공급하고 있다. 필리핀의 전기료는 매우 비싼 편으로 30평대 일반 아파트에서 여름철 에

어컨 사용량이 많을 경우 5천 페소 이상(한화 13만 원) 사용료가 청구되기도 한다. 일반 서민의 경우라도 전기료 2개월 연체 시 바로 전기공급을 차단해 버리는 경우가 비일비재하다. Manila Electric는 갑 중의 갑이라고 할 수 있다. 필리핀의 대표적인 부동산 개발 기업인 Ayala의 경우 필리핀 정치와 경제의 핵심 지역인 마닐라의 Makati 지역의 토지를 대부분 소유하고 있어 필리핀 정부를 상대로 임대사업을 하고 있고, Ortigas와 같이 기업의 이름이 아예 지역명이 되는 경우도 종종 있다. 필리핀은 금산분리(금융과 산업을 분리한다는 원칙)가 법제화되어 있지 않아 필리핀의 대기업인 SM의 경우 Pasay 지역의 땅을 대부분 소유하고 있고 BDO, China Bank 등의 은행을 2개나 운영하고 있다. 소위 절대 망할 수 없는 기업구조를 가지고 있는 셈이다. 아울러 이들 기업들의 대부분은 문어발식 계열사를 거느리고 있으며 주로 필리핀의 주요 부동산을 소유하고 그 부동산을 개발하여 부를 축적하였다. 필리핀의 최대 재벌 중의 하나인 SM 그룹의 창업주 헨리 시(2019년 별세)의 경우 중국이민자로서 처음에는 미군부대에서 나온 중고 신발을 납품받아 사업을 시작했다. ShoeMart로 시작되는 SM은 필리핀 유통을 제패하고 백화점 사업으로 부를 이룬 대표적인 중국계 자수성가 기업이다.

[그림 8-12] SM 그룹 60주년 기념 엠블럼과 San Miguel 맥주

출처: Wikidepia

맥주로 유명한 San Miguel 역시 필리핀의 대표적인 기업 중의 하나이다. 스페인 식민지 시절 스페인인들이 세운 이 기업은 필리핀이 미국의 지배로 넘어가자 맥주 제조설비를 필리핀 현지인들에게 넘기고 철수하였고, 이들 설비를 가지고 다시 생산을 한 것이 지금의 산미구엘 맥주다. 2021년 현재 스페인에도 동일

한 이름의 산미구엘 맥주가 있지만 스페인의 회사와 필리핀의 회사는 별개의 회사이다. 이들은 맥주사업을 넘어 건설, 철강 등의 중공업에도 확장을 하여 지금의 산미구엘 그룹을 만들었다.

2018년도 필리핀 경제 일간지 Business World가 발표한 2016년도 기준 필리핀 1,000대 기업을 보면 제조업이 총 3조 6,529억 페소의 매출액을 기록하며 전년대비 10.3%가 증가했고, 도소매업이 총 2조 69억 페소의 매출액을 기록하며 전년대비 11.0% 증가, 금융업이 총 1조 2,940억 페소의 매출액을 기록하며 전년대비 8.9% 증가하였다.

필리핀 Top 10 기업 중에는 도요타, 쉘, 도시바, 네슬레 등 외국계 기업이 다수 포함돼 있으며, Top 1000 기업에는 한진중공업, 삼성전자, 삼성전기, LG전자 등 11개의 한국투자기업이 포함되어 있다. Top 1000 기업 중에서 다국적 기업은 약 365개이며, 필리핀 정부 소유 기업은 5개, 수출기업은 209개가 포함된다.[2]

[표 8-7] 2016년 기준 필리핀 10대 기업

(단위: 백만 페소, %)

순위	기업명	분야	매출액	증감률	영업이익	증감률
1	Manila Electric Co.	wjsfur	250,707	0.3	20,573	11.7
2	Petron Corp.	에너지	230,989	- 4.3	5,694	3.6
3	Toyota Motor Philippines Corp.	자동차	154,871	36.9	11,573	17
4	Pilipinas Shell Petroleum Corp.	에너지	157,836	- 12.6	7,444	109.5
5	Toshiba Information Equipment (Philippines), Inc.	반도체	130,835	34.2	1,629	32.7
6	Nestle Philippines Inc.	식음료	125,501	4.8	18,936	21.4
7	Mercury Drug Corp.	소매/약국	123,190	9.2	3,285	7.9
8	TI (Philippines), Inc.	반도체	122,158	- 9.7	10,471	- 7.7
9	Philippine Airlines, Inc.	항공	117,616	6.4	3,543	- 41.3
10	PMFTC, Inc.	소매	113,667	- 2.8	4,712	233.3

출처: BusinEss World

필리핀에 진출한 한국 기업의 순위는 [표 8-8]과 같으며 특히 한진중공업의 경우 한국 기업 최초로 1972년 필리핀에 진출하여 이후 40여 년간 토목, 건축, 기계 전기를 포함한 종합건설 서비스를 제공해 왔으며 특히 필리핀 수빅자유지역(Subic Freeport Zone)에 필리핀 최대 조선소인 수빅 조선소를 건설하여 운영하였으나 자금난을 견디지 못하고 기업회생을 요청하여 필리핀 해군과 호주 방산업체에 매각되었다.

[표 8-8] 필리핀 내 한국 기업 순위

순위	기업명	분야	매출액	증감률	영업이익	증감률
45	HHIC-Phil., Inc.v(한진중공업)	조선	37,540	-24.5	47	-61.6
47	Samsung Electronics Philippines Corp	전자, 판매	36,065	9.6	265	-8.5
59	Pepsi-Cola Products Philippines, Inc.(롯데칠성 투자)	식음료	30,362	9.0	853	5.1
80	Samsung Electro-Mechanics Philippines Corp.	전기, 생산	24,567	2.4	24,388	2.3
113	Hyundai Asia Resources, Inc.	자동차	19,032	40.9	19,008	41.1
217	LG Electronics Philippine, Inc.	전자, 생산	10,290	11.1	-4.0	86.9
266	SFA Semicon Philippines Corp.	반도체	8,292	14.1	305	-50.2
316	KEPCO SPC Power Corp.	발전	6,908	3.2	2,562	6.3
451	KEPCO Ilijan Corp.	발전	4,776	14.5	2,086	5.4
455	Daelim Philippines, Inc.	건설	4,743	14.5	-78	94.6
606	CJ Philippines, Inc.	사료	3,252	19.7	181	37.7

출처: BusinEss World

필리핀의 경제를 이끌고 있는 기업들의 대부분은 에너지, 유통업, 금융 등의 소비재 및 서비스 산업의 기업들이며 제조업, 수출업 기반이 아직 열악하다. 경제적으로 이루어진 부가 중산층으로 분배되는 탄탄한 사업적 기반이 만들어지지 않았으며, 내수시장을 지탱할 수 있는 경제구조는 대부분 수입에 의존하고 필리핀 국내 생산은 빈약하다. 경제의 규모도 아직은 크지 않고 제조, 기술을 바탕으로 한 제조업 기반의 기업을 통한 일자리 창출과 중산층의 확대가 매우 어려운 상황이다.

2) 필리핀 산업의 2020년 현황

해외노동자(OFW)와 서비스 아웃소싱사업(BPO) 그리고 견고한 내수 시장의 소비만을 가지고 필리핀 경제의 미래를 긍정적으로 전망할 수 있을까? 과연 이 3가지 축만으로 필리핀 경제를 이끌어가는 데 전혀 문제가 없는 것일까? 그간 경제성장을 이끌어갈 수 있는 사회 기반 시설에 대한 투자가 부진했던 필리핀이지만 2010년대 들어서 공공부문에 대한 투자가 괄목할 정도로 늘어나면서 그동안 경시되었던 인프라에 대한 투자가 크게 늘어나게 되었다. 그 이전에는 통신 부문을 소수의 대기업들이 독점했는데 인프라 투자는 미비하다 보니 ASEAN 10개국 국가 중 인터넷 속도가 가장 느리고 품질도 좋지 못하다. 이렇게 빈약한 필리핀의 국가 인프라 산업을 육성하고 고용을 창출하는 방안으로 2021년 현재 필리핀 경제개발 계획의 일환으로 진행되고 있는 사업이 바로 Build Build Build(BBB) 프로젝트이다. 두테르테 정부는 BBB 프로젝트 아래 2017~2025년 간 총 42억 $를 투입, 약 75개의 플래그십 프로젝트를 추진하고 있다. 이 중 25개는 두테르테 대통령 임기 말인 2022년 내 완공을 목표로 하고 있다.

[표 8-9] BBB 인프라 분야별 구분

분야	프로젝트	비용
육로	34	11억 달러
철도	9	25억 달러
항공	6	2.3억 달러
수로 및 항만	4	0.5억 달러
수자원 분야	15	2.5억 달러
전략/에너지 분야	4	0.01억 달러
사회자본 분야	3	0.1 달러
총계	75	42억 달러

출처: 필리핀 국가 경제 개발청: Rapper.com

BBB 프로젝트는 6개의 공항, 9개 철도, 3개의 간선급행버스(BRT), 34개의 도로 및 다리, 4개의 항구 등을 건설하는 인프라 사업이다. 인프라 확충을 통해 생산비를 낮추고, 농촌소득을 증대시키며, 낙후지역 투자를 활성화해 인력과 상품의 보다 효율적인 이동을 통해 고용 창출을 꾀하고 있다. 인프라 건설 재원은 외국으로부터의 유, 무상 원조를 적극 활용하고 재원확보를 위하여 해외 기업의 참여 및 국제기구의 지원으로 진행되고 있는 것들이 많은데 중국이 12개 사업으로 가장 많고, 한국 2개, 일본 2개, 아시아개발은행 6개, 세계은행 1개의 순이다. 대표적인 사업으로는 수출입 은행지원 Cebu 신항만 사업(1.9억 달러)과 Pangil만 교량 건설사업(1.1억 달러), 중국이 지원하는 Subic - Clark 철도 사업(10억 달러), 일본이 지원하는 Metro Manila 지하철 1단계 사업(69억 달러) 등이 있다.

[그림 8 - 13] 로드리고 두테르테 대통령과 두테르테 노믹스 엠블럼

출처: Wikidepia

두테르테 정부는 BBB 프로젝트를 통하여 고용을 창출하고 빈약한 사회기반 시설을 확충하여 제2의 필리핀 경제 부흥을 꿈꾸고 있다. 이에 많은 해외 건설사들의 필리핀 진출이 진행되고 있는 상황이다. 가장 많은 건설수주를 획득하는 국가인 중국의 중국 건설 노동자들은 코로나19 사태 이전에만 해도 필리핀의 BBB 프로젝트를 위하여 필리핀 곳곳의 건설현장을 누비고 있었다. 한때 중국 건설 노동자의 유입으로 일자리를 잃은 필리핀 건설 노동자들이 사회적 문제가 된 적이 있었다.

필리핀 하면 떠오르는 것이 바로 카지노이다. 관광산업이 발달한 나라이기도 하지만 필리핀의 카지노와 면세 사업은 민간기업이 아닌 필리핀 오락게임공사 Philippine Amusement and Gaming Corporation(PAGCOR)에서 관장하고 있는 국가 주도 사업 분야로서 국가의 세수 확대와 연관되어 있다. 필리핀 정부는 그간 부동산 경기 진작 및 조세수입의 증대를 위하여 온라인 게임(도박) 업체의 영업을 허가하고 이들 업체의 필리핀 진출을 장려했었다. 이들 업체를 Filipino-based Offshore Gaming Operation(FOGO) 업체라 부르는데 이들의 거의 대부분은 중국 게임업체로서 온라인 게임이라기보다는 거의 온라인 도박이라 할 수 있는 게임으로 도박이 합법화되어 었는 필리핀에서는 이들 중국 온라인 카지노 업체의 진출이 부동산 경기 진작, 조세 수입 증대 및 현지인 고용창출로 이어질 것으로 전망하여 약 60개 업체(약 26만 명)의 진출을 허가했다.

보통 중국인의 경우 외국의 어떤 특정한 지역에 몰려들게 되면 그곳의 부동산 가격을 올려놓기로 유명한데 미국의 맨해튼과 과거 5년 전의 제주도의 부동산 가격 변동이 단적인 예라고 할 수 있다. 필리핀 역시 FOGO 업체들의 대거 진출로 필리핀의 부동산 가격이 거의 두 배에 육박할 만큼 뛰었다. 부유층과 외국인들이 많이 살고 있는 Bonifacio Global City(BGC) 20평대 Two Room 콘도의 경우 2018년도 기준 4억 원 정도 하던 것이 2년 사이에 2억이 올라 6억대에 거래되었다. 그러나 이러한 문제보다 더 심각한 문제가 발생했는데, 중국 FOGO 업체의 진출과 함께 중국인 불법 체류자가 빠른 속도로 증가했을 뿐만 아니라 이들의 대부분은 조직 폭력배 및 불법집단 출신들이 많아 업체들 간의 알력다툼 및 불법 인신매매가 성행하고 자금세탁을 위하여 게임회사를 설립하는 등 사건사고가 끊이지 않았다. 게다가 필리핀 현지인들과의 마찰로 폭력사건이 발생하게 되어 급기야 콘도 측에서는 중국인 임대를 금지하고 중국인을 기피하는 반중현상까지 일어나게 되었다.

결국 필리핀 정부는 2019년 8월 신규 POGO 업체의 허가를 중단하였고 중국정부에서도 FOGO 업체를 불법으로 규정하고 자금줄을 막았다. 2020년 코로나19 사태로 인하여 대부분의 중국 불법 도박 업체들은 대부분 철수하였고 마닐라시 전체 사무실 공간의 8%에 육박하는 97만m^{2}의 사무실이 공실로 남게 되어 전체 공실률이 무려 13%에 육박하게 되었다. FOGO를 통하여 세수를 확장하고 부동산 경기를 살림과 동시에 고용효과를 보려 했던 필리핀 정부는 여러 가지 부작용과 코로나19 바이러스의 직격탄으로 FOGO 산업에 대한 기대감은 서서히 줄어들게 되었다.

4

필리핀의 미래

1) 필리핀 경제 예측 및 향후 동향 및 코로나19 이후의 경제 현황 전망

　필리핀은 젊은 경제활동가능인구가 가장 많은 나라, 연평균 6%대 이상의 경제성장률을 보이고 있는 나라, 제조업과 수출기반의 경제구조가 아니지만 탄탄한 내수 시장을 보유하고 있어 1억 이상의 인구와 함께 충분한 소비시장으로 발전할 수 있는 나라, 오랜 식민지 생활과 영어를 공식언어로 사용하여 외국문화와 외국 기업에 대한 수용도 및 개방 정도가 높은 나라이다. 두테르테 행정부의 강력한 정부주도의 개혁으로 공무원의 부정부패 비리 척결, 마약사범과의 전쟁으로 마약 없는 나라 만들기, 정부의 BBB 프로젝트 추진으로 사회기반시설 등 인프라 구축사업을 통한 고용창출 및 경기 활성화 등이 필리핀이 향후 경제성장을 이루고 더 나은 국가로 발전할 수 있는 대표적인 동력이라고 할 수 있다. 하지만 그 어떤 국가도 강력한 정치 지도자의 등장과 실력행사에는 밝은 면과 어두운 면이 존재하기 마련이다. 필리핀 국민들의 두테르테 행정부에 대한 신임은 지지율이 90% 이상인 것으로 보면 매우 높음을 알 수 있다. 하지만 인권탄압과 독자적인 정책집행 등의 어두운 면도 존재한다. 두테르테 대통령은 이전 대통령들과는 다르게 단순히 국민들에게 장밋빛 청사진만을 제시한 것이 아니라 대통령 스스로가 중국과 미국 등 관련 국가와의 줄다리기 외교를 통하여 상호 우호적인 관계를 유지해 옴과 동시에 중국과의 남중국해 영유권 분쟁, 미국과의 인권문제에 대해 해야 할 말은 하는 대통령이기 때문에 어두운 면에도 불구하고 필리핀 국민들의 지지도는 높다. 한 가지 아쉬운 것은 코로나19에 대한 대응이 늦었고 효과적이지 못했다는 것이다. 필리핀의 경우 타 ASEAN 국가와 다르게 강력한 봉쇄정책을 지속하게 되면 국민 경제가 어려워지기 때문에 코로나19와 경제 두 마리의 토끼를 잡기가 매우 어려운 상황이다. 2020년말 두테르테 대통령은 대국민 담화에서 중국과 분쟁 중인 남중국해의 영유권을 포기하는 대신 백신 개발 시 필리핀에 가장 먼저 공급해 줄 것을 촉구하였다. 필리핀 국민을 위해서는 영유권 분쟁이 중요치 않다는 생각이라면 상관없지만 남중국해 포기 발언은 그동안 두테르테 대통령이 보여준 즉흥적인 의사결정과 과격한 언행에서 나온 것이라면 향후 친미정책 대신 친중정책을 펼 가능성이 매우 높아질 것이다.

5년 전 일본이 주도하던 환태평양 전략적 경제동반자 협정(TPP: Trans - Pacific Partnership)에서 미국의 트럼프 정부가 탈퇴를 선언하자 TPP 협정에 어려움을 겪어 필리핀 역시 탈퇴를 선언했다. TPP 가입의 선결 요건이자 협상 대상 국들의 주요 관심사인 인권, 어린이 노동, 환경보호 및 지적재산권에 대한 검토가 필요하기 때문에 필리핀은 헌법 및 법률상의 여러 제한적인 요소들이 많기 때문이다. 특히 외국인의 토지소유 등을 명시한 헌법과 외국 기업의 소매업 진출제한을 명시한 외국인 투자법 등 법률상의 제약 등은 해결하기 어려운 과제이며 광산업에 대한 외국인의 투자, 정부조달 분야에서의 형평성 등도 걸림돌로 작용하고 있었기 때문이다.

그러나 TPP 대신 2020년 11월 15일 한중일＋ASEAN 15개 국이 참여하는 세계 최대의 자유무역 협정인 역내포괄적경제동반자협정(RCEP: Regional Comprehensive Economic Partnership)이 협상 개시 8년 만에 최종 타결되었다. RCEP 협정은 역내 무역규모(5조 4천 억 달러), 역내 총생산(GDP·26조 3천 억 달러), 역내 인구(22억 6천만 명) 면에서 각각 전세계의 약 30% 비중을 차지하는 세계 최대 자유무역협정이다. 북미자유무역협정(USMCA·3개국) 및 포괄적·점진적 환태평양경제동반자협정(CPTPP·11개국)보다 규모가 크다. 한국이 ASEAN 국가를 대상으로 관세 혜택을 받을 품목으로는 승용차·화물차·자동차부품·자동차엔진·철강제품·합성수지·타이어·볼베어링·기계부품·냉장고·세탁기·면사·의류·세정용품·사과·배·딸기·맥주·녹차·김(건조)·수산물 통조림 등이고 ASEAN의 경우 망고스틴, 두리안, 파파야, 구아바, 레몬 등에서 관세 혜택을 받게 된다. RCEP이 타결되자 필리핀 통상산업부(DTI: Department of Trade and Industry)는 RCEP이

수준이 높고 현대적인 경제 파트너십이라고 평가하면서, 단순히 물품에 대한 관세 혜택뿐만 아니라 투자, 경제 협조, 지적 재산권, 디지털 경제, 정부 조달 사업 등 다양한 분야에서의 진일보를 이룰 수 있는 기회라고 평가했다. 2021년 현재 필리핀에 과거 70년대부터 진출해 있는 일본 기업들에게는 이번 RCEP 협정이 매우 고무적인 일이 아닐 수 없다. 실제 필리핀에 진출한 한국 기업보다 일본 기업들이 더 많은 상황이기 때문에 이번 협정 체결이 일본 기업들에게 더 유리할 수 있다.

RCEP 타결로 경제적인 실익 측면에서 향후 파기된 TPP와 같이 미국 중심의 다자간 협정보다는 중국 중심의 협정으로 기울어질 가능성이 더 크다. 인권, 지적재산권 문제 등 그간 미국이 필리핀에 협정의 선결과제로 내세우고 있는 조항들이 부담스러웠기 때문이다. 그러나 2021년 기준 필리핀 국민의 반중감정은 그 어느 때보다 높은 상황이니 중국 유학생의 필리핀 경찰에 대한 푸딩 투척 사건과 중국인에 의한 젠트리피케이션(임대료가 상승해 기존 세입자가 밀려나는 현상)이 가속화되고 있기 때문이다. 따라서 두테르테 정권은 국민들의 반중 감정이 나아지지 않은 상태에서도 경제적인 실익을 추구하기 위해 미국보다 중국과 함께 더욱더 협력해 나아갈 것으로 전망된다. 하지만 미군이 주둔하고 있는 필리핀은 미국 입장에서는 포기할 수 없는 지역이기 때문에 기존의 트럼프 식의 보호무역에서 개방 및 협력을 강조하는 개방무역으로 전환할 것으로 전망되고 아울러 RCEP에 대응하기 위하여 미국은 어떠한 방법으로 바이든 정부가 미국 중심의 'Make America Greet Again!'을 통한 새로운 리더십을 발휘하게 될지 기대가 된다.

코로나19 팬데믹이라는 상황은 ASEAN 국가에서는 인도네시아와 필리핀과 같은 개발도상국들에게 경제적으로 큰 타격을 주고 있다.[4] 특히 이미 언급한대로 필리핀의 경우 경제에 미치는 영향력이 매우 심각하여 2020년 연말까지 메트로 마닐라 지역은 봉쇄 정책인 General Community Quarantine(GCQ)을 발동하여 소비 및 경제는 위축되었고, 확진자는 계속 늘어나는 상황이지만 봉쇄가 계속 연장된다면 병으로 죽는 사람보다 굶어 죽는 사람이 더 많이 나와 시위 및 폭동으로 이어질 수 있다. 이러한 봉쇄조치 연장은 소비주도의 필리핀 경제에 큰 타격을 입힐 것이 분명하다. 필리핀 경제 성장의 5개 축인 투자, 민간소비, 무역, 관광, 그리고 해외근로자(OFW)의 송금이 모두 위축되었다. 2020년 필리핀 경제는 화산 폭발과 코로나19 확산으로 1분기 −9.5%의 역성장을 기록했다. 불안심리로 투자는 위축되고, 봉쇄조치로 민간소비가 위축되어 수출입의 급격한 감소와 외국인 관광객 역시 전년동기 대비 35.6%가 감소한 850억 달러에 그쳤다. 아울러 필리핀 경제의 2대 축 중의 하나인 해외근로자(OFW)의 송금액 역시 상당수의 해외 취업자들이 코로나19로 인하여 국내로 귀국하고 있어 급격히 줄어들 것으로 예상된다. 한마디로 필리핀 경제가 코로나19로 인하여 사면초가에 놓인 셈이다.

영국 경제지 이코노미스트 2020년 5월 8일 자 기사에서 코로나19에 대응하는 66개 신흥국의 경제력을 평가했는데 국가부채, 외채, 자본조달 비용, 외환보유액 등을 평가한 결과 필리핀은 66개국 중 4위를 차지해 비교적 안정적인 경제기반을 갖추고 있다고 평가했다. 국가부채의 경우 GDP의 40% 수준으로 유지하고 적정수준의 외환보유고를 잘 활용하면서 대규모 인프라프로젝트가 재가동되면 그간 6% 이상의 경제성장률을 기록하고 있던 필리핀 경제가 코로나19가 종식된다면 다시 성장할 수 있다는 가능성을 보여주는 기사였다.

2) 필리핀 미래 유망 산업

2010년 필리핀 무역산업부(DTI)는 향후 육성해야 할 산업으로 관광산업, IT－BPO, 전자산업, 광업, 주택건설업, 농업의 6가지 산업을 선정하였다.[7] 이들 중 2021년 현재 코로나19 바이러스로 인한 New Normal 시대 및 필리핀 정부의 경제 정책과 연장선에 있는 산업은 BPO, 주택건설 2가지로 요약될 수 있다.

BPO(비즈니스 프로세스 아웃소싱) 산업의 경우 BPO 업체의 지속적인 성장과 해외기업의 필리핀 내 콜센터 수요가 증가함에 따라 2020년 시장규모가 400억 달러로 GDP의 10%를 차지하고 고용인원은 150만 명에 이를 것으로 전망된다. 2022년까지 한 자리 수대의 성장이 전망되는 필리핀의 낮은 성장률에도 불구하고 BPO 산업의 일자리는 70만 개에 이를 것으로 예상된다. 그러나 4차 산업의 본격화로 AI 기술이 발달하면서 일부 단순 콜센터의 업무가 AI 자동응답기로 대체될 위기에 처해 있다. 필리핀의 기술력이 아직은 AI로 대체될 만한 인프라 구축이 되지 않아서 당장 대규모의 인력이 AI 전환되는 것은 아니지만, 향후 4차 산업이 필리핀에서도 발달하게 되면 낮은 인건비로 경쟁력이 있었던 콜센터 직원들도 어느 날 갑자기 AI에게 자리를 내주어야 할 것이다. 그렇기 때문에 향후 10년 후에는 BPO 업계 내 구조조정이 일어날 것이며 값싼 노동력에 의지하는 단순 BPO 업무 분야는 사라질 것이지만 IT를 기반으로 하는 IT-BPO 산업은 지속 발전할 것으로 전망된다.

필리핀 BPO 산업의 주요 분야는 콜센터 등 고객관리, 소프트웨어 개발, 사무관리 지원, 엔지니어링·디자인 등이며, 산업별로는 IT 서비스가 주인데 2017년 기준 콜센터 178개사 260개 영업장, 근무인원 약 20만 명이었으며, Back Office(회계, 총무 등 경영 지원 업무)는 79개사 4만 명, Transcription(자료화 작업)은 의료 분야 121개사, 법률 분야 13개사에 1만 6,000명이 근무하고 있다. 또한 애니메이션 분야에서는 45개사, 7,000명의 전문 애니메이터가 고용돼 유명 만화를 아웃소싱하고 있으며, 엔지니어링·디자인 분야에서도 38개사 8,000명의 엔지니어가, IT 서비스 분야에서는 120개 IT 서비스 아웃소싱사, 400여 개 소프트웨어 개발사에서 10만 명 이상의 전문인력이 활동하고 있다.

2018년 이후 한국의 애니메이션, 웹툰, 게임 등의 콘텐츠 관련 기업들이 필리핀 기업들과 MOU를 맺고 필리핀의 우수한 아웃소싱 인력과의 협업으로 IT 기반 콘텐츠 산업도 함께 육성하고 있다. 앞에서 언급한대로 필리핀은 창조 경제 로드맵(Creative Economy Roadmap)을 통해 콘텐츠 산업을 미래 유망 산업으로 지정하고, 2030년까지 ASEAN 역내 콘텐츠 산업 선도국으로 부상할 수 있도록 산업육성에 적극 힘쓰고 있다. 콘텐츠 소비 인구 1억 명 이상의 필리핀 시장이 한국에게는 필리핀 콘텐츠 업계는 경쟁력 있는 기술인력을 보유하고 있는 시장임과 동시에 매력적인 아웃소싱 파트너이기도 하다.

건설업의 경우 두테르테 정부의 BBB 프로젝트와 함께 현 코로나19 팬데믹으로 타격을 받았던 경제를 다시 살리고 고용을 창출할 수 있도록 지속적으로 추진해야 하는 산업 중의 하나이다. 2020년 하반기에는 대림건설과 현대건설이 메트로 마닐라 및 북부 지역의 주요 대형 철도 토목사업 수주에 성공하면서 국내 건설사들의 필리핀 내 활약이 기대된다. 그러나 2021년 기준으로 대부분의 프로젝트에서 외국 자본이 투입되는 경우는 중국과 일본에 치우쳐져 있어 앞으로 필리핀에 기 진출해 있거나 신규로 진출하려는 한국 건설기업이 있다면 2021년 현재 필리핀이 추진하고 있는 BBB 프로젝트 수주를 따내는 데 적극적인 노력이 필요할 것이다.

5

한국 기업의 필리핀 진출 A TO Z

1) 필리핀 내 한국 기업 진출 및 투자 현황

한국과 필리핀은 1949년 3월 3일 국교를 수립하고 우호관계를 지속하고 있고 양국의 대통령이 상대 국가를 방문하고 다양한 정치·경제 관련 협정을 체결하는 등 상호 간의 발전을 위해 노력하고 있다. 2018년 기준으로 필리핀 내 한국의 신규 법인 설립 개수는 47건으로 투자액은 1억 7천만 달러 수준으로 지속적으로 증가하고 있는 추세이다.

[표 8-10] 한국의 연도별 대 필리핀 투자금액

(단위: 건, 개, 백만 달러)

연도	신고건수	법인수(신규)	신고액	투자액
총합계 (1982~2018년)	4,687	1,698	5,627	4,303
2014	209	51	125	94
2015	181	43	217	154
2016	208	55	183	166
2017	216	47	586	564
2018	207	47	215	173

출처: 수출입 은행

특히 한류가 확산되면서 한국 K-Pop 스타들이 필리핀 젊은 층에게 엄청난 인기를 누리고 있고 특히 드라마의 경우 넷플릭스 필리핀 론칭 전에 이미 한국 드라마 '도깨비'가 엄청난 인기를 끌어 주인공인 '공유'와 외모가 매우 흡사한 필리핀 KFC 직원이 화제가 된 경우가 있었다. 아울러 한국 걸그룹 '모모랜드'가 필리핀 음악 순위 프로그램에서 수 주간 연속 1위를 기록하는 등 2017년부터 한국 드라마의 인기에 따라 한국 연예인들이 하는 화장법에 대한 노하우 및 화장품에 대한 관심이 높아져 K-Beauty라는 카테고리로 필리핀에 한국 화장품 브랜드가 대거 진출하였다. 2020년 넷플릭스에서 K-Drama 콘텐츠의 인기로 한국 배우 현빈이 필리핀 이동통신 업체인 Smart의 광고모델이 되어 마닐라 중심을 가로지르는 Edsa대로변 대형 Bill Board에 노출되고 있다.

[그림 8-14] 이니스프리 MOA 1호점 오픈, SM Makati K-beauty zone

[그림 8-15] Edsa대로 Bill Board Smart 광고판

출처: 저자 촬영

2018년 한국 기업의 필리핀 투자액 1억 1,731만$ 중 53%인 9,236만$가 제조업에 투자되었고, 건설업(20%), 부동산업(9.7%) 및 전문과학 및 기술 서비스업, 도매 및 소매업이 그 뒤를 잇고 있다. 한국 기업의 총 투자액의 10% 이상 차지하던 금융 및 보험업 투자액이 서서히 감소하고 있는 것이다. 필리핀의 외국인 투자법은 외국 기업의 지분 제한과 설립요건을 규정하고 있으며 Negative List를 통해 외국인 지분을 분야별로 제한하고 있다. 원칙적으로 Negative List에 해당하지 않으면 외국인 지분 100%를 허용하고 있다. 그러나 건설, 물류, 소매업 분야와 같이 업종별 관련법에서 외국인 지분제한을 별도로 규정하고 있는 경우도 있어 이에 대해 확인이 필요하다.

필리핀은 토지소유 및 업종별로 광범위하게 외국인의 지분을 제한하고 있으며, 이를 헌법과 FIA(외국인투자법), 각종 업종별 법률에 명시하고 있어 규제 완화가 쉽지 않다. 반대로 투자 인센티브도 있는 업종이 있다. 자유무역 경제구역 및 수빅이나 클락 등의 경제 특구를 거점으로 사업을 하려는 일부 제조업의 경우 세금혜택이나 감세 정책도 있는 경우가 있다. 그래서 필리핀에 진출하려는 기업은 사전에 반드시 현지 법무법인 혹은 변호사를 통하여 관련 규제를 확인하고 이에 맞는 적절한 사업형태를 반드시 자문받아야 한다. 이렇게 필리핀은 외국인투자법을 만들어 외국 기업의 지분을 분야별로 제한하고 있다. 따라서 필리핀에서 사업을 하고 있는 대부분의 글로벌 브랜드의 경우 합자회사(Joint Venture)이거나 필리핀 현지 에이전트를 통하여 제품을 공급하는 에이전트 방식의 사업을 하고 있다. 이는 표면적으로 외국자본에 의하여 자국의 경제적인 종속을 막고 자국의 경제 및 안보가 외세에 의하여 좌지우지되지 않도록 하기 위함이다. 이는 다른 형태의 무역장벽이라고 해도 과언이 아니다. 이는 자국의 동종업계 기업을 보호하고 자국 기업이 자생할 수 있도록 국가에서 어느 정도 보고해 주는 제도라 할 수도 있으나 사실은 몇몇 분야는 필리핀 현지 기존 기업들이 독점적인 지위를 유지하고 외국 기업의 경쟁력에 뒤처져 도산하는 것을 막기 위한 정경유착의 단면을 볼 수도 있다.

실제 필리핀의 소매업의 대부분은 SM, SSI, Robinson 등의 현지 기업이 수십년째 독점적인 지위를 누려오고 있다. 실제로 필리핀에서는 일정 자본금 요건을 충족하지 못하면 현지 고객을 대상으로 하는 소매업을 할 수 없다. 자본금이 부족한 개인인 경우 소매업을 하기 위하여 필리핀 여성들과 서류상의 결혼을 하거나 실제 필리핀 여성과 결혼을 한다(참고로 필리핀에서는 종교적인 이유로 이혼이 불가능하고 거액의 돈을 들여 변호사를 통하여 결혼 취소라는 것을 할 수는 있으나 비용상의 문제로 이혼 없이 별거를 하는 경우가 많다). 또는 현지인 표면상의 사장(dummy)을 내세워 사업자 등록을 하고 수익의 몇 % 혹은 일정금액의 수수료를 지급하면서 외국인이 실질적인 경영을 하는 경우가 대부분이다. 물론 Anti-dummy법이 존재하여 현지인 대표자가 표면상의 사장(dummy)인 사실이 입증되거나 실제 운영자와 표면상의 사장(dummy) 간에 분쟁이 일어날 경우 표면상의 사장(dummy)이 산업통상부(DTI)에 자신 신고하는 경우 표면상의 사장(dummy)은 처벌받지 않고 외국인 실운영자만 처벌을 받는 법이 존재한다. 그러나 극단적인 경우를 제외하고는 대부분의 외국인들이 현지인과 함께 소매업을 하는 경우가 대부분이라 Anti-dummy법의 경우 유명무실한 법이라 할 수 있다.

2) 한국 기업 필리핀 진출 A to Z

필리핀에서 신규 법인을 세우고 사업하기 위하여 법인의 형태별로 [표 8-12, 8-13]과 같은 절차를 거친다. 사업체 진출 및 운영을 위하여 관련 세금 및 직원 채용을 위한 노무관련 자료도 함께 소개하고자 한다. 필리핀의 경우 외국인 투자 및 지분 소유 정도, 외국인이 투자할 수 없는 업종 등 회사 설립 및 사업에 제한이 있기 때문에 진출 전 반드시 세무·재무 컨설팅 업체를 찾아 자문을 받을 것을 추천한다. 한국의 일부 대기업은 법적 리스크를 최소화한다는 이유로 필리핀 현지 로펌 중 가장 유명하고 수임료가 비싼 로펌을 찾아 컨설팅을 의뢰하는 경우가 종종 있는데 시간과 비용을 낭비하는 경우가 될 수 있다. 합의된 일정에 한국인의 니즈를 가장 잘 이해하며 수임료도 과하지 않은 한국인 컨설팅 업체가 필리핀에는 많이 있다. [표 8-11] 자료는 KOTRA 필리핀 무역관 자료를 참고하여 저자가 작성하였다.

필리핀에서는 회사 형태를 구분하지 않고 법인이건 지사이건 외국인 지분율이 40% 이하면 해당 법인을 필리핀 기업으로 인정하여 많은 혜택을 받을 수 있지만 외국인 지분이 40%를 초과하면 일반적으로 외국법인으로 간주하기 때문에 기업활동에 각종 제약을 받고 초기 자본금으로 20만$ 이상을 요구한다. 기업 형태별로 자세히 살펴보자.

[표 8-11] 투자 진출형태에 따른 회사 구분

형태	특징	종류
현지법인	• 모든 법률행위 및 이익 법인 귀속 • 해당 국가 법인만 경영상의 책임 • 전 투자유치기관 등록 가능 • 법률규제, 자금조달, 현지 대관업무 유리	• 주식회사 • 비주식회사 • 개인사업자
지사 (Branch)	• 모든 법률행위 및 이익 본사 귀속 • 한국의 본사까지 경영상의 책임 • BOI(투자청)에 투자유치 등록 불가 • 세무이슈, 경영원가절약 측면에서 다소유리	
연락 사무소	• 모기업의 마케팅 목적업무, 시장조사 • 현지업체와 계약 불가능 • 이익창출 불가	

출처: KOTRA, 저자 정리

(1) 법인

주식회사, 비주식회사, 개인기업이 해당되며, 기본적으로 일체의 법률행위에 있어 필리핀 기업으로 대우받고 있다. 인센티브에 대한 정확한 판단을 위해서는 투자진출 전에 해당 투자유치 기관에 세부 사업계획을 첨부해 공식적인 문의가 필수적이다.

① 주식회사

주식을 발행하고 이에 따른 배당을 행하는 기업형태로 주식회사 설립을 위해서는 5~15인의 발기인, 5~15인의 이사가 필요하다. 발기인 및 이사는 최소 1주 이상의 주식을 보유해야 하며, 발기인은 홀수로 정족수를 채워야 한다. 외국인 지분율(100%~40%)에 관계없이 발기인(Incorporator), 이사(Director, Board)의 과반은 필리핀 거주자(Resident)여야 한다(여기서 거주자, Resident의 판정 기준은 체류일수에 상관없이 적법한 비자를 발급받은 지 1년 경과 시 거주자로 인정). 외국인 지분율(100%~40%)에 관계없이 상법에 의거, Corporate Secretary(총괄업무담당 임원)

는 필리핀 국적자여야 하며, Treasurer 경우 외국인 지분 40% 이하인 경우 법인 등기 전에는 외국인이 가능하나, 등기 완료 후에는 필리핀 국적자로 교체해야 한다. 외국인 지분 40% 초과 시 외국 기업으로 간주하여, Treasurer(재무담당 임원)는 외국인으로 선임이 가능하다. 주식은 의결권 없이 배당에 있어 우선권을 갖는 Preferred Stock(우선주), Capital Stock(액면가를 갖지 않고, 법인 채무에 책임 면제, 배당금 없음), 의결권이 없는 주식 등으로 분류된다.

자본금은 수권자본금, 청약자본금(수권자본금의 25% 이상), 납입자본금(청약자본금의 최소 25% 이상)으로 구성되며, 주금납입증명서에는 필리핀 내 은행에 최소 5,000페소(약 105달러) 이상의 잔고 증명이 필요하다. 잔고 증명은 내국법인 간주 시 법적 최소자본금 요건이나, 이민국으로부터 취업비자를 발급받기 위해

[표 8-12] 주식회사 설립 절차 및 구비 서류

절차(순서대로)	구비서류 및 비고
SEC 등록	• Name Verification Slip • Articles of Incorporation and By-laws • Treasurer's Affidavit
임대차 계약	부동산 중계인을 통한 사무실 임대차 계약
투자 유치기관 등록 (가능 시)	PEZA, CDC, SBMA 등 투자 유치기관
납세자 등록 (TAX ID)	• SEC "Certificate of Registration(Certificate of Incorporation/ Certificate of Co-Partnership) or "License To Do Business • Mayor's Permit or application for Mayor's Permit-to be submitted prior to the issuance of the BIR Certificate of Registration
사업자 등록신청	• Locational Clearance Prior to Business Permit • Lease Contract between the Lessor and the Lessee • Business Name Registration with the Department of Trade and Industry for sole proprietorship • Articles of Incorporation or Partnership approved by S.E.C. • Barangay Clearance • Public Liability Insurance • Residence Certificate A and B for single proprietorship • 기타 업종별 필요 구비 서류

출처: KOTRA, 저자 정리

서는 실제로 약 62만 5,000페소(약 1만 3,165달러) 이상의 자본금을 납입해야 한다. 이사의 교체, 정관 변경 등 주요 사항 결정 관련 의결 정족수는 2/3 이상이며, 참석자의 과반수가 찬성해야 가능하다. 현지법인 – 주식회사 설립 절차 및 구비 서류는 [표 8 – 12]와 같다.

② 비주식회사

비주식회사는 주식회사 이외의 모든 회사를 지칭한다. 즉, 주식을 발행하지도 않고, 따라서 배당을 실시할 필요도 없는 기업이며, 비주식회사는 비영리법인(교육, 자선, 종교, 문화 단체 등)에서 주로 볼 수 있다. 참고로 비영리법인은 설립 시 1백만 페소(약 21,065달러) 이상의 자본금을 납입해야 한다. 현지법인 – 비주식회사 설립 절차 및 구비서류는 [표 8 – 13]과 같다.

[표 8-13] 비주식회사 설립 절차 및 구비 서류

절차(순서대로)	구비서류(기본/추가)
SEC 등록	• Name verification slip – Articles of Incorporation and By – laws • Affidavit of an incorporator or director undertaking to change corporate name • List of members, certified by the Corporate Secretary • List of contributors and amount contributed certified by the treasurer
임대차 계약	부동산 중계인을 통한 사무실 임대차 계약
투자 유치기관 등록 (가능 시)	Peza, PEZA, CDC, SBMA 등 투자 유치기관 등록
납세자 등록 (TAX ID)	• SEC "Certificate of Registration(Certificate of Incorporation/ Certificate of Co – Partnership) or "License To Do Business in the Philippines" • Mayor's Permit or application for Mayor's Permit – to be submitted prior to the issuance of the BIR Certificate of Registration
사업자 등록신청	• Locational Clearance Prior to Business Permit. • Lease Contract with Mayor's Permit registration of the building • Business Name Registration with the Department of Trade and Industry for sole proprietorship. • Articles of Incorporation or Partnership approved by S.E.C.

절차(순서대로)	구비서류(기본/추가)
	• Barangay Clearance • Public Liability Insurance • Residence Certificate A and B for single proprietorship • 기타 업종별 필요 서류

출처: KOTRA, 저자 정리

③ 개인사업자

개인기업은 소규모 영세기업으로 산업통상부(DTI: Department of Trade & Industry)에 등록된 자영업 등을 말하며 보편적 외국인투자 대상은 아니다. 외국인투자법 Negative List에 의거, 외국인은 소규모 소매업(투자규모 250만 달러 이하), 전문직(변호사, 의사, 엔지니어, 농부 등)에 종사할 수 없도록 규정하고 있다. 개인기업의 경우 산업통상부(DTI: Department of Trade & Industry)에 등록해야 한다.

(2) 지사(Branch)

지사는 외국 기업의 현지사무소로 모든 법률행위와 이익이 기업의 본사에 귀속되는 형태이다. 즉, 현지법인은 해당 국가 내의 모든 법적 책임을 지게 되나 지사의 경우 한국의 본사까지 그 책임 소재가 미치게 된다. 필리핀 내 지사 설립 절차 및 구비서류는 [표 8 - 14]와 같다.

[표 8 - 14] 지사 설립 절차 및 구비 서류

절차(순서대로)	구비서류(기본/추가)
SEC 등록	• Application Form • Name Verification Slip • Authenticated copy of the Board Resolution authorizing the establishment of branch/representative office in the Philippines. • Financial Statements as of a date not exceeding one(1) year • Authenticated copy of the Articles of Incorporation • Proof of Inward Remittance, such as bank certificate • Resident Agent's acceptance of appointment • For Representative Office and Branch Office of non - stock corporations

절차(순서대로)	구비서류(기본/추가)
임대차 계약	부동산 중계인을 통한 사무실 임대차 계약
투자 유치기관 등록 (가능 시)	Peza, PEZA, CDC, SBMA 등 투자 유치기관 등록
납세자 등록 (TAX ID)	• SEC "Certificate of Registration(Certificate of Incorporation/ Certificate of Co - Partnership)" or "License To Do Business • Mayor's Permit or application for Mayor's Permit - to be submitted prior to the issuance of the BIR Certificate of Registration
사업자 등록신청	• Locational Clearance Prior to Business Permit • Lease Contract between the Lessor and the Lessee • Business Name Registration with the Department of Trade and Industry for sole proprietorship • Articles of Incorporation or partnership approved by S.E.C. • Barangay Clearance • Public Liability Insurance • Residence Certificate A and B for single proprietorship, C and C1 in case of corporation or partnership for the current year

출처: KOTRA, 저자 정리

지사의 경우 PEZA 등록 시 지점이익송금세 면제(그러나 물류업 등 일부 업종은 비해당, 수출 제조업에만 면제 혜택 부여), 조세협약 체결 시 이자 및 인건비 등에 대한 보다 광범위한 공제 인정, 필리핀 내 소득에 대해서만 과세하고 있는 반면, 법인은 전 세계 발생 소득에 대해 세금이 부과되고 있다. 또한 수출 제조업이 지사 또는 지점(branch) 형태로 PEZA에 등록할 경우 지점이익송금세(Branch Profit Remittance Tax)가 면제되고 있는 반면 법인 등록 시, 이익 배당금 송금 시 10~15% 배당세를 납부해야 하며, 동 조항만 고려할 때 PEZA 등록이 가능한 경우 지사 형태 진출이 유리하다. 이로 인해 2021년 현재 PEZA 등록기업 중 일부가 법인에서 지사로 진출형태를 변경하고 있다. 따라서 필리핀 투자진출을 위해서는 이러한 차이점(장단점)과 업종별 특성 등을 고려해 법인·지사 여부의 결정이 필요하다.

(3) 연락사무소

연락사무소는 한국 모기업의 상품 및 서비스에 대한 홍보 및 마케팅을 목적으로 설립하여 본사를 대신하여 영업행위 등을 할 수 있으나 한국 본사를 대신하여 현지 업체와 직접적인 계약 행위를 할 수 없다. 연락사무소는 모기업의 상품 및 서비스에 대한 정보 제공, 홍보, 마케팅으로 그 활동을 제한하고 있다. 연락사무소의 활동으로 인하여 필리핀 내에서의 직접적인 소득창출은 불가능하며, 소득창출 여부에 의해 일반 법인과 연락사무소를 구분하게 된다. 필리핀 내 연락사무소 설립 진행 절차는 [표 8-15]와 같다.

[표 8-15] 연락 사무소로 설립 절차 및 구비 서류

절차(순서대로)	내용 및 구비서류
SEC 등록	• Name Verification Slip • Submission of Board Resolution authorizing the creation and establishment of the representative office • Submission of financial statements of the parent company certified by a CPA • Authenticated copy of the Articles of Incorporation and By-Laws • Resident Agent for the representative office • Acceptance of Resident Agent • Affidavit of Resident Agent • Certification of inward remittance for minimum paid-up capital to local bank. 30 KUSD
BIR 신고 (세금 관련)	• 한국의 국세청과 같은 세무관청에 법인등기부등본을 획득한 후, 인지세 신고 및 세금계산서 기타 등록신고(청약자본금 및 임대차계약)
Mayor's permit	• Barangay Clearance • Locational Clearance • Fire Inspection • Sanitary Clearance • Insurance

출처: KOTRA, 저자 정리

필리핀에서 회사 설립시 도움을 받을 수 있는 주요 법무법인·세무 컨설팅·부동산 업체는 [표 8-16]과 같다.

[표 8-16] 필리핀 내 주요 컨설팅 업체 및 연락처

업종	이름	주소, 연락처, 홈페이지, 이메일
법무법인	Accra law	22/F, ACCRALAW Tower, 2nd Ave. 30th St., Crescent Park West, Bonifacio Global City/https://accralaw.com/ +63-2-8830-8000/accra@accralaw.com
	SVBB Law Office	11th FL, Security Bank Center, 6776 Ayala Ave. Makati /(63-2)891-1316~1319, http://sapalovelez.com/ 한국 기업 담당 변호사: Romeo Duran
	Isla Lipana &Co	29th FL., Philam Life Tower, 8767 Paseo de Roxas, 1226, Makati City/(63-2)845-2728 /http://www.ph.pwc.com/ 한국 기업 담당 변호사: Tammy H. Lapana, Zayber B.Protacio
세무회계 컨설팅	Philbridge (한국 회사)	4th Floor, GA Yupangco Bldg., 339 Sen Gil Puyat Ave., Makati/(63-2)899-3096/www.philbridge.com/대표: 박종률
	M&M 컨설팅라이프 (한국 회사)	Unit 1501, 15F, Antel 2000 Corporate Center 121 Valero St. Salcedo Vil. Makati City/(63-2)51-3949/ mnmcl@naver.com/대표: 박미연
	Deloitte PH	9th Fl. Net Lima Bldg. Six/NEO 5th Avenue, corner 26th St, Taguig, 1634/www2.deloitte.com/ph/+63-2-8581-9000/PHCM@deloitte.com
	KPMG PH	11/F The KPMG Center, 6787 Ayala Ave, Makati, 1226/ https://home.kpmg/ph/+63-2-8885-7000
부동산	Global LK 부동산	주소: 2F, sapphire Residence, 2nd Ave. Cor. 31st St. Bonifacio Global City/070-7678-7339/김형곤 대표: 0916-758-2622

출처: KOTRA, 저자 정리

(4) 세금

법인세의 경우 회사형태에 따라 과세 대상이 약간씩 다르지만 일괄적으로 순소득에 대하여 30%을 과세한다. 단 로열티, 이자, 배당 등 기타 영업외 소득에 대해서는 별도의 세율을 적용한다. 개인 소득세의 경우 과세 대상을 거주 시민,

비거주 시민, 거주 외국인, 비거주 외국인으로 나누어 과세하고 있고 소득에 따라 일정금액 초과분의 일정한 비율+일정금액의 식으로 과세하고 있다. 참고로 필리핀의 부가가치세는 12% 이다. 외국으로 수출하는 수출업체의 경우 일정 요건을 충족하게 되면 영세율(영세율은 부가가치세 매출세액이 공급가액의 10%가 아닌 0%(영의 세율)가 적용되는 것으로서, 매출세액만 '0'이 되고 매입 시 부담했던 매입세액은 환급 받게 되는 제도)을 적용받게 된다.

(5) 임금 및 노무

2019년 기준으로 대졸 초임의 월급은 385$, 고졸 생산직 급여는 289$, 최저임금은 시간당 1.29$로 조사되었다. 단 경력사원의 경우 경력이 높을수록 급여의 인상폭이 커지게 된다. 임금이 낮은 만큼 현지인에게서 한국인만큼의 성과를 기대하기란 불가능하기 때문에 사실상 필리핀에서 사업을 하는 외국인들의 경우, 현지인 여러 명을 고용하는 경우가 대부분이다. 대부분 이런 경우 한국의 본사에서는 법인의 매출규모 대비 직원 수에 대하여 많은 의문을 제기하게 마련이고 당장 일이 진행되어야 하는 필리핀 법인 입장에서는 현지 사정을 이해해 주지 못하는 본사가 야속할 때가 있다. 앞에서 언급했듯이 한국인과 같은 성과를 기대하려면 차라리 필리핀 대학을 졸업한 한국인을 2~3배의 임금을 주더라도 채용하는 것도 고려해 볼 만하다. 본사와의 커뮤니케이션이 중요한 업무 포지션의 경우 한국인 현채인을 고용하여 활용하는 것이 훨씬 더 효과적이다.

월급 이외에 연말보너스(13th month pay)가 있는데, 이는 필리핀 노동법에 의무적으로 지급하도록 명시되어 있는 법정 보너스이다. 매년 12월 25일 전 1개월 이상 근무한 모든 형태의 근로자에 한해서 연말 보너스를 제공하는 것을 뜻하며, 계산법은 '월급×근무 개월 수/12'이다.

회사는 급여 이외에 3대 보험인 Phil Health(의료보험), SSS(국민연금), Pagibig(주택연금)을 부보해야 하며 일정 수준의 수당(allowance)을 지급하고 있는데 각 회사마다 지급하는 항목이 다르지만 대부분, 식대, 통신비, 교통비, 의복비 등이 있으며 휴대전화 월 비용을 지급하는 회사들도 있다. 아울러 필리핀에서는 의료보험(Phil health) 보장 내용과 부보 금액(보험에 가입한 금액)이 적은 반면 직원들이 병에 걸렸을 경우 실제 병원 비용은 터무니없이 비싸서 제대로 보장을 받을 수 없는 경우가 많다. 이런 경우 대부분의 회사는 회사별로 개별 보험회사의 개별 의료보험 상품에 가입하여 직원들이 병에 걸렸을 때 개인 비용을 최소화 할 수 있도록 돕고 있다.

일반적으로 모든 직원은 입사 후 6개월의 수습(probation) 기간을 두고 있는데 이는 회사뿐만 아니라 채용된 개인도 회사를 평가하고 자신이 채용된 포지션과 회사의 근무 분위기 및 기업문화가 자신과 맞는지 테스트해 보는 기간으로 입사 후 6개월이 되기 전에 해당 직원의 관리자와 면담을 통하여 결정하게 된다. 이 기간 동안에는 직원을 별다른 어려움 없이 해고할 수 있는 반면 수습(probation) 기간이 지나고 정규직으로 발령을 받는 이후부터는 마음대로 해고할 수 없다. 필리핀의 노동법과 노동청(Dole)은 100% 노동자 편에서 만들어져 있고 노동자를 위하여 움직이는 조직이기 때문에 직원의 잘못을 하나하나 추적하여 기록하지 않는 이상은 마음대로 해고할 수가 없다. 따라서 6개월의 수습(probation) 기간에 직원들을 잘 관찰하고 여러 가지 과제를 주어 해당 직원이 맡겨진 업무에 적절한 사람인지 반드시 평가해야 한다. 아울러 필리핀의 경우 인사 담당자의 역할이 매우 중요한데 직원들의 부정행위를 감시할 수 있고 동시에 직원들의 고충을 항상 들어주고 조언을 해 주어야 하기 때문에 매우 냉정하지만 인간적으로 따뜻한 성품을 지닌 인사담당자를 채용하는 것이 매우 중요하다.

(6) 한국 기업 진출 사례

2018년 9월에 법인을 설립한 한국 A 기업의 경우 외국인 소매업종 제한으로 인하여 기업의 사업규모가 소매법인을 세울 자본금을 투자할 만한 규모가 되지 않는다고 판단하여 도매법인을 설립하였다. 그 대신 필리핀의 제1의 기업인 SM Retail(SM그룹 유통회사) 측과 함께 조인트 벤처(JV)가 아닌 독점공급계약을 맺고 제품과 마케팅 전략 등 브랜드를 필리핀 고객들에게 알리는 작업은 도매회사에서 담당하고, 매장운영 및 판매 등은 현지 기업인 SM Retail이 담당하여 빠른 속도로 메트로 마닐라 전역에 소매 매장을 확장하게 되어 2020년 6월 기준 7개의 매장을 운영하게 되었다. K‑Culture 및 K‑Beauty 트렌드에 힘입어 필리핀 현지 고객들에게 많은 사랑을 받고 있다. 그동안 타 ASEAN 국가에 비하여 필리핀은 낮은 계좌보유 수, 낮은 신용카드 사용 수 및 섬으로 구성된 지형으로 인하여 E‑Commerce(전자 상거래) 시장이 비교적 작았다. 하지만 코로나19 바이러스 확산으로 인하여 온라인 채널이 급성장하게 되었고 LAZADA, Shopee 등의 글로벌 플랫폼이 비약적으로 성장하게 되었다. 이 기회로 A 기업은 SM Retail과는 오프라인 경로로만 독점계약을 맺고 온라인은 별도로 이들 플랫폼을 통하여 사업을 할 수 있게 되어, 향후 매출 성장이 주목된다.

성공한 기업이 있다면 실패한 기업도 있기 마련이다. 국내 자동차 부품 기업 B사는 현지에 지사를 설립하고 필리핀 현지 기업과 계약을 맺었다. 문제는 이 과정에서 개입한 에이전트가 중간에 사라져 버린 것이다. 계약이 되었기 때문에 찜찜하지만 B사는 필리핀 기업에 부품을 납품하였다. 하지만 이후 납품을 받은 필리핀 기업은 부품의 하자와 품질 불량을 문제로 납품 물건에 대한 대금을 지급하지 않았다. B사 에이전트가 제시한 사양대로 납품하였기 때문에 품질 문제는 에이전트 책임이라고 했지만 에이전트는 사라지고 필리핀 기업은 대금을 주지 않고 일방적으로 연락을 끊어버렸다.

답답한 B사는 필리핀 기업에 임직원을 파견하여 협상을 이어가려 했으나 치안이 불안한 필리핀 대부분의 기업에는 무장 경비가 지키면서 안전을 이유로 출입을 통제하여 B사 임직원들은 협상은커녕 필리핀 기업에 들어가 보지도 못한 채 돌아와야 했다. 이 사례는 필리핀과 처음 거래 시 에이전트를 전적으로 믿어서는 안 되며 거래 업체의 평판도를 확인하여 대금지급 거래 이력이 있는지를 확인해야 한다. 아울러 필리핀은 치안 상황상 약속이 되어 있지 않거나 자신들이 불리한 상황에서는 무장경비를 내세워 출입을 통제할 수 있음을 알아두어야 한다.

6

필리핀 시장을 보는 눈

1) 필리핀 시장 및 고객을 이해하는 단 하나의 키워드 - Family

필리핀은 가족 중심적 사고가 확고한 국가이다. 이혼이 원칙적으로 불가능하기 때문에 결혼 후 남자들은 배우자가 마음에 들지 않거나 불화가 생기면 이혼을 하지 않고 그냥 다른 여자를 만나서 새로운 살림을 차리거나 그냥 집을 떠나버린다. 그러다 보니 미혼인데도 자녀가 있거나 가족을 혼자 부양해야 하는 여성들이 많다. 예외는 있으나 대부분 필리핀에서 여성들이 남성들보다 더 일을 잘하며 더 책임감 있게 업무를 완수하는 경우가 일반적이다. 이 때문에 필리핀은 다소 어머니를 중심으로 움직이는 모계사회라 할 수 있다. 해외에 나가 돈을 벌어 고국에 있는 가족들에게 송금하는 해외근로자(OFW)들만 봐도 이들이 얼마나 가족을 먼저 생각하는지 알 수 있다. 이들에게 가족은 함께 모여 사는 사람들 이상의 의미를 지니고 있다. 대가족이 함께 살며 가족과의 식사가 있는 경우나 생일의 경우 휴가를 내어 온 가족이 다 모여 축하를 하곤 한다. 이들에게 있어서 가족은 전부라고 할 수 있다.

필리핀에는 항상 가족을 콘셉트로 사업을 하고 있는 패스트푸드 체인점 '졸리비(Jollibee)'가 있다. 국민 기업이라고 할 수 있는 이 기업은 먼 타국에서 노동으로 번 돈을 고국에 있는 가족들에게 송금하는 해외근로자(OFW)들에게 가장 사랑받는 브랜드이다. 전 세계 3,000여 개의 점포를 운영하고 있는 이 브랜드는 중국, 미국, 일본, 아랍에미레이트(UAE), 유럽 등 해외근로자(OFW)가 일하는 대부분의 나라에 매장을 오픈하였다. 졸리비는 2019년 7월에 커피빈 앤 티 리프를 인수하기도 하는 등 필리핀뿐만 아니라 전 세계적으로 사랑받는 패스트푸드 브랜드이다. 필리핀 고객들은 가족과 함께 이곳에서 치킨에 밥을 먹는 것을 최고의 행복으로 생각한다. 필리핀 고객의 마음속에 세대를 관통하는 가장 큰 콘셉트는 바로 '가족'이다. 매년 졸리비는 크리스마스 시즌 사회적 활동으로 해외에 있는 해외근로자(OFW)를 생각하면서 가족의 사랑을 주제로 한 디지털 캠페인을 벌이고 있다. 필리핀에서 '가족의 사랑', 가족과 함께 할 수 있는 콘셉트의 상품이나 가족의 건강을 위한 상품을 출시하여 필리핀 고객에게 어필한다면 여타의 다른 컨셉의 상품보다도 성공할 가능성이 많다고 할 수 있다.

[그림 8-16] 가족단위로 졸리비 매장을 찾는 필리핀 고객과 졸리비 홍콩매장

출처: Wikidepia

2) 그럼에도 불구하고

앞에서도 언급했듯이 필리핀에서 사업을 하는 한국인들은 이구동성으로 "필리핀은 되는 것도 없고 안 되는 것도 없는 나라"라고 한다. 실제로 외국인 기업 및 외국인에 대한 규제로 쉽게 사업을 할 수 있는 환경이 마련되어 있지 않은 것이 사실이다. 350년이 넘는 식민지 시대를 겪어낸 필리핀 국민의 입장에서 식민지 삶의 긍정적인 측면을 말하자면 필리핀은 외국과 외국문물에 대한 수용성이 매우 높아 자신들의 취향에 맞고 품질이 우수하다면 거리낌 없이 받아들인다. 그러나 부정적인 측면으로는 외세의 경제적인 종속으로부터 벗어나고 자국의 산업을 보호한다는 명목 아래 외국 기업의 필리핀 진출에 대하여 여러 가지 규제 및 제한을 두고 있다는 점이다. 비즈니스적인 측면에서뿐만 아니라 필리핀

에서 생활하는 일반인에게도 필리핀의 어두운 면을 쉽게 찾을 수 있다. 필리핀에서 가장 믿지 못하는 집단이 있는데 바로 필리핀 경찰과 변호사이다. 경찰의 경우 외국인들 대상으로 하는 연출된 범죄에 경찰이 연루되거나 주도하는 경우가 종종 있다. 실탄이나 마약류를 단속하는 척하면서 미리 외국인의 가방에 몰래 넣고 적발한 것처럼 속여 눈감아주는 대가로 뇌물을 요구하는 경우를 말한다. 교통경찰의 경우 외국인이라는 이유로 말도 안 되는 근거를 들어 벌금통지서를 면제해 주는 대신 노골적으로 뇌물을 요구한다. 변호사의 경우는 그들의 학식과 지위를 활용하여 필리핀 법을 잘 모르는 외국인들 대상으로 합리적인 보수 이외에 폭리를 취하는 경우가 허다하며 돈만 있다면 유죄가 무죄가 되거나 그 반대의 경우가 되는 경우가 많다. 필리핀은 법치주의 민주주의 국가라기보다는 돈이면 안 되는 것이 없는 자본 독재주의 국가라고 해도 과언이 아니다.

모두 그런 것은 아니지만 일반 서민과 중산층을 보면 350년 식민지 생활에 익숙해져 있어 수동적인 측면이 강하다. 또 직장 상사에게 뻔한 거짓말을 하고 결코 자신의 잘못을 인정하지 않고 구차한 변명을 늘어놓는다. 떳떳하지 못하고 순간의 위기만을 잘 넘기기 위하여 변명을 하고 거짓말을 하는 경우가 있다.

필리핀의 치안은 또 어떤가? 연출된 범죄를 차치하더라도 이곳저곳에서 구걸하면서 핸드폰이나 주머니 속 물건을 훔치는 어린아이들, 식당이나 레스토랑에서 주인이 한눈파는 사이 아무런 거리낌 없이 가방이나 핸드백을 들고 가는 좀도둑들(참고로 저자는 외국인이 많고 부유층이 사는 보니파시오의 필리핀인이 운영하는 한식당과 번화가의 스타벅스에서 두 번이나 가방을 도난당한 경험이 있다), 과연 이러한 위험과 외국인의 눈에 불합리가 가득한 필리핀에서 외국인이 마음 놓고 기업을 세워 사업을 할 수 있을까?

앞에서도 말했듯이 필리핀은 되는 것도 없고 안 되는 것도 없는 나라라고 했다. 이 말은 다시 그간 한국인의 사고방식으로 한국에서는 되었던 일이 여기서는 안 되는 경우가 있고, 또 그간 법과 제도로는 불가능했던 일이 시대의 변화에 따라 가능하게 되는 경우가 있다는 말로 바꾸어 말할 수 있다. 실제로 필리핀에서는 돈이면 안 되는 것이 없는 것은 사실이다. 막대한 자본력으로 수백 년간 정치와 권력을 지배해 왔던 3%의 지배층의 입장에서는 재력이 곧 정치이고 권력이다. 그들에게 종속되어 한국 기업이 자유롭게 기업 활동을 못할 가능성이 많다. 중국의 '꽌시'와는 다른 필리핀 특유의 낙천주의에 화교자본 특유의 '꽌시'

가 존재한다. ASEAN에서는 화교를 '오랑지마', 즉 Old Chinese를 이렇게 부른다. 필리핀 고객의 성향은 매우 보수적이지만 그렇다고 해서 외국 기업의 제품이나 서비스에 배타적이지 않다. 실제 필리핀에서 사업체를 세워 안정화 시키는데 개인 사업자이건 법인이건 100% 외국계 기업이건 합작 벤처(VJ)이건 현지인의 연결고리가 반드시 있어야 하고, 있다 하더라도 최소 3년 이상은 걸린다. 한국 본사의 경우 한국 기업 정서상 안정적인 성과를 내는 데 4, 5년 이상 기다려주는 기업은 매우 드물다. 정리하면 필리핀 시장 진입과 안정화 모두가 쉽지 않은 시장이라고 할 수 있다. 그럼에도 불구하고 필리핀이 신남방정책의 ASEAN 국가로서 매력적인 이유는 필리핀이 2021년 기준 고객들이 역동적인 변화의 물결 한가운데에 있기 때문이다. 이미 여러 산업 분야에서뿐만 아니라 내수 소비 시장에서도 포화 상태인 일부 선진국이나 중국과는 다르게 중산층이 서서히 두터워지고 있고 인프라 및 설비에 Build Build Build 구호 아래 막대한 투자를 하고 있고 1억이라는 내수 소비 인구가 든든히 받쳐주고 있는 필리핀은 앞으로 발전 가능성이 무한하다고 생각한다.

과거 1980년대 한국의 권위주의 시대의 "안 되면 되게 하라"라는 말보다는 변화에 능동적으로 대처하면서 불가능한 것과 가능한 것을 판단하여, 가능성에 더 무게 중심을 둔다면 비록 애초에 안 되는 것들은 포기하더라도 안 될 가능성이 있는 것을 충분히 가능하게 만드는 것이 더 중요할 것이다. 이런 점에서 "되는 것도 없고 안 되는 것도 없는 나라"라는 말은 신남방시대의 필리핀이 갖고 있는 다른 나라에서는 찾기 힘든 매력이라고 할 수 있다.

7

필리핀 에필로그

1) 현지인이 추천하는 숨은 관광 스폿

(1) 마닐라에서 가까운 곳 – 수빅 주빅 사파리, 해상공원

수빅은 수도인 마닐라에서 2시간 반 정도 떨어진 해변도시로서 필리핀 전통의 방카보트를 타고 깨끗한 바다 한가운데서 즐기는 호핑투어(스노클링 및 낚시)가 일품이다. 여유가 된다면 최고급 요트를 타고 즐기는 스노클링도 즐겨보자. 바다가 보이는 수빅 해상공원의 돌고래 및 바다사자 쇼 등도 꼭 관람하도록 하자.

[그림 8-17] 주빅 사파리와 해상 공원, 수빅 호핑투어

출처: 주빅 홈페이지   출처: 저자 촬영

(2) 마닐라 내 - 가봐야 뻔하지만 그래도 가봐야 하는 곳 - 인트라무로스

필리핀의 역사를 한눈에 볼 수 있는 식민지 시대의 스페인 유적지이다. 인트라무로스란 말은 '성벽 안'이란 뜻으로 필리핀 식민지 시대의 스페인 지배층의 가옥 및 마닐라 대성당과 필리핀에서 가장 오래된 건축물 중 하나인 생 어거스틴 성당 그리고 필리핀 독립의 아버지라 불리우는 호세리잘에 대한 역사 박물관이 있는 산티아고 요새 등이 꼭 가볼 만한 곳이다. 스페인 시대의 건물에 입점한 스타벅스 또한 이색적이다. 현지인들이 운영하는 4인용 마차를 타고 인트라무로스를 일주하는 관광코스가 있으나 전 지역을 다 볼 필요는 없기 때문에 생 어거스틴 성당, 마닐라 대성당, 산티아고 요새만 천천히 봐도 필리핀의 역사를 한눈에 볼 수 있다. 마부들이 제안하는 코스를 다 갈 필요는 없고 딱 갈 곳만 정해서 가자고 해야 바가지 요금에 피해를 보지 않는다.

[그림 8-18] 성 마닐라 대성당, 산티아고 요새

(3) 마닐라에서 먼 곳 - 필리핀의 숨겨진 보석 팔라완

필리핀 휴양지라고 하면 세부나 보라카이를 대부분 연상한다. 아시겠지만 보라카이는 몇 년 전 쓰레기로 섬을 폐쇄한 적이 있던 곳이고 세부는 아름답기는 하나 관광객에게 너무 많이 알려져 식상하다. 팔라완은 비교적 2020년에 알려져 자연 그대로의 모습을 간직하고 있는 곳으로 푸에르토 프린세사 지하강 국립공원에 대표적으로 알려져 있는 관광명소이다. 2012년 세계 7대 자연경관으로 선정되었던 이곳은 세계에서 가장 긴 지하 강이 있고 야생동물 보호 구역으로 지정되어 있어 천혜의 자연을 느낄 수 있는 곳이다. 1주일의 휴가가 주어졌을 때 편한 마음으로 푹 쉴 곳을 원한다면 팔라완을 적극 추천한다.

[그림 8-19] 팔라완 휴양지

출처: ourawesomplanet.com/palawanisland.org

2) 현지인이 추천하는 숨은 맛집

필리핀의 경우 350년간의 식민지 지배로 필리핀 전통의 음식이 많이 존재하지 않고 대부분이 스페인 음식과 미국 음식 그리고 필리핀 전통 음식이 혼합된 음식이 많다. 전반적으로 현지 필리핀식 요리는 대부분이 가정식이고 영양이 풍부하거나 몸에 좋은 건강식이나 유명한 것은 없다. 필리핀에서는 각 국가의 다양한 음식이 존재하며 음식의 다양성을 즐기는 나라이다. 그래서 ASEAN 각국과 세계 각국의 음식을 부담없이 즐길 수 있다.

(1) 태국음식점 - 그린벨트 People's palace

Makati Green Belt 쇼핑몰에 있는 전통 태국 음식점이다. 똠양꿍과 파인애플 볶음밥이 일품이다.

[그림 8-20] Green belt몰 People's palace

출처: sights&spices.com/burpple.com

(2) 필리핀 음식점 - 체인점 Manam/Abe

[그림 8-21] Manam, Abe

출처: clickthecity.com

출처: mychoice-philippines.com

필리핀 고급 가정식 체인점이다. 필리핀식 식단이 웬만해서는 맛있지 않은데 Manam의 경우 정갈하고 깔끔하게 나온다. 특히 망고주스는 최상급 망고를 사용해 일품이다.

Abe의 경우 한국의 음식 프로그램에서 산다라박이 추천하여 유명해진 필리핀식 식당이다. 갈릭라이스가 죽통에 쪄서 나오는데 서빙 직원이 죽통을 악기 삼아 보여주는 퍼포먼스가 이색적이다. 돼지 머리고기로 만든 Sisig은 식감이 매우 독특하며 필리핀식 똠양꿍인 Sinigang과 필리핀식 갈비탕인 Bulalro가 일품이다. 스페인 음식의 영향을 받은 튀긴 족발인 Crispy Pata도 즐겨보자. 메트로 마닐라의 주요 대형 쇼핑몰 및 BCG 내 Bonifacio High Street에 위치해 있다.

(3) 페루 음식점 - 보니파시오 샹그릴라 호텔 내 페루 음식점 Samb.

[그림 8-22] 페루음식점 Samba

출처: samba-fort.com

출처: tripadvisor.com

필리핀에서 맛보는 페루 음식점, BGC 최고급 호텔인 Shangrila 호텔 5층에 있고 다양한 페루식 해산물 요리를 즐길 수 있다. 바로 옆에는 수영장이 있어 해가 저무는 저녁시간에 찾으면 수영장 조명과 함께 아주 이국적인 정취를 느낄 수 있다.

(4) 스페인 음식점 - Makati의 Terry's

[그림 8-23] 스페인 음식점 Terry's Bistro & Gourmet Store

출처: tripadvisor.com

스페인의 지배를 받는 동안 스페인 요리의 영향을 많이 받아 탄생한 것이 필리핀 요리이다. 스페인 정통 요리를 맛볼 수 있다. 필리핀 가정식의 일부 메뉴는 스페인식 요리에서 그 뿌리를 찾을 수 있다. 대표적인 요리가 애저(새끼돼지) 바비큐이다. 필리핀에서는 이를 레초(Lechor)라 부르고 필리핀 대부분 지역에서는 축제, 기념일 등 특별한 행사가 있을 때 레초를 준비한다.

(5) 지중해 식 - Souv by Cyma

[그림 8-24] 지중해식 음식점 SOUV! by Cyma

출처: clickthecity.com

필리핀 음식과 달리 맛보면 금방이라도 건강해질 것 같은 영양 많고 맛 좋은 해산물 요리가 준비되어 있다. 아무래도 섬으로 이루어진 국가이기에 해산물은 신선하고 풍부하다.

〈참고문헌〉

1) www.kotra.or.kr/kbc/manila

2) https://news.kotra.or.kr/kotranews

3) www.tradenavi.or.kr

4) https://www.kotra.or.kr/foreignPartner/businessIntro

5) www.imf.org

6) www.youtube.com/channel

7) www.adb.org

포스코에너지 싱가포르 주재원 유근석

제 **9** 장

우리가 모르던
싱가포르

동남아국가연합 **ASEAN**
Association of Southeast Asian Nations

싱가포르 프롤로그

2008년 호주 교환학생을 마친 뒤 한국으로 복귀할 때 국적기보다 저렴했던 싱가포르항공을 이용하게 되어 싱가포르에 무료 스탑오버(전체 여정 중 중간지점에서 잠시 머무르는 것)를 이용해 처음 방문했던 설렘이 아직도 생생하다. 당시 싱가포르에는 지금은 랜드마크가 된 마리나베이샌즈 호텔을 건설 중이었고 '대장금'이라는 드라마가 히트한 덕분에 한국에 대한 관심을 곳곳에서 느낄 수 있었다. 분명 아시아인데 묘하게 서양과 동양을 연결하는 접점에 있는 듯한 첫인상은 졸업을 앞둔 나에게 언젠가 꼭 이곳에서 일할 것이라는 다짐을 하게 했는데 신기하게도 두 번째 방문은 해외 주재원으로 발령되어 왔으니 소원이 이루어진 셈이다.

싱가포르는 아시아에서 1인당 GDP가 가장 높은 국가, 영어와 중국어를 모두 공용어로 사용하고, 한국과 비교해도 뒤처지지 않는 교육열을 가진 이곳은 성공한 도시국가의 표본이다. 싱가포르 정부의 적극적인 외국자본 유치와 투명하고 청렴한 공무원, 각종 세금감면 혜택, 더욱이 한국, 일본에 비해 낮은 비용으로 우수인재까지 확보할 수 있으니 글로벌 기업들의 아시아·태평양 지역본부가 유독 싱가포르에 많은 것은 당연한 결과일 것이다.

ASEAN 국가들의 주요 수입원이 천연자원인 것과 달리 무역과 금융업을 기반으로 선진국 대열에 올라섰다는 점은 인구 584만 명의 작은 나라 싱가포르 국민들에게 자부심을 주기에 충분하다. 저자 역시 2021년 현재 재직 중인 회사 수익의 가장 중요한 부분을 차지하는 LNG(액화천연가스) 구매 및 트레이딩 업무를 위해 2018년 싱가포르 주재원으로 발령받았다. 천연가스가 싱가포르에서 생산되는 것도 아니지만 이미 Shell, TOTAL 등 글로벌 에너지기업들의 아시아 지역 본부를 유치한 이곳은 원유시장에 이어 자연스럽게 천연가스 트레이딩 허브 자리까지 차지한 셈이다.

한국은 싱가포르와 1975년 8월 수교 이래 긴밀한 우호협력 관계를 유지 중이다. 2006년 한·싱가포르 FTA 발효 이후 양국 간의 교역과 투자도 지속적으로 확대 중이다. 싱가포르는 아시아 대표 비즈니스·금융·교통·물류 허브이자 우리의 동남아 진출 교두보로서, ASEAN 국가 중 해외 건설을 위해 한국 기업이 가장 많이 진출해 있는 국가이고, ASEAN 국가 중 한국의 제3의 교역국이자 제1의 대 한국 투자국이기도 하다.

[표 9-1] 한국의 對 싱가포르 교역 현황

(단위: 백만 US$, %)

구 분	2009	2010	2011	2012	2013	2014	2015	2016	2017	2018
총 교역량	21,489	23,094	29,806	32,564	32,658	35,053	22,953	19,265	20,553	19,828
(증가율)	(-12.8)	(7.5)	(29.1)	(9.3)	(0.3)	(7.3)	(-34.5)	(-16.1)	(6.7)	(-3.5)
수출	13,617	15,244	20,839	22,888	22,289	23,750	15,011	12,459	11,649	11,850
(증가율)	(-16.4)	(11.9)	(36.7)	(9.8)	(-2.6)	(6.6)	(-36.8)	(-17.0)	(-6.5)	(1.7)
수입	7,872	7,850	8,967	9,676	10,369	11,303	7,942	6,806	8,904	7,976
(증가율)	(-5.9)	(-0.3)	(14.2)	(7.9)	(7.2)	(9.0)	(-29.7)	(-14.3)	(30.8)	(-10.4)
무역수지	5,745	7,394	11,872	13,212	11,920	12,447	7,069	5,653	2,745	3.873

출처: 한국무역협회

2018년 6월 전 세계인들을 관심은 북미정상회담이 열리는 싱가포르로 향해 있었다. 회담장소가 확정되기 전 수많은 추측이 있었으나, 친美, 친中 국가로 구분되는 현 글로벌 정세에서는 싱가포르와 같은 정치적 중립국을 찾기 어려웠을 것이다. 성공적인 북미정상회담 개최 이후 글로벌 기업 간 분쟁이 발생했을 때 전통적으로 지정되던 미국, 영국, 홍콩이 아닌 싱가포르국제중재센터(Singapore International Arbitration Centre)를 활용하는 사례가 지속적으로 늘어나고 있다. 역사가 짧고 다민족이 모여 사는 싱가포르는 자칫 단점이 될 수도 있었던 모호한 국가 정체성을 중립국이라는 브랜드로 반전시키는 데 성공한 것이다.

[그림 9-1] 2018 북미정상회담

　우리가 싱가포르에 주목해야 하는 이유는 바로 이 부분에 있다. 신남방정책의 성공적인 추진을 위해서는 불안정한 글로벌 정치상황과 무역분쟁 등의 갈등 상황에서도 상호 이익을 위해 견고하고 긴밀하게 협력을 유지할 수 있는 싱가포르와 같은 파트너가 절대적으로 필요하다. 그러나 ASEAN 국가 중 최고 안전자산으로 평가되는 싱가포르달러에 더해 기업친화정책까지 펼치고 있는 매력적인 국가 싱가포르에 러브콜을 보내는 나라가 한국밖에 없을 리는 없다. 진정한 파트너는 서로의 부족한 부분을 보완해 주어야 유지가 되는 것은 불변의 진리이다. 하지만 냉정하게 말해 한국은 아직 싱가포르의 니즈를 완벽히 파악하지 못하고 있다고 생각한다. 양심 고백을 하고 넘어가자면, 나 역시도 2년 전 싱가포르 주재원으로 파견되기 전까지 비행기로 6시간이나 가야 하는 이 도시국가에 대해 아는 것이 별로 없었다. 이번 기회로 싱가포르의 겉모습만이 아닌 숨겨진 부분까지 소개하며 많은 사람들에게 관심을 끌 수 있기를 바라는 설레는 마음으로 소개를 시작하겠다.

1

싱가포르의 개요

1) 지리, 인구

싱가포르는 64개의 섬으로 이루어져 있다. 가장 큰 본섬은 말레이시아와 서쪽 투아스와 북쪽 우드랜즈와 다리를 통해 연결되어 있어 간단한 출입국 심사를 거치면 이동이 자유롭다. 그 밖에도 우리에게 관광지로 친숙한 센토사 섬이나 산업단지가 모여있는 주롱 섬, 풀라우 우빈 등이 모여 싱가포르를 형성하고 있다. 전체적으로 평탄한 지형이며 가장 높은 산은 부킷 티마 힐로 해발 166m 밖에 되지 않는다. 본섬 중심에 위치한 싱가포르 강의 남쪽이 원래 도시의 발단이었으며 현재는 다운타운 코어로 불린다. 이전에 그 외 지역은 농장과 녹지였으나, 꾸준히 증가하는 인구로 인해 2021년 기준으로 신도시 건설과 함께 거주와 쇼핑 그리고 산업단지로 바뀌었다.

작은 도시국가인 싱가포르는 지속적 간척 사업으로 1960년대에는 581.5km^{2}의 면적에서 2021년 현재는 719.1km^{2}까지 확장되어 서울(605.25km2)보다 커지게 되었다. 이 과정에서 많은 작은 섬이 본섬과 연결되었는데, 주롱 섬이 그 대표적인 경우이다. 2020년 이후 지구 온난화 문제가 심각하게 부각되면서 해수면 상승으로 적도에 위치한 도서 국가인 싱가포르에 미치는 영향이 상당할 것이라는 전문가들의 분석결과가 지속적으로 나오고 있어 싱가포르 정부는 더 많은 예산을 간척사업에 투입하겠다는 장기 계획을 발표하며 2030년까지 100km^{2}를 더 확장하는 것이 정부의 목표이다.

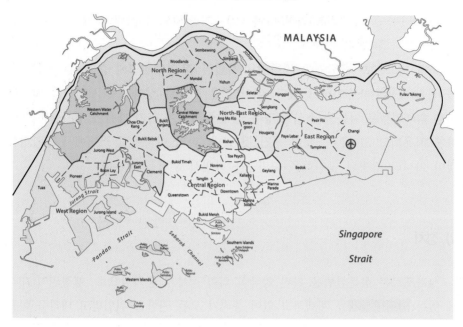

[그림 9-2] 싱가포르 지도

    싱가포르 인구는 2020년 5월 기준 584만 명이고, 인종은 중국계(74%), 말레이계(13%), 인도계(9%) 등으로 구성되어 있다. 다민족 국가의 특성상 각 민족의 고유문화와 전통적 종교를 존중하며 다양성 속에 조화를 추구하고 있으며 중국계, 말레이계, 인도계 등 각 민족의 문화행사를 장려하고 있다. 또한 싱가포르의 공식 국교는 없으나 각 종교별로 최소한 하나 이상의 법정공휴일을 지정하고 있다. 이와 같은 이유로 싱가포르 주재원 파견이 확정된 후 두 나라의 공휴일을 비교해 보았으나 한국과 달리 설과 추석에 긴 연휴가 없기 때문에 오히려 공휴일 수가 훨씬 적었다(2020년 기준 한국은 16일, 싱가포르는 11일).

    2019~2020년 인구 증가세는 0.8%를 기록하며 2020년 아주 소규모의 인구 증가 추이를 보이고 있으며, 2030년까지 65세 이상 노령인구가 80만 명을 초과, 전체 인구의 25%를 차지하게 될 것으로 전망된다. 싱가포르의 2018년 출산율은 1.14명으로 한국(0.98명), 대만(1.13명)과 함께 세계 최하위권이며 고령화도 심각하여 경제활동인구 5명이 1명의 노인을 부양해야 하는 것으로 나타났으며, 이런 추세라면 2030년에는 경제활동을 하는 인구 2명이 노인 1명을 부양해야 할 것으로 예측된다. 싱가포르 리센룽 총리는 2019년 8월 18일 국경일 기념 국정연설

에서 고령화 대응 정책으로 정년 및 재취업 연령 상향(2030년까지 각각 65세 및 70세로 상향), 종합사회보장제도인 중앙적립기금(CPF)의 최대 적립률 증액 방침 등을 발표하였다.

　　군대 제도는 한국과 같은 징병제로 시민권 및 영주권 2세 중 18세 이상 남자를 징집(여성은 지원제)하고 있다. 이와 같은 이유로 싱가포르 시민권을 신청한 젊은 외국인들은 아들을 출산할 경우 군대에 보내야 하기 때문에 심사에서 유리하게 적용되고 있다는 소문이 생긴 것 같다. 다만 한국처럼 부대에서 생활하는 것이 아니라 징병된 군인들은 출퇴근을 하면서 훈련을 받는다.

2) 정치

　　싱가포르는 성문헌법을 가진 영국식 의회 정부의 공화국으로, 행정권이 내각에 있는 의원내각제를 채택하고 있어 총리가 모든 권한을 위임받고 내각을 이끌고 있다. 1991년 개정된 의회의원 선거법에서 복수정당을 기반으로 하는 민주적 투표로 의회가 구성되게 되었다. 다만 의회는 초대 총리였던 리콴유(Lee Kuan Yew)의 장남인 리센룽(Lee Hsien Loong)이 이끄는 인민행동당(People's Action Party)의 영향력이 절대적으로 크다. 이런 이유로 많은 사람들이 싱가포르는 독재국가라고 오해하게 만드는 것 같다.

　　[표 9-2]에서 볼 수 있듯이 1965년 건국 이래 보수주의 정당인 인민행동당이 한 번도 놓치지 않고 여당으로 집권하고 있다. 일반 대중의 현실적 욕구를 적기에 파악, 정책에 반영함으로써 국민적 신뢰를 확보하며 장기집권 기반을 공고히 하였으며 불과 60년 전까지만 해도 말레이시아 연방에서 분리되며 아시아에서 가장 힘없는 도시국가였던 싱가포르를 2018년 기준 1인당 GDP가 64,579달러인 부자국가로 만들었으니 국민들의 지지율이 매우 높다. 야당으로는 노동자당, 민주연합당, 개혁당 등이 있으나 여당의 장기집권과 강력한 정권의 힘으로 존재가 미미한 것은 사실이다.

　　젊은 세대를 중심으로 리콴유-리센룽 부자로 이어진 장기 집권에 대한 변화와 여당을 견제할 힘있는 야당의 필요성이 대두되고 있으나 철저하게 통제되고 있는 언론으로 인해 외부에서는 알 수가 없는 상황이다. 이런 상황을 인민행동

[표 9-2] 싱가포르 역대 총선결과

총선 시기	의원 정수	여당	야당	야당 분포
1968년	58석	58석	0석	
1972년	65석	65석	0석	
1976년	69석	69석	0석	
1980년	75석	75석	0석	
1984년	79석	77석	2석	민주당 1, 노동자당 1
1988년	81석	80석	1석	민주당 1
1991년	81석	77석	4석	민주당 3, 노동자당 1
1997년	83석	81석	2석	노동자당 1, 인민당 1
2001년	84석	82석	2석	
2006년	84석	82석	2석	
2011년	87석	81석	6석	노동자당 6
2015년	89석	83석	6석	
2020년	95석	83석	12석	노동자당 10, 진보싱가포르당 2

출처: KOTRA[2]

당도 의식했는지 현 리센룽 총리가 70세가 되는 2022년에 총리직을 이양하겠다는 의사를 표명하면서 차기 총리직에는 아들이 아닌 헹쉐키트(Heng Swee Kaet)가 재무장관이 될 가능성이 높음을 간접적으로 시사하였다. 하지만 지난 2020년 7월에 치러진 총선에서 인민행동당은 득표율 61%밖에 달성하지 못하고 처음으로 야당(노동자당(Workers' Party), 진보 싱가포르당(Progress Singapore Party))에게 두 자리 수 의석을 허용하여 앞으로 싱가포르 정치에도 변화의 바람이 불고 있음은 확실해졌다. 선거제도 중에 흥미로운 점은 여당이 선거 시점을 마음대로 선택할 수 있다는 점이다. 여당은 본인들이 가장 지지율을 높게 받을 수 있는 시점을 판단하여 총선시점을 확정하고 있는데, 매 선거마다 아주 치열한 정당 싸움이 진행되는 대한민국의 국민으로서는 이 제도를 가장 이해하기 힘들었다.

의원내각제를 채택하고 있어서 실질적인 권한은 모두 총리에게 있지만 대통령을 국민 투표를 통해 선출하고 있다. 임기는 6년이며 1회 중임이 가능하다. 국가 원수로서 국고사용 동의권, 주요 공직자 임명 동의권을 행사할 수 있고, 다민족 국가인 싱가포르의 통합을 추진하는 상징적인 자리이다. 1991년까지는 국회에서 간접선거로 선출했으나 1991년 헌법을 수정해 직접선거로 바꾸었다. 현임 대통령은 2017년 9월 14일에 선출된 할리마 야콥으로 싱가포르의 첫 여성 대통령이다.

[표 9-3] 싱가포르 역대 대통령

취임	성명	재임 기간
초대	유솝 빈 이삭(YUSOF bin Ishak)	1965. 8. 9.~1970. 11. 23.
2대	벤저민 시어스(Benjamin Henry SHEARES)	1971. 1. 2.~1981. 5. 12.
3대	C. V. 드반 나이르(C. V. Devan NAIR)	1981. 10. 23.~1985. 3. 28.
4대	위킴위(WEE Kim Wee)	1985. 9. 2.~1993. 9. 1.
5대	옹텡청(ONG Teng Cheong)	1993. 9. 1.~1999. 9. 1.
6대	셀라판 라마 나단(Sellapan Rama NATHAN)	1999. 9. 1.~2005. 9. 1.
재선		2005. 9. 1.~2011. 9. 1.
7대	토니 탄(Tony TAN Keng Yam)	2011. 9. 1.~2017. 8. 31.
8대	할리마 야콥(Halimah Yacob)	2017. 9. 14.~

출처: KOTRA[2]

한국의 대선을 생각하면 싱가포르의 대선은 일단 후보가 되는 조건부터가 거의 불가능에 가깝다. 45세 이상의 싱가포르 시민 중 2020년 10년 이상 해외에 거주하지 않았으며, 후보 지명 당시 무소속이고, 보수를 받는 직책을 갖지 않아야 하고 선거일 기준 3년 이내에 장관, 대법관, 국회의장, 법무장관, 공기업 CEO 등의 공적 직책을 맡지 않은 사람이어야 한다. 위 조건에 부합하려면 정치, 경제분야의 영향력이 크지 않은 일반 시민에 가까운 사람이어야 하니, 누가 대통령에 선출되든 리콴유-리센룽 부자의 장기집권에 절대 도전할 수 없을 것이다. 여기에 2016년에는 헌법을 수정하여 유권자를 중국계, 말레이계, 기타(인도계 등)로 나누고 임기 마지막 해 기준 이전 30년간 대통령으로 한 번도 선출된 적이 없는 민족만이 대통령에 출마할 수 있게 했다. 만약 모든 민족이 30년 동안 대통령에 당선되었으면 그때에는 모든 민족에게 대통령 피선거권이 주어진다. 이에 따라 2017년 대선에서는 과거 대통령직을 맡은 중국계, 기타계는 출마할 수 없었고 오직 말레이계만이 출마할 수 있었다. 여당 측이 내세운 표면적인 이유는 소수자 배려였지만 인민행동당의 정략적 의도도 있다. 원래는 지난 2011

년 대통령 선거에서 0.35%의 차이로 패배한 탄쳉복(Tan Cheng Bock)이라는 사람이 유력후보로 여겨졌으나 탄쳉복은 인민행동당 출신의 중진이면서도 인민행동당의 리콴유 - 리셴룽 부자의 독재에 반기를 들면서 싱가포르가 제1야당인 노동당을 포함하여 좀 더 여러 의견이 분출되는 다당제의 활기찬 민주주의를 지향할 것을 주장하는 개혁파 인물이었다.

당연히 현 정부에게는 위기로 느껴졌을 터, 소수계를 대변할 수 있는 대통령이 필요하다는 리셴룽 총리의 의견으로 사법부는 헌법에 소수자 관련 규정을 급히 신설하였다. 이 때문에 2017년 대선에서 중국계는 이미 대통령으로 선출된 적이 있었기 때문에 중국계인 탄쳉복은 출마할 수 없었고 총 5인이 대선 후보자 등록 신청을 하였으나 현 대통령인 할리마 야콥만이 유일한 자격 충족자로 통과하면서 무선거로 당선되었다. 이후 탄쳉복은 2020년 3월 진보 싱가포르당을 창당하고 총선에서 국민의 선택을 받기 위해 노력하였지만 1940년생으로 80세가 넘은 상황이라 아직까지는 국민의 관심을 크게 모으지 못했는지 총 2석에 그치며 아쉬운 결과를 마주했다. 견제와 균형의 원리가 얼마나 중요한지 알고 있는 대한민국 국민으로서 다음 싱가포르 총선에서는 다수의 정당이 약진하는 모습을 기대해 본다.

[그림 9 - 3] 싱가포르 1, 3대 총리

리콴유(Lee kuan yew)

리셴룽(Lee Hsien Loong)

2
싱가포르의 과거

1) 근대 싱가포르

싱가포르의 역사에 대해 알고 있는 것이 거의 없을 것이다. 이는 우리의 잘못이 아니다. 싱가포르의 역사는 1818년 영국 식민지 시대 이전의 기록이 모두 소멸되어 실제로 찾아볼 수가 없다. 실제로 싱가포르 국립 역사박물관에 가면 반 만 년 역사를 지닌 한국 박물관에 비해 참으로 소박한 규모로 느낄 수 있다. 박물관 입구에 들어서면 해석을 하지 못한 고대문자가 적혀 있는 돌덩이를 볼 수 있다. 서구열강의 식민지 쟁탈이 한참이던 시절 공격으로 인해 파괴된 돌 비석의 일부분이라고 추측하고 있으며, 작은 어촌마을로 추정되는 이 작은 섬에도 누군가가 살고 있었다는 것 이외엔 알려진 것이 없어 아쉽다.

그럼에도 주변국가 문헌에 싱가포르가 등장하는 경우가 종종 있기는 하다. 13세기 수마트라 지역 스리위자야 왕국의 트리부아나 왕이 표류 중 상륙하여 목격한 사자를 보고 싱가푸라(Singapura, 사자의 도시)라고 명명했다는 내용은 현재 싱가포르 국가명의 기원으로 잘 알려져 있다. 사실 아시아에는 사자가 살고 있지 않았기 때문에 그 당시 트리부아나 왕이 본 동물이 호랑이였을 가능성이 높아 보인다는 의견이 많지만 우리가 단군신화를 믿는 것과 같이 이 내용을 이성적으로 받아들이기보다는 얼마 남아 있지 않은 싱가포르의 과거를 문헌에 적힌 그대로 받아들이고 있다.

[그림 9-4] 고대 싱가포르 스톤

출처: WIKIMEDIA[2)]

1365년 이웃나라 인도네시아 자바인의 문헌에 처음으로 싱가포르를 테마섹 (Temasek, sea town)으로 기록한 것이 나타나며, 14세기 후반에는 '싱가푸라'라는 표현을 통칭적으로 사용하고 있다. 1511년 포르투갈이 현재 말레이시아에 위치한 말라카를 점령하자 말레이 제독이 싱가푸라로 도망쳐 지금의 말레이시아 끝 조호르 라마에 새로운 수도를 세우고 싱가푸라에는 별도 행정기구를 유지하였으나 1587년 포르투갈이 조호르 라마를 멸망시킨 후, 1613년 싱가푸라를 불태워 싱가포르에 관한 기록이 모두 소실되었다고 한다. 이후 19세기 초까지 네덜란드의 영향권하에 있다가 1819년 1월 30일 영국이 말레이의 조호르 왕국과 보호조약을 체결한 후, 무역 중심지로 부상하는 계기가 되었다.

1818년 영국 동인도회사의 총독이 인도네시아 수마트라 섬 남서쪽에 있는 벵쿨루(Bengkulu) 주(州) 부총독인 토머스 스탬퍼드 래플스(Thomas Stamford Raffles) 경에게 지금의 싱가포르 지역에 무역 기지를 건설하는 것을 허가하면서 래플스 경은 1819년 조호르 왕국과 보호조약을 체결하고 싱가포르를 국제 무역항으로 개발하기 시작하였다. 1824년 싱가포르는 말레이반도의 말라카 및 페낭에 흡수되어 영국 동인도회사 지배하의 해협 식민지로 편입되었다. 해협 식민지의 관할권은 1830년 인도의 뱅갈 총독에게 이전되었다가 1851년 인도 총독의 직속 관할이 되었으나, 이후 싱가포르가 지속적으로 성장하자 1867년 싱가포르의 관할은 영국 식민지청으로 이관되어 정식으로 영국 식민지(Crown Colony)로 편입되었다.

래플스 경은 싱가포르가 교통의 요지임을 간파하고 무관세 정책 자유무역 정책을 펼쳤고 이는 현재 싱가포르 경제의 기본 원칙이 되며 과거 작은 어촌 마을이었던 곳을 2021년 현재의 글로벌 물류 허브로 탈바꿈시켰다. 싱가포르에 와보면 래플스라는 이름이 병원, 쇼핑센터, 호텔 등 각 최상위 고급제품의 브랜드명으로 쓰이는 것을 볼 수 있다. 그만큼 싱가포르의 근대사에서 래플스 경은 제외하고는 설명할 수가 없을 만큼 중요한 존재인 것이다.

1820년대 이후 싱가포르는 말레이반도에서 생산되는 고무와 주석의 교역항으로 발전하였고, 1842년 난징조약 체결로 인한 중국과의 통상 확대, 1869년 수에즈운하 개통 등을 계기로 싱가포르는 국제 무역항으로서 더욱 성장할 수 있었다.

[그림 9-5] 1910년 싱가포르

출처: WIKIMEDIA[3]

2차 대전 발발 이후 싱가포르는 '동방의 지브롤터(Gibraltar)'로 불리면서 동남아시아 주둔 영국군의 주요 교두보 역할을 하였으나, 영국군이 싱가포르 전투(Battle of Singapore)에서 일본에게 패배함에 따라 1942년부터 1945년까지 일본의 식민통치를 당하였다. 싱가포르를 점령한 일본군은 1942년 중국 국민당을 지원하는 싱가포르의 중국계 주민들을 반(反)일본 성향으로 간주하고, 대규모(약 5만~10만 명) 학살을 자행(숙칭 대학살)하며 싱가포르에 씻을 수 없는 아픔을 주었다. 한국에 비하면 짧은 식민통치 시기를 지냈지만 이 시기를 거치면서 싱가포르 국민들은 영국과 일본의 식민지 시대를 청산하고 자치정부를 수립해야 한다는 목소리가 커지기 시작했다.

2) 자치정부 및 말레이시아 연방 시대(1945~1965)

1945년 일본이 패망하자 싱가포르는 1946년 영국 총독이 지배하는 영국의 직할 식민지로 환원되었으나, 싱가포르를 제대로 보호하지 못한 영국에 대한 실망으로 인해 민족주의가 태동함에 따라 영국은 싱가포르와 말라야 연합이 단계적으로 자립정부를 구성할 수 있도록 지원하는 형태의 식민정책으로 전환하게 된다. 1948년 최초의 선거가 실시되어 22명의 입법 의원 중 6명을 직선제로 선출하였고(나머지는 총독 또는 상업회의소가 임명), 1951년에는 25명의 입법의원 중 직선 선출 의원 수를 9명으로 증원하였으며, 1955년 신헌법을 채택하여 32명의 입법의회 의원 중 직선 의원을 25명 선출하기로 결정한다.

1957년 런던에서 개최된 헌법회의에서 원칙적으로 싱가포르의 독립에 합의하고 싱가포르에 대하여 완전한 국내 자치권을 인정하되, 외교·국방·헌법 정지에 관한 권한만 영국 정부가 보유하기로 결정하였으며 일 년 뒤 싱가포르 국가법(The State of Singapore Act)이 영국 의회에서 통과되어 싱가포르 국가 성립 및 싱가포르 시민권 부여 등에 관한 법적근거가 완전하게 마련되었다. 1959년에는 전체 입법의회 의원을 선출하기 위한 선거가 실시되어 리콴유가 이끄는 인민행동당이 총 51석 중 43석을 차지하여 자치정부를 구성하였고, 6월 3일에 리콴유는 초대 총리로 취임하게 된다.

1961년 5월 27일 말라야 연방의 압둘 라만(Tunku Abdul Raman) 총리가 말라야 연방, 싱가포르, 사라왁, 브루나이 및 북(北)보루네오(현 사바)로 구성된 '말레이시아 연방' 창설안을 제시하자, 싱가포르 자치정부는 이에 대한 지지를 표명하고 1962년 9월 1일 국민투표 실시 결과 국민의 73%가 말레이시아 연방 구성원이 되는 데 찬성함에 따라 싱가포르는 1963년 말레이시아 연방에 편입되었다. 천연자원이 없는 싱가포르에게는 연방에 들어가는 것만이 살아남을 수 있는 유일한 방법이었을 것이다.

하지만 연방정부와 싱가포르 주정부는 정치·경제·사회 등 각종 정책에 대해 이견을 보였으며, 1964년에는 싱가포르에서 인종 문제로 인한 폭동이 발생한다. 결국 말레이시아 연방가입 3년도 채 지나지 않아 1965년 8월 9일 싱가포르는 인종 정책에 관한 갈등과 이념적인 차이로 인해 연방에서 분리 독립된다. 당시 리콴유 총리는 절망적인 싱가포르의 상황을 국민들에게 눈물을 흘리며 발표한다. 아무것도 가진 것이 없는 싱가포르지만 모두 힘을 모아 강한 싱가포르를 만들자는 진실된 리더의 눈물이 국민에게 크게 감동을 주었다. 리콴유 총리의 논문은 이국 다민족 국가인 싱가포르를 하나로 단합하는 데 큰 역할을 했다는 평가를 받고 있고 인터넷과 역사박물관에서 쉽게 찾아볼 수 있을 정도로 유명한 영상이니 한번 검색해 보는 것을 추천한다.

3) 싱가포르 공화국 시대(1965~현재)

싱가포르는 1965년 9월 21일 유엔에 가입하였고, 같은 해 10월 15일 영국 연방(Commonwealth of Nations)에 가입하였으며, 12월 22일에는 헌법 개정을 통해 국명을 싱가포르 공화국(Republic of Singapore)으로, 국가 원수를 대통령으로 정하였으며, 유솝 빈 이샥(Yusof bin Ishak) 초대 대통령이 취임하였다. 강대국 사이에서 살아남기 위해 1967년 8월 필리핀·말레이시아·인도네시아·태국과 함께 동남아시아국가연합 ASEAN을 결성하였다.

1968년 4월 13일 총선거를 실시해 인민행동당이 58석 전 의석을 차지하고 연이어 1972년, 1976년, 1980년에 실시된 총선거에서도 전 의석을 차지함으로써 패권 정당으로서의 지위를 공고히 하였으며, 1981년 안손(Anson) 선거구에서 치러진 국회의원 보궐선거에서 노동자당(Workers' Party)의 조슈아 벤저민 제야레트남(Joshua Benjamin Jeyaretnam)이 당선됨으로써 최초로 야당 의원이 원내에 진출하였다.

1986년 국내 문제에 간섭하는 외국 언론의 싱가포르 내 출판물 배포 부수를 제한하기 위한 '언론출판법(Newspaper and Printing Press Act)' 개정법안이 국회에서 통과되었고 2021년 현재까지 Singapore Press Holdings가 신문을, MediaCorp이 방송을 사실상 양분하고 있는 구조이다. 이는 매년 언론자유화 지수에서 싱가포르가 최하위권에 머무는 이유가 되기도 한다. 참고로 2020년 국경없는 기자회(Reporters Without Borders)에서 발표한 2020 언론자유화 지수에서 싱가포르는 180국가 중 158위를 대한민국은 42위를 기록하였다.

1990년 11월 리콴유가 사임하고 고촉통(Goh Chok Tong) 부총리가 총리로 취임하였고 1991년 9월 7일 고촉통 총리 내각이 공식 출범하며 정치 세습이 아닌 것처럼 보일 수 있으나 리콴유 전 총리는 선임장관에, 리콴유 전 총리의 장남인 리센룽은 부총리 겸 통상산업부 장관에 임명되며 실질적으로는 리콴유 - 리센룽의 집권이 지속된 것과 마찬가지로 평가하고 있다. 결국 2004년 8월 리센룽이 총리에 취임하며 아버지 리콴유의 영향력을 이어받아 인민행동당은 강력한 집권여당의 영향력을 유지하고 있다.

3

싱가포르의 현재

1) 주요 경제 현황 및 지표

전 세계가 코로나19 여파로 인해 대외 의존도가 높은 싱가포르의 경제지표는 상대적으로 더 크게 위축되었다. 하지만 이는 국토가 좁고 부존자원이 거의 전무한 여건을 극복하기 위해 정부 주도로 대외개방형 경제를 추구하여 세계적인 비즈니스 중심지로 발전한 싱가포르의 발자취를 돌이켜보면 다시 한번 국가전략을 수정하는 좋은 기회가 될 것으로 보인다. 1970년대에 외자 유치를 이용한 수출주도형 공업화를 추진하여 높은 성장을 이룩하였으나 1980년대에 들어 경쟁력이 약화되면서 전자·기계·제약 등 고부가가치 산업으로의 구조조정을 추진하며 위기를 극복했다.

또한 제조업과 금융, 물류, 통신 등 제반 서비스가 통합된 국제적 비즈니스 도시가 될 수 있도록 제조업과 서비스업의 공동발전 전략을 추진하며 싱가포르의 가장 큰 장점인 개방성을 활용하여 글로벌 대표 강소국으로 도약했다. 중개무역항이라는 입지조건을 활용하기 위해 무역자유화에 나서는 한편 외국인 투자 유치를 위해 지속적인 투자환경 개선과 세금감면 혜택 등의 인센티브를 지속적으로 제공하고 있다. 싱가포르는 총 8개 컨테이너 터미널과 95개 선석으로 구성되어 있는 세계 최대의 컨테이너 항구 중 하나로 전 세계 환적량의 1/5 이상을 처리 중이며 2018년 기준 3,660만 TEU(20피트 길이의 컨테이너 크기를 부르는 단위로 약 6,096m의 길이)의 컨테이너를 처리하여 세계 2위에 올랐으며 투아스

(Tuas) 신항구 완공 시 연간 6,500만 TEU의 컨테이너 처리로 전 세계 1위 도약이 예상된다.

또한 싱가포르는 뉴욕, 런던에 이은 세계 3대 원유거래 시장이다. Shell, Caltex, BP, Total, Exxon Mobil 등 거대 에너지기업들이 아시아 거점법인을 싱가포르에 두고 있고, 2020년 친환경연료에 대한 관심이 늘어나며 액화천연가스(LNG)의 수요가 급증하면서 원유 거래시장의 노하우를 활용하여 아시아 LNG 트레이딩 허브를 구축하려 노력하고 있다. 이렇게 무역업이 발달하면 동시에 성장할 수밖에 없는 분야가 바로 금융업이다. 외환거래 및 자산운용 분야에서 두각을 나타내면서 2021년 현재 런던, 뉴욕, 홍콩에 이어 120여 개의 외국은행이 소재하고 있는 세계 4위의 금융업 규모를 갖추고 있다.

싱가포르는 영토도 작고 인구도 적은 도시국가라 제조업 비중이 낮을 것으로 예상하겠지만 고부가제품에 지속적으로 집중하며 2018년 기준 GDP의 21% 수준까지(서비스업이 65.9%, 건설업 3.2% 등으로 농림·어업·광업은 거의 전무) 도달하는 데 성공하였다. 제조업은 다국적 기업의 유치 및 국내 기업과의 연계 강화, 다국적기업의 판매망 이용 등을 통해 발전했으며 전기전자와 석유화학 중심이었으나 2020년 바이오허브 육성에 중점을 두면서 2020년 생의학 비중이 확대되어 석유화학을 추월하는 놀라운 성과를 보여주었다.

[표 9 - 4] 2018년 제조업 업종별 비중

전기·전자	생의학	석유화학	정밀기계	운송기계	일반 제조
40.6%	17.5%	13.2%	12.6%	8.5%	7.7%

출처: IMF[4]

글로벌 금융위기 영향으로 2009년 성장률이 −0.6%를 기록한 이후 정부의 재정정책과 세계경제의 회복 추세에 힘입어 2010~2013년 중 대체로 높은 성장세를 이어왔으나, 2014년 이후 세계경제성장률 둔화의 영향으로 경제성장률이 크게 떨어지면서 2015년과 2016년에는 2% 후반대의 저성장을 기록하였다. 2017년 들어 세계경제 회복에 따라 반도체 중심의 제조업, 금융 및 서비스업이 경제회복을 견인하면서 3.9%의 성장률을 기록하기도 했지만 2018년 하반기 이후 미·중 무역분쟁 심화, 반도체 업황 악화 등으로 경제성장률이 급격히 둔화되면서 2018년엔 3.1%로 성장세가 소폭 하락하였고, 2019년 GDP성장률은 0.7%를 기록하며 10년 만에 최저치를 기록하였다. 물론 2020년은 코로나19의 영향을 피하지 못하고 −7% 수준의 역성장을 기록하였다.

[표 9-5] 주요 경제지표 추이

연도	2014	2015	2016	2017	2018
GDP성장률(%)	4.1	2.5	2.8	3.9	3.1
GDP(억 미달러)	3,133	3,063	3,166	3,367	3,641
1인당 GDP(미달러)	57,272	55,331	56,455	59,990	64,579
실업률(%, 연평균)	2	1.9	2.1	2.2	2.1
물가상승률(%)	1	−0.5	−0.5	0.6	0.4
수출(억 미달러)	4,101	3,515	3,305	3,661	3,890
수입(억 미달러)	3,663	2,970	2,816	3,240	3,887
환율(연평균)	1.27	1.37	1.38	1.38	1.35
경상수지(억 미달러)	565	530	557	554	651

출처: IMF[4]

2018년 종합수지는 126억 달러 흑자를 기록하여 2017년 대비 흑자 규모가 소폭 감소하였다. 경상수지는 소득수지 적자 폭이 확대되었으나 상품수지 흑자 규모가 늘어나고 서비스수지 적자 폭이 축소되면서 2017년(554억 미달러)보다 확대된 651억 미달러 흑자를 기록하였다. 자본수지는 증권투자 적자 규모가 축소되었으나 직접투자 흑자 규모가 줄어든 가운데 파생금융투자 적자 규모가 확대되면서 적자 규모가 2017년(260억 미달러)보다 확대된 494억 미달러 적자를 기록하였다.

[표 9-6] 싱가포르의 국제수지 동향

연도	2014	2015	2016	2017	2018
경상수지	565	530	557	554	651
자본수지	−473	−515	−565	−260	−494
종합수지	68	11	−18	274	126

출처: IMF[4]

싱가포르의 8대 교역대상국인 한국은 2018년 대 싱가포르 무역수지가 2017년의 28억 미달러 흑자보다 높은 39억 미달러 흑자를 기록했다(싱가포르 10대 교역대상국: 1위 중국, 2위 말레이시아, 3위 미국, 4위 홍콩, 5위 대만, 6위 인도네시아, 7위 일본, 8위 대한민국, 9위 태국, 10위 인도).

2) 주요 기업

한국 사람들이 생각하는 싱가포르 기업은 싱가포르항공 정도일 것이다. 싱가포르의 대표기업이 쉽게 생각나지 않는 이유는 한국과 같이 민간 대기업 중심의 산업구조가 아닌 국영기업과 다국적기업이 싱가포르 경제의 중추적 기능 수행하고 있기 때문이다.

[표 9-7] 2019년도 Forbes 2000 기준 싱가포르 10대 기업

순위	Forbes 순위	회사명	총매출 (억US$)	영업이익 (억US$)	자산 (억US$)	업종
1	213	DBS Bank	136	41	4,042	금융
2	286	Oversea-Chinese Banking	110	33	3,431	금융
3	307	United Overseas Bank	107	30	2,847	금융
4	409	Singtel	129	23	357	통신
5	425	Wilmar International	447	11	457	식품
6	890	CapitaLand	44	13	474	부동산
7	1078	Singapore Airlines	121	05	202	항공
8	1353	Keppel Corporation	44	07	195	복합
9	1373	Olam International	226	02	172	식품/농업
10	1442	Flex	265	01	140	전자

출처: Forbes[5]

싱가포르 정부 투자회사인 테마섹 홀딩스(Temasek Holdings)가 주요 기간산업(항만-PSA, 통신-SingTel, 항공-싱가포르항공, 금융-DBS, 방송-MediaCorp)의 최대 주주이며, 순수 민간기업의 역할은 상대적으로 미약하며, 국영기업들이 많

은 자회사를 거느리고 있어 정부 연관 기업이 1,000여 개 이상이다. 정부 연관 기업도 시장경제 원리에 따라 전문경영인이 경영하고 있으며, 경제발전의 견인 차 역할을 수행하고 있다.

낮은 법인세율, 쉬운 법인설립 절차 등을 앞세워 외국 자본, 기술, 고급인력을 꾸준하게 유입한 결과 2021년 기준 9천여 개 이상의 다국적기업이 진출하면서 GDP의 40% 이상이 외국 기업 및 외국인으로부터 발생하고 총 투자의 약 90%가 외국인 투자로 구성되어 있다.

[표 9-8] 2019년도 싱가포르 국제경쟁력 관련 주요지표

항목	순위	조사기관	비고
기업하기 좋은 국가	2위	World Bank	뉴질랜드 1위, *한국 5위
경제자유도	2위	Heritage Foundation	홍콩 1위, *한국 29위
국가경쟁력	1위	IMD	홍콩 2위, 미국 3위, *한국 28위
	1위	World Economic Forum	미국 2위, 홍콩 3위, *한국 13위

출처: KOTRA[2]

각종 지표에서 1, 2위를 다투던 홍콩이 2019년부터 중국 정부와의 갈등이 본격적으로 심화되자, 그 반사이익으로 싱가포르로의 자금유입이 늘어가고 있으며, 홍콩에 위치한 아시아 지역본사를 싱가포르로 이전하는 방안을 검토하는 글로벌 기업들 역시 늘고 있어 싱가포르의 높은 경쟁력은 당분간 꾸준히 유지될 것으로 예상된다.

4

싱가포르의 미래

1) 단기 경제예측

2020년은 코로나19의 여파로 글로벌 금융위기 때와 같이 마이너스 성장이 나타났다. 싱가포르는 외국자본 의존도가 높기 때문에 글로벌 경기침체에 따른 타격이 타 국가보다 클 수밖에 없지만 빠르게 지역감염자 수를 감소시키며 다른 ASEAN 국가에 비해 빠른 회복이 기대된다.

단기적으로는 글로벌 반도체 수요 위축에 따른 전기전자 및 정밀기계 부진이 지속되면서 제조업 성장률이 위축되고 운수창고 등 교역 관련 서비스업도 글로벌 교역 감소로 둔화되겠지만 코로나19 여파가 완화되는 시점부터 정보통신업 및 금융서비스업 등 일부 서비스업이 견조한 성장세를 보일 것으로 예상되는 가운데 건설 부문의 회복세가 지속되면서 해외 수요 위축에 따른 경기 부진을 다소 만회해 줄 것으로 예상하고 있다.

세계 3대 원유거래 시장인 싱가포르는 전례가 없는 저유가 상황이 지속되면서 파산위험에 노출된 업체들이 생기고 있다. 현금을 보유하기 위해 고육지책으로 알짜자산의 매각을 검토하고 있어 좋은 조건에 인수하고자 하는 글로벌 기업들의 움직임도 포착된다. 글로벌 경기 둔화로 싱가포르 경제 부진이 당초 예상보다 훨씬 심각한 상황으로 전개되고 있어 싱가포르 정부는 코로나19 피해에 대응하고 경기를 부양하고자 2020년 총 세 차례의 예산안을 잇달아 발표하였다. 이에 따라 2020년도 정부 예산적자 예상액 또한 2020년 초 109억 싱가포르달러

(GDP의 2.1%)에서 2020년 중반에는 총 443억 싱가포르달러(GDP의 8.9%)로 4배 이상 증가했다.

[표 9-9] 싱가포르 2020 코로나19 피해대응 관련 예산안

(단위: 싱가포르달러)

2020 예산안	규모	자금 출처	주요 지원내용
1차 Unity Budget	64억	정부 예산, 현 정부 국고	피해산업 지원(40억), 가계 지원(16억), 코로나19 사태 대응(8억)
2차 Resilience Budget	484억	정부 예산, 비축국고(170억)	가계 생활비 지원 확대, 근로자 및 기업 일자리 지원
3차 Solidarity Budget	51억	정부 예산, 비축국고(40억)	가계 지원 확대 및 지원시기 단축(11억), 근로자 및 기업 지원 확대(40억)

출처: KOTRA[2]

민간 전문가들은 실망스러운 경제지표 등을 감안할 때 싱가포르 정부가 통화 정책 및 재정정책을 통해 경기부양을 도모할 가능성이 높아졌다고 기대하며 싱 가포르 정부의 포스트 코로나19 행보에 주목해야 한다고 한다.

2) 장기 전망

미·중 무역분쟁으로 인한 글로벌 공급망 다변화의 최대 수혜자는 ASEAN 국 가라는 분석은 어렵지 않게 찾아볼 수 있다. 코로나19 이후 중국 제품을 대체할 수 있는 공급처로 결국 ASEAN 국가를 찾게 됨으로써 중장기 경제성장률 전망 은 전 세계 어느 지역과 비교해도 높은 수준을 유지할 것으로 예측되고 있다. 과거 아시아의 4마리 용[1]으로 같이 언급되던 네 국가 중 싱가포르가 유독 큰 성장을 할 수 있었던 배경에도 ASEAN에 속해 있었기에 가능했다는 점을 부인 할 수 없을 것이다.

더욱이 바이든 정부 출범 이후에도 홍콩을 둘러싼 미·중 갈등이 확산되면서

---

1) 아시아의 4마리 용은 아시아에서 일본에 이어 근대화에 성공하고 제2차 세계대전 이후 경제 가 급속도로 성장한 동아시아의 한국, 홍콩, 싱가포르, 대만을 지칭한다.

[표 9-10] 4개국 1인당 GDP 비교

(단위: US$)

구분	1965년	2015년	2019년
싱가포르	516	55,331	64,579
홍콩	668	42,330	49,334
한국	105	27,214	31,430
대만	229	22,384	24,830

출처: KDI[6]

홍콩이 '아시아 금융허브' 지위를 싱가포르에 내줄 가능성이 있다는 분석이 힘을 얻고 있다. 중국이 홍콩 국가보안법 제정을 강행하면서 미국을 비롯한 많은 국가들이 그동안 홍콩에 부여해 온 무역·관세·투자·비자 발급상 특혜를 없애고 중국 다른 도시들과 같이 취급하게 된다면 상당수 기업이 홍콩을 떠날 것으로 조사되었으며, 이미 금융·재무 기능을 싱가포르로 이동하기로 결정한 글로벌 기업들이 지속적으로 증가하고 있다. 싱가포르 인구의 17%가량이 무슬림이라는 점에서 인도·이슬람 자금을 유치하기에도 유리하여 홍콩을 넘어설 금융허브 환경을 갖추고 있다는 평가도 존재한다. 코로나19 사태로 인력의 직접적인 이동은 아직 진행되지 못하고 있지만, 싱가포르 이민을 문의하는 문의가 20배나 늘었다는 전문업체들의 발표를 감안하면 머지않아 홍콩의 우수인력 유치를 위한 싱가포르 노동청의 대규모 외국인비자 발급 허용이 예상된다.

싱가포르 정부 역시 이 엄청난 기회를 놓치지 않고자 미래경제위원회를 구성하여 국가경쟁력 제고를 위한 중장기 관점의 향후 10년 경제발전 전략을 수립하였다. ① 국제적 연계성의 심화 및 다양화, ② 심도 있는 기술 습득 및 활용 강화, ③ 기업의 혁신 능력 제고 및 대규모화 지원, ④ 강력한 디지털 능력 배양, ⑤ 역동성·연계성 높은 도시 건설, ⑥ 산업구조 개혁 추진, ⑦ 혁신과 성장을 위한 경제 주체 간 상호 협력 강화의 7대 전략으로 구성된 전략은 싱가포르가 향후 아시아 강소국을 넘어 글로벌 경제강국으로 도약할 수 있을지 기대하게 만들기 충분하다.

5

한국 기업의 싱가포르 진출 A TO Z

1) 싱가포르에 진출하기 위한 한국 기업의 진출 프로세스

싱가포르가 세계은행(World Bank)에서 선정하는 기업하기 좋은 국가에 지속적으로 선정되는 가장 큰 배경은 전 세계 어느 국가와 비교해도 경쟁력 있는 기업친화형 제도를 보유했기 때문이다. 배당세와 이자소득세가 없을 뿐만 아니라 낮은 세율의 법인세(싱가포르 17%, 미국 21%, 한국 25%, 필리핀 30%)는 싱가포르에 ASEAN 거점법인을 설립해야 하는 이유로 충분하다. 이미 많은 글로벌 기업들은 영업이익을 법인세가 적은 싱가포르 법인에 축적하여 ASEAN 지역 신규투자가 필요할 시 전략적으로 활용하고 있다. 사업기회는 많지만 치명적인 단점인 불안정한 동남아시아 국가들의 환율 리스크를 안정자산으로 구분되는 싱가포르달러로 보유하고, 심지어 본사에 다시 자금을 송금해야 하더라도 배당세가 없는 싱가포르를 활용하는 것이 유리하다. 더욱 중요한 점은 싱가포르에 장점이 이렇게 많은 데도 회사 설립 절차가 충격적일 정도로 간단하다는 것이다. 싱가포르 진출을 결정했다면 어떤 형태로 회사를 설립할 것인지 결정해야 한다. 수년 내에 직접 영업을 할 계획이 없고 소규모의 직원으로 시장정보 모니터링 및 업계 네트워킹이 목적이라면 ① 지사 혹은 ② 대표사무소를, 실제로 영업을 할 목적이라면 우리가 일반적으로 회사라고 인지하고 있는 ③ 법인을 설립해야 한다. 2020년 기준 법인설립 주요 조건은 다음과 같다.

> • 최소 1인 현지 이사(Local Director) 선임과 서기(Secretary) 선임
> - 현지 이사 자격: Singapore Citizen(시민권자), Permanent Resident(영주권자) 또는 EP Holder(Employment Pass 소지자).
> • 이사 및 주주의 여권사본, 주소증빙 서류, 연락처
> • 자본금(통화, 발행주식 수, 주당 가격 등), 1$ 이상이면 충족
> • 회사명 & 사업 목적 신고
> • 회사 등록주소(사무실)

저자는 2018년에 회사를 설립하여 주재원 파견을 나왔어야 했기 때문에 아직도 모든 절차가 생생하다. 당시엔 회사 설립이 이렇게 쉽다는 것과 신청 후 1~2주 만에 승인이 완료되었다는 것에서 적잖은 충격을 받았었다. 하지만 막상 싱가포르 기업청에 서류를 제출해야 하고 문의사항이 오면 대응도 해야 할 생각에 막연하게 겁이 난다면 법인설립을 대행해 주는 에이전트를 활용하는 것이 좋다. 필수 조건인 회사 등록주소와 현지이사와 서기까지도 대행을 해 주기 때문에 시간을 절약해야 한다면 에이전트를 이용하는 것을 추천한다. 또한 사무실 임차기간은 통상 2년이기 때문에 회사 설립 후 꼼꼼하게 알아보는 것이 좋다. 싱가포르는 기업설립 절차가 투명하고 간편하기 때문에 에이전트 비용도 생각보다 저렴한 편이며 빠른 초기적응과 각종 이슈 대응을 위해 현지정보가 많이 필요하기 마련인데 에이전트들은 유사사례를 많이 보유하고 있기 때문에 자문을 구하기에 든든하다. [표 9-11] 계획표는 당시에 직접 사용했던 자료이다.

회사 설립 이후에는 세무·회계·감사 분야를 검토해야 한다. 회사의 형태, 규모, 업종 등에 따라 적용되는 기준이 다르기 때문에 본인이 전문가가 아니라면 꼭 자문을 구하는 것이 안전하다. 싱가포르는 기업친화형 제도를 갖추고 있다고 설명했지만 사실 정확하게 표현하자면 '법과 제도를 준수하는 기업'에만 해당한다. 불법 행위나 허위보고 등이 적발되면 추방되어 평생 입국이 거부되는 것은 당연하고, 사안에 따라 큰 금액의 벌금이 부과할 수도 있다.

싱가포르는 다양한 세금감면 제도가 마련되어 있으나 자동적으로 적용되는 것이 아닌 사전 신청을 해야 하기 때문에 제도를 적극적으로 활용할 것을 권장한다. 예를 들면 액화천연가스(LNG) 트레이딩 회사에게는 무역규모, 싱가포르인 고용비율 등을 종합적으로 검토한 뒤 법인세율을 17%가 아닌 5%로 파격인하해 주는 글로벌 트레이더 프로그램(GTP[2]) 등이 있다.

[표 9-11] 법인설립 절차

진행 업무	1주	2주	3주	4주	5주	6주	7주	8주
에이전트 선정	▨							
주주와 이사 서류 준비		▨						
법인설립 신청 및 인가			▨	▨				
은행계좌 개설				▨	▨			
초기 자본금 송금				▨				
한국 금융감독원 해외투자신고					▨			
주재원 비자 신청					▨	▨		
사무실 임대 계약						▨	▨	
현지 직원 채용 준비								▨

출처: 저자 작성

2) 한국 기업의 진출사례

싱가포르가 한국의 9대 수출시장이자 ASEAN 시장의 거점 지역이라는 특성으로 인해 무역, 해운·물류, 에너지, 전자, 건설, 금융 등 다양한 분야에서 200여 개(한국 상공회의소 기준) 기업이 싱가포르에 진출하여 활동 중이다.

[표 9-12] 한국 기업 진출현황

업종	기업명
무역	포스코 인터내셔널, 현대, LG, 대림, GS, 삼성 등 종합무역상사를 비롯해 중소 무역 업체들이 다수 진출, 동남아 거점 본부를 두고 활동 중
해운·물류	싱가포르는 세계 2위의 컨테이너 항만으로 전통적으로 해운업체(현대, 고려, 흥아, SK 등) 및 물류업체가 다수 진출

---

2) 2001년 6월부터 싱가포르 정부가 추진해 온 '글로벌 트레이더 프로그램(GTP)'은 싱가포르에 이주해 온 트레이더에 각종 세제 혜택을 주는 계획이다. 일정 수준 이상의 트레이더 고용률을 갖추고 싱가포르의 은행과 금융서비스 등을 일정 수준 이상 이용하는 것을 증명하면 법인세율을 5%까지 내릴 수 있다.

업종	기업명
에너지	아시아 최대의 오일 허브로서 SK, GS, 현대, S-Oil 등이 진출해 있으며, 수많은 한국인 오일 트레이더들이 활동 중이며 2020년 액화천연가스(LNG) 트레이딩을 위해 한국가스공사, 한국중부발전, 포스코 인터내셔널, SK, GS 등의 싱가포르에 법인을 설립하여 영업 중
전자	삼성, LG, 하이닉스 등이 동남아 지역 본부를 싱가포르에 설치하고 동남아 지역 외에 인도·대양주까지도 관장
건설	삼성, 쌍용, 현대, GS, SK, 대림, 동아지질, 삼보E&C, 한국특수, 대우 등 10개 건설회사가 진출
금융	세계 4위, 아시아에서는 홍콩을 이어 아시아 2대 금융 허브로 평가받는 싱가포르에는 국민연금, 한국투자공사, 한국벤처투자와 산업은행, 우리은행, 하나은행, 신한은행 등 주요은행과 미래에셋대우, 한국투자증권, 한화자산운용 및 코리안리 등이 진출

출처: KOTRA[2]

2018년 한국의 대 싱가포르 투자액(송금액 기준)은 15.7억 $로 동남아에서 베트남에 이어 2번째 큰 해외투자국이다. 2018년 한국의 대 싱가포르 직접투자 분야는 금융보험업, 도소매업, 운수창고업 등 싱가포르가 물류 허브로서 강점을 가진 산업에 집중되어 있다.

[표 9-13] 한국의 싱가포르 투자동향

(단위: 억 US$, 신고기준)

연도	2013	2014	2015	2016	2017	2018	1980~2018
투자액	5.33	9.8	14.58	11.79	10.5	15.7	117.1
	210건	224건	237건	261건	335건	335건	3,567건

출처: 한국수출입은행[7]

2020년에는 한국에 비해 규제가 적고 투자금 펀딩이 용이한 장점을 이유로 스타트업 기업의 진출 사례도 늘고 있고, 한국 프렌차이즈 음식·미용·의료 업종도 인기가 좋은 편이라 타 ASEAN 국가로 진출하기 전 싱가포르를 일종의 테스팅 마켓으로 제품이나 아이디어를 검증하고 성공가능성을 예측해 보기에 좋은 시장이다.

3) 진출 성공/실패 사례

현지 시장의 이해와 비디오 커머스 마케팅을 통해 수출에 성공한 세이션은 2009년 '그라펜'이라는 남성 전문 화장품 브랜드로 론칭하였고, SNS 인플루언서를 활용한 비디오 마케팅을 통해 온라인상에서 싱가포르 소비자를 대상으로 브랜드 인지도를 높였으며, 싱가포르 1위 전자상거래 업체인 Qoo10에서 카테고리 중 단일 제품 판매량 1위를 달성하였다. 싱가포르 유통시장은 오프라인이 대부분을 차지하고 있어 많은 기업들이 현지 진출에 어려움을 겪고 있으나 세이션은 싱가포르 KOTRA와 함께 2개월가량의 현지 시장조사, 유통체인 파악을 통해 싱가포르 대형 드럭 스토어 3사(왓슨, 가디언, SASA)와 단시간에 미팅을 진행하였고 이후 현지 벤더와 계약을 체결, 5개월 만에 왓슨(Watsons) 60여 개 매장에 그라펜 샴푸 전제품 입점 계약을 완료하는 성과를 가져왔다. 이는 발 빠른 현지 시장정보 조사, 오프라인 드럭 스토어(의사의 처방이 필요없는 의약품 중심으로 건강·미용 상품 등을 판매) 입점결정권자 섭외 및 미팅, 기존 온라인으로 성공한 마케팅 콘텐츠(비디오) 활용 등 3박자가 잘 어우러진 결과였다. 또한 싱가포르에는 특히 한국 건설업체들이 수주한 프로젝트가 상당히 많다. 싱가포르의 상징인 마리나베이샌즈를 건설한 쌍용건설을 시작으로, 국토를 확장하는 매립공사부터 스포츠센터 등 싱가포르 정부사업을 꾸준히 수주하고 있는 현대건설, 지하철 공사를 진행 중인 삼성물산, GS건설은 싱가포르 육상교통청(이하 LTA)이 발주한 철도종합시험선로 프로젝트를 수주하는 등 한국 건설사들은 싱가포르에서 꾸준히 인정받고 있다.

반면 현지 소비 트렌드 및 시장 특성과 맞지 않는 마케팅 전략으로 진출에 실패한 기업도 있다. 국내 운동기구 제조업체 A는 타 동남아 국가에서의 수출 성공을 바탕으로 싱가포르 시장 진출을 시도하였으나, 현지 바이어 발굴에 실패했다. A사는 타 동남아국가에서 성공한 디자인(한글이나 태극기 활용)의 제품을 싱가포르에 적용하면서 세련된 글로벌 브랜드 디자인을 선호하는 싱가포르 바이어의 관심을 얻는 데 실패한 것으로 분석된다. 같은 ASEAN 지역이지만, 국민소득과 종교, 주요 소비자층에 따라 소비자 선호 가격대 및 디자인이 천차만별이기 때문에 세밀한 사전 시장 분석이 필수적이다. 특히, 싱가포르는 글로벌기업 7,000개 사가 있는 지역으로, 일본, 유럽 등 우수한 패키징(포장제) 제품이 시장을 선도하고 있어 어설픈 브랜드 전략은 지양해야 한다.

6

싱가포르 시장을 보는 눈

1) 싱가포르는 ASEAN의 경제 수도

국토가 좁고, 지하자원이 전무한 환경적 여건으로 인해 일찍이 정부 주도의 대외개방형 경제를 추구한다. 이에 주류, 담배 제품, 자동차 및 석유제품 외 무관세 정책을 시행, 자유무역협정에 적극적으로 참여하는 개방형 경제를 지향하고 있다. 2018년 무역액은 전체 GDP의 약 1.9배로, 40% 이상이 중개무역으로 구성되어 있으니 싱가포르에 진출하는 기업들이 내수시장을 공략하기 위한 것이 아니라 마치 한국시장에 진출하면서 본사를 서울에 자리하는 것과 같이 ASEAN 국가에 효율적으로 진출하기 위해 싱가포르를 선택하는 것과 같은 맥락으로 볼 수 있다.

'아시아 비즈니스 중심지'를 목표로 하는 싱가포르는 안정되고, 일관된 정부정책, 친(親)기업정책을 통해 글로벌 기업의 싱가포르 내 유치를 통해 경제발전을 도모하고 있다. 낮은 법인세, 영어 공용화, 투명하고, 빠른 행정절차, 공정한 사법제도, 탄탄한 사회 및 산업 인프라 등의 이점을 제공하기 때문에 7,000여개의 다국적 글로벌 기업들 60% 이상이 싱가포르를 ASEAN 또는 아시아·태평양 지역본부로 선택하였다.

싱가포르는 다인종·다문화 국가로 중국계(74.3%), 말레이계(13.4%), 인도계(9.1%) 및 기타(3.2%)로 구성되어 있고 영어, 중국어, 말레이어, 타밀어를 공용어로 지정하여 사용하며 종교별 인구 구성비를 보면, 불교(33.3%), 기독교(18.3%),

무교(17.0%), 이슬람교(14.7%), 도교(10.9%), 힌두교(5.1%)로 다양하게 나타난다. 심지어 싱가포르는 영주권자 포함 시 전체 인구의 약 40%가 외국인으로 구성될 정도로 외국문화에 대한 개방도가 높고 문화적 진입장벽이 낮다. 대부분의 ASEAN 국가들이 식민지 시절을 거치며 타 종교와 민족에게 배타적인 반면 싱가포르는 진입장벽이 매우 낮은 시장으로 ASEAN 시장 진출의 교두보 역할을 하고 있다. 이런 점들을 바탕으로 특색이 뚜렷한 각각의 ASEAN 국가들을 모두 아우를 수 있는 싱가포르가 ASEAN의 경제수도라고 불리기 시작했을 것이다. 물론 싱가포르 수출 및 투자진출 성공·실패 사례를 미루어보았을 때, 진출 자체는 쉽지만 그만큼 경쟁이 심하므로 강점을 바탕으로 한 차별화 전략, 현지 파트너 모색, 철저한 진출 비용분석이 필수이다.

강점	• 개방경제 시장(기업하기 좋은 환경) • 정치적 사회적 안정성 • 지리적 이점 – 물류허브	약점	• 작은 내수시장 • 저출산과 고령화 • 높은 물가(비싼 임대료 및 인건비)
기회	• 동남아시아 시장 진출의 관문 • 고소득층 인구증가 • 긍정적인 한류 효과	위협	• 글로벌 기업들과의 경쟁 • 높은 대외의존도 • 외국인력에 대한 규제 증가추세

한국의 대(對) 싱가포르 주요 수출 품목을 살펴보면 석유, 반도체, 선박류이고, 주요 수입 품목은 반도체, 석유화학 중간원료 등이며 전자직접회로, 반도체 등 주요 수출품목이 감소를 보인 반면, 화장품은 K‑pop, 드라마 등 한류의 인기로 2018년 기준 203백만 달러로 2016년 대비 약 2배나 증가하며 수출품목 다변화에 가능성을 보여주었다.

향후 한국 기업의 투자 및 진출 유망 분야로는 핀테크 분야를 꼽을 수 있다. 글로벌 IT 컨설팅회사인 Accenture에 따르면, 싱가포르가 중국과 인도에 이어 '아시아·태평양 국가 중 가장 큰 핀테크 시장 투자지' 3위에 뽑혔으며, 싱가포르의 2019년 상반기 핀테크 투자는 2019년 동 분기 대비 4배 증가해 4억 5,300만 미국달러를 기록하였고, 총 투자액의 28%가 인슈어테크(InsurTech), 27%가 전자결제 분야에 투자되었다고 한다. 한국 사람들에게 익숙하지 않지만 '동남아시아의 우버'라고 불리는 공유차량 업체인 그랩(GRAB)도 ASEAN 전역에서 통용되는 그랩페이를 런칭하고 급격한 성장이 예상되는 핀테크 시장을 선점하겠다

[표 9-14] 대 싱가포르 상위 5개 수출품목 및 경쟁동향

(단위: 백만 US$)

순위	품목	순위	국가	2017년	2018년	2019년*
1	원유 등 석유화학	1	말레이시아	8,155	9,728	3,954
		2	중국	4,827	6,355	3,254
		3	러시아	4,007	4,612	2,558
		4	한국	2,484	2,782	1,351
2	전자직접회로	1	대만	20,398	24,060	9,460
		2	말레이시아	9,175	10,132	3,808
		3	한국	10,180	7,368	2,740
4	반도체	1	미국	1,517	1,780	486
		2	일본	846	1,168	325
		3	말레이시아	641	636	205
		5	한국	221	203	95
5	기계 부속/부품	1	중국	2,382	2,243	863
		2	대만	312	418	781
		3	말레이시아	904	1,093	480
		5	한국	139	157	77
6	화장품	1	프랑스	865	1,136	511
		2	미국	300	416	180
		3	일본	232	371	160
		4	한국	142	203	82

주) 2019년은 1~5월 누계기준

출처: GTA, KITA[8]

는 성장전략을 발표하며 본사를 말레이시아에서 싱가포르로 이전하였다. 스타트업 기업들이 지속 성장하기 위해 필수적인 유연한 제도운용과 탄탄한 금융시장을 기반으로 한 펀딩 시스템이 있으니 한국의 젊은 사업가들의 적극적인 진출 소식도 들려오길 기대해 본다.

2) ASEAN 시장 진출의 파트너

글로벌 경제위기 때마다 외국 기업들의 철수 및 배당금 조기지급 등은 글로벌 경기침체 때마다 싱가포르의 가장 큰 고민거리이다. 따라서 외국 자본을 근간으로 성장해 온 싱가포르에게도 자국기업의 육성은 상당히 중요했을 것이고 생각했던 것보다 탄탄한 자본력을 바탕으로 글로벌 시장진출 기회를 노리고 있는 싱가포르 국영·민간기업들이 많다는 점을 주목해야 한다. 작은 내수시장과 낮은 경제성장률을 극복하기 위해 일찌감치 해외진출을 통해 지속적인 성장을 일궈온 한국 기업들의 추진력과 경험은 이런 싱가포르 기업들에게 매력적인 파트너로 보이기 충분하다. ASEAN 국가의 향후 중점 추진 사항 중 하나인 친환경 에너지 사업 분야도 파트너십을 구축하기에 적합하다. 주요 전력공급원이 아직도 석탄발전소인 대다수의 ASEAN 국가들은 신재생 에너지를 전면으로 내세우는 유럽 국가들을 벤치마킹하기엔 무리이기 때문에 한국·일본과 같이 점진적인 에너지원 다변화 정책을 추구할 수밖에 없다. 이미 일본 기업들이 십수 년 전부터 ASEAN에 진출하여 기회를 노리고 있지만 아직 실제로 실행된 사업은 크지 않다. 한국도 아직 그렇지만 개발도상국은 에너지 정책을 정부가 100% 통제하며 국영기업 중심으로 운영되기 때문에 정치적인 관계로 풀어나가야 하는 상황이다. 이런 상황에 일본과 동일한 전략을 따라하기보다는 ASEAN 국가인 싱가포르 기업과의 컨소시엄을 구성하여 한국의 선진 기술력과 에너지 전환정책 실전 경험이 싱가포르의 정치 영향력, 탄탄한 자본력이 함께한다면 ASEAN 시장에서 분명 시너지를 창출할 것이다.

싱가포르도 다른 ASEAN 국가들과 마찬가지로 중국자본의 의존도가 높다. 한 국가에 대한 의존도가 지나치게 높아지는 것을 지양하려는 싱가포르 정부에게도 경제규모 세계 10위 수준의 한국은 같이 손을 잡기에 부담이 적고 매력적인 파트너가 될 것이다.

[표 9-15] 싱가포르 국가별 수출입 현황

(단위: 백만 US$)

수입				수출			
순위	국가	2017년	2018년	순위	국가	2017년	2018년
1	중국	25,205	28,818	1	중국	30,467	29,360
2	말레이시아	21,787	24,727	2	홍콩	26,067	27,074
3	미국	19,757	23,387	3	말레이시아	21,065	25,097
4	대만	14,787	17,622	4	미국	13,296	17,671
5	일본	11,642	12,839	5	인도네시아	15,456	19,611
6	인도네시아	8,326	8,811	6	일본	9,626	11,568
7	한국	9,295	7,990	7	대만	9,859	9,457
8	프랑스	4,894	5,931	8	한국	9,606	9,415

출처: GTA[8]

7

싱가포르 에필로그

1) 현지인이 추천하는 숨은 관광 스폿

싱가포르는 작은 국가여서 3박 4일이면 '더 이상 볼 것이 없다'는 인터넷 블로그의 글을 본적이 있다. 하지만 이런 생각을 하시는 분들이 있다면 절반은 맞고 절반은 틀리다고 반박하고 싶다. 싱가포르보다 작은 서울도 관광지를 찾아보면 일주일을 돌아도 다 경험했다고 할 수 없을 것이다. 누구나 알 수 있는 마리나베이, 센토사 말고 정말 현지인이 강력 추천하는 장소 3곳을 선정해 보았다.

1887년 개관하여 100주년이 되는 1987년엔 국가기념물로 지정된 래플즈호텔은 싱가포르에 방문하는 지인들에게 항상 추천하는 호텔이다. 2020년 2년간의

[그림 9-6] 래플즈호텔 & 싱가포르슬링 칵테일

리노베이션을 거쳐 2019년 재개장했기 때문에 깔끔한 시설은 물론이고 역사적인 매력을 그대로 간직하고 있어 특색 없는 호텔에 투숙하는 것과는 차원이 다른 만족감을 준다. 개인적으로 현재 싱가포르의 랜드마크가 된 마리나 베이 샌즈 호텔보다 더 추천하고 싶은 호텔이다. 게다가 싱가포르하면 떠오르는 대표 칵테일 싱가포르슬링의 탄생지이기도 하니 방문하지 않을 이유가 없다.

해안가를 따라 산책로를 만들어 놓은 'East Coast Park'는 자전거를 대여해 주는 곳이 곳곳에 있어 한적하게 자연을 느끼며 힐링을 하기에 충분하다. 지인들이 싱가포르에 방문하면 꼭 한번은 함께 이곳으로 간다. 중간중간에 스타벅스를 비롯한 예쁜 카페들과 맛집도 많으니 반나절 정도 시간을 내서 꼭 한번 경험하기를 추천한다. 해안가에 글램핑 대여업체도 있어 사전에 인터넷으로 예약하면 색다른 경험도 할 수 있다. 공원이 입구와 출구가 따로 있는 것이 아니라 해안가를 따라 길게 자리하고 있는 것이다 보니 지하철보다는 그랩 택시를 타고 스타벅스 East Coast Park 지점에서 내리는 것이 처음 방문하는 사람들에겐 가장 편한 방법이다.

[그림 9-7] EAST COAST PARK

출처: 저자 촬영

어디를 가도 멋있고 세련된 미래도시 같은 싱가포르의 도심도 좋지만 하루 저녁은 꼭 '아랍 스트리트'에서 버스킹을 안주 삼아 맥주 한잔 하기를 추천한다. 다양한 인종이 모인 싱가포르에서도 단연코 가장 이국적인 경험을 할 수 있는 곳이다. 또한 바로 뒷골목에 있는 이슬람 사원 앞에 간다면 알라딘 영화 속으로 들어간 것 같은 묘한 느낌을 받을 것이다. 도심에 위치해 있고 지하철을 이용한다면 파란색 라인인 부기스(BUGIS) 역에서 내리면 된다.

[그림 9-8] 아랍스트리트 전경

2) 현지인이 추천하는 숨은 맛집

(1) 페퍼크랩 맛집 뉴 우빈(New Ubin)

싱가포르에는 다양한 맛집이 있지만 싱가포르에 온다면 필수로 먹어야 하는 메뉴는 무조건 칠리크랩이다. 한국사람들에게도 많이 알려진 점보씨푸드도 맛있지만 가격에 비해 시장에 와있는 것 같은 혼잡한 분위기가 싫다면 뉴 우빈 차임스(New Ubin CHIJMES)를 추천하고 싶다.

칠리크랩이나 페퍼크랩 같은 씨푸드 요리뿐만 아니라 스테이크도 아주 맛있기 때문에 보다 다양한 음식을 함께 맛볼 수 있는 것도 장점이다. 인기가 아주 많은 곳이라 그냥 방문하면 대기만 한 시간 넘게 할 수 있다. 하지만 인터넷에서 상호명을 검색하면 클릭 한 번으로 예약이 가능하니 꼭 사전에 자리를 잡고서 방문하는 것이 좋다. 또한 뉴 우빈 차임스가 자리하고 있는 차임스(Chijmes)는 과거 성당과 고아원이 있던 자리를 부동산 개발업체가 수십 개의 맛집 타운으로 개발한 곳이라, 특히 저녁 6시 넘어서 방문하면 인스타 감성을 살려서 멋진 사진을 남길 수 있다.

[그림 9-9] 차임스 및 대표 메뉴 페퍼크랩

출처: 저자 촬영

<h1 style="text-align:center">〈참고문헌〉</h1>

1) www.pn.or.kr

2) news.KOTRA.or.kr

3) ko.wikipedia.org

4) data.imf.org

5) www.forbes.com

6) eiec.kdi.re.kr

7) www.koreaexim.go.kr/oeis

8) stat.kita.net

前 아모레퍼시픽 태국법인 에뛰드 브랜드장 이규호

제 **10** 장

우리가 모르던
태국

동남아국가연합 ASEAN
Association of Southeast Asian Nations

태국 프롤로그

"따르릉 따르릉~!", "일정을 취소하고 예약해 둔 비행기 편에 맞춰서 그냥 복귀하셔야 할 것 같습니다!" 중국 상하이 푸둥 공항에서 상해지사 사무실로 가던 택시 안에서 받은 전화였다. 본사 인사담당자로부터 상하이에서 받은 첫 전화의 내용은 중국 파견근무의 취소였고 아마도 태국과의 인연은 이때부터 시작되었던 것 같다.

해외 파견 전에 회사에서는 파견 대상자를 파견지로 사전 출장을 보내어 향후 파견 근무 시 거주할 숙소를 찾아 계약하고 이것저것 거주에 필요한 업무들을 하도록 하는 일정이 있다. 상해 지사에 파견 발령이 나서 근무를 하게 되었다는 이야기를 듣고 주변 사람들과의 작별인사를 하는 등 신변정리를 하고 사전 출장을 갔으나 회사의 사정으로 인하여 중국 파견이 갑작스럽게 취소되었던 것이다. 그리고 저자는 다시 중국이 아닌 태국 주재원으로 새로운 인생이 시작되었다.

싸와디캅(สวัสดีครับ), 너무나 많은 사람들이 알고 있는 태국 인사이다. 영어와는 다르게 태국어도 한국어처럼 존칭의 표현이 있다. 남자는 문장의 마지막에 '캅', 여자는 '카'를 붙여 존중을 표현한다. 인사할 때 합장을 하듯이 양 손바닥을 맞대어 가슴 앞에 올리고 고개를 가볍게 숙이며 인사하는 방식은 태국어로 '와이(ไหว้)'라고 하며 수백 년 전 잉글랜드에서 손에 무기가 없다는 것을 증명하기 위해 손을 내밀어 맞잡고 흔들었다는 악수의 기원처럼 양손을 가슴 앞에 보여 내가 당신을 해칠 의도가 없다는 존중의 표현이다.

그 국가의 언어와 인사법에서 알 수 있듯이 태국 사람들은 매우 예의 바르고 상대방에게 호의적이며, 또한 흥이 많아 일반 사람들도 끼가 많고 놀기를 좋아하며 사진 찍기를 좋아한다. 2020년 붐을 일으키고 있는 한국의 트로트(뽕짝)처럼 태국에도 컨트리송이 있으며 이 노래는 도심 여기저기에서 간간이 쉽게 들을 수 있다.

이런 생활 습관, 문화, 관습 등이 반영되어 태국은 ASEAN 대표 관광지로 잘 알려져 있다. 누구나 한 번쯤은 들어봤거나 가봤을 파타야! 영화 '007 황금총을 가진 사나이' 촬영지로 유명해진 푸켓! 왕족의 휴양지로 도심에서 멀지 않으나 조용하고 깨끗한 후아힌! 2020년 한국에서도 한 달 살기로 가장 선호되고 있는 치앙마이! 등 너무나 유명한 지역이 많다. 하지만 태국의 가장 핵심은 누가 뭐라해도 수도 방콕이다. 유흥과 관광, 쇼핑으로 최적화되어 있는 장소이며 다양한 볼거리, 먹거리, 즐길 거리로 가득하다. 이런 매력 때문인지 '한 번도 안 와본 사람은 있어도 한 번만 온 사람은 없다'는 말처럼 방콕은 매력포인트가 정말 많은 도시이다. 이를 입증하듯 방콕은 전 세계 관광도시 랭킹의 상위권 타이틀을 항상 움켜쥐며 전 세계 관광객들의 발길을 끌어들이고 있다.

[표 10-1] 2018 전 세계 관광도시 랭킹

순위	도시명	입국자 수	상승(vs 2017)
1	홍콩(Hong Kong)	29,827,200	+ 6.98%
2	**방콕(Bankok)**	**23,688,800**	**+ 5.50%**
3	런던(London)	20,715,900	+ 4.48%
4	마카오(Macau)	18,931,400	+ 9.20%
5	싱가포르(Singapore)	18,551,200	+ 5.92%

출처: 유로모니터 Top 100 City Destinations[1]

저자는 이러한 방콕에 2015년 5월에 회사에서 운영하는 해외 지역전문가 프로그램으로 파견 나와 주재원으로 전환되어 근무하다가 총 5년간의 타지 생활을 마치고 2020년 4월에 귀임을 하였다. 태국어는 고사하고 영어마저 속된 말로 젬병에 그 흔한 어학연수 한번 다녀오지 않았고, 가장 길게 다녀온 해외 여행도 일주일이 전부였던 나의 과거를 되돌아본다면 이렇게 오랜 세월 해외에서 거주하였던 태국 주재원 생활은 나에게는 정말 인생에서 쉽게 얻을 수 없는 소중하고 값진 경험이었다.

본래 수학과 과학을 좋아하여 이과로 진학을 했어야 마땅한 나의 뇌 구조는 어문학적으로는 타고난 능력도 관심도 없던 내가 단지 눈이 색약이어서 향후 취업에 불이익이 있을까 봐 문과를 선택했었고, 대학을 졸업하고 모든 학업을 마칠 때까지 영어와 씨름을 했던 나는 졸업을 하기 위해 토익 700점 커트라인을 턱걸이로 넘겨 점수를 만들자마자 영어와 작별을 했었다. 영어가 싫어서 지금은 당연시 여겨지던 영어 말하기 점수(OPIC이나 TOEIC Speaking) 하나 없었고 해외 경험마저 전무하였지만 얼떨결에 상해에서 해외파견 근무에 대한 맛만 보고 오니 내 스스로가 좀 허무했었던 것 같다. 그때부터 해외 근무를 한번 해 보자는 목표와 오기가 생겼고 회사에서 진행하던 파견후보자 과정을 신청하여 필수 자격조건이던 오픽점수를 2개월간의 밤낮 가리지 않은 영어홀릭으로 IL(Intermediate Low)에서 IH(Intermediate High)까지 극적으로 4단계나 올려 해외 지역전문가라는 기회를 얻을 수가 있었다.

위에서도 언급했듯이 나는 어문학적 능력도 뛰어나지 않고 글 쓰는 일을 직업으로 하는 전문 작가도 아니다. 2021년 현재 재직 중인 회사에서 첫 번째나 다름없는 두 번째 직장을 시작하였고 2021년으로 15년째 근무하고 있는 평범한 직장인으로서 나의 짧지 않았던 5년간의 태국 생활 경험을 바탕으로 서술하고자 한다. 이미 서점에는 훌륭하고 지식이 많은 작가들이 저술한 태국에 관련된 다양한 책들이 많이 있다. 또한 네이버와 구글에는 태국 관련 키워드만 입력해도 내가 원하는 정보를 쉽게 얻을 수 있다. 하지만 해외 생활 및 해외 사업과는 거리가 멀 것 같았던 진정한 로컬(토종 한국인)이었던 내가 이국 땅 태국에서 현지 에이전트(운영대행사)의 사업을 모두 철수시키고 다시 바닥부터 시작해 사업 리빌딩 및 브랜드를 재론칭하면서 경험했던 것들을 조금이라도 공유하고자 한다. 또한 나와 같은 해외 경험이 전무했던 사람도 다양한 현지 파트너들 및 외국인 직원들과 교감하고 커뮤니케이션하며 성과도 좋아서 사내 글로벌 우수 비즈니스 시상도 2년 연속 수상하는 등의 결과를 만들 수 있다는 가능성을 보여주고 싶다. 2020년까지 실무를 하면서 현지에서 얻고 느꼈던 주관적인 정보들을 태국 진출 계획이 있거나 고려 중인 분들께 작은 이해의 연결고리가 되었으면 하는 바람에 글로 정리해 보고자 한다.

1

태국의 개요

1) 태국의 지리

태국은 동남아시아 대륙의 중심부에 위치해 있으며, 인도차이나반도와 말레이반도 사이에 걸쳐 게이트웨이 역할을 하고 있다. 동쪽으로는 캄보디아와 라오스, 서쪽으로는 안다만해(버마해)와 미얀마, 남쪽으로는 타이만과 말레이시아와 접해 있다.

[그림 10-1] 태국 주변 지형

국토의 면적은 51만 4,000km²로 미국 캘리포니아주나 프랑스와 유사한 크기이며 한국의 5배 정도이다. 자연환경에 따라 크게 다섯 개의 지역으로 구분되고 그 지역마다 여러 특징을 보인다.

북부지역은 높은 산악지대로 라오스, 미얀마와 접경지이다. 남북방향의 높은 산맥이 줄지어 있고, 산맥 사이사이에 치앙마이, 치앙라이, 람빵 등 작은 분지가 형성되어 있다. 또한 하천 골짜기를 이용한 교통로가 발달되어 있다. 태국에서 가장 생산성이 높은 농업지역이며, 기후는 비교적 시원한 편이고 12월 한 달은 제법 쌀쌀함이 느껴진다. 코끼리들이 숲에서 일을 하고 딸기나 복숭아와 같은 과일을 재배하기도 하지만 한국의 딸기처럼 맛있지는 않아 한국 딸기에 대한 인기가 높으며 비싼 가격에 판매되고 있다.

북동부지역은 거의 전역에 코랏 고원이 펼쳐져 있고 강우량이 적어 농작물이 자라기 어려워 경제적 빈곤이 문제가 되고 있다. 태국 중부 동쪽 끝은 산맥들에 의하여 막혀 있다. 이 산맥들은 중부와 동북부를 갈라놓았는데, 산맥 서쪽은 가파르고 무성한 삼림지역이고 동쪽은 광활한 대지로 전 국토의 약 33%를 차지한다. 이 지역은 이산이라고도 불리며 한국에서도 흔히 이산 또는 이싼 지역 음식을 판매하는 태국음식점을 종종 볼 수 있다. 파파야 샐러드인 쏨땀이 대표적인 이산지역의 음식이며 한국의 전라도처럼 태국의 대표적이고 유명한 음식들이 많은 지역이기도 하다.

중부지역은 짜오프라야 강이 형성한 거대한 삼각주에 드넓은 평지가 있어 세계에서도 손꼽히는 벼농사 지대를 형성하고 있다. 짜오프라야 강은 서울의 한강처럼 태국 제일의 하천으로 중부 교통의 대동맥이면서 생활 및 농업 생산에 필요한 수자원을 공급한다. 태국 중부지역의 대부분을 구성하는 짜오프라야 삼각주는 신델타[1]와 구델타로 구분된다. 신델타는 아유타야에서부터 해안에 이르는 드넓은 지역이며, 19세기 말부터 벼농사 경작지를 확장시키며 오늘날 태국 제1의 곡창지가 되었다. 구델타는 육지로 만들어진 땅이며, 자연 제방과 습지로 인하여 깊은 물에서도 잘 자라는 부도라는 벼 품종이 재배되고 있다. 품질 좋은 열대 과일도 이곳에서 많이 재배된다. 태국 중부지역의 서쪽 끝자락은 미얀마와 국경을 이룬다.

---

1) 델타는 삼각주의 영문 명칭이며 그리스의 역사적인 헤로도토스가 이집트를 방문하였을 때 나일강에 존재하는 섬들이 그리스 문제 델타와 비슷하여 유래되었다.

남부지역은 말레이반도의 일부를 포함하며, 대부분이 산지이나 타이만에 잇닿은 동쪽 해안에는 소규모의 해안평야가 형성되어 있어 자급자족할 정도의 벼농사가 이루어진다. 파라고무나무가 있고, 주석 채굴이 활발하며 어업도 활성화되어 있다. 또, 우기가 중부지역보다 긴 것으로도 잘 알려져 있다.

[그림 10-2] 태국 지도

태국 기후는 우기와 건기의 차이가 뚜렷한 열대몬순 기후이다. 열대우림 기후보다는 덜 습하고 사바나 기후보다는 덜 건조한 중간 정도 되는 기후이다. 열대 몬순 기후는 동남아시아의 대표적인 기후이다. 태국의 연평균 기온은 섭씨 27도로 일년 내내 한국의 여름 같은 날씨가 계속 된다. 5월부터 11월은 우기에 해당하며, 12월에서 4월은 건기이다.

태국에서는 사계절이 딱히 없고 현지인들은 여름, 덜 더운 여름, 매우 더운 여름으로 계절이 구분된다고 우스갯소리로 이야기한다. 참고로 매우 더운 여름은 4월이다. 4월에는 불력을 세는 태국의 새해 명절이 있다. 그 기간을 송크란이라고 하며, 세계 5대 축제*로 잘 알려진 송크란 페스티벌(물 축제)도 해당 명절 기간 동안 진행된다. 반면에 12월 딱 한 달은 한국의 초가을 날씨와 같이 선선하고 바람도 불어 관광하기에 너무 좋은 기간이다. 겨울이 있어 추위에 익숙한 우리에게는 태국의 12월도 한낮에는 열기를 살짝 느낄 수 있지만 열대몬순 기후의 태국 국민들은 12월에는 다소 추위를 느끼며 건조함도 느낀다. 태국에서 과연 누가 구매를 할까 의아해하며 봤던 글로벌 스파 의류브랜드(자라, H&M, 유니클로 등)의 아우터 같은 겨울 옷을 현지인들도 해외 여행 시나 12월의 신선한 날씨 때문에 구매가 이루어진다. 특히, 북쪽지역의 12월은 태국인이 느끼기에는 상당히 쌀쌀하다. 아직 태국을 관광하지 않았던 독자라면 12월에 방문하여 루프탑바에서 선선한 바람과 함께 방콕의 야경을 느껴보기를 적극 추천한다.

> *세계 5대 축제: 공신력 있는 기관에서 선정한 것은 아니지만 흔히 거론되는 세계 5대 축제들은 브라질 리우 카니발(쌈바 축제), 독일 옥토버페스트(맥주 축제), 일본 삿포로 눈 축제, 스페인 토마토 축제, 태국 쏭끄란(물 축제), 이탈리아 베니스 카니발(마스크 축제), 중국 하얼빈 빙설제, 몽골 나담 축제 등이 있다.

2) 태국의 인구

태국의 인구는 2020년 태국 통계청 기준 약 6,980천만 명(세계 20위)에 이르며 전 세계 인구의 약 0.9%를 차지한다. 태국인은 대표적으로 타이족, 중국계(화교), 말레이계 그리고 기타 소수민족으로 구분할 수 있다. 타이족은 전체 국민의 80% 이상을 차지하고 중국 남방민족에서 유래되었다고 한다. 체구가 작고 검은 피부가 특징이다.

타이족 다음으로 많은 중국계(화교)는 전체 국민의 13.5%를 차지한다. 태국 외에 일부 국가에서도 볼 수 있듯이 화교들의 영향력은 매우 크며 태국 역시 경제의 모든 분야에서 화교들이 중요 지위와 역할을 담당하고 있다. 태국 산업에서 화교자본은 상업 및 제조업 90%, 철강업 70%, 운수업 70%, 상업 80%를 차지하고 있다는 자료도 있으며 태국에서 대표적인 리테일 기업(유통기업) CP그룹의 오너도 화교이다. 화교에 대한 태국인의 인식은 태국인의 조상이 중국계라고 하는 일부 주장도 있다.

말레이계는 전체 국민의 2.9%를 차지한다. 말레이계 무슬림들은 태국 남부지역에 12세기부터 정착하여 살고 있다. 타이족과는 문화적, 언어적으로 일정부분 분리되어 살고 있으며 태국인들에게는 손님이라는 의미의 '캑'으로 불려지기도 한다. 소수민족은 태국 전체 국민의 2.5%를 차지하며 인도인, 베트남인, 몬인, 크메르인, 미얀마인 및 고산족 등이 있다. 고산족은 대개 북부의 미얀마와 라오스 국경지역에 거주하며 아카족, 카렌족, 리써족, 야오족, 매우족, 까리앙족, 라후족 등의 여러 종족으로 구분된다. 고산족들은 삼림자원과 수자원의 훼손, 아편재배 등의 문제로 태국 정부와 갈등을 야기하고 있다.

저자가 거주하였던 수도 방콕은 워낙 다양한 인종이 많은 국제 도시이기 때문에 순수 타이족은 줄어들고 있어서 키가 작은 편이고 다소 검은 피부를 가진의 순수 타이족 비율이 80%라는 수치를 믿기 어려웠다. 피부가 하얀 사람도 매우 많았으며 그들은 보통 중국계 또는 치앙라이, 치앙마이와 같이 북부 또는 북동부지역이 고향인 사람들이 대부분이었다. 또한 태국에서는 피부가 검은 사람은 가난하다고 여겨져 선호하지 않기에 하얀 피부 톤이 태국에서는 미의 선호 대상이 되고 있다. 이런 이유로 태국에서 한류와 더불어 K뷰티의 열풍이 한몫을 하기도 하였다.

태국의 성별은 남성이 49%, 여성이 51% 정도로 기록되고 있으나 우리가 알다시피 태국에는 워낙 다양한 종류의 성별로 인하여 태국인이 체감하는 남녀의

[표 10-2] 태국 민족구성 비중

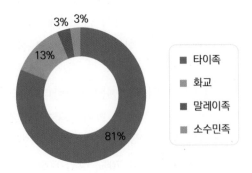

- 타이족
- 화교
- 말레이족
- 소수민족

[그림 10-3] 태국 소수민족 카렌족

성비는 남성이 40% 여성이 60%라고 한다. 실은 이러한 성비의 불균형과 다양한 성정체성으로 인하여 태국 여성들이 다른 국적의 남성들과 결혼하는 일이 더 흔해지고 이런 이유로 순수 타이 혈통이 줄어드는 것으로 저자는 보고 있다. 태국 현지의 여성 친구들은 태국에서 결혼하기는 정말 어렵다고 말한다. 어떤 친구는 농담 반 진담 반으로 태국 남성들의 10%는 절에 있고, 10%는 감옥에 있으며, 다른 10%는 성전환을 하였고, 또 다른 10%는 서로 사랑하고, 그 외 10%는 성병에 걸려 있다며 그 이유를 이야기한 적이 있다. 참고로 태국은 '성전환 수술의 메카'로도 잘 알려져 있다. 전 세계 많은 트랜스젠더들이 성전환 수술을 받기 위해 태국을 방문한다. 태국의 인구 7천만 명 중 약 100만 명이 트랜스젠더로 알려져 있으나 파악되지 않은 수는 더 많을 것으로 본다. 태국의 일반 의술 또한 매우 높은 수준이며 아울러 의료비용도 저렴(미국 대비 50~70% 저렴하다)하여 의료관광 비중도 매우 높은 편이다. 2012년에는 총 120만 명의 의료관광객이 태국을 방문하였으며 의료관광국 1위를 차지하기도 하였다.

태국인들 사이에서는 성별을 매우 세분화하여 나누면 총 13가지로 분류될 수 있다고 한다. 우리가 일반적으로 말하는 '트랜스젠더'의 사전적 의미는 '생물학적으로 타고난 성과 정신적인 성이 일치하지 않는 사람'이다. 태국에는 이처럼 다양한 트랜스젠더들이 있다. 레이디 보이, 게이, 톰 보이, 레즈비언 등 종류도 다양하며 ASEAN에서 특히 태국에서는 이런 트랜스젠더 문화가 도드라져 있기 때문에 우리의 시선으로 이러한 태국의 성문화를 판단해서는 안 된다. 태국에서 유독 이러한 다양한 성문화가 발달한 이유는 무엇일까? 가장 많이 들었던 이유 한 가지만 언급하자면, 바로 태국의 대중 종교인 불교의 영향이다. 불교의 가장 큰 사상은 '윤회사상'으로 전생의 업으로 인해 남성으로 태어났으나 정신은 여성성을 가지고 태어났다고 인정하거나 생각하는 경우가 태국에서는 자연스러운 생각일 수 있기 때문이다.

가장 중요한 사실은 ASEAN은 다양성이 많은 지역이기에 나와 다른 생각을 갖고 있다고 배척하기 전에 다양성이라는 부분과 그 이유를 조금만 헤아려 본다면 그 나라 사람들과 자연스럽게 어울릴 수 있을 것이다.

[그림 10 - 4] 트랜스젠더 쇼로 잘 알려진 태국 알카자쇼

[표 10 - 3] 태국 인구수 및 성장률 변화

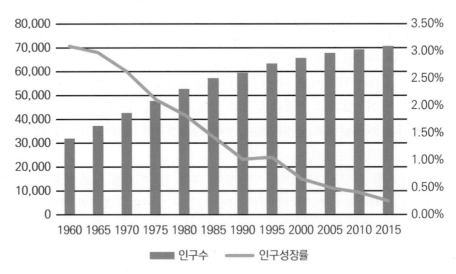

출처: www.worldometers.info[3]

3) 태국의 정치

태국은 1932년 12월 절대군주제에서 입헌군주제를 도입하였다. 그러나 1932년부터 최근의 2014년까지 총 21차례의 쿠데타[2]가 발생하며 매우 혼란스러운 정치 역사를 겪었다. 입헌군주제는 1932년 쿠데타에 의해 도입되었으나 국왕의 영향력은 종교, 정치, 산업 전방위로 작용하고 있다. 그리고 국왕의 영향력뿐 아니라 군부의 영향력도 강하다.

2006년 9월 탁신 총리가 사회 분열을 초래하고 부정부패로 개인 이득을 취했다는 이유로 당시 부총리 겸 육군사령관인 손티가 쿠데타를 일으켰다. 쿠데타 이후 과도정부가 설치한 헌법기초의회의 개정안에 대해 2007년 8월 국민투표를 통하여 제17차 개정헌법을 채택하였다. 2008년 탁신 세력인 팔랑쁘라차촌(국민의 힘)당이 선거에 승리하였으나 탁신 반대 세력의 반발 등으로 사임하게 된다.

[그림 10-5] 2020 태국 반정부 시위 모습

출처: 저자 지인 촬영

2) 쿠데타: 프랑스어로 무력으로 전력을 찬탈한다는 의미로 1851년 나폴레옹의 조카인 나폴레옹 3세가 대통령 임기를 연장하기 위해 쿠데타를 일으켜서 이때부터 근대국가에서 불법과 폭력적 수단으로 전력을 차지하는 것을 쿠데타라 칭한다.

이를 계기로 태국에서는 반정부 시위가 일어났으며, 이 결과 최소 27명이 사망하고 천여 명이 부상당했다. 이후, 태국은 왕당파 시위대 노란 셔츠(국왕 및 왕실, 고위 관료, 군부, 도시 중산층으로 구성)와 반대파 시위대인 빨간 셔츠(농민과 도시빈민으로 구성된 탁신의 지지자)로 인해서 혼란을 겪었다.

2013년 11월 탁신의 여동생인 잉락 총리가 추방된 탁신에게 태국으로 돌아올 기회를 열어주는 사면 법안을 급히 통과시켜 방콕 중심으로 또 대규모 반정부 시위가 거세게 발생되었다. 당시 잉락 총리 정권의 배경이 되는 여권의 빨간 셔츠들과 야권의 노란 셔츠 세력들의 팽팽한 대결로 불안정한 형세가 지속되었다. 이에 2014년 5월 당시 육군사령관이었던 현 쁘라윳 총리가 쿠데타를 일으켜 정권을 장악하고 다시 군정 통치가 이뤄졌다.

2019년 3월 군부 쿠데타 이후 5년 만에 총선이 실시되었고 6월 상하원 합동 의회에서 쁘라윳 총리를 새 총리로 선출하여 국왕 재가를 받고 공식 취임을 하였다. 하지만 부정선거 의혹을 떨치지는 못하였다. 민주주의를 요구하던 미래전진당인 야당이 해산되고 코로나로 인해 경제가 어려워지면서 서민들의 삶이 붕괴되고 레드불 창업주 손자의 교통사고 사건[3]이 불기소 처리되면서 정부에 불만이 가득 찬 국민들이 군사정권의 퇴진과 총리 사퇴, 민주주의를 요구하는 대규모 반정부 시위가 발생하게 되었다. 하지만 이런 민중의 소리는 국왕과 군부에 의해 여전히 받아들여지지 않고 있다.

태국의 수도는 방콕(끄룽텝)이며 치앙마이와 같은 주요 도시가 있다. 행정 구역으로는 위치에 따라 5개 지역(중부, 동부, 북부, 북동부, 남부)에 76개의 짱왓(도, province)으로 나뉜다. 중부에는 앙텅 등 19개, 동부에는 차층사오 등 7개, 북부에는 치앙마이 등 17개, 동북부에는 암닛짜른 등 19개, 남부에는 춤폰 등 14개의 짱왓이 있다.

태국의 외교는 동남아시아에서 유일하게 서구열강의 식민통치를 받지 않고 독립을 유지하였으며, 이에 대한 태국인들의 자부심은 매우 대단하다. 1855년 보링 조약으로 영국에게 자유 무역항을 승인하고 영국인들에게 치외법권을 인정하였으나 프랑스와 영국 사이를 오가는 그네타기 외교에 성공함으로써 식민

---

3) 전 세계적으로 유명한 음료 회사인 레드불 창업주인 손자(오라웃 유위티야)가 2012년 오토바이를 타고 근무 중이던 경찰을 페라리로 들이받아 사망케 한 사건. 8년 만인 2020년 검찰이 최종 불기소 판결을 내리면서 재벌 봐주기 논란이 있었다.

[그림 10-6] 태국 행정 구역 지도

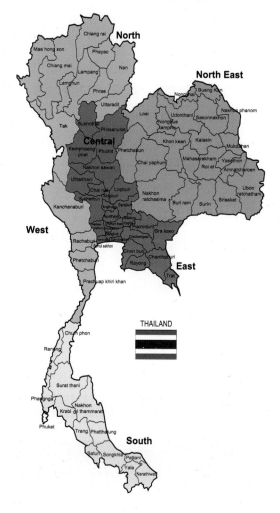

지화를 피할 수 있었다. 제1차 세계 대전이 일어났을 때 태국은 친독일정책이었다. 프랑스와 영국에는 많은 영토를 빼앗긴 적이 있었지만 독일은 철도 개발에 도움을 주었고, 태국 영토에 욕심을 보이지 않았기 때문이다. 라마 6세는 1914년 중립을 선포하고 전쟁 종반까지 이를 고수하였다. 1917년 미국이 독일에 대해 선전포고를 하고 연합국 측의 승리로 기울어지자, 라마 6세는 중립을 중단하고 독일에 선전포고하였다. 이와 같은 입장 변화가 태국에 막대한 이익을 가져왔다. 파리 강화 회의(1919년)가 열렸을 때 태국은 전승국의 입장으로 참가하고 국제 연맹의 정회원국이 되어(1920년) 불평등조약을 갱신하는 계기가 되었다. 1차 세계 대전 당시 태국 외교는 이중 외교이며 주위 정세에 따라 흔들리는 대나무 외교를 택하였다. 제2차 세계대전 후 미국과 적극적인 친밀 관계를 맺어 많은 경제원조를 받았다. 이에 2021년 현재도 미국기업이나 브랜드들은 태국에서 비즈니스를 할 때 우대를 받는 경우가 있다. 예를 들어 태국 내에서 100% 외국 자본 기업의 경우 소매업을 하려면 오프라인 매장을 오픈하기 위해 매장당 자본금 2천만 밧(한화 약 8억 원)을 증자하여야 한다. 이 때문에 외국 기업이나 브랜드의 경우 태국 내에 매장 확산이 쉽지 않으나 대표적인 미국 브랜드인 스타벅스의 경우 별다른 자본금 증자 없이 매장 확산이 가능하다. 미국과 친밀한 관계를 맺으면서 공산진영과도 외교 관계를 유지해 왔고 이러한 이유로 저자도 방콕에서 북한 사람들이 직접 운영하는 북한 음식점을 몇 번 방문해 볼 수 있었다. 이러한 외교정책으로 태국은 동남아시아 지역 내에서 정치적 영향력이 가장 크다.

4) 태국의 종교

[그림 10-7] 태국 국기

태국은 거의 모든 국민이 불교신자이다. 태국인의 95% 이상이 소승불교[4]를 믿고 있으며 종교에 대한 자유를 헌법이 보호하고 있지만 불교 외의 교세 확장에 대해서는 조심스럽다. 태국에서 불교는 오랜 과거부터 현대에 이르기까지 국가 운영의 철학으로 자리하고 있다. 태국인의 불교에 대한 영향력은 매우 크며,

---

4) 소승불교는 한 사람 한 사람 개인의 해탈을 얻도록 하는 불교의 보수적 정통 유파로 동남아시아에 전파. 반면, 대승불교는 동북아시아 중심으로 전파된 보살이 되는 것을 이상으로 하는 불교계의 진보적 성향의 유파.

이는 국기에서도 찾아볼 수 있다. 태국의 국기는 태국어로 삼색기라는 뜻의 '통 뜨라이롱'이라고 하며 라마 6세의 집권기인 1917년 10월부터 현재의 모양인 중앙의 청색과 그 위아래 흰색, 양 가장자리 위와 아래의 붉은색으로 되어 있는 국기를 사용하고 있다. 중앙의 청색은 왕을, 그 위아래의 흰색은 불교를, 가장 위아래의 붉은색은 국민을 나타내며 국기에 불교의 의미가 들어가 있을 정도로 태국에서의 불교는 단순한 종교 이상의 의미를 갖고 있다.

한국의 국방의무처럼 태국의 건강한 남자라면 누구나 결혼 전에 '부엇껀비얏'이라고 불리는 승려 수업을 거쳐야 한다. 태국에는 약 3만여 개의 사원이 있으며, 사원은 단순히 승려의 거처가 아닌 국민들의 생활과 밀접히 연관되어 여러 가지 기능을 수행하는 곳이다. 예로부터 사원은 병원, 학교, 양로원, 고아원, 때로는 재판정의 기능도 했다. 태국 삶의 많은 측면에 불교가 배어 있고 국민들은 고위승려들을 높이 존경하여 사업지, 가정, 또는 택시 안에도 고위승려들의 사진을 쉽게 찾아볼 수 있다. 일 년 내내 다양한 불교 휴일이 있으며(특히 음력 보름날) 태국의 불교신자들은 불교휴일이나 특별한 경축일에 '왓(사원)'을 방문하여 부처님께 공양을 드리고 승려에게 시주하며 본인의 공덕을 쌓는다.

태국불교에는 몇 세기 전부터 존재한 애니미즘[5]과 힌두사상에서 유래된 여러 정령숭배의 영향이 배어 있다. 대부분의 태국 가정이나 건물에는 '영혼의 집'이 있으며 그 장소의 영혼을 달래기 위하여 시주를 한다. 태국 국민들은 새 집이나 새 사업지로 이주할 경우 승려를 모시고 축복을 기원하고 전국적으로 찾아볼 수 있는 불상이나 힌두교 신전에 향을 태우고 숭배한다. 이는 매우 대중적인 모습이며 태국에서 외국계 기업인 저자의 회사에서도 사무실 확장을 위하여 승려를 모셔 사무실 레이아웃을 기획하는 데 조언을 구하였으며 쇼핑몰에 입점한 점포에서도 매장의 판매직원들이 창고와 휴게실 같은 곳에 조그만 불상을 모셔 두고 손님과 매출이 많도록 기원하며 매일 음료수나 과일을 시주하는 광경도 생활 속에서 쉽게 접할 수 있었다.

불교가 사회적으로 깊이 자리 잡고 있는 태국에서, 승려는 왕족 다음으로 절대적인 지위를 갖고 있으며, 국민들의 존경을 받고 있다. 국왕을 비롯한 왕실의 사람들도 승려 앞에서는 무릎을 꿇고 절하지만, 승려는 오직 부처님에게만 절을

---

5) 애니미즘은 모든 대상에 영(靈)적인 능력이 있다고 믿는 세계관으로 주로 원시종교의 특성을 설명할 때 사용되는 용어이다.

한다는 이야기가 있을 정도로 그들의 위상은 매우 높다. 우리가 태국 방콕에서 한 번쯤은 이용해 봤을 지상철(BTS) 또는 지하철(MRT)에는 한국 대중교통의 임산부, 노약자 지정석처럼 승려를 배려하는 승려 지정석을 찾아볼 수 있는데 이 또한 태국에서 불교의 입지를 확인할 수 있는 좋은 예시이다.

태국에서 두 번째로 신도가 많은 종교는 이슬람교로 인구의 4%를 차지하고 대부분의 이슬람신도들은 말레이시아 국경 부근의 지방에서 거주하고 있다. 그 외 종교는 힌두교, 기독교, 유교, 도교가 있으며 대부분의 신도들은 인도, 중국, 일본, 유럽의 후손들이 모여 있는 방콕에 거주하고 있다.

[그림 10-8] 태국 도심 내 사원의 모습

2

태국의 과거

출처: Pxhere

1) 국가 설립 이전

인류학자들은 동굴에서 발견된 쌀을 관찰한 후 기원전 6800년 이전부터 이 지역에 인류가 살고 있었다고 추정하고 있다. 기원전 4000년 즈음에는 태국 남부지역에 청동기문화가 들어왔다고 추측하지만 험난한 지형과 밀림으로 인해 대부분의 지역들은 문명과는 거리가 먼 원시사회로 오랫동안 남아 있었던 것으로 파악된다.

2) 수코타이 왕국

학계에서는 일반적으로 태국에 세워진 최초의 국가를 1238년에 중부지방에 세워진 수코타이 왕국으로 보고 있다. 크메르 왕국의 거점인 북서부 지역의 수코타이를 정복하여 수코타이 왕국의 독립을 선언하고 말레이반도의 남쪽까지 영역 확장을 성공하는데, 이 왕국이 태국의 기원으로 여겨진다. 오랜 기간 평화가 유지되면서 태국의 언어, 종교, 정치, 예술 등의 문화가 정착되는 중요한 시기였다. 한 세기 뒤, 수코타이 왕국은 1350년에 세워진 더 큰 아유타야 왕국에 의해 지배되었다.

3) 아유타야 왕국

1376년 무렵부터 무역의 중심지가 태국의 남부로부터 태국 만에서 100km 정도 떨어진, 세 강이 합쳐지는 지역으로 바뀌게 되는데 이 지역이 아유타야이다. 이 도시는 육지 상인들과 바다 상인들의 집합지이자 문화와 종교의 중심지로도 거듭나게 되면서 동남아에서 가장 부유한 도시가 된다. 34명의 왕들이 약 400년 동안 다스린 아유타야 시대는 태국의 영향력이 절정에 달했던 시기라고 할 수 있다. 왕국의 지배권은 주변 국가인 라오스, 캄보디아, 버마(미얀마), 말레이시아의 일부에까지 미쳤으며, 엄청난 부를 가져다주었다. 1431년에 아유타야는 캄보디아의 수도 시엠립을 점령하였고 크메르 왕국은 1432년 역사의 뒷길로 사라졌다.

아유타야의 많은 불상과 사원은 버마(미얀마)와의 오랜 전쟁으로 많이 훼손되었다. 한국 교과서에도 실려 있는 보리수나무 덩굴 사이의 불상 머리 사진이 바로 유네스코 세계 문화유산인 아유타야의 대표적 유적지인 왓 마하탓에 있는 것이다. 아유타야의 유적지들은 대표 관광지로도 유명한 곳이지만 햇살이 너무 강

[그림 10-9] 아유타야 보리수나무 불상머리

출처: 지인 촬영

하고 더우며, 그늘을 찾기가 쉽지 않아 한국에서 싫어하는 직장 상사가 오면 유네스코 문화유산지라는 명분으로 아유타야 관광을 추천하라는 태국 내 주재원들의 우스갯소리도 있다. 하지만, 문화유적지로서 방문할 만한 가치는 충분하다.

4) 딱신왕과 짜끄리 왕조

1767년 아유타야 왕국이 버마인들에게 무너졌고 중국계 장군 딱신왕이 곧바로 군대를 정비해 버마군을 무찌르고 태국의 독립을 이루었다. 버마군을 영토 밖으로 쫓아내는 데 성공한 딱신은 1769년 수도를 톤부리에 세우고 자신이 직접 왕위에 올랐다. 그의 뒤를 이어 부장 프라야 짜크리(라마 1세)가 왕위에 올라 짜끄리 왕조는 1782년 도읍을 지금의 수도인 방콕으로 옮겼다. 이로써 태국 역사의 현 왕조의 시대가 시작되었다. 라마 1세(1782~1809)는 태국의 세력을 크게 확장해 말레이반도의 켈란탄, 미얀마의 타보이까지 지배하였으며 아유타야 왕조의 관행 부활에 힘쓰고 옛 관례를 재구성하는 법전공포와 불교재흥에 힘썼다. 라마 4세인 몽쿳 왕은 태국의 부흥기를 연 왕인데 태국을 현대화하고 서구 열강

[그림 10-10] 원작 마가렛 랜던의 'The King and I'

출처: flickr

과의 좋은 관계를 유지하는 데 많은 노력을 기울였다. 또한 그는 마가렛 랜든 (Magaret Landon)의 저서와 뮤지컬 및 영화 '왕과 나'의 실제 모델이었다. 라마 5세인 쫄라롱꼰 왕은 유럽의 제국주의가 가장 거셀 때 왕위에 올라 노예 제도를 폐지하고 교육, 행정, 정치, 의약 등 사회 거의 모든 분야에서 개혁정치를 펴나 갔다. 비록 프랑스와 영국에게 국토의 일부를 빼앗기긴 했지만 그네타기 외교 정책으로 태국의 독립을 지키는 데 성공했다. 라마 5세는 역대 최고의 왕으로 존경받고 있다. 이를 대변하듯 태국의 가장 명문대학교의 이름은 쫄라롱꼰 대학 교이며 태국 생활 중에 쉽게 쫄라롱꼰의 이름을 엿들을 수 있다.

5) 태국의 근대화

태국은 1946년 12월 유엔의 55번째 회원국이 된다. 1946년 민간정부가 들어 섰는데 그해 라마 8세가 의문의 살인을 당하는 사건이 있었다. 왕위는 라마 8세 의 동생에게 돌아가게 되었고 그가 태국인들에게 아버지라고 불리며 세계 최장 기 집권(70년)을 한 라마 9세 푸미폰 아둔야뎃(Bhumibol Adulyadej) 전 국왕이다.

푸미폰 왕은 1946년 즉위하여 2016년 88세를 일기로 타계했다. 장기독재와 정치스캔들이 있기도 했으나 서민들을 위한 정책을 도입하여 훌륭한 국왕으로 존경을 받았으며 그의 서거 후 많은 국민들이 촛불을 밝히며 그의 죽음을 애도 하였다. 그 당시 자발적으로 대부분의 국민들이 애도 기간(한 달) 동안 검은색 또는 하얀색 옷만을 입고 다녔다. 애도 기간 동안은 주류 판매 및 음주가 금지 되었으며 도시의 미디어 광고는 중단되고 그의 죽음을 애도하는 메시지로 바뀌 었던 기억이 있다. 그의 죽음 후 왕위 계승에 둘째 공주인 시린톤 공주 추대설 도 있었으나, 결국 유일한 왕자인 마하 와치랄롱꼰(Maha Vajiralong korn)이 왕위 를 계승하였고 그가 2021년 기준 태국의 국왕인 라마 10세이다. 당시 왕위가 계 승되자 왕의 초상화가 새겨진 태국의 모든 지폐 역시 모두 바뀌었다.

1947년 피불 송람 장군은 혁명을 통해 정권을 잡고 약 10년간 독재정치를 한 다. 태국은 입헌군주제이지만, 군부의 힘이 강력하다. 송람 장군의 재임기간 동 안, 태국은 미국, 영국과 친밀한 관계를 유지한다. 1957년부터 1990년대 초까지 태국은 정치혼란기를 맞이하며 무려 19번의 쿠데타가 발생하였고 그중 10번이 성공했다. 1970년대 초부터 시작된 학생들과 시민들의 데모는 짬롱 스리무앙 시장이 현직에 있던 1992년 절정에 이르며 수백 명의 사상자를 냈다. 1995년 6월부터 일 년간 대대적으로 라마 9세의 즉위 50주년을 경축하지만 정치적으로는 혼란을 거듭하다 결국 경제 불안과 바트화 폭락으로 IMF 체제하에 놓이게 된다. 2001년 탁신 치나왓은 23대 수상에 오르며 경제 드라이브와 도덕적인 기강을 잡는 정책(유흥업소 영업 시간 제한, 미성년자 성매매 금지)을 시행하였다.

[그림 10-11] 왼쪽부터 푸미폰 아둔야뎃 전 국왕, 시리낏 전 왕비, 마하 와치랄롱꼰 현 국왕

출처: flickr[4]

3

태국의 현재

1) 태국의 주요 경제 현황

태국은 ASEAN 국가 중 경제 및 교역 규모 면에서 인도네시아에 이어 두 번째로 큰 국가로 제조업(자동차, 전기전자), 관광업, 농업이 중심을 이룬다. 과거에는 태국 노동 인구의 거의 절반이 농업에 종사하였다. 태국 GDP에서 농업이 차지하는 비중은 1950년대 47% 이상을 차지하였다. 하지만 점차 감소하여 2018년 8.1%까지 하락하였다. GDP에서 농·수산업이 차지하는 비중은 점차 감소되어 온 반면, 제조·서비스업 비중은 계속 증가되었다. 제조업은 태국 경제의 근대화를 통하여 지속적으로 성장하였고 관광 등 서비스·유통업도 꾸준히 성장하였다.

태국은 1980년대 중반에는 외부로부터의 투자와 수출 증가로 경제 호황을 누리고 ASEAN 경제의 핵심국가로 큰 성장을 보였지만 1997년 바트화의 금융 투기 사건을 시작으로 화폐 가치가 폭락하며 똠양꿍 크라이시스(태국에서부터 시작한 경제 위기를 태국의 대표 음식인 똠양꿍의 이름을 음차하여 부르기 시작함)를 야기하여 주변 아시아 국가들까지 경제 위기에 몰아넣으며 IMF 외환위기를 겪었다. 그러나 관광 산업은 경제 위기의 영향을 받지 않은 몇 안 되는 산업 가운데 하나로, 해마다 태국의 관광객 수가 늘어 경제성장의 주요 구심점이 되었다.

2018년 수출호조, 소득수준 향상 및 고용증가에 따른 민간소비 개선, 민간기업의 투자 회복 등이 경제성장을 주도하면서 6년 이래 최대 경제성장률(4.1%)을 기록하였다. 저자 역시 주재원으로 생활하면서 해당 시점의 매출 성과가 상당히 좋았던 것으로 기억이 난다. 하지만 2019년 세계 경기 둔화와 미-중 무역 전쟁, 태국 바트화 강세로 태국의 수출과 관광, 외부 투자에 큰 영향을 미쳤다. 또한 정치적 불안과 계속되어오던 높은 수준의 가계부채와 인구의 고령화가 더해져 2019년 경제성장률은 2014년 이후 최저치인 2.4% 성장에 그치며 중진국 함정[6]에 직면하게 되었다. 2019년부터 2020년 초 코로나19 이슈가 터지기 전까지 현지 소매업 및 브랜드사에서 체감했던 경기침체는 저조한 GDP성장률로 대변하기에는 부족하였다. 물론 산업별 분명히 다른 결과가 있었을 것이다. 예를 들면 F&B(Food & Beverage 식음료) 산업은 소폭 성장하였다는 피드백을 유통사에서 들을 수 있었고 특히 이커머스 비즈니스는 누구나 예상할 수 있듯이 그 시장의 크기가 큰 폭으로 끊임없이 성장하였다. 반면 전체 소비심리는 위축되어 센트럴리테일 그룹(태국 최대의 유통그룹으로 태국내 재계 순위 6위) 임원진과의 미팅에서 전체 쇼핑몰 방문 고객 수(트래픽)는 늘었지만 전체 소비 금액은 줄었다는 피드백을 받았다. 고객들 또한 소비심리가 위축되면서 가격에 대한 민감도가 높아져 할인 프로모션에 더욱 예민하게 반응하였고 무엇보다 비공식적인 유통의 저렴한 상품으로 고객 쏠림 현상이 매우 폭발적으로 나타났다. 코로나19 이슈 이전의 대표적인 태국의 경기침체를 야기한 두 원인에 대하여 다음에서 좀 더 자세히 짚어보도록 하자.

(1) 바트화 강세에 따른 관광 및 수출업 직격탄

코로나19 사태 이전부터 태국 관광산업은 좋지 않은 모습이 나타나고 있었다. 바트화 가치가 높아지면서 태국 GDP의 약 20%를 차지하는 관광산업에 악영향이 미쳤기 때문이다. 특히 관광산업 위축은 위안화 대비 바트화 가치 강세가 큰 영향을 미쳤다. 태국 관광객의 30%가 중국인 관광객인데 환율로 인해 이들의 태국 관광이 줄어들었기 때문이다. 2018년 푸켓 중국인 관광객 보트 전복 사고에 이어 돈므앙 국제공항의 현지 경찰에 의한 중국인 폭행사건이 연이어 터지면서 중국인들 사이에 태국 여행의 보이콧 바람이 일파만파 퍼지며 중국인 관광객 수 감소에 더 박차를 가하였다. 또한 바트화 강세로 수출 부진까지 이어져

---

6) 중진국 함정(Middle-Income Tra)은 세계은행이 2006년 '아시아 경제발전 보고서'에서 처음으로 언급한 용어로 개발도상국이 경제발전 초기에는 순조롭게 성장하다가 중진국(1인당 GDP US$ 4,000~12,000)에 도달한 뒤 어느 순간 성장이 장기간 정체하는 현상.

2019년에만 총 10만여 개 일자리가 사라진 것으로 조사되었다고 한다.

(2) 높은 수준의 가계부채와 소득 양극화

태국인들은 2020년 기준으로 GDP 대비 78.7%의 높은 가계부채를 지고 있다. 태국인들은 다른 국가에 비해 더 오래, 더 많은 금액의 빚을 지는 성향을 보이며 취업을 시작하는 25세에 부채가 발생하여 56세까지 지속적으로 증가한다. 태국의 평균 가계부채는 2010년 1인당 약 7만 밧(266만 원)에서 2017년 약 15만 밧(570만 원)으로 7년 만에 2배 이상 늘어났다.

태국에는 하이소(High‑Society를 줄여 부르는 약자)라 불리는 최상류층을 분류하는 단어가 있다. 하이소는 태국 경제와 소비의 주축이 되는 핵심 부류이며 기업들은 이들을 잡기 위한 맞춤형 마케팅 활동을 한다. 최상류층인 하이소는 일반 서민들에게 시기와 비난보다는 선망의 대상이며 그들에게 사랑받는 아이템은 서민들에게도 쉽게 알려진다. 태국 국가경제사회발전위원회에 의하면 태국 국민의 소득 상위 10%는 하위 10%보다 19배 높은 소득을 차지한다고 한다. 또한 소득 상위 10%가 국토의 61.5% 이상을 소유한 반면에 하위 10%는 0.07%를 소유하고 있다고 한다. 이러한 소득 양극화는 앞으로 다른 ASEAN 국가와 비슷

[표 10‑4] 태국 주요 경제지표

주요 지표	단위	2014	2015	2016	2017	2018	2019	2020
인구	백만 명	67.00	67.24	67.46	67.65	67.79	67.91	68.02
명목 GDP	십억 달러	407.3	401.3	412.4	455.3	504.9	529.2	557.3
1인당 명목 GDP	달러	6,080	5,968	6,113	6,731	7,448	7,792	8,194
실질성장률	%	1.0	3.1	3.4	4.0	4.1	2.4	3.0
실업률	%	0.8	0.9	1.0	1.2	1.2	1.2	1.2
소비자물가상승률	%	1.9	-0.9	0.2	0.7	1.1	0.9	0.9
총수출	십억 달러	226.7	214.1	214.3	233.7	251.1	246.0	251.7
총수입	십억 달러	209.4	187.2	177.1	201.1	228.7	220.5	228.2
무역수지	십억 달러	17.3	26.8	36.5	32.6	22.4	25.6	23.5
경상수지	십억 달러	11.6	27.8	43.4	44.1	32.4	31.8	30.1

출처: KOTRA

하게 더욱 심해질 것으로 예상된다.

2018년 기준으로 소득 분배 불균형 수치인 지니계수(0은 평등, 1은 완전 불평등)가 태국의 경우 0.484로 144개 조사국 가운데 소득 불균형이 25번째 높은 국가이고, 한국은 0.302로 120번째 순위였다.

2) 코로나19가 미치는 영향

코로나19로 인하여 태국 역시 많은 경제적 여파가 있다. 태국중앙은행(BoT)은 2020년 경제성장률이 -6.1%로 2008년 금융위기 이후 최초의 마이너스 성장을 기록하였다. 태국은 2020년 5월 코로나19 확진자 수는 3천여 명으로 국가비상사태를 선포(3.26.~4.30., 추가 기간연장~5.31.)하여 모든 쇼핑몰과 식당, 마사지숍, 클럽 등을 폐쇄하며 확산 방지에 총력을 기울였다. 코로나19에 대한 강력한 국가 통제로 인하여 주변국(싱가포르, 말레이시아, 필리핀)과 달리 감염자 확산 방지에 효과를 거둘 수가 있었다. 하지만 저자가 태국 안에서 바라본 현실은 코로나의 여파가 좀 더 심각할 것으로 판단하고 있다. 무엇보다 코로나19 감염여부 진단을 위해서 지정된 병원을 방문하여 적게는 1,500밧(한화 약 6만 원)을 많게는 3,000밧(한화 약 11만 원)을 지불하고 검사를 받아야 한다. 하지만 원화 6만 원 이상의 돈을 지불하며 검사를 진행하기에는 태국 서민입장에서 매우 부담되는 것이 현실이다. 저자 역시 2020년 3월 중 코로나19 검사를 위하여 방콕 내 유명한 인터내셔널 병원을 방문하였으나 의사는 열이 없으면 검사를 권장하지 않았으며 이로 인해 파악되지 않은 코로나19 확진자 수도 상당할 것으로 판단한다. 또한 2020년부터 진행한 대규모 시위는 주춤해진 확진자 수 확산을 촉진하는 계기가 되었다.

코로나19로 인하여 관광산업이 급속도로 경색되면서 서비스 업계 타격이 막대하여 현지의 소규모 한국 여행사들도 문을 닫는 상황이 빈번히 발생되고 있다. 태국 증시 또한 2020년 3월 중 3차례의 서킷 브레이커[7]가 발동하는 등 외부 충격에 대한 취약성을 나타내고 있다. 코로나19로 인한 다양한 소비트렌드의 변

---

7) 서킷 브레이커(circuit breakers)는 주식시장에서 주가가 급등 또는 급락하는 경우 주식매매를 일시 정지하는 제도.

화도 나타났다. 무엇보다 소비자들의 건강과 위생에 대한 관심이 높아지면서 마스크, 손 소독제, 손 세정제 등 방호 물품에 대한 수요가 급증했다. 태국 내 첫 코로나19 사망자가 발생한 시점부터 방콕과 수도권을 중심으로 생필품에 대한 사재기 현상이 발생하여 저자 역시 생수와 라면과 같은 기본적인 생필품을 구비해 놓았었다. 앞에서도 언급하였듯이 코로나19 감염여부 진단 및 치료를 위해서 서민들이 부담하기 힘든 비용이 동반되다 보니 코로나19 보험이 만들어져서 수많은 가입자들을 모집하였다. 국가 비상사태로 식당 역시 배달 주문만 가능하다 보니 자연스럽게 푸드판다, 라인맨과 같은 현지 배달 앱의 사용률이 급속도로 늘어났다. 라인맨(LINE MAN)의 경우 주문이 200% 이상 상승했으며, 2020년 온라인 음식 배달 앱의 성장률은 35~40% 성장할 것으로 예측하였다. 또한 집에서 보내는 시간이 증가함에 따라 소셜미디어와 이커머스 플랫폼 사용이 크게 증가하였다. 태국 방송통신위원회(NBTC)에 따르면 2월 중 태국의 대표 이커머스 플랫폼인 쇼피(Shopee) 검색이 전월대비 479% 증가하였고, 트위터 역시 266% 증가하였다고 발표하였다.

태국 정부는 코로나19 확산 이후 3차례에 걸쳐 2.5조 밧(약 762.5억 달러) 규모의 경기 부양책을 승인하였다. 국가 비상사태를 5월 31일까지 추가 연장하였으나 2020년 확진자 수 증가가 미비하고 경제적 여파를 우려하여 5월 17일부터 쇼핑몰의 입점객 수 통제하에 영업을 개시하였다. 또한 6개 영역 총 72개 소비

[표 10-5] 2020년 1월 대비 2월 데이터 사용량 증가 현황

(단위: 메가바이트, %)

플랫폼 명	2020년 1월	2020년 2월	증감률	비고
페이스북(Facebook)	352	682.2	93.8	SNS
트위터(Twitter)	21.4	78.69	266	SNS
라인(Line)	23.9	60.9	154.2	모바일 메신저 서비스
유튜브(Youtube)	401.2	791.1	82.1	영상콘텐츠 제공 서비스
라자다(Lazada)	3.78	8.3	121.5	커머스 플랫폼
쇼피(Shopee)	7.17	41.48	478.5	커머스 플랫폼
그랩(Grab)	1.24	2.16	74.3	이동수단 서비스

출처: 태국방송통신위원회[5]

재의 가격을 5~58% 인하시키며 서민 생활 지원책을 시행하였고, 금리 역시 1.25%에서 0.75%로 인하하였다.

3) 태국의 주요 기업

태국의 시가총액 상위 10대 기업은 시가 총액 1위인 국영 에너지 기업인 PTT(왕족 운영 비즈니스)와 같은 에너지, 건축 자재, 금융, 서비스, IT 관련 기업들이 차지하고 있다. PTT의 경우 순익 기준 ASEAN 기업의 랭킹에서도 2017년 기준으로 1위를 기록하였으며 그 외 PTT Exploration & Production이 10위, SCB 12위, 카시콘 은행 17위 등을 차지하였다. 2017년 기준으로 태국의 상위 10대 기업은 태국 상장기업 전체 시가총액의 35%를 차지하였다. 태국에서 새롭게 부상하는 대표 2개 기업에 대하여 더 자세히 알아보도록 하자.

(1) CP ALL

2017년 태국 시가총액 4위 기업으로 1988년 Charoen Pokphand Group에 의해 설립되었다. 태국에서 가장 흔히 볼 수 있는 편의점 세븐일레븐(16년 말 기준 9,500여 개, 편의점 시장점유율 64.3%)을 주요 비즈니스로 보유하고 있으며, 대형 식자재 마트 Makro(16년 말 기준 지점 수 107개, 회원 수 300만 명)도 운영 중이다. 그 외 금융서비스, 즉석식품 및 베이커리, 육류가공업, 교육서비스, 정보서비스, 마케팅서비스, 물류서비스 등 34개의 자회사를 보유하고 있다. 2020년은 이커머스의 급성장에 편승하기 위하여 자체 운영 중인 플랫폼(Shop 24)을 성장시키기 위해 상품군을 강화하는 작업을 하고 있다. 저자의 경우도 당시 운영 중이던 브랜드가 편의점 판매 상품이 아니었음에도 불구하고 CP가 운영하는 이커머스 플랫폼(Shop 24) 론칭 제안을 받아 미팅을 진행했었다.

(2) BDMS

1969년 설립되어 태국 내 6개 병원그룹 총 43개 병원 및 국외(미얀마) 2개 지점을 운영 중이다. 2016년 매출액은 688억 4,400만 밧(약 19억 9,580만 달러)으로 전년 대비 8.2% 성장하며 2017년 기준 시가총액 9위의 태국 최대 영리병원 그룹이다. 외국인 환자 병동을 신설하는 등 높은 의료 수준을 바탕으로 태국이 의료관광대국으로 발돋움하는 데 많은 기여를 하고 있다.

[표 10-6] 2017년 태국의 시가총액 상위 10대 기업

순위	기업명	산업군(분야)	시가총액 (십억 밧)
1	PTT	자원(에너지)	1,105
2	The Siam Cement (SCG)	부동산, 건설(건축자재)	648
3	Airports of Thailand (AOT)	서비스(교통, 물류)	560
4	CP ALL	서비스(상업)	553
5	The Siam Commercial Bank (SCB)	금융(은행)	530
6	Advanced Info Service (AIS)	기술(ICT)	529
7	Kasikorn Bank	금융(은행)	452
8	PTT Exploration and Production	자원(에너지)	369
9	Bangkok Dusit Medical Services (BDMS)	서비스(의료)	346
10	Bangkok Bank	금융(은행)	330

출처: KOTRA[6]

4

태국의 미래
(경제 전망 및 향후 동향)

    앞에서도 언급하였듯이 예상치 못했던 코로나19로 태국의 2020년 경제성장률은 −6.1%라는 마이너스 성장을 기록했다. 코로나19가 태국 경제에 미치는 영향 외에 태국이 직면해 있는 높은 가계 부채 및 바트화 강세, 미-중 무역전쟁, 고령화 사회로의 진입, 중진국의 함정 등 여러 가지 내외부적인 악재들로 코로나19가 안정국면에 들어가는 시점 이후에도 무역의존도가 높은 태국 경제는 해결해야 할 과제들이 많다. 군사쿠데타로 신정부가 출범하면서 여러 가지 대응책을 내놓으며 선진국으로의 도약을 위한 많은 준비를 하고 있지만 군부 정권 유지에 따른 2020년의 거세졌던 반정부 시위는 불안정한 태국 정세를 대변하고 향후 미래 전망의 어려움을 시사한다.

    태국은 2014년 군부의 쿠데타 집권 이후 2019년 3월에 총선을 실시하였다. 군부 쿠데타로 5년 이상 집권해 온 '쁘라윳 짠오차(Prayuth Chanocha)' 총리가 속한 팔랑프라차랏당과 18개의 정당이 연합정부로 구성된 신정부는 군사정권의 대표 인사들이 주요직(쁘라윳 짠오차 총리, 쏨킷 짜투시피탁 경제부총리 등)에 임명되면서 이전 군사정부의 국가 의제를 연속성을 가지고 추진할 계획을 갖고 있다. 반정부 시위대의 쁘라윳 총리 사퇴, 민주주의 쟁취와 군사정권 타도, 왕권 개혁에 대한 요구는 정책 실행의 불확실성을 야기하지만 현 정권(신정부)의 출범 이후 정권 안정화와 경제 활성화 및 투자 확대에 대한 정책 시행 계획과 우리가 짚고 넘어가야 할 향후 동향에 대하여 몇 가지 살펴보겠다.

[그림 10-12] 쁘라윳 짠오차 태국 현 총리

출처: kremlin.ru⁷⁾

1) '태국 4.0' 정책 추진

  태국은 중진국 함정 탈출을 위한 중장기 계획을 내놓았다. 고부가가치 및 혁신 주도 경제를 위한 중장기 로드맵 '태국 4.0'이다. 태국의 경제, 사회 전반에 걸쳐 정보통신기술(ICT)을 적용하여 스마트산업(12대 미래산업), 스마트시티(차세대 인프라 구축), 스마트피플(인적자원 개발), 스마트기업(스타트업) 등을 추진하는 것이다.

  태국판 제4차 산업혁명 정책으로 디지털, 나노, 바이오, 첨단소재 등 4개 핵심 기술 기반하에 1차(농업), 2차(자동차, 전자), 3차(관광, 의료, 물류) 산업 전반에 정보통신기술(ICT)을 접목하여 12대 미래 산업으로 지정한 차세대 자동차, 스마트 전자, 고급 의료 및 웰빙 관광, 미래 식품, 농업 및 바이오 기술, 로봇, 디지털, 바이오 연료 및 화학, 의료 허브, 항공 및 물류, 교육, 방산을 신성장 동력으로 육성하는 것이다.

추가적으로 고부가가치 첨단산업 육성을 위하여 방콕의 동남부에 위치한 라용, 촌부리, 차충사오 3개 지역을 경제특구로 지정하여 동부경제회랑[8](EEC: Eastern Economic Corridor) 개발 계획을 수립하였다.

2) 저출산 - 고령화 사회

태국은 신흥국 최저 수준의 출산율 및 고령화 가속화로 고령사회 진입이 가까워지고 있다. 태국 여성 1인당 출산율은 2018년 기준으로 1.52명으로 일본, 독일보다 낮은 175위(World Population Review, 2019년 9월, KOTRA)를 기록했다. 저출산 - 고령화 가속화는 '태국의 인구' 부분에서도 언급했듯이 태국의 독특한 성 다양성에 따른 출산율 저하가 큰 이유일 것이라 판단된다. 따라서 이러한 특성을 감안한다면 정부의 출산장려 정책으로 간단히 해결될 수 있는 부분이 아닐 수도 있기에 다양한 접근 방법을 통하여 인구감소를 늦추는 정책이 필요할 것이다.

[표 10 - 7] 태국의 출생자 수 및 사망자 수 추이

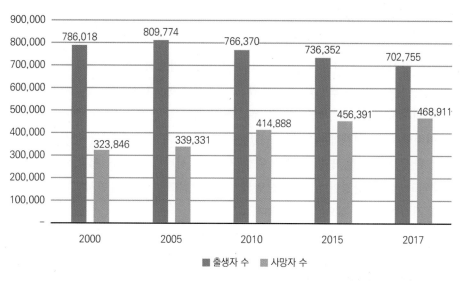

출처: 태국 통계청[8]

---

8) 동부경제회랑: 2018년 태국 의회에서 발의된 특별법안으로 방콕과 가까운 태국만을 따라 연결된 촌부리, 라용, 차충사오의 3지역을 연결하여 제조업 부흥을 일으켜 미얀마, 캄보디아, 베트남까지 이어지는 글로벌 비즈니스 허브로 발전시키는 계획.

반면 이러한 인구구조 변화에 따른 프리미엄 영·유아 제품 및 노령층을 타겟으로 하는 의료 시장과 같은 신시장이 대두되고 있다. 태국인의 가처분 소득 및 중산층 비중은 증가하는 데 반하여 출산율 저하로 프리미엄 유아용품 시장(엔젤산업)의 성장이 예상된다. 또한 태국의 고령사회 진입에 따른 사회복지 비용이 증가할 것으로 전망되며, 태국 체류 은퇴 이민자 및 의료 관광객 증가에 따른 의료서비스, 의료기기, 의약품, 건강보조식품과 같은 시장의 확대가 기대된다.

3) 태국 정부의 환경 규제

저자가 2020년 여름, 한국으로 귀임하기 불과 얼마 전 태국 대표 유통사들(센트럴, 더몰, 7-11 외)을 시작으로 플라스틱백(비닐봉지) 사용이 전면 금지되었다. 스타벅스에서는 플라스틱 빨대 사용을 중지하고 종이 빨대를 제공하기 시작했으며 많은 커피전문점 또는 카페에서 텀블러(개인용 컵)를 가져오면 커피값을 할인해 주는 프로모션을 진행하고 있다. 분리수거도 하지 않고 플라스틱 사용이 너무 과하던 불과 몇 달 전 태국의 모습에 비하면 환경에 대한 인식이 매우 빠른 변화가 현실이 되어가고 있었다.

태국 정부는 2020년부터 본격적으로 플라스틱 사용 규제 및 플라스틱 수입 규제를 강화시키며 단계적 플라스틱 사용 규제 법제화 및 2027년 플라스틱 전면 사용 금지라는 로드맵을 구상하였고, 또한 2020년 1월부터 2년간 태국 내 제조된 전기차 구입 시 개별소비세 부과를 면제하는 정책도 시행 중에 있다.

이러한 정부 정책에서 엿볼 수 있듯이 환경 이슈 개선에 대한 관심이 확대되면서 환경문제 해결 또는 개선을 위한 제품 및 서비스 솔루션 제공 등에 관심이 집중되고 있다. 환경이 다양한 산업의 핵심 키워드로 부상하면서 환경 관련 산업의 전망이 밝을 것으로 예상된다.

4) 온라인 기반 산업의 발달

코로나19가 미치는 산업 전반의 영향력은 매우 크다. 많은 시장전문가들은 코로나19를 계기로 우리 삶에 많은 변화를 가져올 것이라고 예측한다. 태국 역시 코로나19로 국가 비상사태 선포라는 강력한 대응을 하였고 강력한 정부 대응만큼 시장에 미치는 영향력은 더욱 강력하다. 코로나19로 인하여 무엇보다 온라인 기반 산업의 비약적인 성장이 있을 것으로 본다. 시대 흐름에 따라 온라인 기반 산업 및 전자상거래가 자연스럽게 성장하고 있었지만 SNS나 라인을 통하여 거래가 이루어지는 블랙(Black)마켓9)과 같은 비정상적 유통 비중이 높은 전자상거래 시장이 전자상거래 성장의 장애가 되어 왔다. 하지만 2020년 5월 27일에 전면 발효된 개인정보보호법(영국의 규정을 도입하여 기준이 높음) 및 코로나19에 따른 기업들의 온라인 기반산업 투자와 고객들의 경험치 증대로 향후 전자상거래 플랫폼 산업, 신규 온라인 플랫폼 개발, 디지털 콘텐츠 산업, 와이어리스 라우터 및 광섬유 케이블과 같은 관련 품목들의 시장 성장이 예측된다.

---

9) 블랙마켓: 법을 어기면서 몰래 물건을 사고 파는 행위가 이루어지는 시장.

5
한국 기업의 태국 진출 A TO Z

태국은 ASEAN 10개국 중 인도네시아에 이어 2위의 경제대국이다. 한국에서는 400여 개의 기업들이 진출해 있으며, 이는 베트남, 인도네시아에 이어 세 번째로 많은 투자 대상국이다. 기존 진출 기업들은 주로 전기·전자 분야에 많이 집중되어 있다. 2020년 전후로 프랜차이즈나 IT기업(커머스 플랫폼, 온라인 게임 등)의 진출도 늘고 있는 추세이다. 2016년 사드로 인한 중국과의 관계악화로 한국 정부도 ASEAN 시장에 눈을 돌리면서 더 많은 기업과 개인들이 태국 시장 진출을 고려하고 있을 것으로 예상된다. 태국 진출에 대한 모든 것을 업종별, 산업별 다른 상황에 적합한 정보를 맞춤형으로 제시하기에는 현실적으로 불가능하기에 저자가 태국에서 진행해 온 경험들을 중심으로 살펴보도록 하자.

[표 10-8] ASEAN 진출기업 현황

국가	베트남	인도네시아	태국	캄보디아	필리핀	미얀마	싱가포르	말레이시아	라오스	합계
진출기업 수	3,021	577	400	278	228	227	134	115	16	4,996

출처: KOTRA 2018 한국 기업 디렉터리[6]

[표 10 - 9] 태국 업종별 진출기업 현황

업종	기업 수	대표 기업
제조업	210	삼성전자, LG전자 / 포스코, 동부제철, 동국제강 / 풍산금속 / 이레, 한온 / 코스맥스
도소매	87	포스코대우, 삼성물산, LG상사, 현대종합상사, 효성, GS글로벌 / CJ오쇼핑, GS홈쇼핑, 현대홈쇼핑 / 아모레퍼시픽, LG생활건강, 스킨푸드 / 탐&탐스, 설빙, 교촌치킨, 본촌, 투다리, 할리스커피 / 한국타이어, 금호타이어
서비스업	30	라인비즈플러스, 비트컴퓨터, 로커스 / 제일기획 / 한태교류센터, SM트루
운송/물류/관광	29	대한항공, 아시아나항공, CJ대한통운, 범한판토스, 하나투어
건설/엔지니어링	23	두산중공업, 삼성엔지니어링, 현대엔지니어링
금융	3	삼성생명, 산업은행, KTB증권
공공기관 및 기타	18	KOTRA, 관광공사, 농수산물유통센터, 한국중부발전
합계	400	

출처: KOTRA 해외진출한국 기업 디렉터리[6]

1) 현지에 대한 이해와 시장조사

너무나 당연하고 교과서 같은 이야기를 한다고 생각했을 것이다. 혹자는 '누가 몰라서 못하냐 여력이 안 되고 시간은 촉박하니 못하지'라고 생각할 수도 있다. 또는 '이미 정보들이 다 나와 있고 현지 파트너들과 진행하는데 뭐가 문제냐'라고 반문할 수도 있다. 전부 공감하고 동의하는 바이다. 하지만 기업이든 개인이든 적지 않은 투자를 감수하며 해외 진출을 고려한다면 좀 더 높은 성공 확률과 하루라도 빠른 안착을 위하여 조금이라도 더 시간을 투자하고 진출하기를 추천한다. 저자는 운이 좋게 회사에서 제공하는 해외 지역전문가라는 과정을 통하여 6개월 동안 현지에서 보다 자유롭게 시장조사 및 문화, 언어 등을 사전에 경험할 수 있었다. 이러한 부분이 어떤 영향을 주는지 다음의 사례를 통해 이야기해 보도록 하겠다.

만약 지금 책을 읽고 있는 독자분들이 태국에서 고객들을 초대하여 신상품 설명회나 출시 이벤트를 준비하고자 한다. 타겟층은 20대 초중반의 사회 초년생이다. 최대한 태국 고객들의 참여율을 높이기 위하여 다양한 이벤트와 혜택을 준비하고 참가자 모집을 위하여 온오프라인을 통하여 접수를 받고자 한다. 과연 몇 시에 이벤트를 시작해야 응모자들의 참여율을 높일 수 있을까? 오후 3시 또는 저녁 7시? 보통의 한국인 정서와 생활패턴이라면 퇴근 후 이동시간을 감안해서 저녁 7시에 저녁식사와 함께하는 이벤트가 참가자들의 참석률이 가장 높지 않을까라고 생각했을 것이다. 하지만 현지인들이 생각하는 가장 적합한 시간은 오후 4시이다. 그 이유는 현지인들이 저녁에 친구들과 어울려 놀 수 있는 나의 시간을 뺏기고 싶지 않기 때문이다.

또 다른 예를 보자. 태국에 유통시키기 위한 상품을 모든 절차에 따라 철저하게 빈틈없이 준비를 완료하고 수출입에 관련된 서류 및 준비도 완벽하게 포워딩 업체(수출업자와 수입업자 사이에서 상품 유통이 이루어지도록 화물운송 담당)와 완료하였다. 시간이 촉박하여 선박이 아닌 항공으로 물건을 받고 통관업무를 진행하는데 세관 담당자가 인보이스(발송장)에 적혀 있는 상품의 수출단가를 보더니 너무 금액이 적다며 딴지를 걸었다. 관세를 줄이기 위해 일부러 적은 금액을 기입할 필요도 없었고 면밀히 따지면 관세사가 상품 전문가도 아니고 수출가에 대해 딴지를 걸 이유가 없는 매우 어처구니 없는 상황이었다. 문제될 것이 없었기에 수출가에 대한 증빙자료를 준비하여 제출하고 절차대로 준비하면 결국에는 문제없이 통관이 될 수 있는 것이 명백하지만 포워딩 업체를 통해 블랙머니(뒷돈) 2만 밧(한화 약 80만 원)을 관세사에게 주고 상품을 통관시켰다. 매우 억울하고 말도 안 되는 상황이지만 절차대로 준비해서 따지고 들면 아마도 그 상품은 2~3개월이 지난 후에야 통관이 되었을 것이다. 이렇게 되면 일정이 촉박하여 비용을 더 주고 선박이 아닌 항공으로 물건을 받은 의미가 전혀 없어지게 되기 때문에 블랙머니를 이용할 수밖에 없었다.

이 사례를 보고 얼핏 보면 태국인들 또는 태국의 시스템을 비난하거나 무시하는 예시였을 수도 있으나 이렇게 생각이 들었다면 이는 한국인의 관점에서 바라본 관점이라는 것이다. 이러한 생활양식과 생각이 태국인들의 문화이며 태국 그 자체이다. 사소하지만 구체적인 사례를 두 가지 설명하면서 태국 현지에 대한 이해가 얼마나 그리고 왜 중요한지를 우회적으로 설명하였다. 한국인이나 한국 기업이 태국에 진출했을 때 의사결정 단계에서 사전 정보나 현지에 대한 이해가 없다면 사소한 부분에서부터 사업에 중대한 영향을 미칠 수 있는 중요한 부분까지 잘못된 방향으로 나아갈 수 있거나 비효율적으로 진행이 될 수 있다는 점을 염두에 두었으면 좋겠다.

2) 진출 방향성 수립 및 법인설립

태국은 외국인 사업법에 따라 외국인 사업제한업종을 두어 외국인의 투자를 제한하며 자국 기업이나 산업을 보호하고 있다. 하지만 몇 가지 예외조항이 있다. 앞에서도 잠시 스타벅스는 매장 확산에 제약이 없다는 사례를 언급했듯이 미국과 같이 태국과 우호조약을 체결한 국가의 기업(한국은 해당사항 없음)은 외국인 사업법에 예외이다. 또는 도소매업을 운영 시에 자본금(법인 설립 시 1억 밧, 약 38억 원)만 충분히 있다면 100% 외국인 지분으로 운영도 가능하다. 그렇지 않으면 투자진흥법에 따라 투자 인센티브 증서를 받거나 산업단지공단(IEAT)으로부터 허가를 받은 기업 또는 외국인사업허가(FBL)를 취득하는 방법 등이 있는데 이 방법은 너무 복잡하기 때문에 태국 현지 법무법인 서비스를 통하여 컨설팅 받기를 추천한다. 하지만 일반 기업이 진출하거나 개인이 식당 또는 마사지숍을 태국에 오픈한다고 해도 49%의 외국자본(즉, 한국에서 진출하는 기업이나 개인)과 현지 자본 51%가 투자되어야 한다.

물론 개인이나 소규모 기업의 경우 사업체의 소유권을 100% 갖기 위해 우회적으로 법인을 설립하기도 한다. 예를 들어 서로 모르는 태국인 친구 2명 이상의 명의를 빌려 지분을 나누어 투자자로 등록하거나 태국인 이성친구 혹은 배우자가 있는 사람들은 그들의 명의를 사용하여 현지 지분 51%를 만들어 태국 현지에 법인을 설립하기도 한다. 또는 간혹 태국 현지 한국 법무법인을 통하여 현지 지분을 대체할 방법을 모색하여 해결책을 찾아 법인을 설립하는 경우도 있으며 혹자는 51명의 서로 모르는 태국인 명의를 구하여 1%씩의 지분으로 법인설립을 하였다는 이야기도 들은 적이 있다. 또한 한아시아닷컴(www.hanasia.com)과 같은 현지 커뮤니티 사이트에서 비즈니스 카테고리에 등록되어 있는 법인명의 자체를 거래하는 경우도 있으니 참고하기 바란다. 하지만 이러한 방법들은 우회적인 방법들로 추천하지는 않는다.

우선 일반적인 태국진출을 위해서는 투자진출형태를 먼저 고민할 필요가 있다. 투자진출형태로는 법인, 지사, 대표사무소로 구분될 수 있으며 기업의 진출 목적에 따라 형태를 선택해야 할 것이다.

첫 번째, 법인의 경우 태국 민상법 규정에 따라 비공개 주식회사 설립이 일반적이다. 공개주식회사의 경우 공개주식회사법에 따르며 주식을 상장할 수 있고, 회사채 공모가 가능하여 대규모 자금조달이 가능하지만 제약사항이 많아서 일반적이지는 않다.

두 번째, 지사의 경우 외국 기업은 외국인사업허가(FBL)가 필요하다. 본사처럼 영리활동이 가능하고 과세 규정도 본사와 동일하게 적용을 할 수 있으나 외국인사업허가(FBL) 취득이 매우 어렵기 때문에 이 방법도 쉽지는 않다. 은행, 금융업 등 일부 업종이 주로 이용하는 형태이다.

세 번째, 대표사무소를 설립하는 경우이다. 이는 본사를 대신하여 정보수집 및 홍보 등 비영리활동만 가능한 형태이다.

진출목적에 따른 투자진출형태를 고민할 때 현지의 법인 운영을 위한 파트너십 활용도 고민해 볼 필요가 있다. 다수의 중견기업들은 현지의 파트너를 구하여 JV(조인트벤처)로 신규법인을 설립하거나 대표사무소만 운영하며 영리활동은 현지 파트너에게 위임하고 기타 현지에서 커뮤니케이션 및 방향성 조율과 같은 소극적 운영을 하는 경우도 있다.

일반적으로 진행하는 비공개 주식회사로 법인설립을 하기로 결정하였다면 법인설립 시 필요한 현지 회사 주소가 필요하다. 회사 설립을 대행해 주는 법무법인이나 컨설팅 회사의 주소를 최초에는 사용하고 회사등록증 발급 이후 임대계약을 체결하여 주소를 변경하는 방법도 가능하며, 위워크(WeWork)와 같은 사무공간 공유플랫폼을 사용하여 비교적 저렴한 임대료로 사무실을 구하여 법인주소를 등록하는 경우도 있다.

추가적으로 세무등록 및 은행계좌 개설을 해야 한다. 세무등록은 Tax ID 발급 및 국세청의 VAT 시스템에 등록이 되어야 한다. 해당 업무는 현지의 법률사무소 서비스나 회계법인 서비스를 이용하는 것이 수월하다. 은행계좌를 개설하기 위해서는 회사등록증과 Tax ID, VAT 등록 서류 등이 필요하다. 계좌개설을 위해서는 대부분의 태국은행들이 워크퍼밋(work permit: 노동허가증)을 요구하나 일부 은행(방콕 은행 등 일부가능)의 경우 워크퍼밋 없이도 개설해 주는 경우가 있다. 그 밖에도 법인설립에 필요한 각종 서류들이 많이 있는데 이는 현지 파트너 또는 컨설팅 업체나 법무사무소와 함께 준비하는 것이 수월하다.

비공개 주식회사의 법인설립에 일반적으로 소요되는 기간은 보통 2개월이며 통상적으로 예상되는 리드타임보다 모든 업무 및 프로세스에 시간이 더욱 소요될 수 있으니 좀 더 여유롭게 시간계획을 잡기를 추천한다.

[표 10-10] 법인설립 절차

No	작업내용	세부 내용 및 일정
1	필요서류준비	필요서류10)의 작성
2	각종 신청서류 작성	기본정관, 설립 등기신청서, 창립 주주총회 의사록, 주주명부의 작성
3	법인명 예약, 등록, 승인	사용 허가일로부터 30일간 유효
	회사직인의 작성	회사명 기재
4	기본정관 및 부속정관 작성	상호 예약일로부터 30일 이내
5	기본정관의 등록	상호 예약일로부터 30일 이내
	부속정관의 등록	주주총회, 이사회의 구성, 이사회 권한 등 규정을 기재
6	창립 주주총회의 개최	주식 인수인의 명당
7	회사 설립등기	사업개발국(DBD) 회사 등기신청 (창립 주주총회 후 3개월 이내)
8	세무등록	Tax ID 발급 및 VAT 등록
9	은행계좌 개설 및 자본금 불입	등기 완료 전 계좌개설을 은행이 승인하는 경우 등기 전에도 불입 가능
10	사회보장시스템 등록	사회보장시스템(한국 4대보험 해당) 등록

출처: KOTRA, 한아시아닷컴

참고로 법인명을 새로 만들어서 진출하는 경우 태국 현지인들은 불운은 피하고 성공을 기원하기 위해 우리가 흔히 미신이라고 말할 수 있는 법인명의 의미

---

10) 법인설립 관련 필요서류
　　1) 태국법인 발기인, 임원, 회사감사인의 신분증명서 사본: 주주가 외국인의 경우 여권사본
　　2) 주주가 회사인 경우는 회사의 등기부등본(영어 번역 공증): 법인 출자가 20% 이상의 주주가 되는 경우만 해당
　　3) 태국법인의 등록 주소지의 지도, 건물의 등본, 주인의 연락처 및 ID 복사본
　　4) 은행의 증명서(태국어): 태국 측 출자자에만 해당
　　5) 대표이사 예정자의 여권 사본

풀이를 많이 고려한다. 고려하는 법인명이 태국발음으로 변환했을 때 좋은 의미인지 아닌지를 확인하는 관습은 중국과도 유사하다. 태국인들이 실제로 법인명을 만들 때 사용하는 사이트를 참고용으로 아래에 공유하겠다. 태국어로 서비스를 제공하지만 관심이 있을 수도 있는 예비 사업가들은 영문 회사명을 기입해 보고 나온 의미를 구글번역기를 돌려서 확인해 볼 수 있으니 참고하기 바란다.

- 법인명 의미 풀이 사이트: www.mahamongkol.com/insertnamecompany.php

[표 10-11] 태국 회계/법률/세무/인허가/인사 서비스 업체 정보

법인명	전화번호	이메일	의사소통
한경회계법인	(+66) 02 116 8450	swkim@hankyung.co.th	한국어, 태국어
다니엘 법무법인	(+66) 02 653 3598	lawfirmdaniel@gmail.com	한국어, 태국어
우리회계법인	(+66) 02 258 1643	dhkoh99@wooriacc.com	한국어, 태국어
콴티코 법무컨설팅	(+66) 086 975 5152	law@quanticolaw.com	한국어, 태국어
법무법인 중정	(+66) 063 440 7765	cwkim@legalkairos.com	한국어, 태국어
Mazar Thailand	(+66) 02 670 1100	susan.park@mazars.co.th	한국어, 태국어, 영어
잡크루트	(+66) 02 636 6877	js.h@mantech.co.th	한국어, 태국어
주)한국 채용 정보	(+66) 082 220 2306	yesman555@hotmail.com	한국어

출처: KOTRA, 한아시아닷컴[6)]

3) 파견 및 현지채용

태국 진출을 위하여 법인 설립을 준비 중이라면 책임자 또는 관리자로 한국에서 직원을 파견 보내려고 고려할 것이다. 한국인을 태국에 파견 보내 일을 하기 위해서는 워크퍼밋(work permit: 고용허가)을 받아야 하고 워크퍼밋을 받기 위해서는 한 명당 최소 자본금 2백만 밧(한화 약 8천만 원)이 필요하다. 비공개주식회사 설립 시 민상법상 최소자본금에 대한 규정은 없으나 이는 워크퍼밋을 받기 위한 조건이다. 또한 추가로 태국 현지인 4명을 의무적으로 고용해야 한다. 예를 들어 한국에서 법인 운영을 위하여 파견자를 두 명 보내려고 한다면 최소한

자본금은 4백만 밧(한화 약 1.6억 원)이 필요하며, 태국인은 총 8명을 고용해야만 가능하다. 파견자뿐만 아니라 현지에서 한국인을 직접 채용하는 현지 채용의 경우에도 한국인을 채용하는 것이라면 당연히 워크퍼밋이 필요하고 위의 조건에 부합되어야 한다.

회사 내부적으로 주재원을 선발할 때는 인성, 책임감, 언어, 업무 능력 등 고려해야 할 부분이 많겠지만 저자가 5년간의 태국 주재원으로 파견 나와 비즈니스를 하면서 주재원의 가장 필요한 자질이라고 느낀 것은 정말 강한 책임의식(주인의식)과 윤리의식이다. 물론 업무 성과(업무적인 능력)와 외국어 능력도 동시에 수반되어야 할 능력이지만 본사에서 아무리 통제를 한다고 해도 지리적으로 떨어져 있기에 주재원에게 맡길 수밖에 없는 상황이 된다. 또한 사업의 대부분을 관리하고 의사결정하며 관여해야 하는 주재원의 입장에서 강한 책임의식이 없다면 지금 당장은 아닐지라도 어느 순간 비즈니스는 잘못된 방향으로 가고 있을지도 모른다. 본사의 통제로부터 벗어나 더욱이 태국이나 다른 ASEAN 국가들처럼 중진국 또는 개발도상국과 같은 타지에서는 비윤리적인 행동이나 회사의 이익에 어긋나는 행동을 할 수도 있고 그런 유혹이 있을 수도 있다. 따라서 주재원 선발 시 책임의식과 윤리의식을 우선해야 할 필요가 있다.

반면 높은 비용을 감수하면서 주재원을 꼭 보내야 하는가라는 의구심을 갖는 기업도 있을 것이다. 이 부분에 대한 저자의 대답은 "무조건 보내야 한다"이다. 물론 영리적인 활동을 파트너십을 통하여 현지 파트너에게 맡긴다면 필수요소는 아니지만 영리적인 활동을 동시에 할 경우라면 여러 가지 이유로 태국인 리더와 현지 채용만을 통하여 사업을 운영하는 방식은 반대하고 싶다. 간단한 예로 태국인 노동법상 병가(sick leave)를 연간 30일을 사용할 수 있다. 태국 직원들은 이 병가 사용을 매우 자유롭고 당연시 하고 있다. 한 번은 저자가 인사 담당자에게 "병가 사용에 대하여 좀 더 체계적으로 하고 싶다. 보통 태국 현지 기업에서는 직원들이 어떤 증상이나 절차 없이도 쉽게 병가를 사용하느냐? 회사나 관리자의 눈치를 보지 않고 사용하느냐?"라고 물었던 적이 있다. 이 질문에 대한 태국 인사 담당자의 대답은 "회사의 관리자부터 병가를 자유롭게 쓰기 때문에 직원들 또한 눈치 없이 병가를 사용하는 것이 당연시되어 있다"였다. 회사의 업무보다는 개인의 삶을 우선시하는 현지 관행 때문이다. 따라서 현지인들이 모두 병가를 신청할 경우, 현지 업무가 마비될 수도 있다.

현지에서 직원 채용을 위해서 회사는 사회보장시스템을 등록하여야 한다. 사회보장시스템은 한국의 4대 보험과 같다고 생각하면 된다. 매달 직원 급여의 3~5%(최대 15,000밧을 넘지 않음)를 차감한 후 고용주 부담금액과 합하여 납부해야 한다. 임직원의 수가 어느 정도 규모가 있는 법인의 경우 이러한 서비스를 제공하는 인사 대행 업체의 서비스를 활용하는 경우가 대부분이며, 임직원의 수가 적은 소규모 법인의 경우 보통 세무·회계 서비스를 제공하는 회계법인에서 해당 업무를 대행해 주기도 한다.

　　현지인 채용 시에도 많은 기업들이 채용 대행업체로부터 인력풀을 제공받아 채용을 하는 경우가 많다. 채용 대행업체를 통하여 지원자들을 소개받아 그 지원자들 중에서 채용을 할 경우에 해당 임직원이 4개월 이내 퇴사를 하지 않고 직장을 다닌다면 해당 직원 연봉의 25%를 수수료로 제공해야 한다. 하지만 태국 특성상 입사 시 월급(초봉)이 매우 낮아 짧게는 1년에서 2년 정도 근무를 하면 통상적으로 이직을 하여 연봉을 인상시킨다. 참고로 태국의 대표 명문대학교라고 할 수 있는 쭐라롱컨 대학을 졸업한 사회 초년생의 경우 약 2만 밧(한화 80만 원)을 월 급여로 받는다. 이는 업태별로 상이할 수 있음을 전제로 한다. 태국의 실업률 또한 1% 전후로 거의 완전고용에 가까운 상황이다. 특히 방콕의 경우 워낙 많은 글로벌 회사들이 진출하여 구직자 입장에서는 취직할 수 있는 곳이 많아 이직이 잦기 때문에 높은 수수료를 제공하면서 채용 대행업체의 서비스를 이용하는 것이 효율적일지는 고민해 보는 것이 좋겠다. 그렇지 않은 경우에는 기업에서 직접 채용박람회를 다니며 우수한 인재를 선발하거나 구직사이트와 같은 잡 데이터베이스에 공고를 올려 지원자를 수집할 수 있는 방법들도 있다. 아니면 다소 높은 급여를 책정해서라도 동일 업계의 유능한 HR 매니저를 스카웃하여 그가 보유하고 있는 인력풀까지 같이 얻는 것도 하나의 방법이 될 수 있을 것이다.

[표 10-12] 태국의 연간 실업률

연도	2014	2015	2016	2017	2018	2019
실업률	0.8%	0.9%	1.0%	1.2%	1.2%	1.2%

출처: 태국경제사회개발위원회, KOTRA

6

태국 시장을 보는 눈

위에서도 언급했듯이 태국은 ASEAN 2위의 경제대국이며, 지리적으로 인도차이나반도와 말레이반도의 중간에 위치하여 육로로 연결되는 중요한 허브이다. 특히, 라오스와 캄보디아 그리고 미얀마같이 태국과 국경을 마주하고 있는 주변국은 태국의 영향을 많이 받는다. 캄보디아의 한 도소매업자는 한국 상품을 수입하여 유통시키는 데 캄보디아에서 정식으로 수입하는 것보다 태국으로 수입된 상품을 육로로 반입하여 판매하는 것이 더 빠르고 비용도 적게 든다고 말했던 상황을 들은 적이 있다.

또한 태국은 ASEAN 최대 제조업 국가로 1, 2, 3차 산업이 다른 ASEAN 국가보다 균형 있게 발달되어 있다. ASEAN 최대의 자동차 및 전자 생산, 수출 허브로 제조업의 글로벌 벨류체인(GVC)이 잘 구축되어 있는 것 역시 큰 장점이다. 연간 3,800만 명 규모의 외국인 관광객은 ASEAN에서 글로벌 시장 진출의 성공 가능성을 가늠할 수 있는 파일럿 테스트를 할 수 있는 곳이기도 하다. 여성들의 사회진출이 늘면서 여성의 소비도 함께 성장하고 있으며, 하이소(High-Society)와 같은 상류층들도 상당수 자리 잡고 있기에 프리미엄 시장 또한 존재한다. 또한, '태국 4.0' 정책 추진에 따른 민간투자가 확대될 것이라는 것도 긍정적인 요소이다. 미-중 무역분쟁에 따른 투자 이전 수요가 증가하는 등 반사이익 또한 기대해 볼 수 있는 상황이기도 하다. ASEAN 한류의 진원지로 대장금 드라마를 시작으로 불기 시작했던 한류는 2012년 전후로 최고의 절정기를 누리고 다소 하락은 되고 있으나 아직까지도 K 드라마는 10~30대 사이에서 넷플릭스 최고의 인기 카테고리이며, BTS 뿐 아니라 블랙핑크는 최고 인기 가수이다. 또한 한국의 라이프 스타일과 제품은 그들에게 신뢰를 주기에 충분하다. 이와 같이 태국은 한국의 입장에서 매우 매력적인 시장임에는 틀림없다.

하지만 가계부채 증가로 인한 소비 위축이 심해지고 있고, 저출산-고령사회로 진입하면서 향후 경제성장 잠재력과 노동력이 부족한 것도 큰 우려가 된다. 무역의존도가 높은 개방형 통상국가로 수출입이 국가 경제에 큰 영향을 미치고, 가공무역 비중이 높은 것도 주요 특징이다. 예를 들어 김 수출국 1위는 한국이지만 김가공 식품 수출국 1위는 태국이다. 한국이나 중국에서 김을 수입해서 김과자를 만들어서 가공하여 수출하는 형태인 것이다. 그러나, 보호무역주의 확산으로 글로벌 불안정성이 심화되고 있으며 2019년부터 바트화 강세가 지속되면서 수출 경쟁력 역시 하락하고 있는 것이 현실이다. 국내외 환경 보호 및 규제 강화 정책 방향도 사업 진출에 걸림돌이 될 수 있다. 무엇보다도 정치 불안정에 따른 경제에 미치는 영향 또한 무시할 수 없는 사안이다.

동전에 양면이 있듯이 태국 시장도 명백한 장단점과 기회와 위협이 공존하고 있다. 한국과 다른 태국 시장을 얼마나 잘 이해하고, 그들의 문화와 습관, 생활 패턴까지 파악하여 적절하게 한국 기업의 색깔을 갖고 얼마나 잘 융화될 수 있는지가 태국 진출의 성공 요건일 것이다. 단순히 ASEAN이 중국 시장을 대체하는 대안인데 그중에서 태국의 경제규모가 크고 아직도 한류가 있어서 한국 상품이 잘 팔릴 것이며, 한국의 시스템을 적용하면 무조건 성공할 수 있을 것이라는 기대만 갖고 진출한다면 십중팔구 투자금만 날리고 철수하는 상황이 도래할 수 있다. 현지 지인의 말에 따르면 500억이라는 거대한 투자금을 갖고 태국에 야심차게 론칭했던 국내 굴지의 한 전자상거래 기업도 지상철역의 계단과 개찰구 등 그때까지는 사용되지 않았던 홍보 장소 여기저기에 광고 콘텐츠를 도배하는 새로운 광고 방법만을 태국에 남기고 2년 만에 철수한 경우도 있다고 한다. 또한 직접 운영을 통하여 성공적인 해외시장 개척을 목표로 태국 시장에 뛰어든 한국 회사들도 현지 업체들에 약점이 잡혀 쓸데없는 돈을 낭비하며 고전하고 있는 모습도 빈번하게 보았다.

태국에서 절대적인 사용률과 이용자 수를 보유하고 있는 대표 SNS는 페이스북이다. 모두가 페이스북에 광고나 홍보를 해야 함은 한국에서도 충분히 인지할 수 있는 정보이다. 하지만 2020년 일부 젊은 층 사이에서는 그들의 부모가 사용하는 페이스북에서 부모로부터의 간섭이나 모니터링을 피하기 위하여 정보 확산이 더 빠른 장점의 트위터로 넘어가는 현상이 일어나고 있다. 태국에서 젊은 고객들과의 커뮤니케이션을 위해서라면 트위터 운영이나 홍보도 고려해야 하는 배경인 것이다. 이렇게 수시로 변하는 현지의 상황을 파악하고 트렌드와 그 이유를 알 수 있는 이해가 있어야 성공적인 태국 진출을 할 수 있을 것이다.

7

태국 에필로그

A4 용지 50여 장으로 태국에 대한 전반적인 이야기를 쓰면서 다시금 나의 태국 생활에 대하여 정리할 수 있었던 것 같다. 30대 후반에 5년 동안 있었던 태국에서의 나의 타지 생활은 개인적으로는 가족들 그리고 친구들과 단절되었던 잃어버린 5년이기도 했다. 어쩌면 인연을 만나서 결혼을 할 수도 있었던 결혼적령기를 놓친 그런 5년이기도 했다. 성격이 급하고 꼼꼼한 나의 성향은 태국이라는 나라와는 상극이었을지도 모른다. 그러한 태국의 생활 습관과 문화 차이로 지친 적도 많았고, 무거운 책임감과 스트레스로 이유 없이 아픈 적도 있었다. 혼자라는 생각에 한없이 외로울 때도 있어 힘든 적도 많았다.

하지만 이러한 상황들을 인지하고 다시 5년 전으로 돌아간다 할지라도 나는 일 초의 망설임 없이 나의 두 번째 고향과도 같은 태국으로 다시 파견을 나올 것이다. '잃는 것이 있다면 얻는 것도 있다'는 '새옹지마'의 뜻처럼 그 놓쳐버린 5년은 내 인생에서의 가장 잊지 못할 5년이기 때문이다.

30대 후반에 누구에게도 뒤처지지 않을 정도로 정말 후회 없이 열심히 일했던 소중한 추억이 생겼고, 한국에서 있었다면 부족할 수 있었던 회사에 대한 강한 책임감과 자부심도 얻었다. 브랜드의 대표자로서 태국 유명한 대기업부터 중견기업의 임원 및 대표들을 만나며 친분을 쌓고 친구가 될 수도 있었다. 나보다 훨씬 젊은 친구가 타지에 나와 자기 사업을 하며 도전적으로 사는 모습들을 보며 시야도 넓혔고 자극도 많이 받았다. 관습적인 회사생활에 익숙해질 수 있던 나에게 태국 주재원 생활은 그런 흐름을 단번에 바꿔버린 인생의 터닝 포인트와 같았다.

만약 이 글을 읽고 있는 독자들이 해외 파견 근무에 대한 고민이 있거나 꿈이 있다면 큰 책임감과 용기를 갖고 도전해 보기를 적극적으로 권하고 싶다. 저자는 지금도 만약 태국이 아닌 해외 주재원으로 파견 근무를 할 기회가 생긴다면 아마도 다시 한번 이국 땅에서 불타오르는 열정을 또 느끼고 싶어서 주저 없이 도전해 볼 것이다.

1) 동남아 더운 날씨를 피하는 훌륭한 관광지

저자는 여행에 딱히 관심이 많지 않았기에 태국에 거주하는 동안 많은 여행지를 돌아다녀 보지는 못했던 것 같다. 또 주재원으로 태국에서 장기간 생활한다는 전제가 뇌리에 박혀 있으니 오늘 아니면 내일이라도 갈 수 있다는 여유에 차일피일 미루다 결국은 귀임하여 태국 전역에 유명한 관광지 중에 방문한 곳은 손에 꼽을 정도밖에 되지 않았다. 오히려 뚜렷한 목적을 갖고 오는 관광객들보다 방문하였던 유명 관광지 수는 적은 것 같다. 여기에 소개하고자 하는 곳은 동남아의 뜨거운 햇살을 피하여 시원하고 편안하게 태국의 화려함을 즐길 수 있는 방콕의 대표 쇼핑몰 아이콘시암(ICONSIAM)이다.

2018년 11월 오픈한 이 쇼핑몰은 저자가 공사 중일 때부터 현장에 방문하여 위치를 봐왔던 쇼핑몰이다. 방콕에 왔다면 누구나 한 번쯤은 가봤을 법한 시암 파라곤과 시암센터, 시암디스커버리를 운영하는 시암피왓(Siam Piwat)이라는 유통사와 위에서도 언급한 CP그룹의 조인트 투자로 진행되었던 대형 쇼핑몰 프로젝트였다. 태국 왕가 로열패밀리의 투자도 들어가 있는 쇼핑몰이었기에 태국의 어느 쇼핑몰보다 더 화려하고 훌륭한 시설을 자랑한다. 입점해 있는 브랜드의 구성도 호화롭지만 내부 인테리어는 한국의 어떤 쇼핑몰에서도 보지 못한 화려함과 호화스러움으로 꾸며져 있어 엄청나게 발달된 태국의 쇼핑몰 문화를 느낄 수 있는 최적의 장소이다. 또한 지하는 태국 전통시장의 분위기를 그대로 옮겨와 굳이 더운 날씨에 야외 전통시장에서 땀을 흘리며 힘들게 구경하지 않아도 태국의 분위기를 물씬 느낄 수 있다. 무엇보다 짜오프라야 강변에 위치해 있어 BTS(지상철)를 이용하여 사판딱신역(Saphan Taksin)에서 하차하여 사톤 선착장

[그림 10-13] 아이콘시암 쇼핑몰 외부

[그림 10-14] 아이콘시암 쇼핑몰 내부 지하층

(Sathorn Pier)에서 무료 셔틀 보트를 이용하면 방콕의 짜오프라야 강을 보트를 타고 구경함과 동시에 방콕의 심각한 교통체증을 피해서 이동할 수 있어 방콕에 방문한 관광객이라면 하루 정도는 태국의 우수한 쇼핑몰 문화를 이곳에서 경험하기를 추천한다.

2) 태국 전역의 관광 명소를 단 하루 만에

태국에는 전국 각지에 관광지가 넘치는 나라이다. 유명 사찰과 아름다운 건물들, 그리고 풍경 등 매력적인 관광지로 넘치는 태국은 전 세계의 관광객들을 유혹하기에 충분하다. 이런 전국 각지의 관광 명소들을 한곳에서 볼 수 있는 곳이 방콕에서 그리 멀지 않은 싸뭇쁘라깐에 위치해 있는 '무앙보란(Muangboran The Ancient City)'이라는 곳이다.

'무앙보란'은 이름 그대로 '고대도시(무앙: 도시, 보란: 고대)'란 의미이다. 태국의 유명 사업가에 의하여 조성된 개인 유적지이지만 그 규모와 역사적인 가치 등에 대해서 높은 평가를 받는 곳이다. 100여 개가 넘는 모조 건축물과 건물들을 태국 전체 지도와 비슷한 모양의 지형 위에 각 지역 위치에 맞게 지역의 명소를 실물 사이즈 또는 1/2이나 그보다 좀 더 작은 크기로 표현해 놓아 자전거 또는 골프 카트를 빌려 하루 만에 태국의 유명 관광지를 다 둘러볼 수 있는 초대형 아웃도어 박물관이다. 30만 평 규모에 이르는 무앙보란은 세계 최대 크기의 오픈 박물관이라고 할 수 있다. 2년 전 태국인들 사이에서 엄청난 시청률을 자랑했던 사극 드라마 '부페싼나왓(Love Destiny)'이 촬영된 장소로 무앙보란이 현지인들에게도 재조명받으며 인기 있는 관광지로 높은 평가를 받고 있다.

무앙보란은 지상철(BTS)의 Bearing역에서 무앙보란 측에서 이용하는 셔틀 버스나 택시 또는 썽태우를 타고 이동할 수 있어 짧은 방콕 여행 일정에서 도심에서 벗어나 태국의 정취를 물씬 느끼고 싶다면 방문해 보기를 추천한다.

[그림 10 - 15] 무앙보란

[그림 10 - 16] 무앙보란

3) 똠얌꿍을 가장 맛있게 먹은 맛집

  태국은 음식하면 빼놓을 수 없는 전 세계적으로도 잘 알려진 대표 음식이 많은 나라이다. 한국에서도 이미 태국 음식과 태국 전문 레스토랑이 많이 알려져 있으며 한국인들부터 많은 사랑을 받고 있다. 일부 태국을 자주 오는 관광객들은 태국 음식과 땡모반(수박주스)을 마시러 온다는 사람도 있다. 이를 입증하듯 한국에서는 흔치 않은 미슐랭가이드에 수록된 레스토랑도 제법 여러 곳 있다. 2019년 태국 미슐랭 가이드에서는 2스타를 받은 레스토랑이 4곳, 1스타를 받은 곳이 총 23곳으로 총 27곳이 선정되었다. 또한 CNN이 2019년 10월에 업데이트한 세상에서 가장 맛있는 음식 1위(마사만 커리)와 8위(똠얌꿍)도 태국 음식이다. 문화·여행·생활 정보 사이트인 CNN Go에서 2011년 발표한 세상에서 가장 맛있는 음식 Top 10에는 4위 똠얌꿍, 5위 팟타이, 6위 쏨땀, 10위 마사만 커리 총 4개나 랭크된 적이 있다. 이렇듯 태국은 전 세계 식도락 여행지의 대표 관광지이기도 하다.

  여기에 소개하고 싶은 나의 맛집은 'Kang Banphe'라는 Noodle and Seafood Café이다. 한국인에게 아직까지는 잘 알려져 있지 않은 곳이다. 라용(Rayong), 루암루디(Ruamrudee), 센트럴 엠바시(Central Embassy Eatahi), 아속(Asoke Sukhumvit21), 킹파워(King Power Rangnam) 이렇게 총 5개 지점이 있으며 내가 가장 추천하는 대표 메뉴는 똠얌쌀국수(Tomyum Noodle Soup)이다. 드셔본 분은 알겠지만 똠얌꿍은 워낙 독특하고 강한 맛에 호불호가 매우 분명한 음식이다. 하지만 저자의 경우는 워낙 맛있게 먹었었기에 지인들이 태국에 놀러 오면 종종 데려갔었는데 지인들 모두 너무 맛있게 먹었고 심지어 똠얌꿍의 그 독특한 맛 때문에 기호가 맞지 않아 좋아하지 않았던 지인들마저 이 메뉴는 맛있게 먹고 갔었다. 한 가지 팁을 주자면 저자 역시 동남아에서 즐겨 먹는 고수의 향을 끔찍히도 싫어한다. 만약 독자분들이 고수를 싫어한다면 태국의 레스토랑에서 음식을 시킬 때 종업원에게 "마이싸이팍치"라고 말해 보기를 추천한다. "고수(팍치)를 넣지 말아달라"는 문장인데 태국은 성조가 5성이라 말의 톤에 따라 전혀 다른 의미가 될 수도 있지만 식당에서 이런 말을 한다면 대부분의 레스토랑에서 일하는 종업원들은 알아들을 것이다. 용기 있게 두세 번 이야기하다 보면 고수를 넣지 않고 음식을 가져올 것이다. 태국에 들러 이 레스토랑을 가보고 싶다면 구글 지도에 레스토랑 이름(Kang Banphe)을 검색해서 쉽게 찾아갈 수 있을 것이다. 태국은 비즈니스뿐 아니라 삶의 여유와 음식도 즐길 수 있는 아주 좋은 국가이다.

[그림 10-17] KANG Ban Phe 누들 & 씨푸드 카페

출처: 지인 촬영

〈참고문헌〉

1) www.euromohitor.com

2) www.pthere.com

3) www.worldometers.info

4) www.flickr.com

5) www.nbtc.or.th

6) www.KOTRA.or.kr

7) www.kremlin.ru

8) www.nso.go.th

9) www.sapanut - arunprayote.com

10) www.flos.com

11) www.mumi.th

12) www.visitthailand.go.th

前 베트남 SPC 호치민 영업팀장
박세환(現 메가브랜드 프랜차이즈 통합컨설팅 대표)

제**11**장

우리가 모르던 베트남

동남아국가연합 ASEAN
Association of Southeast Asian Nations

베트남 프롤로그

 'ASEAN의 또 다른 대한민국, 베트남'

　중국과의 사드 사건(주한미군이 한국 성주에 사드미사일 배치) 이후 포스트 차이나를 찾던 중에 국기도 비슷하고 지리적 위치도 비슷한 베트남에 대해 갑자기 많은 뉴스기사들과 유튜브, 블로그에서 많은 양의 정보가 쏟아졌다. 그런데 실제 베트남에 와서 보니 왜곡된 내용도 있었으며, 오랜 시간 머무르지 않고 짧은 기간 체류하면서 말 그대로 여행방문기 또는 문화탐방기처럼 기사를 쓰거나 유튜브의 내용을 작성하다 보니 실제 사실보다는 독자들이나 시청자들이 선호하는 내용으로 잘못 전달된 내용이 존재한다. 이 글을 작성하면서 어쩌면 나도 그러한 미디어에 영향을 받을 수는 있으나, 최대한 사실에 입각하여 작성하려 노력하였고, 주재원 기간 경험하고 느낀 점을 토대로 작성했음을 말씀드린다.

　저자는 2007년에 프랜차이즈 기업인 전 직장에 입사하여, 2013년 팀실적 우수포상으로 베트남을 처음 방문하였다. 그 당시 기억을 떠올려보면 영어가 잘 통하지 않았었고, 오토바이는 많았지만 교통체증이 심하지 않았고, 고층빌딩이 많지 않았다. 그러다 2016년 주재원으로 발탁되어 다시 베트남을 찾았을 때에는 영어도 꽤 통하고, 자동차로 인한 교통체증이 시작되었으며, 고층 아파트의 공사가 한창 진행되고 있었다. 단, 3년 만에 너무도 빠르게 변해 가는 모습에 저자는 놀라움을 감출 수 없었다. 마치 한국이 한강의 기적을 이뤄낸 것처럼 유사한 행보를 이어가고 있는 나라가 베트남이다.

베트남은 우리에게 매우 친숙하게 느껴지는 나라이다. 다음에서 자세히 다루 겠지만 우리와 비슷한 부분도 많고 유사한 역사를 가지고 있는 나라이기도 하 다. 그리고 우리가 6·25전쟁 이후 빠른 성장을 이루었던 국민적인 속성도 베트 남 사람들에게도 보인다. 베트남 사람들도 부지런하며, 자녀교육에 열정을 쏟고, 젊은 인구가 많고, 인터넷에 익숙하며, 애국심이 강하다. 마지막으로 베트남인들 은 머리가 좋다. 국제 올림피아드에서 항상 상위권을 차지하고 있는 나라이기도 하다. 정말 베트남이라는 나라는 신기할 만큼 한국과 묘하게 닮아 있다.

[그림 11-1] 국제화학올림피아드 베트남 금메달 4개 종합 2위 관련기사

출처: TTXVN, 2020.07.31.

1

베트남의 개요

1) 베트남의 지리

[그림 11-2] 베트남의 지리적 위치

베트남은 인도차이나반도(아시아의 남동쪽에 있는 동남아시아의 반도)에 위치한 국가로 인도차이나반도에 포함된 국가들은 미얀마, 태국, 캄보디아, 라오스가 있다. 산업화 발전으로는 태국이 우위를 보이고는 있지만, 경제성장률 및 도시화 속도를 감안하면 실질적인 패권은 베트남이 쥐고 있다고 생각된다.

베트남은 한국에서 약 2,700km에 위치한 국가이며 비행시간은 약 5시간 정도 소요된다. 길게 뻗은 국가면적은 한국의 약 3배 정도 되며, 북부·중부·남부로 나눠진다. 북부에는 수도인 하노이가 위치해 있고, 중부에는 무역산업이 활발하게 진행됐던 다낭·호이안이 있으며, 남부지방에는 경제수도라 불리는 호찌민이 위치해 있다. 베트남은 북쪽으로 중국과의 국경을 두고 있다. 약 천 년 동안 중국의 지배를 받아왔기 때문에 중국 사람을 좋아하지 않지만, 동일한 사회주의 국가이고, 인접한 지리적인 특성 때문에 중국의 문화들이 생활 전반에 비슷하게 보이기도 한다. 참고로 중국 상해에서 근무했던 지인들에게 베트남이 10년 전의 중국과 비슷하다는 말을 자주 듣곤 한다.

2) 베트남의 인구

2020년 베트남 인구조사는 2019년 4월 1일 기준으로 발표되었다. 인구조사는 약 10년 단위로 조사되고 있다(1975년 이후 5번째 조사). 인구조사 결과에 따르면 총 인구는 96,208,984명이고 성비는 50.2%로 여성이 조금 높다. 도시의 인구비중은 34.4%로 도시화지표인 도시화곡선([표 11-1] 참조)에서 초기 단계를 조금 넘어섰다. 참고로 한국은 80%를 넘어 종착 단계로 볼 수 있다. 도시화곡선은 우리에게 많은 시사점을 준다. 앞으로의 성장가능성이 높다는 부분과 함께 아직까지는 이렇다 할 상권이 거의 없다는 것이다(점포개발의 어려움 시사).

베트남 인구는 전체적으로 62% 이상이 왕성하게 경제활동을 하는 구조를 지니고 있다. 이 시기를 인구 황금기라고 부르기도 하는데 개발도상국의 경우 이러한 시기에 강력하게 도약하여 중진국 진열에 합류할 수 있는 시기이기도 하다. 현지 관계 당국은 2040년 전·후하여 인구 황금기가 끝날 것으로 예상하고 있다. 인구 황금기를 맞고 있는 베트남에 대해 아쉬운 점은 전문가 집단의 비중이 낮다는 데 있다(현지 기획투자부 장관은 고학력 및 숙련 노동자의 비중이 11.1%에 불과하다고 함; KOTRA 호치민 무역관).[1]

[표 11-1] 도시화 곡선

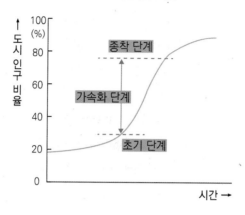

[표 11-2] 베트남 인구피라미드(2019년)

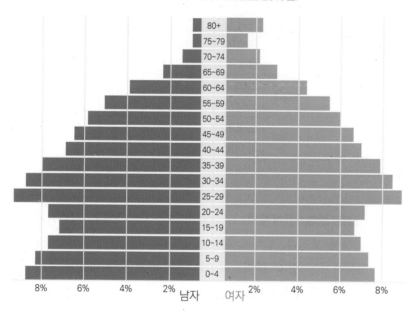

출처: 조영태 공저, 『정해진 미래』[3]

전문가 집단의 비중이 낮다 보니 현지에서는 해당 진출 분야에 전문가를 찾는 데 많은 노력을 쏟아붓는다. 현지에서 많은 주재원과 대표들을 만나서 얘기를 나눠보면 하나같이 인성이 좋은 직원을 채용하여 전문가로 키우는 것이 낫다는 얘기를 한다. 해당 분야의 팀장급 인원을 채용하더라도 그 실력을 검증해 보면 실무 담당자 수준이라는 것이다. 그렇다고 해서 베트남인들에 대해 평가절하하는 것은 절대 아니다. 다만 많은 경험을 해 보지 못해 전문가가 되지 못했을 뿐이라 생각된다. 베트남 사람들이 습득력이 빠르고 머리가 좋아서 가르쳐주면 금방 업무를 해낼 수 있는 능력을 가지고 있다고 자신 있게 말할 수 있다.

[표 11-3] 한국, 베트남 세대별 특징 비교자료

한국		베트남		비고
출생시기	연령대	출생시기	연령대	
6·25세대 1950년대생	70대	전쟁세대 1970년대생	50대	
베이비부머 1955~1963년	60대	베이비부머 1980년대생	40대	자녀교육 집중시기
X세대 1970년대생	50대	개성, 신세대, 오렌지족이라는 키워드를 가진 세대의 특징은 2020년 유학파들이 베트남에 들어오면서 생겨나고 있음		
Z세대 1980년대생	40대	Z세대 1990년대생	30대	한류, 대중가요, 모바일
Global교육 1990년대생	30대	Global교육 2000년대생	20대	유학열풍

출처: 유영국 저, 『왜 베트남 시장인가』[2]

[표 11-3]을 보면 '전쟁세대 → 베이비부머→ 자녀교육 집중시기'는 정확하게 구분이 가능해 보인다. 반대로 이후의 X세대부터 2021년 현재에 이르기까지 정확하게 구분하기는 쉽지 않다. 미미하지만 베트남 20대에서 조금씩 우리의 MZ세대의 특징이 나타나고 있는 것처럼 보인다.

베트남의 20대는 우리에게 좋은 투자에 대한 가능성을 시사해 준다. 2021년 기준, 베트남 20대의 인구는 한국의 20대에 비해 2.4배의 규모로 약 1,580만 명에 이른다. 『2020-2040 베트남의 정해진 미래』라는 저서에서는 2040년 기존 20대 시장의 규모가 4배까지 커질 것이라고 예측하고 있다. 변화에 대해 능동적이고, 수용이 빠른 20대 집단의 높은 비율 구조는 투자자로써 좋은 기회가 아닐 수 없다(2020-2040 정해진 미래, 조영태 외).

베트남은 54개의 민족으로 이루어져 있으며 가장 많은 인구를 차지하는 민족이 비엣족(89%)이다. 비엣족의 절대적인 민족 비율 때문인지 민족 간에 세력다툼이나 차별하는 모습은 아직까지 한 번도 보지 못하였다. 어느 날 같이 근무하는 직원들에게 어느 민족이냐고 물어보았지만, 대부분 개개인이 무슨 민족인지 잘 알지 못했다. 2021년 현재를 살아가는 사람들에게는 굳이 민족을 구분하는 것이 무의미한 부분이라 판단된다.

3) 베트남의 정치 및 외교

베트남의 정치는 1975년 국가통일 이후 공산당 1당 체제의 사회주의 국가이다. 우리에게 익숙한 사회주의 국가로 북한이 떠오른다. 그래서 사회주의 국가라고 하면 갑자기 미사일을 쏠 것 같고, 무장한 군인들이 민간인들을 잡아갈 것 같은 공포감을 갖고 있을 것이다. 하지만 베트남의 사회주의는 다르다. 1986년 '도이머이(DOIMOI) 정책'을 시작으로 민간기업들이 활발히 활동 중이며, 외국의 투자를 유치하기 위해 다양한 외교활동을 펼치고 있다. 때문에 '사회주의 국가'라는 이유만으로 투자를 망설일 필요는 없는 것이다.

2002년 대한민국의 월드컵 4강 신화의 영광처럼 박항서 축구감독의 베트남 국가대표 선전 소식과 많은 언론매체의 한국의 베트남 진출사례, 누적투자금액 1위를 보도하면서 한국 국민들은 베트남이 한국으로부터 많은 수혜를 받은 국가라고 생각하고 있다. 그동안 베트남과 긴밀한 관계를 유지해 온 것이 사실이기는 하나 한국만이 유일하다는 생각은 위험하다. 베트남은 이미 2007년 기준 172개국과 수교를 맺고 있었으며, 민주주의체제와 사회주의체제를 대표하는 미국과 중국이라는 강대국 사이에서도 적절한 외교로 강약조절을 하고 있는 나라이다. 2020년에는 ASEAN의 의장국 역할을 수행하였다. 2020년 코로나19의 영향에도 불구하고 +2.9%의 성장세를 보였으나, 코로나19 팬데믹 전 5년간 연 6~7%대의 경제성장률을 보이고 있는 베트남은 다른 나라에게도 좋은 시장임은 분명하기 때문이다.

4) 베트남의 종교

베트남 종교는 불교(7.9%), 가톨릭(6.6%), 까오다이교(0.9%, 유교·불교·도교 혼합종교)라고 하며 대부분 무(無)교라고 한다. 하지만 각 지방의 지방신, 조상신 등을 섬기는 문화가 있다. 한국과 마찬가지로 점포 또는 사업을 시작할 때 제사상을 차리고 조상신(개별신)에게 번영을 염원하는 의식을 시행한다. 우연의 일치일 수 있지만, 고사의 진행 유무에 따라 점포 매출의 등락이 결정되는 현상을 목격하기도 했다.

[그림 11 - 3] 매장에 조상신을 모시는 사진

출처: 저자 촬영

참고로 베트남에는 싱가포르나 말레이시아, 인도네시아와 같이 '라마다 기간(이슬람 교도들은 해가 떠서 질 때까지 음식을 섭취하지 않으며 금욕과 절제된 생활을 한다)'과 같은 종교의식은 없다.

2

베트남의 과거

1) 베트남의 역사

베트남의 역사는 신기할 만큼 한국과 여러 가지로 유사한 부분이 많다. 마치 평행이론을 증명하듯이 2,700km의 거리를 두고 동시대 유사한 사건들이 발생되었다. 이에 대해 간단히 정리해 보면 다음과 같다.[5]

- 유사한 시기 건국신화: 베트남 기원전 2879년 반랑신화[1] vs. 고조선 기원전 2333년 건국신화(단군신화)

- 동시대 식민지: 중국 한무제에 의한 식민지배(베트남 기원전 111년 vs. 고조선 기원전 108년) 베트남의 중국에 의한 식민지배는 이후 약 1,000년 동안 지속

---

1) 반랑신화: 베트남인의 용과 요정의 후손으로 바다 용왕의 손자인 '락롱꾸언'과 높은 산의 성자의 딸인 '아우꼬'가 사랑에 빠져 100개의 알을 낳게 된다. 100개의 알은 부화되어 락롱꾸언은 50명의 아들을 데리고 바다로 돌아가고, 50명의 아들은 어머니 아우꼬와 산에 남게 된다. 산에 남아 있던 장남(홍브엉)은 홍왕으로 베트남 최초의 국가인 반랑을 건국하게 된다.

• 동시대 역사

938년 독립	936년 삼국통일	비 고
리 왕조(1009~1225)	고려전기(918~1170)	불교
쩐 왕조(1225~1400)	고려후기(1170~1392)	
레 왕조(1428~1788)	조선전기(1392~1592)	무교
응우옌왕조(1588~1777) (1802~1945)	조선후기(1952~1910)	

• **국토 확장기**: 한국은 북쪽으로, 베트남은 남쪽으로 영토확장 진행(지금의 호찌민 지역은 1760년 베트남 땅이 되었던 지역이다. 이전에는 지금의 하노이 지역만 베트남 국토였다.)

• **또다시 식민지배**: 외세에 괴롭힘을 많이 당한 민족은 한이 많고 정이 많은 것이 느껴진다(한(恨), 노래가 구슬픔, 정이 많음, 자녀교육의 중요성).
1883~1940년 프랑스 식민지＋1940~1945년 일본 식민지(한국은 1910~1945 일본 식민지)

• 남북 분단의 고통

구분	베트남	한국	비고
해방	1945년 8월		
분단	1954년	1953년	1954년 제네바협정 (베트남 남북분단 협약)
통일	1975년	지속	

2) 베트남의 개방의 시초 '도이머이 정책'과 신토지법

(1) 도이머이 정책

베트남은 1975년 통일 이후 '집단농장화'에 착수하여 경제발전을 꾀하였으나, 더 큰 경제 성장을 위해서 새로운 정책방향이 있어야 된다는 사회적 분위기가 형성되었다. 1986년 시행된 도이머이(DOIMOI) 정책은 위와 같은 배경으로 베트남 경제체제의 변환점을 맞이하게 되었다(도이머이(DOIMOI)는 변경한다(đổi)와 새

536 ASEAN 주재원들이 바라본 진짜 ASEAN

롭게(mới)라는 뜻으로 쇄신이라는 의미를 갖는다). 도이머이 정책을 시작으로 1990년 회사법이 제정됨에 따라 민간기업의 수가 증가하게 되었다. 1988년 이전에는 민간기업이 존재하지 않았다. 2002년에는 150가지의 사업면허 허가제를 폐지하고, 사업등록에 소요되는 시간과 비용을 줄이면서 민간기업 증가에 일조하였다. 2013년의 헌법개정으로 도이머이 정책을 확고히 하고, 경제발전에 박차를 가하고 있다. 이러한 배경을 바탕으로 2007년 WTO(세계무역기구)에 가입함으로써 세계 경제시장에 매력적인 투자대상국으로 부상 중에 있다.

(2) 신토지법

도이머이 정책의 일환으로 외국인 투자자로부터 각광을 받는 법안이 2014년 7월부터 '신토지법'이라 하여 발효되었다. 신토지법은 해외거주 베트남인 및 외국인 투자기업(이하 외투기업)에 대한 토지사용 권한을 확대하고, 외투기업에게 국내기업과 동등한 권리와 의무 부여하는 등 국내외 투자자 간 차별을 철폐한 법안이다. 주요 내용은 아래와 같다.

- 유상으로 토지를 교부받을 수 있는 대상에 외투기업을 포함
- 베트남 국내기업도 임대료 일시불 조건으로 토지를 임대받는 것이 가능
- 외국인 투자기업의 토지사용권 취득 방법에 대한 조항 신설
- 토지관련 법규 위반(투자안 이행을 위해 교부 또는 임대받은 토지의 미사용)으로 토지를 회수하기 전, 투자자에게 토지 사용기한을 연장할 수 있는 기회 부여
- 외국인 투자기업도 회수된 토지에 대해 국가로부터 보상 가능
- 베트남에서의 투자안 이행을 목적으로 토지를 사용하는 외국인 투자기업을 설립 방식에 따라 세분화해 외국인 투자기업이 해당 토지에 대해 갖게 되는 권리와 의무를 별도로 규정하는 조항 마련
- 주택 건설사업 투자안 및 양도 또는 임대를 목적으로 하는 기반시설 건설 투자안과 관련된 토지사용권 양도 조건을 규정

출처: KOTRA 하노이무역관[6]

2020년, 베트남 투자법이 개정되어 2021년 1월 1일부로 시행되었다. 기존 투자법은 조건부 사업분야의 리스트만을 제공하고, 외국인 지분율 제한 또는 구체적인 투자 조건은 규정하지 아니하여 WTO 양허안 또는 FTA 상 구체적인 외국인 투자 조건이 규정되지 않은 조건부 사업분야에 대한 외국인 투자 가능성에 대하여 불명확성이 존재하였으나, 개정 투자법은 이러한 조건부 사업분야에 대한 지분율 제한, 외국인 투자자의 조건 등을 정부가 규정하도록 하였다. 과거 2014년 현행의 투자법이 발표되고, 이를 시행하기 위한 구체적인 시행령을 제정하는 데 오랜 시간 혼란을 겪어왔다. 이번 투자법 개정도 마찬가지로 많은 혼란을 야기할 수 있으므로, 법률전문가와 상의하여 일정 기간의 여유를 두고 베트남 시장에 진출하기를 조언한다.

3) 베트남의 역사를 통해 본 향후 전망

이처럼 베트남은 우리와 역사적으로도 유사점이 많은 국가이면서 경제성장에 차이가 있었던 가장 큰 이유는 베트남은 1978년 캄보디아, 중국과의 전쟁을 치르면서 국토가 황폐해졌기 때문이다. 한국은 1953년 휴전 이후 1979년 해외 파병(베트남전쟁) 및 미국의 원조, 새마을 운동 등과 같은 대국민적인 노력으로 오늘의 대한민국을 이루어왔지만, 베트남은 1979년 중국과의 전쟁[2] 이후 더딘 출발이지만 다양한 방법으로 경제발전에 힘쓰고 있는 중이다.

베트남인들은 대한민국의 애국심만큼이나 자국에 대한 애국심이 강하다. 또한 국가에 대해 평소 불만이 많지만, 국가의 정책에 대해 절대적으로 신뢰하는 모습을 보여주고 있다. 애국심이 강한 국가에 외국 기업이 진출하여 성공하기 어렵다는 이야기를 종종 들어왔다(이탈리아에 스타벅스의 점포확산 실패 사례). 하지만 우리와 유사점이 많은 역사와 많은 외세의 침입을 겪었던 민족의 심리는

---

2) 중국 - 베트남 전쟁: 1979년 2월 17일부터 3월 16일까지 진행된 전쟁으로 1개월 정도 진행되었다. 1978년 중국이 지원하는 캄보디아 크메르루즈 정권을 베트남이 점령하자, 중국은 북쪽 국경을 통해 베트남을 침공한다. 1969년 베트남 공산당은 냉전시대 중국과 공산주의 세계에서 경쟁관계에 있던 소련을 지지하고 1975년 남베트남을 통일한 이후 중국계 교민(화교)들을 탄압하고 추방하였고 1978년 중국이 후원하는 폴 포트 정권을 몰아내고 친베트남 성향의 정부를 수립하여 중국 - 베트남 관계가 악화되어 발발된 전쟁이다. 베트남의 반격으로 한 달 만에 중국군이 철수하였고 양측은 서로의 승리를 선언하였다.

대한민국 국민인 우리가 누구보다 더 잘 안다고 생각한다. 한국보다 GDP가 낮은 나라라서 무시하거나 자만하지 말고, 조금만 더 고민해 본다면 답은 쉽게 나올 것이다.

3

베트남의 현재와 미래

1) 베트남의 주요 경제현황, 지표, 주요 기업

2021년 기준으로, 베트남 내에 브랜드는 절대적인 1등도 꼴등도 없는 상황이라고 함축하여 말할 수 있을 것이다. 하루가 다르게 변해 가고 있으며, 새로운 것들이 들어오고 나가고 있다. 현지 로컬 기업뿐만 아니라, 해외 기업들까지 절대적인 1위를 위해 오늘도 불철주야 노력하고 있다. 하지만 베트남에서 독보적인 1등 기업이 되는 것은 베트남 현지 기업은 물론, 베트남에 진출한 외국 기업들에게도 쉽지 않은 도전임에는 분명하다.

2020년 세계경제에 큰 악영향을 끼치고 있는 코로나19로 베트남도 예외는 아니었다. 코로나19가 발생하기 전 6~7%대의 경제성장률을 기록하고 있었으나, 2020년 경제성장률은 +2.9%로 타 국가 대비하면 양호한 성적임은 분명하다. 뿐만 아니라 2021년에는 다시 이전의 경제성장률 6.5%로 예상한다고 하니 베트남 경제는 코로나19 사태가 진정되면 성장가도를 달릴 것이 예상된다.

2) 포스트 차이나 전성시대

중국의 사드보복 이후 베트남이 '포스트 차이나'라고 불리는 것은 한국 매체를 통해 많이 노출되었지만, '포스트 차이나 베트남'은 단연 한국에서만 불리는 용어가 아니다. 그 대표적인 국가가 미국이다. 미국과 중국은 2018년 3월 트럼프 미국 전 대통령이 연간 500억 달러 규모의 중국수입품에 25%의 고율관세를 부가하면서 무역전쟁이 시작되었다. 2019년 10월 미니딜의 성사로 고율관세 부가를 25% → 30%로 인상되는 부분은 잠시 중단되었지만, 미국의 중국에 대한 견제는 계속되고 있다. 실제 애플의 아이팟 생산공장도 지난 3월부터 중국에서 생산된 아이팟의 30% 물량을 베트남에서 생산하고 있으며, 더 확대될 전망이다. 아마도 이 책의 출판 이후에는 더 많은 기업들이 생산공장을 중국에서 베트남으로 옮길 것으로 판단된다. 공장의 이전사유는 중국에 대한 경제불안감 고조 및 인건비 상승으로 볼 수 있는데, 이에 반해 베트남은 사회주의 국가이긴 하나 어느 정도 안정된 경제체제로 평가되고, 최저 인건비도 중국의 절반 수준이다. 뿐만 아니라, 낮은 인건비 생산·습득 능력도 좋다고 하니 공장 이전을 결정할 수밖에 없는 상황인 것이다.

[표 11 - 4] 대베트남 투자 상위 10개 국가 투자현황

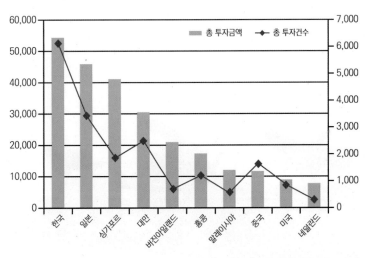

자료원: 베트남 외국인투자청(2017. 7월 작성기준)
출처: 한국경제신문, 20.05.11.

포스트 차이나로 각광받고 있는 베트남에 투자국 Top 10이 [표 11-4]에 나와있는 국가들이다. 아무래도 지속적인 투자를 했던 국가이므로, 투자영역을 확대할 가능성이 높다. 대한민국이 누적 투자 1위이기는 하지만, 이의 순위는 언제 바뀔지 모르는 것이다. 오랜 시간 동안 투자를 해 왔고, 다른 국가보다는 익숙한

베트남에서 더 많은 매출이 발생되고, 많은 투자수익이 나오기를 희망한다.

3) 포스트 코로나19 경제상황

전 세계적인 질병으로 아직도 잡히지 않고 있는 코로나19는 세상의 많은 것을 바꿔 놓았다. 베트남도 코로나19를 피해갈 수 없는 상황이다. 코로나19 이전 거품이 많이 끼었다는 아파트값은 하락하고 있으며, 시내의 높은 임차료의 점포들은 줄폐업이 발생하고 있다(호치민 시내의 임차료 수준은 서울과 맞먹을 정도로 비싸기 때문이다). 하지만 현지 개인투자자들이 비교적 임차료가 저렴한 시내외곽을 중심으로 지속적인 매장오픈을 진행하고 있으며, 매장을 대신한 푸드트럭, 트럭이발관 등이 생겨나고 있는 상황이다.

[그림 11-4] 트럭에서 이발소를 운영하는 모습

출처: 저자 촬영

4

한국 기업의 베트남 진출 A TO Z

1) 베트남에서 성공하기 위한 3가지 포인트

(1) 한국에서 처음 사업을 시작했던 초심으로 돌아가라

베트남의 긍정적인 미래전망, 비슷한 부분이 많은 역사, 좋은 치안 등등 여러 가지 이유로 많은 한국 기업들이 베트남에 진출하였고, 진출을 고민하고 있다. 이러한 여러 가지 이유는 분명 근거 있는 사실임에 틀림 없다. 하지만 베트남에 대한 사전공부 없이 '헝그리정신'으로만 진출한다면 100% 실패할 것이다. 실패를 하지 않기 위해 반드시 최소 6개월~1년 이상 사전조사 기간과 실거주를 진행하며 공부를 해야 한다. 백문불여일견(百聞不如一見)이라는 말이 해외진출 시 준비해야 되는 가장 중요한 첫걸음인 것이다. 우선 처음 3개월은 현지 적응기간, 이후 3개월은 베트남에 진출한 한국 기업과 인맥 쌓기, 나머지 6개월은 현지인 대면 및 진출 사전정보에 대한 검증기간으로 계획하면 좋을 것이다.

지난 2016년도부터 베트남에서 주재원으로 업무를 수행하면서 절실하게 느꼈던 내용에 대해 조금 더 첨언하고자 한다. 최초 진출 시에 사전조사는 위에서 말했듯이 너무나 중요한 부분이다. 그 다음은 해외진출에 대한 마음가짐이다. 이 부분에서 대기업이든, 중소기업이든, 개인 사업자이든 한국에서 처음 사업을 시작했던 마인드로 돌아가야 한다. 한국에서의 노하우가 있으니 진출사업에는 분명 도움이 되겠지만, 그 사업을 접하는 대부분의 직원들은 처음 그 일을 하는 사람들이다. 또한 한국 브랜드는 베트남 고객들에게도 낯설게 느껴질 것이다.

따라서 새롭게 사업을 시작한다는 마음으로 초심으로 돌아가야 한다.

(2) 투자의 규모를 재설정/축소하고, Cash Flow를 만드는 데 집중하라

투자의 규모를 재설정해야 된다. 저자가 경험했던 프랜차이즈 사업을 예로 설명해 보겠다. 한국보다 경제수준이 낮다고 해서 고객의 니즈를 제대로 파악하지 않고 많은 한국 기업들이 프리미엄을 외치며 베트남 시장에 론칭을 하고 있다. 이것은 단지 한국 프랜차이즈뿐만 아니라 다른 국가의 프랜차이즈들도 마찬가지이다. 도시화율이 70~80% 이상 진척된 국가의 점포개발전문가들은 본사의 계량화된 점포개발 기술을 적용하여 세계 유명 프랜차이즈 브랜드점포가 폐점했던 높은 임차료를 지급하는 위치에 아직도 개점 준비를 하고 있다. 2020년 저자는 고임차료 무덤에 입점한 다른 브랜드의 점포가 언제쯤 폐점할 지 어느 정도 예측이 가능해졌다. 처음 진출하는 1호점이 크고, 멋있어야 하겠지만 고객의 마음을 읽지 못하는 프랜차이즈 브랜드들은 곧 적자의 늪에서 헤어나오지 못하고 있다. 저자가 하고 싶은 이야기는 고객의 니즈를 충분히 알기 전까지는 버틸 수 있는 자금이 있어야 하고, cash flow(일정 기간 동안 운용할 수 있는 자금)를 만드는 데 집중해야 한다는 것이다. 이미 저자는 제대로 실력발휘 한번 못하고 수십 수백억을 날리고, 철수를 결심하는 너무도 많은 다양한 기업들을 목격했다.

(3) 직원들의 역량향상에 집중하라

끝으로 진출을 결정하고 투자의 규모 및 cash flow를 만드는 전략이 세워졌으면, 가장 집중해야 될 부분이 현지 직원들의 역량향상에 집중하는 것이다. 저자도 베트남 현지 판매직원부터 점포점장 및 점장들을 관리하는 슈퍼바이저, 마케팅 팀장 등 지원자들에 대해 500명 내외의 현지 면접지원자 면접을 진행하였다. 많은 인력들의 이력서 검토와 실질면접에서 느낀 부분은 이력서와 실무의 능력에 차이가 크다는 것이다. 이력서의 경우 많은 경력이 있다고 기술하고 있지만, 실무에 투입하였을 때에는 처음 업무를 접하는 사람과 크게 다를 바가 없었다. 기대수준이 높았던 것일까? 기대수준보다는 많은 전쟁을 겪었고(베트남 독립전쟁 1955~1975년, 캄보디아 침공 1978년, 중－베트남 전쟁 1979년), 능력 있는 베트남 사람들은 해외로 나갔다고 하니(베트남 직원들과 대화인용) 베트남에 남아 있는 전문가는 내 입장에서는 찾기가 힘들었다. 분명 전문가는 있겠지만, 헤드헌터들조차도 그들을 잘 찾지 못한다. 베트남에서 다른 회사 대표님들과 여러 미팅, 식사자리에서 이 부분에 대해 얘기를 나눈 결과 인성 좋고, 성실한 직원을 채용해서 키우는 것이 조직을 세우는 데 가장 빠르다고 입을 모은다. 인성 좋고 성실한 직원들을 채용했으면 직원들 역량향상에 집중하는 것이 가장 중요하다. 이직이 잦은 베트남 직원들이지만 급여와는 별도로 자신이 발전하고 있고, 그들에게 미래의 비전을 보여주었을 경우 이직의 확률은 절반 이상으로 줄어들 것으로 확신한다. 한국의 기업들이 베트남에 진출할 때는 소수의 한국인 직원들이 함께 입국하여 업무를 진행한다. 하지만 한국 사람들만으로 회사가 잘 운영되지는 못한다. 결국 베트남 직원들이 역량이 향상되어야 사업이 발전할 수 있는 것이다. 한국인들이 아무리 현지화가 된다고 하더라도 베트남 현지인이 될 수 없기에, 현지화의 기반은 베트남 현지 직원들을 동기부여하고 역량을 개발하는 것이 최선의 현지화이다.

2) 한국 기업 진출 전 투자유형 및 분야 사전확인

외국인의 베트남 투자를 규율하는 법률은 2006년 7월 최초 발표되었다. 이는 베트남이 WTO 가입을 통해 외국자본 투자를 극대화하기 위한 사전작업으로 자국민과 외국인에 대한 차별을 최소화하기 위한 투자법률이 필요했기 때문이다. 이 법은 2014년 11월 신투자법으로 개정되었으며, 추가 수정작업을 진행하여 2016년 11월에 정식 시행되었다.

투자유치 분야는 투자가능 분야와 투자금지 분야로 나눌 수 있으며, 투자가능 분야는 일반투자 분야와 투자우대 분야, 조건부 투자 분야 등으로 구분된다(KOTRA 호치민 무역관 서류 참고). 투자우대 분야는 하이테크 기술·신에너지·전자제품·봉제·정보기술·제약기술 등이며 베트남 자체적으로 집중하는 사업이며, 해외기술을 유입시키는 목적으로 투자우대를 하고 있으며 법인세 혜택 등으로 많은 투자자들이 베트남에 문을 두드리고 있다.

조건부 투자 분야는 국방, 안보, 사회질서, 도덕, 국민 건강의 이유로 인해 조건을 충족시켜야 하는 산업으로 243개 업종이 있으며, 유통·F&B(Food &

Beverage)·부동산 등 제조업 및 서비스 분야가 조건부 투자 분야에 해당된다. 투자금지 분야의 경우 상식적으로 국가가 납득하기 어려운 마약, 멸종위기 야생 식물·동물, 인신매매 등이 있다. 이 부분에 대해서는 다음에도 소개할 법무법인 을 통하여 새로 개정된 법률로 자신의 기업이 해당되는 투자 분야를 사전에 확 인하고 리스크 유무를 파악하고 사전에 준비할 수 있도록 하여야 한다. 다시 한 번 강조하지만 사전준비는 무엇보다 철저히 하여야 하며, 향후 발생할 문제에 대해 체크리스트를 작성하고 미리 준비를 해 두어야 한다. 베트남은 한국이 아 니고 해외이며, 상식적으로 한국과 다른 부분이 많이 존재하기 때문이다.

3) 베트남 현지법인 및 지사 진출형태별 설립 절차

해외 기업들의 진출형태는 크게 현지법인과 지사로 나눠진다. 현지법인은 한 국에 본사를 두고 있더라도 베트남 현지에서 생산 및 판매를 독립적으로 수행하 게 되며, 손익도 독립적으로 발생하는 형태를 말한다. 즉, 독립된 법인회사인 것 이다. 지사의 경우 지점형태의 사무실 개념으로 생각하면 된다. 해외지사는 독 립된 법인이 아니므로, 본사의 일부로 보아야 하고 본사에 적용되는 국내법이 적용된다. 기업들은 이와 같은 형태의 지사를 두고 주로 현지 시장조사, 바이어 를 발굴하는 역할로 활용하고 있다.

두 진출형태의 차이점은 현지법인의 경우 현지화와 더불어 다양한 기업활동 을 하는 데 용이하며, 하나의 독립된 회사로 현지에 포지셔닝하는 데 유용하다. 하지만 지사의 경우에는 기업활동에 제약이 있으며, 본사의 영업활동을 돕는 역 할에 국한되어 있다. 하지만 베트남에서는 이를 활용하여 한 지역에 법인을 설 립하고 다른 지역으로 확산할 경우 지사를 두어 기업활동을 하고 있다(호치민에 법인설립 후 하노이 지사 설립 등).

(1) 현지법인 설립절차

No	구분	준비사항	비고
1	설립요건	최소 1명 이상 필요 최소 자본금 규정 없음	자본금 예치 필요없음

No	구분	준비사항	비고
2	임대차 가계약	가계약 체결 – 최초 가계약을 수용해 주는 건물주가 희박하므로 공유 오피스 권장	사업자 주소지 대여 업체 활용 가능
3	구비서류	• 투자허가신청서(DPI(Department of Planning & Investment) 허가신청 양식) • 합작투자계획서(2부) • 창립주주명부(2부) • 창립사원명부(2부) • 설립할 회사정관(원본 2부) • 사업타당성조사서(원본 2부) • 사무실 임대차 가계약서(원본 2부) • 사업자등록증(사본 2부) • 법인등기부 등본(사본 2부) • 재정능력확약서(2부) • 본사 정관(사본 2부) • 위임장(원본 1부) • 대표자(법인장) 여권(사본 1부 – 사진 부위) • 대행 위임장(원본 1부)	(15일 소요) 합작투자의 경우 주식회사의 경우 유한회사 경우 투자계획서 2년간 재무제표 혹은 은행 잔고 증명 첨부 각 지방정부별로 요구 조건 다름
4	허가서 신청/발급	해당 구비서류 일체(DPI)	15일 소요
5	기업등록		3일 소요
6	인감 제작, 등록	계좌개설 진행	10일 소요
7	임대차 본계약	자본금 계좌(DICA) 및 일반계좌	

한국에서 베트남으로 발송되는 서류는 기본적으로 외교통상부 영사확인이 필요하며, 구비서류 각 2부씩 영문 번역 후 공증 → 영사확인 → 베트남어 번역·공증을 해야 한다.

(2) 지사 설립절차

No	구분	준비사항	비고
1	설립요건	• 본사 최소 5년간 운영 • 잔여기간 최소 3년	• 대표사무소: 본사 최소 1년 운영 • 잔여기간 최소 1년
2	임대차 가계약	가계약 체결 - 최초 가계약을 수용해 주는 건물주가 희박하므로 공유 오피스 권장	사업자 주소지 대여업체 활용 가능
3	구비서류	• 지사 및 대표사무소 허가 신청서 • 사업자등록증, 법인 등기부 등본 사본 공증 & 영사관 확인필 • 직전 회계연도 본사의 회계 감사자료 혹은 재무 재표 • 대표사무소장 될 분의 여권 사본 공증 & 영사관 확인필 • 대표사무소 주소가 될 사무실 임대계약서 사본	10일 소요
4	허가서 신청	• 해당 구비서류 제출 • 대표사무소의 경우 관할지역 산업무역지국 (Department of Industry and Trade) 신청	• 산업무역부 (Ministry of Trade and Industry) • 15일 소요
5	허가서 발급	• 지사: 업무일 15일 이내 발급 • 대표사무소: 업무일 15일 이내 발급	
6	후속조치	• 지사 및 대표사무소 허가서 발급 후 수속 • 인감 등록, 세무 번호 등록, 계좌 개설, 인사 등록 등 무역국 안내를 받아 수속	5일 소요
7	임대차 본계약	사무실 정식 계약 체결	

3) 주요 법무법인 및 기업지원 기관

업체명	주소	전화번호	이메일
법무법인 JP	34th Floor Unit2 Bitexco Financial Tower, HCM	84-28-4696-8848 84-28-3910-0619 84-16-5419-4924	lawyerpys@hanmail.net
법무법인(유) 로고스	20th Centec Tower, 72-74 Nguyen Thi Minh Khai, Dist 3, HCM	84-95-558-7801 84-28-3822-7161	wrbaek@lawlogos.com
법무법인 율촌	Unit 03, 4th Floor, Kumho Asiana Plaza, 39 Le Duan St., Ben Nghe Ward, HCM	84-28-3911-0225	ujahn@yulchon.com
법무법인 지평	16층 Centec Tower, 72-74 Nguyen Thi Minh Khai, Dist 3, HCM	84-28-3910-7510	jtjung@jipyong.com
법무법인 광장	Unit 102, Kumho Asiana Plaza, 39 Le Duan, Dist 1, HCM	84-16-9380-6699	younjoon.han@leeko.com, jongdae.jung@leeko.com
법무법인 태평양	Unit 3, 37F, Bitexco Financial Tower, 2 Hai Trieu Street, District 1, HCM	84-28-3821-2303 84-28-3821-2427	vietnam@bkl.co.kr
LNT Lawyers	21th Floor, Unit 3, Bitexco Financial Tower, No.2 Hai Trieu Street, Dist 1, HCM	84-83-8212-357	binh.tran@lnt-partners.com
정일 회계법인	119 Dien Bien Phu Str., Da Kao Ward, District 1, HCM	84-28-3820-5355 84-28-3820-5349	jhpark@jungilacc.com
PWC 회계법인	4F Saigon Tower 29 Le Duan, Dist 1, HCM	84-28-3823-0796 84-90-990-0912	seong.ryong.cho@vn.pwc.com
KPMG 회계법인	10th Floor, Sun Wah Tower, 115 Nguyen Hue Street, Dist 1, HCM	84-28-3821-9266 (ext. 8133)	kikim@kpmg.com.vn
이정 회계법인	602호 Centec Tower, 72-74 Nguyen Thi Minh Khai Stl, Dist 3, HCM	84-28-3824-4770	ejaudit@gmail.com

출처: KOTRA 호치민 무역관

※ 투자자문 및 기업지원

- KOTRA 호치민 무역관(수출지원 및 투자자문)
  - 주소: 708B Diamond Plaza, 34 Le Duan, Dist 1, HCMC
  - 전화번호: 84 - 28 - 3822 - 3944
  - 이메일: KOTRAsgn@hanmail.net
- Ksure 호치민 지사(기업 신용도 조사)
  - 주소: 5층 Diamond Plaza, 34 Le Duan, Dist 1, HCMC
  - 전화번호: 84 - 90 - 924 - 196
  - 이메일: ldy0194@ksure.or.kr
- Kocham(한인 상공인 연합회, 기업 지원)
  - 주소: 3F 47 Nguyen Cu Trinh, Dist 1, HCMC
  - 전화번호: 84 - 28 - 3837 - 9154
  - 이메일: kocham@kocham.kr
- OKTA 세계한인무역협회 호치민지회(수출입 상담, 경제인 네트워크)
  - 주소: #9, My Giarg 1B st., Tan Phong Ward, Dist7, HCMC
  - 전화번호: +84 - 28 - 5414 - 1250
  - 이메일: johnahn2020@gmail.com

4) 베트남 기업진출 사례

저자는 식품업계 출신이라 식품업계를 위주로 소개를 하도록 하겠다. 대기업의 진출과 중소기업의 진출의 차이점은 크다. 대기업은 잘 만들어진 시스템과 노하우, 품질, 막대한 자금을 갖고 진출한다. 하지만 많은 대기업들이 아직까지도 자리를 잡지 못하고 있다. 반면 중소기업의 경우에는 대기업에 비해 덜 전문화되었기 때문에 베트남에서 시스템, 노하우, 품질을 재정비하며 현지화시켜 비용을 최소화한다. 이러한 현상을 공룡과 쥐라고 말하고 싶다. 공룡은 덩치가 크며 적응력이 떨어진다. 반면 쥐는 살아남기 위해 환경에 적응하면서 자생에 모든 힘을 쏟는다. 해외진출은 공룡보다는 쥐의 형태가 적응하기 좋고 의사결정이 빠르며, 확산이 빠를 수 있다. 현지에서 성공한 많은 기업이 있지만 대표적으로 대기업인 오리온과 중소기업인 돈치킨을 소개해 보고자 한다.

(1) 어느 별에서 왔니? 철저한 현지화 오리온

베트남 관련 서적이나 기사를 보면 '제사상에 오르는 초코파이'라고 언급될 정도로 초코파이는 베트남에서 성공을 거두었다. 베트남에서 제사상은 1년 365일 조상신을 섬기는 집이나 가게가 많기 때문에 한국에서의 제사상과는 의미에 차이가 있다. 하지만 그만큼 초코파이가 대중화되었다는 것을 의미하고 이렇게 대중화시키기 위해 오리온만의 특별한 전략이 있었다. 편의점이나 마트 중심의 한국과는 달리 소위 구멍가게가 많은 베트남에서는 전국적으로 확산시키기 쉽지 않다. 오리온은 전국 규모의 영업사원을 채용하고, 이들을 활용하여 점포를 컨설팅하고 운영을 도와주어 자연스럽게 초코파이를 취급하게 만든 것이다. 오리온은 베트남에서 고성장을 이어갈 수 있었던 배경으로 현지화 전략에 맞춘 지속적인 신제품 개발과 새로운 시장 개척 노력을 꼽고 있다. 베트남 파이 시장에서 70% 가까운 점유율을 차지하는 초코파이는 지난 2017년 '초코파이 다크', 2019년 '복숭아맛', 2020년 '요거트맛' 등 신제품을 출시하며 성장의 견인차 역할을 하고 있다. 오리온은 여기서 그치지 않고, 쌀을 활용한 제품을 좋아하는 점을 감안하여 'An(베트남어로 '편안한'이라는 의미 내포)'이라는 쌀과자를 개발하여 성공적으로 출시하였다. 쌀과자 'An'은 2019년 4월 베트남에서 첫 선을 보인 이후 약 350억 원에 달하는 누적 매출을 기록하며, 쌀과자 시장 2위 브랜드로 도약했다. '건강한 아침 대용식 빵' 콘셉트의 양산빵 '쎄봉'도 2019년 출시하자마자 대도시 직장인과 학생 등에게 각광 받으며, 2020년에만 150억 원이 넘는 매출을 올려 베트남 법인의 성장을 뒷받침 하고 있다. 오리온은 이외에도 2020년 5월부터 '오리온 제주 용암수' 판매를 본격화 하며 베트남 음료시장 공략에도 공을 들이는 상황이다.

[그림 11-5] 베트남 오리온 신제품 '안' 이미지

출처: 오리온 비나

(2) 세상에 이런 맛이! 코리안 치킨 돈치킨

'Don chicken'이라는 간판이 베트남 현지인들에게는 기억하기 쉬웠을 것이다. 왜냐하면 매장입구에 한국인 모델(개그맨 이경규)이 있어 한국의 치킨이라는 이미지를 주었기 때문이다. 확장전략도 한인 상권이 아닌 로컬상권 중심으로 점포개발을 하고 있다. 현지인들은 드라마에서만 봤던 치킨을 실제 매장에서 경험할 수 있고, 점포도 깔끔했으며 제품의 맛도 변함없이 품질관리가 되어 왔다. 2020년 말 기준으로 18개점을 베트남에서 운영 중이며, 2025년까지 200개 매장으로 확대를 계획 중이다. 반면 한국의 대기업 치킨브랜드는 어떻게 운영되고 있는가? 현지의 최중심 상권이나 한인 상권을 위주로 영업하다보니, 2~3년을 버티지 못하고 폐점하거나 버티더라도 적자에 허덕이고 있는 것이 슬픈 현실이다. 해외에 진출하는 대기업들은 자사브랜드로 시장진입이 어려울 경우 현지브랜드로 새롭게 바꾸거나, 브랜드네임조차도 현지어로 새롭게 브랜딩할 수 있는 융통성을 갖추어야 할 것이다.

[그림 11-6] 돈치킨 호치민 빈홈점 매장 전경

출처: 저자 촬영

5

베트남 시장을 보는 눈

코로나19 이후 베트남은 포스트 차이나로 다시 각광을 받고 있다. 이에 따라 베트남이라는 나라가 우리의 기대를 많이 받고 있었으며, 여러 매체에서 연일 기획특집으로 보도되고 있다. 하지만 베트남 시장이 이미 발전된 나라가 아닌 발전 가능성이 높은 나라라고 보는 것이 올바른 시각이라 생각된다. 저자도 주재원으로 발령받아 베트남에 근무하면서 하나부터 열까지 직접 다 챙겨야만 했다. 왜냐하면 한국은 각 업무 및 분야에 특화되어 있고 분업화가 잘되어 있지만 베트남은 아직 그렇지 못하다. 많은 주재원들의 애로사항으로 느끼는 것이 현지에서 중요한 부분과 본사가 있는 한국에서 중요한 부분에 대한 시각 차이가 극심하다는 것이다. 실제 팀장급을 뽑기 위해 여러 이력서를 받아보고 많은 경력으로 전문가라고 인식되어 근무도 시켜봤지만, 전문가라는 능력 차이가 분명 한국과 차이가 크다. 주재원의 파견 목적은 현지에 한국 본사의 노하우를 바탕으로 현지화시키는 것에 있다. 단순 현지 특파원의 개념이 아니라 현지에 파견된 팀장이고 대표이사인 것이다. 주재원들이 주재원의 역할을 잘할 수 있게 권한 위임이 될 때, 베트남 사업발전에 실제적인 도움이 될 것이라고 강조하고 싶다.

해외 주재원 생활을 해 보니 한국의 업무 속도는 굉장히 빠른 편이라고 느낄 수 있다. 주변 여러 지인들이 이야기하기를 한국의 업무 속도는 뉴욕의 수준과 유사하며, 이외의 다른 나라의 업무 속도는 현저하게 느리다고 한다. 저자가 이렇게 말하는 이유는 한국에서 한 달이면 처리될 내용이더라도 현지에서는 짧게는 2~3개월, 길게는 6개월에서 1년도 걸릴 수 있다. 그래서 충분한 시간적인 여유를 갖고 시장에 접근하는 것이 좋다. 한국 기준으로 1개월이면 끝낼 수 있다고 조급하게 베트남 사업을 시작했다가 제품에 못 이기고 사업을 접고 본국으로 돌아가는 사례도 심심치 않게 봐온 것이 사실이다.

비단 한국 기업만이 아니라 한국 사람에게 익숙한 글로벌 브랜드 커피빈과 버거킹의 경우에도 베트남 현지에서 이렇다 할 실적을 거두지 못하고, 폐점과 축소를 반복하고 있다. 제품이나 마케팅을 현지화하지 못하고, 원재료 수급마저도 미국에서 조달하는 방식을 고수하고 있는 것이 원인 중에 하나이다. 또한 이 브랜드들은 대부분 임차료가 높은 곳에서만 입점하여 적자를 견디지 못하고, 이렇다 할 마케팅조차도 엄두를 내지 못하고 있다.

1) 눈높이를 맞추어 관찰하라

한국인들은 많은 이들이 최첨단 도시에 살고 있다. 많은 정보와 실시간 데이터에 익숙해져 있는 한국인이다. 우리 자신도 알게 모르게 최첨단의 기술에 익숙해져 있는 사람들이다. 주재원으로 베트남에 처음 오면서 이런저런 데이터·정보 부족으로 곤란한 상황을 많이 겪게 되었다. 한국 본사에서 요청하는 자료가 베트남에는 찾기 힘든 부분인 것이 많았다. 그렇다고 넋 놓고 있을 수 없지 않은가? 베트남 현지인들의 눈높이에 맞추어 생각하고, 경험하면서 몸으로 생활정보를 습득해야 한다. 한국 관광객 입장이 아닌 현지인의 입장에서 생각해야 한다. 주재원으로 회사에서 근무하다 보면 한국음식이 그립고 의사소통이 잘 되지 않는다는 이유로 한식만 찾게 된다. 충분히 이해되고 저자도 마찬가지였다. 하지만 일주일에 3일 이상 현지직원들과 식사를 하길 권한다. 회사 업무 시간 외 그들이 자신을 가장 많이 표현하는 것이 식사시간이다. 주말에 현지 식당에 나가서 경험하고 이것을 평일 식사시간에 대화를 해 보자. 빠른 시간 내에 베트남 시장을 이해하는 데 도움이 될 것이다.

2) 베트남 정계 또는 기업가들과 친해져라

베트남은 사회주의 국가이다. 실력 이외에 정계와 친분이 있어야 성공할 수 있는 가능성이 높은 국가이다. 베트남 정계나 기업인들도 한국인과의 만남은 즐거워할 것이다. 이들과 친해지면 뉴스나 언론에서 들을 수 없는 이야기를 들을 수 있다. 두터운 신뢰를 형성하는 순간 더 많은 정보를 쏟아낼 것이다. 코참(Kocham)이나 부동산업체(CBRE, JLL 등), SECC(사이공 전시 컨벤션 센터)에서 주관하는 여러 행사들이 있으니, 주저 없이 참석하여 현지 기업인들과 친해지기를 권한다.

베트남은 빈부의 격차가 큰 국가 중에 하나이다. 서민의 생활은 눈높이로 관찰할 수 있으나 상류층은 노력하지 않으면 직접 관찰하기 힘들다. 주재 기간이 3~4년인 대부분의 주재원들은 이러한 정보취득을 경험하지 못하고 귀임하게 된다.

3) 평행이론에 입각하여 유사점과 차이점을 분석하라

앞에서 다룬 내용을 보면 한국과 굉장히 유사한 점이 많고, 또 다른 한국의 모습이 느껴지는 부분이 많다. 단순하게 '한국에서 이러한데 베트남에서 이렇구나'라고 끝내지 말고, '왜 이렇게 변화되었는가'에 대해서 지속적으로 분석해 보기를 권한다.

한국의 LA갈비가 베트남에서는 껌승이라는 음식과 유사하다. 하지만 분명 다른 차이점이 있다. 껌은 밥을 뜻하고 승은 갈비·늑골을 의미하는데, 더운 날씨에 맞게 식초에 절인 숙주가 더해져 부담없이 간단한 한끼 식사로 적합하다. 껌승과 같이 한국 음식과 유사한 음식들을 분석하다 보면 빠른 시간 안에 베트남 시장을 보는 눈이 좋아질 것이라 자신한다. 이런 실습이 바로 베트남에서 성공하는 연습과 비결이 될 것이다.

6

베트남 에필로그

베트남에서 지낸 시간을 되돌아보면, 정말 힘들고 치열하게 살았지만 그래도 버티고 힘낼 수 있었던 것은 사랑하는 아내와 함께 주말에 한 번씩 떠났던 아름다운 여행지와 먹거리가 있어서 그런 것 같다. 베트남에 진출한 기업들의 임직원분들이 한 번쯤 여행 가서 머리를 식히고 올 수 있는 곳으로 추천하여 작성한다. 새로움을 느낄 수 있는 것만으로도 즐겁고 행복한 일이 아니겠는가?

1) 일상에 지친 주재원들을 위한 추천 관광 스폿

베트남의 지리를 보면 세로로 길게 뻗은 지리인 것을 알 수 있다. 다양한 지형으로 인해 볼거리들이 많은 나라이기도 하다. 무이네, 냐짱, 달랏, 메콩델타, 호이안, 미썬, 다낭, 하롱베이 등 어디서 한 번쯤은 들어본 적이 있는 지명이라 생각된다. 그만큼 베트남의 이곳저곳은 한국인들에게는 많이 알려져 있다. 그중에서도 한 번쯤 가볼 만한 곳을 주재원(예비주재원 포함)들을 위해 추천해 보고자한다. 여정에 대한 세부적인 내용은 여행책자나 포털사이트를 보고 이용해 보기를 권한다.

※ 이외에 알려지지 않은 여행지가 많지만, 재방문율이 낮고 검증이 되지 않아 현지의 유명한 여행사 사이트를 참고해 보기를 바란다.
https://www.saigontourist.net/
https://travel.com.vn/

(1) 또 다른 베트남의 발견, 사파(Sa Pa)

사파는 베트남의 북쪽 국경쪽에 위치한 해발 1,650m의 산악 지대 마을이다. 산을 별로 좋아하지 않는 사람들도 있겠지만, 산을 좋아하지 않는 지인들도 다녀오면 만족감이 높은 곳이었다. 여담이지만 이곳을 다녀와서 베트남으로 주거지를 바꾼 지인도 있다. 여행하기 좋은 시기는 3~5월, 10~11월을 추천한다. 나머지 기간의 경우 우천이나 안개로 인해 좋은 경관을 보지 못하는 경우가 있어 그러하다. 산악지대인 만큼 따뜻한 옷을 챙겨서 가야 하며, 우비의 경우 현장 또는 여행사에서 구매가 가능하다. 사파에서 놓치지 말아야 할 볼거리는 사진 찍기 좋은 사파 교회와 깟깟(Cat Cat) 마을이 있다. 그리고 인도차이나에서 가장 높은 산인 판시판(Fansipan)을 추천한다. 이곳에는 케이블카가 있으므로 등산의 느낌이 아니므로 등산을 싫어하는 분들은 걱정을 하지 않아도 된다. 이곳에서 아름다운 자연과 함께 더불어 사는 사람들의 정취를 느껴보길 추천한다.

[그림 11-7] 사파의 판시판 전경

(2) 바다와 맞닿은 풀빌라, 깨끗한 바닷물에서 즐기는 스노클링 (Con dao, 콘다오)

베트남에 거의 모든 휴양지들은 한국 사람에게 대부분 친숙하고 잘 알려져 있다. 하지만 콘다오 섬은 아직까지 많은 사람이 알지 못하는 휴양지 중 하나이다. 베트남 남부지역 위치한 콘다오 섬은 바다와 맞닿은 곳에 50여 개의 풀빌라들이 있으며, 바닷물이 깨끗하여 스노클링을 즐길 수 있다. 또한 풀빌라에 누워서 볼 수 있는 바다 위의 일출은 환상의 조화이다. 이 밖에도 콘다오 국립공원, 전쟁박물관, 공원묘지 등의 볼거리도 구경해 볼 것을 권한다.

[그림 11-8] Con Dao Beach 전경

(3) 고향이 그리울 때, 재충전하기 좋은 달랏(Da Lat)

해발 1,500m의 고원지대의 달랏은 프랑스 식민정부 시절 많은 프랑스인들이 거주했던 곳으로 유럽풍의 건축물들이 많은 곳이다. 공항에 내려 여기저기 돌아다녀 보면 조용하고 명상적인 분위기를 느낄 수 있다. 고원지대이기 때문에 선선한 날씨와 유럽풍 건축물과 명상적인 분위기는 한마디로 청량감이 가득한 곳이다. 특히 이곳은 베트남인들에게 신혼여행지로 유명하다고 한다.

달랏의 이러한 분위기와 더불어

[그림 11-9] 뚜엔 띤 콧 호수 전경

출처: 저자 촬영

추천할 곳은 뚜엔 띤 콧(Tuyen Tinh Coc)이라는 작은 호수이다. 호수의 물 색깔과 주변을 둘러싸고 있는 암벽은 그야말로 장관이다. 하지만 아름다운 곳을 가기 위해 산악자동차로 1시간 정도 가야 하니 힘든 부분도 있으나 저자에게는 이 또한 추억이었다. 주재원들이 고향이 그립고 일상에 지쳐 있을 때 재충전하기 좋은 곳으로 추천한다.

2) 현지인이 추천하는 맛집

베트남에 여행을 다녀온 사람들은 베트남의 음식에 대해 대부분 긍정적인 반응을 보인다. 다양한 음식들이 있으며, 한국과 유사하게 고기 육수, 다진 마늘, 간장 등이 사용되는 식재료가 유사하다. 다만 차이점이 있다면 향신료를 쓰는 음식의 경우 거부감이 들 수도 있다.

베트남에서 유명한 쌀국수 이외에 많은 먹거리들이 있으니, 다음에 소개되는 내용 이외에 다양한 곳을 방문해 보기를 권한다. 고급 레스토랑보다는 오랫동안 인기를 얻은 스트릿 푸드(길거리 음식)를 중심으로 소개하였다. 스트릿 푸드를 보면 그 나라의 식문화를 충분히 느껴 볼 수 있기 때문이다.

(1) 분맘 칸호이(Bún mắm Khánh Hội)

호치민에서 20년 이상 영업을 했던 가게로 칸호이 피시소스 국수가 유명하다. 매일 사용되는 국수만 100kg이 넘는다고 한다. 식당 주인이 조리를 깔끔하고 깨끗하게 준비한다고 하니 한 번쯤 방문해 보길 바란다. 이 매장의 특징은 새우, 오징어, 돼지고기에 살짝 매운 국물이 일품이다.

• 주소: 144 Khánh Hội, Quận 4, TP Hồ Chí Minh

[그림 11 - 10] 피시소스 국수 이미지

출처: https://www.flickr.com/photos/avlxyz

(2) 반득판당루(Bánh đúc Phan Đăng Lưu)

이 매장은 40년이 넘은 가게이며, 오후 5시 이후에는 매우 혼잡하다. 묽은 떡과 같은 식감을 갖고 있으며, 피시소스와 양파, 구운 마늘, 건새우로 이루어져 있으며, 다진 고기로 식감을 돋운다. 따뜻하게 먹는 음식으로 가격이 23,000동 (한화 1,200원 수준)으로 부담없이 즐길 수 있다. 한국 사람들에게는 식사 대용보다는 간식으로 적당하다.

• 주소: 116/11 Phan Đăng Lưu, Quận Phú Nhuận, TP Hồ Chí Minh

[그림 11-11] 반득판당루 제품이미지

(3) 고타이 누들(Gỏ Thái Noodles)

베트남은 태국음식에 우호적이다. 베트남의 맛집 소개글에서 자국의 음식 이외에 소개되는 다른 국가 음식은 태국음식이다. 태국음식점 간판에서도 우호적인 느낌을 느낄 수 있다. 베트남에서 태국음식이 다소 비싼 편이긴 하지만 이 가게에서는 저렴한 가격에 타이음식을 즐길 수 있고, 작지만 독창적인 인테리어로 베트남인들에게 인기가 높다. 팟타이 누들, 망고 샐러드, 밀크티가 인기 메뉴이다.

- 주소: 980 Lê Lai, Phường Bến Thành, Quận 1, TP Hồ Chí Minh

[그림 11-12] 고타이 누들 제품이미지

(4) 숩쿠아 한(Súp cua Hạnh)

베트남으로 여행 오신 분들은 한 번쯤 게살 스프를 먹어 보았을 것이다. 거부감 없이 맛있는 음식들 중에 하나로 이 가게의 게살은 만족감을 느끼게 해 준다. 가격은 22,000동(한화 1,100원 수준)으로 다른 가게에 비해 높지만, 품질이 좋다. 몇몇 지인들은 한그릇이 부족하여 2그릇씩 먹고는 한다.

• 주소: 549 Sư Vạn Hạnh, Phường 12, Quận 10, TP Hồ Chí Minh

[그림 11-13] 숩쿠아 한 제품이미지

출처: zicxa.com

(5) 쿠안 옥 바 미(Quán ốc Bà Mỹ)

다낭 기차역 근처에 위치한 이 가게는 베트남 젊은이들에게 인기 있는 달팽이 음식이라고 한다. 특히 매운맛이 젊은이들의 입맛을 사로잡는다고 한다. 가격대는 30,000동(한화 1,500원 수준)이다. 어떤 매운맛이 젊은이들의 입맛을 사로잡았는지 경험해 보길 바란다. 참고로 2020년 호주의 유명 웹사이트 '트레블러'에서 발표한 세계 최고의 21개 음식에 베트남 달팽이 요리가 포함되었다.

• 주소: 30 hoang hoa tham, tan chinh, thanh khe, da nang

[그림 11-14] 달팽이요리 제품 이미지

출처: vietnamnet.vn

(6) 분짜 흐엉 리은(Bún chả Hương Liên)

분짜는 북부지방에서 유명해졌고, 이후 남부지방으로 내려간 음식이라고 한다. 이 가게는 2016년 5월 미국 오바마 전 대통령이 방문해서 더 유명해진 분짜 전문점이다. 많은 한국 관광객 및 현지교민들도 많이 찾는 만큼 한국인에게 익숙한 맛이기도 하다. 오바마 세트가 만들어졌고, 실제 오바마 대통령이 앉았던 자리에 앉기 위한 예약이 치열하다. 벽마다 오바마 대통령 사진이 걸려있고 분짜와 넴(만두 일종), 맥주를 포함한 오바마 세트가 2021년 기준으로 85,000동(약 4천 원)이다.

• 주소: 24 Lê Văn Hưu, Hoàn Kiếm, Hà Nội

(7) 보레로(Bò-Lế-Rồ)

보레로의 뜻은 한국의 트로트와 유사한 창법의 음악장르이다. 즉, 베트남 중년들이 좋아하는 음악의 장르이다. 여기에서 Bo는 소·소고기를 뜻하는 말로 베트남만의 리트로 감성을 중의적인 언어로 브랜드 네이밍을 하였다. 이 브랜드의 특이점은 달궈진 팬에 마가린을 풀고, 버섯, 당근, 야채 등을 굽고, 이후 고기를 넣고 선택한 소스를 부어서 끓여 먹는다. 처음 국물이 많을 때는 반미로 찍어 먹기도 하고 고기를 넣어서 먹기도 한다. 가격은 200,000~300,000동(한화 약 1만~1만 5천 원) 수준이다. 9개 지점이 영업 중이니 검색해 보고 방문하길 추천한다.

• 주소: 2 Cao Thắng, Phường 5, Quận 3, Hồ Chí Minh

[그림 11-15] 보레로 매장 전경 및 제품이미지

출처: 보레로 인스타그램

〈참고문헌〉

1) 윤보나(2020), 10년 만에 돌아온 베트남 인구센서스, 호찌민무역관.

2) 유영국(2019), 왜 베트남 시장인가, 클라우드나인.

3) 조영태외(2019), 2020‑2040 베트남의 정해진 미래(인구학과 경제학이 알려주는 베트남의 기회와 위험), 북스톤.

4) www.KOTRA.or.kr

5) 최진기(2017), 출퇴근 인문학 '최진기의 그것이 알고싶다‑베트남편' 동영상, 오마이스쿨.

6) 박창은(2014), 7월 1일 발효 베트남 개정 토지법, 외국인투자 장벽 일부 완화, KOTRA 베트남 하노이 무역관.

한국능률협회 김성탁 본부장

제**12**장

ASEAN에서 누가 성공하고 실패하는가?

동남아국가연합 ASEAN
Association of Southeast Asian Nations

2020년 코로나19 팬데믹 이후 한국 기업들의 이목이 점점 더 ASEAN 시장으로 집중되고 있다.

첫 번째는 6억 명이 넘는 인구(평균 연령 20대) 때문이고, 두 번째는 저렴한 인건비와 풍부한 노동력, 그리고 마지막으로는 풍부한 천연자원 때문이다. 이러한 3가지 이유로 ASEAN 국가가 매우 매력적인 시장임을 알 수 있다.

더욱이 코로나19 이후 중국에 대한 의존도를 줄이기 위한 대안으로써 ASEAN의 가치는 상승하고 있다. 이렇게 ASEAN 시장이 충분히 매력적인 이유가 있지만, 이것만 믿고 무작정 ASEAN 국가에 진출했다가 실패한 기업들이 많이 있다.

앞 장들에서 각국 별로 충분히 살펴 보았지만 전체적으로 ASEAN으로의 진출을 검토할 때 유의할 점을 살펴보면, 첫째, 진출 국가에 대한 깊고 치밀한 이해와 연구가 선행되어야 한다. 진입 장벽은 생각지 못했던 곳에서 등장할 수 있으며, 진출 국가의 문화에 대한 깊은 이해가 없다면 발생하는 문제를 해결하는 데 큰 어려움을 겪을 수 있다.

둘째, 지속적이고 꾸준한 현지화가 필수적인 요소이다. 현지 지역 주민과 규칙적으로 소통하며 신뢰 관계를 구축하고, 긍정적인 기업 이미지를 쌓으면 현지에서의 발생 변수를 사전에 방지할 수 있다. 현지화의 방법으로는 직원 교육 및 워크숍을 자주 실시하고, 최근 한국에서도 중요성이 커지고 있는 ESG(환경, 사회적 책임, 윤리) 활동을 진출한 현지에서 적극적으로 실행해야 한다.

셋째, 인건비와 관련된 전략이다. ASEAN 시장의 가장 매력적인 진출 요소는 바로 현지의 풍부한 노동력과 상대적으로 저렴한 인건비이다. 그러나 ASEAN 시장의 임금은 2021년 현재에도 상승하는 중이며, 이런 인건비 상승에 대비하여 인건비 손실을 최소화할 수 있는 전략이 필요하다.

ASEAN은 이미 일본과 중국이 선점한 상태이다. 일본은 이미 태평양 전쟁 때에 깊은 뿌리를 내렸다.

종전 후 일본 기업의 첫 ASEAN 투자는 1959년 일본 마쓰시다 전기의 태국 건전지 회사의 설립부터이다. 이후 꾸준히 투자를 이어가고 있으며 2021년 기준, ASEAN 최대 투자국의 위치에 있다. 다양한 재정지원을 통해서 진입장벽과 리스크를 줄이고 있다. 일본은 ASEAN 각국에 풍부한 자금력을 바탕으로 1966년 8월 '아시아 개발은행(ADB: Asian Development Bank)' 창설을 주도하여 ASEAN 국가에 대한 영향력을 이어오고 있다.

실제로 일본은 베트남 중부 항구도시 다낭으로부터 서쪽인 라오스 국경으로 향하는 하이반 터널, 라오스 사바나켓에서 태국으로 넘어가는 제2 메콩국제대교 건설을 통해 미얀마 항구도시 모울메인까지 닿는 동서경제회랑을 만들어놓는 등 다각적이고 전략적 접근을 하고 있다.[1]

[그림 12-1] 일본과 중국의 연도별 ASEAN 투자규모

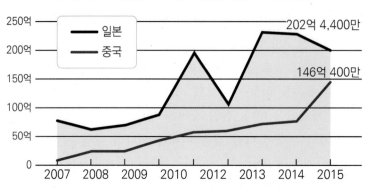

출처: 일본무역진흥기구(JETRO)

중국은 1980년대 말 개혁개방 정책을 본격적으로 추진하게 되고, 1990년 이후 냉전이 종식되면서 ASEAN 지역에 대해 새롭게 관심을 보이기 시작했다. 중국의 對 ASEAN 접근의 본격화는 1990년대 초 중국이 인도네시아, 필리핀, 싱가포르, 브루나이, 베트남 등 여러 동남아 국가들과 국교정상화를 하면서부터 시작되었다고 볼 수 있다.[2]

2014년 시진핑 국가주석이 내세운 일대일로 전략(중국 주도의 '신(新) 실크로드 전략 구상'으로, 내륙과 해상의 실크로드 경제벨트를 지칭)에 따라 다양한 프로젝트에 참여하고 있으며, 아시아 인프라 투자은행(AIIB)을 앞세워 막대한 투자를 이끌어 나가고 있다. 해당 국가에 자본을 제공하고, 중국 기업들이 사회간접자본을 구축하는 방식으로 진행되고 있다.[3]

우리보다 먼저 ASEAN에 진출했던 일본과 중국사례를 보면 ASEAN은 우리에게 ASEAN에 불고 있는 '한류' 열풍처럼 무조건으로 한국에 기회의 땅이지만은

---

1) 한국일보, "일, 수십년간 육해공 원조'… ASEAN 경제에 고삐를 매다."
2) 중국-ASEAN 관계발전 동향 및 전망(외교안보연구원 배긍찬 발표자료 인용)
3) 미래의 성장시장 ASEAN(연세대학교 대학출판문화원 총서시리즈 2019-04 고영경·박영렬 인용)

않다. ASEAN에서의 리스크를 줄이기 위해 ASEAN에서의 성공과 실패 사례를 살펴보고 한국이 ASEAN을 서로 상생하는 관계로 가져가는 것이 답일 것이다. 어떤 기업이 ASEAN 국가에 진출하여 성공하였고 실패하였는지, 앞 장에서 다루지 않은 사례를 구체적으로 분석해 보자.

1

ASEAN의 실패 사례

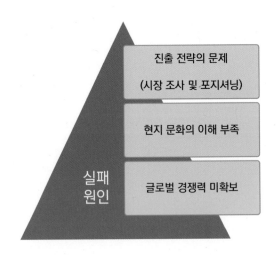

실패
원인

진출 전략의 문제
(시장 조사 및 포지셔닝)

현지 문화의 이해 부족

글로벌 경쟁력 미확보

    ASEAN 시장진출의 실패요인 중 하나는 현지 문화의 이해 부족이다. ASEAN 진출을 검토하는 대부분의 기업에서도 이 점을 인식하고 고려함에도 불구하고, ASEAN 국가들의 특색과 현지 문화에 적응하려 애쓰고 노력하는 부분이 인식에 비해 턱없이 부족한 것이 문제이다.

    ASEAN 종교 문제의 경우를 보더라도, 근무 중에 종교 활동을 하는 부분에 대해 인지는 하지만 실질적으로 받아들이고 이해하는 부분에는 현실적 차이가 크다. 실제로 말레이시아와 인도네시아는 이슬람교가 다수, 필리핀은 가톨릭이 다수, 태국은 불교가 다수인 종교로 ASEAN의 종교는 다양하기 때문에 이에 대한 관심과 이해가 필요하다.

또한 현지인 직원들을 노동자로만 바라보는 태도가 여전히 존재하여, 현지에 있는 직원들을 함께 일하는 동반자로 보지 않고 목표 달성을 위한 수단으로 보는 경우가 아직도 많이 있다고 한다. 현지인들에 대해 같은 공동체 구성원으로서 대하는 것이 아니라 그들을 낮추어 바라보는 부정적인 태도는 한국 기업이 ASEAN 국가에서 실패하는 요인이다.

대부분의 ASEAN 국가들의 인건비가 저렴하지만 앞에서도 언급한 대로 인건비가 점차 상승하고 있는 추세이다. 인도네시아는 10%의 임금 인상, 베트남은 15%의 임금 인상이 평균적으로 지속되고 있다. 저렴한 인건비 때문에 중국에서 ASEAN 국가로 진출한 한국 기업들도 이러한 추세라면 가격경쟁력을 잃게 될 것이기에, 저렴한 임금만을 바라보고 ASEAN 국가에 진출하는 것은 장기적으로 보았을 때 위험할 수 있다. 따라서 진출한 한국 기업들은 인건비 외의 다른 경쟁력을 확보하는 것이 매우 중요하다고 볼 수 있다. 그리고 추가적으로 글로벌 비즈니스를 위해서는 글로벌 마인드 셋이 필수적이다. 즉, 한국인의 관점이 아닌 현지인 관점으로 바라보는 글로벌 마인드 셋이 필수적이다. 타 문화를 존중할 수 있어야 성공적인 진출을 이룰 수 있다. 그럼 지금부터 ASEAN에 진출한 한국 기업의 실패 사례를 살펴보도록 하자.

실패 사례 #1: 시장 포지셔닝의 중요성(인도네시아, 태국)

S사는 인도네시아, 태국에 이어 말레이시아 사업까지 철수하고 ASEAN 진출의 막을 내렸다. 2014년 인도네시아 사업을 시작으로 야심 차게 전자상거래 ASEAN 시장 진출을 선언했던 S사는 2017년에 인도네시아 사업을 중단했고, 태국에 이어 마지막 말레이시아 사업까지 2019년에 접게 되어 5년여간의 ASEAN 시장 진출의 꿈을 접게 되었다.

인도네시아는 수많은 인구를 바탕으로 하는 전자상거래 회사의 입장에서는 매력적인 나라이다. 하지만 일본 최고의 전자상거래 회사 라쿠텐도 철수했고, 국내 굴지의 S사도 인도네시아 시장에서 철수했다. S사와 같이 오픈마켓이라는 사업 모델을 가지고 있는 기업의 모국에서의 경쟁력은 해외 진출에서는 큰 의미가 없다. 전자상거래 플랫폼이 뛰어나거나 대량 트랜잭션(데이터베이스의 상태를 변화시키기 위해서 수행하는 작업)을 처리할 수 있는 DB 기술, 서버관리자가 많은 것이 현지에서 경쟁력이 될 수가 없다. 오픈마켓 사업자들이 해외 진출을 할 때는 현지에서 셀러(seller)의 모집이 어렵다 보니, 우선적으로는 모국에서의 상품을 가지고 현지 공략을 한다. 이러한 이유로 인도네시아로 진출한 기업에 비해 인도네시아 현지 기업들이 글로벌 기업들과의 경쟁에서도 충분한 경쟁력을 가지고 있다.

전자상거래(e-commerce) 시장 경쟁이 전 세계적으로 치열해지고 있는 가운데 S사의 또 다른 ASEAN 지역인 태국 진출 사례를 살펴보자. S사는 태국 온라인 쇼핑몰들의 치열한 경쟁 속에서 Lazada(라자다)는 가장 규모가 큰 알리바바 그룹(타오바오)이 대부분 지분을 갖고 공장 직거래를 통한 저렴한 가격과 상품의 다양성이라는 장점으로 시장을 공략하였다. 쇼피(shopee)는 인스타그램과의 연동 및 판매하는 방식을 채택하여 주 타깃 고객층을 10대로 포지셔닝(소비자들에게 제품의 위치를 인식시키는 방법)을 한 데 반하여, S사는 그들의 독특한 특성 없이 애매한 포지셔닝과 이미지로 인하여 계속해서 적자가 누적되어 지분 매각을

동남아시아 주요 이커머스 기업(점유율 순)

	1위	2위	3위	4위
인도네시아	토코피디아 (34.3%)	씨(쇼피) (17.5%)	부까락빡 (12.9%)	알리바바 (5.6%)
태국	알리바바 (9.3%)	라자다(알리바바) (5.1%)	CP (3.5%)	테스코로터스 (3.1%)
말레이시아	알리바바 (24.6%)	씨(쇼피) (16.9%)	로켓인터넷 (5.9%)	라자다(알리바바) (5.4%)
베트남	모바일월드 (21.7%)	티키 (9.2%)	씨(쇼피) (7.5%)	알리바바 (5.5%)
필리핀	씨(쇼피) (12%)	알리바바 (11.1%)	로켓인터넷 (3.5%)	라자다(알리바바) (2.5%)
싱가포르	큐텐 (20.6%)	알리바바 (14.7%)	애플스토어 (8%)	씨(쇼피) (6.7%)

자료 유로모니터   news1

출처: 미래의 성장 시장, 고영경 · 박영렬[1]

통해 태국 사업을 정리하였다. 태국에서 결국 27개월간의 짧은 기간 만에 사업을 접는 것과 중국 자본의 힘에 밀려 고전한 부분도 애석하고 안타까운 일이다. S사는 결국 ASEAN 현지 시장에서 수익을 전혀 내지 못한 것으로 알려졌고, S사의 ASEAN 각국 시장에 진출한 방식이 거의 유사했던 점도 우리가 생각해 볼 부분이다. ASEAN은 하나의 국가가 아닌 다양한 10개의 나라임을 잊지 말아야 한다.

[그림 12 - 2] 동남아시아 주요 이커머스 기업 및 시장규모

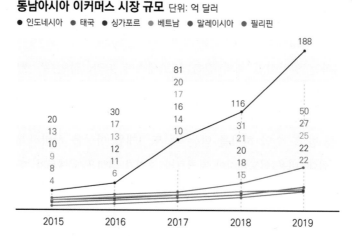

출처: "동남아 이커머스 中 알리바바로 '통일'한국 롯데·11번가는 철수"(전파신문 2020.4.15.)[2]

실패 사례 #2: 철저한 시장 조사의 부족(베트남)

A사는 베트남 호치민시 남부에 위치하고 투자 규모가 500만 달러, 종업원 수가 200명에 이르는 단독 투자 형태의 음료 생산업체이다. 2000년대 초반부터 들어온 한류의 영향으로 많은 한국의 문화상품들이 베트남으로 유입되기 시작했는데, 이를 기반으로 현지에 건강음료 공장을 건설하여 베트남 시장에 진출하게 되었다. 베트남 내 TV 광고에 한류스타를 기용할 정도로 적극적인 마케팅 활동을 펼쳤으나, 초기에는 한류스타의 영향을 받아 판매 물량이 증가했지만 베트남 내 음료시장의 경쟁이 이미 매우 치열한 상황이었고, 다른 외국 기업의 제품들이 베트남 시장을 미리 선점하고 있었기에 A사는 경쟁이 치열한 레드오션 시장에 뛰어든 셈이었다. 음료의 맛 또한 다른 제품들에 베트남 소비자들이 익숙해

져 있어 이를 변화시키기에는 역부족이었다.

이로 인해 결국 A사에서는 철수를 결정하였다. 베트남 시장이 한류의 영향으로 인해 많은 한국 기업들이 관심을 받고는 있지만 성공적인 투자와 진출을 위해서는 진출 초기 치밀한 시장 조사가 필요하며, 베트남 소비자들에 대한 기호 파악이 필요하다는 교훈을 얻을 수 있다. 이미 베트남 시장은 우리가 생각하는 것보다 글로벌 기업과 현지 기업들의 경쟁이 치열하기 때문이다.

실패 사례 #3: 현지 정부 시스템과의 마찰(인도네시아)

2015년 K사는 일반적인 해외 진출 프로세스에 따라, 직원 두 명이 인도네시아로 가서 현지 사무실을 구하고, 법인 허가를 신청했는데, BKPM(인도네시아투자청)으로부터 투자 법인 허가를 받는 데 6개월이 소요되었다. 또한 파견 직원들이 이민국 허가를 받고, 수입 허가를 받는 데 또 3개월 이상을 허비하게 되어, 싸지 않은 사무실 임대 비용(인도네시아 자카르타 중심가 지역은 임대료가 매우 높은 편으로 비싼 곳은 평당 10만 원임. 인도네시아에서는 계약을 할 때 전체 임대 기간의 임대료 20~30%를 현금으로 미리 내야 함(임대 보증금). 평당 가격도 높은데, 현금으로 보증금을 내야 하니, 스타트업이나 중소 기업에겐 많이 부담스러운 부분임)과 필연적으로 직원 숙소, 차량 등을 비용으로 지출하게 되었다. 그러나 신청 서류상의 아주 사소한 결함으로 승인 거부를 반복하고, 그에 따른 소요 비용을 모두 지불하고 본격적인 사업을 전개할 수 있는 기반이 마련되기까지 무려 1년 6개월이 소요되었다. 사업을 본격적으로 시작할 때쯤에는 이미 본사의 경영진들이 지쳤고, 향후 불확실성에 대한 비용적인 부담도 고려하여 철수를 결정하게 된 경우가 있다.

"인도네시아에서는 되는 것도 없고, 안 되는 것도 없다"라는 우스갯소리가 있다. 한때 한국에서도 많이 했던 이야기로 진출을 고려할 때 현지 정부 시스템에 대해 추가적으로 지출해야 하는 비용들에 대한 분석과 그에 따른 대비를 충분히 하고 진출하는 것이 중요하다는 이야기이다. K사는 당초 예상했던 것보다 인도네시아 현지 정부의 인허가를 받는 시간이 길어졌고 그에 따른 비용 지출이 과다하게 되었고 사업 추진 전략도 제대로 추진되지 않아서 결국 철수를 결정하게 되었다.

실패 사례 #4: 투자 실패 – 로컬(현지) 기업과의 경쟁력(베트남)

　　2015년 G사는 인건비 비중이 큰 업종 특성상 베트남의 풍부한 저임금 노동력 활용을 위해 현지에 슬리퍼를 생산, 100% 수출하는 단독 투자 기업을 설립했다. 호치민시에 수출 업무를 수행하는 사무실을 별도로 두고, 호치민 시내에서 서북쪽으로 약 30km 떨어진 곳에 위치한 빈중성 성베에 연건평 2,500m² 규모의 공장 건물을 처음으로 직접 신축했다.

　　G사 공장이 소재한 지역은 공단이 아닌 일반 지역으로 베트남 빈중성 정부로부터 50년간 사용하는 조건으로 장기 임차했다. 외국인 투자 수요가 호치민시보다 적은 빈중성 정부는 투자 유치에 열의를 보였으며, 투자 허가서 발급 등 제반 일 처리에 있어서도 협조적이었다. 군이 공단이 아닌 일반 지역을 선택한 이유는 일단 공장 소재 지역이 단순 노동력 고용상에 별다른 문제가 없었고, 공단 내 입주 시 동종 업종 간 인력 스카우트 등에 따른 임금 경쟁 등 마찰을 최소화하기 위해서였다.

　　G사는 본격적으로 공장을 본격 가동한 후 연간 생산량은 슬리퍼 60만 쪽 정도로 전량을 유럽 지역에 수출했다. 그러나 G사는 공장 가동 만 2년여 만에 사업을 중단하고 공장을 매각해야 하는 처지에 놓이게 되었다. 그 직접적인 이유는 수출 단가 면에서 베트남 현지 기업과의 가격 경쟁력이 상실되었기 때문이다. 베트남의 저임금 노동력이 아무리 풍부하다 해도 외국인 투자 기업의 경우 정부가 권고하는 최저 임금 수준을 보장해 주어야 하기 때문에 현지 로컬 기업체에 비해서는 상대적으로 가격 경쟁력이 떨어진다는 것이다.

　　특히, 슬리퍼와 같이 높은 기술력이 따르지 않는 제품의 경우는 현지 로컬 기업들이 디자인만 약간 바꾸어 비슷한 제품을 저가에 생산할 수 있어 문제가 더욱 심각하다. 또한 G사의 경우 제품 특성상 고정적으로 주문을 하는 큰 규모의 바이어사가 없는 상태에서 현지 로컬 기업들이 가격 경쟁력이 있는 제품을 개발한 후 G사의 기존 바이어와 협상하면 대책 없이 거래선을 빼앗기기 일쑤였다. 이처럼 기술력이 낮은 저가 품목의 경우 현지의 저임금 인건비만을 믿고 투자를 했다가는 현지 로컬 기업과의 경쟁에서 생존하기 어렵다는 점을 확인할 수 있다. 따라서 베트남에 투자하기 위해서는 적어도 현지 로컬 기업들이 당분간은 따라올 수 없는 경쟁력과 기술력을 갖춘 품목에 투자해야 한다.

2020년 이후 한국의 8,000여 개 기업들이 진출한 베트남에 대한 관심은 높아지고 있지만 2020년 KOTRA에서 베트남 북부지역 진출기업 50개 기업을 대상으로 실시한 '베트남 진출기업 경영실태 설문조사'(https://news.kotra.or.kr 참조) 결과를 참고하여 동일한 실수를 반복하지 않도록 해야 한다.

[그림 12-3]에서 베트남 진출 기업의 애로사항을 살펴보자. 베트남 투자 진출 시 가장 큰 애로사항은 현지의 복잡한 행정체계와 언어소통의 문제였다. 해외에 진출할 국가의 행정체계에 대한 다각도의 사전 조사를 충분히 하는 것이 매우 중요하며 언어의 문제는 가장 기초적인 선결 요건이라는 점을 설문결과를 통해 알 수 있다.

[그림 12-3] 베트남 진출 기업 경영실태 설문조사

투자 진출 시 애로사항(복수응답)

항목	응답 수 (비율)
현지 협력선 물색/선정의 어려움	4 (8.5%)
인프라 부족	20 (42.6%)
공장부지 선정 및 시공의 어려움	3 (6.4%)
정보부족	15 (31.9%)
투자허가기관, 파트너의 잦은 태도 변화	17 (36.2%)
언어소통	34 (72.3%)
현지의 복잡한 행정체계	34 (72.3%)

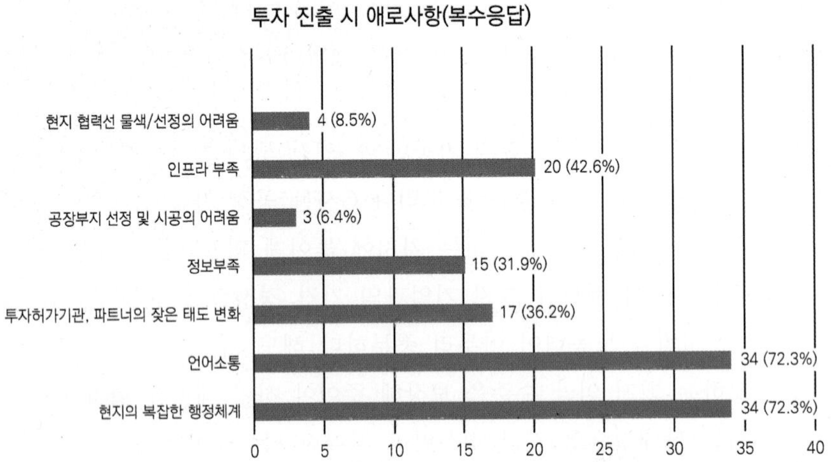

출처: KOTRA 하노이무역관[3)]

베트남 현지 법인을 경영하고 있는 기업들이 운영상에서 실질적으로 겪고 있는 애로사항 중 가장 힘든 점은 노무관리와 세제문제였다. 베트남 현지의 인사 관련 법규나 관습 등에 대한 정보와 진출국의 세무 관련 사항에 대한 면밀한 사전 준비와 대응이 성공의 중요 변수임을 알 수 있다.

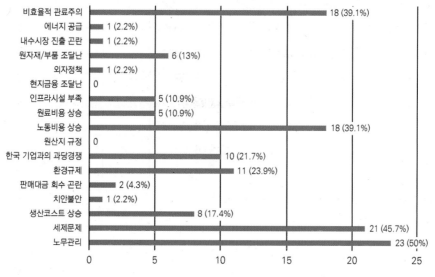

[그림 12 - 4] 베트남 진출 기업 경영실태 설문조사

현지 법인 경영, 운영상 애로사항(복수응답)

항목	값
비효율적 관료주의	18 (39.1%)
에너지 공급	1 (2.2%)
내수시장 진출 곤란	1 (2.2%)
원자재/부품 조달난	6 (13%)
외자정책	1 (2.2%)
현지금융 조달난	0
인프라시설 부족	5 (10.9%)
원료비용 상승	5 (10.9%)
노동비용 상승	18 (39.1%)
원산지 규정	0
한국 기업과의 과당경쟁	10 (21.7%)
환경규제	11 (23.9%)
판매대금 회수 곤란	2 (4.3%)
치안불안	1 (2.2%)
생산코스트 상승	8 (17.4%)
세제문제	21 (45.7%)
노무관리	23 (50%)

출처: KOTRA 하노이무역관[3]

베트남 현지 인력을 고용할 때 애로사항 중 가장 첫 번째는 언어 및 의사소통이었지만, 전문직이나 기술직의 구인난이라는 두 번째 부분에도 관심을 가져야 한다. 진출하는 업종이 현지에서 전문직과 기술직의 채용이 필요할 때 양적, 질적인 요건을 갖추어줄 수 있는지도 사전에 검토하는 것이 매우 중요하다.

이미 베트남 진출을 하여 현지에서 기업을 운영하고 있는 경영진의 고견을 통해 얻을 수 있는 시사점은, ASEAN 국가 진출을 고려할 때 ASEAN 진출국의 정부와 행정체계에 대한 충분한 검토와 대응을 마련해야 한다는 점과, 한국과 다른 노무 관련 이슈와 세무 업무에 대한 매우 면밀한 조사와 체계적인 대응 시스템을 갖추어야 한다는 점이다. 또한 가장 기본적이고 기초적인 언어의 소통은 모든 면에서 반드시 갖추어야 할 요소임을 알 수 있다. 이 설문조사 결과는 비단 베트남에서만 해당되는 사항이 아니다. ASEAN 국가들에 진출하기 전 반드시 고려해보고 그 대응방안이 마련되어야 한다.

[그림 12-5] 베트남 진출 기업 경영실태 설문조사 결과

현지인력 고용 시 애로사항(복수응답)

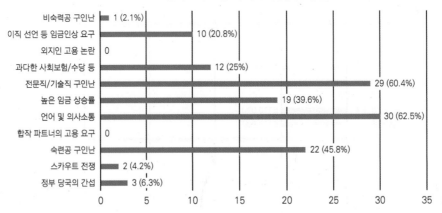

출처: KOTRA 하노이무역관[3]

2
ASEAN의 성공 사례

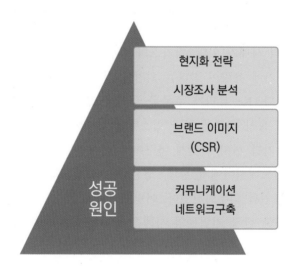

이제, ASEAN에서의 성공 사례를 살펴보자. ASEAN 진출의 첫 번째 성공요인으로는 현지화 전략이다. 현지화 전략이란 바로 ASEAN 국가의 문화를 제대로 이해하고 각 나라에 맞는 기업활동을 펼치는 것을 말한다. 코웨이나 방림네트웍스 사례 등을 통해 확인할 수 있다.

두 번째 성공요인으로는 브랜드 이미지 제고로서 대표적인 활동으로 ESG(환경, 사회적 책임, 윤리) 활동이 있다. ESG(환경, 사회적 책임, 윤리) 활동이 현지에 진출한 한국 기업들에 대한 긍정적인 이미지를 가져와 ASEAN 현지인들의 지지 아래 기업이 성공할 수 있는 배경이 될 수 있다. 오리온과 멀티원플러스의 현지에서의 기업의 ESG(환경, 사회적 책임, 윤리) 활동이 좋은 사례라 할 수 있다. 오리온의 경우 5년 연속 베트남 농가 소득 증대를 위해 농기계, 연구시설 등을 기증하고 있고, 멀티원플러스는 인도네시아에서 유일한 한인 마스크 공장을 운영하면서 현지에 마스크를 기부하고 있다. 특히 2020년부터 글로벌 기업들은 ESG 경영(Environment, Social, Governance)을 핵심 경영가치로 내세우면서 기업이미지 개선을 위한 CSR(기업의 사회적 책임)이 선택이었다면 ESG는 글로벌 시장에서 필수가 되고 있다. 따라서 한국 기업들도 ASEAN에서 비용절감과 효율을 최우선으로 하던 과거의 방식을 바꾸어야 한다. ESG 경영 성과가 ASEAN 현지에서의 성공의 관건이 될 것이기 때문이다.

마지막으로, 커뮤니케이션과 네트워크 구축이 성공의 중요한 요소이다. 현지에서의 네트워크 구축과 적극적인 활용을 통해 캄보디아에서 성공한 박카스 사례, 그리고 현지에 맞추어 특화한 마케팅과 상호작용 커뮤니케이션을 그 기반으로 성공한 K-뷰티 사례가 있다. 박카스의 경우 더운 캄보디아의 날씨를 감안하여 갈증을 해결하기에 용량이 작다는 의견을 청취하여 건강음료 이미지를 지키면서 용량을 늘렸다. K-뷰티가 주목을 끌면서 코스맥스는 인도네시아에 진출하여 현지의 볶음 음식 때문에 한국 립스틱의 광택이 맞지 않음을 파악하여 립스틱의 색조와 밝기를 현지에 맞게 바꾸어서 현지인들의 큰 호응을 얻었다. 또한 코스맥스는 인도네시아에서 판매·생산하는 화장품과 의약품, 식음료 등에 대해 할랄 인증 표기를 의무화하였다. 이렇게 ASEAN의 다양성을 인지하고 제대로 준비하여 성공한 한국 기업들의 사례를 살펴보도록 하자.

성공 사례 #1: 투자 진출에 성공한 미원 사례(인도네시아, 베트남)

미원(Miwon) 상표로 국내 조미료 시장을 선도하여 왔던 대상(구 미원) 그룹은 1970년대 접어들면서 국내시장에서는 치열한 양자 경쟁 구조, 국제 환경으로는 조미료의 주 원료인 당밀(molasses)의 물량 확보에 어려움을 겪게 되었다. 주 원료인 당밀의 안정적인 확보와 해외시장 개척, 장기적으로는 원료 거점을 중심으로 세계 MSG 시장에서 경쟁력을 제고시키고 기업의 국제화를 도모할 목적으로 해외진출 전략을 고려하게 되었으며 이에 따라 1970년 3월에 해외조사단을 동남아 현지에 파견하였다. 해외시장 조사 대상국으로는 당밀이 많이 생산되는 태국, 필리핀, 인도네시아, 말레이시아 등이 있었으나, 시장조사 결과 인구도 많고(당시 1억 8천만 명) 인건비가 저렴하고 정치적으로도 안정적인 인도네시아를 최적 투자 대상국으로 선정하였다. 인도네시아에 진출 이후, 1980년대에 접어들면서 인도네시아 조미료 시장은 대상, 아지노모토, 사사가 삼분화하게 되었고, 1980년대 후반부터 2021년 현재에 이르기까지 대상은 시장점유율 1위를 기록하고 있다.

미원 베트남은 1994년에 설립되었다. 원료 수급이 용이하여 생산거점으로서의 조건도 갖추고 있고, 8,500만 인구의 잠재수요도 있는 곳이 베트남이었다. 1995년 공장을 준공하고 2021년 현재까지 꾸준히 흑자를 기록하는 국내 식품 산업의 면모를 보여주고 있다.

인도네시아는 양질의 당밀 생산지이자 세계 4위의 인구 대국으로서 시장이 크고 인건비가 저렴하며 인프라 수준이 양호하여 현지법인 미원 인도네시아를 1973년 설립하였다. 대한민국 사상 최초의 플랜트(공장) 수출 사례로서 한인 제조업체의 해외진출과 현지화의 역사적 의미가 높다. 2016년 기준으로 인도네시아 현지 조미료 시장점유율 20% 수준으로 업계 3위를 기록하고 있다.

이러한 성공의 바탕에는, 철저한 현지화가 근간이 되었다. 모든 것을 현지인 체제로 운영하기 위해 모든 업무를 인도네시아어로 처리하였다. 현지에서 분쟁이 생기면 수동적 대응이 아니라 적극적인 대처로 신뢰를 얻었으며 지역사회에도 사회적 책임을 다하고 있다. 노사 관계의 현지화로 심각한 갈등 없이 조화로운 노사 관계를 유지할 수 있었다. 인도네시아는 노동조합의 힘이 굉장히 강해서 쉽게 무시할 수 없다. 한국과 다른 인도네시아의 노동조합의 모습을 인도네시아 미원은 이해하고 받아들이는 기업활동으로 전개하였다. 우선, 기업 안에 노조를 설립하는 것을 허용하면서 노동조합을 인정하고, 그 이후에 노조 연맹의 회의나 시위에 필요한 지원금을 부담해 주면서 오히려 노조활동을 지원해 주었다. 한인 주재원은 현지인 사원들과 인도네시아어로 소통하고 같은 작업복을 입고 같은 식당에서 점심을 먹으면서 소통하였다. 이러한 이유로 지금까지 미원 인도네시아에서는 단 한 번의 파업도 발생하지 않았고 오히려 노동자들의 지지를 받을 수 있었다고 한다. 이렇게 현지 노동자가 주인이 되도록 만들어주는 현지화 전략이 매우 중요함을 알 수 있는 사례이다.

이러한 성공을 바탕으로, 원료 수급이 용이해 생산 거점으로 최적의 조건을 갖추고 있으며, 9,500만 인구의 엄청난 잠재 수요가 있는 베트남에 1994년 미원 베트남을 설립했다. 투자 허가를 받을 당시 베트남에는 이미 일본의 '아지노모토', '아원' 등 글로벌 식품 기업들이 이미 시장을 선점한 상태였으나, 1995년 10월 공장 준공과 함께 현지 모델을 통한 브랜드 홍보와 한류 열풍이 조화를 이루어 미원의 인기는 베트남 시장을 강타하기 시작했다. 공장은 사업 확장과 더불어 지속적으로 설비를 증설, 대형 공장으로 거듭났고, 생산 품목도 조미료 외에 튀김가루, 소스, 빵가루, 간장 등으로 확대, 베트남 최대 종합 식품회사로 성장했다. 미원 베트남은 이러한 노력으로 공장 설립 이후 지금까지 꾸준히 흑자를 기록, 국내 식품 산업의 세계화에 새로운 이정표를 제시한 것으로 평가받고 있다.

성공 사례 #2: 치밀한 입지 조사와 장기적인 안목으로 현지화에 성공한 방림네오텍스 사례(베트남)

> 베트남 하노이 인근에 방림이 100% 출자한 자회사로서, 동종업체에서 가장 빠르게 베트남에 진출하여 방직, 직포 및 가공의 일괄생산체계를 구축하였다. 비엣찌에 본사가, 하노이에 지사가 있다.

1993년에 베트남 북부 푸토성 비엣찌에 진출한 투자액 약 8,000만 달러 규모의 종업원 수 1,600명인 원사 및 직물을 생산하는 업체로서, 방림네오텍스는 기업의 모든 관리 활동을 현지 사정에 맞게 개조, 개선, 변경 등을 통해 재구성, 재정립하여 현지에 대한 적합성과 유사성, 포용성을 발휘하는 경영 활동을 펼쳐 현지에서 성과를 거두었다. 성공 요인을 살펴보면 철저한 현지화 전략에서 찾을 수 있다.

- 생산관리 시스템의 현지화: 현지 노동인력의 체력을 고려한 근무시간을 탄력적으로 운영하고, 조직 직제를 세분화하여 편성하고, 직원들의 승급단계를 다단계로 만들어서, 단기간 내 능력 인정에 대한 보상 승급을 가능하게 하는 인사제도를 실시하였고, 작업 부서에서 모든 작업 성과를 실시간 측정해 통계화함으로써 자신의 노동력에 대한 명확한 인식과 수준을 이해시키는 등 맞춤형 직원 관리 기법을 실시하였다.
- 교육시스템의 현지화: 입사 시 회사 구성원으로서의 자부심과 열정을 갖게 하는 핵심가치 중심교육을 하고 기술교육, 개인 성취감과 의욕 고취로 최

고 기술자로 양성을 목적으로 하는 기술교육과 각 구성원의 주인의식으로 무장시켜 원가의 의미와 목적에 대한 교육을 실시하였다.

- 인센티브 시스템의 현지화: 베트남 양식의 제안 제도 및 원가 절감 운동을 활성화시켰다. 베트남 사람들의 정서에 맞는 발표 장소, 발표 기회, 시상 등을 통해 전 사원의 적극적이고 자발적인 경영 참여를 유도하였으며, 사소한 성과 내용이라도 적극적으로 부각시켜 소속감과 성취감을 동시에 고취할 수 있으며 누구든지 할 수 있다는 자신감을 심어주는 제도를 활용하였다. 2021년 초 성과급 문제로 기성세대와 MZ세대 간 갈등이 벌어졌던 SK하이닉스의 사례와 같이 ASEAN 국가들은 젊은 인구의 비율이 높기 때문에 밀레니얼 세대들에게 성과급은 매우 중요한 문제이고 충분히 소통해야 하는 인사제도가 필요하다.
- 언어 교육을 통한 현지화: 한국인 사원의 베트남어 습득과 더불어 베트남 사원의 한국어 습득을 통한 현지화 작업이 매우 중요하다. 따라서 베트남인 모든 사원에게 한국어 교육 프로그램을 실시하고, 한국어 습득 성과에 대한 포상을 하였다.

[그림 12 - 6] 방림네오텍스 베트남 공장

출처: 부산외대 코어사업단

또한 중간 및 고급 간부의 현지화 육성, 자재의 현지화 개발, 시장의 현지화 개척, 금융의 현지화 등이 성공요인이다. 신중한 검토를 통한 조기 투자가 투자효과 극대화로 이어졌고, 현지 지방정부와의 밀접한 관계 유지 및 현지화 노력이 지속적인 성장의 원동력으로 작용하였다. 정부의 권한이 막강한 사회주의 국가의 특성을 잘 파악하고 현지 지방정부와의 협력 관계 형성을 위해 투자 초기의 각종 어려움을 극복하였으며, 현지화 노력을 통해 직원들의 자발적인 근로 의욕 고취 및 효율성 제고를 통해 지속적인 성장 동력을 창출한 사례라 할 수 있다.

성공 사례 #3: 다각적인 마케팅과 CSR 활동을 통한 오리온의 성공 사례(베트남)

> 베트남 제과 업계의 1위는 오리온이고, 당연히 히트 상품은 초코파이다. 오리온 초코파이는 1995년에 첫 수출되어, 2006년 호치민에 현지 생산공장을 설립하였고, 2010년 연 매출 1천억 원 돌파, 2015년 누적 매출 1조 원을 달성하였다. 베트남 파이시장에서 40%에 육박하는 점유율을 차지하며 승승장구하고 있다. 그리고 안주하지 않고 현지의 사회적 책임을 다하고 있으며, 쌀과자 'An'과 같이 꾸준히 현지 메뉴 개발에 노력하고 있다.

오리온은 1995년에 처음으로 베트남에 진출을 했고, 한국에서 생산해 수출하는 물량과 베트남 현지에서 생산해 판매하는 비중을 50 대 50으로 잡고 시작을 하였고, 사업 과정에서 안정적 시장 정착을 위해서 베트남 현지 생산과 판매를 해야겠다는 판단에 따라 내수 비중을 90% 이상으로 올렸다. 이를 위해 2005년 현지법인인 '오리온 푸드 비나'를 설립하고, 2006년에는 호치민에 공장을 세우고 2009년 하노이에 제2공장을 가동해 베트남 남북부지역을 아우르는 생산 기반을 확보했다.

[그림 12-7] 베트남 오리온 공장

출처: 네이버 베트남스토리 블로그

베트남은 대부분 동네 구멍가게 같은 작은 슈퍼마켓이 대부분이고, 오토바이를 많이 타다 보니 진열대가 많이 더럽거나 아니면 아예 진열대도 있지 않아 무질서하게 자리하고 있었다. 그래서 오리온 영업사원들은 매일 거래처나 거래처 후보 매장을 쓸고 닦는 등 점주와 친밀도를 높이기 위해서 온갖 허드렛일도 마다하지 않았고, 영업사원들 덕분에 진열대가 깔끔해지자 매장의 상품 회전율이 높아졌다. 이는 점포의 매출 상승으로 이어지자 점주들의 마음을 얻을 수 있었다고 한다. 어렵게 확보한 유통망을 토대로 상생에 노력을 기울이고 있다고 한다.

현지화를 잘하기로 소문난 오리온답게, 제품의 이름도 다시 정했다. 베트남인들이 서양식 이름을 선호하는 경향을 반영해 고소미는 구떼, 고래밥은 마린보이 등의 네이밍과 베트남 현지인들이 좋아하는 맛들로 다시 구성해 개발하고 출시했다. 초코파이의 경우에도 70%라는 압도적 시장 점유율에도 만족하지 않고 2017년 초코파이 다크, 2019년 복숭아맛, 2020년 요거트맛 등 현지 소비자 입맛에 맞춘 신제품을 출시하여 지속적 성장의 견인차 역할을 하고 있다. 또한 농가에 대한 기부 장학금 지원 등 기업의 사회적 활동도 꾸준히 진행하고 있다.

[그림 12-8] 코로나19 구호를 위해 베트남에 초코파이 기부

출처: 오리온

2020년 코로나19 사태에도 오리온은 베트남 진출 이래 기준 최대 매출을 달성하여, 쌀과자, 양산빵 등 신규 카테고리 개척 성공과 편의점, 체인스토어 등 신규 유통 채널 점포 확대에 힘입어 24% 매출 성장을 기록했다고 한다. 특히 편의점, 체인스토어 등 젊은 층의 이용률이 높은 유통 채널에서 크게 성장하며 포카칩, 오!감자 등 스낵 매출이 전년 동기 대비 58% 증가했다. 2019년 새롭게 출시한 쌀과자 '안(An, 安)'의 월 매출액도 16억 원을 넘어서고, 베트남 아침밥 시

장을 공략하기 위해 출시한 '쎄봉'도 아침 대용식으로 인기를 끌며 월 매출 10억 원을 훌쩍 넘어서는 등 초코파이 외에도 현지인의 수요와 니즈에 부합하는 상품 개발이 이루어지고 있다고 볼 수 있다.

성공 사례 #4: 박카스 성공 진출 사례(캄보디아)

> 국내 제약회사인 동아오츠카는 2009년 처음 캄보디아로 진출하며, 현지 파트너사의 전국적인 유통망을 활용한 덕분에 효과적으로 시장에 진출할 수 있었다. 대표 에너지 드링크 음료 박카스는 총 수출액 중 96%가 캄보디아에서 발생할 정도로 큰 성공을 거두었다.
> 현지에서 한국의 의약품에 대한 신뢰도가 높은 점을 파악하여 다양한 시도를 진행했다. 음료 제품 중 최초로 옥외광고를 통해 광고를 진행하였고, 제품명도 현지 언어가 아닌 한글로 표기하여 현지 소비자의 신뢰를 얻고자 했다.[4]

캄보디아의 음료 수요는 1990년대 말 개방경제 전환으로 생활 수준이 향상되면서 나타나기 시작했다. 2000년대부터 현지 제조업체와 수입업체가 생겨나며 전국에서 음료 제품이 보급되기 시작했다. 당시 캄보디아 현지 음료 시장은 코카콜라, 레드불과 같은 다국적 기업들과 Sagiko, Yeo와 같은 중국과 베트남 제조업체들이 시장을 지배하고 있었다. 이러한 경쟁 속에서도 박카스(바까)는 2011년 에너지음료 점유율 1위를 차지하기도 했으며, 2012년에는 진출 2년 만에 누적 수출액 150억 원을 달성했다. 2016년에는 수출액 600억 원을 달성하였고 수출의 증가 추세는 2019년에도 꾸준히 지속되고 있다. 한국에서는 박카스를 1년 동안 1인당 평균 3병 마시지만, 캄보디아에서는 13캔까지 마신다. 캄보디아 사람들은 음주 전후, 운동, 장거리 운전 등 피로회복을 위해 박카스를 즐긴다.

2010년 박카스 제품이 캄보디아에 진출한 것은 사실 처음이 아니었다. 과거에 한국 무역상이 수입을 했으나, 현지화에 실패해 시장에서 철수한 전례가 있었다. 이후의 캄보디아 시장에서 성공 원동력은 현지화에 있었다. 동아제약은 현지 제품명을 캄보디아인이 주로 쓰는 크메르어가 아닌 한글 '박카스'로 정했다. 캄보디아 현지에서 한국산 의약품에 대한 신뢰도가 높다는 점을 염두에 둔

---

4) ASEAN의 기대주, 캄보디아에서 찾는 수출 기회(KOTRA)

시도였다. 캄보디아 음료 판매의 80~90%를 차지하는 노점상들이 아이스박스를 이용하는 탓에 유리병이 상하거나 라벨이 떨어지는 문제가 발생했고, 동아제약은 용기를 캔으로 바꿔 차별성을 강조했다. 성공 요인에는 유능한 현지 유통업체 Camgold사가 있었기에 가능했다. 동아제약은 현지 유통업체와의 과감한 홍보와 옥외 간판을 통해 피로회복 기능과 건강식품 이미지를 부각시켰고, 그 결과 캄보디아 서민들에게는 피로회복제 이상의 만병통치약과 같은 이미지로 에너지음료의 강자인 레드불을 뛰어넘는 예상 외의 호응을 이끌어낼 수 있었다. 이처럼 능력 있는 현지 에이전트를 선정해 현지 사정에 맞는 마케팅을 펼치는 것이 위험을 최소화하여 현지 진출 성공요인이라 할 수 있다. 동아제약은 캄보디아에서 일군 성공을 바탕으로 미얀마, 필리핀, 대만 등 글로벌 시장 진출을 확대할 계획을 가지고 있다.

[그림 12 - 9] 캄보디아 현지에서 판매되는 캔 모양 박카스

출처: 헬스코리아뉴스

성공 사례 #5: 제조기업의 성공 진출 사례(캄보디아)

2011년 자동차 부품 제조기업 경신은 캄보디아 진출 전 해당 기업은 중국의 인건비 상승과 규제 강화로 증가하는 생산 물량에 대비하여 포스트 차이나에 대한 대안을 찾고 있었다. 2011년 7월 캄보디아 프놈펜 무역관과 지사화 사업을 시작하여 10월부터 무역관 직원이 동행하여 공장부지 발굴과 임대주 면담 및 통역을

지원하였다.

캄보디아는 정부가 직접 운영하는 산업단지가 없고 사기업이 운영하는 산업단지와 개인이 임대해 주는 공장부지가 산재되어 있기 때문에 총 20곳에 가까운 임대후보지를 현지 직원과 같이 방문하여 실사를 하였고 임대주와 면담을 하였다. 수출입 루트가 프놈펜 – 시하누크빌 – 한국, 프놈펜 – 호치민 – 한국이므로 이 2가지 경우를 모두 고려하여 물류비를 절약할 수 있는 공장 부지를 물색하고, 노동집약적인 임가공 공장이기 때문에 노동력 분포까지 고려하여 공장 부지를 발굴하고 실사하였다. 그 외에 프놈펜에서 300km 이상 떨어진 태국 국경에 있는 산업단지와 200km 떨어진 베트남 국경의 산업단지까지 실사하여 물류 현황과 노동력 현황을 파악하는 등 면밀한 공장부지 조사를 수행하였다. 그와 동시에 현지에서 운영되고 있는 봉제 공장과 기타 제조업 공장, 물류업체 등 다수의 기업을 면담하여 실제 사업 진행 시 생기는 애로사항, 유의사항 등을 파악하였고 차후 사업 진행 시 서로 협력할 수 있는 네트워크를 구축하였다. 더불어 현지에서 조달할 수 있는 원부자재 확인을 위해 다수의 자재 생산업체와 미팅하고 현지 설비 및 자재조달 환경을 파악하기 위해 크고 작은 철공소와 플라스틱 및 목재 가공업체 등을 확인하였다.

공장부지를 물색하던 중 2011년의 동남아 홍수로 인한 유례없는 메콩강 수위의 상승으로 출장 중에 이동과 부지 확인에 어려움을 겪었지만 잠정되었던 부지가 일부 물에 잠기면서 임대주에게 토지를 성토(흙 쌓기)하는 조건을 적용하여 차후 발생할 수 있는 공장 침수를 예방할 수 있는 계기가 되었다. 예비 주재원들이 공장설립 이전에 장기 체류하면서 발로 직접 뛰면서 법인설립, 캄보디아 투자청 승인, 공장 건축, 직원 모집 및 교육, 노동자 모집, 원부자재 및 설비 수입 등 공장 세팅에 필요한 작업을 진행하여 막힘 없이 공장이 설립될 수 있도록 준비하였다. 경신은 2018년 10월 기준 직원 1,400명 규모로 운영하고 있으며 활발한 CSR(기업의 사회적 책임) 활동 또한 진행하고 있다. 경신 사례는 캄보디아 현지에 대한 착실한 시장조사와 이렇게 발로 뛰는 공장부지 찾기에 성공하고 더블 체크를 통해서 신속히 공장 세팅을 끝냈으며, 일본 스미모토와 5:5로 투자하며 리스크를 줄이는 등 다양한 성공요인을 보여주는 사례이다.

성공 사례 #6: 멀티원플러스의 성공 사례(인도네시아)

인도네시아 유일의 한국인 마스크 공장(2018년 설립)으로 27년간 의류 생산업에 종사하다 인구 2억 7천만 명의 인도네시아에서는 앞으로 의료용품 성장 가능성이 크다고 보고 마스크 공장을 설립하였는데, 경험에서 온 정확한 시장 예측과 더불어 시기적으로 매우 적절한 타이밍의 진출 사례라 볼 수 있다. 코로나19 사태로 큰 호황을 맞았고 물량이 부족함에도 현지에 대한 기부를 꾸준히 하고 있다.

2018년 설립한 마스크공장 '멀티원플러스(Multi One Plus)'는 인도네시아에서 직접 마스크를 생산하는 소수의 공장 중 하나이다. 인도네시아에서 마스크 취급 허가를 받은 업체는 41개고, OEM(주문자 상표 부착생산)이나 수입을 제외하고 직접 생산하는 업체는 10개 미만이다. 마스크를 생산하는 한인 업체로는 유일하다.

멀티원플러스 공장은 2019년 12월만 해도 주 5일, 하루 8시간 가동으로 월 100만 장을 생산해 전량 인도네시아 보건부에 납품했다. 그러나 2020년 1월 신종 코로나19바이러스 팬데믹 사태로 '마스크 대란'이 터진 뒤 24시간 완전 가동을 시작해 2021년 현재 하루 16만 장, 월 400만 장을 생산하고 있다. 덴탈 마스크는 KF80 마스크(황사 대응)에 준하는 차단 효과가 있음에도 가격이 저렴하고, 더운 나라에서 착용하기 적합하다고 멀티원플러스 이명복 대표는 판단했다.

[그림 12-10] 인도네시아 한인 마스크 업체 '멀티원플러스' 공장

출처: 연합뉴스

멀티원플러스는 2021년 현재 인도네시아 공군과 육군, 한국인 마스크 취급 업체 2곳에 자체 브랜드 덴탈 마스크를 납품하고, 인도네시아의 3M마스크 제품

을 OEM(주문자 상표 부착 생산)으로 공급하고 있다. 또 2020년 4월 중순부터는 현지 최대 온라인 쇼핑업체인 '토코피디아'와 손잡고 온라인 직접 판매도 시작했다. 인도네시아의 마스크 가격은 15배 넘게 상승했다. 평균 한 박스에 2만 루피아(1천 700원)에서 30만 루피아(2만 5천 원)로 올랐고, 40만 루피아(3만 원)에 팔리기도 한다. 멀티원플러스는 기계를 추가 주문하고, 공장을 증설해 2020년 6월부터 하루 생산량을 80만 장으로 확대하였다. 코로나19를 통해 높아진 방역 의식에 시기 적절하게 최적의 생산 기지를 성공적으로 마련한 사례이다. 또한 마스크 물량 부족에도 불구하고 인도네시아 현지의 어려운 사람들을 위해 마스크를 기부하는 등 사회적 책임을 잊지 않는 성공사례이기도 하다.

POINT

OEM(Original Equipment Manufacturer)은 주문자 상품 부착 생산방식으로 나이키 제품의 경우 말레이시아의 업체가 나이키 상표를 부착하여 제품은 주문한 나이키에 납품하는 방식이다.
ODM(Original Development Manufacturing)은 제조자 개발생산 방식으로 한국 화장품 업체가 글로벌 업체인 샤넬에 직접 제품을 개발하여 납품하는 방식이다. ODM을 하는 경우에는 제품을 차별화하고 자사의 모델을 가질 수 있지만 디자인, 설계, 개발비 등이 소요되어 비용이 들어간다는 단점이 있다.

성공 사례 #7: CoHive(코하이브 – 공유오피스)의 성공 사례(인도네시아)

코하이브(CoHive)는 수도인 자카르타를 중심으로 인도네시아 내 21개 센터를 보유하고 있는 동남아 최대 워킹 스페이스 운영업체로 현 400여 개 업체와 6,000명 이상의 스타트업이 입주하고 있다. 인도네시아 최대 코워킹 스페이스인 '코하이브'는 시리즈 B 펀딩으로 1,350만 달러(약 160억 원)을 투자받았다. 코하이브는 2019년 5월 2천만 달러 규모의 시리즈 A 투자 유치 후, EV 하이브에서 코하이브로 브랜드명을 변경하고 코워킹 스페이스를 넘어 코리빙과 코리테일 등 다양한 서비스를 선보이고 있다.

[그림 12 - 11] 인도네시아 공유오피스 코하이브의 공동 창업자 및 현황

[그림 12 - 11] 인도네시아 공유오피스 코하이브의 공동 창업자 및 현황

출처: 매일경제[4]

[표 12 - 1] 인도네시아 공유오피스 코하이브의 현황

2년 만에 급성장한 코하이브

분류	2017년 5월	2020년
장소	2곳	31곳
면적	450m^2	6만 2,000m^2
회원	90명	9,000명 이상
기업	10여 개사	800개사 이상
도시	1곳	5곳
직원 수	3명	270여 명

출처: 매일경제[4]

2020년 약 200개의 기업 2,000여 명이 입주해 있는 동남아 최대 규모의 코워킹 스페이스 EV Hive(인도네시아에 정착한 지 만 5년)의 공동 대표이자 최고 전략 책임자로 근무 중인 한국인이 대표인 기업이다. 창업 2년 만에 미국 공룡 업체 위워크(WeWork) 등을 제치고 인도네시아 공유 오피스 최대 업체로 급성장했다. EV Hive는 인도네시아에서 총 12개 사이트가 운영되고 있으며 지난 12개월 동안 18배 정도 규모로 성장했다고 한다.

2015년 80평 규모로 설립되었던 소규모 코워킹 스페이스는 인도네시아를 넘어, 동남아 최대 규모로 성장하였다. EV Hive는 비싼 임대료, 네트워킹의 부족, 불편한 교통 상황이라는 고객들의 가려운 부분들을 코워킹 스페이스가 보완해 주고 있는 것이다. 아직 발달되지 못한 생활 인프라로 인해 하이테크보다는 생

활의 어려움을 해결해 주는 스타트업이면 인도네시아에선 성장할 기회가 무궁무진하다.

2021년 기준 인도네시아의 GDP 성장률은 평균 5~6%이고, 출산율도 한국의 2배 이상이다. 연 5백만 명 신생아가 태어나고 있으니 매년 근접 국가인 싱가포르 인구수만큼이나 신생아가 태어나고 있는 것이다. 휴대폰 보급률과 은행 계좌 보유율만 봐도 성장 가능성이 높은 나라이다. 2015년도엔 6,000여만 명이던 스마트폰 가입자가 2020년에는 1억 명을 넘었다. 30%에 불과했던 은행계좌 보유율도 증가하고 있어 모바일 뱅킹, 보험, 금융 등 다양한 연관 산업군도 따라 성장할 전망이다. 하지만 이렇게 성장하는 시장에도 약점이 있는데, 바로 여전히 부족한 인프라와 좋은 인력을 찾기가 힘들다는 것이다. 인도네시아 시장은 진출하려는 분야와 관련된 규제, 인력, 매출을 창출할 수 있는 실수요자는 충분히 있는지 다양한 부분에서 미리 충분히 검토할 필요가 있고, 긴 인내심을 갖고 접근해야 하는 시장이다.

공유오피스라는 비즈니스 모델을 선택한 이유는 인도네시아 자카르타의 높은 임대료로 인해서 창업에 도전하는 청년들이 진입 장벽의 어려움을 겪고 있어 이를 해소해 주기 위한 플랫폼이 필요하겠다는 판단에서였다고 한다.

또한 인도네시아 사업이 급성장한 노하우는 바로 '허브 – 바퀴살(hub and spoke)' 전략 때문이다.[7] 허브 – 바퀴살 전략은 각각의 물류 출발지(Spoke)에서 발생하는 물량을 중심거점(Hub)으로 모으고, 중심거점에서 물류를 분류하여 다시 각각의 도착지(Spoke)로 배송하는 형태가 마치 바퀴의 중심축(Hub)과 바퀴살(Spoke)의 모습을 연상시킨다고 해서 '허브 – 바퀴살'이라고 한다. 인도네시아의 물류상황에서는 열악한 교통 인프라 문제로 이 전략이 주효하였다. 자카르타는 교통체증이 심각한 도시여서 인도네시아 청년들은 집에서 가까운 직장에서 일하고 싶어 한다. 따라서 도심에 최대 2만㎡(약 6,000평)의 대규모 오피스 공간을 확보하고 이를 중심으로 주변에 500~2,000㎡의 소규모 오피스 공간을 원으로 둘러싸듯이 배치하는 방식으로 확장했다. 소규모 오피스는 주거시설과 인접해 있어 이용자들은 도로에서 시간을 버리지 않고 가장 가까운 코하이브 오피스를 이용할 수 있다. 인도네시아 청년들의 눈높이에 맞춰 한 달에 75달러(WeWork는 한 달에 한 명당 300달러)면 이용할 수 있고, 조금 더 큰 공간은 100~200달러 수준이다. ASEAN 시장이 성장하는 시장이라고 장점만 보고 진출하기보다는 이렇게 현지의 특성을 제대로 분석하여 적용하는 전략이 왜 필요한지를 코하이브 사례를 통해 알수 있다.

성공 사례 #8: 코웨이의 성공 사례(말레이시아)

2006년 말레이시아법인을 설립한 코웨이는 현지에 처음으로 렌털(임대) 방식을 도입한 업체다. 코웨이는 당시 척박했던 말레이시아 렌털 시장을 외롭게 개척했다. 현지 직원 중심의 맞춤화 전략으로 계정 확보에 공격적으로 나섰다. 실제 진출 초창기 100개도 되지 않았던 코웨이의 말레이시아 계정 수는 6년 후인 2012년 12만 3,887개를 기록, 10만 개를 처음으로 넘어서며 가능성을 보였다. 이후 성장 속도는 더 가팔랐다. 2014년 20만 7,664개로 20만 계정을 넘어선 이후 지난달 말 101만 6,179개를 기록하며 말레이시아 진출 12년 만에 100만 계정을 돌파했다.

2021년 기준 코웨이는 말레이시아 정수기 시장에서 약 40%의 점유율을 차지하며 압도적인 1위 자리를 이어가고 있다. 말레이시아 쿠알라룸푸르 공항에만 해도 코웨이 정수기와 공기청정기를 심심치 않게 찾아볼 수 있을 정도로 현지에서의 인지도가 상당하다.

2006년 코웨이는 4개월 정도의 시장 조사 이후 고민 끝에, 말레이시아 진출을 결정했다. 말레이시아는 지정학적으로 보면 동남아시아 지역의 중심에 있고, 당시 7,500달러 정도 되었던 1인당 국내총생산(GDP)은 싱가포르를 제외한 동남아 국가들에 비해 월등히 높았고, 이슬람 종교라는 특성이 향후 중동시장 진출을 위한 교두보가 될 수 있을 것이라고 판단하여 2006년 5월 코웨이는 말레이시아에 법인을 설립하였다. 말레이시아는 상대적으로 ASEAN에서 인구는 적지만, 상수관이 20~30년 된 노후관이 많아 필터로 물을 걸러서 마시는 가정이 48% 이상이었고, 현지 정수기 기업들도 3~4군데 있는 상황이라 정수기 시장이 어느 정도 형성되었고 말레이시아 국민이 정수기에 대한 인지를 하고 있다는 점에서 승산이 있다고 판단하여 진출을 결정한 것이다.

코웨이는 2006년 진출을 시작하여 정수기 시장에서 30%의 시장점유율을 확보하고 진출 10년 만에 매출 5억 1천만 말레이시아 링깃(한화 약 1,379억)을 달성하고, 2021년 현재는 100만이 넘는 고객에게 정수기 렌털 서비스를 제공하여 말레이시아 내 시장점유율 1위를 기록하고 있다. 성공 비결은 바로 렌털 및 코디 서비스였다. 정기적인 제품 관리 서비스 개념이 부재했던 말레이시아에 이러한 서비스들을 한국과 동일한 높은 수준으로 제공했기 때문에 큰 호응을 얻었다고 평가되고 있다. 현지 정수기 업체들은 소비자가 직접 필터를 교체해 사용해야 하는 불편이 있었기에 관리 서비스에 대한 반응이 더욱 좋았고, 식수에 대한 안전성 등 현지의 기회 요인과 신용카드 할부 결제 등 현지 금융인프라의 강점을 잘 활용하여 성공한 사례로 인식되고 있다. 현지 직원들을 대부분 현지인 위주 (99%가 말레이시아인)로 채용했고, 이들을 통해 말레이시아 국민의 소비 성향, 현지에 맞는 제품·서비스 파악에 주력했다. 한국인 주재원을 통해 현지의 특성을 파악하는 것은 한계가 있기에 이 전략은 매우 유효하였다.

현지 문화와 관습에 대한 이해도 말레이시아에서 성공하는 원인이 되었는데, 코웨이는 2010년 정수기 업체 최초로 말레이시아에서 '할랄 인증'을 획득했다고 한다. 할랄 인증은 이슬람교도가 먹거나 사용할 수 있도록 이슬람 율법에 따라 도살, 처리, 가공된 식품에만 부여되는 인증 마크이다. 할랄 인증 획득은 무슬림이 대다수를 차지하는 말레이시아 국민들이 안심하고 코웨이 정수기 물을 마시는 데 큰 도움이 되었을 것으로 보인다.

또한 고객에게 신뢰를 주는 직원들의 단정한 옷차림도 말레이시아 국민들에게 호응을 이끌어 내었다. 코웨이를 따라 사후 관리 서비스를 도입한 현지 업체들도 있었지만, 그들은 통상 작업복 등의 차림으로 고객의 집을 방문하는 데 비해, 코웨이는 깔끔한 유니폼 차림의 코디들에 대해 현지인들이 좋은 인상을 주었다. 일자리를 구하기 힘든 싱글 맘이나 경력 단절 여성 등이 주로 코디로 일한다는 것이 알려지면서 코웨이의 기업 이미지도 덩달아 좋아졌다고 한다.

[그림 12-12] 해외사업 확장하는 렌털기업 현황

해외사업 확장하는 렌털기업   (단위: 만 개)

기업	국내 계정 수	해외 계정 수	진출 국가
코웨이	628	151	말레이시아, 미국, 태국, 중국, 인도네시아
쿠쿠	158	83	말레이시아, 인도네시아, 싱가포르, 브루나이, 미국
청호 나이스	150	4	베트남, 말레이시아
SK매직	185	미공개	말레이시아, 일본, 베트남

출처: 한국경제[6]

코웨이 말레이시아 법인은 2020년 매출액이 4,800억 원 정도로 성장하였으며, 직원 수는 1만 3,000여 명에 이르렀다. 말레이시아 수도 쿠알라룸푸르 시내 곳곳에 있는 대형마트나 쇼핑몰 등에서는 'KOREA NO.1'이라는 문구와 함께 정수기 판매를 하고 있는 밝은 표정의 코웨이 판매 직원들을 어렵지 않게 찾아볼 수 있다. 코웨이의 성공사례는 현지인 위주의 인력 운영과 현지 시장에 대한 사전 준비가 매우 중요함을 보여주는 사례라고 할 수 있다.

성공 사례 #9: K‑Beauty의 성공 사례(LG생활건강, 아모레퍼시픽, 코스맥스)

> ASEAN 뷰티 시장은 1998년 베트남에서 시작해 2021년 현재는 싱가포르, 말레이시아, 태국, 인도네시아, 필리핀 등으로 사업 영역을 확대했다. K 뷰티는 설화수, 라네즈, 마몽드, 이니스프리, 에뛰드 등 5대 브랜드 위주로 사업이 전개되고 있고, 매월 4만 명의 신규 고객이 진입하고 있다. 신규 고객의 진입 성장률도 50%에 이른다. 아모레퍼시픽은 글로벌 성장 모멘텀을 확보하기 위해 중국과 북미 시장 외 ASEAN 시장을 3대 해외 사업 확대의 중심 축으로 육성하고 신시장 개척을 진행하고 있다. LG생활건강의 화장품 이외에 생활용품 등으로 포트폴리오도 확산하고 있다.
>
> K 뷰티 회사들은 해외 진출 방식도 기존 직접 진출에서 로컬 리테일러와의 협업으로 변경했다. 이 같은 방식은 적은 부담으로 진출의 가속화가 가능하다. 2020년 비용이 많이 드는 직접진출방식에서 위험 부담을 분산한 비교적 안정적인 현지 유통망을 활용하거나 온라인 판매망을 개척하고 ODM(제조업체 개별방식)을 통해서도 현지화에 성공하고 있다.[5]

코트라(KOTRA)에 따르면, ASEAN 화장품 시장 규모는 지난 2019년 기준 약 73억 달러로 전년 대비 8.8%의 성장을 기록했고, 2025년까지 세계화장품 시장 연평균 성장률(3%)의 5배 이상을 기록할 것으로 예측된다. 이러한 ASEAN 시장에서 한국 화장품 기업들의 성공은 바이블이 되고 있다. 타국에서 ASEAN 진출의 모범사례가 되고 있는 한국 뷰티산업의 성공사례를 살펴보자.

---

5) 뉴데일리경제, 2019.11.27., "ASEAN이 살길" 아모레퍼시픽, 신규 시장 확장에 '속도'

(1) LG생활건강(베트남)

LG생활건강은 태국, 싱가포르, 인도네시아, 베트남, 말레이시아 등 ASEAN 시장에서 다양한 화장품 브랜드를 통해 지속적으로 사업을 육성하고 있다.

LG생활건강은 1998년 3월 베트남에서 본격적인 사업을 시작하며 ASEAN 시장을 공략했다. LG생활건강은 2020년 베트남에서 국내와 동일한 브랜드를 선보이는 등 고급 브랜드 중심의 프레스티지 사업에 집중하고 있다. LG생활건강 브랜드 더페이스샵은 태국에서 50여 개의 매장을 운영 중이며, 현지 스타마케팅을 통해 브랜드 인지도를 높이고 있다. 지난해 CC쿠션 론칭 이벤트에 태국 스타를 초청해 미디어의 주목을 받아 단기간에 쿠션 제품을 알리기도 했다. 더페이스샵 해외 첫 진출 국가이기도 한 싱가포르는 2004년 1호점을 시작으로 2021년 현재 오차드로드 등 쇼핑 중심가에 20여 개 매장을 운영하고 있으며, ASEAN 진출 국가 중 가장 높은 매출을 올리고 있다. 베트남에서는 LG생활건강이 한국 화장품 회사 중에서는 가장 먼저 진출해 합작 법인을 설립했고, 그 이후로 고급 화장품 시장에서 1위 자리를 지키고 있다. LG생활건강은 후, 숨, 오휘, 빌리프 등의 브랜드로 46개의 매장을 두고 있다.[6]

베트남에서 판매되고 있는 주요 외국산 브랜드 화장품으로는 랑콤, 레블론, 샤넬, 시세이도 및 한국 LG생활건강의 드봉 등이 있다. 드봉 화장품은 1998년도 초부터 베트남 시장에 선보인 이래 1년 만에 외국 브랜드 중 시장점유율 1위를 기록하였으며 지속적인 판매 증가세를 보이고 있다. 2016년 기준 베트남 화장품 시장점유율 Top 3에 포함돼 있을 정도로 지속적인 판매 증가세를 보이고 있는 브랜드이다.

일반적으로 화장품은 소비자가 한번 사용하게 되면 지속적인 수요를 창출하기 때문에 시장 선점이 무엇보다도 중요시되는 품목이다. 베트남 호치민시의 젊은 여성들은 화장품 사용시 과거 저가의 구매 성향에서 벗어나 자신의 취향에 맞는 고급 제품을 선호하는 추세로 이는 자연스럽게 외국 브랜드에 대한 구매로 이어지고 있다. 드봉이 베트남에서 성공한 요인은 LG생활건강의 공격적인 마케팅 전략에 따른 결과라는 점에서 주목을 끌고 있다. 2021년 현재 베트남에서 판매되고 있는 외국산 브랜드 화장품의 경우 대부분 베트남 업체와 에이전트 계약 체결 및 현지 숍(shop)을 통한 판매에만 그치고 있는 형편이다.

또한 LG생활건강은 베트남 최초로 현지 판매 회사를 설립, 홍보에서 판매에 이르기까지 체계적이고 다각인 마케팅 활동을 하고 있으며 소비자들의 클레임

---

6) 현대경제, 2017.4.18., "화장품업계, 태국서 안착해야 'ASEAN' 시장 성공."

발생 시 즉시 해결해 줄 수 있는 체제를 구축하며 고객 만족 마케팅을 추구했다. 우선 아모레퍼시픽보다 후발주자로서의 불리함을 극복하고자 미스 베트남 선발대회 공식 후원이나, 가두 무료 메이크업 행사와 같은 다각적인 홍보 전략에 주력해 소비자들과 함께 하는 최초의 외국 브랜드라는 인상을 깊이 남겼다.

또한 베트남에서 전례를 찾아볼 수 없었던 방문 세일즈 방식을 도입해 가정을 방문, 직접 메이크업을 지도한 후 판매해 높은 성과를 거두고 있다. 가격 결정 시 고가 정책을 구사해 고급 브랜드 이미지를 창출한 것 또한 성공 비결 중 하나이다. 베트남에서 판매되고 있는 최고급 외국산 화장품의 판매 가격과 거의 동일 수준으로 가격을 책정함으로써 '오휘' 브랜드가 랑콤, 시세이도, 레블론 등 외국산 유명 브랜드와 비추어 전혀 손색이 없다는 평가를 받고 있다고 한다.

(2) 아모레퍼시픽(ASEAN)

> 아모레퍼시픽은 2018년 싱가포르 타카시마야 백화점에 헤라 단독 매장을 오픈했다. 싱가포르를 동남아시아 시장 진출의 교두보로 활용하여 K - 럭셔리 뷰티를 본격적으로 선보인다는 전략이다. 또한 말레이시아 법인장에 현지인을 임명하는 등 현지화에 큰 중점을 두고 있다.

아모레퍼시픽, 라네즈 브랜드는 홍콩, 중국, 대만에서 구축한 브랜드 이미지를 바탕으로 ASEAN 시장에서 크게 성장하고 있고, 면세점 실적을 포함하여 판매 수익의 80% 이상이 외국인 구매로 이루어질 정도로 해외에서 탄탄하게 자리 잡았다고 볼 수 있다.

라네즈는 본격적인 ASEAN 진출에 앞서 먼저 홍콩에서의 입지를 마련하는 데 주력했다. 홍콩 진출은 현지 에이전시를 통해 이루어졌다. 2000년대 초반에는 홍콩이 ASEAN에서의 문화적 유행을 주도했다. 영화 등의 대중문화나 뷰티 산업의 중심이 홍콩이었다. 홍콩에서 열리는 글로벌 화장품 박람회를 통해 ASEAN에서의 인지도를 확보할 수 있었다. 박람회를 계기로 태국이나 베트남에서의 진출 요청이 있었다. 점차 ASEAN에서의 사업성을 확인하게 되면서 본격적으로 ASEAN 사업망을 구축하게 되었다.

라네즈는 아시아에서 가장 경쟁이 치열한 마켓인 중국과 싱가포르에서 백화점 매출 기준 상위 10위 안에 드는 브랜드이다. 이는 한국 브랜드 중 가장 높은 실적이다. 아시아 시장에서 라네즈는 디올, 샤넬, 시세이도, SK2 등의 미국, 일본, 유럽의 유수 프리미엄 브랜드와 경쟁하고 있다. 말레이시아에서는 10위권 진입 후 8위로 상승했고, 태국에서는 아직 순위권 진입을 한 상태는 아니나 높은 성장세를 보여주고 있다. ASEAN 국가 중에서 가장 가파르게 성장하고 있는 추세다. 혁신적인 신제품 개발, 명확한 포지셔닝을 통한 브랜드 집중육성, 유통 채널 다각화를 통한 고객 확대, 매장 리뉴얼을 통해 브랜드 경쟁력을 강화시켰다.

초기에는 싱가포르를 전략 기지 삼아 직접 본부를 두고, 나머지 국가에는 에이전시 형태로 진출했다. 에이전시 형태란, 제품을 현지 에이전시에 도매 형태로 판매하고 현지에서 마케팅이나 매장 관리를 직접 관할하는 것을 의미한다. 당시 ASEAN 국가들에서의 브랜딩을 현지 에이전트들이 전담했는데, 결과적으로 현지 브랜드 이미지를 본사에서 통제할 수 없는 결과를 낳았고, 이에 초기 브랜드 이미지 구축에 실패했다. 이 점이 해외 진출 과정에서 겪은 가장 큰 어려움이었다. 현지 에이전시들이 판매 실적만을 올리는 데 치중하면서 재고 소진을 위한 파격 할인 등에만 열을 올렸고, 이것이 현지에서 브랜드 가치가 추락하는 결과를 가져온 것이다.

표면적으로 현지 에이전시를 통해 브랜드의 세계화를 이루는 것도 중요하지만, 초반부터 포지셔닝을 통한 브랜드 이미지를 잘 구축하는 것이 훨씬 더 중요하다는 점을 확실하게 인지한 상태로 진출하여 시행착오를 줄일 수 있었던 것이다. 2021년 기준 라네즈는 각 지역에 매장을 개설할 때, 본사가 직영하는 것을 원칙으로 하고 있으며, 세계적으로 600개가 넘는 매장을 운영하고 있다. 라네즈의 ASEAN 진출의 성공 요인으로는 제품력(product)과 프로모션을 꼽을 수 있다. 또한, 2016년 이후에는 사회 공헌 활동과 더불어 K-뷰티 문화를 고객이 직접 체험할 수 있는 프로모션 프로그램을 집중적으로 진행하고 있다.

(3) 코스맥스(인도네시아)

코스맥스는 2013년부터 인도네시아 화장품 공장을 자카르타 전통시장 인근에서 가동하고 있다. 글로벌 화장품 생산자개발방식(ODM) 1위 기업 코스맥스는 2012년 인도네시아에 진출해 1만 3,870㎡ 규모 공장을 로레알에서 매입해 운영하기 시작했다. 코스맥스 인도네시아 공장은 2016년 세계 3대 할랄 인증기관인